淄川文化志

《淄川文化志》编纂委员会　编

方志出版社
Publishing House of Local Records

图书在版编目（CIP）数据

淄川文化志 / 《淄川文化志》编纂委员会编. —北京 : 方志出版社, 2021.12
ISBN 978-7-5144-5225-9

Ⅰ. ①淄… Ⅱ. ①淄… Ⅲ. ①文化史—淄川区 Ⅳ. ① K295.24

中国版本图书馆 CIP 数据核字(2021)第 274119 号

责任编辑：丛珺
责任校对：张玉霞
责任印制：梅中英
出 版 者：方志出版社
地　　址：北京市朝阳区潘家园东里 9 号（国家方志馆 4 层）
邮　　编：100021
网　　址：http://www.zgfzcb.cn
发　　行：方志出版社图书营销中心（010-67110500）
印　　刷：北京中科印刷有限公司
开　　本：889 毫米×1194 毫米　1/16
印　　张：51.5
字　　数：1134 千字
版　　次：2021 年 12 月第 1 版
印　　次：2021 年 12 月第 1 次印刷
定　　价：680.00 元

《淄川文化志》编纂委员会

序

淄川，夏为青州之域，春秋属齐，秦隶齐郡，是一座衔山抱水、灵气所钟的古城。清乾隆《淄川县志》中写道：淄邑水利东土之山，以岱为宗，岱自西南来，群峰插汉，万壑随之，奔赴二百里，荟萃于淄，淄固山水之奥区也。西汉景帝二年（前155年）置般阳县，因位于般水之阳而名之，距今已有2000余年的历史。

一方水土滋养一方文化。淄川这一千年古邑，历史悠久，山川毓秀；物华天宝，人杰地灵；源远流长，积淀丰厚。展开历史长卷，从公皙哀师从万世师表孔夫子周游列国，到鬼谷子授徒苏秦、张仪、孙膑、庞涓纵横捭阖；从东汉大儒郑康成黉山收徒讲学，到大文豪蒲松龄屡试不第写下《聊斋志异》；从王尽美、邓恩铭创建“中共淄博矿区支部”点燃鲁中革命火种，到陈毅率部蒲家庄整军……还有范仲淹、杨宏道、贾仲明、高珩、唐梦赉、王培荀、路大荒等文化名人居住或著述于此，更有陶瓷文化、孟姜女传说绵延千年，流传至今。各种文化元素可谓漫天繁星，交相辉映，历久弥新。淄川区共拥有各级文物保护单位216处。其中，全国重点文物保护单位7处；省级文物保护单位23处；经国家、省文物局备案的博物馆12家；被列入国家级、省级传统村落保护名录51处。淄川区现有各级非物质文化遗产名录项目152项，其中国家级4项、省级13项。

习近平总书记指出：“中华文明5000多年绵延不断、经久不衰，在长期演进过程中，形成了中国人看待世界、看待社会、看待人生的独特价值体系、文化内涵和精神品质，这是我们区别于其他国家和民族的根本特征，也铸就了中华民族博采众长的文化自信。”因此，也正是这精彩纷呈、博大精深的历史文化，铸就了淄川人民强大的文化自信和正直、创新、互助的精神品格，并激励着当今的淄川人开创更加辉煌灿烂的明天。

近年来，在习近平新时代中国特色社会主义思想的指引下，全区文化事业蒸蒸日上，硕果累累。全区已有13个各级社会文化先进乡镇，156个社会文化先进村居，城乡公共文化服务体系实现全覆盖；文旅融合高质量发展走在全省前列，初步形成“三大文化旅游产业带”发展格局。2015年，淄川区被省委、省政府授予“山东省文化强省建设先进区”和“全省乡村旅游示范区”称号；2017年荣获“山东省民间文化艺术之乡”称号；2018年蝉联“山东省文化强省建设先进区”称号；2019

年被评为山东省首批全域旅游产业示范区；2020 年“淄川文化云”荣获第四届山东省文化创新奖，并于 2021 年成功创建为第四批国家公共文化服务体系示范项目……这些成绩和荣誉的取得，无不凝聚着全区人民和广大文化工作者的心血和汗水。

“求木之长者，必固其根本；欲流之远者，必浚其泉源。”历史需要铭记，文化需要传承；盛世修志，恰逢其时。编纂和出版《淄川文化志》，是利及当代、功垂后世的文化工程。这部《淄川文化志》，是中华人民共和国成立以来淄川区第一部文化专业志书，融思想性、文化性、史料性和知识性于一体，以翔实的资料全面、系统地记载了淄川区文化事业发展的历史轨迹和现状，是对淄川文化历史的再现，文化脉络的梳理，文化资源的整合，文化精神的传扬。

古人云：“以史为鉴，可以知兴替。”《淄川文化志》即将付梓之际，恰逢中国共产党百年华诞、党的十九届六中全会胜利召开。此书的出版发行必将进一步教育引导广大淄川干部群众坚定文化自信，不断推动文化软实力和影响力的提升。

历史的荣光成就了今天的厚重底蕴，而我们作为今天的书写者，又将为后人留下什么？党的十九届六中全会已然给出了行动指南，习近平总书记更向我们提出了“三个走在前”的前进航标。相信在全面建设社会主义现代化的新征程上，创新争先、奉献实干的淄川人将牢固树立产业强区、生态兴区、作风立区的战略自觉，不断擦亮“聊斋故里、生态淄川”的城市品牌，坚定文化自信，聚力文化赋能，努力打造全市生态文明高地、特色文化旅游高地，向历史、向人民交上一份优秀的文化答卷！

是为序。

《淄川文化志》编纂委员会

2021 年 12 月 8 日

凡　例

一、本志以马克思列宁主义、毛泽东思想、邓小平理论、“三个代表”重要思想、科学发展观、习近平新时代中国特色社会主义思想为指导，坚持辩证唯物主义和历史唯物主义的立场、观点和方法，实事求是地记述淄川文化的历史与现状。

二、本志记事上限至 1949 年，下限为 2019 年。部分篇章根据需要有所突破，部分珍贵历史资料亦收录其中。

三、本志综合文化事业各个门类，共分 14 篇，篇下设章、节，共 47 章 145 节。部分节下设条目或子目。志首置序和大事记，末设后记。

四、本志采用记述体，个别节、目采用编年体。采用述、记、志、传、图、表、录等体裁，以志体为主。横排门类、纵写史实，力求做到“横不缺项，纵不断线”，各篇、章、节视情况设概述或无题小序。

五、数字用法、标点符号分别采用国家标准《出版物上数字用法》（GB/T 15835—2011）、《标点符号用法》（GB/T 15834—2011），计量单位采用国家技术监督局 1993 年 12 月发布的《量和单位》系列国家标准。

六、中华民国之前使用朝代年号，用汉字书写，加注公元纪年。中华民国之后，一律采用公元纪年。

七、组织机构及其他一些过长的专用名称，第一次出现时用全称括注简称，其后用简称。志中出现的省、市、区简称均指山东省、淄博市、淄川区。

八、人物篇第二章当代文化名人，坚持“生不立传”的原则，选录对淄川文化建设有突出贡献和重大影响者，同时尽力收录对淄川文化事业产生重大影响的客籍人物。

九、本志资料主要来自各文化旅游单位和乡镇、街道文化站报送的文化志材料，还有一部分来自《淄博市文化志》和区文化和旅游局、有关文化社会团体、采访笔录等。为篇幅所限，一般不注明出处。

淄川区文化和旅游局全体工作人员合影（2019 年拍摄）

《淄川文化志》编纂人员合影

左起：孟令会　郑　谛　邱连杰　王　鹏　徐　明　唐加福　刘卫东　袁爱琴　孙爱菊　王　瑜　唐　琨

目录

概　述……1

大事记……6

第一篇　文化机构……95

第一章　行政机构……96

第一节　历史沿革……96

第二节　历任负责人……97

第三节　淄川区文化和旅游局主要职责……99

第二章　事业机构……101

第一节　民众教育馆……101

第二节　文化馆……101

第三节　图书馆……103

第四节　博物馆……104

第五节　公共文化服务中心……105

第六节　旅游管理服务中心……107

第三章　文化社会团体及民办非企业单位……109

第一节　文化社团的监督管理……109

第二节　文化社团……110

第三节　文化类民办非企业单位……115

第二篇　群众文化……117

第一章　文学艺术……118
第一节　文学创作……118
第二节　艺术创作……128
第二章　民间艺术……161
第一节　文化活动……161
第二节　文艺团体……175
第三章　文艺奖项……191
第一节　蒲松龄短篇小说奖……191
第二节　蒲松龄文艺奖……192
第四章　社会文化先进区建设……199
第一节　创建社会文化先进区……199
第二节　创建社会文化先进乡镇……200
第三节　文化强区建设……201

第三篇　图书　报刊……205

第一章　图书……206
第一节　图书管理……206
第二节　读者活动……209
第三节　图书发行……214
第二章　报　刊……219
第一节　报　纸……219
第二节　刊　物……225

第四篇　戏剧　曲艺……227

第一章　戏剧形式和创作……228
第一节　戏剧五种……228
第二节　戏剧创作……239
第二章　曲艺形式和创作……242

第一节 曲艺六种 …… 242
第二节 曲艺创作 …… 245

第五篇 文化研究 …… 247

第一章 聊斋文化研究 …… 248
第一节 蒲松龄生平 …… 249
第二节 机构与队伍 …… 250
第三节 研究活动 …… 252
第四节 研究成果 …… 254

第二章 地域文化研究 …… 262
第一节 研究机构 …… 262
第二节 研究成果 …… 263

第三章 淄川文化家族和名人研究 …… 277
第一节 明清时期淄川的文化家族 …… 277
第二节 文化名人研究 …… 287

第六篇 文博事业 …… 311

第一章 文物古迹 …… 312
第一节 全国重点文物保护单位 …… 312
第二节 省级保护单位 …… 317
第三节 市级保护单位 …… 327
第四节 区级保护单位 …… 348
第五节 古代园林与寺庙 …… 402
第六节 历史名景 …… 425

第二章 文物管理 …… 440
第一节 管理机构 …… 440
第二节 文物保护 …… 441
第三节 博物馆事业 …… 445

第七篇　非物质文化遗产……451

第一章　国家级非物质文化遗产名录项目……452
第二章　省级非物质文化遗产名录项目……460
第三章　市级非物质文化遗产名录项目……469
第四章　区级非物质文化遗产名录项目……484

第八篇　文化市场……511

第一章　组织机构……512
第一节　管理机构……512
第二节　行业协会……513
第二章　市场类别……515
第一节　娱乐市场……515
第二节　音像市场……516
第三节　网络文化市场……517
第四节　艺术品市场……519
第五节　印刷市场……519
第三章　市场管理……522
第一节　许可审批……522
第二节　执法检查和“扫黄打非”……523
第三节　行业自治……534

第九篇　旅游产业……537

第一章　旅游资源……538
第一节　自然资源……538
第二节　人文资源……542
第二章　旅游开发……545
第一节　景区开发……545
第二节　乡村旅游开发……558
第三节　工业旅游开发……560

第三章 旅游服务 …… 562
第一节 旅游接待 …… 562
第二节 旅游商品 …… 569
第三节 导游 …… 572
第四章 旅游管理 …… 574
第一节 管理机构 …… 574
第二节 管理工作 …… 575
第三节 效益 …… 577

第十篇 文化产业 …… 581

第一节 管理机构 …… 582
第二节 文化产业的产生和发展 …… 582
第三节 文化产业单位 …… 585

第十一篇 电 影 …… 593

第一章 机 构 …… 594
第一节 淄川区电影管理站 …… 594
第二节 淄川区电影发行放映公司 …… 594
第三节 淄川初心放映有限公司 …… 594
第二章 电影放映 …… 595
第一节 中华人民共和国成立前 …… 595
第二节 中华人民共和国成立后 …… 595
第三章 放映场所 …… 601
第一节 淄川剧场 …… 601
第二节 淄川影剧院 …… 601
第三节 淄川影院 …… 602
第四节 松龄影剧院 …… 602
第五节 般阳大戏院 …… 603
第六节 中华影城 …… 603
第七节 淄川齐纳国际影城 …… 603
第八节 淄川大地影院 …… 604

第九节　其他放映场所……604

第十二篇　人　物……607

第一章　历史文化名人……608

第一节　文化名人……608
第二节　历史文化名人著述……613

第二章　当代文化名人……617

第一节　中国工艺美术大师简介……617
第二节　中国陶瓷艺术大师简介……618
第三节　中国内画艺术大师简介……619
第四节　中国作家协会会员简介……619
第五节　中国摄影家协会会员简介……619
第六节　中国美术家协会会员简介……621
第七节　中国书法家协会会员简介……622
第八节　中国音乐家协会会员简介……623
第九节　中国戏剧曲艺家协会会员简介……623
第十节　淄川区地方文化学者简介……623
第十一节　省级艺术大师及协会会员名录……627
第十二节　当代文化名人著述……629

第十三篇　风土习俗……631

第一章　方　言……632

第一节　词语……632
第二节　常用词组……640
第三节　常用方言俚语……644
第四节　歌谣……645
第五节　谚语……651
第六节　歇后语……655

第二章　民　俗……659

第一节　节日习俗……659
第二节　婚姻习俗……664

第三节 嫁女习俗……666
第四节 喜庆习俗……668
第五节 殡葬习俗……669
第六节 社交习俗……671
第七节 禁忌习俗……672
第八节 称谓习俗……673
第九节 建房习俗……676
第十节 酒宴习俗……678
第十一节 集市习俗……679
第十二节 长命锁习俗……680
第十三节 祈雨习俗……681
第十四节 庙会习俗……682

第十四篇 乡镇街道文化概况……683

第一章 经济开发区……684
第一节 组织机构……684
第二节 大事记……685

第二章 洪山镇……690
第一节 组织机构……690
第二节 大事记……691

第三章 昆仑镇……697
第一节 组织机构……698
第二节 大事记……698

第四章 双杨镇……706
第一节 组织机构……706
第二节 大事记……707

第五章 罗村镇……711
第一节 组织机构……711
第二节 大事记……712

第六章 寨里镇……717

第一节　组织机构……718
第二节　大事记……718

第七章　龙泉镇……725
第一节　组织机构……725
第二节　大事记……726

第八章　岭子镇……735
第一节　组织机构……735
第二节　大事记……736

第九章　西河镇……747
第一节　组织机构……747
第二节　大事记……748

第十章　太河镇……759
第一节　组织机构……760
第二节　大事记……761

第十一章　般阳路街道……769
第一节　组织机构……769
第二节　大事记……770

第十二章　将军路街道……778
第一节　组织机构……778
第二节　大事记……779

第十三章　松龄路街道……788
第一节　组织机构……788
第二节　大事记……789

附　录……797

明清时期淄川文人书目……798
淄川区国家级、省级传统古村落保护名录……804

后　记……806

概　述

淄川区位于淄博市中南部，南依泰沂山脉，北抱鲁北平原，西靠泉城济南，东与青州接壤。南北最大纵距 42 公里，东西最大横距 49 公里，总面积 960 平方公里。辖 1 个经济开发区、3 个街道办事处、9 个镇，总人口 72.68 万人。

淄川有着悠久的历史，是中国历史上经济和文化都比较发达的地区之一。在漫长的历史长河中，淄川的先民们在这块热土上生生不息，奋斗不止，创造了灿烂的文明。同时，淄川人以宽广的胸襟和改革开放、不断进取的精神，积极汲取外来思想和文化，并在与地方民族、民俗文化相互交融中去其糟粕，取其精华，形成了独特的地域文化。遍布淄川大地的古遗址、古墓葬、古建筑、古文物和蜚声海内外的聊斋文化、鬼谷子文化、孟姜女文化等，便是其传统文化的标志和象征。1949 年中华人民共和国成立之后，在中国共产党的领导下，抚平战争创伤，恢复经济生产，文化事业也得以逐步发展。相继建立和健全文化机构，文化队伍不断壮大，文化设施不断完善，各项文化事业有了长足发展。1978 年以来，尤其是在习近平新时代中国特色社会主义思想指导下，党的各项文艺方针和政策给文化事业注入了新的活力。淄川区的文化人以其特有的睿智和坚韧不拔的精神，开拓进取，创造了昨日的辉煌，续写着今天和明天更加壮丽的篇章。

历史文化悠久厚重

在这悠久的历史长河中，淄川大地上曾经孕育出灿若繁星的杰出人物。其中有政治家、思想家、文学家、戏剧家、理论家、军事家、科学家、教育家等。如鬼谷子、郑玄、范仲淹、王樵、李清照、杨宏道、贾仲明、张至发、蒲松龄、王培荀、高珩、唐梦赉、孙蕙等。春秋时期，淄川人公皙哀是孔子大弟子；孟子游学登临位于淄川东坪的山峰，被世人命名为孟子山。战国时期，楚人鬼谷子曾一度游学至此，在梓橦山的山洞中讲学授徒，培养造就了孙膑、庞涓、苏秦、张仪等杰出军事家、纵横家、外交家，现存有苏相墓、庞涓墓以及将军头村等遗迹。东汉大教育家和大儒家郑玄，字康成，在淄川黉山创建教书育人的黉山书院，即郑公书院。写下誉满华夏名篇《岳阳楼记》

的范仲淹在其所写的《书澴州马岭镇夫子庙碑阴》一文中说“予幼居淄川郡”，是其随养父淄州长史朱文瀚在淄川长期生活的凭证。金石大家、宋代收藏家赵明诚曾任淄州知州，婉约派词人代表李清照曾随夫居于此。金末元初的淄川人杨宏道，著有《小亨集》，与元好问齐名，被称为当时的诗坛盟主。元初，还出了著名的大孝子东州逸党重要诗人王樵。蒲松龄的祖先蒲鲁浑和蒲居仁，都曾任过般阳路总管，因而才有“总管般阳路，家藏志异书”的联句。元末明初，淄川还产生了大剧作家、戏曲评论家贾仲明，写下了著名的《录鬼簿续编》。明清时，此地更是科甲蝉联，盛况空前。淄城张家出了内阁首辅张至发、文人张绂、诗人张笃庆、教育家张元。移居淄城的孙家，祖孙四代出了翰林馆试第一的孙光辉、兵部尚书孙之獬、左通政孙珀龄、名人孙琰龄等。清代蒲家庄产生了以文言短篇小说《聊斋志异》闻名于世、博得“世界短篇小说之王”美誉的文学家蒲松龄。淄西毕家出了户部尚书、著有《石隐园藏稿》诗文集的毕自严。还有田园画家毕柳村、著有《志壑堂》诗文集的翰林院检讨唐梦赉。淄南出了宝应县知县、后被提拔为户部给事中的孙蕙。淄北高家出了浙江巡抚高举、淮安知府高捷、著有《栖云阁诗文集》的吏部和刑部侍郎高珩等。韩家出了太原知府韩萃善、辽东巡抚韩取善等。清代画家王敏入为乾隆《淄川县志》绘制了《般阳二十四景图》。史学家和著作家王培荀留下了《乡园忆旧录》等众多著述。“以医名世”的翟良著有《经络汇编》《本草古方讲义》等诸多医学著述。教育家孙迺琨受业于鸿儒贺瑞麟，从事教育五十余年，其著述有《周易讲义》《灵泉文集》等 10 多部。还有文学家、主笔续修《淄川县志》的史志家、收藏家袁藩，天津知府、书法家邹振岳，等等。20 世纪 20 年代初，中国共产党的创始人王尽美、邓恩铭先后来到淄川传播马列主义，创建了直属中央领导的“中共淄博矿区支部”。此后，在中国共产党领导的新民主主义革命中，又先后涌现出了“特等战斗英雄”“爆破大王”马立训、中共淄川特支书记车希贵、罗村妇救会长刘志霞等一大批革命先烈。正是这些杰出人物与勤劳、智慧的淄川劳动人民一起，创造了博大精深的淄川地域文化。

民间文化灿烂辉煌

淄川地区的民间传统文化厚重而多彩。千百年来，历代劳动人民在生产和生活中，以他们的勤劳和智慧创造了绚丽多姿的民间、民俗传统文化艺术。从艺术门类分，大致可分为文学艺术、戏剧曲艺、音乐、舞蹈和工艺美术五大类。民间戏剧曲艺包括地方传统剧种和说唱、杂技、魔术等。在地方传统剧种中，闻名全国的独有剧种五音戏是其代表，另外还有吕剧、笛梆子戏、吟腔戏等。淄川的聊斋俚曲是国内独有的说唱艺术形式。淄川的民间舞蹈可谓丰富多彩，主要包括龙灯、舞狮、旱船、蝴蝶舞、磁村花鼓等。民间音乐包括民歌、器乐、说唱、歌舞和戏曲音乐等。淄川的民歌题材广泛、形式多样、风格别致，是中国民间音乐宝库中的瑰宝。淄川的民间工艺美术更是异彩纷呈。陶瓷琉璃造型艺术、彩绘艺术、刻瓷艺术、内画艺术、奇石盆景、雕塑、剪纸等都是淄川民间工艺美术门类中的重要组成部分。除上述民间艺术之外，还有许多民间传统的文化娱乐形式和民间习俗，如闹元宵、挂花灯、赶庙会等，都是淄川地区民间传统文化艺术的重要内容。淄川区的民间传统文化艺术，具有鲜明的地域特色和较高的艺术品位。淄川的民间剧种五音戏，原是民间俗曲小调，经过几代艺人、艺术家的探索和创造，现已演变发展成为闻名遐迩的戏剧艺术。淄川的陶瓷、琉璃艺术在全国有很高的地位，这里聚集着一大批国内一流的陶瓷琉璃艺术大师。淄川的瓷雕艺术、彩绘艺术、刻瓷艺术、内画艺术代表着国内最高水平，被誉为陶琉艺术之乡。

淄川区委、区政府对民间传统文化艺术的保护和发展非常重视，组织专门人员挖掘整理了大量的民间传统文化艺术资料，对重点民间艺术品种，投入大量的人力物力进行研究和扶持，民间传统文化艺术有了很大的发展。特别是改革开放之后，进一步加强了民间传统文化艺术领域的研究和投入，多次召开理论研讨会，举办各种民间艺术展览和会演，积极参与国内外文化交流，抢救、挖掘、整理出了一大批优秀的民间传统文化艺术项目，民间传统文化进入大发展大繁荣的新阶段。

当代文化繁荣昌盛

中华人民共和国成立后，淄川的经济迅速崛起，文化事业也在区委、区政府的领导与支持下得到快速发展。传统文化在继承和发展过程中焕发了新的生机：文学创作步入了新的历程，创作出一大批颇有影响的力作；戏剧创作、演出、音乐、舞蹈、美术等文化艺术门类硕果累累；群众文化空前活跃，异彩纷呈；文博、图书、电影等事业稳步提升；文化市场繁荣有序，各项文化事业协同发展。

淄川区的文学创作大致分为三个时期。从中华人民共和国成立之初到 1966 年，是创作队伍形成发展时期。在这一时期，虽然创作队伍还很薄弱，在全国有影响的作品也较少，但是，广大文学爱好者在毛泽东《在延安文艺座谈会上的讲话》精神指引下，创作热情空前高涨，出版了一批中短篇小说及诗歌、散文等，迎来了淄川历史上文学创作的第一个春天。这一时期的代表作品主要有李文发表于《山东文学》《萌芽》《作品》的《三提媒》《春种秋收》《他决意迟到一次》等。1966 年至 1976 年，淄川的文艺创作活动陷入低谷。1978 年到现在，广大文学工作者和业余作者积极解放思想，锐意进取，文学创作出现了空前繁荣的局面，每年都有数部（集）优秀作品问世，如长篇小说《醒狮》《蓼花河》《山川风云》《呼啸北洋》《话说赵宋王朝》，中篇小说《闲话卧虎沟》《栓子的野心》《铁血般阳》等。还有众多的短篇小说、诗歌、散文、报告文学、儿童文学、文学理论研究等发表。

淄川区的文艺工作者在全国、省、市等各级各类文学大赛中屡获佳绩，先后有李文、王维芝、彭延文、王继训、袁延民等 16 名文化工作者加入了山东省作家协会。淄川籍作家郑峰、谭延桐、刘功业、王冰、路应智、李清河加入了中国作家协会。从淄川走出去的中国作家协会会员陈宜新获得泰山文艺奖。王冰、谭延桐已成为中国文学界有代表性的人物。据不完全统计，从中华人民共和国成立初到 2019 年年底，出自淄川籍作者笔下的文学作品达 98 部（集），这些作品大都在全国发行，有的已传播至海外，有些作品荣获省级、国家级奖励。全区编纂出版史志类著述95部；在市级以上报刊发表贴近人民、贴近生活、贴近现实的文学作品18200余篇，出版个人专著176部。

中华人民共和国成立初期，淄川区按照党的文艺方针、政策，对活跃在城乡、厂矿的戏班以及地方的小剧团进行了改组。随着社会的不断发展，先后成立了淄川前进京剧团、聂村业余剧团、洪山地区吕剧团、淄川服装城京剧团、淄川区聊斋俚曲剧团等30多个团体。戏剧创作人员与演职人员一起，深入基层，深入生活，创作和排演了一大批贴近生活、反映时代主旋律、群众喜闻乐见的剧（节）目。诸如聊斋俚曲戏《求骂》《王六郎》《带着奶奶做新娘》《丫头大主任》《新编墙头记》，传统京剧《六月雪》《玉堂春》，现代京剧《红灯记》《沙家浜》《智取威虎山》，说唱剧《学究自嘲》等。聊斋俚曲戏《求骂》获得第二届泰山文艺奖、第十届中国艺术节山东省“星光奖”金奖、华东六省一市戏剧大赛银奖,《王六郎》获得第五届山东省泰山文艺奖地方小戏三等奖。在全市新创作小戏优秀剧目展演中淄川区历届都有展演剧目获奖。

群众文化活动丰富多彩。淄川区自古以来就有民间传统扮玩的习俗，改革开放初，民间扮玩习俗再次在民间自发兴起。自1983年开始，由区里组织民间艺术进城扮玩、元宵节灯展、民间戏会等传统文化活动，至今已连续举办30余届次。从2004年开始，又先后增加具有较高艺术水平的春节联欢晚会、社区文化艺术节、老年艺术节等大型群众活动。在此基础上，结合每年重点宣传主题和重大节庆活动，组织开展纪念抗日战争暨世界反法西斯战争胜利70周年、般阳清风廉政文化教育系列活动、庆“七一”和庆国庆书画、摄影展以及各类文艺演出活动。

淄川区的书画摄影艺术创作队伍是中华人民共和国成立以后逐步发展起来的，形成了以协会、书画院为龙头，业余创作队伍为基础的实力雄厚的创作群体。据不完全统计，截至2019年年底，全区已创作艺术作品26000余件，有省级以上获奖作品1300余件。许多作品被中国美术馆等高等艺术殿堂收藏，数十位作者到全国各地及国外举办展览及讲学。现有中国美术家协会会员13名、中国书法家协会会员8名、中国摄影家协会会员9名。

淄川区的电影发行、放映工作，在淄博市是起步比较早的。从1928年淄川县政府到济南购置第一台电影放映机到2019年，淄川先后建起了淄川影剧院（后改建成般阳大剧院）、淄川影院，以及城一村投资2134万元建成的淄博最大的娱乐场所——中华影城；各类放映单位从几家发展到75家。自2016年成立淄川初心电影放映有限公司，负责农村公益电影放映工作，截至2019年，共计放映18192场次。

淄川是个千年古县、历史文化名城，文物资源十分丰富。截至2019年年底，全区共发现各类文物点893处，各级文物保护单位216处，非物质文化遗产项目国家级4项、省级13项、市级41项、区级94项。全区现有博物馆、纪念馆24处，其中国有博物馆7处、非国有博物馆7处、乡村记忆博物馆10处，藏品总数2.2万件（套）。

淄川区的文化市场发端于20世纪80年代初。截至2019年年底，全区共有各类文化市场经营单位232家，形成了国有、集体、私营、个体等多种形式并存，协同发展的格局。在行业门类上，形成了娱乐、音像、印刷发行、美术品和网络文化等门类齐全、高中低档兼备、满足不同群体需求的综合性文化市场体系。淄川区的文化市场管理体制也由单一的传统文化娱乐市场的行政执法，演进为文化、新闻出版、广电、旅游、文物市场等领域的综合执法管理。

淄川区的旅游业发展也十分迅速。从洪山镇蒲家村兴建聊斋城，到“北方九寨沟”峨庄瀑布群景区的轰动效应，到“梦泉模式”在全省推广，再到潭溪山、齐山、牛记庵、芸弘山房、上舍民宿等精品大景区和民宿的建成开放，淄川旅游目的地建设成效显著，产生了良好的社会效果及显著的经济效益。至2019年，全区共建成国家AA级以上景区12处，现有省级旅游强乡镇2处、省级旅游特色村12处、省级工农业旅游示范点21处。接待游客量由1986年的28万人次增加到2019年的864万人次，收入由13.2万元增加到97.45亿元。先后被评为全省乡村旅游示范区、首批全省全域旅游示范区。

淄川对外文化交流工作取得可喜成绩。1952年，李佐泉创作的国画作品《雄鹰》，由外交部门作为国礼赠送给友好邦交国家阿尔巴尼亚。1988年12月，毕玉梓编排，孙即树、陈义前主演的舞蹈《雄鹰迪斯科》参加全国第二届残疾人文艺会演，获创作一等奖，并到俄罗斯演出。1979年，陈贻谟的瓷雕作品《张衡》《双牛》《卧虎》《鸵鸟》被外交部选为国礼赠送国际友人。1981年，张明文的座盘《马克思像》在联邦德国展出。1982年，李梓源创作的刻瓷作品《五头文具》参加联邦德国慕尼黑第34届手工艺国际博览会获金质奖章。1989—1991年，张广庆先后应奥地利维也纳怡鼎画廊，联邦德国竹桥书苑、林登博物馆和斯图加特大学的邀请，举办个人内画艺术作品展览，被称为“西欧个人内画展第一人”。其间，应驻联邦德国大使所托，为该国总统、总理等党政要人制作礼品10余件，多件作品被收藏。在泰国曼谷举办个人展览时，受到公主诗琳通的特别接见。张广庆内画艺术研究院、玉壶斋、惜如斋等单位的内画艺术品销往美国、德国、俄罗斯、澳大利亚、韩国、日本等国家。张广庆、孙卫东等曾多次到美国、德国、法国等国家表演内画技艺，被国际友人誉为“神秘不可思议的艺术”。这些文化交流活动的开展，既促进了淄川的对外开放，也推动了当地文化艺术事业的发展。同时，对于淄川人更好地了解世界、学习和借鉴外国的优秀文化艺术成果、增进与世界各国人民之间的友谊起到了重要的桥梁和纽带作用。

综上所述，淄川文化事业从小到大、从少到多、从弱到强的嬗变轨迹，充分彰显了党和政府对文化工作的高度重视，体现了淄川数代文化人积极进取的精神和辛勤的劳动，极大满足了人民群众的精神文化需求，对于全区物质文明和精神文明的建设，有着十分重要的现实意义和深远的历史意义。

大事记

西汉景帝二年（公元前155年）

《汉书》载:“济南郡，故齐。文帝十六年别为济南国。景帝二年为郡，……县十四……般阳。”这是般阳县建置最早的文字记载。

新王莽始建国元年（9年）

改般阳县为济南亭。

东汉建武元年（25年）

济南亭改为般阳县。

魏景初二年（238年）

新沓民由辽东渡海来归，置新沓县（今罗村庄西南）。

南朝宋永初元年（420年）

清河郡及其所辖贝丘、绎幕、鄃、武城诸县侨置于般阳县境。

南朝宋元嘉五年（428 年）

改般阳县为贝丘县。

隋开皇十六年（596 年）

设淄州，治于般阳城。

隋开皇十八年（598 年）

改贝丘县为淄川县，以境内淄水而得名。

隋大业二年（606 年）

撤淄州，所辖县改属齐郡。

唐武德元年（618 年）

复设淄州，辖淄川、长白、莱芜三县。

唐武德六年（623 年）

废长白、莱芜二县。

唐天宝元年（742 年）

改淄州为淄川郡，辖淄川等四县。

唐乾元元年（758 年）

复为淄州，属河南道，辖淄川、长山、高苑、邹平四县。

北宋政和五年（1115 年）

县辖金岭、张店、颜神三镇。

元世祖至元元年（1264 年）

升淄州路，置总管府，治所在淄川城。

元世祖至元二年（1265 年）

改淄州路为淄莱路，辖莱、登二州及长山等四个直辖县。割淄川县之怀德、孝妇二乡归青州府益都县。

元至元二十四年（1287 年）

改淄莱路为般阳路，辖莱、登二州及淄川、长山等十一县。

元至元二十九年（1292 年）

般阳路总管移剌铁木尔建州学，重修先圣庙，赵孟頫撰写碑记。明朝初年改为淄川县学。

元至正六年（1346 年）

蒲鲁浑任般阳路总管。

元至正二十四年（1364 年）

改般阳路为淄川州，淄川县附郭，翌年州废，淄川县改属济南府。

明洪武九年（1376 年）

淄川州改称淄州，辖淄川等四县。

明洪武十年（1377 年）

撤淄州，淄川县属济南府。

明永乐十八年（1420 年）

农民起义领袖唐赛儿（女）于闰正月在淄川东部卸石棚（今太河镇内）、唐王寨等山头聚众起义，以抗官兵。

明弘治十年（1497 年）

知县杨武主持拓建文庙。

明弘治十四年（1501 年）

重修淄川城，规制如龟，称“龟形城”。城门用砖砌成，设更楼，楼上有匾，标四门之名，东曰迎仙，南曰迎薰，西曰迎清，北曰迎恩。

明嘉靖二十五年（1546 年）

淄川县原有县志未刊印，存稿亦残。知县王琮召人于三月始续修，分上下两册刊印。

明嘉靖三十九年（1560 年）

知县孙孝召集邑人王君赏、司守道、马经邦、刘芳、封蓟、王嘉宾、王载扬等重修县志。

明嘉靖四十四年（1566 年）

在城南般河上筑石坝障水，引流绕城东、北下西注入孝妇河，利民灌园浇树，时称官坝。

明万历三十一年（1603 年）

知县朱万春主持，召集刘九官、濮阳棘、任照、鲍齐贤、程时敏、李贞吉、王教续修县志，王教作序。

明万历四十三年（1615 年）

六龙桥于年内动工兴建，因故终止未能竣工，直到天启六年（1626 年）续建完工。桥长 13 丈 9 尺 7 寸，宽 2 丈 4 尺，有孔 15 个。

明崇祯九年（1636 年）

知县韩承宣将淄城原土城改建为石城。城高 3 丈 2 尺，基广 6 尺。女墙至边共阔 1 丈 6 尺，周围 8 里。外壕深 1 丈 5 尺，阔 1 丈。城下筑岸 2 丈有余，甃石护之，内外坚致。四门：东内曰黉山，外曰书带；南内曰甘泉，外曰淑圣；西内曰孝水，外曰沙堤；北内曰万年，外曰拱极。

明崇祯十一年 (1638 年）

知县杨蕙芳主持建空心楼 11 座，分布于城墙四周，每楼设炮眼 24 个。

明崇祯十三年（1640 年）

著名文学家蒲松龄诞生于县东蒲家庄。

清顺治四年（1647 年）

六月，高苑义军领袖谢迁兵临淄城。谢迁派人潜入城内，半夜时分从城墙上垂绳引军而上，淄城即被攻占。

清康熙二十五年（1686 年）

邑人毕际有撰《淄乘徵》。

清康熙二十六年（1687 年）

知县张嵋召集唐梦赉、毕际有、袁藩、张绂纂修《淄川县志》。

清康熙三十一年（1692 年）

知县周统建般阳书院。

清康熙三十九年（1700 年）

知县赵锡仁主持改建六龙桥，将砖面桥改为石板桥。

清雍正十二年（1734 年）

赵庄、簸箕掌等 17 个村划归博山县辖。县以下由乡改为路，全县由 8 个乡划为 10 个路。

清乾隆八年（1743 年）

知县王康召邑人高肇晊、孙宏瑾、孙宏绶、张道元、沈曾育、韩维埰、张臣羲、李师浑、毕海珖、王勖、王谢诗等续修县志。

清乾隆四十一年（1776 年）

知县张鸣铎召集邑人张廷寀、王佳宾、毕海模、王廷楠、翟建书、穆省身、高贻荣等纂修《淄川县志》。

清咸丰十年（1860 年）

冬，城郊纸坊村人刘德培集结民众 2000 余人，“闹漕”抗税。

清同治元年（1862 年）

七月十三日，刘德培率众占领淄城。九月九日杀县令李凤韶。刘德培自立为“大汉德主”。

清同治二年（1863 年）

二月，捻军一部自费县到淄川。三月，捻军李成部分人马为援助刘德培抵抗清军围攻，进入淄城内。六月二十二日夜，刘德培起义军自东门突破清军僧格林沁之围东去，次日行至井筒村附近，被清军围阻，经苦战不得脱身，刘德培自刎。

清光绪三年（1877 年）

清廷创办淄川煤矿和铅矿。

清光绪十四年（1888 年）

淄川煤矿开始用机器采煤。

清光绪二十四年（1898 年）

西医西药传入淄川，淄川基督教堂设立了西医门诊部。

清光绪二十五年(1899 年)

十月十日，德国人在山东设立德华矿务公司，资本 12 万马克，当年开始在洪山附近打钻探矿。

清光绪二十六年(1900 年)

袁世凯与德国人开办的德华矿务公司签订矿章二十条款，从此淄川境内的煤炭资源和开采权被德帝国主义控制。

清光绪二十九年(1903年)

修筑张博铁路支线。

清光绪三十年(1904年)

般阳书院改为淄川县高等学堂。

知县王荩臣召人创修《淄川乡土志》。

德国人在洪山建井采煤，修筑三里沟至洪山的铁路线，在洪山开设“炭矿医院”。

清光绪三十一年(1905年)

知县王荩臣创办民立学堂，时有50余所。

清光绪三十二年(1906年)

德国人在洪山煤矿设电气厂，这是淄川的第一台发电设备。

清光绪三十四年(1908年)

八月，淄川自新习艺所创建，产品有线带、布条、辫穗、筐席。

清宣统元年(1909年)

在洪山建立发电厂。

清宣统二年(1910年)

县设劝学所，司教育。

清宣统三年（1911 年）

邑人王敬铸纂修《淄川县志》。

县内政事纷变，一年内县令换了三次。清王朝灭亡，清朝县衙至此结束。

1912 年

山东省都督周自齐委任湖北人叶锡年为第一任县知事。县商会建立。

1913 年

驿站、铺舍裁撤，废除府州改为道。

1914 年

9 月，德国人撤离淄川县。

11 月，日本人取代德国人进占淄川矿区。

是年，日本人在洪山、金岭等设立邮便局，时称“客邮”。

是年，淄川县属济南道。

1916 年

5 月 19 日，山东讨袁（世凯）大都督吴大洲的部队（护国军）进驻淄川。

1919 年

1 月，淄川县由小县升为中县。

是年，日本人在洪山开采铁矿石。

是年，淄川县各界人士集会，声援北京学生运动。

1920 年

知县方作霖主持续修《淄川县志》并作序、刊印。

日本人建“淄川炭矿股份有限公司”，除原有洪山矿外，又开了华坞岭矿。

县保团建立，下设 10 个分团，为地方绅士武装。

1921 年

年末，王尽美陪同罗章龙到淄川矿区考察矿业产业工人的生活状况，物色工人运动先进分子。

1922 年

5 月，中共山东省党组织派王用章到洪山矿区负责开展淄博矿区的工人运动。

6 月 25 日，淄川、博山一带煤矿工人，在中共一大代表、中国劳动组合书记部山东支部主任王尽美的领导下，在洪山镇马家庄旧机器图算学校内召开矿业工会发起会，到会工人代表 250 余人。

7 月 9 日，中国劳动组合书记部山东分部创办的《山东劳动周刊》第一号出版，刊登了王尽美撰写的《矿业工会淄博部开发起会志盛》一文。

8 月，中国共产党一大代表、山东党组织负责人之一邓恩铭到淄川（此时邓恩铭的叔父黄泽沛任淄川县知事），深入矿区调查煤矿工人的劳动生活状况，向工人宣传革命道理。

是年，悦升公司动工修筑西（河）昆（仑）专用铁路。

1923 年

2 月，王用章在洪山介绍周宪章加入中国共产党，周宪章为淄川地区第一名共产党员。

10 月，王尽美介绍矿工史长森加入中国共产党。

年底，邓恩铭组织昆仑炭栈装卸工人抗交所谓教育捐，用争得之款办起了昆山两级小学。

是年，西（河）昆（仑）轻轨铁路建成，全程 12.5 公里。

1924 年

3 月，中共山东省委派李英杰、张洛书等人到洪山矿区组织工人运动，发展党员 10 余人。以顾炽（顾永增）为首成立“学艺研究社”，掩护革命活动。卢福坦、沈延岑、黄文等人为该社骨干。

7月，中国共产党淄博矿区支部成立，后改称淄川支部、淄川矿区支部。

9月，《中国工人》发表了《淄川工人的劳动组合》一文，记述了淄川工人在中国共产党的领导下同中日资本家进行斗争的情况。

1925年

7月，中共淄博矿区党组织在昆仑分矿建立了石谷支部，刘兆章负责。

9月，“淄川炭矿工人俱乐部”在洪山镇三马路建立。

12月，共青团济南地委特派员朱霄到淄川矿区开展工人运动，建立了淄川团支部，团员9人，相继又建立了石谷、西河团支部。

是年，悦升公司建西河发电厂。

1926年

5月上旬，淄川炭矿工人俱乐部李子珍出席全国总工会在广州召开的第三次全国劳动大会。

1927年

3月，淄川炭矿在“工人俱乐部”的基础上成立了“工会执行委员会”，下设9个分会。

5月6日，工人在南庙(洪山镇马家庄南)、洪山、淄川、大昆仑、西河、华坞等纵横几十里的矿区内纷纷集会，开展斗争。

1928年

4月下旬，淄川矿区党支部串联南旺、石谷、洪山等矿的工人，在炭矿事务局南门外余盛街成立了“淄川炭矿工会”，入会者300余人。

6月18日，淄川炭矿工人共产党员黄文作为山东代表出席了在莫斯科举行的中国共产党第六次全国代表大会，并被选为大会财政审查委员会委员。

6月下旬，淄川炭矿工会组织400余名工人在南庙举行罢工。

1929年

5月，成立共青团淄川炭矿特别支部。

6月，中共山东省委书记刘谦初来到淄川开展工作。

7月，因叛徒出卖，淄川党的组织遭到严重破坏。

是年，淄川县初级中学建立。

是年，淄川县图书馆和国剧研究社成立。

1931年

淄川县原辖10路改为9个区。

1932年

县长赵国祯按照山东省训令在瓦村办民众教育实验区，实行政、教、富、卫统一管理。

国民党淄川县党部成立。

1933年

10月，建立中共淄博特支，张天民任书记。

1934年

国民党淄川县政府推行军政合一体制，区公所改称区队部。

1935年

5月13日，鲁大公司所属北大井发生透水事故，造成矿工536人死亡。

1936年

7月，中共山东省委派张天民重返淄川到洪山矿区发展了一批党员，建立了党的支部。后又深入佛村、洪沟一带农村发展党员。

1937 年

10 月，以洪山煤矿为中心成立中共矿区工作委员会，下设洪山、洪沟、佛村 3 个支部。

11 月 20 日，国民党驻军奉山东省府令，炸毁淄川、南定两矿。

12 月，淄川二、九区组成山东人民抗日游击队第四中队。

12 月 27 日，国民党淄川县政府人员弃城出逃。日本侵略军占领淄城。

是年，罗村、杨寨一带的“铁板会”重新兴起，号召信徒、民众抗日保家。

是年，全县进行土地陈报，将所有土地重新丈量，绘图表。

是年，中共洪山矿区支部开办工人夜校，在工人中组织抗日救国会。

是年，日军侵占淄城后，高福斋组建伪淄川县治安维持会。

是年，邑人纂修《淄川县志》已成稿，未付梓，篇帙尽失。

1938 年

1 月 31 日，日本侵略军制造河东惨案，残杀百姓 276 人。

2 月 2 日，日本侵略军制造杨寨惨案，残杀百姓 169 人。

2 月 4 日，日本侵略军制造龙口惨案，残杀百姓 57 人。

3 月 15 日，山东人民抗日救国军第五军司令员廖容标率部队攻入淄城，解放淄川。

4 月初，中共山东省委机关和八路军山东抗日游击队第四支队同廖容标率领的抗日救国军第五军一部会师于磁窑坞附近的马棚、张李庄。

6 月 26 日，日本侵略军制造黄家峪惨案，残杀百姓 244 人。

6 月 29 日，日伪淄川县公署在洪山建立。

6 月，中共淄川县委建立，初称“淄益边县委”。对外称八路军驻淄办事处。

12 月 27 日，召开淄川县妇女代表会，会议向全县妇女发出了“动员男人上前线，帮助抗日军”的号召。

是年，淄博矿区武装部建立。

是年，淄川县工、农、青、妇等群众抗日救国团体相继成立。

1939 年

3 月 30 日，国民党反共顽固派秦启荣指使所属王尚志部在太河镇伏击八路军山东纵队第三支队南下受训的干部及护送部队 270 余人，制造了震惊全国的“太河惨案”。

6月，淄川县抗日民主政府在淄川东部的井筒村成立。

8月，国民党反共顽固分子秦启荣部队围攻淄河流域的八路军山东纵队第三支队制造了“淄河事件”。

9月1日，泰(安)莱(芜)历(城)章(丘)淄(川)博(山)新(泰)七县联合办事处成立。

1940年

3月18日，淄川县宪政促进筹备会成立。

6月，中共淄川县委、淄川县抗日民主政府由淄川东部迁至淄川西部镇门峪。淄川东部设淄东行署，后淄东地区归益(都)临(朐)淄(川)博(山)四县联合办事处。

1941年

春，国民党新编第四师(吴化文部)在峨庄一带制造无人区。

4月1日，中共淄博矿区党委成立。

4月，洪山煤矿第一坑（井）发生重大透水事故，淹死矿工300余人。

5月，淄川县临时参议会成立。

9月18日，伪军出动1万余人，对淄川西部地区发动了空前残酷的“九一八”大扫荡。

1942年

春，八路军泰山军分区一部智取马鞍山。

4月，中共中央代表刘少奇到山东指导工作，在临沭县听取了关于淄博矿区工运情况的汇报。

11月9日，日伪军2000余人，在重炮、飞机的配合下向马鞍山发起攻击，驻守在山上的抗日部队伤病员和部队家属40余人，在八路军山东军区一旅二团副团长王凤麟的指挥下，英勇抗击了两天一夜，杀敌百余人，终因弹药耗尽而失守，除少数人脱险外，其余壮烈牺牲。

是年，博山县原山区、章丘县青山区、莱芜县茶叶区和台头区先后划归淄川县。

是年，淄川县抗日民主政府成立战时邮局。

1943年

10月，中共淄西工作委员会、淄西办事处建立。

是年，伪山东省实业厅会同伪县建设科调集民夫修建从孝妇河沿兴隆村至般河岸上的水渠，欲将旱田改为稻田，时称查王灌渠。

是年，淄川县武工队建立。

1944 年

12 月 6 日，鲁中军区部队智取马鞍山，生俘伪军一个排。

1945 年

7 月 7 日，马鞍山抗日烈士纪念塔建成。

8 月 20 日，日本政府宣布无条件投降，驻淄川矿区的日本侵略军开始撤离。

8 月 24 日晚，八路军山东军区第三师收复西河煤矿。

8 月 25 日晚，八路军山东军区三师七团在淄川县抗日武装的配合下，包围驻守淄城日伪军，26 日晨攻克淄城，第二次解放淄川。

8 月，原山区、青山区、台头区、茶叶区划回原所属县。

9 月 12 日，八路军部队撤出，次日国民党军队进占淄川城和洪山镇。

9 月 13 日，国民党军警备十二旅护卫程学通（挺进 28 纵队）、潘树勋部进占淄川城和洪山镇。

9 月，淄川人民欢庆抗日战争胜利。

是年，中共淄川县委领导全县人民开展反奸诉苦和减租减息运动。

1946 年

1 月 11 日，八路军鲁中军区九师解放洪山镇。

1 月 12 日，八路军鲁中军区九师攻克淄城，第三次解放淄川城。

2 月 17 日，淄川县委和鲁中军区九师在淄城体育场召开军民大会，庆祝减租减息和反奸诉苦斗争的胜利。

6 月，中共淄川县委根据中共中央《关于土地问题的指示》在千峪村进了土地改革试点。

7 月 9 日，国民党军队占领淄城。淄川县民兵上前线配合主力部队作战，鲁中军区、鲁中区武装部通令嘉奖淄川民兵。

是年，国民党淄川县政府将下设的 10 个区并为 4 个区，区下辖 20 个乡。

1947 年

2 月 24 日，解放军华东野战军第四次解放淄城。中共淄川县委、淄川县政府机关进驻淄城。华东野战军进入淄博地区休整，华东野战军机关驻洪山镇蒲家庄。

3 月 8—12 日，华东野战军在洪山村召开了前委扩大会议。

4 月，全县掀起了土地改革高潮。5 月分配土地，6 月进行复查。

5 月，全县有 1.4 万人组成担架队，分两批支援前线。

7 月，国民党军大举进攻，中共淄川县委、淄川县政府撤出淄城。

8 月，国民党新五军十一师占领淄城。

1948 年

3 月 4 日，蟠龙区罗村妇救会会长刘志霞被“还乡团”逮捕杀害。

3 月 21 日，第五次解放淄城。华东野战军七纵十九师在鲁中部队的配合下，于 3 月 12 日对淄城实施包围，经 10 天激战，于 3 月 21 日晨攻克淄城，全歼守敌 12045 人。中共淄川县委、县政府进驻淄城。

12 月 5 日，淄川县总工会成立。

是年，全县解放后，县政府大力恢复和发展教育事业，相继建起了公办、民办小学。

1949 年

4 月，淄川新华书店建立。

6 月，县政府在淄城西街设职工医药合作社，并在此基础上于次年建成淄川县医院。

10 月，全县中共党的组织活动公开，全县人民欢庆中华人民共和国成立。

10 月，中国新民主主义青年团淄川县工作委员会建立。

11 月 26—30 日，中共淄川县委召开首次全县党员代表会议。

是年，本县组织干部南下支援解放区。同时城乡掀起了参军高潮，共有 2200 人参加了中国人民解放军。

1950 年

1 月，淄川县建立大众阅览室。

2月28日—3月5日，淄川县首届第一次各界人民代表会议召开。

3月，中共淄川县委、县府决定，自本月起将淄城、佛村、龙泉、昆仑、杨寨、冲山、萌山、商家、蟠龙、崔军、蓼河区分别改称为第一至十一区。

3月31日，淄川县府发出《关于一九五〇教育工作计划》。

4月1日，山东省总工会企业民主改革工作队进驻洪山煤矿，推行民主改革，推举工人代表参加矿山管理，废除封建把头制。

5月1日，区委号召宣传贯彻《中华人民共和国婚姻法》。

11月28日，山东省人民政府发布命令，将博山市区、淄川城、洪山矿区划为淄博市。

1951年

2月，各乡通过民主选举，相继建立乡政府。

5月1日，淄川县召开庆祝“五一”国际劳动节大会。

5月10日，淄川县委组织全县统一行动，一举取缔了县内各种反动道会门组织。

5月，淄川县建立人民文化馆。华东军区政治委员会文化部赠文化馆图书300余种。

6月24—26日，淄川县首届第三次各界人民代表会议召开，会议决定在全县开展抗美援朝捐献活动。捐献了战斗机一架，高射炮一门。

6月，山东省电影教育工作队、省中苏友好协会电影队到淄川巡回放映电影。

7月15—18日，淄川县第一次妇代会在县机关礼堂召开。

8月下旬，淄川县委召开各区委书记、宣传委员参加的全县宣传工作会议。会后，各级党的领导机构设立了中心学习组和报告员，各支部设立了宣传员。

11月，昆仑文化站建立。

11月，全县结束土地改革，县人民政府向农民颁发土地房产证。

12月9—14日，淄川县第二届第一次各界人民代表大会召开。山东省人民政府通知，淄川县各界人民代表会议代行人民代表大会职权。

12月，共青团淄川县第一次代表大会召开。

1952年

1月，淄博第二速成师范学校建立 。

2月1—14日，由县委宣传部牵头，团县委、文化馆等单位的干部参加，携带2部收音机、1部幻灯机和若干抗美援朝时事图片及生产知识挂图，先后到工矿地区进行宣传，使31500人收听了广播，观看了幻灯、图片。

1952 年，淄川召开各界人民庆祝中华人民共和国成立三周年纪念大会

1952 年 9 月 1 日，淄川第一所中等学校——淄川中学开学。1955 年，改为淄博四中。图为学校南门

2 月，开展“三反”“五反”运动。

3 月，淄川西关由私人建立大华戏院。

8 月 18 日，在朱家庄北修建淄川烈士陵园。1963 迁至杜坡山。

8 月，沣水、太河文化站建立。

9 月 1 日，中华人民共和国成立后由人民政府在淄川创建的第一所中等学校——山东省淄川中学开学。

10 月 1 日，淄川县召开各界人民庆祝中华人民共和国成立三周年纪念大会。

10 月 18 日，全县在西关召开第一次物资交流大会，与会人数达 21 万人。

11 月 7 日—12 月 6 日，开展“中苏友好月”宣传活动。

1953 年

1 月 13—18 日，淄川县第三届第一次各界人民代表大会召开。

1 月，桓台县七区 9 个乡划归淄川县，被列为淄川县第十二区。

2 月 20 日，淄博矿务局在洪山镇建立。

4 月 18 日，开展全县“新三反”运动。

5 月，省政府拨款修复蒲松龄故居。

8 月，全县开展扫除文盲运动。

1953 年，全区开展扫除文盲活动，图为西关镇速成识字班合影

8 月，省政府决定由一个拥有 16 毫米放映机的电影放映队负责淄川地区电影普及放映工作。

10 月，淄川民间剧团“前进京剧团”建立，演员 30 余名。

是年，全县进行第一次土壤普查。

1954 年

2 月 4—9 日，淄川县第一届人民代表大会第一次会议召开。

3 月，淄博瓷窑厂在淄川大昆仑原淄博硫磺厂旧址动工兴建。

10 月，在城郊泉龙庄建立全县第一个农村中心俱乐部。

是年，大临池以北 35 个村庄划归长山县。

是年，蒲松龄纪念馆修复完成。

1955 年

2 月 28 日，蒲松龄故居正式对外开放。

3 月 1 日，县内开始使用新人民币。

3 月，博山博光剧场并入淄川大华戏院。

4 月，淄博瓷窑厂（现淄博瓷厂）在昆仑镇建成投产。

4 月，淄川县撤销。分为洪山、昆仑、杨寨 3 个市辖区。

5 月，成立杨寨、洪山、昆仑 3 个市辖区文化馆，原县以下的文化馆撤销。

9 月，中共杨寨、昆仑、洪山区委传达贯彻毛泽东主席《关于农业合作化问题》的报告。

12 月，农业合作化运动形成高潮，普遍建立高级农业生产合作社。

是年，开始实行义务兵役制，并进行了试征工作。

1956 年

2 月，淄博市委、市政府决定撤销杨寨、昆仑区，保留洪山区，建立淄川区。淄川区下辖淄城镇、金岭民族乡和查王、蕉庄、域城、岳庄、王村、杨寨、傅家、池子头、官庄、沣水等 10 个办事处，区机关驻淄城。洪山区下辖洪山、罗村、寨里、昆仑、大奎、西河、龙口等 7 个办事处，区机关由淄城迁至洪山。

3 月，政府投资为大华戏院购置靠背椅等设备，并配备公方管理人员，改为公私合营。

4 月，淄川区人民政府改称淄川区人民委员会。

4 月，撤销区下设的 10 个办事处，由 106 个乡（镇）划为 38 个大乡。

4 月 7 日，淄川区第二届人民代表大会第一次会议召开。

5 月 21 日，淄川区人民委员会印发《关于扫除文盲和发展业余中小学教育的规划》。

6月，区电影队宋承礼参加中央组织的西藏慰问团，为藏族同胞放映电影。

7月12日，山东省人民委员会公布了全省第一批文物保护单位，其中有淄川的蒲松龄墓、昌国故城、杨寨砖塔、淄城大佛殿等20余处名胜古迹。

1956年7月12日，山东省人民委员会公布了全省第一批文物保护单位，其中淄川的蒲松龄墓、昌国故城、杨寨砖塔、淄城大佛殿等20余处入选。图为蒲松龄故居

9月，第一文化馆（洪山文化馆）、第二文化馆（杨寨文化馆）建立，同时昆仑文化馆并入第一文化馆。

9月，宣传贯彻党的第八次全国代表大会精神。

是年，淄博市人委在淄川新建了淄博第八、第九、第十中学，分别驻冶头、瓦村和大昆仑。

1957年

1月，淄川区开展社会主义宣传教育活动。

2月，淄博瓷窑厂更名为“山东淄博瓷厂”。

3月，市属的三个电影小分队下放到淄川，组建淄川区电影中队。

4月，全市文物普查，在淄川寨里发现淄博最早青瓷窑址。

6月，政府拨款4.6万元，在淄川大桥东侧动工新建剧场。当年竣工，被命名为淄川人民剧场。

8月，金岭文化站建立。

10月，区文化馆集体创作的小合唱《我爱我的农庄》参加省首届音乐舞蹈会演，获三等奖。

1958年

1月24日，淄川人民剧场正式营业。

3月，洪山区撤销。其所辖各乡镇，全部并入淄川区。淄川区所辖的岳庄、东石、西石、域城、乐疃、桃花泉乡，划归博山区。经此区划调整，淄川区共辖40个乡、镇，581个村。

6月4日，学习、宣传建设社会主义总路线活动全面开展。

6月，第一、第二文化馆合并为淄川区文化馆。同时洪山、昆仑、罗村、王村、马棚（后迁磁村）、萌水、杨寨、太河等地建立文化站。

7月8—11日，淄川区委召开会议，全区掀起“以钢为纲，全面跃进”的高潮。

8月，博山民营鸣新京剧团移入淄川，通过整顿改建为淄川京剧团。

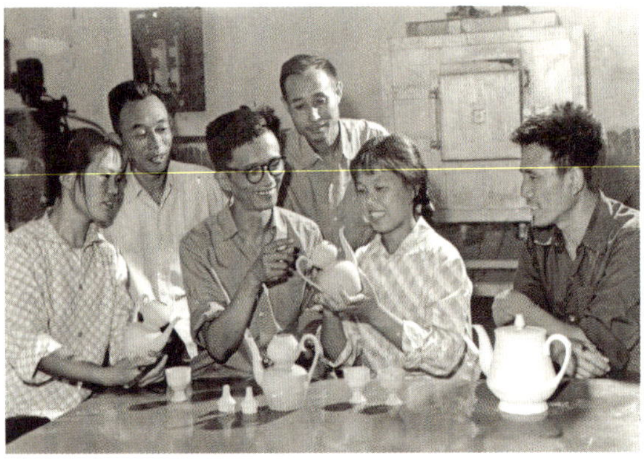
1958年，淄博市硅酸盐中心实验室成立，位于昆仑镇。图为技术人员正在研究工作

9月，全区实现人民公社化。淄城人民公社于本月1日宣告成立，成为淄博市第一个人民公社。至月底全区实现了人民公社化。

9月，中共淄川区委、区人委于2—4日召开大会，发动全区掀起了全民“大炼钢铁”运动。

10月30日，中共山东省委、省人委决定，将惠民专区与淄博市合并为淄博专区，建立淄博地委和淄博专署，原淄博市改为专区辖市。

10月，杨寨公社成立文工团，演员50人，演出自编剧《七仙女逛公社》。

11月12日，原博山县撤销，所辖的东坪、口头、峨庄、太河、蓼坞、边河、南仇、田庄等8个人民公社214个自然村划归淄川区。

是年，淄博市人委在淄川区建立了淄博第十四、第十五、第十六、第十七、第十八（高中）、第二十中学。分别驻龙泉、洪山、杨寨、王村、淄城、太河。

是年，在淄川区昆仑镇成立淄博市硅酸盐中心实验室。

1959年

3月21日，淄川区委决定将在“大跃进”中创办的《跃进报》（油印）改名为《淄川区报》。

3月26日，黑旺铁矿建成。

3月，中共淄川区委召开8000人参加的五级干部会议，贯彻中共中央郑州会议精神，落实了人民公社实行分级管理、三级核算等若干政策。

4月，调整人民公社组织机构。建立在公社统一领导下的文教科学卫生委员会。

5月26日，中共淄川区委召开公社宣传委员、文教干部等参加的会议，提出了全区教育工作意见。

9月，淄川区修建国庆十周年展览馆，展出工农商文教卫生等各条战线上的巨大成就，共分四部分，有展板、模型、实物等967件。

10月1日，中共淄川区委、区人委召开盛大集会，欢庆中华人民共和国成立10周年。同时组织举办了国庆展览、群众娱乐会和专题广播等。

是年，市人民委员会在淄川续建了淄博第二十五、二十六、二十七、二十八、二十九中学。

1959年，活跃在农村的文艺宣传队

分别驻昌城、东坪、金岭、边河、磁村。至此，淄川境内中学布局基本趋于合理。

1960 年

1 月，淄川区开展扫盲大会考。

2 月 5 日，淄川区委作出《关于开展毛泽东著作学习运动的决议》。

2 月 26 日，淄博市最大的水利工程——太河水库开始修建。

3 月 10 日，中共中央委员、共青团中央领导人参观蒲松龄故居。

4 月，中共淄川区委举办基层党组织模范事迹展览。

5 月，《淄博煤矿报》创刊。

6 月，中共淄川区委发动农村各社、队自 25 日开始，结合生产救灾工作，在农村开展“三反”运动。

7 月 1 日，淄川大桥建成通车。

7 月 22 日，中共淄川区委组织编纂区志。

12 月 18—20 日，淄川区第四届人民代表大会第一次会议召开。

1961 年

6 月，蒲松龄故居被省人民委员会公布为省级文物保护单位。

9 月 28 日，清代著名文学家蒲松龄著作编辑委员会在济南正式成立。中共山东省委宣传部部长王众音、山东省副省长余修出席了成立大会。计划于 1962 年开始出版蒲松龄著作。

1962 年

1 月 5 日，由磁村、王村、萌水公社划出一部分村庄组建商家公社。

2 月 23 日，淄川区部分公社区划调整：龙门公社及磁村、昆仑两公社的南部地区划归博山区；淄城公社划分为淄城、查王、二里、黄家铺 4 个公社；金岭公社划分为金岭、中埠、湖田 3 个公社。

6 月，罗村公社创作的歌曲《我爱公社这个家》参加省、市会演，其录音在全省播放。

11 月，郭沫若为蒲松龄故居题写对联：“写鬼写妖高人一等，刺贪刺虐入骨三分。”

1963 年

3 月 16 日，中共淄川区委宣传部发出《关于广泛开展学习雷锋教育活动的通知》，全区广泛开展学习雷锋活动。

3月，淄川区部分公社区划调整：原岭子公社划分为峪林、岭子公社；原杨寨公社划分为双沟、杨寨公社，同时将黄家、唐家村划归张店区；原王村公社划为王村、彭阳、冶头公社；磁村公社的宋家坊、郭庄、康家坞、许家庄划归昆仑公社；沣水公社的南定、旦村等10个村划归张店区；原南仇公社划分为南仇、王寨、大武公社。至此，淄川区共辖34个人民公社。

4月19日，淄川区机关开展增产节约和“五反”运动。

是年，蒲松龄故居被山东省人民委员会公布为省级重点文物保护单位。

1964年

7月，在罗村公社建立了淄川刻砚生产合作社。

11月，经过市、区文化部门挖掘整理的“磁村花鼓”参加省民间文艺会演，受到表彰。

12月，洪山公社东省村挖掘整理的淄川民歌《赶牛山》参加省、市会演，并灌制唱片。

1965年

1月9日，淄川区贫下中农代表大会召开。

5月10日，淄川区的沣水、湖田、金岭、中埠、大武等5处人民公社划归张店区管辖。至此，淄川区辖29个人民公社、609个大队。

6月，赵天衡、陈倩、孙仲刚合作的歌曲《峨庄溜小唱》由上海唱片厂灌制唱片。

8月，赵天衡、陈倩、孙仲刚合作的歌曲《喜煞俺这些老妈妈》参加华东地区文艺会演获二等奖，并在省电台《广播歌选》栏目播出。

9月12日，山东人民广播电台报道罗村公社聂村大队剧团的经验及其演出的主要剧目。

10月，中共淄川区委派文教工作队进山区宣传。抽调20余名机关干部、小学教师和文化、卫生工作者，组成文教工作队，自编自演文艺节目，先后到田庄、口头、黑旺等公社进行文艺宣传。

10月，聂村业余剧团代表出席全国青年业余文艺创作积极分子大会。

1966年

2月12日，中共淄川区委发出通知发动全区干部学习焦裕禄。

4月22—29日，淄川区委召开全区工业、财贸、文教、卫生系统政法工作会议。

5月26日，中共淄川区委成立文化革命领导小组。

5月，淄川区第六届人民代表大会第一次会议召开。

10月，蒲松龄墓被挖掘，墓表碑被毁。

1967年

3月22日，淄川区革命委员会成立。

8月，淄川区“文攻武卫”指挥部建立。

1968年

1月下旬，淄川区革委向全区贫下中农赠发《毛主席语录》和毛泽东的《为人民服务》《纪念白求恩》《愚公移山》三篇文章。

8月，淄川区革委印发“教育革命”的意见，工宣队和贫管会进驻学校 。

9月3日，淄博市革命委员会决定将驻淄川区的淄博第四、八、九、十、十四、十五、十六、十八、二十、二十六中学等十所中学下放为区属学校。后来，淄博四中、十八中又重新收归市管。

10月，淄川区机关建立“五七”干校。

是年，兴建引孝（妇河）济范（阳河）水利工程。

1969年

3月，区文化馆创办油印刊物《劲松》，发表本区业余作者文艺作品。

4月24日，全区宣传贯彻党的第九次全国代表大会精神。

4月，在淄城二路西首建立淄川阶级教育展览馆展出大型泥塑《收租院》，有展室7个、塑像97尊。

1970年

1月，原属淄川区的边河、南仇、王寨人民公社，划归临淄区管辖。

10月，淄川区的王村、彭阳、萌水人民公社，划归周村区管辖。至此，淄川区共辖淄城、查王、二里、昆仑、磁村、岭子、峪林、冶头、商家、黄家铺、杨寨、双沟、罗村、寨里、黑旺、太河、峨庄、口头、田庄、东坪、西河、龙泉、洪山等23个人民公社。

12月8日，淄川区革委政治部召开会议，部署推荐工农学员上大学 。

1971 年

3 月 14—21 日，中共淄川区革委核心领导小组举办“破骄立谦”学习班。

12 月 27—29 日，中共淄川区第二届代表大会召开。

是年，阎先公的油画作品《人老心红》入展山东美术馆，并在《大众日报》发表。

1972 年

7 月，淄川区革命委员会政治部设文体组，兼管文化事业。

12 月 7 日，中共淄川区委印发教育工作意见。

1973 年

1973 年，淄川区组织知识青年下乡参加劳动

5 月，淄川区第二次贫下中农代表大会召开。

9 月，全区宣传贯彻党的第十次全国代表大会精神。

9 月，淄川区自来水供应站建成，从此改变了城区群众吃用土井水的状况。

11 月，淄川区革委建立知识青年上山下乡办公室，组织城市知识青年上山下乡。

是年，张明文自制刻瓷工具，完成第一件刻瓷作品《咏梅》蓝釉花瓶。

1974 年

8 月 6 日，淄川区第三届贫下中农代表大会召开。

是年，区财政拨款 3 万元，为淄川剧场增设 35 毫米松花江放映座机一套，淄川剧场改名为淄川影剧院。

1975 年

5 月，淄博瓷厂建成山东陶瓷业第一条辊道烤火窑。

10 月，区文化馆在杨寨、昆仑、淄城、寨里、双沟等公社举办美术培训班 10 余次，培养学员 110 余名。

12 月，淄川区电影管理站建立。

12 月，中共淄川区委、淄川区革命委员会组建太河水库一干渠工程会战指挥部，从 12 个公社抽调近万名民工，全线动工修建一干渠。

1976 年

6 月 14 日，淄川区委发出关于普及城市有线广播的通知，要求 1977 年底城区所有单位全部连通有线广播网，95% 的城市居民安上广播喇叭。

8 月，淄川区革命委员会设文化局，专管全区城乡文化事业。

9 月，全区军民沉痛哀悼毛泽东主席逝世。

10 月，全区军民热烈欢庆粉碎江青反革命集团。各大系统单位组织文艺宣传队，连日锣鼓喧天地进行游行宣传。

12 月，文艺作品集《般阳春晓》编印。

1977 年

6 月 7 日，国务院领导人视察一干渠万米山洞。

6 月，昆仑、罗村、双沟、张庄、寨里、龙泉等第一批公社文化中心站建立。

9 月，全区宣传贯彻党的第十一次全国代表大会精神。

10 月 13 日，太河水库一干渠万米山洞全面竣工。

10 月 17—21 日，淄川区第八届人民代表大会第一次会议召开。

10 月，区电影管理站放映自制幻灯片《怀念周总理》《万米山洞》，获市幻灯汇映一等奖。淄川区展览馆建立，展出全区农业生产成就，特别是万米山洞等水利大型设施的兴建盛况，有电动展板 4 个、照片 88 幅、实物 340 余件。

12 月，马鞍山抗日遗址被省革命委员会公布为省级重点文物保护单位。

1978 年

2 月 1 日，中共淄川区委召开全区“农业学大寨”誓师大会，全区掀起以大搞农田水利基本建设，夺取农业丰产高产为目标的“农业学大寨”新高潮。一批小型水库、塘坝开始动工建设。

8 月，省、市、区三级投资 80 余万元，在淄川东关征地 6000 平方米，动工兴建淄川电影院。

9 月上旬，淄川区科学大会召开。

9 月 14 日，淄川区教育工作会议召开。

是年，矿务局电影中队撤销，所属 9 个放映单位划归区电影管理站管理。

1979 年

2 月 12—16 日，召开全区四级干部大会，贯彻党的十一届三中全会精神。

9 月，重刻蒲松龄墓表，竖立沈雁冰撰写的碑文墓碑。

10 月，区电影管理站自制幻灯《蒲松龄故居》获省幻灯汇映一等奖。当年，被评为省电影宣传先进集体。

12 月，淄川杜坡山电视差转台建成使用。

年底，区委宣传部组织成立淄川区业余文工队，后改为淄川区吕剧团。该团存在 10 个月，先后排演了 5 台戏，演出 50 余场次。

是年，董维耀的国画《蒲松龄故居》在省美术馆展出。陈贻谟的《张衡》《双牛》《卧虎》等陶瓷作品被外交部选为国家礼品瓷，十四寸挂盘《东方巨龙戏明珠》获全省美术设计一等奖、全国陶瓷美术设计二等奖。李梓源的刻瓷作品《五头文具》参加慕尼黑国际展览获奖牌。张明文的淄博刻瓷创新展在中央美术学院展出。

1980 年

1 月 29 日，中共淄川区委提出 1980 年宣传工作要点。

3 月，中共淄博市委、市革委决定建立蒲松龄纪念馆。

9 月 4—8 日，中共淄川区第三届代表大会第一次会议召开。

10 月 1 日，淄川影院竣工并正式营业。

11 月，王永海作曲的民乐合奏《对花》由上海唱片厂灌制唱片。

12 月，淄川区的“淄砚”入选在日本举行的“鲁砚”展览会。

是年，寨里公社自筹资金，建起淄川区第一座集镇电影院——寨里影院。

是年，昆仑公社在原昆仑剧场的基础上改建昆仑电影院，有座席800个。

1981年

1月10日，淄川区第九届人民代表大会第一次会议召开。淄川区革命委员会终止。

3月，日本派代表团到淄川区考察“淄砚”的石源、工艺和规模状况。

7月，淄博煤矿展览馆建成开馆，占地面积20亩，建筑面积2900平方米。

8月，区电影管理站新楼竣工。该楼1979年动工，区自筹资金6万元，市投资金3万元，建成单面三层740平方米的办公、试映等多用途楼房。

10月，淄川区科学技术协会建立。

10月，王林创作的瓷雕《仕女》获全国陶瓷艺术品展三等奖。

11月，寨里公社党委代表赴京出席全国农村文化工作先进集体、先进个人表彰大会。年底，市、区先后在寨里召开文化工作现场会。

12月，淄博瓷厂张明文的座盘《马克思像》，在联邦德国展出。

是年，董维耀的国画《蒲松龄组画》入选省庆祝中国共产党成立六十周年画展。

1982年

1月，洪山、昆仑、罗村三公社改建为镇。

3月11日，淄川区志编纂委员会成立，同时建立了区志办公室。

5月，淄川区城关街道办事处成立。至此，全区共有20个公社、3个镇、1个街道办事处，计24个行政单位。

6月，淄博瓷厂崔思烈的陶瓷彩绘山水、花鸟在香港工艺品展览会展出。

8月，淄川区电影管理站改为电影发行放映公司，当年被评为省电影宣传先进集体。

8月，高良琦创作的挂盘《春晓》《雄鹰》《孔雀开屏》3件大方屏在香港展出。

9月27日，区委发出《关于深入学习党的“十二大”文件的安排意见》。

9月28日，淄川区淄城中学改名为淄博市淄川区第一中学，在杜坡山新建的中学定名为淄博市淄川区第二中学。

9月，蒲松龄寿山石印章4枚被省文物局定为国家一级文物。

11月，区文化馆陈倩创作的歌曲《微山湖荡起采莲船》参加全国民歌会演。

12月，开展向张海迪学习活动 。

是年，在龙泉和庄北朝古墓中出土青瓷莲花尊，由区文化局寄存于淄博市博物馆，后被定为国家一级文物。

是年，陈贻谟的《黄鹂水底》获全国陶瓷美术设计评比二等奖。

是年，王林的瓷雕《八仙过海》获省轻工业展览一等奖。

是年，李梓源的《鲁青瓷五头刻瓷文具》获得联邦德国慕尼黑第三十四届手工艺国际博览会金质奖章，并获“最佳成就者”称号。

1983 年

2 月 3—5 日，淄川区委、区政府召开全区科技工作会议。

2 月 22 日，黑旺人民公社更名为蓼坞人民公社，田庄人民公社更名为张庄人民公社。

6 月，原淄博第八中学改为淄川区农业技术中学。

6 月，陈贻谟创作的陶瓷雕塑《初生牛犊》获全省陶瓷美术作品展一等奖。

8 月，磁村公社利用原公社礼堂建成磁村电影院，有座席 1004 个。

8 月 23 日，建立淄博市淄川区查王乡。

9 月 15 日，淄博瓷厂山川牌刻瓷获国家银质奖。

10 月 18—23 日，中共淄博市委召开太河惨案座谈会。

10 月，王林创作的瓷雕《十二属相》获省轻工业展览优秀作品奖。

12 月，中共淄川区委、区政府进行政社分开。到 1984 年 5 月，全区全面实行了政社分开，建立了查王、二里、黄家铺、杨寨、双沟、太河、峨庄、口头、张庄、东坪、磁村、黄家峪、冶头、商家 14 个乡和昆仑、洪山、罗村、淄城、西河、龙泉、寨里、岭子、黑旺 9 个镇及淄城西关街道办事处（后撤销），共 24 个行政单位。

12 月，冶头乡建成集镇电影院。

是年，山东省硅酸盐研究所在所长杜祥荣带领下研发的高石英瓷研究项目，获轻工部科技成果二等奖。

是年，岭子镇文化站站长赵京洲创作的话剧《母女俩的客人》获山东省电视剧、舞台剧优秀创作奖。

1984 年

年初，罗村、蓼坞分别建立电影管理站。

1 月，峨庄乡建成集镇电影院。

3 月 19 日，召开机构改革动员大会，成立淄川区文化局。

4 月 12 日，淄川区 23 个人民公社已全部完成改建乡、镇的工作。

5 月 25—28 日，淄川区第十届人民代表大会第一次会议召开。

6 月，太河惨案纪念地——钓鱼台等 8 处文物古迹被市政府公布为市级重点文物保护单位。

7 月，中共淄川区委机构编制委员会正式批复建立淄川区图书馆。

8 月 19 日，区委、区政府对在全省和全国体育比赛中取得优异成绩的淄川一中运动员张玉金、殷绍胜、温绪伦和教练员迟照东、王亦武、孙爱香给予奖励。

8 月 22—25 日，中共淄川区第四届代表大会召开。

10 月，为庆祝中华人民共和国成立 35 周年，举办全区文艺征文、美术书法摄影展览等活动。

11 月，淄城镇北关村投资近万元组建 30 余人的轻音乐队，主要乐器有铜管、木管、小提琴、电子琴、架子鼓等。

12 月 30 日，城关街道办事处与西关镇合并，改名为淄城镇。

12 月，中国人民解放军沈阳军区副政委李伯秋、中国人民解放军南京军区副司令员钱钧、中国人民解放军海军常务副司令员吴瑞林分别为马鞍山抗日遗址题词。

12 月，龙泉镇自筹资金，建成当时淄川区一流的农村集镇影院，有座席 1200 个。

是年，市博物馆对淄川区罗村镇南韩村战国墓进行清理，共清理墓葬 31 座，出土器物 30 余件。

是年，岭子镇文化站站长赵京洲创作的话剧《母女俩的客人》获全国煤矿文学乌金奖三等奖。

1985 年

1 月，冯毅之为马鞍山抗日遗址题词“碧血千秋”。

3 月 15 日，成立淄川工业设计研究所，为正科级事业单位。

4 月 3 日，举行“马鞍山抗日遗址”刻石揭幕仪式。

6 月 1 日，留仙湖公园奠基。

6 月，省、市、区三级财政拨款 68 万元，在体育场南侧动工兴建文化馆办公楼，1987 年 3 月竣工。

1985 年，城二村农民军乐队在排练

1985 年元宵节，民间艺术进城表演队伍在淄川百货大楼门前表演

8月14日，召开全区尊师重教动员大会。

9月10日，召开教师节庆祝大会。

9月，淄博市委书记赵志浩视察淄川工业设计研究所，并要求将淄川区工业设计研究所改为淄博市工艺美术研究所。

11月7—16日，西河镇河南村集资举办“柳泉杯”中国象棋大师邀请赛。

12月，淄川区委、区政府制定出台了《关于教育体制改革的实施方案》。

1986年

2月23日，中央电视台摄制组到淄川拍摄元宵节打铁花节目，并作为《九洲方圆》节目片头播映。

3月7日，淄川区政府授予磁村乡马棚村救火牺牲的王勇“英雄少年”称号。

3月9—12日，全区思想政治工作会议召开。

4月4日，太河惨案死难烈士纪念碑揭幕。

6月8日，淄川人民热烈欢迎从老山前线凯旋的驻军。

9月25日，淄川体育场第一期工程竣工。

1986年元宵节，西关一村在孝妇河岸边的打铁花表演

9月，经山东省广播电视音像管理处批准，区电影公司成为淄博市第一批电视录像点，成立淄川区音像制品发行放映管理站，负责全区音像制品的发行放映管理工作。

12月，淄川第一中学被国家体委、教育部授予“1986年度全国体育传统项目先进集体”称号。

1986年4月，太河惨案死难烈士纪念碑揭幕

1987年

4月4日，淄川烈士陵园纪念碑揭幕。

4月17—21日，在全国农村体育工作会议上，淄川区被国家命名为“体育先进区”。

5月，区文化馆由淄城二路西首的城隍庙，迁入淄城东关文体中心的新文化馆楼。新楼共5层，面积1750平方米。

1987年4月，“峨庄风情”摄影展在峨庄大集举办

8月19—22日，中共淄川区第五次代表大会召开。

10月11日，淄川区委、区政府批转区委宣传部和区精神文明办公室、民政局、文化局、妇联、团委、科协联合制定的《有关民俗改革的规定》。

11月1日，淄川农技中学学生崔爱红荣获在美国举行的首届世界女子举重锦标赛冠军。

11月10—11日，由共青团淄博市委和淄城镇城二村联合举办的淄博市首届农民音乐会在淄川举行。

11月19—21日，淄川区委、区政府在区宾馆礼堂召开全区教育工作会议。

11月，宣传贯彻中国共产党第十三次全国代表大会精神。

12月，区文化馆阎先公创作的壁画《狐谐鬼唱入聊斋》（合作）被14集电视连续剧《蒲松龄》和电视剧《狐仙》《风流丈夫俏女人》选作片头画，在中央电视台黄金时段播出，并发行到20余个国家和地区。

是年，山东省硅酸盐研究所杜祥荣牵头研发的高石英瓷获国家发明三等奖，并在南斯拉夫萨格勒布第15届国家创造发明博览会上获得金奖，这是中国日用陶瓷在国际上获得的第一枚创造发明奖。

是年，洪山镇蒲家庄开始开发聊斋园景区。

是年，区电影公司创办淄川工艺美术厂。

1988 年

3 月 5 日，市委、市政府批准淄川区管理体制改革方案，乡镇财政所、信用社、工商所、供销社、中小学、广播站、文化站归乡镇管理。

5 月 17 日，全国人大常委会领导到蒲松龄故居视察。

7 月，区电影公司投资 30 万元将工艺美术厂改建为淄博市淄川特种工艺厂，主要生产项目有字画装裱、文房纸砚、艺术刻瓷等，部分产品外贸包销，达到年出口创汇 15 万元的能力。

8 月 27 日，中共中央政治局常委领导、中纪委领导到蒲松龄故居视察。

8 月 3—20 日，全区重点业余作者及文化站长会议在太河水库管理处招待所召开。

10 月 5—15 日，在淄川影院举行“淄博市第二届柳泉文化艺术节”第五分场的演出。

10 月，全省开发农村电影市场经验交流会在淄川区召开，区电影公司与龙泉镇电影院分别作典型发言。

11 月，区图书馆搬到新华书店（淄城二路中段老新华书店）办公。

11 月，李梓源被省委、省政府命名为山东省专业技术拔尖人才。

10—12 月，陈义前、孙即树演出的双人舞《雄鹰迪斯科》获得华东地区残疾青年演出一等奖和中华残疾人协会全国调演一等奖，全国第二届残疾人文艺汇演创作一等奖。

1989 年

2 月，淄川区举办“泉龙杯”新春文艺会演。

3 月，区文化局、区广播电视局、淄城镇公义村、区文化馆联合在淄川影院举办淄川区“公义杯”青年歌手大奖赛。

3 月，区妇联、区文化局、区计生委、区文化馆联合举办淄川区纪念“三八”国际劳动妇女节 79 周年首届家庭音乐会。

3 月，区土地管理局、区文化局联合举办淄川区土地管理文艺晚会。

4 月，区文化局、区文化馆联合举办首届“小画家”书画展，庆祝中华人民共和国成立 40 周年及“六一”国际儿童节、少先队建队 40 周年。

5 月，区环保局、区文化局、区文化馆、柳泉书画协会联合举办淄川区“环保杯”书画大奖赛，纪念“六五”世界环境日。

6 月，区文化局、区文化馆、罗村镇泉子村联合举办庆祝中华人民共和国成立 40 周年“古泉杯”文学征文大奖赛。

7月1日,《淄川报》创刊发行，是全省第一家区县级党报。1992年7月1日改为《淄川日报》,成为全国250多家县市报中的第一家日报。

7月31日，中共淄川区委召开常委会会议。会议要求：对文化场所进行一次彻底清查，坚决清除各种淫秽、色情、凶杀、宣传资产阶级自由化及其他不健康内容的书刊、录像、电影和文艺演出。

8月18日，坐落在蒲松龄故居的淄博松龄中学落成典礼仪式举行。

8月，区委宣传部、区精神文明办公室、区文化局、罗村镇、罗村镇聂村、区文化馆联合举办淄川区“聂村杯”文明村歌大奖赛。

9月，淄川区庆祝中华人民共和国成立40周年文艺晚会在淄川影院举行。

9月，区委宣传部、区标准计量局、区文化局联合举办庆祝中华人民共和国成立40周年淄川区“标准计量杯”舞蹈大赛，全区22支代表队分别表演了华尔兹、探戈、桑巴、伦巴及少儿、中老年舞蹈和现代舞等。

9月，区文化局、区广播电视局、淄川报社、淄博广告图片社联合举办了淄川区“建国杯”摄影、书画大展。

10月，张广庆应奥地利维也纳怡鼎画廊的邀请，举办张广庆内画艺术作品展览。

10月，市精神文明建设委员会、市文化局、淄博电视台、淄博日报社、区文化局、淄城镇城三村等单位在淄川影院联合举办市“川三杯”文明村村歌大奖赛，全市共有23支代表队参加比赛。

10月25—28日，山东省当代文学研究会第四届年会在淄川区举行。

11月3日,《中共淄川地方党史大事记（1921—1949)》《中共淄川区组织史资料（1923.6—1987.11)》发行会在淄川宾馆举行。

11月17—18日，全区组织宣传工作会议召开。

11月，区电影公司被山东省文化厅授予“山东省电影发行放映系统先进单位”。

12月18日，拆除淄川影剧院，在原址重建。建设资金从财政部贷款100万元、省财政投资30万元、市财政贷款30万元。拆除后的放映设备在驻军俱乐部安装调试，正式放映。原“驻军俱乐部”改为“松龄影剧院”。

是年，淄川影院被省文化厅和市文化局评为演出先进场所。

是年，淄川区图书馆由省里拨款10万元、借市财政6万元、区里补贴一部分，购买房屋300多平方米（现城里大街西首）作为馆舍。

1990年

3月，区妇联、区文化局、区精神文明办、淄城镇政府、区文化馆联合承办纪念“三八”国际劳动妇女节80周年——淄博市“淄城杯”巾帼系列艺术表演邀请赛。

4月，区工会、区文化局、区广播电视局、区文化馆联合在淄川影院举办纪念“五一”国际劳动节淄川地区职工歌咏比赛。

5月9—12日，中国共产党淄川区第六次代表大会召开。

5月24日，淄川区文学艺术界联合会成立，为正科级事业单位。

5月，淄川区文学艺术界联合会成立。区文化馆被山东省文化厅授予“全省少儿文化艺术工作先进集体”称号。

1990年，城二村管弦乐团在第一届中国淄博陶瓷琉璃艺术节开幕式上演出

5月，区委宣传部、区团委、区文化局、区妇联、淄城镇政府、淄城镇东关村、区文化馆联合在淄川影院举办淄川区“丰华杯”青年交谊舞大赛。

6月，山东电视台、市群众艺术馆、区文化馆、西关二村联合在淄川影院举办华东六省一市“西二杯”青年歌手电视选拔赛。

7月，为迎接省文化先进县验收，区委将区开发公司1000平方米房屋无偿划拨给图书馆使用。

7月25日，中华人民共和国成立后全区第一部新编地方志书——《淄川区志》由齐鲁书社出版发行。

8月19日，淄川区文学艺术界第一次代表大会召开。选举产生了区文联第一届委员会，郑峰当选为主席，岳经一、翟慎祥被聘为名誉主席。

8月，在淄川影院举行中国淄博陶瓷琉璃艺术节——全市新创作文艺节目会演（淄川分会场）。

9月，龙泉镇电影院孙兆水在全国电影系统“金翼奖”十佳评选中，获全国“十佳农村放映员”称号。年内，市文化局发出了《关于在全市文化系统开展向孙兆水同志学习的决定》。

9月，区文化馆毕玉梓、齐文创作编导的少儿舞蹈《少年英雄》在山东省第一届“小飞天”少儿舞蹈大赛中获创作表演二等奖，并随山东省“小飞天”少儿舞蹈团进京汇报演出。

1990年12月，淄川广播有线电视正式开播。图为电视台工作人员制作节目现场

11月2—3日，淄川区青年联合会成立暨一届一次全会召开。会议选举产生了淄川区青年联合会第一届委员会，徐磊当选为主席。

12月4日，中共淄川区委决定在全区城乡，重点在农村开展社会主义思想教育活动。

12月7日，淄川有线广播电视开播剪彩仪式举行。

12月18日，淄川服装城落成剪彩仪式举行。

12月31日，成立淄川区文化市场管理办公室，为副科级事业单位，同时成立区文化市场稽查队，编制3个，隶属区文化局，办公地点设在城里大街。

12月，区农委、罗村镇聂村、昆仑镇聂庄、区文化馆联合在淄川影院举办区“丰收杯”乡音乡情文艺会演。

12月，区委宣传部、区土管局、区文联、区文化局、区广电局、区文化馆、区剧协联合举办淄川区“土管杯”戏曲小品电视大奖赛，在昆仑、龙泉设分赛场。

1991年

2月6—8日，省社会文化先进区检查验收团，对淄川区进行检查验收。检查验收团观看了反映全区社会文化建设的电视录像，检查了区图书馆、淄川影剧院（在建）、文化馆、故园大酒店、老干部活动中心、区电影公司、龙泉镇、昆仑镇、岭子镇等部分镇、村文化中心，对淄川区社会文化建设给予高度评价。

2月27日—3月1日，淄川区第五届元宵灯会和扮玩活动举办。灯会由66组大型花灯组成，扮玩队伍有15个乡镇3万人参加。同时西关一村举办打铁花晚会。

4月4日，新华社、人民日报社、中央电视台等29家新闻单位的体育记者到西河镇河南村采访。

5月28日，淄川陶瓷厂研制生产的“十二生肖壁挂”“艺术釉梅瓶”“三球花插”各30件套，被文化部选中，先后在40个国家参加中国陶瓷精品巡回展。

5月，淄川区被省委、省政府授予“山东省社会文化先进县”称号。

5月，《人民日报》第三版刊登《金色的凤凰》一文，介绍城二村农民管弦乐团发展壮大情况。

6月7—9日，区委、区政府及省散文学会联合举办的留仙湖散文笔会在淄川区举行。

6月25日，由中共淄川区委党史委征集编纂的《峥嵘岁月稠》一书由山东人民出版社正式出版发行。

6月28日，淄博瓷厂生产的圣诞二十头精炻器餐具和“山川”牌刻瓷在首届中国国货精品博览会上获金奖。

6月，淄川区文化馆徐明荣获文化部、教育部等11个部委授予“全国优秀美术教师”荣誉称号。

7月1日，区文化局主办、区文化馆承办的“淄川区庆祝建党七十周年文艺晚会”在淄川影院举行。

8月31日，石隐园向游人开放。该园由蒲家村投资80万元建设，仿照明代户部尚书毕自严家的石隐园设计建造。

9月1日，西游记宫建成开放。西游记宫由淄城镇城一村投资700万元建造，占地2公顷，建筑面积4700平方米，开创淄川城区农民发展旅游业的路子。

10 月 7 日,《长城四季图》大型壁画在柳泉陶瓷壁画厂制成。该壁画用瓷砖 7000 余片，面积 252 平方米。

10 月 14 日，淄川区首届农民运动会开幕，设中国象棋、乒乓球、篮球、田径 4 个比赛项目。

10 月，市文化局、区文化局、区文化馆等单位联合主办淄博市“川文杯”首届农民歌手选拔赛，参赛人员近千人。

11 月 25 日，参加共青团全国文化工作会议的代表参观了淄川区城二村、北关村、龙泉文化活动中心、罗村文化活动中心、城三村、西笠山村、东关村、聂村，对淄川区青年文化工作给予高度评价。

12 月 25 日，区委、区政府举行新闻发布会，宣布从 1992 年开始建设鲁中商城。

12 月，由文化馆毕玉梓编排辅导，残疾人演员孙即树、陈义前表演的舞蹈《雄鹰迪斯科》荣获全国第二届残疾人会演创作一等奖。

12 月，由业余作者曹温年编剧，文化馆杨道坤导演的戏剧小品《枣儿快熟了》，在山东省儿童戏剧会演中获创作二等奖。

是年，李梓源在中国革命博物馆举办刻瓷艺术展。

是年，淄川影院在淄博立功竞赛活动中荣立集体三等功。

1992 年

1 月 10 日，般阳大戏院开业。该院由原淄川影剧院翻建而成，院名由中国书法家协会主席沈鹏题书。

同日，王一君的国画《和为贵》获“凤凰杯”全国书画艺术大展赛特别奖。

2 月 11 日，在“全国少年儿童书法、绘画大奖赛”中，区文化馆少儿美术班 12 名学员作品入选并获集体奖，辅导教师徐明获全国优秀美术教师奖。

2 月 16—19 日，淄川区元宵灯会在华洋街举办。淄川区进城扮玩活动有 15 个乡镇 2 万余人参加。16—18 日，每晚在孝妇河滩举办焰火、打铁花晚会。

4 月 2 日，全区教育工作暨实现义务教育动员大会召开。

4 月 12—16 日,“龙泉杯”中国农民象棋比赛在龙泉镇圈子村举行。

5 月 21 日，新闻纪录片《金色的凤凰》举行首映式。该片由中央新闻纪录电影制片厂拍摄，主要反映淄川区社会文化工作成就。

5 月，淄川区文联主办的综合性文学刊物——《聊斋园》创刊。

5 月，淄博腾飞化学建材总厂、区文化局、区文化馆联合主办淄川区“腾飞杯”卡拉 OK 歌手大奖赛。

6 月 24 日，市文化局、黑旺镇联合举办全市“黑旺杯”奔小康新创作作品文艺会演，区文化馆组织的淄川代表队获创作、演出大奖和策划组织奖。

6月，区文化馆被文化部授予“全国少儿文化艺术工作先进集体”称号。

6月，按照区委、区政府“城三街拓宽改造”的决议，拆除电影公司原有部分建筑。

6月，《中共淄川党史大事记（1949—1987）》由山东人民出版社出版发行。

1992年6月，昆仑镇奎三村开始在杜坡山投资建设奎盛公园

7月15—20日，1992年“淄博啤酒杯”全国优秀青年队足球比赛在淄川区体育场举行。

7月初，动工兴建电影公司娱园综合服务楼。该楼为三层建筑，一层为商品经营厅，二层为镭射电影厅，三层为舞厅、电子游戏厅，建筑面积约700平方米，共投资60余万元。

9月3日，淄川区举行聊斋宫等八项重点工程竣工开业典礼。

9月21日，成立淄川区旅游局，为正科级事业单位。

9月30日，中共淄川区委党史委与区老干部局、老年书法协会联合举办的主题为“红日晖映金光道”书画刻瓷展在淄川区老干部活动中心开幕。

10月4日，电视剧《石头村》开拍仪式在淄川区举行。该剧是第一部场景全部取自淄川的电视剧。

10月8日，首届淄川区运动会开幕，30多支代表队参赛。

10月12日，在第二届中国民族文化博览会上，峨庄果脯厂生产的山楂饼及白桃、黄桃、梨罐头分别获得民族产品精品金奖、食文化精品金孔雀奖。

10月24日，市政府批准淄川城区部分路、街更名，命名。更名：松龄东路、松龄西路、吉祥路、般阳路、文化路、杜坡山路、城里大街、通济街、般河街、沿河街、华洋街、商城东街、聊斋路、建设路、雁阳路；命名：西山路、将军路、文峰路、仙乡路、商城西街、大钟街。

10月25日，中央电视台第二套节目播出反映淄川区教育发展专题片《播种希望的明天》。

10月30日，中央电视台“文艺园地”栏目播出了淄城镇城二村管弦乐团在全国首届农业博览会开幕式上的演出实况。

10月31日，由中央电视台、淄博电视台联合摄制的电视剧《中国窑》（上、下集）在淄川区龙泉镇渭二村开机拍摄。

11月2日，召开区委常委（扩大）会议，认真落实中共十四大精神。区委确定：全区开始实施主攻乡镇企业、建设鲁中商城和外向型带动三大战略。

11月，城二村农民管弦乐团赴京在全国首届农业博览会开幕式上进行演出。中央电视台《文艺园地》栏目播出开幕式实况。

是年，张广庆在淄川区委、区政府的大力支持下创建张广庆内画艺术研究院，它是中国第一所内画艺术研究院，属于自收自支事业单位。

是年，淄川影院被市消协评为消费者满意单位。

是年，昆仑镇奎三村开始兴建奎盛公园。

1993 年

2 月 28 日，电影公司娱园综合服务楼正式开始营业。

3 月 18 日，全区宣传工作会议在淄川宾馆召开。

4 月 21 日，撤销双沟乡，设立双沟镇。

4 月，区教育局制定全区中小学“五四”学制 (小学五年，初中四年) 实施方案，分步骤三年内实行。

5 月 10 日，在济南召开的全国文化先进县经验交流会上，淄川区被文化部授予“全国社会文化先进区”称号，排在全国 12 个先进区、县的第 3 位。

6 月 16 日，由中共淄川区委党史委编辑的淄川革命斗争故事集《巍巍马鞍山》，由山东人民出版社出版发行。

7 月 6 日，淄博电视台在淄川区龙泉镇渭二村开机拍摄 6 集电视剧《窑神》。

6 月，区文化馆组织并选送的小品《山珍酒家》、女声独唱《山乡艳阳秋》、表演唱《四个大嫂谝致富》在全市奔小康文艺会演中获得演出一等奖。

7 月，区委宣传部、区文化局、区广播局、区文化馆等单位联合组织举办“商城之夏”文化系列活动，主要活动内容有卡拉 OK 演唱、交谊舞大赛、戏曲演唱、服装表演等。

8 月 1 日，全国妇联组宣部部长王孟兰到淄川区视察家庭文化建设工作。

9 月，张广庆被中国轻工总会授予“中国工艺美术大师”称号。

10 月 7 日，淄川区与南京理工大学联合开办的淄博教育培训中心开学。该中心于 1996 年 7 月停办，共招收 3 届学生。

10 月，中国新闻社记者一行 4 人到淄川区采访，拍摄了《淄川服装城》和《聊斋宫》两部电视专题片。

11 月，区文化馆组织承办淄川区纪念毛泽东主席 100 周年诞辰全市职工文艺调演。全区共有 8 支代表队、1000 多人分别表演了合唱、歌舞等 36 个文艺节目。

12 月 2 日，撤销磁村、黄家铺、二里、查王 4 个乡，设磁村、黄家铺、二里、查王 4 个镇。

12 月 16 日，淄川区《关于营业性歌舞娱乐场所管理的有关规定》制定下发，淄川区的歌舞娱乐场所逐步规范。

12 月 24 日，区委在般阳大戏院举行纪念毛泽东 100 周年诞辰《红太阳》文艺晚会。随后，还组织开展了理论研讨会和职工文艺调演活动。

12月，撤销区文化局，成立淄川区文化体育委员会。

12月，撤销区旅游局，成立旅游总公司，隶属区建委。

12月，张广庆的内画作品《水浒一百零八将》《百虎图》《立马当阳》获第三届中国工艺美术大师作品展金奖。

12月，淄川区纪念毛泽东100周年诞辰暨淄川青年艺术团建团10周年文艺晚会由淄川影院组织举行。

1994年

1月，国家体委授予淄博十中、张庄小学全国体育先进单位称号。

2月23—25日，淄川区元宵节民间艺术进城表演活动举办。区电视台第一次对扮玩活动进行现场直播。

4月8日，李梓源艺术中心揭牌。该中心设工艺品精品馆、民间收藏馆、书画馆。

1994年，淄川区第八届元宵灯会在西关商业区孝妇河西岸举办

5月4日，由区文体委、区电视台、淄城镇开河村主办，区文联、淄城镇政府、区文化馆承办的淄川区“开河杯”卡拉OK青年歌手电视大奖赛举办。

5月22日，区文体委、淄博东方商厦、文化馆联合举办“东方杯”百名少年儿童书法、绘画现场比赛，评出百名商城小画家小书法家。

5月30日，区广播电视中心、文化馆联合主办美在商城“鲁泰杯”服装展演文艺晚会。该晚会被省电视台等多家媒体专题报道。

6月1日，由区文体委、区教委、区保险公司等主办，区文化馆承办的区“人保杯”少年儿童音乐舞蹈大赛在淄川影院举行。

6月29日，区机关党委、区文体委、区自来水公司、区文化馆联合举办淄川区庆七一“供水杯”卡拉OK歌曲演唱会。

8月10日，淄川区对6个乡镇行政区划进行调整。撤销淄川区二里镇、查王镇，合并设立城南镇，镇人民政府驻查王村；撤销淄川区商家乡、冶头乡，合并设立商家镇，镇人民政府驻馆里村；撤销淄川区黄家峪乡，其行政区划并入岭子镇。全区由23个乡镇调整为20个乡镇。

8月23日，淄川区文化局、淄川区体育运动委员会成立，均为正局级行政单位。淄川区文化体育委员会同时撤销。

9月10日，淄川区般阳中学建成启用。第一期工程投资1200万元，建筑面积6200平方米。该校于1996年更名为淄川区实验中学。

9月26日，区文化局、区自来水公司、区文化馆联合举办“清清般阳水”专题文艺晚会。

9月28日，区文化局主办、区文化馆承办的庆祝中华人民共和国成立45周年文艺晚会在般阳大戏院举行。

9月28日，区委、区政府公布首批爱国主义教育基地：淄川烈士陵园、马鞍山抗日遗址、太河惨案纪念地、刘志霞烈士纪念碑、王勇纪念馆、聂村烈士陵园、淄川服装城、一干渠万米山洞、东水西调工程、杜坡山综合植物园、留仙湖公园、蒲松龄故居、淄博煤矿展览馆。

10月1日，为庆祝中华人民共和国成立45周年，区文化局与区农委、区文化馆联合举办区第二届“丰收杯”乡音乡情文艺会演，在昆仑、磁村、龙泉、西河设分会场。

10月15日，参加首届中国家庭文化理论研讨会人员，视察了淄川区淄城镇、城二村、城三村家庭文化建设工作，并参观了蒲松龄故居。

10月22日，由济南军区前卫艺术中心与中共淄川区委、区政府联合摄制的电视剧《山河吟》在淄川区开机拍摄。

10月23日，全国政协领导参观蒲松龄故居。

10月，市群众艺术馆、淄博经编厂、区文化馆联合主办淄博市“雪荷杯”庆国庆文艺作品征文大奖赛，淄川区共30多人参加比赛，其中9人分获一、二等奖，1人获大奖。

11月3日，淄川区第二届“丰收杯”乡音乡情文艺汇报演出暨颁奖晚会在般阳大戏院举行。共57个节目、800余名演员参加演出。

11月，区图书馆在全国公共图书馆评估定级中，被评为三级图书馆。

12月，根据中宣部等4部门《关于运用优秀影视片在全国中小学开展爱国主义教育的通知》精神，区委宣传部牵头联合下文，在全区中小学进行爱国主义影片教育，每年每生交5元放映成本费，观看8—10部电影。

12月，区文管办被淄博市“扫黄打非”办公室评为先进集体。

是年，双沟镇藏梓村投资兴建梓橦山鬼谷洞风景区。

是年，区电影公司成立银都装饰公司，承接室内外装饰业务。

是年，般阳大戏院被淄博市电影放映公司批准为全部特轮首映供片放映单位之一。

1995年

1月，淄城镇西关二村、淄川电视台、文化馆联合举办庆新春“华齐之光”文艺晚会。

1月23日，撤销东坪乡，设立东坪镇。

2月13—15日，淄川区元宵节灯会和民间艺术表演活动举办。共有16支扮玩队伍、彩车300

部、3 万人参加。15 日，扮玩队伍分两路到东、西部山区为群众表演。淄川区第九届元宵灯会共展出各类电动机械灯、景灯、彩灯 76 组。

2 月，区文化局、区精神文明办、淄博师范学校、区文化馆联合在般阳大戏院举办区新春文艺晚会。

3 月 20 日，淄川区文化市场管理办公室下发《关于加强街头卡拉 OK、台球经营摊点管理的通知》，逐步把街头卡拉 OK 和台球经营摊点纳入规范管理的轨道。

4 月 25—28 日，中国共产党淄川区第七次代表大会召开。

4 月，淄川区举行纪念抗日战争胜利 50 周年系列活动。

5 月 18 日，在创建全国文化模范市工作中，淄川区被市委、市政府命名为“全市文化工作模范区”。

5 月，区委宣传部、区文化局、淄川电视台、淄城镇公义村、区文化馆等联合举办区“公义杯”青年歌手电视大奖赛，参赛选手 120 人。

5 月，省、市、区各级团委，区文化馆、城二村联合在城二村凤凰舞厅举办山东省“般阳杯”青年 百部爱国主义影片插曲卡拉 OK 大奖赛决赛，并举行颁奖仪式，省、市电视台进行了采访，区电视台进行现场直播。

7 月 25—26 日，山东省第三届农民运动会游泳比赛在淄川游乐园举行，这是淄川区第一次承办全省农民运动会游泳比赛。

7 月 28 日，区文化局、区广播电视局、区自来水公司、54868 部队、区文化馆联合举办淄川区纪念抗日战争胜利 50 周年暨庆“八一”军民鱼水情文艺晚会。

8 月，区文化局等单位联合开展文化市场集中执法月活动，共查处无证经营业户 46 家，取缔

40 家，没收录像带 100 余盘、图书报刊 60 余册，查缴非法出版物 39 箱、1950 册，停业整顿 27 家。

9 月 28 日，区委宣传部、区文化局、区教委、杨寨镇政府主办，区文化馆承办庆祝中华人民共和国成立 46 周年文艺晚会。

10 月 5—6 日，举办全区文化市场管理法规知识培训班，150 余人参加。

11 月 21 日，淄川区广播电视中心更名为淄川区广播电视局，为正局级事业单位。

11 月，区电影公司被山东省文化厅授予“山东省农村电影工作先进集体”称号。

12 月，常伟承父子 3 人制作的刻瓷书法艺术长卷《孙子兵法》，长 42.7 米，宽 0.9 米，共用 200 毫米 ×300 毫米的白色瓷板 420 片，被上海大世界基尼斯确定为世界上最长的刻瓷艺术作品。

12 月，电影公司把闲置的三楼进行改造和装修，办起娱园音乐餐厅。餐厅开业一年营业收入达 30 余万元。

1996 年

1 月，区文管办被市“扫黄打非”办公室评为先进集体。

1 月,《淄川方言志》获淄博市社会科学优秀成果一等奖。该书为全市第一部方言专著，是国家教委“八五”期间人文、社会科学重点研究项目之一。

2 月，区文化局与区广播电视局签订《关于音像管理的协议书》。

3 月 2—5 日，淄川区举办第十届元宵灯会。全区 200 余家单位参加，共布灯 70 座，其中大型机械灯 52 座、装饰灯 18 组。

4 月 3 日，马鞍山烈士纪念堂落成。

5 月 26 日，全区第一所希望小学在峨庄乡孙家村建成启用。该校由淄川交警大队干警集资建设。

5 月，在世界青年举重锦标赛上，淄博十中许强获 76 公斤级挺举冠军、抓举亚军、总成绩金牌。

5 月，区工会、区文化局主办，淄城镇城三村协办，区文化馆承办淄川区庆“五一”文艺晚会。

6 月，书刊市场、音像市场（零售）移交淄川区新闻出版管理办公室管理。

7 月 1 日，区文化局、区文化馆、柳泉海味大酒店在淄川影院联合举办淄川区庆“七一”文艺晚会。

7 月 30 日，华野整军纪念碑在洪山镇蒲家村原华野整军司令部旧址落成。

7 月，淄城镇西关一村、淄川电视台、服装城管理处主办，淄川工商分局、淄川公安分局服装城派出所等协办，爱我商城“服装城杯”个体工商户卡拉 OK 青年歌手电视大奖赛举行。

8 月 12 日，区文化馆组织代表队参加山东省“小飞天”儿童舞蹈大奖赛，齐文编导的少儿舞蹈《剪子・包袱・锤》获创作大奖、表演一等奖，并代表全省参加全国“群星”电视大奖赛。

8 月 17 日，电视剧《为了明天》在淄川开拍。

1996 年，中华影城开业。淄城镇城一村与北京电影制片厂合作建成，共投资 1500 万元

8 月 26—30 日，“华齐杯”全国少年男子（乙组）排球比赛在淄川举行。由淄博市区县承办全国性排球比赛尚属首次。

8 月，淄川区与海尔集团联合开展送电影下乡活动，拉开了“影企联姻”放映活动的序幕。

12 月 24 日，中华影城举行首映式。该影城由淄城镇城一村与北京电影制片厂合作建成，占地 2.3 公顷，建筑面积 5000 平方米，投资 1500 万元。

1997 年

1月，区委宣传部、区文化局、区文联、区书法家协会、区美术家协会、区老年书法学会联合组织编印《淄川当代书画集》。该书汇集自中华人民共和国成立以来50年的书画成就。

2月，淄川区元宵节民间艺术进城表演在淄川体育场集中进行，全区共有11支扮玩队伍5000多人参加表演。

4—5月，区委宣传部、区农信联社、区文化局等联合举办的“迎回归”庆“五四”淄川区“农信杯”青年歌手电视大奖赛，参赛人数130余人，决赛在淄川影院举行，区电视台进行了转播。

6月，市文化局主办，区委宣传部、区文化局、岭子镇党委和政府、区城乡建委、区文化馆等联合承办的市“岭子城建杯”庆七一迎回归锣鼓大赛在区体育场举行。来自全市的10支锣鼓队，共计1000余人参加比赛，市、区电视台进行了转播。

6月，区委宣传部、区环保局、区文化局、区文化馆等联合举办“庆‘六五’，迎回归”淄川区第二届“环保杯”书画大奖赛在区人民会堂举行。

6月，区委宣传部、区文明委、区文化局、区供水集团总公司主办，区文化馆承办区“供水杯”“庆七一、迎回归”文艺晚会，并组织进行了分片演出和评奖。

6月，区文化局、区文化馆、西关二村联合举办“香港路上迎回归”系列文化活动。

7月，为迎接香港回归，般阳大戏院在全市首家推出“电影纪念卡”，面值30元，共销售1200余张。

7月，区电影公司举办“庆七一 迎回归”秋娟刻瓷艺术展。

12月2日，区文化馆创作编排的儿童剧《花蛤蟆、绿蛤蟆》在山东省第四届儿童剧会演中获创作、编排、表演、演员4个一等奖。

12月26日，淄川区文化、科技、卫生“三下乡”活动启动。

12月，常宗林领衔主创制作的刻瓷书法长卷《鬼谷子》，长64米，宽1.2米，共用400毫米×800毫米的白色瓷片160片。上海大世界基尼斯总部为之颁发了“最长的刻瓷艺术作品”证书。

1998 年

1月10日，全区35家录像放映单位进行停业整顿。

1月23日，淄川区被中共山东省委、省政府表彰为“全省广播电视工作先进区”。

2月11日，淄川区举办民间艺术扮玩进城表演，共12支代表队5000余人参加。

2月，淄川区音像制品专供中心成立，对全区录像放映场所统一实行录像节目专供制度。

3月20日，中共淄川区委、区政府开展纪念淄川解放50周年活动。

4 月 1 日,《淄川日报》停刊。共刊印 1915 期，4000 万字。

4 月 1 日,《山东省志・诸子名家志・蒲松龄志》稿评议会在淄川举行，省内外 20 余名蒲学专家、学者参加会议。《蒲松龄志》由山东大学教授袁世硕任主编，淄川区人民政府承编，于 2003 年 4 月出版发行。全书 30 万字，收录图片 100 余幅。编纂名人专志在淄川区历史上属首次。

4 月 17—19 日，全区文化市场经营单位培训班在淄博矿务局技校会议室举办，共有 100 余人参加培训并进行考试。

4 月，山东省社会文化先进县复评检查团到淄川区检查工作。

4 月，区文管办开展法制年宣传月活动，其间共发放宣传材料 2000 余份，制作宣传横（竖）幅 20 多条、宣传牌 40 多个，区电视台进行跟踪报道。

5 月，西关一村文化广场被评为全市“十佳文化广场”。

6 月，中影公司引进影片《泰坦尼克号》，在淄川放映近 50 场，票房收入 24 万余元，创造有史以来单片最高收入。

6 月，区文化、公安、环保三家联合出台《关于加强露天卡拉 OK 经营点管理的意见》，有效规范街头露天卡拉 OK 市场，解决了群众反映强烈的扰民问题。

6—7 月，区文化局、山川集团主办，区文化馆承办的区首届“山川杯”庆七一美术、书法、摄影作品联展在区文化馆展厅举行。

7 月 28 日，撤销口头乡，设立淄河镇。

8 月 10—12 日，区文化局、中保人寿保险淄川区支公司、淄城镇西关一村主办的“中保人寿保险杯”消夏戏曲晚会在淄川服装城举行。双沟和洪山镇吕剧团分别演出了《墙头记》《姊妹易嫁》等剧目。

8 月 21 日，区委宣传部、区文化局、区文联、区文化馆、西关二村在香港路举办区书画界赈灾义卖活动，所筹款项全部捐献给受到洪涝灾害的南方灾区。

8 月，淄川影院筹资 10 万元，在影院门前建成占地面积 2000 平方米的多功能、综合性大型露天广场 1 处。

8 月，在联合国教科文组织亚洲文化中心举办的“人与自然”摄影比赛中，王昌德的摄影作品《乡村五月》获得优秀奖，这是淄川区摄影作品首次在国际比赛中获奖。

8 月，常伟承父子 3 人将制作的 306 个京剧脸谱刻瓷盘，镶嵌在长 23.8 米、宽 1.6 米的红木板上，被上海大世界基尼斯确定为世界最全的刻瓷京剧脸谱。

8 月，张广庆应邀参加文化部主办的“中瑞文化交流节”，分别在瑞典斯德哥尔摩和索德太利亚举办个人作品展。

10 月 1 日，淄川人民广播电台正式开播。

10 月，区电影公司在苏南地区举办“淄博秋娟刻瓷艺术”展销活动，获得良好经济效益。展销期间放映球幕电影 3 天，收入 4 万余元。

11月4日，区文化市场管理办公室党支部成立，隶属于中共淄川区委直接管理。

12月，区委宣传部、区工商银行、区文化局主办，区文化馆和山东民族艺校承办的淄川区纪念中国共产党十一届三中全会20周年文艺晚会在淄川影院举行。

1998年，淄川区送文化下乡演出现场

12月，区文化局被市委宣传部、市“三下乡”活动领导小组评为“三下乡”先进单位。

是年，区委宣传部、区农委、区文化局等有关部门联合下文，在全区启动科教影片“千片进村”活动。

1999年

1月8日，区文管办与全区录像放映单位签订淄川区录像放映单位责任书，进一步规范全区录像放映秩序。

3月2日，淄川区举办民间艺术进城表演活动，全区共13支队伍6000多人参加，表演节目40多个。

3月，淄川区新春戏会在公义村沿河广场举行，共有6个农民剧团参演。

5月4日，区委宣传部、团区委、区国税局、区地税局、区文化馆联合主办纪念五四运动80周年青年联欢会。

5月23日，淄川区旅游局成立，为正局级行政机构，隶属区政府办公室领导。

6月10—12日，中共淄川区委宣传部、区农业局、区文化局、区科委联合开展农村科教电影千片进村活动。

6月29日，区委组织部、区直机关党委、区文化局主办，区文化馆承办的区直机关庆“七一”文艺联欢会在淄川影院举办。

1999年，淄川城区闹元宵场景

6月，撤销区旅游总公司，成立淄川区旅游局，隶属区政府办公室，为正科级行政机构。

6月，成立淄川区文物管理所成立，隶属区文化局，为股级差额事业单位，编制3人，办公地点设在区文化局。

7月，龙泉镇尚庄村砖瓦厂施工中发现文物，经鉴定该遗址是一处商周时期文化遗址，出土文物有陶片、骨锥、鹿角等，被市文物局公布为市级文物暂保单位。

7月，区文管所积极协助市文物局完成杨寨塔维修工程，并与杨寨镇政府完成杨寨塔原龙山寺建筑规划。

8月13日，淄川区召开蒲学文化旅游开发论证会。省内外20余名专家、教授及旅游部门负责人就以蒲文化为内涵，加快蒲文化旅游开发进行了论证，并达成共识。

8月24日，淄川区文化局、财政局、交通局、淄川宾馆联合举办庆祝中华人民共和国成立50周年书画、摄影展。

8月31日，淄川区图书馆被文化部评为三级图书馆。

8—12月，区文管所对全区境内古遗址、古建筑进行全面普查，初步调查确定全区境内古遗址、古建筑、古墓葬共100多处。

9月9日，区文化馆阎先公，区美术工作者于家斌、孙晓萍创作完成大型毛线编织画《水浒一百零八将》，长36.3米，宽1.5米。该画于10月1日在中国工艺美术学会举办的“中国首届女神奖壁饰艺术大赛”中荣获编织一等奖，并于当月获上海大世界基尼斯之最证书。

9月27日，区文化局主办、区文化馆承办庆祝中华人民共和国成立50周年文艺晚会。

9月28日，《淄川摄影作品选》获1998—1999年度山东省对外传播印刷品大画册类三等奖。

同日，区委、区政府主办，区城乡委、区文化局等协办淄川区庆祝中华人民共和国成立50周年“城建杯”锣鼓大赛在淄川体育场举行，区城乡委等13支锣鼓队参加比赛。

9月29日，区委、区政府主办，区委宣传部、区文化局等承办淄川区庆祝中华人民共和国成立50周年文艺演出在淄川影院举行。

9月，区文化局、新星集团、区广电局、区文化馆联合举办庆祝中华人民共和国成立50周年“新星杯”青年歌手大奖赛。区财政局、区交通局、区文化局、区文化馆联合举办淄川区庆祝中华人民共和国成立50周年美术、书法、摄影展览。

10月1—5日，区文化局、区文化馆在留仙湖公园组织淄川区庆祝中华人民共和国成立50周年游园、戏剧演出活动，洪山和罗村等镇的业余剧团分别演出吕剧和豫剧等剧目。

10月25—26日，山东省旅游局局长李德明率领参加全省旅游工作现场会人员到淄川区考察旅游业，参观了淄城镇城一村中华影城和洪山镇蒲家村聊斋园。

10月，由洪山镇蒲家村蒲先明整理，山东大学出版社副编审邹宗良校注的《蒲松龄聊斋俚曲集》出版发行。

10月，大型毛线手工编织画《水浒一百零八将》获首届中国女神奖壁饰艺术大赛编织类壁饰一等奖、上海大世界基尼斯之最证书。该画由于加彬、阎先公、孙晓萍创作。

12月28日，淄川区柳泉、留仙湖、杜坡山、文峰山、黉山、梓橦山、马鞍山七景区被淄博市人民政府命名为市级风景名胜区。

12月，区委宣传部、团区委、区文化局、区文化馆在淄川影院联合举办淄川区迎接澳门回归

“中国银行杯”青年歌手电视大奖赛。

12月，区委宣传部、区文化局、区土矿局主办、区文化馆承办的庆祝澳门回归广场文艺演出在淄川般阳广场举行。

12月，区委、区政府主办，区委宣传部、区文化局、区文化馆承办淄川区喜迎新千年文艺晚会在淄川影院举行。

是年，淄川影院广场被市委宣传部评为优秀文化广场。

2000年

2月19日，淄川区举行元宵节民间艺术进城表演暨工业企业50强表彰会议。全区12支队伍、近千名演员参加表演。此次表彰会与元宵节民间扮玩表演一并举行，是“文化搭台，经济唱戏”的重要体现，并通过电视向全省现场直播。

同日，淄川区新春戏会在公义村沿河广场举行，共有5个农村庄户剧团参演。

3月，根据淄川区政府《关于加强文物保护管理工作的实施意见》要求，成立淄川区文物保护管理委员会。

4月25日，全区旅游工作会议召开。

4月26日，山东省重点旅游项目考察组考察淄川聊斋园。

4月，区文管所与省考古研究所、省博物馆完成滨博高速路淄川段文物调查，并对坡子、商家两处龙山文化遗址进行勘探。

5月，区委宣传部、区文化局、区文化馆、山东新星集团、区教委、海尔集团联合举办淄川区“海尔杯”庆“六一”大型广场文艺演出。

5月19日，蒲松龄360周年诞辰齐鲁电话卡首发式在淄川区举行。

5月26日，山东省委主要领导，视察洪山镇蒲家村蒲文化旅游开发工作。

6月21日，撤销淄城镇，设立般阳路、商城路、松龄路3个街道办事处。

6月，区委组织部、区直机关委员会、区文化局联合在淄川影院举办淄川区直机关庆“七一”文艺联欢会。

7月2日，在全区开展为期3个月的电子游戏经营场所专项行动，全区电子游戏经营场所全部停业整顿。

7月14日，山东省旅游局副局长祝利民视察淄川区蒲文化

2000年7月，山东华龙陶瓷有限公司制作中华龙世纪瓶，历时10个月在高达7米的特制窑炉中烧制成功

开发建设工作。

7月18日，市第五人民医院院内发现一座清乾隆十三年（1748年）古墓，区文管所进行发掘。该墓是1990年以来淄川区发现的规模最大、保存最完整的一座古墓。

7月，淄川古代石刻园在留仙湖公园内建成。

8月15日，山东省旅游局副局长祝利民率全省旅游总体规划专家组一行18人，到淄川区考察论证蒲文化旅游开发工作。

8月19日，齐文编导的少儿舞蹈《大风车》在中国广播电视学会、中央电视台主办的全国首届少儿音乐舞蹈大赛中获得三等奖。

9月15日，淄川区在般阳广场举办科技文化广场活动，来自全区30个单位的近200名科技人员参加活动。

9月26日—10月5日，由中共淄川区委、区政府主办的吕厚民摄影作品展——“共和国的缔造者”在区人民会堂举办。

9月，淄川区政府公布淄川区境内55处重点文物保护单位及保护范围。

9月，区文明办、区文化局、区供电局、区文化馆联合举办庆国庆广场文艺演出。

2000年元旦，淄川区举办迎接新世纪文艺晚会

10月1日，淄川影院举行建院20周年院庆活动。

10月9日，全区电子游戏专项治理负责人培训班举行，学习国务委员罗干在全国电子游戏专项治理工作电视电话会议上的讲话。

12月，区委宣传部、区文化局、中保人寿保险淄川支公司、区文化馆联合举办淄川区“迎接新世纪”文艺演出。

2001年

2月7日，淄川区举办元宵节民间艺术进城表演，11支民间艺术表演队伍、近万名演职人员参加。

同日，淄川区新春戏会在公义沿河广场举行，磁村、商家等乡村剧团参加演出，观众达数万人。

3—8月，区文管办先后6次对音像市场进行清理整顿，取缔12家非法音像制品经营点，查缴各类盗版光碟1720盘。

3月17日，中央电视台《东方时空·百姓故事》栏目播出专题片《农家大鼓》。该片反映淄川区商家镇东商村张恒久一家从传统制作大鼓，发展为五世同堂家庭大鼓表演队的历史进程。

4月17日—5月28日，山东大学考古系、淄博市文物局、区文物部门联合对北沈遗址进行抢救性发掘。发掘商周房址 5 处，西周窑址 2 处，清理商周、战国墓葬 23 处。

4 月 19—21 日，第二届国际“聊斋学”讨论会在淄川区召开。俄罗斯、美国、法国、德国等国外专家 20 余人及国内专家学者 80 余人参加会议，收到论文 60 余篇。

4 月 21 日，《聊斋志异》特种邮票（第一组）发行。

6 月 19 日，区委宣传部、区供水集团、区广电局、区文化局主办的淄川区庆“七一”“供水杯”青年歌手电视大奖赛在淄川影院举行。

6 月 21 日，区委宣传部、区文明办、区文化局、龙泉镇主办淄川区“巨龙杯”庆祝建党 80 周年戏曲晚会。

6 月 28 日，淄川区庆祝中国共产党成立 80 周年大会暨文艺演出在东关影院举行。

7 月 2 日—9 月 25 日，中国齐文化研究院、山东大学专家教授对马鞍山古兵营遗址进行了考察。

7 月 8—12 日，区文管办对全区录像放映场所进行专项治理。

7 月 24 日，山东省社会文化先进县复评组到淄川区调研。

8 月 26 日，淄博聊斋城开工奠基。淄博聊斋城由洪山镇蒲家村开发建设，投资 1.6 亿元，占地 840 亩。

8 月，区文物所指导淄河镇对马鞍山齐长城屯兵处及周边环境进行调查，协助山东大学用 10 天时间对其进行绘图、测量。

9 月 3—14 日，根据全国整顿和规范文化市场电视电话会议精神，区文化局牵头对全区文化市场进行了联合检查整顿。

9 月 22 日，国家旅游局“创建中国优秀旅游城市”工作验收组对聊斋园、蒲松龄故居进行了检查验收。

9 月 27 日，区文化局、商城街道办事处主办，区文化馆承办庆祝中华人民共和国成立 52 周年大型广场文艺演出。

9 月，聊斋城通过国家旅游局 AAA 级旅游景区验收。

9 月，区图书馆搬迁至般阳路 230 号（原淄博市工艺美术研究所）。

10 月，区文化局、区文化馆组织锣鼓队、风筝爱好者分别参加中国（淄博）国际陶瓷博览会古齐新韵锣鼓展演、“春光好”风筝放飞比赛，区文化馆被评为中国（淄博）国际陶瓷博览会先进集体。

10 月，区文化局、宏达商场联合举办淄川区庆国庆“宏达杯”美术、书法、摄影精品展。

10 月，全市首次地方志、家谱在淄川展览，共展出地方志 80 余种 200 多部、家谱 60 余种 100 多部。

2001 年，全区地方志、家谱展览现场

10月，淄川区社会文化先进区顺利通过省复评验收。

11月8日，由中共淄川区委、区政府主办的《淄川工作》创刊。

11月21日，淄川区举行地方志、家谱展览，共展出各类志书300余册，家谱200余册。

11月22日，《孝妇河畔三文人》在中央电视台播出，其中有淄川世界短篇小说之王—蒲松龄。

12月26日，黄家铺镇贾庄村村民捐赠一件北宋晚期产于淄博古瓷窑址瓷罐，是迄今为止在淄博发现保存最完整、罐体最大的一件。

12月，区委宣传部、东坪镇党委政府、区文化局主办，淄博金城股份有限公司、区文化馆承办的全区“金城杯”新年文艺晚会在淄川影院举行。

12月，区文物所协助省考古研究所及省博物馆发掘滨博高速路商家路段大邢村附近一座清代壁画墓。整个墓切块搬迁至省博物馆，其中一块由桓台博物馆收藏。

2002年

1月29日，经市文物局批准，淄川文物店成立。

1月，淄川区罗村镇瓦村农民王世海一家三口创作的大型陶瓷壁画《三国演义》入选世界吉尼斯之最。

2月21—23日，淄川区新春戏会在公义社区举行，选调镇办民间剧团参演。

2月26日，淄川区元宵节民间艺术表演举行，9支扮玩队伍表演36个节目，近万人现场观看。省电视台《乡村季风》摄制组采访报道元宵节盛况。

3月，区妇联、区文化局在淄川二中举办“供水杯”美在家庭演唱会。

4月21日，《聊斋志异》特种邮票(第二组)发行，该组邮票共4枚，分别为《席方平》《翩翩》《田七郎》《白秋练》。

4月，区电影公司被评为“山东省第三届农业科教电影千片进村”活动先进集体。

2002年4月30日，首届中国淄博国际聊斋文化旅游节开幕

4月30日—5月7日，首届中国（淄博）国际聊斋文化旅游节在淄川区洪山镇蒲家庄举行。

5月17—18日，区文管办对违规开放的录像放映单位进行关停，至此全区录像放映场所全部关停。

5月27—28日，区委政法委牵头，区公安分局、区工商局、区电信局、区教委、团区委、区文管办等有关部门对全区互联网上网服务营业场所进行清理整顿工作。

5月31日，区图书馆开展为期5天的图书宣传活动，与省图书馆、市天元文化市场合作，开展特价图书优惠展销活动，共计售书5000余册。

5月，首届中国淄博国际聊斋文化旅游节举办。

5月，团区委、区文化局联合举办庆“五四”青春放歌歌舞晚会。

6月20日，全市地方文献开发与利用协作会在区文化馆召开。

6月，区老年艺术团表演的现代芭蕾舞剧《红色娘子军》选段《常青指路奔向红区》参加山东电视台《老友》栏目《老年风采》板块的录制演播。

6月，区文化局、区旅游局撤销，组建淄川区文化旅游局，为正科级行政机构。

6月，区委组织部、区机关党委、区文化旅游局在淄川影院举办淄川区庆“七一”文艺演出。

6月，区文管办对全区网吧安全经营问题开展突击检查，对省文化厅重点关注的东方商厦对过沿河路两侧非法音像制品集散地进行取缔。

7月2日，中共淄川区委对区直有关部门党组织进行调整：撤销中国共产党淄川区文化局党组，建立中国共产党淄川区文化旅游局党组。

7月，淄博第七届中国国际儿童电影节举行，般阳大戏院、淄川影院在电影节期间，共放映中外影片27部近90场，观众人数达10万人次。

7月，淄川区“八一”军民联欢文艺演出在淄川影院举行。

8月15—28日，区图书馆举办首届图书文化节，邀请中央民族大学出版社、商务印书馆等各大出版社特价售书，共100多个系列品种。

8月，区文化旅游局被淄博市第七届中国国际儿童电影节组委会评为先进单位。

9—10月，“金风行动”中，区文化市场管理办公室配合市文管处查处一地下音像制品非法经营场所，查缴违法音像制品5万余盘。

10月16日，《黄快板板话》出版座谈会在区文化馆召开。

11月10日，首届“供水杯”读书用书征文活动启动，在《淄川工作》开辟专栏，每月1期，对新进图书、借阅排行榜、借阅指南等内容进行推介。

11月28—29日，市复评检查组对龙泉镇等18个社会文化先进乡镇、街道复评验收。

11月，区文化旅游局、松龄办事处、北关社区在北关小学组织举办“金秋放歌”文艺演出，迎接党的十六大召开。

12月底，罗村镇瓦村农民王世海一家三口历时3年制作的长172米、高0.6米的瓷板画《三国演义》，被上海大世界基尼斯总部确定为“最长的瓷板画”。

是年，王一君刻瓷作品《踢进世界杯》获中国轻工联合会中国工艺美术优秀作品评选金奖。

2003年

春节期间，淄川区组织新春系列文化活动，包括新春戏会、元宵节民间艺术进城表演等。

4月10—20日，由峨庄乡党委、政府主办的首届淄博峨庄杏花节举办。

5月，区文化旅游局、区图书馆、区文化馆开展“优质服务年”活动。

6月6日，淄川风景名胜区被山东省人民政府列为省级风景名胜区。淄川风景名胜区总面积为43.8平方公里，由聊斋景区、留仙湖景区、杜坡山景区、文峰山景区、黉山—梓橦山景区、马鞍山景区和峨庄景区七大景区组成。

6月，淄川区录制《众志成城、战胜非典》电视专题片。

6月，区文化局、区广电局在庆祝“六一”儿童节期间，联合录制了实景少儿歌舞片，在区电视台连续播放。

8月6日，省级风景名胜区—淄川风景名胜区揭牌仪式在洪山镇蒲家村举行。

8月8—17日，第二届中国（淄博）国际聊斋文化旅游节在聊斋城举办。

8月12日，《淄川工作》编辑部成立，为隶属区委宣传部领导的正科级全额预算管理事业单位。

8月15日，杨寨惨案纪念碑、纪念馆建成。一期工程由杨寨村投资25万元建设。

9月6日，中国陶瓷工业协会刻瓷文化研究会、山东陶瓷工业协会刻瓷艺术专业委员会成立暨山东陶瓷大奖赛颁奖大会在李梓源艺术中心举行。

9月，李梓源、尹干被中国陶瓷工业协会授予“中国陶瓷艺术大师”称号。

11月6日，首届山东昆仑、江西景德镇陶瓷艺术产品展销会在淄博昆仑陶瓷城举行。

12月25日，聊斋城景区被国家旅游局批准为国家AAAA级旅游景区。

是年，全市第三届全民健身节开幕式（淄川分会场）在淄川举行。

是年，张明文、李梓源被评为中国陶瓷艺术大师。张明文当选为中国陶协刻瓷文化研究会会长，其刻瓷尊《敦煌归真》编入全国中小学美术教科书。

2004年

1月8日，聊斋城被国家旅游局评定为AAAA级旅游景区。

1月30日，淄川区文化旅游局被表彰为淄川区2003年度工作先进集体。名列区委、区政府部门第20位。

春节期间，第二十一届全区元宵节民间艺术进城表演、元宵灯会和焰火晚会举办。

2月4日，聊斋城国家AAAA级旅游景区举行挂牌仪式。

3月24日，蒲松龄故居保护与聊斋文化研讨会、淄博梦泉生态风景区规划论证会在淄川区召开。

3月25日，全区社区图书室援建活动启动。

3月，洪山镇红卫村村民王厥福，利用一年时间，用毛笔楷书抄写完成《聊斋志异》。

3月，区文化旅游局、区妇联在区人民会堂前广场联合举办淄川区庆“三八”歌舞会演。

4月29日—5月7日，淄川区举办第三届中国（淄博）国际聊斋文化旅游节。

4月30日,《聊斋俚曲》首发式在聊斋城举行。该书39万字，由陈玉琛历经10余年搜集、研究、编译整理完成。

5月30日，罗村镇瓦村农民王世海一家创作完成瓷板刻画《岳飞传》。该作品长40.8米，用瓷砖306块。

6月28日，淄河镇党委、政府筹资近200万元新修建的马鞍山抗战纪念馆、纪念碑落成。

7月18日，由淄博聊斋旅游发展有限公司主办的首届中国(淄博)国际聊斋啤酒节开幕。

7月，梦泉生态旅游区正式对外开放。

8月，淄川区举办“八一”建军节文艺联欢会。

8月，淄川区举办“永康家电杯”青年歌手大奖赛。

8月，淄川区建成第一家警民共建图书室。

9月24日，淄博市委常委、淄川区委书记吴翠云在听取了全区旅游工作有关情况汇报后，作出批示：发展旅游业是篇大文章，抓旅游就是抓新的经济增长点，就是抓结构调整，就是抓优化环境，就是抓城市建设，就是抓精神文明，也是抓扶贫开发。

9月，龙泉镇金圈文化广场获“山东省优秀文化广场”称号。

9月，影片《空山》在峨庄乡开机拍摄。该片以马鞍山战斗为题材，由中央电视台影视制作中心和北京天立禾盛文化发展有限公司联合拍摄。

9月，淄川区举办首届社区文化艺术节。12—26日在松龄、般阳、商城、龙泉、昆仑、杨寨等镇办共演出综艺、戏剧、电影晚会17场次，观众近10万人次。

9—10月，淄川区举行庆祝中华人民共和国成立55周年文艺演出等大型文化活动10余场。

10月，区图书馆举办庆祝建馆20周年系列活动。

12月19日，淄川区旅游产业发展总体规划论证会在聊斋大酒店举行。

12月24日，鲁泰文化体育广场建成启用。

12月26日，全区旅游工作会议召开。

12月，奎盛园被国家旅游局评定为AA级旅游景区。

12月，淄川区举行戏曲票友大奖赛。

是年，区图书馆被评为国家一级图书馆，率先在全省开通了第一家区县级网站。

2004年12月，淄川区鲁泰文化体育广场投入使用

2005 年

1 月 28 日，全区陶瓷艺术大师表彰座谈会召开。会上，对获得中国陶瓷艺术大师称号的李梓源、张明文，获得山东省陶瓷艺术大师称号的阎先公、王树长、董善习、崔思烈、王一君、李秋峰、刘永强进行表彰奖励。

1 月，淄川区图书馆被文化部命名为一级图书馆。

2 月 10—26 日，在聊斋城、奎盛园和颐泽花园门前，分别举办聊斋民间艺术灯会、淄博民间艺术花灯会和大型焰火晚会。

2 月 16 日，淄川区文化旅游局被表彰为淄川区 2004 年度工作先进集体。名列区委、区政府部门第 31 位。

2月 20—21 日，淄川区“鸡年戏会”在商城路街道公义社区文化广场举办，9 个剧团演出京剧、五音戏、吕剧等 9 场戏剧。

2 月 23 日，淄川区举办第二十二届元宵节民间艺术进城表演，11 支队伍 3000 余名演员表演 26 个节目，观众达 8 万多人次。

4 月 30 日,《聊斋志异》传世收藏版发行仪式在淄川区洪山镇蒲松龄故居举行。

5 月 1—7 日，第四届中国（淄博）国际聊斋文化旅游节在聊斋城举办。共接待中外游客 8.3 万人次，旅游团队 72 个。

6 月 1 日，区文化旅游局、区教育体育局、通乾服装广场联合举办“通乾服装广场杯”庆“六一”少儿文艺大型演出。

8 月 1—15 日，中国（淄博）国际木火节首次在淄川举办。1 日，在中国陶瓷馆举行开幕式。中外陶艺 家在李梓源艺术中心和淄川泰山瓷业制作陶艺作品。14 日，在世纪大厦举行闭幕式。本届木火节 共有来自韩国、加拿大、法国、意大利等 30 余个国家的 60 多名陶艺家代表参加。共收到陶艺作品 600 余件，评出一等奖 10 名、二等奖 20 名、三等奖 30 名。

2005 年柳泉正承文化广场建成使用

8 月 9—13 日，全区举办纪念抗日战争胜利六十周年老年书画刻瓷展。

9 月 6 日，全区开展“诚信、和谐、务实、争先”新时期“淄川精神”宣传活动。

10 月 1—7 日，大型特色旅游项目“夜游聊斋”在聊斋城隆重推出。设梦幻聊斋剧场、魅影聊斋道、惊艳一瞥等场景。活动期间，共接待中外游客 4 万多人次，营业收入 60 多万元。

10月2日，区文化旅游局、区广电局、《淄川工作》编辑部、市摄影家协会、市青年摄影家协会、区摄影家协会、正承广场联合举办“正承广场杯——魅力淄川”摄影大赛，在梦泉生态旅游区举行开拍仪式。

10月23—24日，区文化旅游局、区摄影家协会组织“北方九寨沟”、张庄风光摄影采风活动。50多名摄影爱好者到峨庄瀑布群、上端士古村、石安峪、张庄等地进行摄影创作。

11月1—5日，区文化旅游局、区摄影家协会组织工业、城建、旅游、经贸四个组分赴各有关景点、建设单位、工商企业等场所进行拍摄活动，100多名摄影家和摄影爱好者参加。

11月30日，《淄川区旅游产业发展总体规划》在淄川区第十五届人大常委会第二十二次会议上正式批准实施。

12月29日，“全区保持共产党员先进性教育—建设社会主义新农村”文艺巡回演出在昆仑镇文化广场开幕。

2006年

1月24日，淄川区2006年新春文化活动动员大会召开。

2月3—5日，中国（淄博）聊斋民间艺术灯会在聊斋城举行。同时，淄博民间艺术花灯节在奎盛公园举行。

2月6日，淄川区文化旅游局被表彰为淄川区2005年度工作先进集体。名列区委、区政府部门第32位。

2月9—10日，淄川区在商城路街道公义社区举办业余剧团戏剧调演活动。

2月10日，淄川区委、区政府与淄矿集团在淄矿俱乐部联合举办庆新春文艺联欢会。

2月11日，区文化旅游局、区新农办在新星商厦广场举办“建设社会主义新农村”汇报演出。

2月11—14日，淄川区第三届“图书馆杯”庆新春书画赏石盆景艺术精品展在区图书馆举办，共展出书画精品70余件，观赏石60余件。

2月12日，淄川区第二十三届元宵节民间艺术进城表演活动，10个单位3000人表演23个节目。当晚，焰火晚会举办，燃放烟花礼炮1500余枚，时间长达30分钟。

3月2日，淄川区旅游工作会议在区人民会堂召开。

3月9日，区文化旅游局、区电台联合开办《淄川文化旅游》栏目，每两周播一期，每期播放三次，为期一年。

4月1日，省级爱国主义教育基地“马鞍山抗日遗址”揭牌仪式在淄河镇马鞍山举行。

4月17—24日，《淄博晚报》齐长城百日探访组到太河、峨庄、张庄三乡及梓橦山鬼谷洞、苏相墓、庞涓墓等处探访。

4月21日，淄川区非物质文化遗产普查工作会召开。

5 月 20 日，国务院公布第一批国家级非物质文化遗产名录，淄川区的孟姜女传说、聊斋俚曲两个项目入选。

2006 年 5 月，蒲松龄故居被国务院公布为第六批全国重点文物保护单位

5 月 25 日，国务院核定并公布第六批全国重点文物保护单位，淄川区的寨里窑址、蒲松龄故居入选。

5 月，区文化旅游局被山东省旅游局、山东省人社厅表彰为全省旅游系统先进集体。

5 月 27 日，淄川区收藏家协会成立。

5 月 29 日，区图书馆组织首届服务宣传周活动。

6 月 13 日，区文化旅游局被市委、市政府评为 2005 年度市级文明机关。

6 月 26 日，区文化旅游局在《淄川工作》设立《非物质文化遗产寻踪》栏目，刊发介绍非物质文化遗产探访文章。

8 月 29 日，淄川区第二届“邻居节”活动启动，举办一系列广场文化展演活动，并推荐优秀节目参加市第二届“淄博邻居节”文艺展演活动。

9 月 4 日，市委书记张建国到淄川就聊斋旅游开发进行专题调研。

9 月 9 日，电视连续剧《走进大山》开机仪式在洪山镇土峪村举行。

9 月 13—17 日，淄川区“银座杯”第二届社区文化艺术节在柳泉广场举办。

9 月 22 日，淄川区对部分行政区划进行调整：撤销杨寨镇、双沟镇，以原杨寨镇和双沟镇的行政区域设立双杨镇，镇人民政府驻原杨寨镇人民政府驻地；撤销黄家铺镇，设立钟楼街道办事处。此次行政区划调整后，淄川区辖 14 个镇、3 个乡、4 个街道办事处。

10 月 11 日，淄博师范高等专科学校新校区落成。

10 月 21 日，“聊斋故里文化研究”课题研讨会在淄博师范高等专科学校举行。

2006 年 10 月 24 日，磁村花鼓在淄川区非物质文化遗产保护成果展上表演

10 月 24 日，淄川区非物质文化遗产成果展举办，共展出图片、实物 300 余件次。聊斋俚曲、笛梆子戏、磁村花鼓、商家大鼓做现场表演，其中笛梆子戏是多年沉寂后的首次演出。

10 月 30 日，省政府公布第一批省级非物质文化遗产名录项目名单，淄川区申报的孟姜女传说、聊斋俚曲、磁村花鼓入选。

11月22日，市文化系统文化工作务虚会在淄川聊斋大酒店举行。

2007年

1月1—5日，全区民间收藏展览在淄川银座商场举办。

1月16日，淄川文化旅游局被市委宣传部、市文明委等十六部委、单位表彰为全市文化、科技、卫生“三下乡”活动活动先进集体。

2月1—12日，2007中国（淄博）国际木火节在淄博泰山瓷业有限公司举办，来自韩国、美国、日本、埃及等5个国家的40多名陶瓷艺术家参加了陶艺作品创作大赛。

2月26日—3月4日，中国（淄博）聊斋民间艺术灯会在聊斋城举行。同时，淄博民间艺术花灯节在奎盛公园举行。

3月1—2日，淄川区新春戏会在公义社区广场、般阳广场举办。

3月2日，区图书馆举办首届“庆元宵有奖猜谜”活动，为期4天。

3月3日，区委宣传部、区文化旅游局、区文联联合举办第四届“图书馆杯”庆新春书画、摄影、赏石盆景艺术展，以及“庆元宵有奖猜谜”活动。

3月4日，第二十四届元宵节民间艺术进城表演举办。共有10个单位表演节目27个，演员达3000余人次。当晚，焰火晚会在颐泽花园对面空地举行。

3月5—31日，区文化旅游局组成督导组，对各乡镇（街道）、开发区社会文化先进县复查准备情况进行检查督导。

3月8日，淄川区文化旅游局被表彰为淄川区2006年度工作先进集体。名列区委、区政府部门第25位。

3月22日，中国人民大学、中国书法艺术研究院淄川文化馆美术学校正式成立。

3月26—27日，区文化馆编排的少儿舞蹈《养山谣》参加首届山东省农村文化艺术节，获银奖。并进京参加2007年庆“六一”少儿文艺晚会录制。

4月1日，淄川烈士陵园升级改建工程竣工。新建淄川革命历史纪念馆，总布展面积900平方米。

4月18日，淄川区“服装城杯”青年歌手电视大奖赛初赛拉开序幕。

4月28日，商家大鼓队参加“九级村杯”淄博市锣鼓大赛，荣获一等奖，区文化旅游局获得优秀组织工作奖。

5月9日，蒲家庄古村保护性开发规划研讨会在洪山镇蒲家庄村举行。来自复旦大学、北京旅游学院、山东大学、中国旅游报社等单位的专家就聊斋文化发展方向和蒲家庄古村保护性开发规划进行了深入研讨。

5月18日，淄川区庆祝“5·18”国际博物馆日文物鉴定活动在区文物管理所院内举办。

5 月 21—22 日，市文化局社会文化先进县复查工作组对淄川进行督导检查。

5 月 28 日，区图书馆开启以“共享文化资源，构建和谐社会”为主题的“图书馆服务宣传周”活动。

5 月 29 日，淄川区“服装城杯”青年歌手电视大奖赛举行颁奖晚会。

6 月 5 日，市政协领导视察淄川农村文化建设发展情况。

6 月 9 日，淄川文物所与淄川区民间收藏学会联合举办民间文物收藏展庆祝第二个中国文化遗产日。

7 月 3 日—8 月 31 日，淄川区“点亮文明、唱响和谐”第三届社区广场文化艺术节在鲁泰文化广场举行。活动持续 2 个月，举办各类文化活动 60 余场次。

7 月 25 日，商家镇被省文化厅命名为“山东省民间艺术之乡（锣鼓）”。

8 月 16 日—12 月 28 日，区文物事业管理处对位于淄川区城南镇公孙庄西侧的颐中山水缘工地唐至清末时期的古墓群进行了抢救性发掘，共出土陶器、瓷器、铜镜、铜钱、各种饰品等随葬物品 420 余件。此次发掘出的两个雨点釉罐为淄博市首次出土。

2007 年 9 月 20 日，首届“蒲松龄短篇小说奖”颁奖典礼暨第五届中国（淄博）国际聊斋文化旅游节开幕式举行

2007 年 9 月，淄博市峨庄水土保持生态风景区被命名为国家水利风景区。图为峨庄瀑布群

8 月 17 日，省社会文化先进县检查团对淄川进行检查。25 日，省文化厅对淄川社会文化先进 县进行复查验收，抽查了洪山、龙泉两镇的文化站建设和朱家、十里、渭二、金圈 4 个村（居）的文化大院建设情况。

8 月 20 日，“淄矿杯”首届蒲松龄短篇小说奖颁奖盛典暨第五届中国（淄博）国际聊斋文化旅游节开幕。

8 月 27 日，将淄博第十五中学、淄矿第一中学、淄矿第二中学三校高中部合并，组建淄川区般阳中学。将原淄矿集团第二中学初中部、洪山镇松龄中学、原淄博第十五中学初中部合并，组建新的淄博第十五中学。

9 月 8 日，淄川区般阳中学、淄博第十五中学揭牌成立。

9 月 20 日，“淄矿杯”首届蒲松龄短篇小说奖颁奖盛典在淄博广电大剧院举行。

9 月 20 日—10 月 7 日，第五届中国（淄博）国际聊斋文化旅游节在淄川聊斋城景区举办。

9月23日，淄川区西河镇被山东省轻工业办公室命名为山东省红木家具之乡。

9月27日，峨庄水土保持生态风景区被命名为国家水利风景区。

10月，淄川区第一届老年艺术节举办。

11月3日，常宗林《京剧剧照刻盘》在第八届中国工艺美术大师作品暨工艺美术精品博览会上获2007年“百花杯”中国工艺美术精品奖金奖。

12月29日，淄川博物馆开馆。

12月31日，省委、省政府下发《关于“社会文化先进县”复查情况的通报》，淄川区顺利通过复查验收。

是年，张广庆被中国工艺美术学会鼻烟壶专业委员会评为“中国内画艺术大师”。

2008年

1月13日，全区组织收听收看全省文化建设电视电话会议。

1月26日，文化部公布第二批国家级非物质文化遗产项目代表性传承人，聊斋俚曲传承人蒲章俊入选。

2月1日，区委、区政府主办的“明天更美好”2008淄川地区春节联欢晚会在区人民会堂举行。

2月15日，淄川区文化旅游局被表彰为淄川区2007年度工作先进集体。名列区政府部门第2位。

2月18—19日，民间业余剧团戏剧调演活动举办。

2月20日，淄川区“图书馆杯”庆新春书画、摄影、赏石盆景艺术展举办。同日，淄川区元宵艺术花灯展举办。

2月21日，淄川区第二十五届元宵节民间艺术进城表演举行，当晚举行大型焰火晚会。

3月15日，纪念淄川解放60周年革命传统报告会在淄川一中举行。

3月21日，纪念淄川解放60周年书画摄影展举办。

3月，淄川区第三次全国文物普查工作启动。

4月2日—5月4日，首届淄博淄河生态旅游观光节在淄川区淄河镇旅游度假区举办。

4月16日，全区文化建设工作会议召开。会议印发了区委、区政府《关于进一步加强文化建设的意见》，提出重点抓好实施思想道德建设、公共文化惠民、文化产业化、文化人才队伍建设、文物遗产保护等“五大工程”，力争到2010年，全区文化产业增加值达到12亿元，占全区地区生产总值的比重在4%以上。

4月29日，全国十大院线《画皮》发行联合签约仪式在聊斋城举行。

5月1日，第六届中国（淄博）国际聊斋文化旅游节在聊斋城开幕。

5月11日，聊斋俚曲研讨会在区党员服务中心举行。

2008 年 5 月 18 日，“5 · 12” 汶川特大地震赈灾义演

5 月 18 日，淄川区文化娱乐界大型赈灾演出在柳泉广场举行。

5 月下旬至 6 月 28 日，淄川区举办“交通杯”红歌大赛。有 1500 多名爱好者参与演唱，评选出大奖 3 名、一等奖 6 名、二等奖 9 名、优秀歌手奖 12 名，28 日在淄川东关影院举行颁奖晚会。

5 月，淄川区聊斋旅游开发领导小组和聊斋景区管委会成立。

6 月 14 日，山东大学教授马瑞芳在淄川作题为“聊斋文化与淄川发展”的报告。

6 月 24 日，淄川区“鸿泰杯”“庆七一、迎奥运、纪念改革开放 30 周年”红歌演唱会在鲁泰文化广场组织举行。

7 月 19 日，“淄川区聊斋俚曲艺术团”揭牌仪式暨《聊斋俚曲》汇报演出在区老干部活动中心举行。

7 月 28 日，区文化旅游局干部职工一行 50 余人到海军 92349 部队慰问，和部队官兵欢聚一堂共庆建军 81 周年。区图书馆建立军营图书室。

8 月 6 日晚，“柳泉啤酒杯”第四届社区广场文化艺术节在鲁泰体育广场开幕。开幕后的一个半月内，在城区的般阳社区、柳泉社区、通乾、新星、正承 5 个广场，近郊的开发区、双杨镇、罗村镇、昆仑镇、龙泉镇 5 个乡镇（街道）和开发区文化广场分别安排了综艺、电影、戏曲晚会各 40 场。

8 月 27 日，2008 中国（淄博）国际木火节开幕式在淄博泰山瓷业有限公司举行。

8 月 29 日，省文化厅社文处副处长蔡炎、省艺术馆副馆长王丕琢一行对淄川区非物质文化遗产普查工作进行督导。

9 月 5 日，中央电视台主持人崔永元带领央视《电影传奇》栏目剧组与电影《画皮》剧组到淄川考察电影《画皮》首映式筹备情况。

9 月 16 日，崔永元率《电影传奇》栏目组到淄川就电影《画皮》进行节目访谈。山东大学教授、聊斋文化研究专家马瑞芳，宁夏电影制片厂厂长杨洪涛，电影《画皮》制片人庞洪，演员陈坤、周迅、孙俪、戚玉武，主题歌演唱者张靓颖等做客《电影传奇》。当晚，电影《画皮》全球首映式在聊斋城隆重举行。

9 月 27 日，组织蒲家庄古村保护性开发、齐山文化旅游开发、涌泉齐长城文化旅游开发三个项目参加淄博市在 2008 年山东文化产业博览会上举行的文化产业招商项目签约仪式，投资总额 4.61 亿元，签约项目的数量和投资额列全市首位。

9 月，淄川区第二届老年艺术节举办。按京剧、地方戏、音乐舞蹈、曲艺和聊斋俚曲五种艺术形式决出一、二、三等奖，并于国庆节期间在服装城通乾广场举行获奖剧目展演。

12 月 25 日，淄川区新春文化活动动员会召开。

12 月 27 日，淄川区聊斋俚曲艺术团汇报演出、聊斋俚曲座谈会在淄博广电大剧院举行。

是年，区文化馆被文化部评定为三级文化馆。

是年，李梓源刻瓷作品荣获中国工艺美术大师暨国际美术精品博览会金奖。

2009 年

1 月 14 日，淄川区文化、科技、卫生“三下乡”活动在张庄大集启动。

1 月 19 日，淄川地区 2009 年春节联欢晚会在区人民会堂举行。

2 月 2—12 日，淄川区元宵艺术花灯展在奎盛公园举行。

2 月 6—10 日，淄川区民间业余剧团调演在公义社区沿河广场举行。

2 月 8 日，淄川区第六届“图书馆杯”庆新春书画摄影赏石展在区文化旅游局举行。

2 月 9 日，淄川区第二十六届元宵节民间艺术进城表演举办。来自全区各乡镇、街道、开发区和企事业单位的 38 个优秀节目，共 11 支代表队 3000 余人，沿松龄路、通济街、般阳路行进表演。当晚，元宵节焰火晚会在颐泽花园对面空地举行。

2 月 21 日，全区宣传思想文化暨精神文明建设工作会议召开。

2 月 28 日，首届“欧尚摄影”杯婚纱摄影·礼仪庆典文化艺术周暨“淄川一日”摄影大赛启动仪式举行。

3 月 8 日，淄川区文化旅游局被表彰为淄川区 2007 年度工作先进集体。名列区委、政府部门第 25 位。

3 月，由中共淄川区委主管、区委宣传部主办的地域文化研究刊物《般阳文化》正式创刊。

4 月 17 日，当代精短文学作品高级研讨班暨百名作家淄川行活动开幕。

4 月 18 日—5 月 20 日，第二届淄博淄河生态旅游观光节在淄河镇马鞍山风景区举办。

4 月 25 日晚，第二届蒲松龄短篇小说奖颁奖典礼暨第七届中国（淄博）国际聊斋文化旅游节开幕式在淄博广电大剧院隆重举行。

4 月，区委、区政府对区电影管理体制进行调整，区电影发行放映公司的主管部门由区文化旅游局划转为区广播电视局。

5 月 16—17 日，“山东淄川·中国孟姜女传说学术研讨会”在淄川宾馆举行，40 多名与会的 国内民俗与非物质文化遗产领域专家一致

2009 年 5 月 16 日，中国孟姜女传说研讨会在淄川召开

确认淄川区淄河镇是孟姜女故事的早期发生地和重要传承地。

5月17日，淄川区聊斋俚曲艺术团新剧推介会在区老干部活动中心举行。

6月3日，淄川区政协召开主席扩大会议，听取全区文化旅游工作情况汇报。

6月25日，淄川区“星辰供水杯”区直机关歌咏比赛在鲁泰文化广场举行。

7月8日，省“全国文化先进县”核查组到淄川区考察文化工作。

8月18日，淄川区第五届“通乾服装广场杯”社区广场文化艺术节暨庆祝中华人民共和国成立60周年文艺会演在通乾服装广场举行开幕式。

9月1日，2009中国（淄博）国际木火节在淄博泰山瓷业有限公司开幕。

9月14日，马立训当选“100位为新中国成立作出突出贡献的英雄模范人物”。

9月15日，淄川区聊斋俚曲艺术团首次参加中国（博兴）第六届小戏艺术节，表演根据蒲松龄《聊斋志异》中《骂鸭》改编的聊斋俚曲戏《求骂》。

2009年，淄川区庆祝新中国成立60周年红歌大赛

9月19日，淄川区庆祝中华人民共和国成立60周年红歌大赛在区人民会堂举行。

9月27日，省政府公布第二批省级非物质文化遗产名录和第一批省级非物质文化遗产扩展项目名录，淄川区申报的鬼谷子传说、商家大鼓、淄博陶瓷烧制技艺入选。

9月29日，淄川区庆祝中华人民共和国成立60周年暨第三届新农村建设书画作品展在淄川宾馆举行。

10月20日，“鲁维杯”淄川区第三届老年艺术节在鲁中家具广场举行。

12月10日，淄川区文化产业协会成立大会召开。

12月12日，淄川区聊斋俚曲艺术团走进山东理工大学校园，为广大师生演出聊斋俚曲戏《带着奶奶做新娘》《求骂》。

是年，市、区文物局联合对般阳故城龙兴寺遗址进行考古发掘，出土莲花座、狮子灯等文物。

2010年

1月16日，聊斋俚曲汇报演出在市广电大剧院举行。

1月27日，淄川区文学艺术界联合会第二次代表大会召开。

1月28日，淄川区“三下乡”启动仪式在太河乡大集举行。

2月6日，全区宣传思想文化暨精神文明建设工作会议召开。

2月7日，淄川地区2010年春节联欢晚会在区人民会堂举行。

2月22日，淄川区文化旅游和新闻出版局被表彰为淄川区2009年度工作先进集体。名列政府部门第13位。

2月27日，淄川区“博物馆杯”庆新春书画摄影赏石展在区博物馆举行。

2月28日，淄川区元宵节民间艺术进城表演举行。

2月，峨庄生态风景区被评为“山东省十佳水利风景区”。

3月1日，举办焰火晚会（因大雪，焰火晚会由正月十五推迟到正月十六晚）。

3月，区文化馆报送的作品相声《鲜花献给他》、小品《不平凡的生日》在山东省文化厅举办的第二届“星光奖”评选中分别荣获一、二等奖。

4月2日，“印象孟姜 清新淄河”暨第三届淄博淄河生态观光节开幕式在涌泉风景区举行。

4月5日，淄川革命历史纪念馆暨马立训铜像揭牌仪式在淄川区烈士陵园举行。

2010年4月5日，淄川革命历史纪念馆暨马立训烈士铜像揭牌

4月，区委、区政府将原区文化旅游局职责、原区新闻出版管理办公室的行政管理职责，整合划入新成立的区文化旅游和新闻出版局（以下简称区文旅新局），区文旅新局设立新闻出版管理科。

4月，淄川区第三次全国文物普查工作通过省验收组审核，被评定为优秀等级。

5月1—7日，第八届中国（淄博）国际聊斋文化旅游节在聊斋城景区举行。

5月9日，区文化馆建馆60周年大型庆典在淄川宾馆举行。

6月9日，潭溪山旅游区竣工庆典仪式举行。

6月12日，庆祝第五个中国“文化遗产日”暨聊斋俚曲汇报演出举行。

2010年6月，潭溪山旅游区建成开业

6月，《蒲家庄古村落保护与旅游开发规划》在2009年度山东省旅游产业创新奖评选中，被省旅游局授予山东省旅游规划创新奖三等奖。

7—9月，对全区印刷企业进行调查摸底。全区印刷企业共89家，其中出版物印刷企业2家，包装装潢印刷企业61家，其他印刷品印刷企业26家，从业人员共2539人。

8月17日，淄川区“金城杯”第六届社区广场文化艺术节在鲁泰体育场举行开幕式和

“金城之夜”文艺晚会。

9月2日，2010年中国（淄博）国际木火节在淄博泰山瓷业有限公司开幕。

9月14日，聊斋俚曲艺术团赴省参加“中科蓝天杯”第二届“谁不说俺家乡好”山东地方文艺电视大赛。

9月16日，2010中国·涌泉国际书法大展在市博物馆开幕。

10月11—15日，区委宣传部、区委老干部局、区文化旅游和新闻出版局、区广播电视局主办，兴华房地产开发有限公司、区老年戏曲音乐协会承办“兴华房产杯”淄川区第四届老年艺术节在吉祥广场举行。18个老年业余文艺团体参加。

10月15日，淄砚参加首届中国非物质文化遗产博览会在济南舜耕山国际会展中心的开幕式。

10月25日，蒲松龄诞辰370周年暨蒲松龄纪念馆建馆30周年庆典仪式举行。期间，举办聊斋学研讨会、蒲松龄研究会年会、聊斋俚曲演唱月等多项纪念活动。

11月6日，淄川区对部分行政区划进行调整：撤销淄河镇、太河乡、峨庄乡，设立太河镇，将原所辖行政区域划归太河镇；撤销张庄乡、东坪镇，将原所辖行政区域并入西河镇；撤销商城路街道办事处、城南镇，设立将军路街道办事处；撤销磁村镇，将原行政区域划归昆仑镇；撤销黑旺镇，将原行政区域划归寨里镇；商家镇划归周村区管辖。此次行政区划调整后，淄川区辖9个镇、4个街道办事处。

11月28日，淄川区首届全国名家书画展在同和府举办，共展出欧阳中石、沈鹏、刘大为、韩美林、刘炳森、刘文西等人的50余幅作品。

12月28日，“好客山东贺年会”淄川区2011年新春文化活动动员会在区行政服务中心三楼会议室举行。

12月28日，国家林业局发布准予设立“山东峨庄古村落国家森林公园”。

12月31日，淄川锦瀚书业图书超市有限公司、育英书店、席殊书屋、银座商城4家图书经营单位被评为“淄博市诚法守信先进单位”。

12月，太河镇被省旅游局评为山东省旅游强乡镇。

是年，淄川区“扫黄打非”办公室和淄川区文化旅游和新闻出版局被评为全市“扫黄打非”工作先进集体。

是年，区图书馆通过评估定级，蝉联国家一级图书馆。

是年，区文物局在原淄川蔬菜批发市场工地发掘清代墓一座，出土李希梅撰、毕海珖书的墓志铭等文物。

是年，阎先公的彩绘瓶《诸子百家》在第十一届中国工艺美术大师精品博览会上，荣获中国工艺美术精品奖金奖，并参加2010上海世博会—中华艺术·国家大师珍品系列会展。

是年，王一君被评为“山东省首席技师”，被授予“中国陶瓷艺术大师”荣誉称号。

2011 年

1 月 7 日，淄川区出版印刷年检会召开，全区 89 家印刷企业参加会议。

1 月 16 日，全区宣传思想文化产业暨创建文明城市工作会议在区人民会堂举行。

1 月 17 日，2011 年“三下乡”活动启动仪式在岭子镇大集举行。

1 月 22 日，区聊斋俚曲艺术团汇报演出暨新春茶话会在市广电大剧院举行。

1 月 27 日，“好客山东贺年会”淄川地区 2011 年春节联欢晚会在区人民会堂举行。

2011 年 1 月，西河镇被授予“中国古典红木家具之乡”称号

2 月 14—15 日，新春戏会在公义社区沿河广场、新星超市影院店广场、仟佰汇广场分别举行。

2 月 17 日，淄川区元宵节民间艺术进城表演举行。当晚，焰火晚会在颐泽花园对面空地举行。

2 月 19 日，淄川区文化旅游和新闻出版局被表彰为淄川区 2010 年度工作先进集体，名列政府部门第 6 位。

4 月 10 日，首届淄博市生态旅游观光节在淄川区潭溪山旅游区开幕。

5 月 18 日，全区“学党史、唱红歌、跟党走”主题教育启动。

5 月 23 日，区图书馆实行免费开放。

6 月 10 日，国务院公布第三批国家级非物质文化遗产名录，淄博陶瓷烧制技艺入选。

6 月 10—27 日，淄川区庆祝中国共产党成立 90 周年舞蹈大赛、歌手大奖赛、红歌演唱大赛和戏曲专场等活动在鲁泰体育场举行。

6 月 15 日，住房和城乡建设部、国家旅游局公布第二批全国特色景观旅游名镇名单，淄川区太河镇入选。

6 月 28 日晚，淄川区庆祝中国共产党成立 90 周年文艺晚会举行。

7 月 19 日，淄博市文化产业项目上海招商洽谈会在上海举行。淄川区共有 4 个项目签约，总投资 6.8 亿元。

7 月 20 日，区委、区政府印发《关于规划建设簧山区域城乡统筹示范区的意见》。

7 月 22 日，淄川区西河镇被授予“中国古典红木家具之乡”称号。

7 月 24 日，淄川聊斋俚曲艺术团成立三周年汇报会在般阳山庄举行。

8 月 17 日，省文化厅对区文化馆进行全国第三次文化馆评估定级。年内，区文化馆被文化部评定为一级文化馆。

9月1日，2011中国（淄博）国际木火节开幕式暨国家级非遗项目“淄博陶瓷烧制技艺”授牌和国家文化创新工程启动仪式在淄博泰山瓷业有限公司举行。

10月13日，淄川区农家书屋捐赠仪式在区人民会堂门前广场举行。区委宣传部、区直机关工委、区文旅新局等11个部门、单位现场捐赠图书。仪式结束后，10辆载有山东鲁维制药有限公司捐赠的价值20万元的农家书屋专用书橱派送车由各镇、开发区带回，将书橱发放到各村中。

10月15日，淄川区“农家书屋”建设考察团到东营市垦利县学习考察“农家书屋”建设经验。

11月，潭溪山旅游区被国家旅游局评定为国家AAAA级旅游景区。

11月，淄川区文化馆被文化部命名为一级文化馆。

12月31日，淄博山川包装制品有限公司、淄博文城印务有限公司、淄博华瑞铝塑包装材料有限公司3家印刷企业被评为“淄博市诚法守信先进单位”。

是月，淄川区社区广场文化艺术节被山东省文化厅授予“山东省农村特色文化品牌”。

是年，区文旅新局被评为全省“扫黄打非”工作先进集体和全市“扫黄打非”工作先进集体。

是年，刘永强的刻瓷作品《山水瓶》获“华光杯”第五届全国刻瓷艺术大奖赛金奖。

是年，王一君的刻瓷作品《清心雅和》获“天工艺苑·百花杯”中国工艺美术精品奖金奖，被中国建筑卫生陶瓷协会授予“中国陶瓷设计大师”称号。

2012年

1月5日，淄川区文化、科技、卫生“三下乡”活动启动。

1月17日，淄川地区2012年春节联欢晚会在区人民会堂举行。

1月31日，全区“四德工程”建设工作动员大会召开，区委、区政府深入实施以“爱德、诚德、孝德、仁德”为主要内容的“四德工程”，全面加强“道德淄川”建设。

2月2—3日，淄川区2012新春龙年戏会在公义社区沿河广场、新星超市影院店广场、仟佰汇广场三处同时举行，19个剧团演出29个剧目。

2月6日，第二十九届元宵节民间艺术进城表演举行。共有13支代表队演出龙灯、芯子、花鼓、高跷、舞狮等传统节目46个，演出队伍沿松龄路、通济街、般阳路、解放路行进表演。

2月15日，淄川区文化旅游和新闻出版局被表彰为淄川区2011年度目标管理考核先进单位，名列政府部门第10位。

3月8日，市文化局到淄川督查国家级“非遗”项目聊斋俚曲、淄博陶瓷烧制技艺的保护传承情况。

4—5月，淄川区“四德工程”建设宣传演出在全区各镇办进行巡回演出。

6月7日，淄川区非物质文化遗产培训讲座在区文化馆举办。市文化广电新闻出版局副局长宓传庆为各镇、街道、开发区文化站站长，各级非物质文化遗产项目传承人共50余人作“非物质文化遗产传承与保护”专题讲座。

8月16—27日，淄川区开展迎接全省乡镇综合文化站评估定级工作。

8月，区文化馆报送的作品相声《迷失自我》获山东省第五届泰山文艺奖三等奖。

2012年9月5日，孟祥民先进事迹报告会在人民大会堂举行

9月2—8日，2012中国（淄博）国际木火节暨国家级“非遗”保护成果展在淄川博物馆举办。

10月16日，区委组织部、区文旅新局组织举行淄川区“第一书记”派驻村居农家书屋赠书仪式。

10月26日，区文旅新局为全区129个村居配送图书近20万册。

11月5日，全区农村有线电视广播“村村响”开播仪式举行。

11月20日，市文广新局对淄川西河镇综合文化站进行调研，查看洪山镇太和社区农家书屋的配书情况。

11月29日，第三届（山川杯）蒲松龄短篇小说奖颁奖典礼在淄矿剧院举行。

12月11日，由淄博鲁泰聊斋俚曲剧团组织创排的反映孟祥民先进事迹的大型聊斋俚曲现代戏《环保卫士》在山东剧院公演。

12月17日，淄川区太河镇梦泉村、上端士村被列入第一批中国传统村落名录。

12月18—19日，区政府督查室会同区文旅新局对全区13个镇办综合文化站建设情况进行督查。

是年，区文旅新局被评为全省、全市“扫黄打非”工作先进单位。

2012年12月11日，聊斋俚曲艺术团创作的大型聊斋俚曲戏《环保卫士》在济南山东大剧院公映

2012年起，淄川区深入实施“爱德、诚德、孝德、仁德”为主要内容的“四德工程”，全面加强道德淄川建设。图为居民齐唱《四德歌》

2013 年

2 月 4 日晚，2012“感动淄川”年度人物颁奖典礼在区人民会堂举行。

2 月 20 日，淄博煤矿展览馆整修提升后重新开放。

2 月 21—22 日，淄川区新春戏会在公义社区沿河广场、仟佰汇广场、新星超市影院店广场分别举行。28 个民间剧团演出聊斋俚曲、五音戏、吕剧、京剧、豫剧等 35 个剧目。

2 月 22 日，2013 年庆新春书画摄影赏石展在淄川博物馆开展。

2 月 22 日，《淄川文化遗产》出版发行座谈会召开。该书《文物卷》选取全区 500 处遗址、古墓葬、古建筑、石窟寺及石刻、近现代重要史迹及代表性建筑五大类文物点，79 件馆藏重点文物入册；《非物质文化遗产卷》囊括民间文学、传统音乐、传统舞蹈、传统戏曲等九大类 268 项。

2 月 24 日，淄川区第三十届民间艺术进城表演举行。

2013 年 3 月 15 日，淄川区召开深化“四德工程”暨宣传文化工作会议

3 月 15 日，全区深化“四德工程”暨宣传文化工作会议召开。

3 月 18 日，洪山镇被省文化厅公布为第四批戏曲类“山东省民间文化艺术之乡”。

3 月 27 日，中央电视台《新闻联播》栏目报道了淄川区农家书屋建设情况，在《山东：广集民意 16 件文化实事惠民生》板块中，以罗村镇南韩村农家书屋建设为切入点，对淄川区农家书屋建设成果以及数字化升级情况进行了介绍。

4 月 2 日，淄川区文化旅游和新闻出版局被表彰为淄川区 2012 年度目标管理考核先进单位，名列政府部门第 13 位。

4 月 8 日，淄川区印刷发行行业协会成立大会召开，全区 120 家会员单位参会。

4 月 26 日，执法人员接对新东方购物广场内 2 家音像店进行检查，当场查扣涉嫌侵权盗版音像制品 2898 张。案件被移送司法机关，开创淄川区文化市场行政执法部门查获涉嫌侵犯著作权案的先河。

4 月，鲁泰公司承办的“纺织之春”音乐会在国家大剧院举行。

2013 年 4 月，鲁泰公司承办的“纺织之春”音乐会在国家大剧院举行

5 月 3 日，国务院核定并公布第七批全国重点文物保护单位名单，淄川区北沈遗址、磁

村瓷窑址、淄博矿业集团德日建筑群入选。

5月3日，“建行杯”淄博市十大美景评选揭晓。潭溪山风景区获得“淄博市十大美景”荣誉称号；齐山风景区、梦泉生态旅游区获得“淄博市十大美景”评选提名奖。

5月7日，省政府公布第三批省级非物质文化遗产名录和省级非物质文化遗产扩展项目名录，淄川区申报的淄博刻瓷和淄砚制作技艺入选。

6月6日，淄川区庆祝第八个“文化遗产日”暨淄川区文化遗产保护成果展在区博物馆举行。仪式上，为区级“非遗”名录项目和区级“非遗”名录项目代表性传承人进行授牌颁奖。

6月8日，淄博刻瓷、淄博内画、淄砚制作技艺和陶瓷雕塑参加淄博市庆祝第八个中国“文化遗产日”系列宣传活动启动仪式，并进行现场展演。

6月，《淄川文化遗产・非物质文化遗产卷》荣获山东省文化艺术科学优秀成果（专著类）二等奖，《淄川文化遗产・文物卷》荣获山东省文化艺术科学优秀成果（专著类）三等奖。

6月，洪山镇入选第四批山东省民间文化艺术之乡名单。

7月6日，淄川区创新社会化管理文艺会演暨第八届社区广场文化艺术节开幕式在鲁泰体育场举行。开幕式上，为区聊斋俚曲剧团、区文化娱乐协会京剧团等9个民间剧团配发灯光、音响、乐器等演出器材。艺术节持续两个月，统筹安排消夏晚会、戏剧演出、电影放映等共计120余场次。

7月，淄博刻瓷和淄砚制作技艺被列入第三批省级非物质文化遗产名录。

8月28日，嬷嬷幢增福财神庙落成大典暨2013年首届财神文化节在洪山镇举行。

9月2日，2013中国（淄博）国际木火节暨“非遗”保护文化交流活动开幕式在淄博泰山瓷业有限公司举行。

9月3日，区委办公室、区政府办公室印发《关于设立“蒲松龄文艺奖”的实施意见》。

9月8—9日，由中国古陶瓷学会组织、淄川区政府主办的中国北方早期青瓷发现与研究暨发 源地论证会在淄川区成功举办。中国古陶瓷学会副会长李建毛代表专家组宣布，淄博寨里窑为中国北方早期青瓷的发源地。

9月26日，阎先公陶瓷国画作品展暨新画集《阎先公陶瓷国画集》出版发行仪式在中国陶瓷馆举行。

9月，孙膑梦泉传说、增福财神李诡祖传说、孙膑拳、通背拳、家具制作技艺、淄博石

2013年9月8日，北方青瓷发源地论证会在淄川召开

2013年10月16日，文化部副部长董伟（前排左二）到淄川调研

雕、琉璃烧制技艺 7 个项目被列入淄博市第四批非物质文化遗产名录。

10 月 8—12 日,“鼓浪屿杯”淄川区第七届老年艺术节在鲁泰体育场举行。18 家优秀老年业余文艺团体为广大老年人献上聊斋俚曲戏、京剧、吕剧、豫剧、五音戏、歌舞等 23 场演出。

12 月 16 日，淄川选送吕剧《慈母心》、聊斋俚曲戏《新编墙头记》《渔翁和城隍》参加全市首届新创作小戏优秀剧目调演，分获一、二、三等奖。

是年，区文旅新局获得“全国查处侵权盗版案件三等功”，被评为全省、全市“扫黄打非”工作先进单位。

是年，刘永强刻瓷作品《万壑疏风图》获第三届中国“大地奖”陶瓷类金奖。

2014 年

1 月 14 日，2014 年淄川区文化、科技、卫生“三下乡”活动启动仪式在昆仑镇党建文化主题广场举行。仪式上，向村民代表赠送了《淄川文化遗产》、文明知识等系列丛书。

1 月 24 日，2013“感动淄川”年度人物颁奖典礼在区人民会堂隆重举行。区委书记、区人大常委会主任杨洪涛，区委副书记、区长李新胜为获得 2013“感动淄川”年度人物颁奖。

2 月 7 日，淄川区文化旅游和新闻出版局被表彰为淄川区 2013 年度目标管理考核先进单位，名列政府部门第 10 位。

2 月 11—12 日，2014 年新春戏会在公义社区沿河广场举行，8 家优秀民间剧团演出 10 个剧目。

2 月 12 日，2014 年庆新春书画摄影赏石精品展在淄川博物馆开展，共展出书画、摄影、奇石等作品 200 余件。

同日,《淄川乡村旅游发展总体规划》通过专家评审。

2014 年 2 月 12 日，淄川区举办庆新春书画摄影展

2 月 14 日，淄川区 2014 年元宵节民间艺术进城表演活动举行，13 支队伍 1858 人表演 39 个节目。

2 月 25 日，区委、区政府作出《关于表彰首届“蒲松龄文艺奖”获奖作品的决定》。

2 月 28 日，淄川区宣传思想文化工作暨实施“六新工程”推进美丽村居建设动员大会召开。

3 月 19 日，全市文化惠民工作专题会议暨全市文化体制改革和文化产业发展工作会议在淄川区召开。

4 月 17 日，市文广新局督查组对淄川区公共文化服务体系建设进行调研检查。

同日，区聊斋俚曲传唱研讨班在区老干部活动中心举行，国家级、市级聊斋俚曲“非遗”传承人蒲章俊、杨道坤及淄川区一线骨干音乐教师等25人参加。

5月15日，2014年文化惠民“百场戏曲演出”活动启动仪式在开发区大邢社区文化广场举行。同时，举行淄川区2014年文化惠民工程农村文化大院器材发放仪式，为99个新建和优化升级村居文化大院发放了29台电脑、58套音箱、99套锣鼓，为104个村居发放了“e农移动影库”。

6月13日，淄川区举办庆祝第九个“文化遗产日”暨重点“非遗”项目座谈会。为两个省级“非遗”项目和7位“非遗”传承人发放扶持资金12.4万元。

6月26日，淄川区“热土欢歌”群众文化系列活动暨第九届社区广场文化艺术节调度会召开。

6月28日，淄川区第九届社区广场文化艺术节暨庆“七一”群众文艺演出在体育场开幕。

7月4日，“共圆中国梦”山东省政协科教文卫体委员会、山东省梅花奖艺术团惠民演出走进淄川活动在区人民会堂举行。10位山东籍的中国戏剧梅花奖得主霍俊萍、雷岩、鞠小苏、高静、陈媛、焦黎、吕凤琴、李青、吕淑娥、刘建杰，表演了吕剧、京剧、五音戏等的精彩唱段。

8—12月，区文旅新局、《淄川工作》编辑部、淄川区摄影家协会联合举办“幸福淄川·共圆中国梦”群文摄影大赛。

9月1日，2014中国（淄博）国际木火节开幕式在淄博泰山瓷业有限公司举行。

9月6日，全区首届文化创意博览会在昆仑镇1954陶瓷文化创意园开幕。

9月9日，区中华文化促进会成立大会在区人民会堂举行。

9月16日，区文化旅游和新闻出版局选送的《免费的“文化大餐”》在由中共山东省委宣传部、中共山东省委讲师团组织的“中国梦·参与改革见证改革”百姓宣讲比赛中荣获一等奖。

9月23—27日，“鲁泰杯”淄川区第八届老年艺术节在鲁泰文化体育广场举行，24支队伍、近千名演职人员参加，节目有京剧、吕剧、五音戏、梆子、聊斋俚曲和歌舞，演出26场次。

9月，《淄川文化遗产》（著作）荣获淄博市第二十七次社会科学优秀成果奖三等奖。

11月6日，市委副书记、市长徐景颜到淄川调研乡村旅游和文化创意产业发展情况，到太河镇涌泉村、昆仑镇1954陶瓷文化创意园进行了实地调研。

11月，区政府公布第四批区级“非遗”名录和第二批区级“非遗”项目代表性传承人。

12月3日，山东省淄博市聊斋俚曲戏研讨会在济南举行。与会专家一致认为，聊斋俚曲戏是对聊斋俚曲创新性保护的成果，可将聊斋俚曲戏作为地方剧种加大传承和保护力度，将这一独具特色的地方戏曲发扬光大。

12月16日，淄川区选送聊斋俚曲小戏《丫头大主任》、五音戏《还债》、鲁中梆子《大爱无疆》、交响小吕剧《苹果树下》在第二届淄博市新创作小戏优秀剧目调演活动中分获一等奖、二等奖、三等奖。

12月22日，淄川区被文化部命名为“中国民间文化艺术之乡（淄川民俗）”。

12月26日，淄川区蝉联“全国文化先进区”荣誉称号。

是年，区文旅新局被评为全省、全市文化市场管理暨“扫黄打非”工作先进集体等荣誉称号。

2015 年

2 月，淄川区振华玻璃制品有限公司，被山东省版权局授予山东省版权保护示范单位称号。

2 月 25 日，淄川区文化旅游和新闻出版局被表彰为淄川区 2014 年度目标管理考核先进单位，名列政府部门第 4 位。区文旅新局改革案例《乡村旅游立体营销模式》获第三届“最佳工作创新奖”。

3 月 2—3 日，2015 新春戏会在公义社区沿河广场举行，共演出 8 场戏曲。

3 月 5 日，第三十二届元宵节民间艺术进城表演举行，共 12 支代表队 33 个节目 2000 余人参加。

3 月 26 日，区委理论学习中心组举办弘扬中华传统文化专题报告会。

2015 年 3 月 29 日，“学宪法知党章”文艺宣传队到双杨镇赵瓦村演出

3 月 29 日—4 月 21 日，淄川区“学宪法知党章”巡回文艺演出，在全区各镇办巡演 13 场次。

4 月 4 日，纪念蒲松龄诞辰 375 周年暨《中国古代文学家（四）》纪念邮票首发式在蒲家庄聊斋文化广场举行。

4 月 11—12 日，全区首届中华优秀传统文化讲堂举行。

4 月 22 日至 11 月底，淄川区文化惠民送戏进村活动举行。21 家优秀民间文艺团体为全区各村居送戏 420 场次。

4 月 26 日，龙泉镇举办第三届聚相山休闲文化节。

4 月始，区文旅新局在齐《鲁晚报》《鲁中晨报》《淄川工作》分别开辟文化专版，每周一版，专题反映全区文化旅游亮点工作，群众乐享文化生活情况。

4 月，区文旅新局被国家版权局表彰为 2014 年度查处侵权盗版有功单位三等功。

5 月 11 日—6 月 18 日，“牛记庵旅游养生度假”摄影大赛举行。

5 月 25 日，淄川区 17 处文化遗产入选山东省第一批“乡村记忆”工程文化遗产名单。

5 月，淄川区荣获山东省乡村旅游示范区（县）称号。

6 月 23—29 日，淄川区庆祝建党 94 周年系列专题文化活动在体育场举行。活动包括第二届“热土欢歌”赛歌会广场舞大赛、第十届社区广场文化艺术节开幕式暨文化馆公益培训班汇报演出、戏曲专场、庆祝建党 94 周年文艺晚会暨“热土欢歌”颁奖晚会，共演出 7 场。同时，般阳、昆仑、寨里分别举办庆祝建党 94 周年文化活动。

6 月 30 日，淄川区“河东惨案纪念地”等 11 处文物点被公布为省级文物保护单位。

7月11—12日，省旅游局、长城保护基金管理委员会、中国长城文化研究中心主办的“走长城 读齐鲁 爱中华”齐长城徒步考察团走进淄川区，省政协常委、提案委员会主任于冲，带领长城保护专家、学者、旅游工作者、旅游投资开发企业和旅行社负责人、旅游专业媒体人员等150余人到齐长城淄川段进行实地考察和调研。

7月26日，京剧大师张君秋先生艺术传承基地揭牌仪式在将军路街道颐泽社区举行。

7月，河东惨案纪念地、罗圈峪八路军医院旧址、杨寨惨案纪念地等11处文物点被公布为省第五批文物保护单位。

8月1日，淄川牛记庵旅游度假村启动仪式暨摄影大赛颁奖典礼举行。

8月5日，鲁泰纺织股份有限公司被中国企业文化研究会授予“全国企业文化建设示范基地”称号。

8月8日，淄川区与浙江长城影视文化企业集团“淄川齐长城文化旅游创意园项目”签约仪式在山东齐盛国际宾馆举行。

2015年8月8日，浙江长城影视集团与淄川区政府举行合作签约仪式

8月21日，区政协组织部分委员对文化旅游工作进行视察。

8月31日，全区文化旅游安全会议召开。

9月3日，淄川区纪念抗日战争暨世界反法西斯战争胜利70周年“般阳之夜”文艺晚会在体育场举行。

9月6日，第十五届中国（淄博）国际陶瓷博览会淄川展区以“聊斋故里”为主题，以“蒲松龄马向阳相约琉璃世界”为设计理念，在国际会展吸引众多参观者。1954陶瓷文创园为分会场，举办美食节、陶瓷精品展、职业技能大赛等活动。

9月24日，山东省中华文化传承基地揭牌仪式在1954陶瓷文化创意园举行。

9月30日，淄川区庆国庆文艺会演暨文化惠民器材发放仪式举行，将价值280万元的文化器材发放给各镇办、村居和文艺团队。

9月，区文旅新局对出版物市场进行了拉网式专项行动，立案查处违法案件4起。

10月10日，淄川区被表彰为“第二届山东省文化强省建设先进区”。

10月16—20日，“鲁泰杯”淄川区第九届老年艺术节在体育场举行，22家老年文艺团体参加演出。

10月20日，市文联、市文广新局、区委宣传部、区文旅新局联合主办的淄博市首届聊斋俚曲演唱大赛在体育场举行。

10月30日，“孔子家乡 好客山东”国家旅游摄影大赛摄影团走进淄川进行采风创作，来自8个国家 13 位国际知名摄影家参加。

10 月，淄川区被授予“山东省文化强省建设先进区”称号。

11 月，“幸福淄川 共圆中国梦”群文摄影大赛获奖作品揭晓，大奖 1 组，一等奖 3 组，二等奖 6 组，优秀奖 43 组。

11 月，淄川区荣获“山东省工艺美术产业基地”称号。

12 月 8 日，淄博泰山瓷业有限公司申报的“淄博陶瓷非遗传承与文化创新”项目被授予第二届山东省文化创新奖获奖项目。

12 月 18 日，纪念蒲松龄 375 周年诞辰学术讨论会暨 2015 年蒲松龄研究会年会在淄博师范高等专科学校举行。

是年，区文化馆在第四次全国文化馆评估定级中，蝉联国家一级馆。

是年，区文旅新局被评为省、市“扫黄打非”工作先进集体。

是年，中央电视台中文国际频道《流行无限》栏目以“刻瓷大师张明文”为题，用 55 分钟片长向全球播告中国刻瓷的文化旅程，称赞其为“中国刻瓷第一人”。

2016 年

1 月 15 日，淄川历史文化展在忠亲王祠开展。

1 月 18 日，经国家工商总局商标局核准，“淄砚”注册为中国地理标志证明商标。

1 月 21 日，浙江长城影视文化企业集团来淄川就推进齐长城文化旅游创意园项目合作事宜进行深入洽谈，并进行实地考察。

1 月 26 日，浙江长城影视文化企业集团淄博长城旅游文创园有限公司与淄川区洪山镇蒲家村签署聊斋城景区租赁经营协议。

2 月 2 日，2016 淄川区百姓春晚暨“感动淄川”年度人物颁奖典礼在区人民会堂举行。

2 月 6 日，区委、区政府印发《关于着力建设文化名城的意见》，从指导思想及原则、主要目标任务、文化名城建设保障措施三个方面作出安排部署，确定深入推进文化名城 1467 战略，即以文化强区建设为战略引领，以“聊斋故里”“鲁中商城”“江北瓷都”“生态淄川”为品牌带动，以齐长城文化旅游创意园、1954 陶瓷文化创意园、中华琉璃文化创意园、山东泰溪文化创意园、齐鲁欢乐世界游乐园、中国（淄博）陶瓷产业总部基地为园区支撑，以“旅游产品”“陶瓷琉璃”“鲁作红木”“印刷包装”“影视动漫”“出版演艺”“创意设计”为文化产业集群培育，推进老工业区产业转型升级。区委办公室、区政府办公室印发《关于促进文化旅游产业融合发展若干政策》。

2 月 6 日，区委、区政府印发《关于表彰第二届蒲松龄文艺奖获奖作品的通报》。

2 月 15 日，淄川区文化旅游和新闻出版局被表彰为淄川区 2015 年度目标管理考核先进单位，名列政府部门第 8 位。

2月16—23日，梓橦山鬼谷洞风景区元宵灯会举办。

2月18日，区委、区政府出台《关于着力建设文化名城意见》，区委办公室、区政府办公室印发《关于促进文化旅游产业融合发展若干政策》。

2月19日，全区宣传思想暨文化名城“四德工程”建设工作会议召开。

2月19日，区图书馆举办第三届“小学生百科知识竞答”活动。

2月19—20日，淄川区2016新春戏会在公义社区沿河广场举行。

2月22日，淄川区第三十三届元宵节民间艺术进城表演举行。

2016年2月19日，全区宣传思想暨文化名城四德工程建设会议召开

3月22日，淄博市“百万市民游淄博”暨淄川生态旅游节启动仪式在潭溪山旅游区举行。

3月22日，省政府公布第四批省级非物质文化遗产代表性项目名录和省级非物质文化遗产代表性项目名录扩展项目名录，淄川区申报的通背拳、孙膑拳、淄博琉璃烧制技艺、淄川肉烧饼制作技艺入选代表性项目名录扩展项目名录。

3月23日，市委书记王浩来淄川调研文化旅游融合发展工作。

4月初，淄川区“热土欢歌”群众文化活动启动。

4月15日，“聚焦齐长城”精准扶贫·媒体在行动—走进“齐长城小镇梨花节”活动在涌泉 开幕，市委宣传部、市农业局、市文广新局、市旅游局、市扶贫办以及区有关部门、镇办，第一书记代表，10余家媒体参加。

4—11月，淄川区开展文化惠民送戏进村活动，27家民间文艺团队共演出468场次。

5月11—12日，“全省500家旅行社走进淄川”开展踩线活动。

5月19日，市政协领导到淄川调研文化产业及乡村旅游发展工作。

5月27日，淄川“聊斋讲堂”在区图书馆开讲。

6月1日，两岸（淄川）城市文创经济合作论坛举行。

6月15日，国家旅游局副局长李世宏一行到淄川调研乡村旅游和旅游扶贫工作，到太河镇上端士村、梦泉村和昆仑镇牛记庵村进行了实地调研。

2016年6月1日，两岸（淄川）城市文创经济合作论坛举行

2016年6月15日，国家旅游局副局长李世宏（前排左一）一行到淄川调研乡村旅游

2016年6月19日，淄川区“两学一做”文艺宣传巡回演出启动

2016年6月24日，参加全国农村精神文明经验交流会的代表参观到淄川区赵瓦村等6个村现场观摩。图为“全国文明村”赵瓦村“家风家训”一条街

6月19日，淄川区“两学一做”文艺宣传队巡回演出启动仪式暨首场演出在服装城北门广场举行，之后，在全区各镇办巡演13场次。

6月27日—7月7日，庆祝建党95周年文艺晚会、“热土欢歌”区级总决赛、第十一届社区广场文化艺术节开幕式、戏曲专场等活动，相继在鲁泰体育场举办。

6月27日，淄川区传承传统文化专题报告会召开。

7月14日，省人大调研组来淄川调研《山东省旅游条例》修订及乡村旅游发展情况。

7月25日，标恒雷根影视首部艺术概念电影《看》开机仪式在1954陶瓷文创园举行。

7月，淄砚被国家工商行政管理总局商标局批准为中国地理标志产品。

8月2日，市委书记王浩到淄川调研文化旅游项目建设情况。

2016年8月2日，中共淄博市委书记王浩（前排右二）调研聊斋旅游开发情况

8月3日，区图书馆第四届少儿主题绘画比赛落幕，评出一等奖3名、二等奖6名、三等奖9名。

8月7日，国际儒学联合会会长、中共中央政策研究室原主任滕文生一行到梦泉齐长城风景区进行考察。

8月16日，省委农村工作领导小组副组长王军民到昆仑镇牛记庵村、洪山镇土峪村、双杨镇辛庄村考察乡村旅游发展、美丽乡村建设情况。

8 月 21 日，区政协组织部分委员对全区文化产业工作进行视察。

8 月 29 日，北京师范大学书法专业教授作品展暨北京师范大学书法专业实践基地剪彩仪式在泰溪文化创意园举行。

9 月 1 日，2016 中国（淄博）国际陶瓷艺术文化交流周开幕式在 1954 陶瓷文创园举行。来自 18 个国家和地区的 70 余位陶瓷艺术大师出席。

2016 年 8 月 16，省委农村工作领导小组副组长王军民（前排右二）到淄川调研乡村旅游开发

9 月 5 日，2016 中国（淄博）国际陶瓷博览会新闻发布会在 1954 陶瓷文创园召开，来自全国主流媒体的 150 多名记者全程报道。

9 月 13 日，区人大常委会组织市、区人大代表对全区文化旅游产业工作进行视察。

10 月 7 日，张路华当选文化部恭王府中华传统技艺研究与保护中心中国传统内画专业委员会主任。

10 月 9—13 日，“鲁泰杯”淄川区第十届老年艺术节在体育场举行，23 家老年文艺团体参加。

2016 年 10 月，昆仑镇入选全国首批特色小镇。图为昆仑 1954 陶瓷义创园

10 月 11 日，淄川区昆仑镇入选第一批中国特色小镇。

10 月 12 日，山东省文化旅游厅副厅长张明池到淄川调研乡村旅游工作。

11 月 11 日，山东省文化旅游厅副厅长张鲲到淄川调研文化产业园区建设情况。

11 月 17 日，淄川电视台被中国广播电影电视联合会表彰为第三届全国“十佳县级电视台”。

11 月 25 日，区聊斋俚曲艺术团获得华东六省一市戏曲小品大赛银奖。

12 月 9 日，淄川区昆仑镇张李村、洪山镇蒲家庄村、寨里镇南峪村、太河镇柏树村、太河镇永泉村、太河镇罗圈村入选第四批中国传统村落名录。

12 月 28 日，淄博市旅游局、淄川区人民政府主办，淄川文旅新局承办的 2017 淄博好客山东贺年会暨潭溪山冰瀑文化旅游节启动仪式举行。

12 月底，淄川区 2016 年文化惠民器材发放仪式在区文旅新局举行，共向全区 107 个省定贫困村配发 190 套书橱、300 套阅览桌椅、180 套棋牌桌椅、60 部投影仪、60 部小米盒子、240 组广场灯。

12 月，淄川区被列为山东省全域旅游示范区创建单位。

是年，区文旅新局被评为全省、全市“扫黄打非”工作先进集体。

是年，中国工艺美术协会、山东省陶瓷协会分别授予刘永强“第一届中国工美行业艺术大师”“山东省特级陶瓷艺术大师”荣誉称号。

2017 年

1 月 6 日，淄川区双杨建筑陶瓷小镇入选山东省特色小镇创建名单。

1 月 20 日—2 月 11 日，区图书馆举办“品书香、赏年俗——2017 年年俗文化展”。

1 月 23 日，2017 淄川区百姓春晚暨“感动淄川”年度人物颁奖典礼在区人民会堂举行。

2 月 1—10 日，梓橦山灯会举办。

2 月 4 日，淄川区文化旅游和新闻出版局被表彰为淄川区 2016 年度目标管理考核先进单位，名列政府部门第 7 位。

2 月 4—10 日，齐鲁佛山庙会、灯会举办，重现消失近 30 年的打铁花。

2 月 8—10 日，淄川区新春戏会在公义社区沿河广场、查王村文化广场分别举办。

2 月 11 日，淄川区元宵节民间艺术进城表演举行。

3 月 5 日，全区意识形态暨文化名城建设工作会议召开。

3 月 29 日，山东省省直艺术团精品节目下乡惠民演出在太河镇举行。

4 月 17 日，“淄川文化云”平台试运行。

4 月 27 日，全市版权工作经验交流会在般阳山庄召开，淄川区在会上做典型发言。淄川经济开发区被评为山东省版权示范园区。淄博兆霞陶瓷被评为山东省版权保护示范单位。

4—7 月，淄川区第四届“热土欢歌”系列文化活动举办。

5 月 10—11 日，浙江长城影视文化企业集团考察团一行到淄川考察。

5 月 16 日，区领导李新胜到昆仑镇调研陶瓷风情小镇建设情况。

6 月 6 日，“淄川文化云”正式上线，是全国上线的首家区县级文化云，淄川区全面启动“百姓点单、专业制单、政府买单”文化惠民新模式，成为文化 + 科技融合的先驱。

2017 年 6 月 6 日，“淄川文化云”上线启动仪式举行

6 月 10 日，淄川区组织开展“文化和自然

遗产日”系列活动。

2017 年 6 月 25 日，潭溪山玻璃桥投入运营

6 月 24—25 日，中共中央宣传部、中央文明办在山东省淄博市召开全国农村精神文明建设工 作经验交流会。会上，出席会议的 200 余名代表分两批参观了淄川区的农村精神文明建设工作。与 会代表先后到双杨镇月庄村、藏梓村、赵瓦村进行了实地察看，并乘车观摩了凤凰村、西张村、杨兰村。

6 月 24—26 日，“千家旅行社进淄川”踩线营销暨潭溪山玻璃桥运营启动仪式在潭溪山举行。潭溪山玻璃桥项目总投资 5000 万元，由观光电梯、玻璃桥和悬崖酒店三部分组成。

6 月 26—29 日，淄川区“热土欢歌”赛歌会、广场舞大赛区级总决赛在体育场举行。

6 月，区图书馆开通“畅想之星”电子书。

7 月 19 日，新党主席郁慕明率台湾中华儿女文化体验营一行 29 人到淄川参访交流，先后到 1954 陶瓷文化创意园、蒲松龄纪念馆进行参观交流。

7 月 29 日，文化部文化消费试点城市考察指导调研组一行到淄川调研。调研组一行实地考察了聊斋文化园区、“淄川文化云”公共文化服务体系建设情况、1954 陶瓷文化创意园，详细了解全区文化消费情况。

7 月，市基层综合性文化中心建设督查组对淄川区镇、村综合性文化中心进行督查。

8 月 4—5 日，国家发展改革委中国投资协会项目投融资专业委员会到淄川调研特色小镇建设工作。调研组先后到 1954 陶瓷文化创意园、牛记庵养生度假村、中华琉璃文创园、久润富硒生态园、马鞍山风景区和太河镇潭溪山、柏树村、西石村进行了实地调研。

8 月 7 日，淄川区公共文化服务体系建设工作推进会召开，印发《区委、区政府关于进一步推进基层公共文化体育服务体系建设的意见》。

8 月 11 日，第五届世界摄影大会淄川站采风，世界摄影大会 188 位国际摄影家到中华琉璃文化

2017 年 8 月，淄川文化云 2800 人太极拳展演

2017 年 8 月，淄川文化云学员广场舞展示

创意园进行摄影创作。

8 月 14 日，临沂市文广新局考察组考察“淄川文化云”惠民培训工程开展情况。

8 月 16 日，省政协副主席翟鲁宁带领社会法制委员会部分委员到淄川调研。调研组一行到龙泉镇淄博久润“新六产”扶贫基地和西河镇东庄村民宿进行实地调研。

8 月，第六次全国县级以上公共图书馆评估定级工作专家组对淄川区图书馆进行实地测评。

9 月 1 日，全市“淄川文化云”改革创新经验推介会在淄川召开。

9 月 1 日，全市美丽乡村建设推进会在淄川召开。

9 月 5 日，2017 中国（淄博）国际木火节开幕式在 1954 陶瓷文化创意园举行。

2017 年 9 月 6 日，1954 陶瓷文化创意园开园

9 月 6 日，昆仑陶瓷小镇 1954 陶瓷文化创意园举行开园仪式。

9 月 9 日，区文旅新局组织 12 个“非遗”项目参加山东省非物质文化遗产精品展。

9 月 12 日，区纪委、区监察局主办，区文旅新局承办的“般阳清风”廉政文化巡演启动。随后，在全区 13 个镇办巡演 13 场次。

9 月 13 日，召开全区文化惠民消费季暨文化消费试点工作经验交流会。年底，振华玻璃制品有限公司、聊斋城、1954 文创园入选山东省首届文化惠民消费季品牌榜。

9 月 15 日，省文化厅副厅长胡上山带队的联合调研组一行 7 人，对“淄川文化云”工作进行调研并召开座谈会。

9 月 19 日，农业部办公厅公布了 2017 年中国美丽休闲乡村推介名单，淄川区寨里镇朱水湾村入选特色民居村名单。

10 月 20 日，区委机构编制委员会下文，成立淄川区公共文化服务中心、淄川区旅游管理服务中心、淄川博物馆 3 个副科级财政拨款事业单位，均隶属于淄川区文化旅游和新闻出版局领导。其中，公共文化服务中心、旅游管理服务中心核定编制分别是 20 个，淄川博物馆核定编制 8 个。

10 月 24 日—11 月 4 日，区图书馆举办首届换书大集活动。

10 月 27 日，淄川区“喜庆十九大 欢度重阳节”文艺晚会在潭溪山举行，近 300 位 70 岁以上的老人代表参加。

10 月 28 日，区第十一届老年艺术节在体育场举行开幕式，为期 5 天，20 余支队伍参加。

11 月 23 日，淄川区人民政府办公室印发《淄川区综合行政执法改革实施意见》，改革中保留淄川区文化旅游市场综合执法大队（改革前为淄川区文化市场综合执法大队），副科级财政拨款事业单位，核定编制 12 个。

11 月 29 日，全市文旅融合发展重点项目现场观摩点评组到淄川观摩点评。点评组一行先后观摩了齐山风景区、马鞍山影视基地、区文体中心项目和1954陶瓷文化创意园。

12月8日，淄川区文化设施建设推进会在1954文创园召开。

12月24日，全省文化系统办公室主任培训班一行90人参观考察文化站建设、“淄川文化云”和文化旅游融合发展建设。

12月26日，淄博齐山风景区被批准为国家AAAA级旅游景区。

2018年

1月30日，市文广新局“我们的中国梦”文化下乡暨淄川区文化科技卫生“三下乡”启动仪式在龙泉镇韩庄村文化广场举行。

2月6日，区委、区政府印发《关于表彰第三届蒲松龄文艺奖获奖作品的通报》。

2月8日—3月3日，2018年三佛山景区庙会、灯会举办。

2月9日，2018年淄川区春节联欢晚会暨“感动淄川”年度人物颁奖典礼在区人民会堂举行。

2018年2月26日，新春戏会开幕

2月24日，淄川区文化旅游和新闻出版局被表彰为淄川区2017年度目标管理考核先进单位，名列政府部门第4位。区文旅新局改革案例《“淄川文化云”公共数字文化服务工程》获第六届“最佳改革创新奖”

2月25日—3月3日，聊斋城元宵灯会举办。

2月27日—3月1日，淄川区新春戏会在将军路街道公义社区沿河广场和1954文创园大碾广场分别举办。

2月28日，淄川区2018年庆新春书画摄影赏石展在淄川博物馆举办。

3月2日，淄川区元宵节民间艺术进城表演举行。

3月9日，文化部公布第四批国家公共文化服务体系示范区（项目）创建资格名单，“淄川文化云”公共数字文化服务项目入选。

3月21日，“不忘初心 牢记使命——庆祝淄川解放七十周年书画展”在区人民会堂开幕。

3月22日，中华传统民俗文化创意园项目开工仪式在洪山镇土峪村举行。

2018年3月22日，中华民俗创意园开工仪式举行

2018 年 4 月 26 日，千家旅行社走进淄博活动在淄川潭溪山启动

2018 年 5 月 17 日，全省文化扶贫公共文化服务效能建设现场会在淄川召开

2018 年 5 月，淄川体育公园开园。图为体育公园全景

4 月 17—18 日，省委宣传部副部长王少杰到区调研政府购买文化惠民演出和“淄川文化云”惠民工程开展情况。

4 月 19 日，省文化厅副厅长张桂林到区调研现实题材舞台艺术创作工作开展情况和“淄川文化云”惠民培训工程开展情况。

4 月 19 日，以“环保卫士”孟祥民为原型，再现其因公殉职感人事迹的大型主旋律电影《环保硬汉》首映发布会在淄博举行。

5 月 1 日，淄川体育公园正式开园投入使用。

5 月 4 日，“淄川文化云”入选第四批国家公共文化服务体系示范项目创建名录。

5 月 6 日，颐泽京剧社应北京长安大戏院之邀，参加“走进长安戏曲之门”京剧名家名票联谊演唱会。

5 月 15 日，2018 中国（淄博）国际陶瓷艺术文化交流周在昆仑镇 1954 陶瓷文化创意园开幕。

5 月 17 日，全省文化扶贫暨公共文化服务效能建设现场会在淄川召开。

5 月 23 日，省委、省政府印发《关于表彰第三届山东省文化强省建设先进市县的通报》，淄川区入选。

5 月，淄川区 1954 陶瓷文化创意园被省文化厅评为山东省文化产业示范园区，淄川振华玻璃制品有限公司（中华琉璃文创园）入选第六批山东省文化产业示范基地。

6 月 1 日，全区文化旅游场所安全会议召开。

6 月 9 日，王一君被授予“中国工艺美术大师”称号。

6 月 9 日，由蒲松龄纪念馆、纳兰文化研究中心、海淀区档案馆联合主办的“当纳兰性德遇见蒲松龄”主题文化周在北京市海淀档案馆拉开帷幕。

6 月 12 日，淄川区 2018 年文化扶贫惠民器材发放仪式在太河镇举行，为全区 107 个省定贫困村发放文化惠民器材。

6月25—28日，淄川区“热土欢歌”广场舞、赛歌会区级总决赛在鲁泰体育场举行。

6月26日，全区庆祝建党97周年暨改革开放40周年“不忘初心、牢记使命”书画展在区人民会堂开幕。

6月29日，淄川区第十三届社区广场文化艺术节在鲁泰文化广场开幕。

7月13日，淄川区人大调研全区公共文化服务体系建设情况。

7—10月，在全区各镇、街道、开发区开展文艺演出、戏曲进村、文艺辅导等社区广场文化活动200余场次。

8月15日，文化和旅游部组织新华社、人民网、《中国文化报》等媒体到淄川区采访鲁派内画和琉璃烧制技艺2项非物质文化遗产。

8月15—16日，“中国淄砚之乡”文房四宝特色区域专家评审会在淄川召开，淄川区罗村镇被认定为“中国淄砚之乡”，成为中国第35个文房四宝特色区域。

9月3日，山东省首届农民戏剧展演月在淄川区双杨镇赵瓦村启动。

9月6日，1954陶瓷文化创意园工业旅游观光工厂对外开放。浙江省龙泉市委副书记、市长吴松平带领党政考察团到淄川中华琉璃文创园、1954陶瓷文化创意园等地进行参观考察。

9月7日，广东省惠州市文化广电新闻出版局到淄川区调研国家文化消费试点工作。

9月12日，全区文化旅游系统扫黑除恶专项斗争工作会议在淄川博物馆召开。

9月22日，淄川博物馆举办丁乃玉书房长卷《淄川赋》捐赠仪式。

9月27—30日，“改革颂 中国梦”淄川区庆祝中华人民共和国成立69周年文艺展演在鲁泰文化广场举行。

9月28日—10月14日，淄川区举办“清风廉韵润般阳”2018年廉政文艺巡演，相继走进全区13个镇、街道、开发区。

9月30日，淄川区省定贫困村暨新时代文明实践站文化器材发放仪式在双杨镇赵瓦村文化广场举行，为全区107个省定贫困村和20个新时代文明实践站发放文化器材，总价值160余万元。

同日，“改革颂 中国梦”第十一届山东国际大众艺术节山东首届农民戏剧展演月同时在赵瓦村开幕。

10月12日，省文化厅厅长王磊一行到淄川区调研“淄川文化云”工作开展情况。王磊先后到双杨镇赵瓦村综合性文化服务中心、寨里镇综合文化站进行了实地查看，现场体验“淄川文化云”平台。

2018年10月12日，省文化厅厅长王磊（前排右二）调研“淄川文化云”工作

10月17—22日，淄川区“新时代文明实

践”第十二届老年艺术节在鲁泰文化广场举行，38 家老年文艺团体参加。

11 月 5 日，全区公共文化服务体系建设工作推进会召开，安排部署文化馆、图书馆总分馆制建设和基层综合性文化服务中心建设提升工作。

11 月 12 日，全区新时代文明实践中心建设工作推进会召开。

11 月 18 日，在省文化和旅游厅组织的 2018 年山东省优秀庄户剧团大赛中，淄川区聊斋俚曲艺术团以俚曲小戏《丫头大主任》获“山东省十佳庄户剧团”称号。

11 月 20 日，区文化旅游和新闻出版局被省文化和旅游厅表彰为“全省非物质文化遗产保护工作先进集体”。

同日，罗村镇大窎桥村入选第二批全省县及县以下历史文化展示工程“十百千”示范点。

11 月 24 日，淄川区代表淄博市迎接全省 2018 年度基层综合性文化服务中心（文化活动室）建设成效考评，以满分成绩获全省第一名。

11 月，区聊斋俚曲艺术团在省文化和旅游厅组织的 2018 年山东省优秀庄户剧团大赛中脱颖而出，被评选为“十佳剧团”。

12 月 4 日，区图书馆召开图书馆总分馆制建设培训会。

12 月 7 日，“文心在兹·金石华彩”西泠印社社员创作淄砚铭文展开幕式在淄川博物馆举行。

12 月 10 日，省委宣传部二级巡视员张卫华、省文化和旅游厅副厅长张桂林到淄川调研文化产业项目和传统村落发展情况。

12 月 26—27 日，全省加强和改进公共文化服务工作现场会在淄川召开。

12 月 28 日，全区各界人士庆祝改革开放四十周年文艺会演在区人民会堂举行。

2018 年 12 月 27 日，全省加强和改进公共文化服务现场会在淄川召开

2019 年

1 月 1 日，中宣部首版《宣传思想文化工作案例选编（2018）》，淄川区《“淄川文化云”——百姓点单 政府买单》案例入选。

1 月 10 日，2019“好客山东”淄博文化旅游贺年会暨潭溪山冰瀑文化旅游节启动。

1 月 15 日，在机构改革中新组建的淄川区文化和旅游局正式挂牌。

1 月 16 日，王一君享受国务院政府特殊津贴。

1 月 21 日，洪山镇蒲家庄村被公布为第七批中国历史文化名村。

2019年1月29日，春节联欢晚会暨“感动淄川”年度人物颁奖典礼举行

1月29日晚，2019淄川区春节联欢晚会暨“感动淄川”年度人物颁奖典礼在区人民会堂举行，区委书记李新胜，区委副书记、区长闫桂新为2018“感动淄川”年度人物进行颁奖。

2月2日，淄川区文化旅游和新闻出版局被表彰为淄川区2018年度目标管理考核先进单位，名列政府部门第5位。区文旅新局改革案例《打造“畅游淄川”智慧旅游，助推淄川旅游目的地建设》获第七届“最佳改革创新奖”。

2月16—18日，淄川区2019年新春戏会在1954陶瓷文化创意园大碾广场和将军路街道公义社区沿河广场同时举行，来自全区25家优秀民间剧团参加。

2月17日，在区博物馆举办淄川区2019年庆新春书画、摄影、赏石展。

2月19日，淄川区举办元宵节民间艺术进城表演。

3月1日，济南市钢城区文化体育新闻出版局一行到区学习考察“淄川文化云”项目先进经验。

3月12日，德州市夏津县文化和旅游局一行5人到区考察学习文化馆总分馆制建设及“淄川文化云”平台建设的相关经验。

3月13日，菏泽市郓城县文化和旅游局一行10人，到区考察学习新时代文明实践建设相关工作及“淄川文化云”先进经验。

3月16日，全区宣传思想文化工作会议召开。

3月18日，省政协副主席、党组副书记吴翠云到淄川实地调研乡村旅游和文化产业园区建设情况。

4月2日，2019年度淄川区“文化惠民”送戏下乡活动在洪山镇蒲家庄村启动。全年为全区471个村居免费送戏下乡471场次。

4月23日，市政府研究室与市统计局、淄博职业学院组成联合调研组到区调研文化产业发展情况。

5月6日，肥城市文化和旅游局一行到区学习考察公共文化服务建设和“淄川文化云”工作的相关经验。

5月7日，滕州市文化旅游云建设和运营团队到淄川考察学习“淄川文化云”建设方面的先进理念和成功经验。

5月13日，区文化和旅游局组织召开2019年全区文化工作会。

5月17日，新泰市考察团一行130人到区考察学习公共文化服务体系建设方面的先进经验。

6月6日，淄川区昆仑镇磁村村、刘瓦村，罗村镇大窎桥村，太河镇纱帽村、土泉村、鲁子峪村、池板村入选第五批中国传统村落名录。

6月13日，东营市垦利区文化和旅游局一行6人到淄川考察学习“淄川文化云”平台运行和文化馆管理等相关工作经验。

6月13—20日，淄川区第六届“热土欢歌”大赛镇办级决赛在各镇办、开发区举行。

6月18日，淄川区第十四届社区广场文化艺术节调度会召开。

6月20—21日，淄川区第十四届社区广场文化艺术节开幕式暨“淄川文化云”两周年汇报演出在鲁泰体育场举行。

6月22—27日，淄川区第六届“热土欢歌”赛歌会、广场舞大赛总决赛、区文化馆“淄川文化云”汇报演出、庆祝建党98周年暨淄川区第六届“热土欢歌”总决赛颁奖晚会在鲁泰体育场先后举行。

7月1日，区文化和旅游局举办“庆‘七一’暨‘不忘初心 牢记使命’”演讲比赛，共有29名选手参加。

7月18日，省文化和旅游厅副厅长王廷琦一行到淄川就“非遗”、博物馆、文物保护工作情况进行调研。

7月19日，区文旅安委会在聊斋城景区组织开展消防应急演练，全区文旅企业主要负责人等150余人参加演练。

7月23日，区人大教科文卫委员会对淄川区文化遗产保护传承工作情况进行调研。

7月30日，新泰市委办公室一行6人就文化领域建设等方面的先进经验和做法到淄川进行实地考察。

7月，区文化和旅游局图书馆总分馆各挂包人员对全区13个镇办图书馆分馆进行书籍录入、通借通还工作，累计完成图书采编3万余册。

8月10—14日，2019年第9号台风“利奇马”对淄川区经济社会造成重大影响。区文旅局组织机关干部到太河镇督导和帮助抗洪救灾工作。

9月1日，2019年中国（淄博）国际丝路木火节在1954陶瓷文化创意园开幕。

9月7日，教唱红歌、培训八段锦志愿服务活动启动暨《歌声飘过70年》发放仪式在区体育公园举行。

9月15日，区纪检监察、政法系统“颂伟大时代·为祖国喝彩”庆祝中华人民共和国成立70周年歌唱会在淄矿影剧院举行。

9月20日，淄博市淄川区蒲家庄古村落项目在第八届山东省文化创意产业博览交易会的重点文化产业项目签约仪式上进行现场签约。

2019年9月22日，全区举行庆祝新中国成立70周年红歌比赛

9月22日，全国信息化推动制度创新暨

“淄博实践”现场会与会领导在淄川观摩。“淄川文化云”公共文体服务般阳示范点作为六个观摩点之一，接受与会领导的现场观摩和点评。

9月22—29日，区委、区政府主办，区委宣传部、区直机关工委、区工业和信息化局、区文化和旅游局、区融媒体中心联合承办淄川区“我和我的祖国”庆祝中华人民共和国成立70周年合唱大赛。

9月23—27日，山东省第二届农民戏剧展演月暨淄川区第十三届老年艺术节在鲁泰体育场举行，32家优秀老年文艺团体演出聊斋俚曲戏、京剧、吕剧、五音戏及歌舞表演，评选出优秀展演奖32个、优秀民间剧团奖10个。

9月26日，西泠印社、山东印社、中共淄博市委宣传部联合主办，淄博市文化和旅游局、淄川区人民政府承办的庆祝中华人民共和国成立70周年“镌铭书典·金石传承”当代名家题刻中华传统文化典故淄砚铭文展在淄博市文化中心中国陶琉馆开幕，此展为期1个月，共有92位艺术大师作品参展，以《习近平用典》中引用的齐文化典故为代表的92个传统文化典故为内容，镌刻在不同款式的宋坑淄砚上。

9月29日，区委、区政府主办，区文化和旅游局、淄博书画院、山东云龙美术馆承办的“艺结同心——抗击‘利奇马’台风重建峨庄写生基地全国爱心书画名家义捐作品展”在山东云龙美术馆开幕。

10月7日，淄川区洄村古楼入选第八批全国重点文物保护单位名单。全区全国重点文物保护单位增至7处。

2019年昆仑镇洄村古楼入选全国重点文物单位

10月7—8日，中华文砚文化联合会会长一行到淄川参观淄砚铭文展。

10月12日，区文化和旅游局选送的《奶奶做的虎头鞋》在“文艺进万家 健康你我他”新时代文明实践文艺志愿服务山东省第二届优秀广场舞蹈作品展演中，荣获全省优秀展演奖。

10月15日，烟台市文化和旅游局一行5人到淄川学习考察“淄川文化云”工作的相关经验。

10月24日，枣庄市山亭区文化和旅游局一行6人到淄川考察学习区图书馆总分馆制建设经验、“淄川文化云”运营模式、文化惠民送戏进村等方面的相关经验。

10月，王一君的刻瓷作品《点赞新时代》入选中华人民共和国成立70周年全国工美展。

11月12日，在文化和旅游部办公厅发文《关于公布国家级非物质文化遗产代表性项目保护单位名单的通知》，明确“聊斋俚曲”保护单位为淄川区聊斋俚曲艺术团，“孟姜女传说”保护单位为淄川区文化馆，“淄博陶瓷烧制技艺”保护单位为淄博泰山瓷业有限公司，“鲁派内画”保护单位为张广庆内画艺术研究院，至此，淄川区拥有国家级“非遗”项目4项。

11月16日，2019世界结构大奖揭晓，潭溪山高空玻璃桥获2019世界结构大奖行人桥梁奖。

11月28日，区政协召开加强基层公共文化服务效能建设月度协商会议。

11月30日，“山东民歌传承、传播与创新研究”学术研讨会与会人员到聊斋园“聊斋俚曲传习所”实地调研聊斋俚曲的传承发展情况，并观看聊斋俚曲代表性曲目展演。

12月14—28日，“淄川文化云”公共数字文化服务项目名列第四届山东省文化创新奖公示。

12月19日，淄川区“省市县三级联合购买文化惠民演出”首演新闻发布会暨开票仪式在区文化和旅游局召开。

12月24日，淄川区被认定为首批山东省全域旅游示范区。

第一篇　文化机构

第一章　行政机构

清末民国初，淄川的文化娱乐活动由县掌管教育的学正、教谕、训导等学官兼管。1930年前后，淄川县政府设文教科兼管文化事业。抗日战争时期，日伪占领区文化由伪教育科管理。中华人民共和国成立后，淄川的文化事业发展较快，若干年内由县（区）文教科、文教局管理。

第一节　历史沿革

1949—1955年，淄川县政府设文教科管理文化工作。

1955年，撤销淄川县，建立杨寨、洪山、昆仑三个区，分设杨寨区、洪山区、昆仑区文教科。

1956年，撤销杨寨区、昆仑区，建立淄川区。淄川、洪山两区分设文教科。

1958年，淄川、洪山两区合并为淄川区，设文教科。

1969年，淄川区文教科改为淄川区革委文教局。

1972年7月，淄川区革命委员会政治部成立文体组，管理文化工作。

1977年3月，成立淄川区文化局。

淄川区文化局文汇路旧址（1986年拍摄）

1990年12月，成立淄川区文物管理局（与淄川区地方志办公室合署办公）。

1993年12月，撤销区文化局、区体育运动委员会、区文物管理局，成立淄川区文化体育委员会。

1994年8月，撤销区文化体育委员会，成立淄川区文化局。

2002年6月，区文化局与区旅游局合并，成立淄川区文化旅游局。局内设工会、办公室、文化科、旅游科；所辖事业单位4个：区文化馆、区图书馆、区文化市场管理办公室、区文物管理所；所辖企业单位3个：般阳大戏院、淄川影院（2002年改制为泰煜影视有限公司）、区电影公司。

2010年4月，区文化旅游局更名为淄川区文化旅游和新闻出版局。所辖事业单位4个：区文化馆、区图书馆、区文物事业管理局、区文化市场管理办公室。

2019年1月，区文化旅游和新闻出版局更名为淄川区文化和旅游局，加挂区新闻出版广电局、区文物局牌子。局内设办公室、政工科、文化科、旅游科、新闻出版广电科（挂行政审批服务科牌子）、文物科。所辖事业单位7个：区文化馆、区图书馆、区博物馆、区文化旅游市场综合执法大队、区公共文化服务中心、区旅游管理服务中心、区文物事业服务中心。

第二节　历任负责人

淄川县文教科（1949年5月设立，1955年4月撤销）

科　长　郑良新（1949.5—1949.11）　焦化南（1950.1—1952.12）

张俊德（1953.1—1955.4）

杨寨区文教科（1955年4月设立，1956年2月撤销）

科　长　张俊德（1955.4—1956.2）　副科长任捷三（1955.4—1956.2）

昆仑区文教科（1955年4设立，1956年2月撤销）

科　长　杜思源（1955.4—1956.2）

洪山区文教科（1955年4月设立，1958年3月撤销）

科　长（空缺）

副科长　孙揆一（1955.4—1956.9）　白怀润（1956.9—1958.3）

淄川区文教科（1956年2月—1966年5月）

科　长　张俊德（1956.2—1958.4）　田志民（1958.4—1960.12）

白怀润（1962.6—1964）

副科长　任捷三（1956.2—1957）　白怀润（1958.4—1962.6）

刘长林（1960.4—1965.10）　董羲之（1962.1—1967.3）

张　恒（1964.6—1969）

淄川区文化教育部（1957年8月设立，1958年6月撤销）

部　长　任茂春（1957.8—1958.3）

副部长　孟兆庆（1957.8—1958.6）

淄川区革委文教局（1969—1971年）

局　长　白怀润（1969—1972.12）

副局长　程庆仕（1969—1972.12）

淄川区革命委员会政治部文体组

组　　长　刘长林（1973.5—1976.8）

淄川区文化局（1977 年 3 月设立区文化局，1978 年 10 月设立党组，1993 年 12 月撤销；1994 年 8 月成立区文化局，2002 年 6 月撤销）

党组书记　于永生（1978.10—1984.5）　耿俊河（1984.12—1986.8）

董善福（1986.8—1986.10)　沈德顺（1987.7—1990.3）

赵　刚（1990.3—1993.12；1994.8—1995.6）

赵增银（1995.6—1997.3）　邢树龙（1997.3—2002.7）

副 书 记　刘长林（1983.4—1984.5）　张荣禧（1982.10—1984.5）

韩其芳（1983.6—1984.5）　曹培忠（1984.12—1987.12）

局　　长　于永生（1977.3—1984.5）　耿俊河（1984.5—1986.8）

董善福（1986.8—1986.10)　沈德顺（1987.7—1990.3）

赵　刚（1990.3—1993.12）

副 局 长　刘长林（1977.3—1979.3）　张　恒（1979.1—1984.5）

辛连义（1979.10—1984.5）　张荣禧（1982.10—1984.5）

韩其芳（1983.6—1984.5）　王永海（1984.5—1991.10）

曹培忠（1984.12—1988.1）　王世喜（1988.11—1993.12）

白相房（1991.2—1993.12）　袁长琦（1993.3—1993.12）

局　　长　赵　刚（1994.9—1995.7）　赵增银（1995.7—1997.3）

邢树龙（1997.3—2002.6）

副 局 长　袁长琦（1994.9—1997.3）　周　云（女，1994.9—1997.3）

刘卫东（1994.9—1996.5）　王文霞（女，1997.3—1998.4）

王延泉（1997.3—2002.1）　张绍芝（女，1998.12—2002.6）

袁延民（2002.1—2002.6）

淄川区文化体育委员会（1993 年 12 月设立党委、纪委，1994 年 8 月撤销党委、纪委）

党委书记　赵　刚（1993.12—1994.8）

纪委书记　刘卫东（1994.4—1994.8）

主　　任　赵　刚（1993.12—1994.8）

副 主 任　刘春华（1993.12—1994.8）　黄衍龙（1993.12—1994.8）

袁长琦（1993.12—1994.8）　周云（女，1993.12—1994.8）

淄川区文化旅游局（2002 年 6 月成立，2002 年 6 月设立党组，2008 年 1 月设立纪检组，2010 年 4 月撤销。受资料限制，在此之前的党组成员没有收录，自 2002 年 6 月成立区文化旅游局开始将党组成员纳入历任负责人范围）

党组书记　邢树龙（2002.7—2005.3）　唐加福（2005.3—2010.4）
纪检组长　李　菲（女，2008.1—2010.4）
党组成员　张绍芝（女，2002.6—2006.10）
袁延民（2002.6—2005.3）　蔺开庆（2002.6—2010.4）
杜　杰（2002.6—2009.10）　苏宗杰（2003.10—2010.4）
高明忠（2005.3—2010.4）　李　菲（女，2008.1—2010.4）
局　　长　邢树龙（2002.7—2005.3）　唐加福（2005.3—2010.4）
副 局 长　张绍芝（女，2002.7—2006.10）袁延民（2002.7—2005.4）
蔺开庆（2002.7—2008.12）　苏宗杰（2003.10—2010.4）
高明忠（2005.4—2010.4）

淄川区文化旅游和新闻出版局（2010 年 4 月成立，2010 年 4 月设立党组，2019 年 1 月撤销）
党组书记　唐加福（2010.4—2019.1）
党组成员　蔺开庆（2010.4—2019.2）　苏宗杰（2010.4—2014.6）
高明忠（2010.4—2012.11）　李　菲（女，2010.4—2018.12）
李敏绪（2013.3—2019.2）　董　峰（2016.12—2019.3）
局　　长　唐加福（2010.4—2019.1）
副 局 长　蔺开庆（2010.6—2019.3）　苏宗杰（2010.6—2014.7）
高明忠（2010.6—2012.11）　李　菲（女，2010.6—2014.5）
袁爱琴（女，2010.6—2019.3）李敏绪（2013.4—2014.5）
董　峰（2016.12—2019.3）

淄川区文化和旅游局（2019 年 1 月成立，2019 年 1 月设立党组）
党组书记　唐加福（2019.1—）
党组成员　蔺开庆（2019.2—）
李敏绪（2019.2—）　刘　静（女，2019.2—）
李　磊（2019.2—）　翟新菊（女，2019.3—）
局　　长　唐加福（2019.1—）
副 局 长　袁爱琴（女，2019.3—）　李　磊（2019.3—）
翟新菊（女，2019.3—）

第三节　淄川区文化和旅游局主要职责

2019 年 1 月，在全区机构改革中重新组建的淄川区文化和旅游局，主要有以下工作职责。

贯彻落实文化、旅游、文物、新闻出版、广播影视、文化市场执法方面法律法规、方针政策，起草有关规范性文件，研究拟订全区文化、旅游、文物、新闻出版、广播影视、文化市场执法方针政策、规范性文件并组织实施，对执行情况进行监督检查。

统筹规划全区文化、旅游、文物、新闻出版、广播影视、文化市场执法事业发展，拟订发展规划并组织实施。推进文化产业、旅游产业与相关产业融合发展，推进文化名城建设。

管理全区性重大文化和旅游活动，落实重点文化和旅游设施建设，推进公共文化、旅游公共服务设施的建设与管理，指导、推进全域旅游。

指导、管理全区文学艺术事业，指导艺术创作生产，扶持体现社会主义核心价值观，具有导向性、代表性、示范性的文艺作品，推动各门类艺术、各艺术品种发展。

负责全区公共文化事业发展，推进公共文化服务体系建设、旅游公共服务建设，提升文化和旅游服务功能，统筹推进基本公共文化服务标准化、均等化。深入实施文化惠民工程。

承担弘扬优秀传统文化相关工作，牵头拟订全区弘扬优秀传统文化规划，会同有关部门推进“齐文化”“聊斋文化”传承创新。负责推动非物质文化遗产和优秀民族民间文化保护、传承、普及、弘扬和振兴。

指导全区文化和旅游市场发展，对文化和旅游市场经营进行行业监管，规范文化和旅游市场，推进全区文化、旅游、文物、新闻出版、广播影视、文化市场行业组织的业务、精神文明建设以及诚信体系建设。

负责管理和指导全区文物工作和博物馆的监督管理工作，组织和管理全区考古工作，审核、申报、管理区级（含区级）以上重点文物保护单位。会同有关部门管理社会流散文物、文物市场，审核重要文物的征调、交换、捐赠。

指导全区文化和旅游市场综合执法，负责文化、旅游、文物、新闻出版、广播影视市场领域行政执法监督、大案要案督办、配合跨区域重大案件查处和组织协调等工作。组织查处出版环节、著作权、广播影视、网络视听领域的违规违法行为。组织查处著作权侵权案件。

指导、监管全区广播电视宣传和电影、电视剧（含电视动画片）创作生产。监督管理、审查全区广播影视节目、网络视听节目的内容和质量。负责对全区各类广播影视机构进行行业监管，会同有关部门对全区网络视听节目服务机构进行管理。

第二章　事业机构

第一节　民众教育馆

1931年，民众通俗讲演所与民众体育馆合并，成立民众教育馆，馆址在城里大街文庙遗址处。

民众教育馆内分阅览部、体育部。阅览部内设图书室、阅览室、博物室。图书室藏书5000余册，为数十种参考书和工具书，另有巡回书库供全县中、小学校和民校阅读。阅览室设阅书处、阅作处。博物室有花、草、鸟、兽、虫、鱼等动植物标本和人体解剖模型等，供民众、学校观赏研究。

民众教育馆还根据形势要求开展宣传工作。组织固定讲演、巡回讲演，印发宣传材料；组织文化、技术、说唱培训；引进和推广农作物良种。

民众教育馆在民众中有一定影响，至1935年停办。

第二节　文化馆

1950年1月，淄川县设立大众阅览室。次年5月，在大众阅览室的基础上，建立淄川县文化馆，有工作人员3人。1955年，淄川县撤销，划分为杨寨、洪山、昆仑3个市辖区；原县文化馆撤销，分别成立杨寨、洪山、昆仑三个文化馆。1956年，洪山文化馆改为第一文化馆（昆仑文化馆同时并入），杨寨文化馆改为第二文化馆。1958年，第一、第二文化馆并为淄川区文化馆。

1986年5月，区文化馆迁入位于鲁泰文化路文汇街2号的新办公楼。文化馆面积2600平方米，设有办公室、音乐部、舞蹈部、少儿部、戏剧曲艺部、美术摄影部、文学部、淄川区非物质文化遗产保护中心等部室，以及展厅、多功能厅、排练厅、培训室等。

区文化馆先后获全国少年儿童文化工作先进集体、山东省文化系统先进集体、山东省少儿文化艺术工作优秀集体、淄博市文化工作先进单位等荣誉称号，并被命名为淄博市少儿艺术培训基地。

淄川区第一文化馆（洪山文化馆）旧址（1950 年拍摄）

淄川区文化馆城里大街西首旧址（1958 年拍摄）

淄川区文化馆大楼（2008 年拍摄）

2011 年，在第三次全国评估定级中被文化部评定为一级文化馆；2015 年，顺利通过第四次评估定级，蝉联一级文化馆。

区文化馆承办组织了众多群众广泛参与的文化活动，呈现出常态化、系列化、品牌化的良好发展态势。如淄川区百姓春晚暨感动淄川年度人物颁奖典礼、新春戏会、书法绘画摄影赏石展、社区广场文化艺术节、“热土欢歌”大赛、庆国庆文艺展演、老年文化艺术节、民间艺术进城扮玩表演等。积极配合国家、省、市、区中心工作，组织承办一系列主题文化活动。如建设社会主义新农村、“四德工程”、“清风廉韵”、“学宪法、知党章”等文艺巡回演出等。

根据群众需求，区文化馆常年开设音乐、舞蹈、美术、摄影等公益培训班。至 2019 年，已达 17 个门类，年均开设 154 个班次。同时，在全区 13 个镇、街道、开发区推广创编的《四德歌》《美丽淄川城》《淄川好》《堂堂正正一辈子》等歌曲、广场舞作品，利用报刊、广播电视、微信等平台进行公益宣传培训，提升了优秀文艺作品的传播效率，丰富了文化服务的开展形式。

自 2011 年《中华人民共和国非物质文化遗产法》颁布实施以来，区文化馆认真贯彻“保护为主、抢救第一、合理利用、传承发展”的保护方针，坚持“以保护促传承，以传承促发展”的工作原则，着力构建名录体系、完善传承机制、推进产业融合，形成了“优势项目引领、品牌项目扶持、濒危项目抢救”的多元化保护格局，非物质文化遗产得到了较好的传承发展，走在全市前列。

区文化馆大力推进总分馆体系建设，效果显著。体系架构的组成是，以区馆为总馆，辖区内的 13 个镇（街道）、开发区综合文化站为分馆，各村、社区综合性文化服务中心为服务点，构建起区域文化馆总分馆服务体系，切实保障基层群众在参与公共文化活动、进行公共文化鉴赏等方面的基本文化权益。同时，区文化馆馆长任总馆馆长，各镇（街道）、开发区文化站站长任分馆馆长，文化馆派驻的工作人员任分馆副馆长，村、社区文化管理员任服务点负责人，组成总馆馆长、分馆馆长、分馆副馆长、文化管理员的四级服务体系。通过统一形象标识，制度信息上墙，落实建设标准，开展文化活动等方式，淄川区文化馆总分馆制实现 100% 全覆盖，推动了全区公共文化资源的共建共享。

自成立以来，淄川区文化馆充分发挥服务效能，开展文化惠民活动，线上线下拓展服务空间，不断丰富全区人民群众业余文化生活，有效提升了广大群众对文化的获得感、幸福感。

第三节　图书馆

淄川区图书馆大楼（2001 年拍摄）

1950 年 1 月，淄川县成立了大众阅览室，有工作人员 3 名。1951 年划归文化馆，作为文化馆的一个组。1984 年 7 月，区委编委正式批复建立淄川区图书馆。10 月 1 日，淄川区图书馆正式成立。图书馆馆舍占地面积约 200 平方米，设采编室、图书借阅室、资料室、报刊阅览室 4 个业务科室，工作人员 5 名。2001 年，区图书馆迁于新址（般阳路 230 号），总建筑面积 4000 平方米，馆内设有图书室、阅览室、少儿借阅室、资料室、电子阅览室、地方文献室、采编室等业务窗口，工作人员 10 名，均具有大专以上学历。

区图书馆成立初期共有图书 7220 册，报刊 39 种。自 1986 年经费独立后书刊订阅量逐年增加，在藏书特色上注重综合性、公共性和地方性。截至 2019 年底，淄川区图书馆收藏纸质图书 17.2 万余册、电子图书 4.7 万余册、地方文献 1000 余种，盲文书籍及有声读物 430 余册（件），整理并收藏各种家谱百余部，年订阅报刊 200 余种。

建馆初期，图书采编、流通都采用纯手工作业，流程烦冗，而且经常出现图书重号现象。1995 年，区图书馆购买了第一台计算机，用于图书编目，自动化、网络化建设拉开帷幕。先后购进 ILAS Ⅱ小型版图书管理系统，建立数据库，启用成人图书室流通系统，随后对中心机房进行重新布置和装修，购置服务器和存储设备，实现管理网络化。2010 年，完成 ILAS 系统的升级及向 Interlib 系统的转换工作，实现图书采访、编目、流通自动化。2014 年 1 月起，区图书馆开始启用新借书卡，彻底结束了手工借书的时代，读者信息管理、图书流通及日常管理全部实现了电脑化。

2002 年，区图书馆启动文化资源共享工程建设，区政府一次性投资购买 20 台计算机，开通中华宽带网，成立电子阅览室。2019 年，共享工程淄川区支中心建有中心机房、电子阅览室、多媒体教室，并配备服务器、磁盘阵列、交换机等一系列硬件设施，开通了电信 10 兆互联网专线，更新了计算机，重布网络、电源线路，布局更加合理，配套更加齐全。同时，在各乡镇建立共享工程基层服务点，把接收到的资源及时下发到服务点，实现资源共享。

区图书馆自 2011 年 5 月 23 日起实行免费开放，实现公共图书馆“零门槛”进入，读者在馆内享受到的全部服务均为免费。2017 年 12 月 1 日起，区图书馆全面启动二代身份证免押金借阅服务。读者不论户籍，均可凭本人身份证到馆注册开通借阅功能。读者身份证即为借书证，无须缴纳押金，无须办理借书卡。读者借阅行为与中国人民银行征信系统挂钩，开创了省内公共图书馆征信管理的先河。

区图书馆以“服务第一、读者至上”为宗旨，读者服务工作从最初单一的图书借阅拓展到文化生活的众多领域，通过改善自身条件和环境，开展丰富多彩的读者活动等多举措并进，为读者朋友们带来更多的方便和更优质的服务。2019 年，区图书馆开展庆元宵有奖猜谜、剪纸公益课堂、寒暑期志愿者等活动 30 余项、160 余场次。

区图书馆不断优化人文环境，加强自身建设，提高馆员素质，各项工作得到了社会各界和各级领导的充分肯定。先后获全省农村文化工作先进集体、全省地方文献工作先进单位、淄博市巾帼文明岗、淄博市文化信息资源共享工程建设与服务工作先进集体、全区文化建设工作先进单位、全区双拥工作社会化先进单位等 50 余项荣誉称号。

第四节　博物馆

淄川博物馆成立于 2007 年 10 月，与区文物事业管理局合署办公。2017 年 10 月，单独成立副科级财政拨款事业单位——淄川博物馆，隶属淄川区文化旅游和新闻出版局领导。淄川博物馆建筑面积 2300 平方米，共设 1 个主题展室和 7 个专题展室，分别按历史顺序和类别展示了淄川区上自新石器时代大汶口文化下至明清各历史时期的代表性实物和当代艺术品。

常设展览以“般阳古韵”为主题，陈列于淄川博物馆一楼。三个主题展室共分史前文明、唐宋盛事、明清古韵三个板块。展出文物 300 余件，多数是淄川近年来考古发掘的优秀成果。第一展室：以史前文明为主题，主要展示淄川地区新石器时代至汉代的文明史。展品主要有龙山文化的黑陶、商周人的生活用器、春秋战国的青铜和彩陶器、汉代的陪葬陶器。展板介绍汉代前生活在淄川的历史名人，如鬼谷子、苏秦、郑玄等。第二展室：以唐宋盛世为主题，主要展示淄川地区南北朝至元代的文明史。展品主要以瓷器为主，突出介绍淄川从南北朝开创青瓷、唐代由青瓷走向彩瓷到宋元瓷器多姿多彩的历史，主展品有线条罐、雨点釉罐、茶叶末釉玉壶春、白地褐花缸等。第三展室：以明清古韵为主题，主要展示淄川地区明清时代的文明。展品有明代白地褐花将军罐、景泰蓝、青花瓷、永乐甜白釉器、宣德炉。穿过

淄川博物馆

“般阳城”门，展示的是清代葬俗文化与清代华美的瓷器。展板还介绍了明清时期淄川名人张至发、高珩、张笃庆等。

博物馆一楼大厅设有淄砚铭文展。此展览作为淄川博物馆改陈提升的常设展览之一，共展出74位西泠印社社员的原创淄砚铭文作品和28位历任西泠印社社长、先贤砚铭作品，共计105件。

淄川博物馆展厅（2007年拍摄）

博物馆二楼为专题展室，分为青铜、古陶瓷、发掘成果展、般阳书画、孙廼琨专题等不同类别，展示了淄川个人收藏的部分文物，代表了淄川民间文物收藏的最高水平。其中孙廼琨展室展出文物107件套，包括孙廼琨的著述、字画、匾额、藏书和手稿等。

淄川博物馆“般阳古韵”大厅（2007年拍摄）

博物馆三楼为综合展室，展示了淄川地区部分碑刻拓片，年代范围在明、清、民国间，收录的碑刻有寺观、庙宇、墓志等碑铭，以及彰政绩、颂德行的功德碑等。

第五节　公共文化服务中心

2017年10月，淄川区公共文化服务中心成立，设综合科、培训科、基础服务科。

自成立以来，区公共文化服务中心面向群众宣传和执行党和国家、省、市、区关于文化艺术、群众文化工作的方针、政策和法律、法规，弘扬中华优秀传统文化，普及科学文化知识。培养和管理全区各镇、街道、开发区各类文化人才、社会文艺骨干、文化志愿者。指导各镇、街道、开发区文化站、基层综合性文化服务中心等开展群众文化活动，丰富群众的精神文化生活。

2017年，区委、区政府实施“文化＋科技”双轮驱动战略，公共文化服务中心负责运行维护的“淄川文化云”公共数字文化服务项目全面启动。为保障项目工程的平稳运行，先后制定出台《淄川区“百姓点单”文化云惠民工程实施意见》《淄川区“文化云”培训管理办法》《淄川区“文

2018年5月17日，全省文化扶贫暨公共文化服务效能建设现场会在我淄川区召开。图为参会人员在赵瓦村实地体验“淄川文化云”

化云”惠民工程专项资金管理办法》，依托镇综合文化站、村综合性文化服务中心、文化广场，设立“淄川文化云”活动站点220个。打造推广App、网站、微信订阅号，面向社会招募志愿教师500余人，依托民间剧团和文艺队伍发展文化志愿者5000余人，建立起完整的区、镇、村三级网格化文化人才队伍，累计注册用户60000余人，推介发文711篇，用户访问量125万余人次。2017年至2019年底，利用“淄川文化云”平台的“我爱培训”“我爱演出”“我爱健身”“我爱展览”“我爱学校”五大板块，开展舞蹈、声乐、器乐、书画、摄影、体育、“非遗”、手工技艺8个大类，国学、陶艺、太极拳剑、剪纸、茶道、花道等35个小类的文体培训48000余课时，举办各类文化、展览、演出活动3000余场次，受益群众52万余人次。

公共文化服务中心立足“百姓点单、专业制单、政府买单”的服务模式，使“淄川文化云”公共数字文化服务“接地气、聚人气、有保障、有延续”，打通了公共文化服务“最后一公里”，解决了群众参与文化活动积极性不高、公共文化资源利用率较低、公共文化服务供给不均和群众满意度需要提升等问题。“淄川文化云”被列入“第四批国家公共文化服务体系示范区”创建项目，入选中宣部宣传思想文化工作案例，荣获第四届山东省文化创新奖，被评选为2017—2018年度山东省文化志愿服务项目，在全国农村精神文明建设工作经验交流现场会、省文化扶贫暨公共文化服务效能现场会、省加强和改进公共文化服务工作现场会、全国信息化推动制度创新现场会上做项目展示、经验介绍，新华网、国家数字文化网、《中国文化报》、《大众日报》等多家重量级媒体相继报道，多地市区县到淄川参观学习。

公共文化服务中心按照“均衡”和“全覆盖”的思路，加大镇办综合文化站专项治理力度，提高管理服务效能，落实开放时间、管理人员、服务内容等项目设置与公示制度；改造150余处村居综合性文化服务中心，配齐文化基础设施、优化功能室布局、指导文化活动开展，通过硬件建设与服务管理双管齐下，彻底消除文化基础设施薄弱村；着力打造60处“5+N”模式基层综合性文化服务中心示范点，创新文化服务形式，丰富文化服务内容，引领区域文化大发展；通过成立工作专班，连续3年进行6次专项督导和不定期寻访，有效地解决了基层文化阵地“不开门”“不见人”“活动少”等问题。

公共文化服务中心立足效能发挥，在全区范围内广泛组织开展“热土欢歌”大赛、社区广场文化艺术节、“戏曲进乡村”、公益培训等文化活动，基层文化阵地利用率达98%以上，民间剧团和业余文化队伍数量增长30%，充分调动了广大群众参与文化活动的积极性。2017—2019年，累计开展“送戏进村”1600余场次，各类展览、公益培训、文艺演出等活动2000余场次，累计参与群众100余万人次，村居覆盖面达100%。

第六节　旅游管理服务中心

2017年10月，淄川区旅游管理服务中心成立，为淄川区文化和旅游局所属副科级公益一类财政拨款事业单位，设综合科、产业发展科、市场开发科。

自成立以来，区旅游管理服务中心积极服务全区旅游事业发展，以“全域旅游”的发展理念统领全局，以文化旅游三大产业带为规划引领，突出重点项目带动，完善基础设施配套，提升旅游服务质量，全区旅游业发展呈现速度加快、结构优化、质量提升的良好态势。

中心先后协助有关景区和项目单位编制完成《淄博中华传统民俗文化创意园项目总体规划》《蒲家庄古村落保护性修缮与利用概念策划及规划方案》等30多部规划设计，对全区文化旅游产业及项目进行科学规划指导，努力实现项目规划全覆盖，为下一步旅游新业态项目高起点建设和运营打下坚实基础。

针对不同地域特色，鼓励差异化、特色化发展，进一步提升乡村旅游品质，积极培育发展“大景区带动农家乐模式”“梦泉模式”“开心农场经营模式”“乡村生态修学模式”四种乡村旅游发展模式，打造太河镇峨庄、幸福和西河镇张庄三大乡村旅游集聚区。至2019年，西河镇东庄、东峪镇，洪山镇土峪、青未了，太河镇柏树、芸弘山房，昆仑镇牛记庵的民宿投入使用，景观打造以及道路、游客中心、厕所等基础设施已初步完善。太河镇梦泉村、上端士村等进行了农家院落提升改造，新建乡村记忆博物馆，乡村旅游特色化、精品化发展水平不断提升。

积极策划旅游节庆活动，围绕春节、清明、“五一”、端午和国庆等时间节点，积极策划举办了潭溪山冰瀑冰灯艺术节、梓橦山滑雪季、齐鲁佛山花灯会、潭溪山生态旅游节、齐山樱花节、梦泉金秋采摘节、齐山红叶节等20余项旅游节庆活动，打造旅游热点、亮点，同时组织各景区不间断推出门票优惠、住宿免门票等优惠活动，刺激旅游市场消费。

2017年，潭溪山无背索斜拉玻璃桥、悬崖电梯等项目、设施正式投入使用；齐山景区游览小火车、梦泉景区乡村记忆博物馆等新旅游项目对游客开放；潭溪山、牛记庵、留仙谷等进景区道路质量全面提升。2018年，东南部山区旅游道路沥青罩面基本实现全覆盖，特别是淄中路黑峪隧道扩建工程建成通车，标志着通往淄川区东南部旅游区的主要道路结束了50座客车无法通行的历史。开发建设完成“畅游淄川”智慧旅游平台，游客可通过手机实现导游、导览、导航、在线预订、寻找周边城市服务等需求，为广大游客全方位了解淄川旅游、快速查找旅游服务提供便捷。

截至2019年底，全区共建成国家AAAA级旅游景区3处、AAA级景区8处、AA级景区1处，现有省级旅游强乡镇2处、省级旅游特色村12处、省级工农业旅游示范点21处，精品民宿20余处，初步形成文化体验、观光游览、休闲度假等多元化的旅游产品结构体系。淄川区先后被评为山东省乡村旅游示范区、山东省首批全域旅游示范区。

云雾潭溪山（2010 年拍摄）

第三章　文化社会团体及民办非企业单位

第一节　文化社团的监督管理

文化社团，是指从事文化、艺术、文博事业工作的社会团体。1998 年 10 月 25 日，中华人民共和国国务院令（第 250 号）颁发《社会团体登记管理条例》（以下简称《条例》）。《条例》规定，社会团体必须到民政部门申请登记，经核准后从事社会活动。同时还规定，社会团体的业务活动受有关业务主管部门的指导。

2016 年 2 月 6 日，国务院令（第 666 号）颁布修订版《社会团体登记管理条例》。《条例》第二十五条明确规定了业务主管单位履行下列监督管理职责：（1）负责社会团体成立登记、变更登记、注销登记前的审查；（2）监督、指导社会团体遵守宪法、法律、法规和国家政策，依据其章程开展活动；（3）负责社会团体年度检查的初审；（4）协助登记管理机关和其他有关部门查处社会团体的违法行为；（5）会同有关机关指导社会团体的清算事宜。

淄川区民政局是社会团体的登记管理机构，其监督管理职责是：负责社会团体的成立、变更、注销的登记或备案；对社会团体实施年度检查；对社会团体执行《条例》的问题进行监督检查，对违反《条例》的行为给予行政处罚。文化社会团体的成立，应履行《条例》规定的相关程序，经业务主管单位审查同意并签发文件，由发起人向民政局登记注册。

1989 年之前，文化社团的管理比较粗放。许多文化社团的成立没有履行必要的程序，有的未进行登记注册。《条例》颁布实施之后，区文联、区社科联和区文化局协助区民政局对全区范围内的文化社团进行清理，符合条件的进行重新审核登记，不符合条件的进行清理。

第二节　文化社团

淄川区文学艺术界联合会

于 1990 年 5 月 24 日建立，内设办公室、组联部、编辑部 3 个部室。隶属中共淄川区委，归口中共淄川区委宣传部管理，正科级事业单位。

1990 年 5 月至 2019 年 12 月，淄川区文学艺术界联合会（以下简称区文联）历经第一、第二届委员会。

淄川区文学艺术界联合会第一届委员会（1990.5—2010.1）

1990 年 8 月 19 日，淄川区文学艺术界第一次代表大会在淄川宾馆召开，出席代表 90 名。区委领导作了题为“继往开来 勇于开拓 为繁荣淄川区社会主义文艺事业而奋斗”的工作报告，通过了《淄川区文联章程》，选举产生了区文联第一届委员会。

名誉主席：岳经一　翟慎祥

主　　席：郑　峰（兼）

副 主 席：王永海　王继训　牛国泰　李　文　阎先公　纪茂荣　刘元明　邱贻忠　周雁翔　张广庆　张怀诚　赵　刚　黄玉庆　彭延文　潘文光　刘　洪　李振雷　陈士成

淄川区文学艺术界联合会第二届委员会（2010.1—　）

2010 年 1 月 27 日，淄川区文学艺术界联合会召开第二次代表大会，出席代表 100 名。淄博市文联主要领导，淄川区委、区人大、区政府、区政协领导出席大会。

主　席：袁延民

副主席：刘　洪　陈士成　刘正瑞　高建国　董维耀

淄川区文联历任驻会主席、副主席一览表

表 1-3-1

职位	姓名	任期
主席	郑　峰	1990.8—1992.1
	王世喜	1993.12—2002.7
	彭延文	2002.7—2006.9
	王继训	2006.9—2008.1
	袁延民	2008.1—2016.3

续表 1-3-1

职位	姓名	任期
主席	刘正瑞	2016.3—2019.10
	李红蕾	2019.12—
副主席	王继训	1990.6—1996.7
	王永海	1990.8—1992.9
	刘　洪	1997.4—2012.10
	李振雷	2003.10—2009.9
	陈士成	2009.10—2011.2
	李先月	2011.2—2016.7
	郭本进	2011.11—
	李谱茂	2016.5—
	戚　鹏	2019.2—

区文联是中国共产党领导的群众团体，是党和政府联系文艺工作者的桥梁和纽带。作为市文联的区级地方组织和团体会员，也是全区文艺家协会的联合组织，在区委、区政府领导和市文联的指导下，依据中国文联和省、市文联章程开展工作。区文联机关的主要工作任务，是贯彻落实党的文艺工作方针，执行区文学艺术工作者代表大会、区文联委员会的决议、决定。领导全区文艺家协会的工作，对各文艺家协会会员进行联络、协调、服务和指导，组织会员开展文艺创作、评论、学术交流、人才培训和调查研究工作，协同有关部门组织各种文艺评奖活动。积极引导、教育、鼓励全区艺术家、作家及文艺工作者以习近平新时代中国特色社会主义思想为指导，坚持“为人民服务，为社会主义服务”的方向和“百花齐放，百家争鸣”的方针，深入生活，努力学习，讴歌改革开放和现代化建设，促进社会主义精神文明建设。反映文学艺术工作者的意见和要求，开展维护艺术家、作家和各文艺团体知识产权等工作。协同有关部门组织文学艺术界同区内外艺术家、作家及艺术团体开展文化交流活动。负责文联的组织、宣传工作。完成区委、区政府和上级文联交办的其他工作任务。

区文联及各相关协会成立三十多年来，积极采取措施，加强同上级文联及各协会的沟通联系，先后组织开展龙泉杯征文、百名作家淄川行、张派京剧名家票友演唱会等全国性的大型文艺活动，推荐各协会会员的评审，争取会员作品刊发、评奖，区戏曲曲艺家协会还参与组织张派京剧名家长安大剧院演唱会等，淄川作者的作品影响力不断扩大，一大批文艺工作者加入全国及省级协会。同时，制定区文联关于加强各协会组织管理的暂行意见，建立协会主席例会制度，及时传达区委、区政府的工作重点，并紧紧围绕工作重点，开展丰富多彩的文艺活动，特别是各类节庆活动，宣传淄川改革开放的丰硕成果，丰富全区人民的文化生活，区作协组织的淄川采风、区美协组织的淄川画家画淄川、淄川籍画家画展等活动，进一步提高了淄川区文艺工作者在全区人民群众中的影响力和美誉度。为进一步加强区委、区政府与全区广大文艺工作者的联系，努力争取区委主要领导的支持，还设立了淄川区蒲松龄文艺奖。各项工作多次得到省、市文联（作协）领导的高度评价。

其他文化社团

淄川区作家协会 1990 年 8 月成立，李文任主席。2005 年 7 月，召开第二次代表大会，王继训任主席。2014 年 4 月 26 日，召开第三次作协代表大会，选举产生了第三届主席团成员。王继训任主席，于学军、王光福、王昌德、李振雷、张红梅、赵明、赵叶青、都玉秦、袁延民、薛燕任副主席，李振雷兼秘书长。2020 年 1 月，经主席团成员讨论通过，由区文联批复同意，增补傅道亮、李华为副主席。2019 年，区作协共有会员 132 人，协会有中国作家协会会员 3 人，省作家协会会员 17 人，市作家协会会员 76 人。

淄川区摄影家协会 1990 年 8 月成立，首届主席杜健，副主席徐明、翟建国。1993 年 4 月，召开第二次会员代表大会，聘请岳经一、陆玉鲁为名誉主席，刘洪任主席，刘立江、王昌德、李昌元、赵守军、李玉德任副主席，李昌元兼秘书长。2003 年 11 月，召开第三次会员代表大会，刘洪任主席，刘立江、王昌德、李昌元、赵守军、张文德、董建波、郭法强为副主席，董建波兼秘书长。2019 年 9 月，召开第四次会员代表大会，聘请王加荣、王君为名誉主席，赵守军任主席，董建波、刘冰、韩志刚、纪尊勇、张立志、安海燕任副主席，韩志刚兼秘书长。2019 年，协会有中国摄影家协会会员 11 名，省摄影家协会会员 138 名，市摄影家协会会员 197 名。

淄川区书法家协会 1990 年成立，牛国泰任主席，张洪泉、朱先平、王承水、徐明任副主席，辛悦修任秘书长。2005 年换届，王龙田任主席，刘正瑞、王杰昌、刘慧龙、张洪泉、李先新、苏守锦、房悦贤任副主席，刘正瑞兼秘书长，张文德、王明学任副秘书长。2007 年，改选刘正瑞为主席，苏守锦为常务副主席兼秘书长，增补张文德、王明学为副主席兼副秘书长。2014 年，召开第三届主席团委员会会议，刘正瑞任主席，苏守锦、王杰昌、刘慧龙、张文德、杨学浩、王明学、李永任副主席，陶哲、孙玉梅、苏君向任主席团委员，张文德兼秘书长，刘德忠、贾云峰、王立新、王长华任副秘书长。2019 年，协会有中国书法家协会会员 19 人，省书法家协会会员 30 余人，区书法家协会会员数百人。

淄川区音乐家协会 1991 年 8 月成立。秦克新任主席，孙善佐、崔凤远、史向亮、吴建勋任副主席。2005 年 7 月换届，吴建勋任主席，崔俊涛、祝庆福、王玉刚、李波、高建国、高启敏、孙洪仕、杨宁任副主席，高绪伟任秘书长。2016 年 8 月换届，吴建勋任主席，崔俊涛、祝庆福、王玉刚、李波、张红卫、车献亮、马永驰任副主席，程帅任秘书长。2019 年，协会有中国音乐家协会会员 2 人，省音乐家协会会员 12 人，市音乐家协会会员 66 人，区音乐家协会会员百余人。

淄川区舞蹈家协会 1995 年 5 月成立，毕玉梓任主席，赵临彪、齐文任副主席，会员 26 人。2004 年 5 月，召开第一次理事会会议，齐文任主席，田卉、王爱香、李亚茹、任萍、徐慧玲、李超任副主席。2013 年 5 月，召开主席团会议，增补吕冰为副主席。2014 年 5 月 14 日，召开第三次理事会会议，成立新一届主席团，聘请白向坊、唐加福、盛伟、高翠红、刘珂妤、张德继、张德峰为名誉主席，齐文任主席，田卉、李亚茹、冯涛、任萍、徐慧玲、胡玉莲任副主席，王志昌任秘书长，李超任副秘书长。2016 年 5 月，召开主席团会议，增补卢石磊、李莉为副主席；组织发展理事 26 人、会员 137 人。2018 年 5 月 18 日，召开淄川区第四次舞蹈家协会换届选举大会，冯涛任主席，王志昌任副主席兼秘书长，吕兵、卢石磊、李亚茹、李莉、任萍、梅玉慧任副主席。聘请齐文、高翠红、张琳淦、车宁为名誉主席。2018 年 11 月，召开第四届第二次理事大会，增补张凯、谷雨来、高璇为副主席。2019 年，协会有理事 121 人，会员 256 人，其中省舞蹈家协会会员 9 人，市舞蹈家协会会员 69 人。

淄川区赏石盆景花卉艺术家协会　2004 年 9 月 27 日，召开第一次会员代表大会，刘汝根任主席，孙启信、杨林任常务副主席，王洪英、常祖海、刘成国、翟慎栋、王希信任副主席，王昌亮任秘书长。2010 年 3 月 24 日，召开第二次会员代表大会，宋道龙任主席，杨淑鸿、杨林任常务副主席，王希信、翟慎栋、马立珍、许立荣、耿立新、孙勇、谭玉芳、刘卫东、李宏声、宋元秋、刘宗钢任副主席，杨林兼秘书长。2016 年 3 月 31 日，召开第三次会员代表大会，杨林任主席，王希信、王建、蒲业彬、唐山德、刘长清任副主席，王希信兼秘书长。2019 年 4 月 12 日，召开第四次会员代表大会，杨林任主席，王希信、王建、蒲业彬、唐山德、刘长清、蒲林任副主席，王希信兼秘书长。2019 年，共有会员 76 人。

淄川区戏剧曲艺家协会　前身是成立于 1984 年 7 月的淄川区戏剧家协会。2006 年，戏曲、曲艺协会合并成立淄川区戏剧曲艺家协会。聘请黄玉庆、王长安为名誉主席，高建国任主席，李云、常青、张慎学、张辉文、崔云恒、吕兵、车献亮任副主席，王志昌、刘人源、张涛任秘书长。2010 年，召开第二届理事会议，增补王志昌、刘晶为副主席。2014 年，增补张宝庆、贾士涛为副主席。2019 年，有会员 388 人，其中中国曲艺家协会会员 2 人，省曲艺家协会会员 1 人；省戏剧曲艺家协会会员 4 人，市戏剧家和曲艺家协会会员 20 人。

淄川区美术家协会　1990 年 9 月成立，阎先公任主席，陈贻谟、张明文、董维耀、徐明任副主席，徐明兼秘书长。2010 年 8 月 6 日换届，聘请阎先公为名誉主席，董维耀任主席，王春荣、章继海、徐明、吕佩河、高义胜任副主席，仇传澄任副主席兼秘书长。后分别由杜纪龙、张道强任秘书长。2014 年 12 月 22 日，召开第二次淄川区美术家协会代表大会和第三次理事会，聘请王春荣、徐明为名誉主席，仇传澄任主席，张路华、杜纪龙、张道强、张金辉、贾淑杰、赵新建任副主席，宋毅、张延霞、车立行为主席团成员，宋军任副主席兼秘书长，刘玉哲、王博任副秘书长，刘长勇任监事长，理事 30 人。2019 年，协会有中国美术家协会会员 16 人，省美术家协会会员 30 人，市美术家协会会员 60 人，市美术家协会副主席 1 人，市美术家协会主席团成员 1 人、顾问 1 人、副秘书长 1 人、理事 11 人。

淄川区老年书画学会　1990 年 6 月 26 日成立，是经淄川区民政局登记核准，受中共淄川区委老干部局领导，由市老年书画学会和区文联为业务指导的群众性老年艺术团体组织。

2016 年 9 月 28 日，召开淄川区老年书画学会第四届代表大会，李金孝任理事长，卢俊德、王世喜、薛希俊、李先新、刘成友任常务副理事长，王永亮、王林广、郇庆水、徐明、贾梅远、郭成厚、蒲淦任副理事长，卢俊德兼秘书长，孙斯水、牛政军、谭涛任副秘书长。理事会组成人员共 47 名。

淄川区老年书画学会建会以来，发展成为下设 15 个分会、1 个般阳诗社、1 个柳泉印社（最早还有 1 个刻瓷分会），有着 1198 名会员的老年艺术队伍。这支队伍，以离退休老干部、老党员、老教师为主体，紧紧围绕党和政府的中心工作，成立了多支志愿者服务队伍，以重大纪念庆典活动为契机，开展一系列丰富多彩的书画惠民活动，得到社会各界的广泛赞誉。区老年书画学会被省委、市委老干部局和省、市老年书画研究会授予先进集体称号。

据不完全统计，多年来共举办大小书画展 606 场次，展出作品 48714 幅，观众达 318000 余人次；共为群众义务写春联 350443 副，福寿字 108995 幅，参与会员 10270 人次，受赠单位 1963 个，受赠群众 312500 余户次；共举办书画笔会 1180 余场次，参与会员 7104 人次，创作赠出书画作品 30100 余幅。

2019 年，区学会有中国书法家协会会员 2 人、美术家协会会员 2 人；中国老年书画研究会会员 33 人、创研员 2 人；山东省书法家协会会员 10 人、美术家协会会员 3 人、山东老年书画家 3 人；淄博市书法家协会会员 52 人、美术家协会会员 22 人、淄博市老年书画家 12 人。

淄川谱牒协会　1998 年 2 月成立，由部分老干部、退休教师、社会贤达、乡村长者组成。孙发全任会长，高天民、韩其芳、王克贵、毕淑德任副会长。协会讨论通过了《淄川谱牒学会章程》。淄川谱牒协会是山东省内第一家进行谱牒研究、指导修谱的县级民间组织。

淄博聊斋文化艺术学会　前身是成立于 1999 年的淄洪艺友联谊会，王志广任会长，袁训珍任副会长，颜景和任秘书长。2004 年，改名淄博聊斋文化艺术学会并注册。李德泉任会长，潘鲁中、王厥福任副会长，王厥福兼秘书长。2018 年 3 月换届，王春荣任总监，李德泉任会长，王厥福、张杰华、蒲先刚、刘永宽、蒲先勤任副会长，田万广任秘书长。后增补蒲文善、潘鲁中、杨克武、蒲文梓、王衍福为副会长，阎文红为秘书长。

淄川区农民书法美术研究会　2006 年由淄川区民政局批准登记，陶厚先任会长，司衍会任常务副会长，王天山、蒲章俊、张天安、李先新等任副会长，徐明任副会长兼秘书长。研究会下设 14 个分会，共有 568 名会员。多年来，研究会遵循“为农民办实事、办好事”的办会宗旨，在宣传党的路线、方针、政策，进行社团组织建设，组织广大农民书画家开展书画创作活动、举办书画展览，开展书画人才教育培训、书画创作理论和学术研究等方面，取得了可喜的成果。研究会组织举办数届淄川区“新农村建设”农民美术书法作品展，每年组织举办多次分会交流展览和为社区送书画、送福字、送春联等活动。先后组织各类型培训班、学习班 20 余场次，选送参加国家及省、市、区各级展览比赛作品 10000 余幅，百余人次获奖。

淄川区老年戏曲音乐协会　2007 年 4 月 30 日成立，理事会 48 人，协会积极开展适合中老年戏曲音乐爱好者特点的活动，当年发展会员300多人。协会先后举办2007年“庆七一”演唱会、淄川区首届老年艺术节。至2019年，连年承办淄川区13届老年艺术节。协会及下属团队经常到敬老院、干休所、部队营房进行慰问演出，受到社会各界的广泛好评。协会理事会成员由第一届的48人增补到第二届的94人。第三届代表大会改理事个人为理事单位，选出新一届领导集体，有理事单位30多家，会员人数1000多人。

淄川区硬笔书法家协会　2011年6月成立，贾兵任主席。协会先后多次举办硬笔书法展览、硬笔书法大奖赛、硬笔书法学术交流等大型活动。且多次前往企事业单位及学校进行公益性硬笔书法讲座。

淄川区诗词学会　前身是成立于1994年6月14日的般阳诗社，聘请王复荣为名誉社长，张恒任社长，牛强泰、魏林圃任副社长，蔺伯祥任秘书长，王立霜任副秘书长。后魏林圃、韩京城先后任社长，蒲先和任副社长。2014年6月14日，成立淄川区诗词学会。聘请牛强泰为名誉会长，韩京城任会长，许永兴任常务副会长，蒲先和任副会长兼秘书长，颜景美任副秘书长，理事13人。2015年6月，颜景美任副会长兼副秘书长，理事增为15人。下设双杨分会、宝塔诗社、笠山诗社、淄川中学明明德诗社、淄川区医院医苑诗社、寨里镇扎山诗社及5个诗词小组。2019年，协会有中华诗词学会会员15人，省学会会员8人，市学会会员114人。

淄川区青年书法家协会　2019年11月12日成立。陶哲任主席，刘可、刘其文、苏君向、李锴、赵瀚清、殷虎、曹汝壮、魏德斌任副主席，曹汝壮兼秘书长，聘请刘正瑞、王杰昌、刘慧龙、张文德为顾问，聘请杨牧原、陈炀、国仕堃、王业鑫为学术指导。2019年，协会有中国青年书法家协会会员1人，省青年书法家协会会员9人，市青年书法家协会会员9人，区青年书法家协会会员9人。

第三节　文化类民办非企业单位

全区文化类民办非企业单位是1998年10月25日国务院发布《民办非企业单位登记管理条例》（国务院第251号令）后发展起来的。2001年3月，区文化局、区民政局联合转发了山东省文化厅、山东省民政厅关于转发文化部、民政部《关于印发〈文化类民办非企业单位登记审查管理暂行办法〉的通知》，规范了文化类民办非企业单位的登记审查和管理工作。暂行办法规定：文化行政部门是文化类民办非企业单位的业务主管单位。文化类民办非企业单位的设立须经文化行政部门的审查，并依照条例和民政部《民办非企业单位登记暂行办法》的规定进行登记。文化行政部门负责文化类民办非企业单位的成立、变更、注销登记前的审查；监督民办非企业单位遵守宪法、法律、法规和国家政策，指导其按照章程开展业务活动；负责民办非企业单位年度检查的初审；协助有关部门查处民办非企业单位的违法行为；会同有关机关指导民办非企业单位的财产清算事宜。

至2019年底，全区文化类民办非企业单位有淄博鲁泰聊斋俚曲剧团（2012年9月13日）、淄川区汇源京剧团（2016年7月19日）等10余家。

第二篇　群众文化

第一章　文学艺术

第一节　文学创作

从中华人民共和国成立到改革开放初期，淄川文学创作的现实是既缺少阵地，又缺乏人才。只有李文、王维芝、韩其芳等几位作者的作品偶尔见诸报刊。伴随着社会的不断发展，人们的文化水平和文学素养不断提高，从 20 世纪 80 年代中期起，一批土生土长的文学新人如郑峰、赵景洲、彭延文、王继训、谭延桐等开始崭露头角，开创和延续了淄川文学创作的新局面。区委、区政府审时度势，1989 年成立淄川报社；1990 年成立淄川区文学艺术界联合会，同时淄川区作家协会（以下简称作协）成立。《淄川日报》的文学副刊和区文联创办的文学季刊《聊斋园》，让淄川的文学队伍有了用武之地，迎来了淄川新文学的春天。

部分文学作品

进入 21 世纪以后，随着网络的兴起，以及区作协《文化与品牌》、区诗词学会会刊《淄川诗词》的创办，特别是区委、区政府蒲松龄文艺奖的设立，提高了全区文艺工作者的创作热情。特别是近十年，先后出版文学作品集 50 余部，在淄博文艺奖的历届评选中一直名列前茅。其中长篇小说创作以锐利的目光深刻地关注了历史和时代，尤为引人注目。吴传永、李振雷、牛金刚、都玉秦、刘卫东等人的散文，也都异彩纷呈。

从历史节点上看，反映抗日战争时期淄川红色文化的多是中长篇小说，且多写于20世纪末。其中仇建新的中篇小说《气壮山河》以马鞍山抗日保卫战为题材，郑峰的长篇小说《蓼花河》以淄东一支抗日武工队为题材，王维芝的长篇小说《醒狮》以淄西长工大队抗日为题材，牛杰的《齐鲁烟云》以战争年代的淄矿为背景，从不同侧面反映抗日战争期间矿区工人反抗侵略、反对剥削的战斗生活。陈光奇的长篇历史小说《阀乱》《呼啸北洋》《兵戈·1929》《兵戈·1930》，则反映了20世纪北洋军阀袁世凯、段祺瑞及民国军阀韩复榘的生活经历以及中国近代史上规模最大的军阀混战——蒋冯阎李中原大战从开始到落幕的历史场景。张承广的长篇历史小说《山川风云》是以传奇故事和历史史料相结合，描述、展现晚清时期刘德培领导农民起义的悲壮过程，为淄川的农民起义历史留下一幅值得关注的画卷。由新华出版社出版的《锦囊妙计》和《将计就计》是由工人作家傅道亮以企业改革为背景创作的两部长篇小说。在反映现实题材的作品中，还有李文创作的多部不同题材的长篇小说。这些作品有的以故事见长，有的以文采蜚声，有的以风物获赞，人物栩栩如生，深得人们喜爱。

从区域创作上看，主要以中、短篇小说和散文创作为主，且多数作品创作于21世纪。以淄西地区岭子镇为题材背景的主要是彭延文的中长篇小说和散文随笔，以城南地区文峰山周边为题材背景的主要是王继训的中短篇小说和散文，以淄东地区太河镇为题材背景的主要是王昌德的短篇小说，郑峰的小说和散文更多地反映了原黑旺镇地区人们的生活，吴传永的散文长期关注着罗村地区的风土人情，刘卫东的散文则着重描写的是淄川非物质文化遗产以及名胜、人物方面的内容。另外，近年来创作势头正劲的，还有以写历史小说为主的陈光奇、以反映企业改革发展为主的傅道亮和以反映国土资源管理为题材的于学军等人的作品。

此外，诗歌创作也在新时期产生了较大影响。其中早期作者谭延桐、沈淇、王冰，还有部队作者陈彰彬等人在淄川成名后到外地发展，并大都转向了其他体裁的写作。一路坚持且得到人们普遍认可的有袁延民、赵明、陈士成和李清河等人。袁延民、陈士成的诗，大气、质朴，贴近时代，题材多样。赵明、李清河、牛金刚的诗，灵气、婉约，多以心灵抒写为主。他们都在市级以上作协组织举办的创作大赛中获过奖项，成为淄川诗歌界的代表人物。

总之，淄川的广大文学工作者遵循党的为人民服务、为社会主义服务的“二为”方向和百花齐放、百家争鸣的“双百”方针，立足于自身的工作实际，发扬革命的现实主义与浪漫主义相结合的优良传统，深入生活，深入群众，以自己的生活体验，讴歌生活中的光明与美好，鞭挞着社会上的丑陋与落后。截至2019年，全区共出版各种文学作品集209部，发表散文9426篇，报告文学384篇。故事、杂文等创作也取得较大成绩，在市级以上报刊发表故事693篇、杂文375篇。获奖作品达到2163篇（部）。

小说创作

1964 年，李文的小说《三提媒》《春种秋收》《他决意迟到一次》先后在《山东文学》《萌芽》《作品》发表。

1982 年，王继训的小说《丈人、女儿和女婿》在山东文艺出版社的《农村文艺》发表，文学评论家、省作协副主席任孚先跟写了 3000 余字评论。

1987 年，彭延文的中篇小说《闲话卧虎沟》以头条位置发表于大型文学期刊《柳泉》。

1991 年，王继训的小说《朋友》，获淄博市庆祝建党 70 周年文艺作品评选一等奖。

1992 年 5 月，王继训的小说《驼子叔的悲哀》发表于《当代小说》。

1995 年 12 月，孙兆波的小小说《座次》获全省短篇小说、小小说新作比赛二等奖。

1998 年，傅道亮的短篇小说《发酵》《合资》分别发表于《山东文学》第一、四期。

2000 年，傅道亮的短篇小说《麦收时节》发表于《清明》第六期。

2003 年，陈柳来的小说《心结》在《女友》杂志社、《中国作家》杂志社、鲁迅文学院联合举办的第十六届全国青年征文大赛中获佳作奖。

2008 年 4 月，陈光奇的长篇历史小说《阋乱》，由花山文艺出版社出版，后获淄博市精品工程奖。

2009 年 12 月，刘世龙的长篇小说《开原之恋》在淄博市作协主办的“淄柴杯”文学作品评选中获得优秀文学奖。

2010 年 2 月，王昌德的短篇小说《哪块云彩都有雨》发表于《飞天》文学杂志；9 月，短篇小说《幸运的麻雀》发表于《北京文学》；11 月，小说《我的掘墓经历》获得大众网“首届众众微博小说大赛”三等奖。

2011 年 3 月，刘世龙的长篇小说《开原之恋》获得市文联主办的第七届淄博市文学艺术奖提名奖；王昌德的短篇小说《橘子香，橘子甜》发表于《飞天》文学杂志。6月，王继训的中篇小说《柿饼村的故事》在《山东文学》发表。8 月，王昌德的小说《功勋章》获得淄博市文联主办的全市庆祝中国共产党成立 90 周年小说征文一等奖；9 月，短篇小说《晕河》发表于《山东文学》。10 月，王继训的中篇小说《红黑变奏》发表于《山东文学》。12 月，王昌德的小说《雪花，飘呀飘》获得光明日报社、中国邮政集团公司“信达万家——邮政故事征文”优秀奖。

2012 年 3 月，王昌德的小说《晕河》获得山东省网络文化办公室、山东出版集团联合举办的山东省首届网络小说大赛三等奖；12 月，王继训所著《王继训中篇小说集》由山东画报出版社出版。

2013 年，王继训文学作品集《红黑变奏》获淄博市文学艺术奖；12 月，中篇小说《栓子的野心》在《时代文学》第 12 期发表。7 月，王昌德的短篇小说《夏天，1966》发表于《飞天》；12 月，陈柳来的小说《麦客》发表于《云南经济日报》乡土文学版。

2014 年 2 月，王昌德的小说《幸运的麻雀》获得淄川区委、区政府颁发的淄川区首届蒲松龄文艺奖。4月，陈光奇的长篇历史小说《呼啸北洋》由团结出版社出版。6月，陈柳来的小说《故乡的河》发表于《联合日报》；8月，王继训的小说《鸡蛋》发表于《时代文学》。

2015年1月，张承广的长篇历史小说《山川风云》由中国文史出版社出版；是月，陈光奇的长篇历史小说《兵戈·1929》由团结出版社出版。12月，王昌德的短篇小说《和爷》在《山东文学》（上半月）发表；短篇小说《带你走出大山》入选2015年齐鲁文学作品展。

2016年1月，陈光奇的长篇历史小说《兵戈·1930》由团结出版社出版。5月，王昌德的小说《白手镯 绿手镯》获得淄博市文联全市“七彩云南”杯文学征文一等奖；是年，短篇小说《晕河》发表于《大地文学》作品集。

至2019年底，全区在省级以上出版社出版的小说42部，在市级以上报刊发表的小说946篇，总计近2000万字。

诗歌创作

1952年，杨玉昌的诗《我们是少年儿童团员》在《新少年报》发表。

1956年，杨玉昌的诗《小镰刀》在《中国少年儿童》发表。

1960年，李文的诗《小竹篮》在《淄博日报》发表。

1962年，王维芝的诗《我的枣木棍》在《山东文学》发表。是年，王富伦的诗《拾荒》《县长》分别在《前哨》《中国青年报》发表。

1963年，王维芝的诗《雷锋是俺大哥哥》在上海《小朋友》发表。

1964年，李文的诗《矿山风雨情》在《大众日报》发表。

1982年，王维芝的诗《泰山挑夫》在山东《工人艺苑》发表。

1983年，陈胜的诗《织》在《山东文学》发表。

1991年始，李世平的儿童诗歌创作每年结一集。《童心集》《五彩河》《明天的歌》《绿色的梦》《小草青青》分别由山东文艺出版社、山东友谊书社出版，共49万字。1995年5月，山东省民政厅、山东省作家协会、淄博市文联联合在济南召开李世平儿童诗歌研讨会。

1991年5月，袁延民的诗歌《孤独》在河南省作协主办的《大河诗刊》发表，并被评为第二届“黄河杯”诗歌大赛优秀奖。翌年，其诗集《生活的诱惑》由金陵出版公司出版。

1992年，田瑞卿的诗《梦回古战场》在“新兴杯”全国青年诗人作品大奖赛中获金奖。

1993年，孙在阳、沈琪合著的诗集《双星集》由山东文艺出版社出版。

1995年，李通昌的诗文集《洗犁集》由华艺出版社出版。

2002年，韩京城的格律诗词12首入编内蒙古文化出版社出版的《中华当代诗词艺术选萃》。

2008年，袁延民的诗歌《唱给女人的歌》（组诗七首）入选中国戏剧出版社出版的《纪念改革开放三十年淄博市文学作品选》。

2009年，李清河的组诗《金周村 旱码头》获“旱码头杯”征文二等奖；诗歌《神圣的事业》获市委宣传部、市环保局、市文联迎全运“般阳杯”环保征文暨齐文化与生态文明征文比赛一等奖；诗歌《春到淄河 情系梦泉》获《当代小说》编辑部“当代杯”全国文学作品大赛优秀诗歌奖。是年12月，袁延民的诗歌《山水行踪》（三首）在《当代小说》发表；诗集《故事与抒情》获淄博市文学艺术奖。

2010年4月，袁延民的诗歌《中国结》在《时代文学》发表。是年，李清河的诗歌《走进龙泉》获全国“和谐家园”征文一等奖；诗歌《七夕葡萄架下》获《当代小说》第四届当代精短文学征文一等奖；组诗《母亲河》获《山东文学》“龙泉杯”优秀作品征文一等奖。

2011年2月，韩京城、蒲先和、范宝长、杨恩学、王墨琴、荣若秀、郭守忠、韩福海、李光玉等13人的125首作品入编《齐鲁诗词选》。7月，区诗词学会编辑出版向中国共产党成立90周年献礼之作《般阳诗词》第三集；10月，参与编辑《淄博当代诗选》，淄川入编作品67首；是年，参与编辑《淄川诗抄》，有46人作品入编。

2012年5月，“诗书画影抒情怀 喜迎党的十八大”活动中，韩京城、蒲先和、刘永正、郎益盛、韩福海的诗歌获一等奖，荣乐秀、成俊武、纪永喜、王克贵的诗歌获二等奖；9月，淄川柳泉诗社12人67首诗词入编《淄博当代诗选》；11月，蒲先和在庆祝柳泉诗社成立20周年“柳泉杯”诗词大奖赛中获二等奖。

2012年7月，袁延民的诗歌《一只木船静静地躺在沙滩之上》在山东作家协会《时代文学》主办的“百世杯”全国诗歌大赛中获三等奖并刊发；12月，《浣纱的女人》（外一首）、《郯城行》（组诗三首）在《时代文学》发表。

2013年，牛金刚的诗歌《五月》（外两首）入选山东友谊出版社出版的《齐鲁文学作品年展（2013）》诗歌卷。李清河的诗歌《风景这边独好》获市文联“金城杯”我的中国梦全国非公有制经济人士理想信念教育文学征文大赛优秀奖。殷寿德《菩萨蛮·癸巳感两会召开》获成都社科联、成都毛泽东诗词研究会主办的第五届全国“民族魂杯”诗词大赛优秀奖，入编《民族魂之歌》第四集。

2014年6月，袁延民的诗歌《甲午海战一百二十年随想》在《时代文学》发表。是年，牛金刚的诗歌《静坐于一棵草里》（外三首）入选山东画报出版社出版的《齐鲁文学作品年展（2014）》诗歌卷。

2015年，《中华诗词》第2期选登赵晓明的《武陵行》《杨家界》《谒沈从文墓》七绝3首。4月，《淄川诗刊》创刊，设十余个专栏，是继《聊斋园》《般阳文化》《文化与品牌》之后创办的又一文化期刊，为诗词创作交流搭建了新平台。5月，李振雷的诗《蒲留仙祭》《赞柴里煤矿》入编山东画报出版社出版的《相约四季》，词《涌泉》入编山东画报出版社出版的《最美的风景》，《诗画后来赛江南》《卜算子·咏后来沿河公园》刊登于《时代文学》。是年，袁延民的诗集《深夜的呓语》获淄博市文学艺术奖；诗歌《听高玲女士讲烧结砖》在《山东文学》第6期发表。

2016年1月，刘乃其的诗集《皓首杂吟》付梓。2月20日《淄博晚报·柳泉诗苑》，刊登韩京城、许永兴、蒲先和、颜景美4人20首诗词。8月31日，韩京城25首诗词入编“淄博市老年书画学会成立35周年精品展”。

2017年1月9日，区诗词学会“柳泉清韵”微信平台发起的《金秋咏菊》组诗在市文联主办的《齐风》（双月刊）第十二期选登，分别是吕学玲、李仲兰、孙丽娟、赵玉霞、岳崇刚、刘卫东、韩京城、蒲先和、许永兴的诗作。3月4日,《淄博晚报·柳泉诗苑》刊登韩京城、蒲先和、王宝娟、吕学玲、赵玉霞、许永兴、颜景美等7人诗作31首。11月23日，韩京城诗集《下里吟稿》赠书仪式暨研讨会在区老年大学举行。同日，车新虎《孝水秋韵》、吴元伟《潇洒诗韵》结集发行。是年，《当代中华诗词集成·山东卷》录编刘俊元17首、韩福海10首、耿佃元15首、韩京城30首、王墨琴25首、范宝长30首、蒲先和29首、杨恩学30首、郭守忠11首、李仲兰13首、荣若秀9首、沈德法14首、颜景美18首、杨广旭11首、刘永正5首、殷寿德11首。同年，牛金刚的诗歌《老村之上，那些虚妄的影子》（外一首）发表于《星星·诗歌原创》第12期，入选山东大学出版社出版的《山东作协作品年选（2017）》综合卷。

2018年8月，李清河的散文诗《我是一方观音》获中国小说学会首届七彩云南翡翠玉·德征文大赛优秀奖。同年，李清河的诗朗诵《祖孙三代话灯塔》在淄博市委组织部举办的“学灯塔、用灯塔”主题征文中获一等奖，其诗歌作品入选《中国网络文学精品（2011年卷）》《齐鲁文学作品年展（2015）》诗歌卷等，并被山东师范大学文学院一流学科图书馆、淄博市图书馆、聊城职业技术学院图书馆收藏。是年，牛金刚的诗歌《后园》（外两首）发表于《时代文学》第6期;《在光阴留经的隐喻里》（组诗七首）入选团结出版社出版的《齐鲁文学作品年展（2018）》诗歌卷。市《柳泉诗词》刊登淄川诗词学会69名诗友200首诗词。许永兴、韩京城分别在《中华诗词》、新华社等媒体发表诗词作品。

2019年1月，市图书馆、市诗词学会主办的2019“书香盈岁月，新桃换旧符”新春楹联有奖征集活动中，蒲先和获二等奖、许永兴获优秀奖。9月19日，在山东省《老干部之家》主办的全省庆祝中华人民共和国成立70周年离退休干部诗词大赛中，蒲先和获一等奖，孙丽娟、许永兴获二等奖，李钟兰、殷寿德、翟丕万、李韵姝、韩京城获三等奖。是年，牛金刚的诗歌《踏秋记》（外一首）发表于《星星·诗歌原创》第12期。

截至2019年底，全区创作诗歌5382篇（首），其中获奖作品1356篇（首）。

散文创作

1994年11月，王继训的散文《平壤印象》在《中外天地》发表。同年，刘功业的散文集《寻找湖泊》由百花文艺出版社出版。

2001—2002年，吕文博的散文集《华夏行》、白怀孔的随笔《家庭文化漫谈》、赵晓明的散文集《零雨其濛》、韩玉祥的文集《陆地潮涌》，先后由华艺出版社、人民出版社出版。

2006 年 7 月，刘卫东的散文《王定保“当”借何方》在《淄博地域文化》发表。

2007 年 5 月，刘卫东的散文《聊斋俚曲：夜明宝珠放光华》在中国文联出版社出版的《中国非物质文化遗产》发表。

2008 年，刘卫东的散文《鬼谷子：一代纵横家的千古传奇》《望娘沟的两种传说》《古稀老人的花鼓情》《笛梆子戏：掀起你的盖头来》《孟姜女哭长城探源》《五音戏你到底姓“周”还是姓“肘”》先后在《鲁中晨报》发表。9 月 1 日，牛金刚的散文《魏巍和浩然，值得我们敬重和怀念》发表于《联合日报》文学副刊；9 月 27 日，散文《曲径寻幽“玉石街”》发表于《鲁中晨报》。

2009 年 5 月，王昌德的散文《梦圆梦泉》发表于《我心目中的山东旅游》文学作品集。8 月，刘卫东的散文《半部聊斋手稿之谜》在《鲁中晨报》发表；9 月，《〈聊斋〉手稿闯关东之谜》在《淄博晚报》讲述版发表；11 月，《聊斋俚曲：夜明宝珠放光华》在《淄博宣传》发表。是年，牛金刚的散文《聊斋断想》发表于《山东文学》2009“龙泉杯”征文·优秀作品集。

2010 年 1 月，刘卫东的散文《绵绵不尽的怀想》在《淄博晚报》讲述版发表；4 月，散文《新发现的〈聊斋〉跋语》在《蒲松龄研究》（第四期）发表；9 月，《磁村花鼓：鼓舞艺苑一奇葩》在《淄博宣传》发表。3 月，王继训的散文《父母进京》发表于《山东文学》。是年，牛金刚的散文《静默的土地》发表于《山东文学》第 9 期。

2011 年 7 月 19 日、11 月 29 日，刘卫东的散文《半部〈聊斋〉闯关东》《鬼谷迷踪》分别在《大众日报·齐鲁文化》发表。是年，《李慎濂：磁村花鼓传人》在《淄博日报》发表。同年 7 月，牛金刚的散文《走读临淄》发表于《鲁中晨报》；散文《空房子》发表于《山东文学》（上半月刊）第 7 期。

2012 年，牛金刚的散文《与一条河流同行》入选山东友谊出版社出版的《齐鲁文学作品年展（2012）》散文卷。

2013 年 8 月，王继训的散文《搬家》发表于《山东文学》。是年，袁延民的散文《童年的学校》在《时代文学》发表。牛金刚的散文《峨庄行吟》发表于《齐鲁晚报》“青未了”副刊；散文《麻雀快飞》发表于《青海湖周刊·太阳魂》第 21 期。刘卫东的散文《见识河南人》在《华夏孝文化》第 3 期发表。同年 2 月，李振雷的散文《少小离家终未回》发表于《中国文学》总第 156 期；9 月，《大美华光 艺术之光》发表于《淄博晚报》；10 月，《家乡的水井》发表于《时代文学》第 262 期；11 月，《好人》发表于《淄博晚报》；12 月，《我陪妈妈走娘家》发表于《当代散文》。

2014 年 4 月，都玉秦的散文《香甜香甜的槐花哟》《苦难是巨大的精神财富》发表于《淄博日报》文学副刊；5 月、7 月，《梦幻聊斋我为“仙”》《紧急集合》分别发表于《淄博晚报》夜聊斋、八一征文栏目。6 月、8 月，牛金刚的散文《几度柿子红》《干涸的村庄》《与羊站在一起》先后发表于《联合日报》《延安文学》《大众日报》。散文《后园》入选《齐鲁文学作品年展（2014）》散文卷。是年 6 月 30 日，李振雷的散文《布谷声声》发表于《联合日报》第四版；12 月，散文《缅怀二伯》《手表》发表于白山出版社《文学现场十年精粹》散文卷；散文《追忆远去的六所母校》《伏天又闻粉果香》《二伯的生命轨迹》先后发表于《时代文学》《前卫文学》。是年，刘卫东的散文《走近“女儿国”》在《中国散文家》第 4 期发表。陈柳来的《陈柳来散文选》入选《中国文学现场十年精粹》；散文《又是一年谷米香》入选《齐鲁文学作品年展（2014）》散文卷。

2015 年，都玉秦的散文《行者无疆》《让千年淄砚重放异彩》《新兵生活新兵梦》分别发表于《中国文学》《淄博史志》《齐风》。是年，牛金刚的散文《旧物贴》《后园》分别发表于《北方文学》。李振雷的散文《重见唐口格外美》《莱芜随笔》发表于山东画报出版社《相约四季》作品集。

2016 年 9 月，都玉秦的散文《淄博方言我的爱》发表于《延河》；11 月 25 日，散文《不朽的胡杨》发表于《淄博日报》；11 月，散文《新疆，用采风为您写就的一封“情书”》发表于《兵团日报》。是年，牛金刚的散文《玉米》发表于《北方文学》第 6 期；散文《哦，生命！》入选《齐鲁文学作品年展（2016）》散文卷。陈柳来的散文《享受・放下・感恩》在《淄博财经新报》发表。

2017 年 2 月，陈柳来的散文《春节，那个不肯拆我红包的人》发表于《山东商报》。是年 5 月 26 日，都玉秦的散文《将更多的爱给予这群特殊的孩子》发表于《鲁中晨报》；6 月 6 日，散文《将更多的爱给予特殊的天使》发表于《淄博日报》副刊；散文《胡杨　我想对你说》发表于《辽东文学》第 4 期。

2018 年 6 月，李振雷的散文集《寸草春晖》由团结出版社出版。7 月，王继训的散文《漫步兰州黄河边》发表于《散文百家》。8 月，王继训的小说、散文集《故乡礼赞》由团结出版社出版。是年，牛金刚的散文《恬淡地飞翔》入选《齐鲁文学作品年展（2017）》散文卷。都玉秦的散文《绿叶对根的情意》发表于《农民日报》。陈柳来的散文《有一种爱不动声色》《想起储存美味的门囤》《手机铃声里的早安》先后在《山东商报》《淄博晚报》发表。

2019 年，陈柳来的散文《走亲戚》《栽一株石榴，花开花落一辈子》先后在《淄博晚报》发表。是年 5 月，都玉秦的散文《寻梦塔克拉玛干》发表于《淄博日报》；6 月，散文《喀什噶尔的气味》发表于《兵团报》；散文《酸甜苦辣撰文史》分别发表于《淄博晚报》和《淄博史志》。

散文创作获奖情况：

1997 年，王继训的小说、散文集《面对故乡》，获得淄博市“精品工程”奖。

1998 年 10 月，韩其芳的《鼓魂》在《中国作家》杂志社举办的“相约 1998”笔会评选活动中被评为一等奖。

2004 年 12 月，王清涛的散文《难忘楼兰》获淄博市“旱码头杯”优秀文学作品奖。是年，陈柳来的散文《难忘父母爱》在《女友》杂志社、《中国作家》杂志社、鲁迅文学院联合主办的第十七届全国青年征文大赛中获佳作奖。

2006 年，牛金刚的散文《哦，生命！》获 2006 年度齐鲁文学作品年展最佳作品奖。

2008年，刘卫东的散文《迷雾重重锁鬼谷》获淄博市旅游局、市作家协会、《文学现场》微刊等单位联合组织的“泱泱齐风 多彩淄博”网络散文大赛二等奖。

2009年4月，王昌德的散文《梦圆梦泉》获山东省旅游局“我心目中的山东旅游征文”优秀奖。12月，散文《千金难买新社会》获市作协“全市庆祝中华人民共和国成立六十周年”征文奖。是年10月，牛金刚的散文《走读临淄》获市作家协会、市旅游局合办的“齐商银行杯”百名作家临淄纪行征文金奖。

2010年7月，牛金刚的散文《聊斋断想》获省旅游局“谁不说俺家乡好”征文大赛三等奖。

2011年2月，王昌德的散文《梦圆梦泉》获市委宣传部、市网络办2010“精彩淄博”网络作品大赛铜奖；6月、7月，散文《四代人的读书梦》分别获北京市互联网宣传管理办公室、北京网络媒体协会“回顾90年岁月 记录点滴真情”庆祝中国共产党成立90周年网络作品征集评选二等奖，淄博市委宣传部、市委讲师团、市网络办“‘三福杯’党的光辉照耀下”全市庆祝中国共产党成立90周年网络征文二等奖。

2012年，王清涛的《诗意聊斋》获中国煤矿第四届艺术节图书优秀奖；主编的文学集《齐风又起》2部，分获淄博信息港原创文学优秀作品特等奖和“全球通杯”淄博市优秀文学奖。

2013年9月，王昌德的散文《多彩淄博多彩梦》获市委宣传部、市文联、市网络办“畅想清丽淄博”全市网络征文二等奖；12月，散文《让梦想插上理性翅膀》获市文联“中国梦·美丽淄博”散文征文三等奖。是年，都玉秦的散文《酸甜酸甜的杏哟》获2013山东省林业厅生态建设征文二等奖。同年，牛金刚的散文《峨庄行吟》获市文联“中国梦·美丽淄博”散文征文大赛三等奖；散文《雾霾之下》获2013年度齐鲁文学作品年展优秀奖。

2014年5月，李振雷被山东省作家协会、《时代文学》杂志社授予《时代文学》2013年度散文奖；9月，散文《家乡的水井》获《时代文学》杂志社主办的全国小小说、散文征文活动佳作奖。是年，都玉秦的散文《紧急集合》获2014《淄博晚报》八一征文一等奖。王昌德的散文《多彩淄博多彩梦》获山东网“中国梦我的梦”大型网络互动活动征文二等奖。陈柳来的散文《醉美的相遇》获淄博报业淄博首届国际葡萄酒文化节“醉美齐韵”有奖征文优秀奖。

2015年，刘卫东的散文集《履痕》获中国散文家网、《华夏散文》杂志社等单位组织的“2015中国散文家美丽青岛行笔会暨首届华夏散文奖颁奖典礼”华夏散文创作奖。

2016年6月，刘卫东的散文集《履痕》获中共淄川区委、区政府颁发的第二届蒲松龄文艺奖。8月，李振雷的散文《酒道馆里悟酒道》获《淄博日报》主办的首届国际葡萄酒文化节“最美齐韵”征文优秀奖。是年，都玉秦的散文《不朽的胡杨》获《文学与艺术》海内外华语文学类金奖。

2019年1月，唐福然的散文《我的第一笔奖金》获山东省委老干部局、山东省委离退休干部工委联合主办的“我亲历的改革”征文三等奖。

报告文学创作

1988 年，郑峰主编的淄川区第一部报告文学集《般阳新潮》出版。

1991 年 3 月，董登第的报告文学集《永恒的星辰》由经济日报出版社出版。

1995 年，王继训的报告文学集《英雄本色》由新华出版社出版，获 1996 年度淄博市精品工程奖。

1999 年，董登第的报告文学《二十年乡村公仆情》由红旗出版社出版，并被中共中央编译局评为优秀作品一等奖。

2013—2019 年，都玉秦深入生活，努力发掘生活素材，撰写的报告文学收获颇丰。2013 年 10 月 19 日，《跳起来摘苹果》发表于《检察日报》绿海副刊。是年，《白鹿原之夜 我采访了陈忠实》分别发表于《陕西日报》秦风副刊和《中国文学》第 4 期。2014 年 10 月 24 日，《是文化元素火了美涌泉——于祖荣访谈录》发表于《财经新报》、淄博新闻网和新浪网。2015 年 9 月 16 日，《陈忠实：太多的淄博情结》发表于《淄博晚报》和淄博新闻网；《视觉徐永和》发表于《中国文学》第 4 期。2016 年 4 月 26 日，《爱的路上我和你牵手同行》发表于《鲁中晨报》文学副刊；8 月 6 日，《战友，扶贫路上为什么让你初心不改》发表于《淄博晚报》八一风采栏目；9 月 2 日，《扶贫路上的老军转》发表于《中国国防报》一线现场栏目。是年，《白鹿原之夜 我采访了陈忠实》获天山文学奖纪实类二等奖；《“中国好人”艰苦创业成就梦想》获“登沙河杯”全国征文人物通讯类三等奖。2017 年 3 月 9 日，《用生活体验的文化信仰》发表于《淄博晚报》综合新闻。2018 年 2 月 5 日，《军营好女铸利箭》发表于《山东国防报》文学副刊；2 月 7 日，《家乡媒体进军营》在中央电视台《军事报道》栏目播出；2 月 9 日，《芳华军营 般阳好女铸利箭》发表于《淄博晚报》文学副刊；7 月 18 日，《“水乡书记”张学保和他的旅游扶贫》发表于《鲁中晨报》；11 月 29 日，《拜祭路遥 为了未忘却的纪念》发表于《淄博日报》文学副刊；《路遥 我来了》发表于《延河》第 3 期。2019 年，《路遥 我来了》发表于《齐风》第 1 期。

民间故事创作整理

1989—1990 年，王继训主编的《淄川民间文学集成》出版，收入民间故事百余篇。邢凤藻、高连欣主编的《蒲松龄故事大全》付梓。

1993—1995 年，《淄川日报》开辟民间故事专版，发表了大量的民间故事与传说。

1995—2000 年，市文联出版《淄博民间故事》，陈秀兰等编写的淄川地区的故事与传说被收录其中。

2004 年，郑峰主编的《淄博民间故事大全》出版，收录蒲先河、张玉洪、陈秀兰、李守京等人编写的近百篇民间故事与传说，其中张玉洪 30 篇、陈秀兰 22 篇。

2005年10月，张玉洪的民间故事集《苍子姑娘》由中国国际艺术出版社出版，该书14万字，收录110个故事。

2008年，淄川区委宣传部与淄博师专共同编纂出版《聊斋文化旅游丛书》，其中《淄川民间故事》共五章，收录260个民间故事，张玉洪、陈秀兰、李守京参与编写，张玉洪任编委委员。

2011年7月，淄川区地名办公室主编的《淄川地名故事》第一集由黄河出版社出版发行，第二集于2012年12月出版发行，第三集于2018年7月出版发行。

第二节　艺术创作

音乐创作

1957年，淄川文化馆集体创作的小合唱《我爱我的农庄》参加山东省首届音乐舞蹈会演获三等奖。

1958年，寒克、高守绪创作的表演唱《老汉也唱个跃进歌》在《歌曲》发表。

1964年，刘洪早、杨道坤、陈倩、孙善佐等人参与挖掘整理的《赶牛山》改编为《峨庄溜小唱》，参加华东六省一市文艺创作会演获得创作奖，并灌制了唱片。后又恢复了《赶牛山》的歌名，歌词也进行了修改提炼。

赶　牛　山

淄川民歌

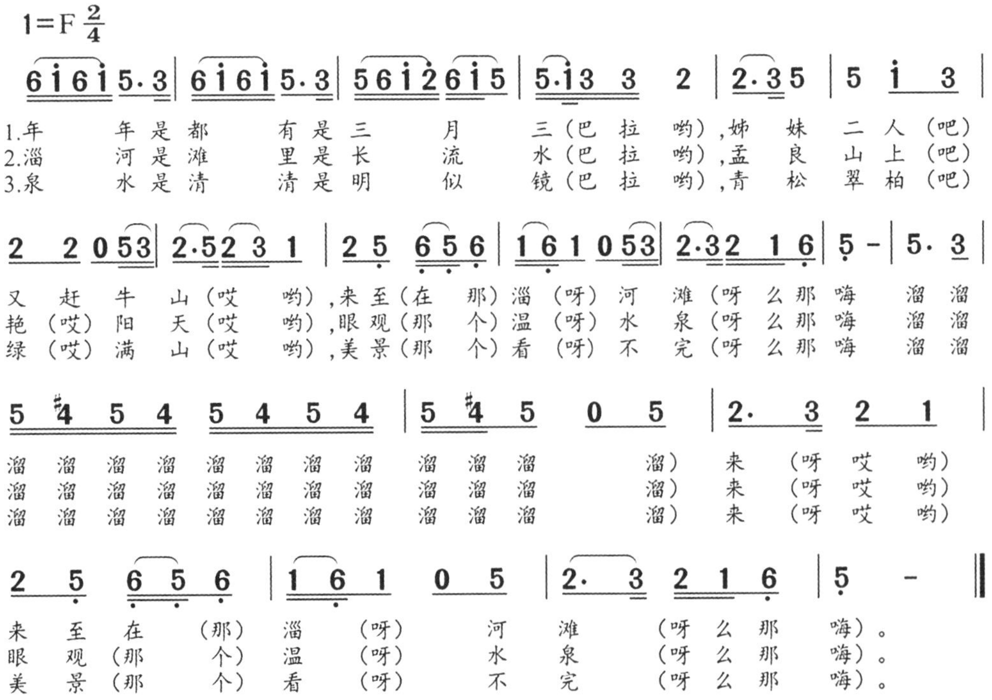

1965 年，崔凤远创作的女声独唱《我爱公社这个家》在《山东文学》发表。赵天衡、陈倩、孙仲刚创作的女声独唱《喜煞俺这些老妈妈》在《山东广播》发表。

1966 年，崔凤远创作的歌曲《打响春耕第一炮》在山东《广播歌曲》发表。

1972—1977 年，由陈倩任组长，寒克、孙善佐、王维芝、陈玉琛、李文等任组员的淄川区业余创作组创作的《高举红旗大步走》、大合唱《毛主席率领我们继续革命》，分别被收录由国务院文化组歌曲征集小组编辑、人民出版社出版的歌曲集《战地新歌》第一集和第五集。

1973 年，高兴华、陈倩创作的歌词《新生探亲》在《大众日报》发表。

1977 年，王维芝、陈倩创作的歌词《毛主席恩情大如天》《小螺号》先后在山东《革命歌曲选》发表。王维芝、陈倩作词，崔凤远、孙善佐作曲的歌曲《织出彩虹献北京》在《革命歌曲选》发表。是年，孙善佐创作的歌曲《雷锋精神万代传》在《革命歌曲选》发表。

1982 年，陈倩创作的歌词《高高山上的百灵鸟》在《山东歌声》发表。《微山湖荡起采莲船》在《山东歌声》发表，并参加全国民歌会演。

1986 年 2 月，秦克新创作的歌曲《这样的姑娘俺才要》，在山东人民广播电台《每周一歌》栏目中播出；1989 年 9 月，歌曲《牺牲者的微笑》获山东省庆祝中华人民共和国成立 40 周年音乐会一等奖；1993 年，音乐作品集《心底的旋律》收录歌曲 124 首，由人民出版社出版；1995 年，表演唱《四个大嫂谝富》获省文化厅优秀创作奖，并在中央电视台播出，12 月，歌词集《幽兰玫瑰》收录歌词 110 首，由广西民族出版社出版；1997 年，歌曲《鲁山的骄傲》获中国煤炭部音乐创作评比三等奖。

1987 年，城二村农民管乐团在淄博市首届农民音乐会上演奏的村歌《金色的凤凰》获演出一等奖，为全省第一支村歌。

1989 年 4 月，吴建勋创作的歌曲《我爱这金色的课堂》在山东省少儿歌舞创作演出中获二等奖。

1999 年，齐立智创作的歌曲《我是小花、我是小树》在全国征集“好词好歌好教案”比赛活动中获三等奖。

2001 年，吴建勋创作的歌曲《山东人》收录在中国文联出版社出版的《创作歌曲选》中，翌年获淄博市“文艺精品工程”奖。

2002 年 12 月，齐立智创作的歌曲《中国的希望》在全省“庆祝‘十六大’、歌颂‘三个代表’新歌创作评选”中获优秀作品奖。

2012 年 1 月 31 日，全区“四德工程”建设动员大会后，全区迅速开展以“四德工程”为核心的道德淄川建设，为配合此次活动，区政府邀请林建宁、戚建波创作了《四德歌》《淄川好》两首歌曲，公布后迅速在淄川传唱。

2018 年，董杰创作的歌曲《可爱的故乡》在“唱响中国 2018 第三届优秀词曲、演唱、演奏、歌舞群星盛典”上获词、曲创作银奖。

四德歌

林建宁 词
戚建波 曲

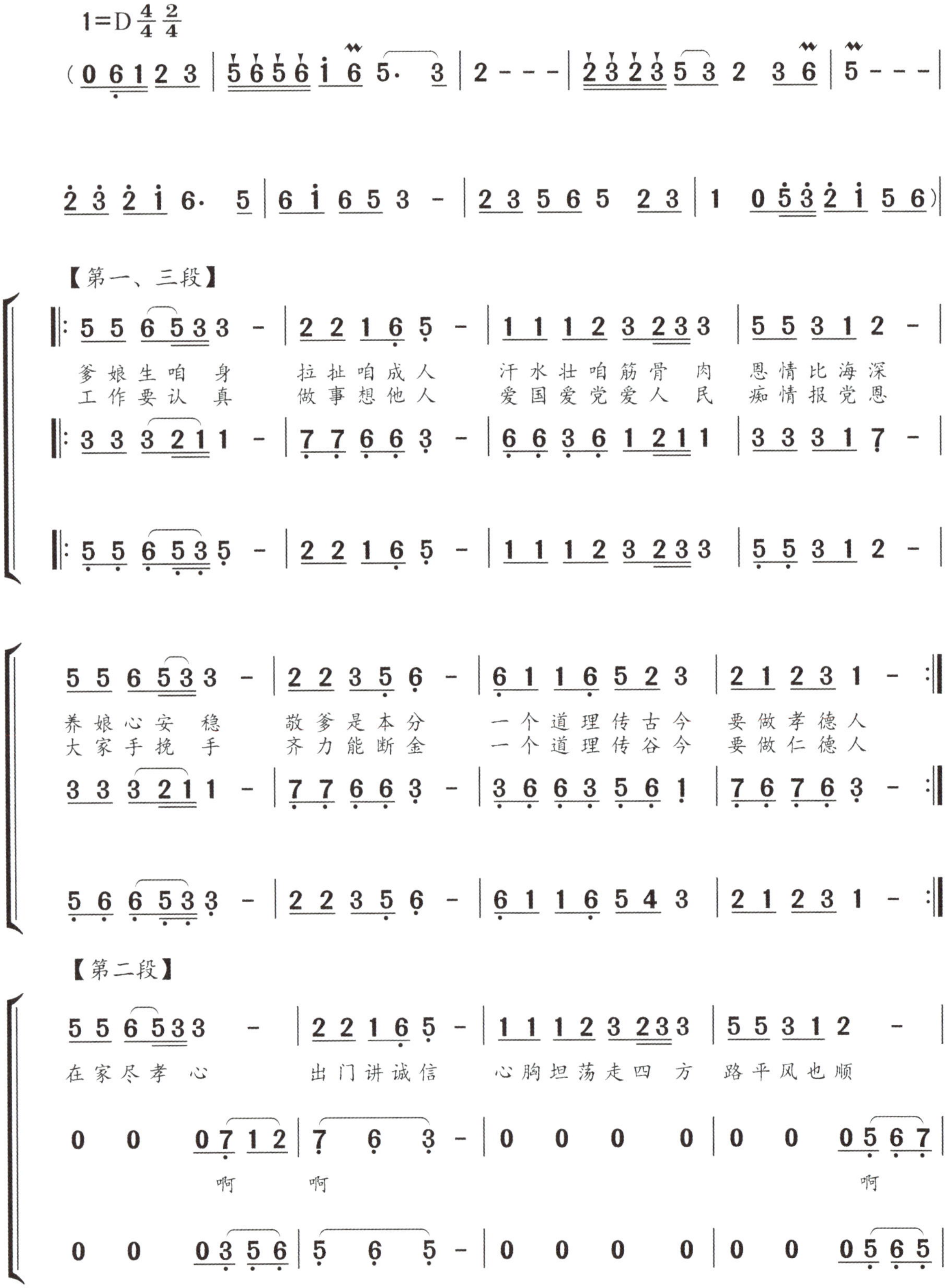

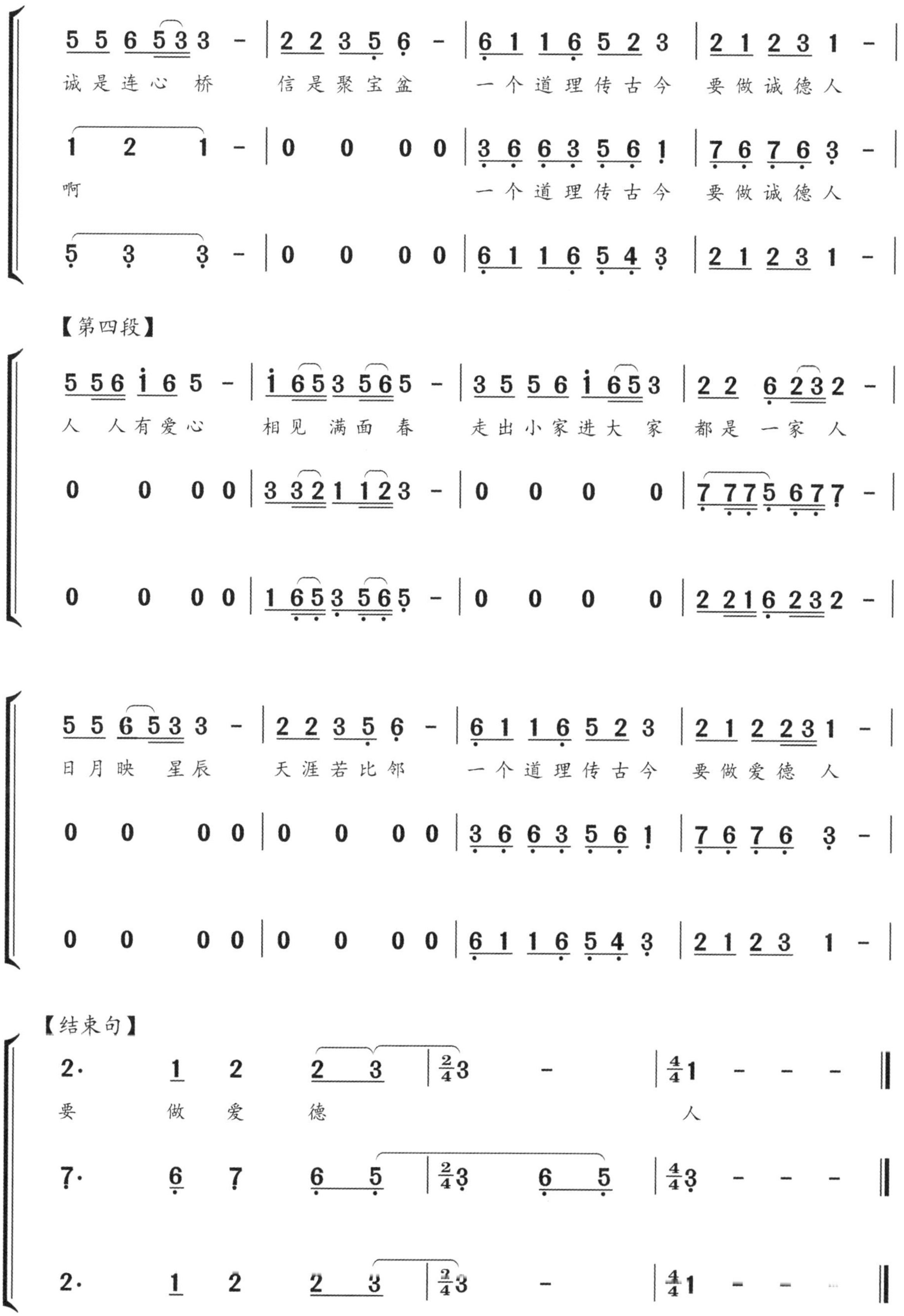
诚是连心桥 信是聚宝盆 一个道理传古今 要做诚德人
啊
一个道理传古今 要做诚德人
【第四段】
人人有爱心 相见满面春 走出小家进大家 都是一家人
日月映星辰 天涯若比邻 一个道理传古今 要做爱德人
【结束句】
要做爱德人

淄川好

林建宁 词
戚建波 曲

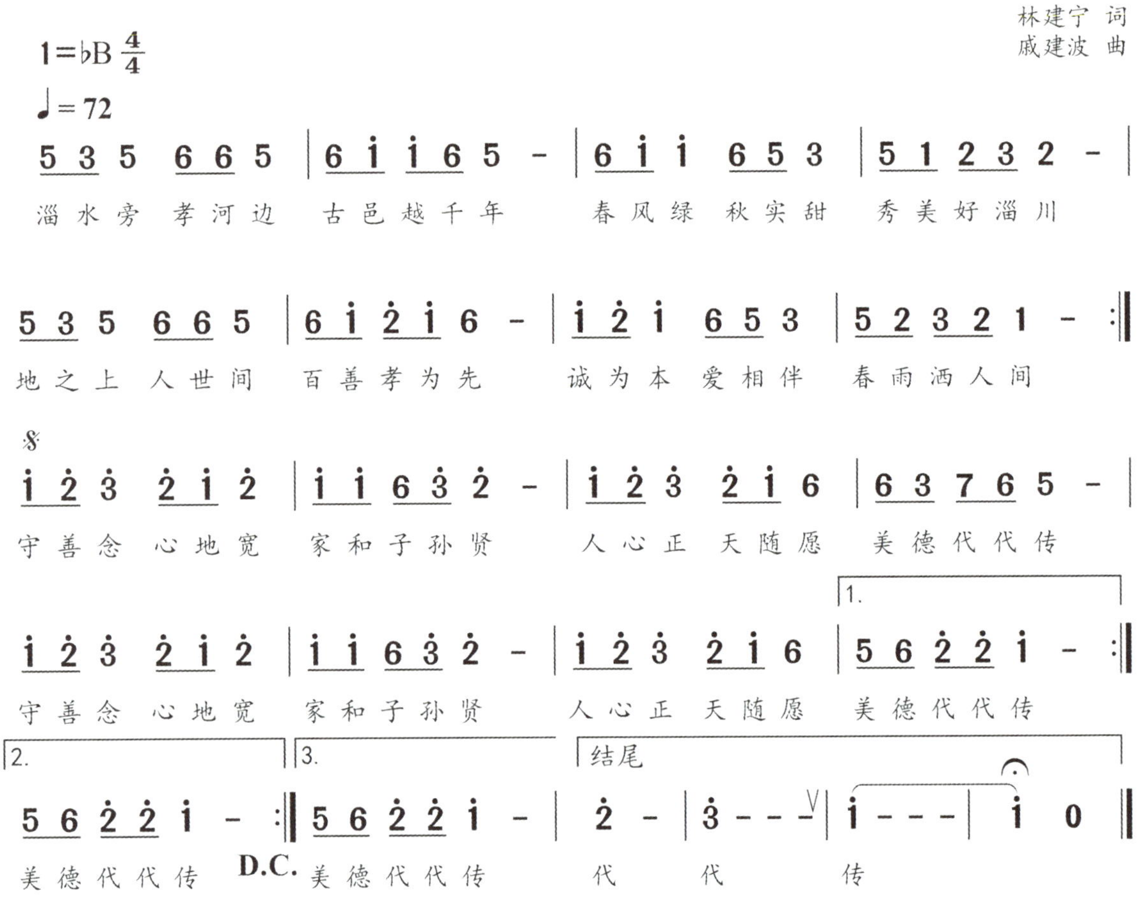

2019年元月，为配合创建省级全域旅游示范区，唐加福创作歌曲《美丽淄川城》作为淄川区的旅游形象歌曲进行推广。

2019年，朱连良作曲的《庐山抒情》在“庆祝中华人民共和国成立70周年，2019唱响中国第四届优秀词曲、演唱、演奏、歌舞群星盛典”上获银奖。其作曲的《海恋》《敬礼老兵》《我的根在中国》《同学聚会》《医者仁心》等百余首不同题材和风格的歌曲在《中国当代词曲作家》《上海词家》《音乐新视听》等多家杂志上刊登。是年，董杰的原创歌曲《壮美马鞍山》在“庆祝中华人民共和国成立70周年，2019唱响中国第四届优秀词曲、演唱、演奏、歌舞群星盛典”上获词、曲创作银奖。创作的词曲《希望》《惠民春风送家乡》等不同题材和风格的作品先后在《中国当代词曲作家》《词林》等多家杂志上刊登，并在词曲网上发布。

至2019年，淄川区歌曲创作者发展到60多人。创作歌曲、表演唱等3652首（个），其中在市级以上报刊、电台、电视台刊发、播放973首，在各种比赛活动中有861人次获奖。

美丽淄川城

唐加福 词
田　华 曲

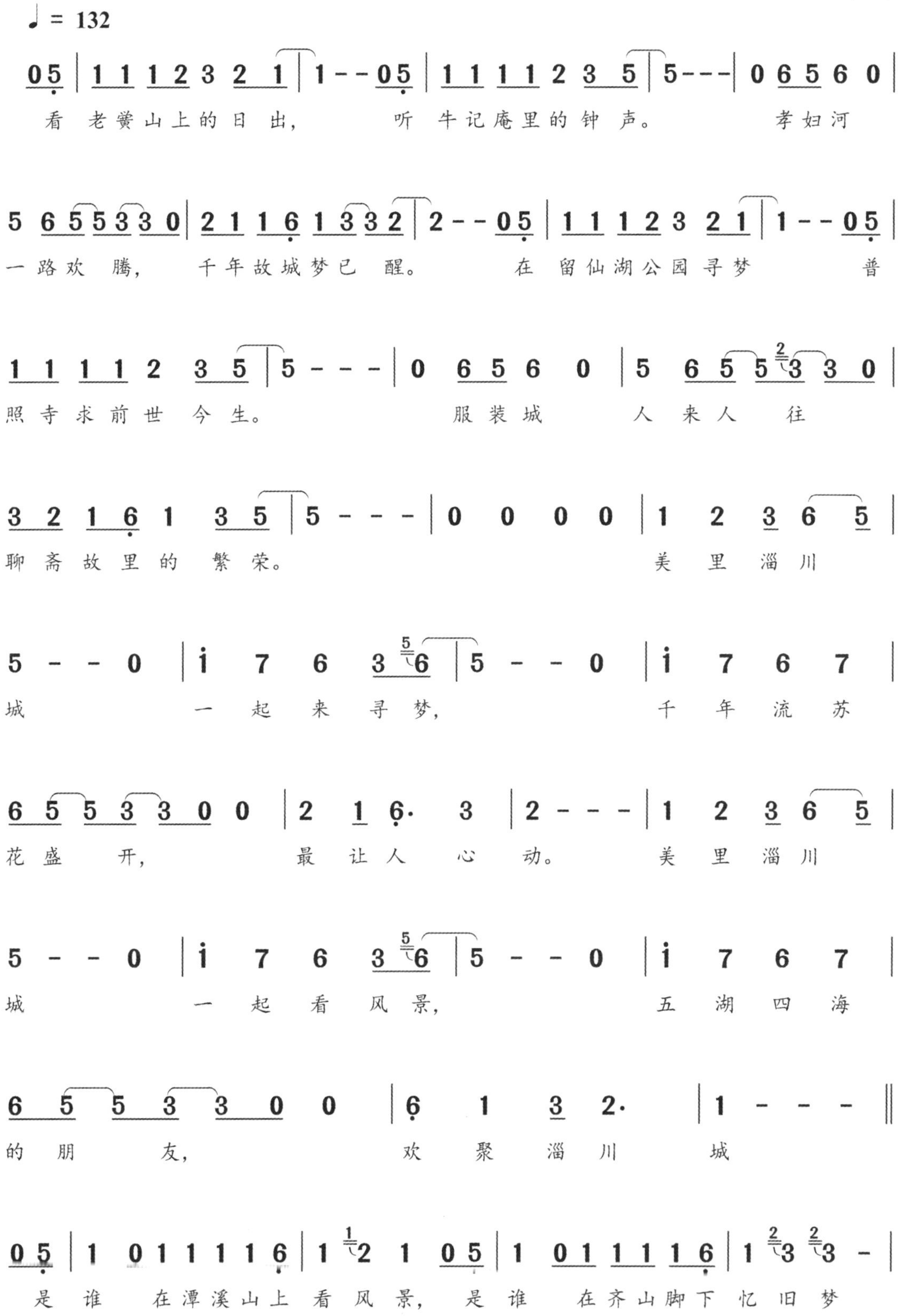

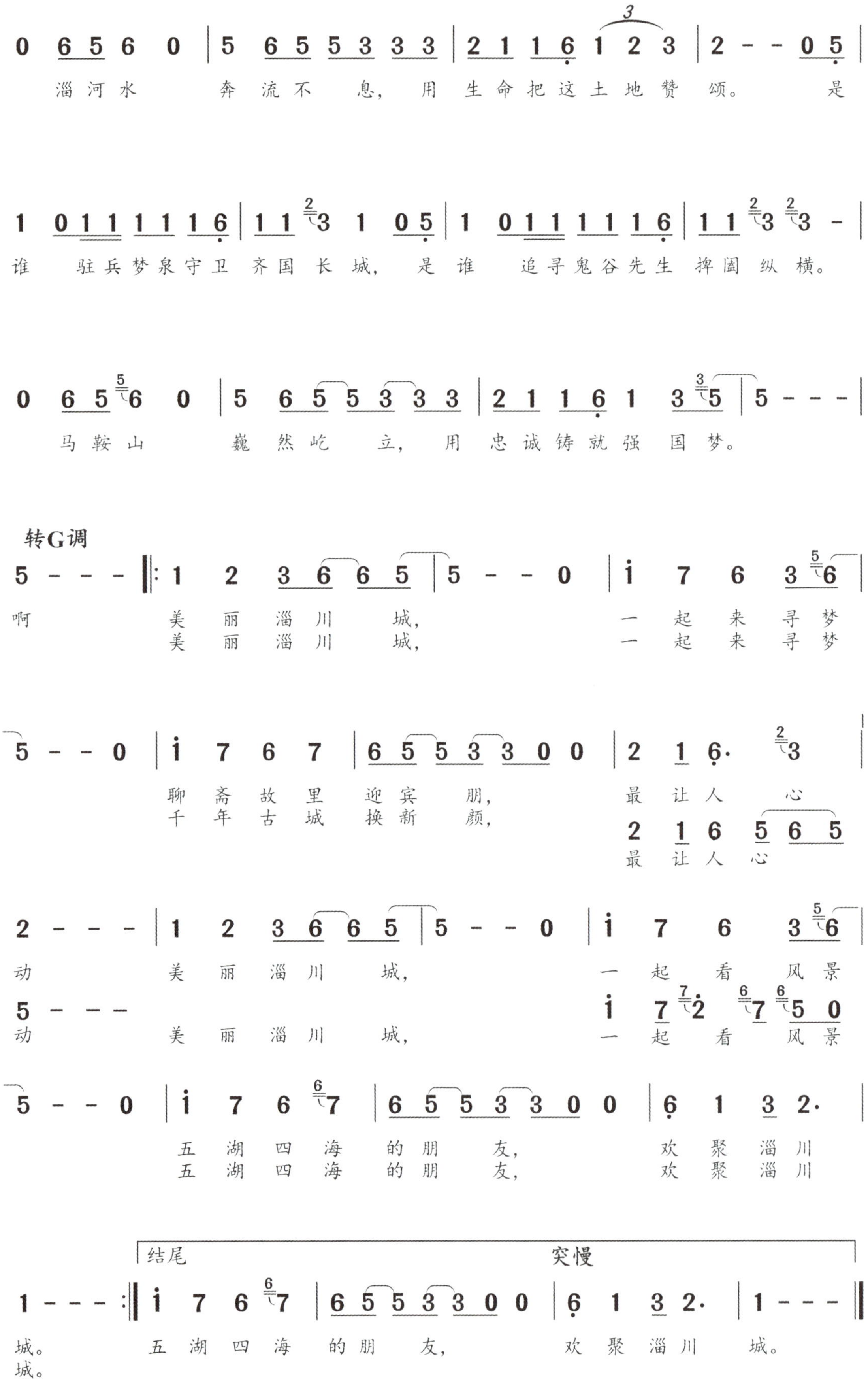

淄河水奔流不息，用生命把这土地赞颂。是
谁驻兵梦泉守卫齐国长城，是谁追寻鬼谷先生捭阖纵横。
马鞍山巍然屹立，用忠诚铸就强国梦。
转G调
啊
美丽淄川城，一起来寻梦
美丽淄川城，一起来寻梦
聊斋故里迎宾朋，最让人心
千年古城换新颜，
最让人心
动 美丽淄川城，一起看风景
动 美丽淄川城，一起看风景
五湖四海的朋友，欢聚淄川
五湖四海的朋友，欢聚淄川
结尾
突慢
城。五湖四海的朋友，欢聚淄川城。
城。

舞蹈创作

1988年12月，毕玉梓编排，孙即树、陈义前主演的舞蹈《雄鹰迪斯科》参加全国第二届残疾人文艺会演，获创作一等奖，并到俄罗斯和中国香港地区演出。

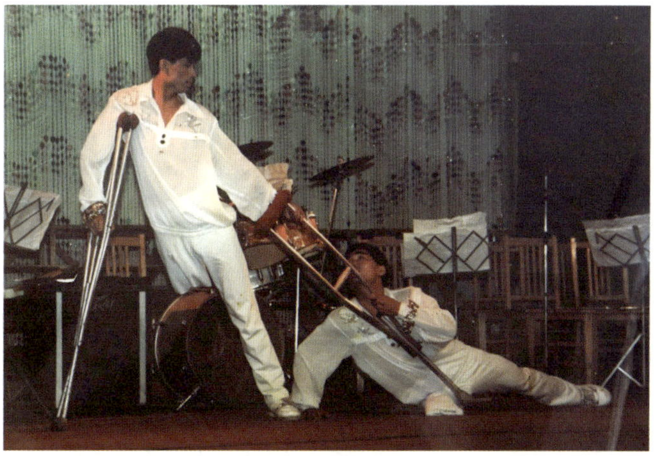

舞蹈《雄鹰迪斯科》(1988年12月拍摄)

1990年6月，齐文以抗战英雄王二小的事迹为题材创作的少儿舞蹈《英雄》，在山东省“小飞天”少儿舞蹈比赛中获创作、演出二等奖；翌年1月，随山东省演出团进京，在人民大会堂、中南海、民族文化宫、全国少年活动中心演出。

1993年11月，毕玉梓创作的舞蹈《草原健儿》参加山东省残疾人文艺会演获一等奖。

舞蹈《剪子、包袱、锤》(1996年拍摄)

1996年，齐文创作的少儿舞蹈《剪子·包袱·锤》获山东省第三届“小飞天”少儿舞蹈比赛创作大奖、山东省农民艺术节演出比赛金奖；参加全国第六届“群星奖”评比获优秀奖，实现了全市在这一国家级奖项中零的突破。同年，获国家儿童电视舞蹈比赛一等奖。翌年6月，获国家八部委迎香港回归舞蹈比赛一等奖。

2000年8月，齐文、李亚茹创作的少儿舞蹈《大风车》，参加首届全国少儿音乐舞蹈电视大赛获三等奖。10月，儿童三人舞蹈《搏》获山东省首届电视舞蹈大奖赛二等奖。

2001年，齐文、李亚茹创作的舞蹈《红蜻蜓》获全省舞蹈大赛一等奖。

2002年，齐文创作的少儿舞蹈《快乐的狐狸宝贝》获全国电视舞蹈比赛三等奖。

2004年，李亚茹编导的舞蹈《讲聊斋故事》在全国第13届群星奖山东省选拔赛中获二等奖。

2007年，李亚茹编导的舞蹈《养山谣》在魅力校园第二届全国校园文艺会演暨第七届全国校园春节联欢晚会活动中荣获一等奖。

2013年，冯涛创作的群舞《时间都去哪了》获山东省中小学生舞蹈大赛二等奖。

2015年，冯涛创作的群舞《请让我们飞得更高》获山东省中小学生艺术比赛中学舞蹈组二等奖。是年，李亚茹编导的舞蹈《中华美德伴我行》在山东省艺术考级青少年舞蹈大赛中获银奖。

舞蹈《奶奶做的虎头鞋》(2019 年拍摄)

2017 年，冯涛创作的群舞《书的流离》获山东省中小学生校园艺术节舞蹈比赛一等奖。

2018 年，冯涛创作的群舞《亲爱的》获全国中小学生艺术展演舞蹈中学组三等奖；谷雨来原创双人舞《我们》获山东省文化馆业务干部技能大赛二等奖。

2019 年，冯涛创作的群舞《永不褪色的记忆》获山东省第八届老干部艺术节金奖第一名。是年，高璇创作的群舞《奶奶做的虎头鞋》获山东省第二届优秀广场舞作品展演优秀奖。

书法创作

明末，张中发，淄川县城里人，字智鹄，号仰松。豪放善酒，精书法。每酒酣即陈纸于庭院，裹败絮濡墨淋漓，奋腕疾书。其书法刻于石上的有博山范公亭边的“山高水长”、王教祠堂的“清风百世”、其弟张至发花园的“水月莲花”、济南黑龙潭之“蛟蹯狮蹲”和环青园遗存的“环青”石刻等。

清代，邹振岳，淄川县昌城村人（现属张店区），字岱东。同治癸亥进士。工诗，善书法，师出汉隶晋草，而名于行书。其书法具有笔墨简疏，大块飞白的特色，在结字、章法上，张弛大方，飘逸自然，又不失法度。书卷一经悬壁，便给人以春风出袖、秋月入怀之感，在强调“瘦”中求神的同时赋以“肥”的圆润。

清代，冯继照，淄川人，字丽南，号荻桥。嘉庆辛酉拔贡，由教谕升河南灵宝知县。善隶书，工篆刻，著有《正字简》四卷。

清末民国初，黄泽沐，淄川菜园村人，字雨三。精于书法，尤以隶书为最。

1986 年，淄川区成立第一个书画组织——淄川柳泉书画学会，牛国泰任会长，会员 300 余人。

1990 年，牛国泰主编的《写字》教材由齐鲁书社出版。是年，淄川区老年书画学会成立。

1991 年，《王承水书法作品集》由山东友谊出版社出版。

1993 年，牛国泰编著的《写字精讲》由北京师范大学出版社出版；朱先平等编著的《汉字与书法》由山东大学出版社出版。

1993—1995 年，牛强泰历时三年，用毛笔小楷字抄写《聊斋志异》全书，并赠送给蒲松龄纪念馆。

1995年，辛悦修30余幅书法作品参加由中国书法家协会书法培训中心在北京主办的四人书法作品观摩展。

1998年11月，为庆祝中华人民共和国成立50周年，区书法家协会、淄川老年书画学会历经两年，编辑出版《淄川书法作品集》，收录淄川区书法作者、爱好者近150人的作品、简介，对全区50年来的书法发展概况作了介绍。同年，孙丰义编著的《儒家思想与中国书法》由黄河出版社出版。

1999年，王杰昌创作的书法作品入展全国第七届书法展。

2000年，辛悦修参加在杭州举办的首届全国“夕阳红杯”书画现场比赛，书法作品《墨龙神飞意 书乐雅趣情》获优胜奖。

2001年，杨学浩的行书四尺中堂作品入展中国书协培训中心研修班第七届教学成果展，并入选作品集。

2002年10月，辛悦修的书法艺术成就在山东教育电视台专题报道，并作现场表演，在6米长卷上书写毛泽东的《沁园春·雪》。是年，杨学浩的行书八尺手卷作品入展中国书法家协会培训中心研修班第八届教学成果展获三等奖，并入选作品集；行书四尺横幅作品入选《淄博书法作品集》。

2003年，王杰昌创作的书法作品入展全国第八届书法展。刘慧龙创作的书法作品入展中国书法兰亭奖展。杨学浩的行书册页作品入展中国书协培训中心成立10周年教学成果展获三等奖，并入选作品集。贾兵创作的行草《清平乐·六盘山》，获中国心国际书画大赛金奖；同年获得“全国三十佳青年硬笔书法家”称号。是年11月13日，在淄博市委组织部、市委老干部局、市人事局举办的市直机关事业单位第三届离退休人员书画展中，淄川老年书画学会选送24人的作品全部入展并获奖，其中郑贵臣获二等奖，魏林圃、辛悦修获三等奖，21人获优秀奖。12月23日，杨恒凤、陶厚先、于连岱、牛国泰等11人被淄博市文联、市老年书画学会授予“淄博市老年书画艺术家”称号。

2004年，刘慧龙的书法作品获第三届淄博文学艺术奖。杨学浩的行书斗方作品入编《当代山东书法家辞典》。是年，韩京城、辛悦修、牛国泰、魏林圃获“中国老年书画研究先进工作者”称号。

2005年，刘慧龙的书法作品入展第四届山东省书法展。

2006年，贾兵创作的小楷书《心经》获中国硬笔书法家协会组织的“和谐杯”全国书法大赛一等奖。是年9月，侯子敏、孙启忠、袁盛浒3人在“青岛保税杯”全国老年书画大赛中获优秀奖。10月17日，淄博、临沂两市委老干部局、市老年书画学会举办纪念红军长征胜利70周年书画展，牛国泰、侯子敏、曹士帝获一等奖，王立珂、杨文昌等6人获优秀奖。

2007年，刘慧龙、王杰昌的书法作品入展第九届全国书法展。高鹏的书法作品入选驻济高校“艺术让生活舞动”大型书画展。殷寿德获“中华颂”全国书画艺术大奖赛优秀奖。1月，中共山东省委老干部局、省老年书画研究会授予区老年书画学会“老年书画工作先进集体”称号；授予侯子敏、魏林圃“优秀会员”称号。11月，省老龄委授予杨恒凤“山东省模范老人”称号。是年，区老年书画学会推荐111名会员、139幅书画作品参加“中华颂”全国书画大赛，共有77人获奖。其中陈德梓获铜奖（奖金500元），牛强泰等30人获优秀奖（奖金100元），郭四方等44人获入选奖。获奖人数占参与人数的69.4%，占全市获奖人数的30%。

2008年，刘长荣的书法作品参加淄博市关心下一代“老少共庆，新中国成立60周年书画展”，被评为优秀奖。9月，区老年书画学会组织25名会员参加“九阳杯”山东老年书画大赛并全部获奖，其中曹士帝获二等奖，24人获优秀奖。10月，淄博市中等职业学校美术作品评比，贾云峰获书法类一等奖。12月，陶哲的书法作品获山东省艺术院校美术作品大赛银奖。是年，杨恒凤、孙启忠、路新华、杜福兴、谭秀会被市老龄委办公室授予“为奥运做贡献先进老人”称号；侯子敏、辛悦修、王树长、陈德梓、张兴良、谭秀会被区文联授予“文学艺术工作先进个人”称号。

2009年7月，常爱国的书法作品获淄博市庆“八一”军民书画摄影作品展金奖。12月，魏德斌的书法作品入展山东省书法家协会等单位主办的“儒韵清风”全国廉政书画作品展。是年，刘慧龙的书法作品获第五届山东省展优秀奖。殷寿德在全国“南浔杯”书画展获优秀奖。

2010年，刘慧龙的书法作品获山东省文化星光奖二等奖。贾兵被评为感动中国艺术人物，刘德忠获首届全国个体私营企业书法展优秀奖。高鹏的书法作品入选全国第三届扇面书法艺术展。殷寿德在庆祝中华人民共和国成立61周年全省书画大奖赛中获铜奖，并被授予“山东省老年书法家”称号。是年，区老年书画学会组织51名会员参加中国孔子基金文化产业开发办公室、市老年书画学会联合举办的纪念孔子2560周年诞辰“泰光杯”书画展，作品全部入展，并有8人获奖，其中赵增银获一等奖，牛国泰、贾梅远、郭成厚、张盛明、陈德梓获二等奖，仇道法、陈思国获三等奖。在庆祝中华人民共和国成立61周年山东省老年书画展中，郭成厚获金奖，刘成友获银奖，殷寿德获铜奖，陈思国获优秀奖。在淄博市“环保杯”书画展中，刘成友获一等奖，常爱国获二等奖。2010年10月，国仕堃的书法作品入选第三届山东青年书法临帖展。

2011年，殷寿德的书法作品入编《中国当代老年书画艺术荟萃》。刘长荣的书法作品参加淄博市高等院校书画作品展，获书法一等奖。2011年6月，国仕堃的书法作品入展第五届中国小学生书画节，同月，其作品获得全国中小学生廉洁文化书法创作邀请赛二等奖。9月22—24日，在全国老年书画大赛中，淄川区有278人参赛，李化之获特别荣誉奖，贾谱远获耐冬花（二等）奖，赵增银获兰花（三等）奖，郭四方、刘永宽、袁盛浒获优秀奖。卢俊德等17人的作品入展，区老年书画学会获优秀组织奖。10月，喜迎党的十八大全市老年书画大赛，有56人的作品入展，其中王世喜、刘成友、贾谱远获银奖，陈思国、王广堂获铜奖。11月9日，“美丽乡村·七彩灵峰”全国老年书画展，贾谱远获银奖，赵增银获铜奖，刘成友、殷寿德、张玉乐获优秀奖，李化之获特别荣誉奖。区老年书画学会获优秀组织奖。

2012年，陶哲的书法作品分别获得全国书法作品展瘗鹤铭奖、赵孟頫奖、山东省书法作品双年展首届牡丹奖。刘德忠获淄博市个体私营企业书法展一等奖。

2013年，陶哲获山东省书法作品展郑道昭奖；贾云峰获首届全国老年书画大赛佳作入围奖；常爱国的书法作品入选第四届中国榜书大展；王明学的作品入选山东青年小品展、获全国首届教师书画现场创评二等奖；孙良的书法作品入选全国首届楷书展；刘慧龙作品入展第六届山东省展并获第二届王羲之书法论坛奖。6月，国仕堃的书法作品入展山东省第六届书法篆刻作品展。7月11—15日，“美丽中国行·走进红色沂蒙”全国老年书画摄影采风大赛，王世喜、赵增银获金奖；刘成友、孙良、韩庆祥获银奖，卢俊德、殷寿德、袁盛浒、刘永宽、李绪芳获铜奖，李长瑞、张宏清等9人获优秀奖。9月30日，在第十届艺术节山东组委会、山东省老年书画研究会、山东鸿福祥文化艺术传播中心主办的“唱响中国梦，喜迎十艺节‘鸿福祥杯’山东老年书画大奖赛”中，郭成厚的书法被评为优秀奖。在市委宣传部、市老龄办、市文联、市文化广电新闻出版局主办的“中信银行杯”第四届老年人书画展中，郇庆水、王德波等7名人员的作品获“淄博市老年书画精品奖”。10月，在山东省老龄办、省文联主办的第二届山东省老年书法美术大赛中，赵增银的章草获金奖，贾谱远的小楷获银奖，袁盛浒的魏碑获铜奖，刘成友的隶书、殷寿德的草书获优秀奖。12月，区学会20名会员参加《书法学报》和中国老年书画研究会联合举办的首届全国中老年书画大赛，孙良、郭成厚获二等奖，史国庆获优秀奖，卢俊德、贾梅远、仇道法、傅俊峰、贾云峰获佳作奖。

2014年，高鹏的书法作品入展第七届中国家庭文化艺术节书法类展览；贾云峰获淄博市庆祝中华人民共和国成立65周年书画展二等奖；陶哲的书法作品获首届山东省中小学教师书法篆刻大赛一等奖；张文德的书法作品入展山东省“牡丹奖”书法展；王明学获山东省首届教师硬笔书法大赛一等奖；孙良的书法作品入展全国首届“欧阳询杯”书法篆刻展、书法作品在全国第十届书法刻字展中获优秀奖；孙仲阳的书法作品入展全国首届“刘禹锡杯”书法篆刻展。2014年5月，国仕堃的书法作品入展第二届“赵孟頫奖”全国书法作品展。同月，其作品入展第二届“牡丹奖”山东省书法作品双年展。是年10月，在省老龄办、省文联、省书法家协会、省老年书画研究会主办的第三届山东省老年书法、美术大赛中，丁乃玉获书法二等奖。是年，在“北大时代杯”第四届山东省青年临书展中，国仕堃书法作品获得唯一的最佳临摹奖，孙仲良书法作品获奖，刘可书法作品入展，常爱国书法作品入选。

2015年，王明学获淄博市“慈航杯”书法展二等奖；陶哲获山东省职工书画展三等奖；张文德作品入展山东省“文心雕龙杯”书法展；4月，国仕堃的书法作品入展山东省“颜真卿奖”书法作品展。刘成友在山东省庆祝中华人民共和国成立66周年全省老年书画展中获金奖；是年，区老年书画学会50名会员作品入展纪念抗日战争胜利70周年书画展。

2016年2月，陶哲的书法作品获淄川区第二届蒲松龄文艺奖。5月，在中国老年大学主办的第五届全国老年书画大赛中，袁盛浒的书法获三等（兰花）奖、王明学获优秀（荷花）奖、93岁的老会员韩琨获“老年风采奖”。8月，国仕堃的书法作品在第三届“牡丹奖”山东省书法作品双年展中获奖。同年12月，贾云峰临书作品入展淄博市第二届临帖展。是年，孙仲阳的书法作品入展第八届中国书坛新人新作展、入展首届“华东书院杯”山东省书法篆刻作品展。杨学浩的行书四尺条幅作品入选《淄博市第二届临帖展作品集》。刘德忠获专业三级书法考试全国二十强；入展全国第二届楷书展、第二届淄博市书法临帖展；获“大海杯”书法展优秀奖、淄博市“国信杯”书法展二等奖。王明学获淄博市“国信杯”书法展一等奖、第五届全国老年书画展优秀奖、淄博市第二届书法临帖展入展、山东省教师书法展优秀奖、山东省中小学教师书法临帖展入展、蒲松龄文艺奖。

2017 年 1 月，刘成友、谭涛的书法作品入展淄博 20 家首届好家风主题书法展，入编《淄博市人文传承书法作品集》。2 月，陶哲的书法作品获第十届淄博文学艺术奖。6 月，贾云峰获高青县首届斗方书法作品展优秀奖。在淄博市第九届中老年文化艺术节举办的老年人书画作品展中，王世喜、卢俊德、刘成友、黄洪庆 4 人获一等奖，王林广获二等奖，李先新、丁乃玉、殷寿德、王继平、车林安 5 人获三等奖。10 月，在市老年书画学会主办的喜迎十九大书画展中，区老年书画学会被评为组织工作先进单位，王世喜、刘成友、韩庆祥、赵增银、贾云峰、张玉乐 6 人获优秀奖。刘成友获省老龄办、省文联主办的第六届山东省老年书法美术大赛优秀奖。是年，孙良的书法作品入展全国第八届楹联展、入展全国第三届王羲之书法篆刻展、入展第四届兰亭 42 人展。孙仲阳的书法作品入展第二届“沙孟海杯”全国书法篆刻展、入展第二届“书圣杯”全国书法大展。王明学获全市教职工“树师德，正师风”美术书法赛优秀奖。刘德忠获首届山东省教师书法临帖展二等奖、“大美甘肃”国际书法绘画摄影作品展优秀奖、“滨河杯”全国首届书法作品展优秀奖等 13 个奖项。刘慧龙获第二届山东省教师书法一等奖。在省老年书画研究会主办的“翰墨颂盛世”热烈庆祝党的十九大胜利召开暨山东老年书画研究会建立 30 周年山东老年书画精品展中，韩庆祥获优秀奖。

2018 年，孙良的书法作品入展全国第二届临帖展，获第六届“修羽杯”全国百强榜大赛三等奖、首届“凤凰杯”全国书法作品展二等奖、首届“诗经杯”全国书法作品展二等奖、纪念象山书院建院 830 周年全国书法大赛二等奖。贾云峰的书法作品获淄博市第五届书法篆刻展优秀作品奖提名。刘德忠的书法作品先后获山东省书法家协会嘉奖、淄博市文学艺术奖等 16 个奖项。刘可的书法作品入展第四届牡丹奖山东省书法作品双年展。高鹏的书法作品入展纪念改革开放全国硬笔书法作品展。魏德斌的书法作品入展山东省青年书法家协会“翔龙阁杯”山东省青年书法小品展。孙仲阳的书法作品分别入展全国第二届书法临帖展、第五届山东省临书展、风骨——陕西省书法院全国书法篆刻展。是年 10 月，在山东省老年书画研究会主办的“光辉历程，辉耀未来”庆祝改革开放 40 周年暨中华人民共和国成立 69 周年全省老年书画展中，刘成友的书法作品获金奖。12 月，在市委组织部、市委宣传部、市文联、市委老干部局、市老年书画学会主办的庆祝改革开放四十周年全市老年书画展中，李金孝、刘成友等 9 人获奖。

2019 年，孙仲阳的书法作品入展全国第二届沈延毅书法篆刻展、入展全国第十二届书法篆刻展。刘长荣的书法作品参加全国“仙狐缘杯”纪念蒲松龄 378 周年诞辰书法作品展获入选奖。刘慧龙获“淄博市优秀中青年文艺家”称号，书法作品入展第四至八届山东省青年展。刘可的书法作品入展墨子文化奖全国书法展。高鹏的书法作品入展庆祝中华人民共和国成立 70 周年“祖国万岁”硬笔书法展。魏德斌的书法作品先后入展儒韵清风全国廉政书画作品展、“翔龙阁杯”山东省第三届小品展。谭涛的书法作品在上海市书法家协会主办的第三届“平复帖杯”国际书法篆刻大赛中获一等奖、入展山东省青年书法家协会和省文化旅游联谊会主办的“绿景·桃李春风杯”山东省青年书法大赛。

2015—2019 年，孙良的书法作品入展魏碑圣地全国魏碑书法展、第四届兰亭 42 人展、全国首届楷书展、全国首届“欧阳询杯”书法篆刻展，获第六届“修羽杯”全国百强榜大赛三等奖、全国第十届书法刻字展优秀奖、首届魏碑圣地全国魏碑书法展三等奖。

截至 2019 年底，全区创作书法作品 5 万余件，其中 6000 余件获奖。

美术创作

清代，毕先奎，淄川黄埠村人，字柳村，晚年自号云阳道人。通绘事，善画山水花卉，尤擅于小写意，在鲁中名噪一时。其子德景，字稚村，继承其技法，所绘花卉禽鸟，亦颇有成就。

清代，韩里，淄川人，字温甫，顺治乙丑进士，任松江府推官，卒于任所，善画竹石。

1952 年，李佐泉的国画作品《雄鹰》作为国礼赠予阿尔巴尼亚。

1956 年，李佐泉的国画作品《瑞雪兆丰年》编入《山东国画选》。

1957 年，陈贻谟瓷雕作品《双灯》《狼狗灯》《鸳鸯灯》在波兰展出。

1971 年，阎先公的油画作品《人老心红》入展山东美术馆，同年在《大众日报》发表。

1975 年，阎先公的年画作品《永保当年那股劲》被山东美术馆收藏。

1979 年，罗晓东的国画作品《百花齐放》《山花烂漫》被山东美术馆收藏。陈宗彬的年画作品《拜年》入展山东省青年画展。张广水的年画作品《大学毕业回山村》在《大众日报》发表。董维耀的国画作品《蒲松龄故居》在山东美术馆展出。张明文的国画作品《百花齐放》入展山东美术馆。陈贻谟的瓷雕作品《张衡》《双牛》《卧虎》《鸵鸟》被外交部选为国家礼品瓷。

1980 年，罗晓东的国画作品《百花图》被山东美术馆收藏。王林的雕塑作品《友谊》入展山东省雕塑展览。

1981 年，董维耀的国画作品《蒲松龄组画》入展建党 60 周年画展。阎先公的国画《过去是牛马今天当主人》入展山东省建党 60 周年展览。阎先公、陈玉堂的版画作品《同学》在《中国农民报》发表。王林的瓷雕作品《五头仕女》参加全国陶瓷展获三等奖。张明文的座盘《马克思像》在德意志联邦共和国展出。

1982 年，崔思烈的陶瓷彩绘作品《山水、花鸟》在香港工艺品展览会展出。高良琦的挂盘作品《孔雀开屏》《春晓》《雄鹰》在香港展出。王林的木雕作品《木雕十三件》《木雕七件》分别在《山东画报》（第 8 期）、《八小时以外》（第 1 期）发表，瓷雕作品《八仙过海》在省轻工业展览中获一等奖，瓷雕作品《少女》在《山东画报》（第 6 期）发表。

1982—1983 年，孙瑞峰的电影宣传画《伤逝》《阿拉伯历险记》《阳光下的罪恶》分别在《电影宣传画》《电影介绍》发表。

1983年，崔思烈的壁画作品《长城》《泰山》入展山东省轻工业展。王林的瓷雕作品《十二属相》参加山东省轻工业展获优秀作品奖。罗晓东的壁画作品《晨曲》获省轻工业厅包装装潢展优秀作品奖。董维耀的国画作品《矿工风貌》入展山东省主人翁风貌画展。陈贻谟的瓷雕作品《僧一行》《孔雀》《祖冲之》《企鹅》等在《中国工艺美术》发表。

1987年，阎先公创作的陶瓷壁画《狐谐鬼唱入聊斋》在《中国美术报》发表；中央电视台、淄博电视台联合拍摄的14集电视连续剧《蒲松龄》、上海电视台拍摄的电视剧《风流丈夫俏女人》《狐仙》等都将其作为片首画面。是年，董维耀的国画《颜山深处》获全国建材行业书画展一等奖。

阎先公陶瓷壁画《狐谐鬼唱入聊斋》（2019年拍摄）

1990年10月，为庆祝中华人民共和国成立41周年，区美术家协会出版《淄川美术作品集》，收录71位美术创作者的72件作品，涉及国画、油画、内画等多种形式。

1991年，仇传澄的国画《白云深处》获全国“蒲松龄杯”书画邀请展二等奖。是年，董维耀的国画《山水》获“五色杯”全国书画大奖赛一等奖。

1992年1月，王一君的国画《和为贵》获“凤凰杯”全国书画艺术大展赛特别奖。是年，阎先公的《阎先公壁画选集》由中国连环画报社出版。

1992年7月，徐明的国画《春色》获全国文化系统美术、书法、摄影大展二等奖。

1993年，董维耀的国画《山水》获山东省第九届书画展一等奖。王春荣的国画《沂蒙人家》获全国建设系统职工书画作品展三等奖。

1994年4月，王一君的国画《天涯共此时》入编《中国美术家书法家作品大汇》获一等奖。

1995年5月，黄文汇的油画《远方的船》获山东油画小品展二等奖。

1998年5月，王春荣的国画《太行山》获山东省山水画大展一等奖，《太行雨韵图》获“中亨杯”全国书画大展优秀奖，参加美术家协会中国画300家展览。

1999年，王春荣的国画《太行山》获山东省纪念五四运动80周年书画大展一等奖；《苍苍暮色》获庆祝中华人民共和国成立50周年全国诗书画大展成就奖；是年，获中国美术家协会全国诗书画大展成就奖。是年，阎先公的陶瓷壁画《聊斋颂》在首届中国“女神奖”壁饰艺术大赛中获绘画类一等奖。仇传澄的国画《牡丹小鸟图》获山东省“华泰杯”书画邀请展三等奖。徐明的国画《清香图》入选全国第二届中国花鸟画大展。

2000年，阎先公的国画《造林汉子》在“将军杯”全国书画大奖赛中获三等奖。王文霞的国画《水浒人物》获首届“水浒杯”中国书画作品大展赛优秀奖,《赏梅图》获中国书画名家大展精品奖。

2001年，王春荣的国画《层峦拥壁铸太行》获全国中国画作品展优秀奖。徐明的国画《老虎》获首届中国重彩画大展优秀奖。12月，黄文汇的国画《竹林飞雀》《春意》分获山东省首届广告人书画作品展评铜奖和三等奖；油画《寄托》获“新世纪杯”中华青少年美术书法摄影大奖赛青年组金奖。

2002年，王春荣在人民美术出版社出版《中国画技法系列》《写意山水点景》；被人事部授予“当代中国画杰出人才”称号。董维耀的国画《鲁中山村》获纪念毛泽东延安讲话60周年全国美展铜奖。徐明的国画《月是故乡明》获世界华人书画展铜奖。王首浩的国画《窗外》获迎中共十六大山东民营经济发展书画邀请赛优秀奖，国画《雨后青山》获山东首届中国画双年展铜奖。黄文汇的《黄土集》由燎原画报社出版，收录《盛夏图》等作品32幅。同年，赵新建的作品《俺爹俺娘》入选中国美术家协会第五届工笔画展，作品《童年》入选山东美术家协会首届中国画双年展获优秀奖、国画《古贤咏菊诗意图》入选中国美术家协会首届北京国际美术双年展当代花鸟画展。

2004年6月，杜纪龙的作品《云横秋壑》入选中国美术家协会、中央电视台主办的首届全国电视中国画大赛。同年，阎先公的瓷板画《夺魁》入选中国美术家协会主办的首届全国壁画大展。

2005年，阎先公的陶艺作品《蒲松龄》在第一届国际木火节陶艺大赛中获二等奖。赵新建的作品《花鸟四条屏》入选中国美术家协会首届中国写意画展；作品《正是春天》入选中国美术家协会“长江颂”全国中国画提名展。

2005年9月，徐明的国画《秋憩》获首届中国工笔小品大展银奖。

2006年7月，王春荣在人民出版社出版《当代中国画精品选》，在天津人民出版社出版《当代国画精英王春荣》。阎先公的彩绘《聊斋十二仙》在山东陶瓷艺术设计创新评比中获特别奖。

2006年10月，徐明的国画《清韵》获山东省群星美术、书法、摄影作品大展一等奖。

2007年，阎先公的陶艺作品《乐》在第三届国际木火节陶艺创作大赛中获一等奖；瓷板画《长征路上》在山东省陶瓷艺术设计创新评比中获评委特别奖。

2008年8月，杜纪龙的作品《山水》获市委宣传部、市文化局等主办的庆“八一”书画作品展银奖；11月，作品《溪山云瀑图》获中国美术家协会厦门创作中心优秀作品奖。同年，阎先公的瓷板画《聊斋故事》、陶艺《喜怒哀乐》在第34届山东陶瓷艺术设计创新评比中分获金奖、银奖，国画《幸福之路》赠予吉尔吉斯共和国，总理府签发荣誉证书。

2009年，阎先公的彩绘瓶《诸子百家》在第35届山东陶瓷琉璃艺术设计创新评比中获银奖，瓷板画《手机系列》在第十届中国工艺美术精品博览会上获中国工艺美术精品奖金奖。同年11月，杜纪龙的作品《山水》获山东省美术家协会、书法家协会主办的纪念孔繁森全国书画邀请展优秀奖。

2010年，阎先公的彩绘瓶《诸子百家》在第十一届中国工艺美术大师精品博览会上获中国工艺美术精品奖金奖，并参加2010上海世博会——中华艺术·国家大师珍品系列会展；彩绘瓶《十二花神》在第36届山东省陶瓷艺术创新评比中获金奖，在山东省第二届工艺美术博览会上获工艺美术精品奖特等奖。宋军的作品《轻岚峰外树如悬》入选第二届全国山水画艺术双年展。同年12月，杜纪龙的作品《烟华流云图》入选中国美术家协会和谐燕赵、红色太行中国山水画展。

2011年，王世喜的作品《黄山云烟》《凛然浩气》分获山东省老干部书画展一等奖和全国“晋商银行杯”书画精品展银奖。黄文汇的作品《荷塘清影》获首届世界华人运动大会书画展优秀奖。

2012年，王世喜的作品《泰岱雄姿》入展中央组织部、中国美术家协会主办的全国离退休干部“诗书画影抒情怀，喜迎党的十八大”书画展。

2013年，王世喜的作品《泰岱雄姿》获全国老年书画采风大赛金奖；作品《苍然浩气话太行》入展中国画学会主办的“绿色和谐”第四届全国中国画画展。区委宣传部、区老年书画学会在淄博市博物馆举办“王世喜山水画展”。是年，赵新建的作品《秋忆》入选中国美术家协会“相聚宜兴”全国工笔画展。王克龙的作品《源远流长》入选“美丽中国行——走进红色沂蒙全国老年书画摄影采风大赛”。黄文汇的作品《无色无味·茫》入选“泰山之尊”中国画作品展。

2014年，阎先公的陶瓷彩绘《手机系列》获上海国际陶瓷艺术博览会银奖。王世喜的作品《苍然浩气话太行》获全国离退休干部“同心共筑中国梦”书画大赛全年决赛一等奖；10月，获山东省老龄办、山东省文联主办的第六届山东省老年书法美术大赛三等奖。赵新建的作品《秋深》入选中国美术家协会“精致立场”全国第二届现代工笔画展。杜纪龙的作品《家园》获文化部、中国文联、中国美术家协会主办的第三届全国少数民族美术作品展优秀作品奖。宋军的作品《小院深明别有天》入选中国美术家协会主办的金陵文脉——2014年全国中国画展览，作品《故园春韵》入选中国美术家协会主办的2014泰山之尊全国山水画水彩画作品展，作品《庭院深深》入选中国美术家协会主办的首届八大山人全国花鸟画作品展，作品《故园幽径》获得山东美术家协会主办的第十二届全国美术作品展山东省赛区创作奖。王克龙的作品《春到山河秀》入选第四届全国老年书画展，编入《第四届全国老年书画展作品集》。黄文汇的作品《无色无味·怅》获“翰墨齐鲁”首届全国花鸟画作品展优秀奖。

2015年，阎先公的瓷板色块泼彩画《齐国成语故事》等作为“一种瓷板色块泼彩画及作画工具”被国家知识产权局授予发明专利。王博的作品《山水清音》入选山东美术家协会主办的第十九届山东省美术新人新作展。宋军的作品《圣柿祥云》参加山东美术家协会主办的山东省第二届青年美术作品展获优秀奖，作品《廊桥寻梦》参加中国美术家协会主办的庆祝扬州建城2500周年——“丹青扬州”全国中国画作品展获优秀奖，作品《梦境·家园》入选“2015泰山之尊全国中国画油画作品展”，作品《圆梦》入选首届八大山人全国山水画作品展。赵新建的作品《归鸟》入选中国美术家协会“泰山之尊”全国中国画油画展，作品《冬日》入选中国美术家协会2015全国中国画展，作品《冬至大野》入选中国美术家协会“高洁品性 兰惠人生”全国中国画展和“南田风韵第二届恽南田全国花鸟画展”，作品《秋忆》入选中国美术家协会庆祝扬州建城 2500 周年——“丹青扬州”全国中国画作品展。黄文汇的作品《秋·鸣》获“翰墨齐鲁”全国中国画作品展优秀奖。

2016 年，王博的作品《惠风和畅》入选中国美术家协会主办的“丹青扬州”第二届全国中国画（花鸟画）作品展。赵新建的作品《夏至》入选中国美术家协会“翰墨青州”全国中国画展，作品《在冬季》入选中国美术家协会“工在当代”第十届全国工笔画大展。宋军的作品《盛世祥云》入选中国美术家协会主办的全国第十届工笔画作品展。杜纪龙的作品《山家烟起翠微中》入选中国美术家协会、中国艺术研究院等主办的纪念红军长征胜利八十周年全国名家书画艺术展。张延霞的作品《幽谷畹兰图》入选兰蕙人生全国中国画作品展（合作）。王克龙的作品《暮色染峡江》入展第五届全国老年书画展，编入《第五届全国老年书画展作品集》。

王世喜画作《铜墙铁壁铸太行》（2001 年创作）

2017 年，阎先公的陶瓷作品《济公》在首届中国陶瓷艺术年展览会上获金奖。王世喜的作品《凛然浩气》入选庆祝建军 90 周年全国书画展并在中国军事博物馆展出。王博的作品《山涧清音》入选山东省美术家协会举办的第二十一届美术新人新作展。

2018 年，王世喜的作品《铜墙铁壁铸太行》被中国人民抗日战争纪念馆收藏。赵新建的作品《待春归》入选中国美术家协会厦门工笔画双年展。张延霞的作品《烟雨霏霏静暗尘》《种芭元爱绿漪漪》《不在凡花色相中》《葵园日记》《荷梦如织》分别入选“入蜀方知画意浓”全国美术作品展、中国梦燕赵雄风全国中国画作品展、升庵诗画全国中国画作品展、南粤之光全国中国画作品展、翰墨青州 2018 全国中国画作品展；作品《版纳印象》获“感恩海洋 潮气象山”全国中国画作品展最高奖。宋军的作品《盛世祥云（二）》入选中国美术家协会主办的全国青年工笔画作品展。12 月，杜纪龙的作品《苏园雨雾》入选中国美术家协会主办的写意苏州全国山水画中国双年展。

2019 年，赵新建的作品《待春归》入选第六届全国画院美术作品展。刘玉哲的作品《故乡的那片土地》入选第二十三届山东省美术新人新作展。王世喜的山水画作品入展“红嫂情·沂蒙行”山东老年书画作品邀请展，并收入书画作品集；山水画《源远流长》被革命圣地西柏坡纪念馆收藏。6 月，张延霞的作品《露影沉波随晓霞》入选“悲鸿精神”第三届全国中国画作品展。宋军的作品《廊桥寻梦》参加全国第十三届美展，入选山东省赛区展。车立行的作品《寒山高岭图》获庆祝新中国成立 70 周年淄博市第二届“华夏杯”美术作品展优秀奖；作品《林泉苍翠图》《林荫覆盖庭院深》分别入选第二十届、二十一届山东省美术新人新作展；作品《初醒》入选山东省首届山水画学术大展。

摄影创作

1995年10月，刘洪创作的《漫漫路》获山东省摄影艺术大赛银奖。

赵守军获奖作品《昔日荒沙滩 今日金沙滩》（1998年创作）

1996年，刘洪作品《丝路风光》在《人民日报》（海外版）等十几家省级以上报纸杂志发表。同年，作品《大漠之旅》入选中国百名风光摄影家教学光碟。

1997年6月，刘洪的作品《大漠音符》获山东省摄影艺术展新人新作奖。

1998年，刘洪编辑出版的《淄川摄影作品集》，分别被省、市评为对外宣传品一等奖、精品工程奖；《大地流金》等四幅摄影作品被省委外宣办选中参加中日和歌山文化交流展。赵守军的作品《昔日荒沙滩 今日金沙滩》入选中国第八届国际摄影艺术作品展，并获得全国“徕卡杯”摄影大赛银奖。8月，王昌德的作品《乡村五月》获联合国教科文组织亚洲文化中心举办的“人与自然”摄影大赛优秀奖，为区内摄影作者首次在国际摄影赛中获奖。

1999年9月，张金国的作品《明星》在第二十二届万国邮政联盟大会书法、美术、摄影和手工艺作品征集活动中获摄影作品一等奖。

刘洪获奖作品《漫漫路》（1995年创作）

2000年，刘洪的作品《幸福的家园》获“福在中国”全国摄影大奖赛优秀奖。

2001年，刘洪的作品《特色农业》获山东省庆祝建党80周年摄影作品展优秀奖，《碾子》获山东省首届“人与自然”摄影大奖赛大奖。

2002年8—9月，刘洪等三人骑摩托车历经河南、山西、陕西、四川、青海、西藏等六省区，行程万余里，拍摄作品6000余幅，《大众日报》、山东电视台、淄博电视台等新闻媒体进行宣传报道。同年，刘洪的作品《十月的礼花》获年度“中国优秀摄影作品奖”，刘洪同时被中国艺术摄影学会评为2002年度“中国优秀摄影家”。

2002年6月，王昌德的作品《村头》在中国摄影家协会摄影作品赛上获优秀奖；10月,《看戏》再获该项赛事优秀奖。

2004年，唐加福当选淄博市青年摄影家协会副主席。

2006年，唐加福获得淄博市“十佳青年摄影家”称号。

2010年，唐加福的作品《脊梁》获山东省文化厅群众文化“星光奖”一等奖。

唐加福获奖作品《脊梁》(2006年创作)

1999—2010年，刘洪通过川藏、新藏、滇藏、青藏四条线路，先后八次入藏拍摄了大量的作品，分别收入其个人摄影作品集《心中的克什克腾》《梦中的香格里拉》《在那遥远的地方》。

2011年，唐加福获得山东省摄影家协会“德艺双馨”摄影家称号。是年，郭法强举办“走过街头”个人摄影专题展。

2013年，刘洪被评为“齐鲁文化之星”，是全省摄影界获此殊荣第一人，受到省委组织部、宣传部等的表彰，并享受省财政津贴。同年，唐加福的作品《脊梁》获淄博市第八届文学艺术奖。

2015年，赵汝峰编著出版的《五八式煤矿工人档案》，先后被中国煤炭博物馆、淄博煤矿博物馆和市、区档案馆收藏。董秀江的摄影作品《拯救》获山东省第十一届摄影艺术展银奖。郭法强的作品《斑马线众生相》获《人民摄影》“金镜头”2014年度中国新闻摄影大赛银奖。

2016年3月，刘磊获“中国梦 人社情”全省人社系统书法美术摄影作品展摄影一等奖。是年，赵汝峰获山东省第九届泰山文艺奖。孙梓涵获河北大学生摄影作品大赛优秀奖。郭法强的作品《中国斑马线》获《人民摄影》“好摄酒杯”2015年度纪实摄影大赛优秀奖,《谋生空间》获“金镜头”年度图片故事大赏佳作提名奖。

2017年，赵汝峰获淄博市第十届文学艺术奖。

2018年，赵汝峰的作品入选第七届中国济南国际摄影双年展“100本‘影响中国’影像图书”。

2019年9月，孙剑的作品《春的希望》获第二十一届全省艺术摄影大赛风光摄影优秀奖。是年，孙梓涵获第二届新西部全国大学生影像节剧情片优秀奖等 6 个奖项。

影视创作

1986 年 4 月，由陈倩、周雁翔等 8 名作者编剧的 14 集电视连续剧《蒲松龄》，在洪山镇蒲松龄故居开拍，该剧由淄博电视台拍摄，1987 年 5 月完成。淄博电视台播出后，山东电视台、中央电视台先后播出，获山东省第三届优秀电视剧荣誉奖。

1988 年 5 月，杨道坤创作、淄川电视台拍摄的电视短剧《钓鱼》，参加山东省儿童电视剧大奖赛获创作三等奖。

1991 年，仇建新根据保卫马鞍山抗日军民英雄事迹创作的电影文学剧本《气壮山河》，由中国戏剧出版社出版。1994 年 10 月，由此改编的电视剧《山河吟》开机拍摄。该剧由济南前卫艺术中心与淄川区委、区政府联合摄制，在省、市电视台播出。

1992 年，山东省电教音像开发中心在峨庄乡拍摄电视剧《石头村》。该剧反映 20 世纪 30 年代淄川境内某山村一对青年男女为追求幸福生活而被封建势力吞噬的悲剧。同年，福建电视台和淄博电视台在龙泉镇渭二村合拍 6 集电视剧《窑神》，以龙泉镇古陶瓷制作、烧制遗址为主要取景地。1993 年拍摄完成后在中央电视台及多家省市电视台播出。该剧讲述明末清初驼子窑工倾其所有，从小镇上背回一个叫作三姐的烟花女子，拜堂成亲。三姐过世后，窑工思念不尽，最后捏了三姐的形象放进窑炉，又在身上涂了陶泥，把自己和瓷器一起封在窑炉内，化为窑神。该剧获“五个一工程”奖。

2002 年，杨道坤根据蒲松龄的同名小说改编创作的聊斋俚曲戏《青梅》，由淄川电视台在洪山镇土峪村拍摄成实景戏剧片，在市、区电视台播放，这是淄川电视台拍摄制作的第一部戏剧电视片。

2005 年，根据郑峰的长篇小说《蓼花河》改编的电影《空山》拍摄完成。影片以发生在淄川区马鞍山的抗日历史为背景，描绘了一幅蓼花河畔人民不畏强暴、英勇奋战、反抗侵略、争取解放的历史画卷，展现了中华民族英勇不屈的精神。电影在全国放映，并在中央电视台电影频道播出。

2012 年 9 月，由淄川区昆仑镇许家村淄博金浓机械制造有限公司董事长国洪营担任出品人的电影《蝶吻》，在淄川区开拍。《蝶吻》讲述的是“90 后”青年的孝心和励志故事，2013 年 4 月在全国各大城市院线上映。同年 11 月，该片获第八届巴黎中国电影节最佳视觉效果奖。

2013 年，电视连续剧《马向阳下乡记》在太河镇涌泉村开拍。该剧由中央电视台、山东影视传媒集团等联合出品，共 40 集，80% 的景点取自涌泉村。电视剧讲述了一个“不靠谱”的小公务员马向阳被派到乡村担任第一书记的经历，展现了马向阳带领乡亲们实现中国梦的故事。2014 年 9 月在央视一套播出。该剧获得第 28 届中国电视金鹰奖优秀电视剧奖，第 30 届电视剧飞天奖优秀电视剧奖和优秀男演员提名，第 7 届新农村电视艺术节金牛奖最佳作品、最佳男主角、最佳女主角、最佳男配角四项奖项，第 17 届华鼎奖全国观众最喜爱的电视剧作品奖，第十一届电视制片业“电视剧优秀作品”奖。随着该剧的播出和重播，电视剧拍摄地淄川齐长城、涌泉村等地成为广大观众关注的旅游景点、旅游热点，吸引众多游客前往观光游览。

2015 年 8 月，淄川区与长城影视文化企业集团达成协议，由长城影视文化企业集团围绕齐长城和聊斋文化旅游资源，投资建设影视基地和文化园区。

2011—2019 年，寨里镇北佛村青年农民王光好，坚持网络影视作品创作，创作的微电影《他乡》《小葵花别动队》《嗨，我的阳光宝贝》《星星的港湾》《我们的中国年》分别由河南你懂的传媒有限公司、西安华盾影视文化传媒有限公司、陕西光影星传媒有限公司拍摄制作，在腾讯视频、优酷上线。他参与剧本策划的电影故事片《幸福快车》由天津艾美光影制作，在央视电影频道播出。

刻瓷艺术

1973 年，张明文自制刻瓷工具，完成第一件刻瓷作品《咏梅》蓝釉花瓶。

1975 年，张明文向青岛工艺美术研究所石可、郑惠民学习刻瓷，同年成立 3 人刻瓷组，制作外事礼品。

1978 年，张明文担任刻瓷组组长，承担外事礼品的设计和制作。

1979 年，李梓源的《鲁青瓷五头刻瓷文具》参加慕尼黑国际展览获奖牌；张明文的淄博刻瓷创新展在中央美术学院展出。

1980 年 7 月，张明文的刻瓷作品《双鱼》《宝玉悟情》《百岁寿星》在日本西武展出。

1981 年，张明文随中国政府代表团赴德意志联邦共和国举办刻瓷艺术展（科隆市），刻瓷艺术第一次走出国门进入西欧。在科隆制作《马克思像》《贝多芬像》。前者由大使馆赠送马克思故居博物院，并发表于《卡尔·马克思》一书，这是中国刻瓷作品首次在国外书籍中发表。

中国工艺美术大师张明文进行刻瓷创作（1985 年拍摄）

1982 年，张明文获鲁青牡丹图案创新设计全国一等奖。李梓源的刻瓷作品获西德慕尼黑第 34 届手工艺国际博览会金质奖章和“最佳成就者”称号。

1985 年，淄博工艺美术研究所成立，下设刻瓷研究室。

1987 年，张明文赴新加坡莱弗士城举办刻瓷艺术展。

1988 年，张明文首创微刻文具《论语》，发表论文《刻瓷艺术与情理法趣》。同年，《张明文刻瓷艺术》年历由中外文化出版社出版，张明文被评定为高级工艺美术师。李梓源被评为山东省首批专业技术拔尖人才。

1989 年，张明文担任淄博市刻瓷艺术家协会会长，被评为专业技术拔尖人才。

1991 年，张明文应轻工部之邀撰写《全国陶瓷行业工人等级标准》（刻瓷工）。是年，李梓源在中国革命博物馆举办刻瓷艺术展，展出中共一大代表及部分党和国家领导人的人物肖像刻盘 108 件。

1992 年，李梓源获山东省工艺美术大师称号。是年 6 月始，常伟承、常宗林、常宗森用 200 毫米 ×300 毫米白色瓷板刻制《孙子兵法》，历时一年完成。作品长 42.7 米，宽 0.9 米，用瓷板 420 片。中央电视台《东方时空》栏目做专题报道。1995 年，《孙子兵法》被上海大世界基尼斯总部确定为世界上最长的刻瓷艺术作品并颁发证书。

李梓源获奖作品《鲁青瓷五头刻瓷文具》（1980 年拍摄）

1993 年，王一君当选淄博市刻瓷艺术家协会副秘书长。是年，刘永强的刻瓷作品《百鸡图》获山东省陶瓷新产品创新评比一等奖。

1994 年 3 月始，常宗林用 400 毫米 ×800 毫米瓷板刻制《鬼谷子》，历时 3 年完成，用瓷板 160 片。是年，张明文赴美国芝加哥世博会举办刻瓷艺术展。是年，王一君获建设淄博立志立功一等功。

1995 年，李梓源被评为山东省第四批专业技术拔尖人才。刘永强的刻瓷作品《二战风云人物》获山东省陶瓷新产品创新评比一等奖。

1996 年，张明文赴瑞士手工艺博览会举办刻瓷艺术展。

1997 年，张明文被中国轻工总会表彰为全国优秀工艺美术专业人员。1997 年，常宗林瓷板刻制作品《鬼谷子》被列入上海大世界基尼斯之最。作品镶嵌在梓橦山风景区的影壁上，长 64 米，宽 1.2 米，成为一处景观。

中国陶瓷艺术大师李梓源进行刻瓷创作（2015 年拍摄）

1998 年，李梓源的刻瓷作品《李清照》《芭蕉小鸟》被收入《中国现代美术全集》。吴绍岭的《盼》《高瞻远瞩》等 4 件刻瓷作品在中国艺术精品评选活动中被评为精品。

1999 年，李梓源艺术学校成立，培养刻瓷学员 20 余人。阎先公的刻瓷作品《水浒一百零八将》（合作作品）在第二届全国“槐花奖”雕塑艺术大赛中获二等奖。罗村镇瓦村王世海一家历时 3 年创作刻瓷壁画《三国演义》，全长172米，高0.6米，展现三国故事282个、人物2166人、战马328匹。2002年9月，《三国演义》以最长的刻瓷壁画获得上海大世界基尼斯之最证书。

2000年10月始，刘永强历时3年，用300毫米×270毫米的瓷板20块，完成刻瓷作品《清明上河图》。用刻瓷形式表现《清明上河图》在世界上尚属首次。中央电视台先后5次进行专题报道，新华社两次发通稿介绍。是年，王一君当选淄博市刻瓷艺术家协会副主席兼秘书长。

2001年3月，解忠心为戈尔巴乔夫、普京制作肖像刻盘。同年，阎先公的刻瓷作品《水浒一百零八将》（合作作品）在中国（淄博）国际陶瓷博览会陶瓷精品大赛中获大奖。

2002年，王一君刻瓷作品《踢进世界杯》获中国轻工联合会中国工艺美术优秀作品评选金奖，同年参与淄博中国陶瓷馆刻瓷艺术壁画《齐魂》的制作。阎先公刻瓷作品《疯狂世界杯》（与阎俊合作）在第七届全国陶瓷艺术设计创新评比中获优秀奖。常宗林的刻瓷作品《京剧脸谱》以“世界最全的京剧人物脸谱”被列入上海大世界基尼斯纪录。刘永强的刻瓷作品《清明上河图》获第一届全国刻瓷艺术大奖赛一等奖。是年，张明文首创薄胎瓷瓶刻瓷人物；阎先公被评为山东省陶瓷艺术大师。

中国工艺美术大师王一君为非物质文化遗产培训班学员演示刻瓷技艺（2015年拍摄）

2003年，张明文、李梓源被评为中国陶瓷艺术大师。张明文当选为中国陶协刻瓷文化研究会会长。其刻瓷《敦煌归真》编入全国中小学美术教科书。阎先公刻瓷《艺术家风采》（与阎俊合作）在全省陶瓷创新设计评比中获一等奖；刻瓷《二十四孝》（与阎俊合作）在全省陶瓷艺术设计创新评比中获一等奖。同年，阎先公被评为山东省工艺美术大师。是年，王一君当选中国刻瓷文化研究会副会长，被评为山东省工艺美术大师。

2004年，王一君的刻瓷作品《古韵》获中国文联第六届中国民间文艺“山花奖”；刻瓷作品《陶瓷》获联合国教科文国际民间艺术组织、中国文联举办的第三届中国国际民博会金奖。阎先公的刻瓷作品《三国演义》（与阎俊合作）在第三届全国刻瓷艺术大赛中获评委特等奖。同年，阎先公当选中国陶瓷工业协会陶瓷文化研究会副会长。

2005年，王一君被山东省轻工业办公室选拔为山东省轻工系统拔尖人才。同年，阎先公的刻瓷作品《狐谐鬼唱入聊斋》（与阎俊合作）获山东省精彩大奖赛银奖。

2006年，张明文被国家发展改革委等九部委评定为中国工艺美术大师。其刻瓷瓶《石头记群芳图》编入《中国美术馆陶瓷艺术邀请展作品集》。王一君的刻瓷作品《陶韵》获第十三届新加坡文化艺术旅游展特等奖，刻瓷作品《大型刻瓷盘》被中共中央党校收藏。

2007 年 1 月 10 日，张明文参加在人民大会堂举行的中国工艺美术大师颁证暨《中国传统工艺美术的保护与发展》首发式，其作品《史湘云醉眠芍药茵》编入其中。作品《中国才女》双龙抱珠瓶编入《中国工艺美术大师作品精选》。同年，常宗林的刻瓷盘《京剧剧照》(一套)获“百花杯”中国工艺美术精品奖金奖。是年，常宗林被评为山东省工艺美术大师。是年，李梓源获中国工艺美术大师暨工艺美术精品博览会银奖。刘永强的刻瓷作品《和谐吉祥图》获“泰山杯”山东省陶瓷艺术设计创新评比一等奖；同年，刘永强被评为山东省工艺美术大师。王一君被评为高级工艺美术师，同年被山东省轻工业办公室选拔为山东省轻工系统有突出贡献的中青年专家。

2008 年，李梓源获中国工艺美术大师暨国际美术精品博览会金奖。王一君被评为国家一级技师，同年被评为山东省轻工业协会山东省轻工行业首席技师，当选国际柴烧陶艺协会副会长。王一君的刻瓷作品《感物通灵》获联合国教科文组织国际陶艺学会第 43 届国际陶艺大会学术交流优秀作品奖；鲁青瓷《萌者尽达》获第五届中国陶瓷产品设计大赛金奖;《梦得佳境》获“天工艺苑·百花杯”中国工艺美术精品奖金奖，刻瓷作品《孔子》被英国珍宝博物馆收藏。同年，阎先公的刻瓷作品《不要忘记》获第三十四届山东陶瓷艺术设创新评比铜奖；刻瓷作品《竹林七贤》获香港首届“紫荆花杯”国际艺术博览会银奖。

2009 年，李梓源的刻瓷作品获中华民族文化艺术珍品奖。阎先公的刻瓷作品《狐谐鬼唱入聊斋》(与阎俊合作)在中国陶瓷琉璃艺术大赛评选中获评委特别奖；陶瓷作品《中华历史上的圣人》在第二届中华民族艺术珍品文化节被评为中华民族艺术珍品。同年，常宗林的刻瓷盘《印象中国》(梅兰芳饰杨贵妃)获“天工艺苑·百花杯”中国工艺美术精品奖银奖。王一君的刻瓷作品《韶光》获“天工艺苑·百花杯”中国工艺美术精品奖特等奖;《孙子兵法》入选中国美术馆主办的中国工艺美术大展；刻瓷作品《风调雨顺》被韩国陶艺协会收藏，同年，王一君被评为淄博市有突出贡献的中青年专家。

中国陶瓷艺术大师阎先公进行艺术创作(2015 年拍摄)

2010 年，李秋峰刻瓷作品《泰山赋》获中国轻工业联合会全国陶瓷艺术设计创新评比金奖。王树长的刻瓷作品《远瞻》获山东省轻工业厅颁发的“神龙杯”山东省工艺美术精品奖金奖,《鹰》获中国陶瓷工业协会举办的首届中国历史名瓷烧制技艺大赛银奖，并参加上海世博会——中华艺术·国家大师珍品系列会展等。张笃平的刻瓷盘《双吉富贵》在山东省陶瓷艺术设计大赛中获优秀奖。是年，阎先公的刻瓷作品《疯狂世界杯》(与阎俊合作)获山东省第 22 届运动会工艺美术作品展金奖，同年经第二届中国陶瓷艺术大师评委评审通过，阎先公被评为中国陶瓷艺术大师。同年，刘永强的刻瓷作品《西岳华山》获“神龙杯”山东省工艺美术精品评比金奖；刻瓷作品《敦煌礼佛图》获第三十六届山东省陶瓷艺术设计创新评比金奖。是年，王一君的刻瓷作品《青瓷茶具》等3件作品入选2010上海世博会展览;《齐鲁圣贤》获“天工艺苑·百花杯”中国工艺美术精品奖金奖;《半刀泥刻花青瓷壶》被山东省非物质文化遗产保护中心收藏。同年，王一君被山东省文化厅、人社厅评为山东省文化行业高技能人才；被山东省人民政府评为山东省首席技师；被评为中国陶瓷艺术大师。同年，李梓源的薄胎刻瓷作品《婴戏罗汉碗》《鱼乐青瓷尊》参加上海世博会中华艺术国家大师艺术珍品荟萃展。

2011年，刘永强的刻瓷作品《山水瓶》获“华光杯”第五届全国刻瓷艺术大奖赛金奖。张笃平的刻瓷盘《小翠》在全国陶瓷艺术大赛中获优秀奖。王一君的刻瓷作品《清心雅和》获“天工艺苑·百花杯”中国工艺美术精品奖金奖；同年被中国建筑卫生陶瓷协会评为中国陶瓷设计大师。11月，李秋峰刻瓷作品《泰山赋》获山东省委省政府“泰山文艺奖”三等奖。

2012年，李延生、李梓源在北京炎黄艺术馆举办刻瓷艺术联展。张笃平的刻瓷盘《日月观音》在山东省陶瓷艺术设计创新大赛中获优秀奖。刘永强的刻瓷作品《清溪访友图》获“国华杯”第三十八届山东省陶瓷艺术设计创新评比金奖。王一君的刻瓷作品《瑞鹤祥鱼》入选法国国际文化遗产展览。

2013年，刘永强的刻瓷作品《万壑疏风图》获第三届中国“大地奖”陶瓷类金奖，刻瓷作品《高山而居自泰然》获“福泰杯”第三十九届山东省陶瓷艺术设计创新评比金奖。阎先公的刻瓷作品《毛泽东转战陕北》被延安革命纪念馆收藏。李秋峰的微刻作品《唐诗宋词》获中国轻工业联合会全国陶瓷艺术设计创新评比金奖。张笃平的刻瓷瓶《诸子百家》获山东省陶瓷大赛铜奖。同年，张明文当选中国陶瓷工艺协会陶瓷艺术鉴赏委员会副主任委员，选拔刘永强为淄博市有突出贡献的中青年专家。王一君被选拔为山东省有突出贡献的中青年专家。

2014年，刘永强的刻瓷作品《高山流水》获“1954陶瓷文化创意园杯”第四十届山东省陶瓷艺术设计创新评比金奖、第二届中国陶瓷名家名作展陶瓷类评比金奖。刻瓷作品《百鸡图》获第六届中国工艺美术博览会“花冠杯”金奖。阎先公的刻瓷作品《领袖与将帅》(与阎俊合作)获上海国际陶瓷艺术博览会金奖；刻瓷作品《诸子百家》(与阎俊合作)获上海国际陶瓷艺术博览会铜奖。张笃平的刻瓷瓶《聊斋奇女》获山东省陶瓷艺术大赛银奖。常宗林的刻瓷盘《梅龙镇》入选中国当代工艺美术双年展。王一君被选拔为齐鲁文化之星。

张明文刻瓷作品(2015年拍摄)

2015年，央视中文国际频道《流行无限》栏目用55分钟片长，以“刻瓷大师张明文”为题，向全球展示中国刻瓷的文化旅程，称赞张明文为“中国刻瓷第一人”。同年，其设计制作的《中国才女》巨作，由西泠印社出版社出版。刘永强的刻瓷作品《五百罗汉图》获“银光杯”第四十一届山东省陶瓷艺术设计创新评比金奖。张笃平的刻瓷瓶《瑶池赴会》获山东省陶瓷大赛铜奖。王一君被聘为景德镇陶瓷大学硕士研究生导师。

2016 年 6 月，李秋峰刻瓷作品《诗情画意》获中国轻工业联合会全国陶瓷艺术设计创新评比金奖。同年，张明文代表山东刻瓷界捐赠作品《四美图》，被江西省南昌市博物馆永久收藏。王一君的刻瓷作品《青瓷》获 2016 中国设计原创奖“优秀作品奖”；刻瓷作品《三阳开泰》等被山东博物馆收藏。刘永强的刻瓷作品《霜落云端万壑幽》获“海瓷杯”第四十二届山东省陶瓷艺术设计创新评比金奖；刻瓷作品《高山流水四条屏》获第八届中国工艺美术博览会“人立杯”金奖。山东省陶瓷协会授予刘永强“山东省特级陶瓷艺术大师”荣誉称号。中国工艺美术协会授予刘永强“第一届中国工美行业艺术大师”荣誉称号。张笃平的刻瓷盘《十二生肖》获中国刻瓷艺术品大赛铜奖。常宗林的刻瓷作品《绣襦记》入选中国当代工艺美术双年展。

2017 年，王一君的刻瓷作品《刻瓷》被台北故事馆收藏；同年获“淄博金牌工匠”荣誉称号，当选淄博市刻瓷艺术家协会主席、山东省政协常委。张明文设计制作十二生肖贺岁盘（限量版）。常宗林的刻瓷盘《白蛇传》（梅兰芳饰白素贞）入选中国当代工艺美术双年展。张笃平的刻瓷盘《山水》获中国刻瓷艺术品大赛银奖、《丝路春晖》获铜奖。12 月，李秋峰获评山东省齐鲁文化之星。

2017—2018 年，李梓源、李新一举办十城市刻瓷艺术联展。

2018 年，王一君被评为山东省劳动模范；被授予“中国工艺美术大师”荣誉称号；被评为齐鲁工匠；被山东省文化厅评为省级非物质文化遗产“淄博刻瓷”代表性传承人；当选十三届全国人大代表。张明文当选中国工艺美术协会大师联合会理事。山东省教育厅聘请刘永强担任齐鲁工匠后备人才培育导师。张笃平的仿古刻瓷书简《道德经》获中国刻瓷艺术品大赛金奖。是年，在中国陶瓷艺术年会暨第七届中国陶瓷艺术高峰论坛上，阎先公获 2017 年度陶瓷艺术行业突出贡献奖。

2019 年，王一君的刻瓷作品《点赞新时代》入选新中国成立 70 周年全国工美展；同年被评为山东省优秀建设者、齐鲁大工匠、正高级工艺美术师，并被评为国务院政府特殊津贴专家。李梓源、沈载千在韩国首尔艺术馆举办刻瓷艺术联展。张笃平的刻瓷瓶《金鼠迎春》获中国刻瓷艺术品大赛金奖、《观音像》获银奖、《中国龙》获铜奖。刘永强的刻瓷作品《百骏图》获“汉青杯”第四十五届山东省陶瓷艺术设计创新评比金奖。

至 2019 年，淄川区从事刻瓷艺术的国家级工艺美术大师，国家级、省级陶瓷艺术大师，省级杰出青年陶瓷艺术家，主要有王一君、张明文、李梓源、阎先公、王树长、董善习、孙兆宝、吕泉、李秋峰、刘永强、李戈程、李新一、张锐、陈玲范等，也有一部分离退休的老干部参与刻瓷。全国刻瓷文化研究会会员中，淄川籍会员就达数十名，创作刻瓷艺术作品上万件，在国际、国内（省级以上）赛事活动中，2138 件作品获奖。

内画艺术

内画艺术在淄川区发展迅速，全区内画作品在省级以上比赛、展览中获奖 300 余件。张广庆内画艺术研究院、玉壶斋、惜如斋等研究制作场所在制作内画艺术品的同时还培训学员，内画艺术品销往美国、德国、俄罗斯、澳大利亚、韩国、日本等国家。张广庆、孙卫东等曾多次到美国、德国、法国等国家展示内画技艺，被国际友人誉为“神秘不可思议的艺术”。

1988 年 3 月，淄博工艺美术研究所成立张广庆内画研究室，培训学员 8 名。

1989 年 10 月，张广庆应奥地利维也纳“怡鼎画廊”的邀请，举办张广庆内画艺术作品展览，此举以“西欧个人内画展第一人”的佳话载入了中国艺术史册。同年，应联邦德国竹桥书苑、林登博物馆和斯图加特大学的邀请，举办个人内画展览。展览期间，中国驻联邦德国大使梅兆荣邀请张广庆在使馆分别为联邦德国总统魏茨泽克、总理科尔、副总理兼外长根舍、前总理施密特、经济合作部部长冷格尔等制作礼品十余件。作品《夜读春秋》《八仙过海》《绿林雄风》分别被奥地利“怡鼎画廊”和联邦德国的林登博物馆、竹桥书苑收藏。

中国工艺美术大师张广庆进行内画创作（2015 年拍摄）

1991 年，张广庆应邀赴泰国曼谷举办个人内画艺术展览，受到泰国公主诗琳通在皇宫特别接见。同年 10 月，又赴加拿大多伦多举办张广庆内画艺术展。内画展品《鲁智深》《水浒一百零八将》被加拿大《星岛日报》刊载，展览盛况在多伦多电视台文化娱乐节目中连续播放。

1992 年，张广庆在淄川区委、区政府的大力支持下创建张广庆内画艺术研究院，这是中国第一所内画艺术研究院。他改变了内画艺术自清代以来师傅带徒弟的旧模式，使内画艺术走向教育与研究、技巧与理论相结合的新阶段。建院第一年招收学员 16 名，以后每年招收学员传授内画技艺，现为国家非物质文化遗产“鲁派内画”保护单位、山东省旅游商品研发基地、工业旅游示范点、山东省六真店、淄博市旅游定点单位。同年，张广庆被评为市拔尖人才并授予山东工艺大师称号。是年，孙卫东的内画作品《关羽》《双猪图》参加山东省民间艺术展获二等奖。

张广庆内画作品《文王求贤》（2015 年拍摄）

1993 年，张广庆的内画作品《水浒一百零八将》《百虎图》《立马当阳》获第三届中国工艺美术大师作品展金奖。同年，刘军的内画作品《花鸟》获中国泰山国际登山节艺术作品展二等奖。李戈程的内画作品《西厢记》获山东省工艺美术品展评二等奖。

1995年，张广庆应邀携200余件内画作品赴德国参加“春之梦”艺术展。其中，张路华的内画作品《秋高图》和孙卫东的内画作品《西园雅集》获一等奖。另有二等奖2件、三等奖4件。

1997年9月，在北京张广庆受到党和国家领导人的亲切接见并获中国工艺美术大师荣誉证书。

1998年8月，张广庆应邀参加文化部主办的中瑞文化交流节，分别在瑞典斯德哥尔摩和索德太利亚举办个人作品展。

2000年，张路华的内画作品《阿房宫》获第二届中国工艺美术大师精品展金奖。

2001年，张路华的内画作品《清明上河图》获杭州西湖博览会第二届工艺美术大师作品展银奖。翌年，获第二届国家艺术博览会银奖。

2002年，张广庆在马来西亚吉隆坡云顶举办虎壶书画展。

2003年，张路华应中国武警部队邀请为在“非典”期间做出杰出贡献的“中国武警十大忠诚卫士”绘制奖品。同年，李琰的内画作品《群仙浴日》在首届齐鲁文化艺术精品博览会上获优秀技艺奖。

2005年，张路华的内画作品在《美术大鉴》刊出。同年，在河北举行“三人行”内画展，并出版《三人行》作品集。

2006年，张广庆当选中国工艺美术学会鼻烟壶专业委员会会长，中国工艺美术学会鼻烟壶专业委员会落户张广庆内画艺术研究院。这是首个国家级的专业委员会落户淄川。

2007年，张广庆被中国工艺美术学会鼻烟壶专业委员会评为中国内画艺术大师。

2008年，张路华的内画作品《聊斋》在第九届中国工艺美术大师作品暨国际艺术精品博览会上获“天工艺苑·百花杯”中国工艺美术精品奖铜奖。李琰的内画作品《百鹤图》获中国国际陈设艺术及家居装饰博览会优秀作品评比大赛金奖。

2010年8月，张雁的内画作品《十二金钗》、王亮的《雄姿山岗图》获第五届中国民间工艺品博览会金奖。李琰的《呼唤》获山东省第二十二届运动会工艺美术作品展金奖。

2011年，张广庆连任第七届中国工艺美术学会鼻烟壶专业委员会会长职务。

2012年，张广庆被世界手工艺理事会委托亚太地区分会授予“亚太地区手工艺大师”称号。是年，在“华光杯”全国工艺美术大赛中，张路华的内画作品《十八罗汉论道图》获金奖，王亮的《长江三峡》、李琰的《时代步伐》、张雁的《对弈图》获银奖。同年，张路华的作品《山水写生系列二》获山东工艺美术设计创新奖金奖，作品《北京七度梨园场》获中国（青岛）工艺美术博览会铜奖，作品《山水写生系列一》获山东工艺美术精品奖金奖。李琰的内画作品《松影叠霜》获国际体操联合会体操世界杯特许产品创新设计大赛银奖，王亮的《画龙点睛》获铜奖。李琰的内画作品《心闲秋水》获中国鼻烟壶精品展“中福杯”金奖，王亮的《夏日泛舟》获银奖。李琰的内画作品《幸福》《心闲秋水》获第四届中国工艺美术精品博览会精品奖银奖，张雁的《白蛇传》获银奖。同年，张路华被中国工艺美术学会鼻烟壶专业委员会授予“中国内画艺术大师”荣誉称号。

2013年，鲁派内画入选山东省非物质文化遗产名录，保护单位为张广庆内画艺术研究院。李琰、张雁被中国鼻烟壶专业委员会授予“中国内画艺术大师”荣誉称号。

2013年，在中国工艺美术“百花奖”（莆田）评比中，张路华的内画作品《西山秋韵》获金奖，王亮的《夏日访友图》获银奖，李琰的《逸鹤松风》获铜奖。同年，在中国第二届工艺美术创新设计大赛中，张雁的内画作品《东山丝竹》获金奖，王亮的《青山秀水》、李琰的《逸鹤松风》获银奖。在第十届中国艺术节“神龙杯”工艺美术设计创新大赛中，李琰的作品《朱元璋兵进太平城》获金奖，王亮的《龙凤呈祥》获银奖。李琰的《松风逸鹤》参加中国传统工艺美术精品展获金奖。张雁的《东山丝竹》在第十四届中国工艺美术大师精品博览会上获银奖。

张广庆内画艺术院作品展示（2019年拍摄）

2014年，鲁派内画入选国家级非物质文化遗产名录，保护单位为张广庆内画艺术研究院。10月，张路华被山东省工艺美术学会授予“山东省工艺美术大师”称号，同年王亮被授予“山东省内画艺术大师”称号。

2016年10月，张路华被任命为文化部恭王府中国传统内画专业委员会主任，中国传统内画专业委员会落户淄川。同年，张路华的内画作品《沁园春·雪》《太行山写生系列》在第八届中国山东工艺美术博览会上获“人立陶琉杯”山东工艺美术创意奖金奖；王亮的作品《清明上河图》获金奖,《双骏图》获银奖；李琰的《云鹤相随》获金奖；张雁的《同沾春露》《夜书聊斋》获银奖。张路华的作品《雪中太行》在第十二届深圳文化产业博览会冬季工艺美术精品展上获“中国工艺美术百花奖”银奖，作品《群马图》等被中共中央对外联络部作为国礼赠送国宾。是年，张路华研发设计的“炫彩琉璃内画瓶”，获得国家实用新型专利。这是将“鲁派内画”和“琉璃烧制技艺”两项国家级非物质文化遗产项目相融合创新出的新型内画艺术品。“炫彩琉璃内画瓶”创新研发的成功，打破了传统的在口小如豆的内画瓶中作画形式，改变了内画坯体透明单调的现状，解决了长期以来坯料省内不能自主大量生产的困境，降低了内画绘制载体的成本，同时也提高了内画作品创作的艺术性，增加了内画品种的多样性，更迎合大众化、年轻化的市场，真正让内画这种高端艺术走进大众生活、贴近百姓。

2017年，张路华的内画作品《金秋阿房》获第52届全国工艺品交易会“金凤凰”创新设计产品大奖赛金奖。在第九届山东工艺美术博览会上，张雁的内画作品《红楼墨戏菊花仙》获金奖，李琰的内画作品《鹤鸣九皋声闻于天》《梅妻鹤子》获银奖。

2018年，在第十届山东工艺美术博览会“梁子黑陶杯”工艺美术创意大赛中，李琰的内画作品《鹤鸣九皋声闻于天》获金奖，作品《四十八君子图》获银奖；张雁的内画作品《孔子行教图》获金奖，作品《十二金钗》获银奖；王亮的内画作品《碧水长流》、郑玉慧的内画作品《荷》、冷明择的内画作品《极边天高》获银奖。是年，李琰、张雁被山东省工艺美术学会授予“山东省工艺美术大师”称号。

2019年，张路华、王亮的内画作品《启航》在"茅台杯"陶琉产品创意设计大赛中获金奖。张雁的内画作品《竹林雅集图》获第十一届山东工艺美术博览会工艺美术设计创新奖金奖。郑玉慧的内画作品《绿水青山》获银奖，作品《清远》获铜奖。

淄砚艺术

1972年，罗村公社建起淄砚车间，批量生产砚台。

1978年8月，山东省二轻厅在北京举行鲁砚展览，淄砚占主要部分，得到赵朴初、李苦禅、黄永玉、舒同等高度评价。赵朴初欣然题下"淄砚"二字。

1980年，淄砚车间扩建为淄砚厂，有87名职工，产品销往海外。当时，比较著名的老艺人有王克安、王维一、王克修、王克富、王克俭等人。是年，淄砚赴日本展览，引起日本书画界关注。据说一位日本友人指名要王维一和王克修两位老艺人雕刻的淄砚。王克修是罗村镇小穹桥人，1909年出生，1990年去世。祖辈五代都是砚工，12岁时便跟祖父、父亲学习刻砚，他雕刻的《龙凤砚》，于1959年在济南趵突泉展览。

1981年以后，由于镇村办企业的快速发展，淄砚这种利润低、手工刻制的产品陷入窘境，刻砚艺人逐步转入家庭制作。

1993年以来，罗村镇党委、政府和广大制砚艺人改变了淄砚的实用观念，将文化欣赏因素融入制砚工艺之中，建起淄博砚台厂。

2001年，许立荣制作的《二龙戏珠》砚，被国家领导人作为国礼赠送国际友人。

2005年，淄砚被评为中国民族文化优秀品牌。

2006年，由许立荣启动、调集失散的制砚艺人成立了产销一条龙的淄砚斋。在老艺人的传授下，培养了一批年轻制砚人。他们适应市场需求，重视设计、雕刻等环节，工艺有了新的提高，品种多达100多种。

2007年，淄博市淄砚协会在张店区成立，原籍为罗村镇的安胜谋当选为会长，并在张店区文化艺术城成立砚缘斋艺术馆。安胜谋当选中国文房四宝协会副会长。

许立荣作品《龙凤砚》(2014年拍摄)

2012年7月17日，淄川区淄砚协会在罗村镇成立，淄砚斋艺术馆馆长许立荣当选会长。是年，谭峰在张店区创办淄砚加工基地，谭峰成为中华砚文化发展联合会制砚专业委员。淄博市淄砚协会会长安胜谋的淄砚作品《鹏程万里》在第29届全国文房四宝艺术博览会上获金奖，砚缘斋生产的"洞子牌”淄砚被授予“国之宝—— 中国十大名砚”称号。

2013 年，谭峰的淄砚作品《方池砚》在第十届中国艺术节和2013年第五届中国（山东）工艺美术精品博览会上获金奖。由中华砚雕师谭峰治砚、山东省工艺美术大师常宗林作铭的淄砚作品《群星映空》在 2013 年中国精品砚台评选中获金奖，并作为唯一的一方淄砚作品参加在英国皇宫举办的中华传统文化展。

常宗林淄砚作品《佛像造残石平板砚（三）》（2018 年拍摄）

2014 年，谭峰治砚、常宗林作铭的淄砚作品《鱼戏秋塘》获全国金奖。12 月，常宗林的淄砚砚铭作品《抄手砚》《风字砚》《如意砚》入展中国工艺美术双年展。是年，常宗林成为市级非物质文化遗产砚铭雕刻项目代表性传承人。淄砚被中华砚联合会确定为“中华十大名砚”。

2015 年，谭峰治砚、常宗林作铭的《太极砚》获中国工艺美术博览会（青岛）金奖、第七届“华艺杯”山东省工艺美术精品奖金奖。淄砚砚铭作品《如意兰亭砚》获中国玉石雕刻艺术“百花奖”最佳工艺奖。是年 7 月 1 日，常宗林获聘第一届中国工艺美术学会玉石雕刻专委会副秘书长。

2016 年，许立荣申报的“山东淄砚”被国家工商行政管理总局批准注册为“中国地理标志”商标。是年，常宗林的淄砚砚铭作品《太史砚》《佛造像残石平板砚》入选中国当代工艺美术双年展。

2017 年，第十七届中国（淄博）陶瓷博览会上举办“观往知来·镌古铭心——淄砚百铭展”，常宗林为主创，展出作品 110 件。

2018 年，常宗林篆刻艺术研究院组织举办“文心在兹 金石华彩”西泠印社社员创作淄砚铭文展，在业界影响巨大，被称为“砚界兰亭雅集”。是年，常宗林的淄砚作品《佛造像残石平板砚（三）》《纪晓岚铭文桃形砚》《丝路春雨》入选中国当代工艺美术双年展。

2019 年，常宗林篆刻艺术研究院与西泠印社组织举办“镌铭书典 金石传承”庆祝新中国成立 70 周年当代名家题刻习近平总书记用典淄砚铭文展，西泠印社副社长兼秘书长陈振濂评价：“在当代砚文化中，淄砚已经走在前列。”

2019 年 9 月 26 日，常宗林陪同中国文联副主席、西泠印社副社长兼秘书长陈振濂（左一）观看参展作品

淄砚斋牵头申报的“淄砚手工制作技艺”

已经被列入淄博市第二批非物质文化遗产名录和山东省第三批非物质文化遗产名录。许立荣创作的《二龙戏珠》《九龙五福》等作品连续获全国优秀工艺美术作品奖、中华民族文化优秀品牌等多项桂冠，他创作的仿龙门石窟佛砚《湖光山色》获第五届中国（山东）工艺美术双年展在国家博物馆展出，并被中国工艺美术馆收藏，这是有史以来入选淄砚作品第一次被国家级艺术馆收藏。作为淄砚主要产地的罗村镇成立专门机构，制定规章制度，对淄砚的古文化进行挖掘和保护。结合土地矿产资源保护，规定今后不经镇政府同意，任何人不能乱采乱挖，实行有计划开采，缓解资源枯竭现状，保证淄砚有序发展。

至 2019 年底，罗村镇有 20 多家淄砚制作的手工作坊，100 多人从事制砚工作。其中有山东省工艺美术大师 1 名，高级技师 3 名，技师 6 名。

第二章　民间艺术

第一节　文化活动

元宵节（春节）民间艺术表演

元宵节民间艺术表演是淄川一项历史悠久的传统文化，人们通常称为“扮玩”。每年春节至元宵节期间，扮玩爱好者自发组队，走街串巷进行表演，活跃节日气氛。1983年始，由区委、区政府主办，区文化主管部门承办“民间艺术进城表演”，使民间艺术表演得到传承和发展，组织形式由原来的自发松散型转变为统一调控型，娱乐方式由传统型向现代型转变。规模由小到大，表演内容、形式在传统节目的基础上，逐年有所创新、发展和提高。其主要形式早年多为锣鼓、高跷、旱船、舞狮、龙灯等，逐年增加商家大鼓、磁村花鼓、月庄锣鼓、贾村大鼓、苏王舞龙、小庄龙灯、西河芯子、洪山蝴蝶舞、安塞腰鼓、空竹表演、音乐快板、广场舞、武术表演、彩车表演、旗袍秀等。

20世纪80年代的扮玩表演（1985年拍摄）

1985年元宵节，在区邮电局门前设主表演场，扮玩队伍沿淄洪路、吉祥路、松龄路、张博路首尾相接，循环演示。

1986年元宵节，在区邮电局东侧搭建观礼台，组织部分乡镇、单位的民间艺术表演队伍进行表演，统一组织、周密实施，并规范表演形式、表演内容，提高文化品位。传统的民间扮玩活动融入每年春节文化活动中。

1988—2019年，主表演场地改在消防队门前（其间，在体育场组织过一次），扮玩路线主要设置在淄洪路、吉祥路、松龄路、通济街等城区主干道。

淄川区元宵节扮玩活动在20世纪90年代达到鼎盛。那时进城扮玩队伍多达百支，区里安排从每年的正月十四到正月十六，扮玩表演在淄川区全面上演。

1985年元宵节进城扮玩队伍行进在乡间道路上

1991年，15个乡镇、3万人参加扮玩。

1992年元宵节，15个乡镇、2万余人、500余辆彩车进城表演。在西关孝妇河滩举办打铁花晚会，河两岸车水马龙、人头攒动、热闹异常。

1994年始，元宵节民间艺术表演首次实现电视现场直播，全区及周边区县的群众在家通过电视收看闹元宵实况。

1995年，16支扮玩代表队、3万人、300部彩车进城表演。正月十六，扮玩队伍分两路到东、西部山区为群众表演。

1997年元宵节，民间艺术进城表演在淄川体育场集中表演，共11支代表队5000余人参加。

1998年元宵节，12支代表队、5000余人参加演出。

1999年元宵节，城郊9个乡镇及区教委、区建委、新星集团、市第五医院等单位万余人参加扮玩表演。除传统的龙灯、旱船、秧歌、芯子、高跷表演外，还增添了集体舞、安塞腰鼓、威风锣鼓、健美操、武术表演等节目，精彩纷呈。

2001年元宵节，11支代表队近万名演职人员演出45个节目。

2002年元宵节，9支代表队进城表演节目36个，演员近万人。区教体局代表队的《群狮共舞闹新春》《国色天香耀古城》等节目深受观众欢迎。山东电视台《乡村季风》栏目20余名记者分3个机位对表演活动进行全场录像，制作成30多分钟的专题节目，在山东电视台农科频道播出。

1999年淄川城区闹元宵的热闹场景

2003 年元宵节，在消防队门前搭建观礼台，区广播电视局对艺术表演活动进行现场直播，区四大班子领导、劳模代表、企业代表及有关方面代表在观礼台就座。同时，在邮政局门前设置表演点，两个表演地点均聘请有关专家组成评委会，对节目进行打分。有 12 支代表队 55 个节目参加，其中有商家家庭代表队表演的“五世同堂”大鼓节目。

2004 年，参加元宵节民间艺术进城表演的代表队有 10 支，1226 名演员共表演 13 个节目、127 分钟。

2005 年，第 22 届元宵节民间艺术进城表演活动举办，沿松龄路、通济街、般阳路、文化路逆时针方向环形。般阳路为重点表演路段，设两个表演区：邮政局门前作为第一表演区，消防队门前为第二表演区，在此区设观礼台，区委、区人大、区政府、区政协领导，劳模代表、企业家代表等在此观看。有 10 支队伍表演 18 个节目，文化馆代表队表演舞蹈《天地喜洋洋》和音乐快板《建设淄川新明天》，观众达 8 万余人次。

2006 年始，不再搭设观礼台，扮玩队伍按松龄路、通济街、般阳路、解放路行进中演出，在消防队门前设重点表演区，由区电视台进行重点录像和采访。当年共有 10 支代表队、23 个节目、3000 余人参加演出。

2007 年，第 24 届元宵节民间艺术进城表演活动举办，10 个单位、27 个节目、3000 余人参加演出。

2008 年，元宵节民间艺术进城表演沿松龄路、吉祥路、般阳路、解放路行进中表演，在消防队门前设重点表演区，共 11 支代表队、34 个节目参加。

2009 年，第 26 届元宵节民间艺术进城表演活动举办。来自全区各乡镇、街道、开发区和企事业单位的 11 支代表队、38 个优秀节目、3000 余人沿松龄路、通济街、般阳路、解放路进行流动表演。

2010 年，有 12 支代表队、33 个节目参加演出。

2011 年始，新春文化活动与“好客山东贺年会”相结合，元宵节扮玩作为“贺年乐”文化系列活动之一。

2012 年，第 29 届元宵节民间艺术进城表演活动举办。共有 13 支代表队演出龙灯、芯子、花鼓、高跷、舞狮等传统节目 46 个。

2013 年，第 30 届元宵节民间艺术进城表演活动举办，各镇、街道、开发区及有关部门的扮玩队伍沿松龄路、吉祥路、般阳路行进表演踩高跷、扛芯子、舞龙灯等传统节目。

2014 年，第 31 届元宵节民间艺术进城表演活动举办。有 13 支队伍、39 个节目、1858 人参加表演，活动总用时 4 小时。

2015 年，第 32 届元宵节民间艺术进城表演活动举办，共 12 支代表队、33 个节目、2000 人参加。扮玩节目实现了传统文化与现代元素的有机融合，既有磁村花鼓、苏王舞龙、西河芯子等各级非物质文化遗产项目，也有时代性较强的军乐表演、广场舞、健身操等。

2015年元宵节舞龙表演

2016年元宵节，12支扮玩队伍近1700名演员沿松龄路、吉祥路、般阳路等城区主干道表演舞龙、舞狮、秧歌、高跷、芯子等民俗节目，展现淄川区传统民间艺术的魅力和特色。

至2019年，民间艺术进城表演活动连续举办36届，区电视台连续26年现场直播或录播活动盛况。

元宵灯会

1985年始，先后在留仙湖公园、松龄路、孝妇河西岸、聊斋城、山川旅游城、梓橦山等处举办大型灯会。灯会以大型机械灯为主，配以各种花灯、宫灯、走马灯、霓虹灯等，同时组织开展冠以“文明之星”等名称的焰火晚会。灯光、礼花交相辉映，绚烂多彩，形成“火树银花不夜天，千家万户闹元宵”的动人景象，吸引区内及周边区县数以万计的群众前来观赏。

1991年，第五届元宵灯会举办，由66组大型花灯组成。西关一村举办打铁花晚会。

1992年，元宵灯会在华洋街举办。在孝妇河滩举办焰火、打铁花晚会。

1994年，淄川区第八届元宵灯会暨商城第一届元宵灯会举办，在西关商业区孝妇河两岸布灯62组。

1995年，淄川区第九届元宵灯会共展出各类电动机械灯、景灯、彩灯76组。

1996年，淄川区第十届元宵灯会举办，全区200余家单位参加，在孝妇河西岸、桥上及沿河路布灯70组，其中大型机械灯52组、装饰灯18组，规模档次超过历届灯会。

2002年，在淄川奎盛公园举办元宵灯会。公园中心路上悬挂1000多只大红灯笼，取名“千盏红灯迎新春”。大型机械花灯60多组，其中《红楼梦》故事灯由40多个人物组成，长达60多米；《聊斋》故事灯散布在山路及松林之中，烘托故事氛围。两条40多米长的“中华巨龙”灯卧于山顶大道两旁。观众达5万余人次。

2003年，在奎盛公园举办淄川区第四届艺术灯展，在聊斋城举行中国淄博民间艺术灯展。元宵节晚上，在淄博四中广场举行元宵节“文明之星”焰火晚会。

2004年元宵节，在奎盛公园举行“奎盛之夜”民俗艺术灯展；在聊斋城举行第二届聊斋民间艺术灯会和焰火晚会；在梓橦山风景区举办梓橦山首届大型篝火艺术灯会。在淄川体育场举行元宵节焰火晚会。

2005年，在聊斋城举行中国（淄博）聊斋民间艺术灯会和焰火晚会，以“聊斋灯里观狐影，柳泉旁边闻鸡舞”为主题，展出大型花灯40多组，观众达20余万人次。聊斋艺术灯会上了中央电视台二套新闻节目，面向全国观众播出。在奎盛公园举行第六届淄博民间艺术花灯节，展出大型机械灯80余组、宫灯1000余盏。正月十五晚，在筹建中的柳泉广场举行焰火晚会，共燃放礼花、弹花、礼炮等700余个，焰火花色达50余种，设观礼台，观众3万余人次。

2006年，在聊斋城举办中国（淄博）聊斋民间艺术灯会，在奎盛公园举行淄博民间艺术花灯节。正月十五晚，在颐泽花园对面空地举办焰火晚会。

2008—2010年，在奎盛公园举行淄川区元宵艺术花灯展。在颐泽花园对面空地举办焰火晚会。

2011年，在聊斋城举办淄博民间艺术花灯节。

2016年，在双杨镇梓橦山风景区举办大型元宵灯会。本届灯会投巨资创新设计制作37组超过10米的大型主题灯组，采用光雕与内透光彩工艺相结合，既有《鬼谷子》系列灯组、观音灯、龙凤呈祥灯等古典灯组，又有声光电一体的金猴闹春、植物大战僵尸、恐龙园等现代流行灯组，还有观音赐福、荷花仙子、辉煌福泉等在梓橦湖中相映成趣。超过5万名群众到场赏灯。

灯笼长廊（2016年拍摄）

2017年，元宵节灯会在齐鲁佛山景区举办，重现消失20余年的打铁花表演。

2018年，在聊斋城举办元宵灯会。

2019年，在1954陶瓷文创园、山川旅游城举办新春灯会。

打铁花表演（2017年拍摄）

戏会

1998 年始，每年元宵节前选调区内优秀的群众业余剧团在公义村演出，演出五音戏、吕剧、京剧、豫剧等不同剧种的《墙头记》《小姑贤》《姊妹易嫁》等传统剧目，并不断推出新剧团和新剧目。

1999 年，6 个农民剧团在公义村文化广场参加新春戏会。

2000 年，5 个剧团参加新春戏会，在公义村文化广场演出 5 场戏剧。

2001 年，磁村、商家等乡村剧团参加新春戏会，分别在西关大集上演出，观众达数万人次。

2002 年，举办“马年戏会”，洪山地区吕剧团、罗村民声豫剧团、商家五音剧团、岭子镇戏迷俱乐部、服装城洪丰京剧团等 20 余个文艺团体参加演出。演出剧种主要有京剧、豫剧、五音戏等。演出剧目有《借年》《彩楼记》《双凤诰》《望江亭》《胡林抢亲》等，观众 1300 余人。

2004 年，在公义文化广场举办“猴年戏会”。演出五音戏、吕剧、京剧 3 个剧种 7 个剧目，共 168 名演员参加演出。既有古代戏，也有现代新编戏。

2005 年，在公义文化广场举办“鸡年戏会”，组织挑选全区优秀业余剧团，于正月十二、十三演出《王小赶脚》《龙凤配》《李二嫂后传》等吕剧、俚曲、五音戏、豫剧、京剧等 10 个传统剧目。

2006 年正月十二至十四，在公义文化广场、般阳广场搭建戏台，演出《王小赶脚》《玉堂春》《彩楼记》等五音戏、京剧、豫剧等 15 个传统剧目。

2007 年正月十三、十四，在公义文化广场、般阳广场举办新春戏会，共 17 个剧团参加。

2008 年元宵节期间，在公义文化广场举办元宵节业余剧团会演，16 个剧团演出。

2009 年元宵节期间，在公义文化广场举办戏会，由淄川戏迷俱乐部、淄川吕剧团、张庄乡剧团、淄川文化娱乐协会剧团等 20 个剧团演出京剧、吕剧、五音戏等 20 个剧目。

2010 年元宵节期间，在公义文化广场、新星广场、仟佰汇广场、银座广场 4 处举办“虎年戏会”，共 10 个剧团参加。

2011 年，新春戏会在公义社区文化广场、新星超市影院店广场和仟佰汇广场举办。

2012 年，在公义社区文化广场、新星超市影院店广场和仟佰汇广场 3 处举办“龙年戏会”，19 个剧团参加，演出 29 个剧目。

2013 年，在公义社区文化广场、仟佰汇广场、新星超市影院店广场 3 处举办淄川区新春戏会，28 个民间剧团演出聊斋俚曲戏、五音戏、吕剧、京剧、豫剧等 35 个剧目。

2014 年，新春戏会在公义社区文化广场举行，8 家剧团演出 10 场戏剧。

2015 年，新春戏会在公义社区文化广场举办，由区委宣传部、区文化旅游和新闻出版局、将军路街道办事处主办，精选区聊斋俚曲剧团、文化娱乐协会京剧团、鲁中梆子剧团等 8 家剧团，演出聊斋俚曲戏、京剧等 8 出经典剧目。

2016 年，新春戏会在公义社区文化广场举行，演出两天。

2017 年，新春戏会在公义社区文化广场和查王村文化广场同时举行，为期 3 天。演出《钟妹庆寿》《沙家浜》《墙头记》等 24 场经典剧目，涵盖聊斋俚曲戏、五音戏、京剧、吕剧等多个剧种。

2018—2019 年，新春戏会在公义社区文化广场和 1954 陶瓷文创园大碾广场举办。

2014 年元宵节，新春戏会在公义社区文化广场举办

送文化下乡

1996 年始，区文化部门每年春节期间及农闲季节，组织书画、摄影作者和文艺演出队伍到黑旺、峨庄、太河、口头、张庄、龙泉等乡镇送书画和文艺演出。

2002 年，组织文艺下乡小分队到张庄、淄河、太河等乡镇送书画、摄影、春联作品 326 幅，受到广大群众的欢迎。之后，每年在全区"三下乡"活动启动后，春节期间组织送春联、送"福"字活动，在妇女节、儿童节、国庆节等节庆日以及农闲时节，组织送文艺演出、送戏曲、送图书等活动，结合"建设农村殷实小康十大工程"文化进农家工作，年均开展送文化下乡 260 场次。2013 年后，结合全区文化惠民工程，年均开展送文化下乡 1500 场次。

2005 年 12 月，在昆仑镇文化广场组织举办"全区保持共产党员先进性教育活动——建设社会主义新农村"巡回演出开幕式，共到 19 处乡镇、开发区进行巡演。2006 年正月十四，在新星商厦门前广场，举办淄川区"建设社会主义新农村"保持共产党员先进性教育活动文艺宣传队汇报演出。至 2019 年，先后与区委宣传部联合举办淄川区"四德工程"建设宣传巡回演出，与区委组织部联合举办淄川区"两学一做"巡回演出，与区纪委、区监察局联合举办"般阳清风"廉政文化巡演等。

2013 年 9—12 月，根据省、市文化惠民工程部署，淄川区组织开展文化惠民"百场戏曲演出"活动。区文化旅游和新闻出版局组织淄川区优秀民间剧团送戏下乡 110 场次。

2014 年 5—12 月，组织开展文化惠民"百场戏曲演出"活动，送戏下乡 157 场次。从 2015 年始，文化惠民送戏进村活动成为送文化下乡的重头戏，逐步实现"一村一年一场戏"。2015 年送戏 420 场次，2017 年送戏 520 场次，2018 年送戏 492 场次，2019 年送戏 549 场次。

广场文化活动

1986 年，广场文化活动只限于露天电影、马戏、杂技、杂耍等演出活动。

1991 年始，群众自发组织的娱乐健身文化活动逐步在广场出现，如太极拳、太极剑、功夫扇、健身球、交谊舞等多种形式。活动时间主要是早晨和傍晚，一年四季坚持不断，达六七千人。

1994 年，淄川影院广场实行有偿服务。参加活动者购买月票，成为全区首家收费服务的文化广场。

1995 年 5 月，市文化局、淄城镇西关二村、淄博电视台共同在市中心广场举办“西二杯”校园文化大展演。淄川区组队参加，获得绘画一等奖、优秀表演奖、优秀组织奖。

1998 年 8 月，区文化局、中保人寿淄川公司和西关一村在服装城广场举办全区“中保人寿保险杯”消夏戏曲晚会，演出《墙头记》《姊妹易嫁》等剧目。

1999 年 12 月，全区庆祝澳门回归大型文艺演出在商业大厦广场举办，节目有音乐、舞蹈、戏曲、健身操表演等。

2002 年 11 月，“迎接十六大金秋放歌”文艺演出在北关社区广场举办。

1986—2002 年，全区开展各种大型广场文化活动 80 余场次，参加活动的达十多万人次。1992 年、1995 年、2001 年，般阳大戏院、淄川影院、城二村、西关一村、双沟镇 5 个文化广场先后被评为淄博市“十佳”文化广场。

2004 年 9 月，首届淄川区“中国人寿杯”社区文化艺术节开幕式在般阳广场举办。之后，在松龄、般阳、商城、龙泉、昆仑、杨寨 6 个镇办广场，组织综艺、戏剧、电影晚会 17 场次，观众近 10 万人次。

2007 年第三届广场艺术节开幕式

2006 年 10 月，淄川区“银座杯”第二届社区文化艺术节开幕式在柳泉广场举办。

2007 年，由区委、区政府主办，区委宣传部、区文化旅游局承办，以“点亮文明 唱响和谐”为主题的淄川区第三届社区广场文化艺术节开幕式在鲁泰体育场举办，在全区各镇办广场举办各类文化活动 60 余场次。

2008 年 8 月，在鲁泰体育场举办“柳泉啤酒杯”第四届社区广场文化艺术节开幕式。此后的一个半月，在城区的 5 个广场和近郊 5 个乡镇广场举办综艺、电影、戏曲晚会 100 余场。

2009 年 8 月，举办淄川区“通乾服装广场杯”第五届社区广场文化艺术节暨庆祝新中国成立 60 周年文艺调演。至 10 月，各镇办、开发区相继开展庆祝新中国成立 60 周年文艺展演和社区广场文化艺术节等文化活动 120 余场次。

2010 年，举办“金城之夜”淄川区第六届社区广场文化艺术节。

第五届社区广场文化艺术节暨庆祝新中国成立 60 周年文艺调演（2011 年拍摄）

全区 2014 年文化惠民百场戏曲演出启动仪式

2011 年，“淄川区社区广场文化艺术节”被山东省文化厅授予“山东省农村特色文化品牌”。

2013 年，举办淄川区创新社会化管理文艺会演暨第八届社区广场文化艺术节。

从 2014 年始，社区广场文化艺术节与“热土欢歌”群众文化系列活动相结合，创新组织形式，扩大组织范围，成为淄川区全民参与的群众文化盛事。“热土欢歌”大赛由广场舞大赛和赛歌会两部分组成，分村居海选、镇办比赛、区级决赛三个层级，最终决出优秀节目代表淄川区参加市、省级比赛演出活动。

第九届社区广场文化艺术节暨庆“七一”群众文艺演出（2014 年拍摄）

2015 年，淄川区举办第十届社区广场文化艺术节暨“热土欢歌”系列活动。先后在体育场举办庆祝建党 94 周年文艺晚会、广场舞决赛、赛歌会、文化馆公益文化培训班成果汇报展演、地方传统戏曲专场晚会、颁奖晚会等大型活动。同时，组织各镇、街道、开发区开展文艺演出、电影放映、戏曲展演等各类群众文化活动 300 余场次，累计观众 30 余万人次，覆盖面达到 80% 以上。

“般阳清风”廉政文化巡回演出（2016 年拍摄）

截至 2019 年底，淄川区社区广场文化艺术节已成功举办 14 届。累计组织各类活动 2600 余场次，覆盖全区所有镇办、村居，惠及全区人民群众，逐渐发展成为淄川区群众文化活动规模最大、参加人数最多、覆盖面最广的一项全民群众文化品牌。

青年歌手大奖赛

1989 年、1995 年，区文化局、区广电局、公义村先后联合举办全区“公义杯”青年歌手大奖赛，参赛歌手分别为 36 名、120 名。

1990 年 6 月，淄城镇西关二村与山东电视台联合举办华东六省一市“西二杯”青春歌手电视大赛，17 名歌手进行角逐。

华东六省一市“西二杯”青年歌手电视大赛（1990 年拍摄）

1996 年 7 月，淄川服装城管理处、西关一村等 8 个单位联合举办爱我商城“服装城杯”个体工商户卡拉 OK 青年歌手大奖赛。

1997 年 4 月，区委宣传部、区农信联社等 5 个单位联合举办全区“迎回归、庆五四”青年歌手电视大奖赛。130 名歌手参赛，评出大奖 1 名、一等奖 3 名、二等奖 6 名、三等奖 9 名。

1999—2001 年，新星集团、供水集团分别举办庆祝中华人民共和国成立 50 周年全区“新星杯”青年歌手大奖赛、“庆七一 供水杯”青年歌手电视大奖赛，评出大奖、一等奖、二等奖、优秀奖。

1986—2002 年，全区先后举办青年歌手大奖赛 10 次，参赛选手 1321 人次，获奖 216 人次。

2003 年 10 月，在泰煜影业公司演出大厅举办淄川区 2003 年“永康家电杯”青年歌手电视大奖赛。经过初赛、复赛从上百名报名者中选拔出 18 位歌手，分为美声、民族、通俗三组进行决赛，评出大奖 3 名、一等奖 6 名、二等奖 9 名。区领导和社会各界观众 1500 余人观看决赛。

2007 年 4—5 月，举办淄川区“和谐商城暨服装城杯”青年歌手电视大奖赛，由区委宣传部、区文化旅游局、商城路街道工委办事处、服装城管委会主办。5 月 29 日，举行颁奖晚会。至 2019 年，共组织举办 8 届青年歌手大奖赛。

节庆文化活动

1986 年始，全区逐步形成以节庆活动带动文化活动开展的格局，每年举办大型文化活动场次逐渐增加。截至 2019 年，全区每年举办大型文化活动 50 余场次。

1989 年，区委宣传部、区文化局、泉龙村等 6 个单位联合举办淄川区“泉龙杯”新年文艺会演，演出歌舞、器乐、戏曲节目 18 个。区文化局、区教育局、区妇联、区计生委、区环保局、区质监局等单位联合组织举办淄川区首届家庭音乐会，首届“小画家”书画展，全区“环保杯”书画大奖赛，“古泉杯”文学创作征文大奖赛，“建国杯”摄影、书画大展，“标准计量杯”舞蹈大赛和大型文艺晚会。

1993 年 11 月，全区举办文艺节目调演，纪念毛泽东 100 周年诞辰，8 支代表队演出文艺节目 36 个，1326 人参与演出。12 月，组织代表队参加全市纪念毛泽东诞辰 100 周年职工文艺调演，淄川区总分第一，表演唱《四个大嫂批腐败》、歌曲《马鞍山组歌》分获演出、创作一等奖。

1994 年 10 月，区农委、区文体委等单位联合举办淄川区第二届“丰收杯”乡音乡情文艺会演，庆祝中华人民共和国成立 45 周年。800 余名演员演出节目 57 个。

1995 年 7 月，区自来水公司、区文化局、区广电、驻军 54868 部队联合举办纪念抗日战争胜利 50 周年暨庆“八一”鱼水情联欢晚会。

1997 年 6 月，区委宣传部、区文化局、岭子镇等 10 个单位联合举办全市“岭子城建杯”庆“七一”迎香港回归锣鼓大赛，来自全市的 10 支锣鼓队、300 多名队员参加比赛。

2001 年 7 月，举办淄川区“巨龙杯”庆祝中国共产党成立 80 周年戏曲晚会。

2004 年 3 月，在区人民会堂广场，区文化旅游局、区妇联联合举办淄川区庆“三八”歌舞会演。9—10 月，组织庆祝中华人民共和国成立 55 周年文艺演出等大型文化活动 10 多次。是年，区文化旅游局、团区委联合举办庆祝共青团建团 85 周年“润泰杯”春之声文艺联欢会。举办庆“六一”全区少儿才艺广场展演。

淄川区庆“三八”歌舞会演（1999 年拍摄）

2005 年，区文化旅游局、区教体局联合举办“通乾服装广场杯”庆“六一”少儿文艺大型演出。由区委组织部、区直机关工委、区文化旅游局联合主办淄川区区直机关永葆共产党员先进性庆“七一”演唱会。9 月，在鲁泰体育场组织举办纪念中国人民抗日战争胜利 60 周年“鑫旺之声”广场音乐会，演出节目 17 个。

2006 年正月十三晚，在淄矿影剧院，淄川区政府、淄矿集团联合举办 2006 年“和谐共辉煌”迎新春联欢晚会。

“明天更美好”2008 年淄川地区春节联欢晚会

2008 年 2 月 1 日，由区委、区政府主办

淄川区“双拥”文艺晚会（2010 年拍摄）

的“明天更美好”2008 淄川地区春节联欢晚会在区人民会堂举办。自此，每年腊月二十四左右都会在区人民会堂三楼举办淄川地区春晚，由区文化主管部门承办，弘扬主旋律，讴歌淄川新变化。演出现场由广电部门进行全场录制，春节期间在淄川电视台播放。2012 年始，春晚和“感动淄川”年度人物颁奖典礼合并举行。

2008 年 5 月下旬至 6 月 28 日，淄川区组织举办“交通杯”红歌大赛。有 1500 多名演唱爱好者报名比赛，经过初赛、复赛、决赛，最后评选出大奖 3 名、一等奖 6 名、二等奖 9 名、优秀歌手奖 12 名，28 日在淄川东关影院举行颁奖晚会。6 月 24 日，在鲁泰体育场举办“鸿泰杯”“庆七一、迎奥运、纪念改革开放 30 周年”红歌演唱会。

2009 年 9 月，在区人民会堂举行淄川区庆祝新中国成立 60 周年红歌大赛，由区委、区政府主办，区委宣传部、区人民武装部、区文明办、区教体局、区经贸局、区文旅局、区广电局、区总工会、团区委、区妇联、区文联承办。在淄川宾馆举行淄川区庆祝新中国成立 60 周年暨第三届新农村建设书画作品展。

淄川区庆祝中国共产党成立 90 周年红歌大赛（2011 年拍摄）

2011 年 6 月，淄川区举办庆祝中国共产党成立 90 周年系列文化活动，包括舞蹈大赛（青年组、少儿组、中老年组）、戏曲票友大赛、戏曲展演

（吕剧专场、聊斋俚曲戏专场）、歌手大奖赛（青年组、少儿组、中老年组）、红歌演唱大赛（机关组、镇办组、企业组）、书画摄影展，以及庆祝建党 90 周年文艺晚会。各项活动和决赛自 6 月 10 日至 26 日，连续在鲁泰体育场举办 17 场。

2015 年 9 月，淄川区纪念抗日战争暨世界反法西斯战争胜利 70 周年“般阳之夜”文艺晚会举行。9 月底，淄川区“庆国庆”文艺汇演暨文化惠民器材发放仪式举行。

2017 年 10 月，淄川区“喜迎十九大 欢度重阳节”文艺晚会在潭溪山广场举办，近 300 名 70 岁以上的老年人代表参加。

2018 年 9 月，“改革颂 中国梦”淄川区庆祝新中国成立 69 周年文艺展演在鲁泰体育场举行。

淄川区“庆国庆”文艺汇演暨“文化惠民”器材发放仪式（2018 年拍摄）

2019 年 9 月，由区委、区政府主办，区委宣传部、区直机关工委、区工业和信息化局、区文化和旅游局、区融媒体中心联合承办淄川区“我和我的祖国”庆祝中华人民共和国成立 70 周年合唱大赛。22—24 日，在淄矿影剧院举行初赛。经过三天角逐，有镇办组 5 支、工商企业组 5 支、机关事业组 11 支共 21 支队伍进入决赛。29 日晚，在区人民会堂举行决赛，评选出一等奖 2 个、二等奖 4 个、三等奖 6 个、优秀奖 9 个、组织奖 23 个。

老年艺术节

自 2007 年重阳节开始举办的老年艺术节，至 2019 年已连续举办 13 届。老年艺术节的承办者是以淄川区离退休老干部为主建立的中老年群众业余文艺团体——淄川区老年戏曲音乐协会。

2016 年 10 月，“鲁泰杯”第十届老年艺术节

淄川区首届老年艺术节于 2007 年 9 月 2 日在正承广场举行。历时 7 天。前三天进行了戏曲、声乐、器乐、舞蹈以及曲艺各门类的决赛，后四天由 8 个戏剧团队进行展演。

2008 年，举办淄川区第二届老年艺术节，历时 1 个月。按京剧、地方戏、音乐舞蹈、曲艺和聊斋俚曲五种艺术形式决出一、二、三等奖，并于国庆节期间在服装城通乾广场举行戏曲音乐艺术展演。

此后，先后在服装城、亿豪家具城、吉祥广场、般阳广场、鲁泰体育场等地，举办“人防杯”“兴华房产杯”“鲁维制药杯”“上湖御园杯”“泰坤凯港杯”“鲁泰杯”等各届老年艺术节。参赛队伍由第一届的 8 支队伍，增加到第二届的 14 支、第三届的 18 支，一直到后来连年的 22 支。

聊斋俚曲演唱大赛

2008 年底，举办第一次聊斋俚曲演唱大赛。自第七届老年艺术节开始，每届都利用半天时间举办聊斋俚曲演唱专场比赛或者聊斋俚曲戏展演。2015 年的第九届老年艺术节，在区委宣传部、区文化旅游局的支持和协助下，经市委宣传部和市文化部门批准，举办淄博市首届聊斋俚曲演唱大赛。此次比赛参赛范围广、人数多、水平高，高校大学生、中小学生以及社会上聊斋俚曲爱好者争相报名参赛，把聊斋俚曲的演唱推上一个新高度。经初选有 25 名选手参加演唱决赛，评出一等奖 3 个、二等奖 7 个、三等奖 12 个、优秀奖 3 个，为聊斋俚曲的传承和弘扬起到很好的社会宣传效应和推动效应。

淄博市首届聊斋俚曲演唱大赛（2015 年拍摄）

淄砚铭文展

2018 年 12 月 7 日，由西泠印社学术指导，山东印社、淄博市文化广电新闻出版局主办，淄川区人民政府承办的“文心在兹 · 金石华彩”西泠印社社员创作淄砚铭文展开幕式在淄川博物馆举行。中国文联副主席、西泠印社副社长兼秘书长陈振濂，浙江省委原常委、省军区原政委马以芝，西泠印社党委副书记王宏伟，西泠印社理事、山东印社社长范正红，西泠印社参展大师，省内外文化领域特邀嘉宾，省、市、区有关领导和部门负责人出席活动。此次活动邀请有“天下第一名社”盛誉的西泠印社 74 位社员集体创作淄砚铭文，同时制作展出 31 位历任西泠印社社长、先贤砚铭作品，在中国书法和篆刻史上尚属首次。山东工艺美术大师、砚铭文化传承人常宗林及其团队创作完成 105 件淄砚砚铭作品并连同 74 位西泠印社社员砚铭手稿全部捐献给淄川博物馆。

2019 年 9 月 26 日，庆祝中华人民共和国成立 70 周年“镌铭书典 · 金石传承”当代名家题刻中华传统文化典故淄砚铭文展在淄博市文化中心中国陶琉馆开幕。浙江省委原常委、省军区原政委马以芝，西泠印社有关负责人及参展大师，省内外文化领域特邀嘉宾，市、区有关领导及部门负责人出席活动。本次展览共有92位艺术大师作品参展，其中有陈振濂、童衍方、吕国璋3位西泠印社副社长为代表的82名西泠印社社员作品，还有以海军中将康成元、中国文房四宝协会会长桑福金、中国艺术研究院中国书法篆刻院骆芃芃院长为代表的10名特邀艺术家作品。参展艺术家包含4位中国书法家协会副主席、42位西泠印社理事和中国书法家协会理事。开幕式上，淄川籍在外工作老领导马以芝将军向淄川博物馆捐赠墨宝——《淄砚铭》书法长卷。此次淄砚铭文展以《习近平用典》中引用的齐文化典故为代表的92个传统文化典故为内容，由山东省工艺美术大师、砚铭文化传承人常宗林带领的砚师团队分别将艺术家们的书法作品镌刻在不同款式的宋坑淄砚上。此次淄砚铭文展由西泠印社、山东印社、中共淄博市委宣传部联合主办，淄博市文化和旅游局、淄川区人民政府承办，展览为期一个月。

“镌铭书典·金石传承”当代名家题刻中华传统文化典故淄砚铭文展上，陈振濂题写的砚铭作品（2019年拍摄）

第二节　文艺团体

自发组织的业余剧团，自娱自乐，一直是广大群众特别是农民群众参与文艺活动的一种组织形式。淄川业余文艺团体有广泛的群众基础。1986年，全区有业余剧团15个。1996—1999年，组建10个较为正规的业余剧团，以排演京剧、吕剧、五音戏传统剧目为主，亦有现代剧目和小品、舞蹈、演唱等。2002年，文艺团体发展到36个。影响较大、活动时间比较长的主要有城二村农民管弦乐团、洪山地区吕剧团、岭子镇戏迷俱乐部、商家镇红星村五音剧团等。至2019年，全区民间业余文艺团体发展到300余个，以民间剧团、艺术团、广场舞队为主。其中，能表演整场剧目或演出、具备较完善演出设施的民间剧团队有40余家。

东省庄吟腔戏剧团

洪山镇东省庄的吟腔戏自1860年由笛梆子戏演员单兆玉开始教学，到1962年共经历了102年，培育了四代演员，形成了四个阶段。

第一个阶段，即单兆玉亲传的“三胜班”时期，除吕福胜、常静胜、田福胜外，还有扮演文武花旦、外角的王妮子、王德莲等。第二阶段，于 1905 年出台，主要演员分别为扮演武旦、花旦、须生、文武小生、黑头花脸、外角的王培臣、王生元、谭纪禹、栾凤修、王兆元、栾凤鸣、老谭三等。第三阶段的演员于 1928 年出台，演员主要有宋傅生、王光禄、韩发晋、宋傅发、韩发俊、宋作中、孙成功等。宋傅生 21 岁登台，80 岁寿终，是第四代演员的传授人。第四阶段的主要演员达 10 人，主要有王光浦、王代元、韩发俊、谭玉兴、朱家信、闫立功、韩其礼、王光同等。这一代从 1949 年开始出台，演出活动坚持 13 年。1962 年春节演出《狮子洞》之后，未再演出。

2008 年东省庄吟腔剧团《狐狸精传书》剧照

东省庄的吟腔戏共有 20 余个剧目，主要有《蝴蝶梦》《会仙山》《双增寿》《闹书房》等。

2008 年，王庆厚根据王光浦保存的手抄本《闹书房》戏文加以改编，杨道坤将原来的锣鼓定腔改换成扬琴、二胡、笙、笛等乐器伴奏，将剧目定名为《狐狸精传书》，成为吟腔戏当前具有代表性的作品。至 2019 年，参与区老年大学展演和送戏下乡等演出活动，受到社会各界广泛好评。

民间乐器班

清末民国初，淄川全县有 48 家揽头（专门揽办婚、丧、庆、喜工事的民间吹鼓手），经常到各地演奏。其中金马店村的刘道德，系管弦门第，祖孙四代皆会吹打乐器，能熟练演奏 40 多首乐曲，配唱 50 多出戏，组织过 20 多人的鼓吹乐班，声誉甚高，曾应聘赴桓台县参加 100 多人的鼓吹乐队。中华人民共和国成立后，多次参加过县、市文艺会演。1958 年人民公社成立时，杨寨公社成立了 50 多人的文工团，刘道德被聘为该团导演和音乐指挥，为自编剧《七仙女逛公社》编配了前奏和舞蹈部分的伴奏乐曲，受到政府的表彰和奖励。其后停止演出活动。

法家村五音剧团

法家五音戏起源于 20 世纪 20 年代，由五音泰斗邓洪山（艺名鲜樱桃）于 1928 年传至法家村，并成立剧团。五音戏特点一是“娃娃腔”较多，有“一板娃”“二板娃”“山坡羊”等调，“旦”行占第一位。法家五音戏第二代传人孟宪芳，是邓洪山的门生，她扮相俊美、台步优雅，1958 年曾在淄博五音剧团饰演青衣花旦，在《彩楼记》中饰演刘瑞莲，在《王小赶脚》中饰演二姑娘，唱

1968 年高兰英演出《婆媒嫁》剧照

腔脍炙人口，深受广大群众喜爱。特点二是武戏，师承董亦修、董衍凯，与东路“周姑子”张举珍一脉相承，代表作品有《北平府》《西齐州》《劈山救母》《乱石山》等。该团后由第三代传承人高来长、第四代传承人商义德任团长。演职人员先后有百余人，名角 50 人。至 2019 年底，仍保留老戏装和头饰 26 件，保留剧目十几部，演职人员 36 人。每年春节和重要节日，在淄博市淄川区、博山区、周村区及邹平市演出 20 余场。参加淄博市第二届小戏调演获二等奖。

聂村业余剧团

建于 1945 年。剧团的前身是欢庆日本侵略军投降时组织的慰问军属、欢庆胜利的秧歌宣传队，1945 年春节发展到三四十名演员。在对敌斗争、动员参军、生产运动中排演了《宝山参军》《小二喜参军》《王虎参军》《一切为了前线》《亏了谁》《斗争黄鼠狼》《庄阎王》《锅大缸》《白毛女》《小放牛》《王秀鸾》等剧目。1947 年国民党军队占领淄川时，业余剧团随解放军转战到惠民、利津、阳信、商河等地。是年底回淄川后，业余剧团 30 多名演员编入县宣传队，到全县各地宣传土改政策。1948 年，业余剧团返回故乡，一面生产一面演出，深受群众欢迎，曾受到党和政府表彰奖励。1965 年参加区、市会演，演出了《谁依靠谁》。是年 11 月，封明辉等代表剧团出席全国青年业余文艺创作积极分子代表大会，受到领导人的接见并合影。其后停止演出活动。

暖石坞村笛梆子戏剧团

1995 年笛梆子戏剧团演出剧照

剧团成立于 20 世纪 50 年代，共排演传统戏剧 50 多种，先后参加庙会演出、乡镇文化会演、春节期间到乡村演出等。1964 年，市京剧团的杨淑萍、赵传国等人到暖石坞演出《红嫂》《朝阳沟》等，剧团演员抄写了剧本，改为笛梆子调排练演出。“文化大革命”期间，剧团排练“革命样板戏”京剧《红灯记》《智取威虎山》、吕剧《红嫂》《三回船》等。1978 年排练笛梆子套戏《王宝钏》系列、《杨家将》系列，以及《秦香莲》等30余个剧目。

1998年，因区里扶贫搬迁工程，剧团人员分散到不同村庄，不易集中，演出活动中止。2005年，淄川开展非物质文化遗产项目普查，对笛梆子戏进行挖掘，寻找传承人恢复剧团。在2006年全区非物质文化遗产项目展览启动仪式上进行笛梆子戏展演。此后未再有演出活动。

前进京剧团

建于1953年，共有演员30余人。剧团于1957年撤销后，部分演员分别并入张店区中华剧团和博山区新艺剧团。1958年，博山县撤销，原属该县之民营"鸣新京剧团"移属于淄川区，共有演员40余人。通过整顿，改为淄川京剧团。1960年剧团撤销，部分演员充实到淄博市京剧一团、二团及市五音剧团。

小百锡五音剧团

昆仑镇小百锡村自1953年始，历经几代五音戏传唱者的传承，于1999年11月由赵宗科组建五音剧团并担任团长，有演职人员25名，行当有花旦2名、青衣1名、老旦1名、彩丑2名、小生2名、老生1名、剧务1名、音响师1名、舞台监督1名。剧团拥有二胡7把、音箱4个、京胡3把、调音台2台、笛子3支、板胡2把、扬琴1架，其他乐器多种。

剧团自成立以来，以"传承地方戏曲，活跃群众文化生活"为宗旨，利用农闲业余时间编排五音戏《彩楼记》《双凤诰》《王小赶脚》《借年》《龙凤面》等十多出戏曲节目，于闲暇节庆期间在厂矿、农村、街道演出，受到广大观众的好评。先后8年在淄川区文艺调演和元宵节戏会展演活动中

2012年1月，山东省委宣传部、山东大学地方戏调研团到昆仑镇小白锡五音剧团调研时合影

被评为优秀民间剧团。2006 年，在全市文艺展演活动中，被评为优秀民间剧团，奖励扬琴、板胡、二胡、锣、镲各一套。2012 年 1 月，省委宣传部、山东大学地方戏剧调研团到小百锡五音剧团进行地方戏调研。至 2019 年，一直参与全区的文艺演出活动。

双河村五音剧团

成立于 1953 年，演员 20 余人。主要是节庆时排练部分传统剧目在乡村演出。1978 年，剧团因演员年龄老化停止活动。2001 年 3 月，剧团恢复活动，团员 50 人，投资 1 万元，购置服装、道具，排演大型连台剧本戏《莲花盏》《白玉楼》，以及《王小赶脚》《赵美蓉观灯》《穆桂英搬兵》等剧目，还排演歌舞《中国功夫》等节目。2005 年剧团停止演出活动。

城二村农民管弦乐团

1965 年，城二村成立城二村农民管乐团，初由 5 人组成。1969 年有号手 12 人，鼓手 4 人，1978 年、1985 年、1990 年三次添置乐器和增加人员，并改名为管弦乐团。1986 年，乐队发展到 41 人，有乐器 41 件。1999 年，有鼓、号、大小提琴等乐器 60 件，演出人员 55 名。

1986 年，参加全市群众业余文艺会演获优秀节目奖。1987 年 11 月，淄博市首届农民音乐会在淄川区人民会堂举行，五区三县几百人参加。管乐团演奏歌唱表演城二村歌《金色的凤凰》获冠军。该歌是全省第一支村歌。1988 年，应邀参加山东电视台迎新春文艺晚会。1991 年 5 月，《人民日报》第三版刊登了《金色的凤凰》一文，介绍城二村管弦乐团发展壮大及成长发展史。

1993 年 3 月，代表淄博市农民文艺演出团在山东师范大学礼堂演出，省、市领导和千名大学生观看演出，乐团受到省长赵志浩的接见和称赞。10 月，在淄博市委七次党代会会议期间演奏国歌、国际歌和进行曲。1994 年，参加首届中国淄博陶瓷琉璃艺术节开幕式，演奏《迎宾进行曲》《在希望的田野上》《我们走在大路上》等，精彩的表演博得观众的阵阵掌声。中央电视台《文艺园地》栏目播出这次演出盛况，乐团被誉为“迷人的乐队”。

1995 年 10 月，应邀赴京参加第二届中国农业博览会。乐团的列队表演演奏博得国家领导人、外国使者及观众的喝彩。

1995 年 10 月，城二村农民管弦乐团应邀参加第二届中国农业博览会

2003年，随着经济形势的变化，乐团活动逐渐减少，人员渐渐流失，最后自动解散。

北关村农民轻音乐队

1984年底，淄城镇北关村投资近万元组建30余人的轻音乐队。主要乐器有铜管、木管、小提琴、电子琴、架子鼓等。至1986年，逐渐停止演出。

东工村农民轻音乐队

1985年，洪山镇东工村投资近万元组建农民轻音乐队。主要乐器有铜管、木管、小提琴、吉他、电子琴、架子鼓等。其后活动减少，直到1988年停止。

西河海天艺术团

1993年，西河镇文艺爱好者自发组织参加各类演出。自编自演小品剧《生男生女一个样》获“农信杯”一等奖，并在市电视台展播。自编自演的表演唱《人人都要学习法》获区二等奖，并在全区巡回演出。2007年，正式成立艺术团，李绍敬任团长，团员30多人，配有专业音响、摄像机、照相机、灯光、幕布、道具、戏服等设施设备。排练了《小姑贤》《婆婆》等20余个节目，积极参加全区文化惠民送戏下乡，共计演出近150场次。在全区老年艺术节比赛中连续十年获奖，获得淄川区优秀民间剧团称号。成立以来，至2019年累计参加各种演出近1000场次。

2007年西河海天艺术团演出剧照

宋家吕剧团

1996年，由宋家村部分戏曲爱好者组成。先后排演《李二嫂改嫁》《墙头记》《小姑贤》等剧目十余个，利用工作之余和农闲时节到厂矿企业、乡村学校慰问演出。1999年，排演吕剧现代戏《军嫂》等，在部队驻地及乡镇义务演出。至2002年底，剧团演职人员33人，累计演出60余场。不久，因各种原因解散。

红星村五音剧团

1996 年建立，演员 24 名。先后排演古装戏和反映尊老爱幼、计划生育等现代剧目 10 个。排演古装戏《彩楼记》《双封诰》等多次参加区会演、调演活动。至 2002 年底，剧团演员 29 人，先后演出 28 场次。至 2006 年停止演出活动。

淄博民声豫剧团

1997 年 7 月，罗村地区的宋兆安、王金等人自筹资金组建，演员 20 余人。先后排演现代戏《朝阳沟》和本团创作的《红果岭》《九品村官》《婆媳怨》《桃花泉》等剧目。1998 年，山东电视台对该团宣传土地法的现代豫剧《九品村官》进行专题报道。至 2002 年底，剧团演员发展到 31 人，先后演出 80 余场。2009 年后，剧团未再演出。

洪山地区吕剧团

成立于 1997 年 8 月，团长崔允恒，团员 40 余名。后改为淄川吕剧团。剧团以排演讴歌社会道德风尚、群众喜闻乐见的优秀传统剧目为主，利用节假日和农闲时节送戏下乡。1999 年，剧团应邀前往平邑县演出，受到当地群众欢迎。先后 3 次参加市民间剧团展演，获"淄博市民间十佳剧团"称号。2019 年，排演《三背娘亲》参加全市小戏比赛获优秀奖。每年参加区文化惠民送戏进村活动，承担送戏任务年均演出 50 余场。主要有《龙凤面》《井台会》《银杏树下》《胡林抢亲》《墙头记》《姊妹易嫁》等 10 多个演出剧目。

岭子镇戏迷俱乐部

1998 年，岭子镇戏迷自发组建，吸纳发展会员 120 名，以演唱吕剧、五音戏、京剧为主。先后排演《小姑贤》《小姑不贤》《闹房》《墙头记》《借年》《借年之后》《喝面叶》《两亲家顶嘴》等传统吕剧及京剧选段，并创作排演小品吕剧《亲家俩》、小品五音戏《农家喜迎国庆》、吕剧锣鼓《夸一夸》、小品剧《一家人》《瞧这一家

2015 年岭子镇戏迷俱乐部演出剧照

子》、小品《富翁过海》等节目。2002年，剧团46人，利用节假日及农闲时节，在本镇及周边地区先后演出120余场。至2019年底，发展成为岭子镇主要的文艺团体，多次代表岭子参加区演出并获奖。在俱乐部的带动下，岭子镇先后成立宝山戏迷俱乐部、南坡村五音戏小剧团、赵家楼戏迷俱乐部等乡村小剧团，成为农村文化建设的一支生力军。2016年11月，中央电视台对岭子镇的五音戏传承情况进行报道。

淄川俚曲戏剧团

1998年，磁村戏曲爱好者、民间老艺人李慎濂个人投资7万余元创建，演员21人，排演剧目有聊斋故事剧《人鬼缘》《祯姑》《青梅》、现代戏《有钱就是爹》《为孙女干杯》及吕剧《龙凤面》《小姑贤》《喝面叶》等。剧团先后在磁村、淄城、洪山、商家、杨寨、双沟等乡镇和博山区的蕉庄荫柳、叩家庄、董家沟等村庄演出50余场。2001年9月，因经费不足、排练场地困难等问题自动解散。

淄川区老年艺术团

1998年12月建立。成员来自机关、企事业单位退休和退居二线的干部、职工，还有部分村民、个体业户及在职职工共45人，分设舞蹈队、演唱队、乐队及电工组，创作组、舞美组、服装组、道具组、剧务组等，皆为兼职。灯光、音响、幕布各1套，各种道具、乐器100余件，服装178套。该团本着自愿参加、乐于奉献、不计报酬、活跃生活、服务社会的宗旨，创作排演音乐、舞蹈、戏曲、小品等节目30个。先后到杨寨、龙泉、太河、口头、东坪、寨里、双沟、商家、昆仑等乡镇村庄，以及厂矿、企业、部队、学校演出。2000—2002年，代表淄川区参加市“夕阳红”文化艺术活动周暨第二届老年人文艺会演，舞蹈《常青指路，奔向红区》获一等奖、《乐悠悠》获二等奖。其后，艺术团停止活动。

我庄民间艺术团

创立于1999年，团员30人。至2002年底，先后排演吕剧《小姑贤》《姊妹易嫁》及小品、歌曲等多种形式的文艺节目，演出60余场。此后，艺术团解散。

淄川服装城京剧团

成立于1999年，是以服装城个体业户中的京剧爱好者为主，吸纳淄川地区部分京剧票友参加的业余文艺团体。演出《玉堂春》《望江章》《武家坡》《六月雪》《苏武牧羊》等20余个传统京剧剧目，以及《红灯记》《沙家浜》《智取威虎山》等现代京剧选场。2002 年，该剧团解散。

泉龙聊斋俚曲戏剧团

2011 年泉龙聊斋俚曲戏剧团拍摄实景电视剧《青梅》剧照

2001 年建立，由 31 人组成，其中乐队 11 人。剧团以弘扬聊斋文化、促进社区两个文明建设为宗旨，对《祯姑》《凤仙》《青梅》《求骂》《学道》等聊斋故事剧本进行创新。2002 年 4 月，在洪山镇土峪村将俚曲戏《青梅》拍摄成实景电视剧。是年底，剧团演职人员 38 名，乐器近 60 件，累计演出 48 场。2006 年，以泉龙社区为主组织成立淄博市剧协泉龙聊斋俚曲戏剧团，在山东省“庄户剧团”调演中获“优秀庄户剧团”称号。2007 年，成立淄川区聊斋俚曲艺术团，大部分团员加入其中，泉龙聊斋俚曲戏剧团解散。

淄川区戏剧曲艺家协会吕剧团

成立于 2005 年。有演职人员 30 人，其中演员 15 人、乐队 11 人、剧务 4 人，常青任团长。先后排演《恩怨情》《三娘教子》《小姑贤》《小姑不贤》《墙头记》《姊妹易嫁》《搬窑》《拾玉镯》《喝面叶》《三拉房》等十几个传统剧目，深入工厂、矿山和乡镇农村等地进行演出，每年均在 25 场以上，并在历届淄川区老年艺术节戏剧比赛中获奖项。主要演员师从于山东省吕剧院表演艺术家刘淑荣、孔令文，乐队受训于山东省吕剧院国家一级演奏家耿殿文，演员常美、汪训荣、刘珂、张玉兰、路士标多次获市、区比赛奖项。2014 年，改编排练具有淄博特色的鲁中梆子大型现代廉政剧《大爱无疆》，先后到乡镇农村和大型企业巡回演出 60 多场次，观众达 3 万多人。2017 年，以三台山敬老院院长王福荣的事迹为蓝本，创作改编大型吕剧《芙蓉飘香》。至 2019 年排练反映农村题材孝敬老人大型现代戏《银杏树下》，送戏下乡演出 70 余场。同时，积极参加淄博市小戏展演，《大爱无疆》《夙愿》《奇缘》《心结》《初心依旧》《忘却的母爱》等 6 部小戏分别获二、三等奖。演员常美两次获淄博市小戏展演“优秀演员奖”。

淄川鲁川戏剧团

成立于2005年10月。由车爱娟组建并担任团长，有演职人员22名。演员行当中有花旦2名：徐文娟、许传花；青衣3名：车素芹、张桂莲、车爱娟；老旦2名：周克芹、郑立春；彩丑2名：车爱娟、许传花；小生2名：王俊玲、贾希珂；老生2名：张辉文、王俊玲。剧务1名、音响师2名、舞台监督1名。剧团有音响5套、调音台2台、二胡4把、京胡3把、扬琴2台、五音胡2把、板胡1把、柳琴1台、三弦1把、吉他2把、笛子2支、笙1个。

2005年鲁川艺术团演出剧照

剧团自成立以来至2019年，以传承地方戏曲、活跃群众文化为宗旨，利用农闲业余时间，编排吕剧《小姑贤》《墙头记》《恩怨情》《王小赶脚》《王汉喜借年》《墙头记后传》、现代吕剧《有钱就是爹》、五音戏《亲家母顶嘴》等十多出戏剧节目，常年在厂矿、企事业单位和农村街道演出1200余场，在全区广泛开展的文化惠民戏剧下乡演出活动中演出230余场，被称为“庄户人的贴心剧团”。该团先后在“鲁泰杯”“鼓浪屿杯”等老年艺术节活动和“新春戏会”中获奖20余次，被评为优秀民间剧团。团长车爱娟于2011年3月获山东省文化厅颁发的“山东省农村优秀人才”荣誉称号，在“淄博义乌小商品城杯”全市民间剧团展演活动中，被评为“十大名丑演员”称号，在首届淄川“中国人寿杯”社区文化艺术节活动中获“优秀演员”称号。

淄川区汇源京剧团

2006年正式成立。由李云担任团长，先后排练现代京剧《红灯记》《沙家浜》《智取威虎山》《白毛女》主要选场，传统京剧《红娘》《金玉奴》《六月雪》《望江亭》《玉堂春》《遇皇后·打龙袍》《武家坡·大登殿》《秦香莲》《金龟记》《座宫》《赤桑镇》《桑园会》《三娘教子》等十几出剧目。曾用名淄川区文化娱乐协会京剧团、

2006年汇源京剧团演出剧照

服装城京剧团。演员生旦净末丑行当齐全，鼓师、琴师相对专业，由建团时的20余人发展到40余人，每年为观众演出100余场。该团曾多次获奖：2011年获山东省优秀民间剧团展演一等奖；2008年、2011年、2012年、2014年、2015年5次获得淄博市优秀民间剧团展演一等奖；2008—2019年连年获淄川区老年艺术节一等奖，并获十年连贯奖。该团演员有6人在市级展演中获表演艺术家奖，12人获优秀演员奖，多次在全国、省、市票友大赛中获优异成绩。至2019年，共为观众演出1700余场次。

淄川区聊斋俚曲艺术团

2008年7月19日成立。《中国文化报》以《“聊斋俚曲”有了艺术团》为题进行报道。聊斋俚曲艺术团建团后，创编、排演15出聊斋俚曲戏，即《求骂》《带着奶奶做新娘》《祯姑》《钟妹庆寿》《渔翁和城隍》《丫头大主任》《狐狸精闹书房》《环保卫士》《新编墙头记》《珊瑚曲》《油篓坟》《拉坟》《姊妹易嫁》《少年夫妻老来伴》《般阳桥》，还有一出说唱剧《学究自嘲》及十几首曲牌演唱。将部分聊斋俚曲戏及部分曲牌演唱分别制作成《聊斋俚曲戏集锦》和《聊斋俚曲曲牌演唱、音乐集》光盘，义务发放各群众文艺活动站点，供戏剧爱好者学唱、排演，普及大众。作为淄川地方文化品牌，在省内外进行文化交流，扩大对外影响，加大对聊斋俚曲的传承力度。艺术团编导、乐师、制琴师等集思广益，根据聊斋俚曲的唱腔特色研制出一种主奏乐器——俚胡，并设计出“聊斋俚曲戏”专用标志，山东省戏剧家协会认定聊斋俚曲戏为中国新的地方剧种。

2010年9月，山东电视台特邀聊斋俚曲艺术团代表淄博地区参加第二届“谁不说俺家乡好”山东地方文艺电视大赛。75岁高龄的陈倩和11岁的聊斋俚曲少儿培训班学员韩晓霜联袂演唱聊斋俚曲曲牌《金纽丝》，使聊斋俚曲这株艺苑奇葩在山东省文艺舞台上绽放出一道亮丽的光彩。

2010年聊斋俚曲艺术团汇报演出剧照

2012年11月13日，在淄博鲁泰纺织股份有限公司的扶持下成立淄博鲁泰聊斋俚曲剧团。2015年，剧团已发展成相当规模，社会影响力越来越大，被山东省委宣传部命名为山东省振兴地方戏曲示范基地，于2015年12月24日，成立淄博市聊斋俚曲剧团有限公司，开创国内唯一一家以传承国家非物质文化遗产——聊斋俚曲为宗旨的民营剧团。至2019年，剧团有演职人员51人，拥有300多平方米的办公演出活动场所，有大型舞台演出车一辆，道具专用货车一辆，演员专用大客车一辆，服务面

2013年聊斋俚曲戏《渔翁和城隍》剧照

包车一辆，大型组合舞台一套，高级灯光、音响、专用服饰、道具等固定资产价值300余万元。

该团多次获市、区文化建设工作先进单位、非物质文化遗产传承工作突出贡献奖、淄博市优秀民间剧团、“文艺精品工程”优秀作品奖等。多部剧目获省、市文艺奖项，成为传承蒲翁俗文化、专门编演聊斋俚曲戏的特色民间剧团。2019年，《国家级非物质文化遗产代表项目保护单位名单》公布，淄川区聊斋俚曲艺术团获得“聊斋俚曲”项目保护单位资格。聊斋俚曲戏《求骂》荣登中国滨州·博兴第六届国际小戏节舞台，获中国剧协艺术发展中心授予的“最佳剧目推荐奖”。这出戏几经打造提升相继荣获第二届山东“泰山文艺奖”三等奖、第二届山东省农村地方戏大赛二等奖、首届山东地方戏新创作小戏展演二等奖、中国十艺节山东省“星光奖”金奖、华东六省一市戏剧大赛银奖。

至2019年底，剧团文化惠民送戏下乡公益演出400余场次，观众达15万余人次，传承弘扬了聊斋俚曲和聊斋俚曲戏，受到百姓的热烈欢迎。

淄川裕众艺术团

成立于2010年11月29日。由李绍儒担任团长，该团演职人员共20人。该团演员、乐队相对专业，先后排练吕剧传统戏《小姑贤》《姊妹易嫁》《借年》《借年之后》等10余出，每年为厂矿、农村、街道社区及老年中心送戏几十场。该团多次参加市、区调演、会演活动，并多次获奖。

2010年裕众艺术团成员合影

淄川幸福乐坊艺术团

2012年7月成立，是由退休的老干部、老教师、老职工组成的业余文艺团队。自成立后，坚持正确的文艺活动导向，以“传播正能量，唱出好声音”为己任，到敬老院、部队、社区进行慰问演出，并积极参加文化惠民下乡演出，共演出200余场，被评为优秀民间剧团。

2012年幸福乐坊艺术团团员合影

该团有民乐队、声乐队、舞蹈队、旗袍队等演员70余人。该团团长王庆厚是区信访局原局长，创作戏剧、快板、歌曲等30余篇。其中改编的俚曲戏《狐狸精传书》、柳琴演唱《文明城市咱创建》，歌曲《请来淄川看一看》《老两口学民法典》、群口快板《听咱说说民法典》《奋力开创新局面》《喜迎建党一百年》等，参加市、区专场演出受到领导和观众一致好评。

淄川区颐泽京剧社

成立于2012年，社长郑兰菊，副社长兼秘书长孙继孝，副社长张慎学、田中平、刘汉彩。京剧社经常送戏到社区、老年公寓、学校等地，年年举办庆新春颐泽京剧演唱会。

2015年7月25日，郑兰菊与恩师中国戏曲学院教授、教育家、京剧大师张君秋的亲传入室弟子蔡英莲共同策划“纪念张君秋诞辰95周年”张派名家走进颐泽社区与颐泽票友举办大型联谊演唱会。名家名票的精彩演唱和表演受到观众的热烈欢迎，还有济南、滨州、东营等地的戏迷票友赶来观看。7月26日，京剧大师张君秋先生艺术传承基地揭牌仪式在颐泽社区举行。中央电视台《戏曲采风》栏目、中国京剧网、咚咚锵中华戏曲网等新闻媒体对此次张派名家走进颐泽社区系列活动进行跟踪报道。

2017年1月13日，在淄博剧院举办2017颐泽京剧社迎新春京剧票友演唱会。其间，山东京剧票协票房联合会会长金兆铎到现场和颐泽京剧社票友们同台演唱，并代表山东京剧票协票房联合会授予颐泽京剧社“山东张派票友之家”称号。是年，为纪念京剧大师张君秋逝世20周年，6月23日在淄博剧院举办“张派流芳 君艺千秋”张派名家与山东张派名票大型演唱会。6月24日在颐泽社区举行山东张（君秋）派京剧票友联合会成立大会，张君秋京剧艺术研究会会长、张君秋之子张学浩和山东省戏剧家协会副主席、张君秋亲传弟子、儿媳董翠娜为联合会授牌，颐泽京剧社社长郑兰菊当选为山东张派京剧票友联合会会长。

2018年5月6日，颐泽京剧社应长安大戏院之邀，到北京参加“走进长安戏曲之门”京剧名家名票联谊演唱会。颐泽京剧社进京演出的主题是“新时代梦想　40年礼赞”，选送的20多个节目中，有10个节目参加演出，有青衣、花脸、老生、老旦，最大亮点是社长郑兰菊指导的3位小演员郑小瑜（6岁）、郑明君（8岁）和王资元（8岁）演唱的《智斗》。国家级非物质文化遗产张派传人蔡英莲先生赶到长安大戏院为徒弟郑兰菊把场，现场为票友指导。山东京剧票协票房联合会会长金兆铎为颐泽京剧社助演。社长郑兰菊在文化和旅游部举办的2018“晓月杯”全国京剧票友大赛中获金奖第一名。2018年颐泽京剧社获“和平杯”全国金牌票房的荣誉称号。

2017年颐泽京剧社郑兰菊（左一）演出剧照

南坡五音剧团

成立于2014年。剧团位于淄川区岭子镇南坡村，有20余名演员。演出剧种为当地特色剧种五音戏，主要剧目有《彩楼记》《双凤诰》《亲家婆顶嘴》《王小赶脚》《北平府报号》等。团长邱慎清，剧团顾问吕向明。有二胡、低胡、扬琴、三弦等乐器，有小型DV、无线麦克、高频音箱等设备。剧团曾接受央视《发现之旅》栏目组拍摄，也曾受邀录制淄川电视台节目。

淄川区旗袍协会

2019年淄川区旗袍协会母亲节演出活动

2015年成立。每年参加省、市、区组织的各种公益演出达200多场次，并组织小分队穿梭于老年公寓、山区村落、部队及校园进行捐赠及慰问演出。协助牛记庵风景区完成每年一届旗袍节演出。2019年，在体育公园成功组织完成千人庆国庆《花开中国》大型活动拍摄工作。代表淄博市老干部参加省、市老干部艺术节会演，获金奖、特别奖和创新奖。至2019年，人数从刚组建时的30多人发展到几百人，还添加了戏曲、舞蹈、健康讲座、化妆技巧、插花、茶艺、消防培训等各种活动。

梦之旋艺术团

2019 年梦之旋艺术团演出场景

2015 年成立。由昆仑镇文化中心管理，共有志愿演职人员 60 余人，下设合唱团、舞蹈队、声乐队等。音响、灯光、投影等舞台演出设施齐全，固定排练场所 3 处，共计 300 多平方米。创始人贝文云兼艺术总监，并担任指导老师。

该团成立后，立足昆仑，唱响淄川。积极组织参加送文化下乡演出 110 场，公益爱心敬老院演出 26 场，军民联欢演出 20 场，国庆大型演出 24 场，市、区调演节目 30 场。至 2019 年底，累计演出 236 场次。该团原创的大合唱《昆仑之恋》、音乐快板《昆仑特色小镇欢迎你》、歌伴舞《壮丽航程》多次参加市区大型文艺演出和下乡演出，获得各级表彰，受到群众欢迎。

淄川区老年大学京剧团

成立于 2016 年，有演职人员 98 人。该团成立后，先后排演京剧《红灯记》《玉堂春》《红娘》《白蛇传》《春秋配》《三娘教子》《武家坡》《文昭关》等十几个剧目，积极参加文化部门组织的文化惠民下乡演出，保证演出场次和演出质量。经常组织公益演出送温暖活动，到敬老院、学校进行慰问演出，讲解京剧知识，传承戏曲文化。先后在淄川区老年艺术节戏剧比赛中获一、二等奖。同时配合党的中心工作，编排大型现代京剧《山梦》，参加淄博市优秀戏剧展演，荣获三等奖。

淄川乡音戏剧团

2016 年成立。人数 16 人，主要演出五音戏《王小赶脚》《亲家婆顶嘴》等剧目，演员都在 50 岁左右，舞台经验 30 余年。具备服装、音响、灯光等设备，共投资 4 万余元。该团的理念是传承非物质文化遗产，连续 3 年参加淄博五音戏剧节并获优秀表演奖。

西坡地村阳光剧团

2017 年 10 月成立。刘翠芳组建并担任团长，剧团演职人员共 35 人。剧团的节目既有传统京剧，也有革命现代京剧样板戏。2018 年，排练的第一场戏是京剧《女起解》。当年 10 月，在全区戏曲比赛中获二等奖，主演李爱玲。2019 年，排练京剧《钓金龟》和吕剧《都愿意》。京剧主演郑贵玲，吕剧主演崔先记。剧团连年参加全区文化惠民送戏进村演出活动。

淄博仙乡聊斋俚曲艺术团

成立于 2018 年。团长蒲爱清，演员及乐队成员 18 人。总顾问是国家级非物质文化遗产项目聊斋俚曲传承人蒲章俊。演出剧目以聊斋俚曲为主，主要排演聊斋俚曲曲牌《磨难曲》《蓬莱宴》等，以及聊斋俚曲小剧目《墙头记》。该剧团以宣传蒲文化为主，多次接受电视台采访，接受央视综艺频道录像，还曾受邀去台湾演出等。

第三章　文艺奖项

第一节　蒲松龄短篇小说奖

蒲松龄短篇小说奖评选由文艺报社和山东省淄博市人民政府联合主办，淄川区人民政府承办，鼓励富有民族气质、民族风格、民族情感的华语短篇小说作品参评。颁奖典礼在蒲松龄故乡山东省淄博市淄川区举行。

截至 2019 年，蒲松龄短篇小说奖共举办 3 届，分别是 2005 年、2008 年和 2012 年。

2007 年 9 月，首届蒲松龄短篇小说奖颁奖盛典，获奖作者与颁奖嘉宾及演员合影

蒲松龄短篇小说奖评奖自启动后，得到全国各文学期刊社和作家、评论家及广大读者的热情支持。各届征稿、评奖采取文学期刊推荐和自由投稿相结合的方式，由多位作家、评论家组成的评委会经过认真讨论，以无记名投票的方式评选出若干篇优秀作品，斩获相关届别的奖项。这些获奖作品关注现实，风格独特，在思想性与艺术性方面彰显了短篇小说的魅力和水准，反映了 2000—2012 年全国短篇小说创作的实绩。

第一、二、三届蒲松龄短篇小说奖获奖名单

表 2-3-1

届次	作品	作者
第一届（2005 年）	《斗地主》	卢金地
	《去不回门》	林斤澜
	《日子》	陈忠实
	《侯已的汇款单》	晓　苏
	《月光斩》	莫　言
	《天鹅绒》	叶　弥
	《人民的鱼》	苏　童
	《饺子馆》	贾平凹
第二届（2008 年）	《敲狗》	欧阳黔森
	《回答》	陈麦启
	《干涸》	张抗抗
	《白狼镇》	阿　成
	《午夜广场最后的探戈》	徐　坤
	《恭请牢记》	杨少衡
	《巴甘的蝴蝶》	鲍尔吉·原野
	《额尔齐斯河波浪》	红　柯
第三届（2012 年）	《怒目金刚》	韩少功
	《解冻》	迟子建
	《一九七五年的春节》	毕飞宇
	《浮生记》	艾　玛
	《爷爷的“债务”》	李　浩
	《杨村的一则咒语》	阿　乙
	《鲁迅的胡子》	蒋一谈
	《爱情到处流传》	付秀莹

第二节　蒲松龄文艺奖

2013 年 9 月，中共淄川区委、区政府设立蒲松龄文艺奖，是淄川区最高文艺奖。其宗旨是“扶持精品佳作、奖掖精英人才、繁荣文化生活、促进文明进步、提升城市形象”。评选坚持以“二为”方向和“双百”方针为指导，大力宣传和弘扬全区在建设中国特色社会主义伟大历史进程中所取得的伟大成就，反映淄川历史上的重要事件、淄川的风土人情以及与淄川有关的其他重要元素，充分展现新时期淄川文艺创作的特色和亮点。

奖项设 10 类艺术作品奖：一是文学作品类，包括小说、散文、报告文学、诗歌、杂文等；二是音乐作品类，包括器乐作品和歌曲作品等；三是舞蹈作品类，包括古典舞、民族民间舞、当代舞、现代舞、芭蕾舞、街舞等；四是美术作品类，包括国画、油画、版画、水彩画等；五是书法作品类，书体不限，包括毛笔书法、硬笔书法等；六是摄影作品类，包括风光摄影、新闻摄影、静物摄影、人物摄影等；七是戏曲作品类，包括歌剧、舞剧、话剧、情景剧、课本剧、相声、快板、说唱、朗诵等；八是影视作品类，包括电视剧、广播剧、电影、动漫等；九是文石作品类，包括赏石、盆景等；十是工艺作品类，包括工艺美术、民间艺术等实体类作品。有关理论研究类作品与相关艺术作品一起参与评奖，不另单设奖项。

参评范围：凡淄川籍文艺工作者和在淄川工作的外籍人员创作的，并符合评审要求的作品均可申报评选。作品应在传承淄川地方文化、弘扬淄川人文精神、彰显淄川文化特色、扩大淄川对外影响等方面发挥积极作用，并已在一定范围内产生较好社会反响者。文学作品必须在省级以上出版社出版或报刊发表。音乐、舞蹈、戏剧、小品、曲艺作品必须在淄博市级以上宣传、文广、文联及所属各文艺家协会等部门和单位举办的重要文艺赛事、展演活动中获奖或演出。书法、美术、摄影、文石、盆景、工艺类作品必须在省级以上专业报刊发表，或在省级以上宣传、文广、文联及所属各文艺家协会等部门和单位举办的活动中展出或获奖。影视片、广播剧作品必须在淄博市级以上媒体播映。

评选时限：每两年评选一次，首届参加评选的作品发表或获奖时间延至申报前 5 年。每届申报时间为评选当年的 8 月 1 日至 10 月 31 日，评选时间为评选申报当年的 11 月 1 日至 12 月 31 日。

奖励形式：每届每个奖项各评 3—5 件获奖作品，由区委、区政府颁发荣誉证书和奖金各 2000 元。另外每个奖项设提名奖 5 名，只发证书。对获得国家、省精品工程奖、文化部“群星奖”、国家文联及所属各文艺家协会艺术大奖的作品，设立特别贡献奖。经审核确认后颁发证书，并视作品情况给予物质奖励。

截至 2019 年，蒲松龄文艺奖共举办 2 届，分别在 2014 年 2 月和 2016 年 2 月。

第一、二届蒲松龄文艺奖获奖名单

表 2-3-2

届次	获奖作品		作者（获奖者）
第一届	特别荣誉奖（5 件）		聊斋俚曲艺术团、王一君、李秋峰、冯衍明、刘人源
	文学作品类（5 件）	《王继训中篇小说集》	王继训
		《幸运的麻雀》	王昌德
		《齐鲁烟云》	牛　杰
		《时间深处》	赵　明
		《走过那座山》	耿立新

续表 2-3-2

届次	获奖作品		作者（获奖者）
第一届	美术作品类（5 件）	《家园春韵》	李　强
		《花鸟小品》	贾淑杰
		《富春遗韵》	张金辉
		《齐长城》	张道强
		《松风诗韵图》	杜纪龙
	书法作品类（5 件）	《古诗条幅》	刘慧龙
		《隶书册页》	张文德
		《八大山人对联》	苏君向
		《颜真卿书法讲解》	王明学
		《章草》	赵增银
	摄影作品类（5 件）	《昔日荒沙滩今日金沙滩》	赵守军
		《笑脸》	李德泉
		《大凉山》	梁　勇
		《太河秋色》	刘　冰
		《潭溪山秋色》	唐加福
	音乐作品类（3 件）	《聊斋夜语》	吴建勋
		《爱是阳光照人间》	齐立智
		《山东大嫂》	秦克新
	舞蹈作品类（3 件）	《快乐的小狐狸》	齐　文
		《幸福的阿婆》	孙珊珊
		《美了美了》	宋丹丹
	戏曲作品类（3 件）	《狐狸精传书》	王庆厚
		《圆梦》	高建国
		《桃花泉》	宋兆安
	赏石盆景作品类（5 件）	《闹春图》	杨　林
		《一代伟人》	常祖海
		《龙行齐天》	王希信
		《珍珠鱼》	王　建
		《金瓜献瑞》	唐山德
	工艺美术作品类（3 件）	《和心生雅趣》	王一君
		《薄胎婴戏罗汉碗》	李梓源
		《唐诗宋词鲁青瓷微刻八头文具》	李秋峰
	广播影视作品类（1 件）	《蝶吻》	国洪营

续表 2-3-2

届次	获奖作品		作者（获奖者）
第二届	文学作品类（5 件）	《雪斋志异》	王维芝
		《深夜的呓语》	袁延民
		《梦萦乡野》	吴传永
		《履痕》	刘卫东
		《真水无香》	李玉兰
	美术作品类（5 件）	《廊桥寻梦》	宋　军
		《梦绕故乡银装时》	李海涛
		《冬至大野》	赵新建
		《山水》	王世喜
		《假日寻梦》	张延霞
	书法作品类（6 件）	《行书条幅》	刘慧龙
		《欧阳询传略》	孙　良
		《篆刻作品》	孙仲阳
		《录古人诗一首》	陶　哲
		《隶书作品》	张文德
		《小楷扇面》	王明学
	摄影作品类（5 件）	《金秋时节》	刘立江
		《风雨同舟》	陈谋顺
		《柳泉湿地》	郭法强
		《力排众议》	苏　鹏
		《恩爱》	贾世华
	音乐作品类（2 件）	《夜吟聊斋》	吴建勋
		《中国家》	秦克新
	舞蹈作品类（5 件）	《时间都去哪了》	冯　涛
		《讲聊斋故事》	齐　文
		《我的爸爸是警察》	郭梓橦
		《中华美德伴我行》	李亚茹
		《吹响春天》	唐英瑄
	戏曲作品类（7 件）	《大爱无疆》	张宝庆
		《戏曲表演》	郑兰菊
		《新编墙头记》	巩武威
		《乔迁之喜》	高建国
		《爱我家乡》	刘人源
		《丫头大主任》	陈　倩

续表 2-3-2

届次	获奖作品		作者（获奖者）
第二届	戏曲作品类（7 件）	《王六郎》	杨道坤
	赏石盆景作品类（5 件）	《奇峰尽览》	杨　林
		《长寿》	王　建
		《飞龙在天》	刘长青
		《争奇竞秀》	蒲业彬
		《千年芝菇》	王希信
	工艺美术作品类（5 件）	《苏武牧羊》（泥塑）	杨希文
		《中华魂》（石雕）	李信勇
		《韵味禅心》（烙画）	罗光禄、王建泉
		《柳泉砚》（砚台）	许立荣
		《万山红遍》（琉璃）	邢长胜、房　宏
	广播影视作品类（3 件）	《铁流》	高　玲、张玉军等
		《在路上》	孙春晓等
		《道感四字经》	黄玉庆等

第一、二届蒲松龄文艺奖提名奖名单

表 2-3-3

届次	提名奖作品		作者
第一届	文学作品类（4 件）	《往事悠悠》	陈秀兰
		《乡村故事》	孙兆波
		《岁月天籁》	李清河
		《温馨的情》	张成前
	美术作品类（6 件）	《秋意》	赵新建
		《泉壑松云养浩气》	高义胜
		《山水画作品集》	王世喜
		《山水》	宋炳华
		《金风》	徐　明
		《山水》	王书斌
	书法作品类（5 件）	《隶书对联》	常爱国
		《行草》	郭成厚
		《隶书》	刘成友
		《榜书龙字》	辛悦修
		《写经书法》	郭四方

续表 2-3-3

届次	提名奖作品		作者
第一届	摄影作品类（4 件）	《淄河秋色》	陈谋顺
		《美丽太河水库》	孙　宁
		《秀美淄川》	贾世华
		《党的温暖系心间》	吕永纲
	音乐作品类（3 件）	《我心飞翔》	崔俊涛
		《心灵相约》	张红卫
		《摇篮曲》	程　帅
	舞蹈作品类（3 件）	《我的爸爸是警察》	李亚茹
		《我的暑假我做主》	孙燕铭
		《舞动夕阳》	高　璇
	戏曲作品类（3 件）	《悠悠花鼓情》	车倍娴
		《情洒山妹》	张家亮
		《今晚谁做饭》	刘晓芸
	赏石盆景作品类（5 件）	《千层韵》	蒲业彬
		《欲飞》	田根利
		《古齐陶韵》	翟慎栋
		《母子情》	刘长青
		《娃娃鱼》	张　帅
	工艺美术作品类（3 件）	《灵芝纹螭龙砚》	高功成
		《单刀石刻道德经》	刘树增
		《孺子牛砚台》	李居征
	广播影视作品类（2 件）	MTV《四德歌》	司志栋、李　鹏
		MTV《淄川好》	王　星、王　娜
	文学作品类（5 件）	《散板的行歌》	张春玲
		《金种子　银种子》	张成前
		《留恋在海岛上的心》	张成峰
		《蓝草集》	刘炫利
		《昆仑诗稿选》	郑阮林
第二届	美术作品类（5 件）	《云自无心水自闲》	宋　毅
		《南园夏日》	高　丽
		《过雨新林》	张志成
		《梅花树》	王继平
		《硕果累累》	程光会

续表 2-3-3

届次	提名奖作品		作者
第二届	书法作品类（4 件）	《纪念抗战书法》	刘成友
		《行书作品》	魏德斌
		《篆刻》	刘永宽
		《沁园春·雪》	张天安
	摄影作品类（5 件）	《般阳新貌》	董春彬
		《奂山晨曲》	任建国
		《龙腾虎跃》	董建波
		《天地同辉》	张瑞文
		《斑点的记忆》	吕永纲
	音乐作品类（2 件）	《我心飞翔》	雷　雨
		《爹娘》	霍伟义
	舞蹈作品类（5 件）	《草原姑娘》	刘尧尧
		《我在祖国的怀抱里》	王雪梦
		《勇往直前》	张　菊
		《龙抬头》	谭　莹
		《炫舞宝贝》	李　婷
	戏曲作品类（3 件）	《“四德”颂》	高国栋
		《戏曲表演》	王洪兰
		《与父母一起过重阳》	刘晓芸
	赏石盆景作品类（5 件）	《云峰清虚》	王福江
		《守望》	唐山德
		《来自远古》	陈继忠
		《沙漠之舟》	陈　安
		《中华鲵》	张建英
	工艺美术作品类（5 件）	《慈航普度》（刻瓷）	王立玮
		《金麟戏水》（刻瓷）	张海生
		《蒲松龄》（内画）	张　燕
		《补残守韵》（锔瓷）	信　明
		《蕉荫幽居》（装裱）	崔　平

第四章　社会文化先进区建设

第一节　创建社会文化先进区

1990年，经山东省委、省政府批准，省文化厅决定在全省开展创建“社会文化先进县”活动。省文化厅下发《关于开展创建山东省“社会文化先进县”活动的意见》，对社会文化县的要求、标准、评选办法进行部署。区委、区政府成立社会文化工作委员会，指导全区创建工作的深入开展。召开创建社会文化先进县（区）动员大会，号召全区上下积极行动，对照标准，认真搞好社会文化工作。是年始，区委、区政府把文化工作纳入全区国民经济和社会发展的整体规划。每年召开二至三次专题会议进行讨论研究，把文化工作作为对乡镇领导政绩考核的重要内容之一。制定下发《关于明确区直有关部门社会文化职责和任务的意见》，要求对社会文化工作相互配合、齐抓共管。区、乡镇政府对文化事业的投资逐年加大，财政支出中用于文化事业费超过1%，业务经费逐年递增20%以上。

1990年至1991年5月，区财政先后拨款140多万元，用于全区的文化建设，发动社会力量向区图书馆捐献书籍达3.5万册。时有乡镇文化站23个，文化活动中心16个，文化大院351个，文化室136个，影剧院11个，图书室23个，藏书总数达23万册。区文化馆、图书馆加强对基层的业务辅导，专业文化工作者用五分之四的时间下基层辅导，抓创作和演出队伍建设。区文化馆建立少儿艺术团、青年艺术团、老年艺术团和妈妈合唱团，创作、排练节目506个，先后举办大型文艺演出100场次。

1991年5月，省委、省政府授予淄川区全省社会文化先进区称号，在首批受表彰的12个区（县）中列第七位。

1993年5月淄川区荣获全国“文化先进县”锦旗

1993 年 5 月，文化部授予淄川区“文化先进县（区）”称号。5 月 10 日，在济南召开的全国文化先进县经验交流会上，淄川区被文化部授予“全国社会文化先进县（区）”称号，排在全国 12 个先进区、县的第 3 位。中央新闻纪录电影制片厂摄制组历时 50 天，拍摄反映淄川区社会文化工作成就的纪录片《金色的凤凰》。上海、贵州等 54 个省、市单位 500 人次先后到淄川考察学习。

1997 年，省文化厅两次对社会文化先进县进行复评。区委、区政府成立社会文化先进县复查工作领导小组，设立办公室，负责具体协调、指导复查工作，组成督导组到基层督促落实。全区上下以节庆文化活动为主线，以活跃群众文化生活为中心，以创建活动为总抓手，不断巩固和发展创建成果，顺利通过省文化先进县复查。

2001 年，原淄博工艺美术研究所改建成现代化图书馆，设施完备、功能齐全，集书刊阅览、网上读书、信息交流、娱乐活动于一体，采编、借阅、管理自动化。乡镇街道文化站形成四种类型：以龙泉镇为代表的影剧院为中心，自成体系型；以杨寨镇为代表的设施实行镇村合一，避免重复建设型；以峨庄、东坪、罗村等乡镇为代表的文化活动中心与成教中心相结合，资源共享，优势互补型；以岭子、黑旺、黄家铺等乡镇为代表的文化、电视广播两站合二为一，推动广播事业发展，促进文化工作深入开展型。区、乡镇、村三级文化网络建设进一步完善和提高。2002 年，全区乡镇、街道文化站 22 个，村级文化大院 381 个，达到村总数的 83.4%。全区新增文化阵地 8360 平方米、图书 54382 册。2004 年，全区新增文化阵地 3000 多平方米、新增图书 10 余万册，区图书馆被评为国家“一级图书馆”，率先在全省开通了第一家区县级网站。拍摄电视专题片《般阳大地发春华——淄川区社会文化工作掠影》。组织参加全省文化广场评选、全省 100 个社会文化先进乡镇评选等活动，其中龙泉金圈文化广场被评为省级优秀文化广场。全区社会文化事业健康发展。

第二节　创建社会文化先进乡镇

1990 年始，区委、区政府结合社会文化先进县（区）的创建活动，部署社会文化先进乡镇创建工作。要求以《山东省乡镇文化站试行标准》为依据，从组织机构、队伍建设、设备条件、业务建

1990 年社会文化先进乡镇奖牌

1997 年社会文化先进乡镇奖牌

设、活动开展、经费保障六个方面深入开展创建活动。活动中，各乡镇都建立领导机构，抽调专门人员，对照标准，查漏补缺。先后有 3862 人次参与创建活动，增加文化场所 12360 平方米，增添图书 28300 册，建立民间业余剧团 15 家。全区三级网络建设得到进一步完善，文化干部队伍素质不断得到提高。1991 年 6 月，市委、市政府命名表彰首批 47 个“淄博市社会文化先进乡镇”，淄川区有昆仑、罗村、寨里、龙泉、东坪、岭子、磁村、西河、太河、峨庄、查王、冶头 12 个乡镇。7 月，区委、区政府召开全区社会文化工作会议，表彰首批社会文化先进乡镇，156 个社会文化先进村和 97 名先进个人受表彰。1997 年，洪山镇、杨寨镇被市委、市政府命名表彰为第二批社会文化先进乡镇。

1995 年始，开展淄博市特色文化乡镇、村评选活动，各有关乡镇、村根据上级要求，发挥各自优势，突出特色文化，积极参与特色文化乡镇、村评选活动。1996 年，全市公布的 55 个首批特色文化乡镇、村中，淄川区商家镇为锣鼓镇，城一村、蒲家村、奎三村为旅游文化村，城二村为管弦乐村，城三村为家庭文化村，广仁村为京剧戏曲村，聂村为巾帼锣鼓村。

2002 年 5 月，市委、市政府复查前两批淄博市社会文化先进乡镇，评选第三批淄博市社会文化先进乡镇。区委、区政府成立专门工作班子，乡镇（街道）、村居，层层成立领导小组，制定工作方案。区里先后四次召开会议部署安排和调度，组织人员分组划片督导，保证了有关乡镇顺利通过复评。

第三节　文化强区建设

2013 年 6 月，山东省正式启动首届文化强省建设先进市县创建考评活动。考评范围涵盖建设社会主义核心价值体系，大力发展公益性文化事业，促进文化产业跨越发展，加强文化创作生产和新闻舆论引导管理，加快文化体制机制改革创新，弘扬和发展优秀传统文化，加大文化人才培养力度等方面。淄川区委、区政府按照省考评标准，采取一系列举措，下真功，求实效，推动全区文化事业的蓬勃发展。

2015 年，淄川区获得“山东省文化强省建设先进县（区）”荣誉称号。2018 年 3 月，淄川在全省文化强省建设考评中，蝉联该项荣誉。

精神文明创建

深化“四德工程”，扎实推进“一榜一馆一堂”建设。建成全省首家区级“四德好人馆”，建设镇办级好人馆 9 家、村居级好人室 102 家。完善道德讲堂常态化机制，指导单位、镇办、村居开展活动 1100 余次。推广乡贤理事做法，建立 2624 人的乡贤队伍，及时更新上传善行义举“四德”榜，村居、社区、学校、企业、机关建榜率、上榜率、覆盖率均达 100%。开办“家风、村风、行风大讲堂”，举办传统文化专题讲座150余场次。选调205名志愿者，深入基层宣讲传统文化和健康养生知识428场次。全区24万个家庭、461个村居、143个部门单位、1000余家企业普遍建立家风家训、村风村训和行风行训。投入100余万元，增添社会主义核心价值观公益广告，编印《文明市民知识手册》《文明规矩10条》10万册向基层发放。在村居开展文明一条街建设工作，落实“五化”工程，加快镇村公墓、旱厕改造等工作，连片打造核心价值观示范村137个。广泛开展文明交通、文明旅游、文明餐桌等主题教育，组织开展“我们的节日”等活动。先后成功承办全国农村精神文明建设工作经验交流会、全省推进家风村风行风建设现场交流会等。每年开展“感动淄川”年度人物评选和“感动淄博”等上级年度人物推荐工作。孟祥民被评为全国道德模范，孙丰岩等2人被评为全省道德模范，魏心东等10人被评为中国好人，田勤英等26人被评为山东好人。

传统文化传承发展

成立文物保护委员会，建立以区文物局、区博物馆为主体的文物保护机构，设立文物保护专项资金。先后争取各类上级专项保护资金8000余万元，对多项国家级、省级文物保护工程进行了系统科学全面的修缮保护。在非物质文化遗产保护工作中，对省、市级非物质文化遗产项目与传承人进行专项资金扶持，组织参加2016年中国文化馆年会·文化艺术博览会暨第一届“一带一路”特色文化产品博览会、第四届非物质文化遗产博览会。举办淄川区非物质文化遗产展，在全区营造了宣传非物质文化遗产、保护非物质文化遗产的良好氛围。加强地域优秀传统文化研究。编辑出版《般阳文化》《聊斋园》等杂志。编印《大道至简》《大音希声》《大象无形》等中华优秀传统文化道德丛书10万余册。建立山东省中华文化传承基地、京剧大师张君秋艺术传承基地。定期举办如黉阳讲堂、凤凰大讲堂等传统文化大讲堂，推动优秀传统文化进校园、进乡村、进社区。开展《蒲松龄研究》创刊30周年研讨会、元宵节民间扮玩、聊斋俚曲送戏下乡等各类形式多样的传统文化展示、展演。

文化体制改革

在文化旅游和新闻出版局增设淄川区旅游管理服务中心和淄川区公共文化服务中心两个副科级事业单位。独立设置淄川区文化市场综合执法大队，成立文化市场管理工作领导小组。以区文化馆、博物馆等单位为依托，开展公共文化单位法人治理结构建设试点。建立淄川区文化事业单位法人理事会，由区文化旅游和新闻出版局牵头，制定相关章程和管理办法，选举理事会成员，对全区深化文化事业单位内部机制创新推广工作起到积极推动作用。结合全区文化云建设，深化公益性文化事业单位内部劳动人事、收入分配和社会保障制度改革，进一步激发了单位活力，提升了服务效能。

公共文化服务体系建设

先后出台《淄川区加快构建现代公共文化服务体系实施方案》《关于着力建设文化名城的意见》《关于促进文化旅游产业融合发展的若干政策》等一系列文化惠民政策。总投资2870余万元，用于建设和完善提升镇级综合文化站、各村社区文化大院和农家书屋等，扶持优秀剧团60余家，加大各类器材扶持3000余件次。截至2019年底，全区累计所有镇、街道、开发区均建有综合文化站，累计引导提升农村文化大院400余处，数字化提升农家书屋267处。广播电视通村入户率、农家书屋和农村公益电影放映财政补贴到位率等指标均位居全市前列。全区有文化馆、图书馆、博物馆各1处，其中文化馆、图书馆均为国家一级馆，"三馆"全部实现免费开放。首创的群众点单、政府买单的"淄川文化云"公共数字文化服务获得第四批国家公共文化服务体系示范项目创建资格，山东省文化扶贫暨公共文化服务效能建设现场会、全市"淄川文化云"改革创新经验推进会在淄川召开，"淄川文化云"作为公共文化服务效能建设典型经验在全省推广。实施地方戏曲振兴工程，免费送地方戏曲等文艺演出。精选32家优秀民间剧团，每年定时、定点、定团到全区各村居免费演出，实现送戏进村全覆盖。每年都举办民间艺术进城表演、庆新春书画摄影赏石精品展、新春戏会、元宵灯会等一系列丰富多彩的新春文化活动，举办"热土欢歌"群众文化系列活动。

文化产业发展

淄川区的文化产业起步早，数量多，截至2019年，文化产业单位已达到49家，列全市第二位。确定了"1467"发展战略，打响"聊斋故里""鲁中商城""江北瓷都""生态淄川"四个文化品牌，重点建设齐长城文化旅游创意园、1954陶瓷文化创意园等六大园区，培育发展旅游产品、陶瓷琉璃等七大文化产业。并从2015年下半年开始，设立"文化名城建设专项资金"和"文化旅游产业融合发展专项资金"，每年各安排不低于1000万元资金，重点对全区文化产业项目、企业等进行专项扶持帮扶。

第三篇 图书 报刊

第一章　图　书

第一节　图书管理

1950年1月，淄川县在龙王庙（现城里大街西首）设立一处小型图书阅览室，名为大众阅览室。工作人员3人，有报刊3份、图书46册。

1951年，县人民文化馆建立，图书室、阅览室设在文化馆内。1962年藏书达12900册，有报纸13份、刊物15种。

1966年"文化大革命"开始，图书室、阅览室所有书刊报纸全部封存龙王庙大殿，后散失殆尽。

1978年，图书室恢复借阅。

1984年7月，建立淄川区图书馆，编制7人。内设办公室、报刊阅览室、图书借阅室、采编室，共有图书7220册。

1984年在区图书馆院内开展文艺活动

1985年10月，区图书馆增设报刊资料室。

1985年，全区16个乡（镇）办村级图书室196处，图书管理员196人。图书室286间，4062平方米；阅览室237间，3245平方米。书架371个，共藏书108397册，订阅各种刊物1448份、各类报纸1357份。

1986年，区图书馆房屋9间，面积200平方米，藏书1.8万册，报刊105种。阅览座席33个。每周开放6

天，每天不少于 6 小时，日平均接待读者 50 人。全区乡镇图书室 23 个，阅览座席 632 个，管理人员 58 人，藏书 18 万册。全区中小学图书室 135 个，阅览座席 3821 个，图书管理人员 258 人，图书 13 万册。

1991 年，区图书馆编制增为 11 人。全区开展社会文化先进乡镇创建活动，图书室建设得到快速发展，阅览座席增至 856 个，管理人员 74 人，藏书达到 23 万册。

1994 年，全区实施义务教育，投入资金 386 万元，购置图书 32 万册。

1995 年，区图书馆购置第一台电子计算机，用于图书编目。

1997 年，全省社会文化先进县（区）复查，各乡镇组织社会各界开展图书捐献活动，藏书达到 27 万册。

1999 年，采购图书馆自动化集成系统 1 套，图书馆自动化管理程度逐步提高。

2001 年 9 月，区图书馆迁至原淄博工艺美术研究所办公楼，建筑面积 4000 平方米。投资 20 万元改建成集书刊阅览、信息交流、娱乐活动于一体，采编、借阅、管理自动化的现代化图书馆。

2002 年，区图书馆设立电子阅览室。政府投资购买 20 台计算机，开通中华宽带网。图书室、少儿借阅室、阅览室开始实行全天开放，节假日不休。办理借书证 1500 个，设阅览座席 110 个，日平均借书 120 人次。馆藏图书近 10 万册。建立地方文献室，征集收藏地方文献，每年整理装订报刊 4000 册。是年，全区乡镇（街道）图书室 22 个，阅览座席 813 个，管理人员 68 人，藏书 31 万册；全区中小学图书室 153 个，管理人员 192 人，图书 48 万册。12 月 14 日，省图书馆副馆长赵炳武等到区图书馆考察。

2003 年，区图书馆建立数据库，成人图书室流通系统也正式启用。

2005 年，经文化部评审，区图书馆获评“一级图书馆”。是年，文化部为图书馆配置服务器及投影设备。

2006 年 11 月 3 日，区图书馆组织代表队参加由淄博市文化局主办、淄博市图书馆承办的淄博市第三届公共图书馆业务竞赛，荣获团体三等奖。朱青、王玉 2 名队员分别获得个人全能二等奖、个人全能三等奖。

2007 年，按照文化信息资源共享支中心配置标准，区图书馆对中心机房重新布置和装修，购置服务器和存储设备，实现管理网络化，解决了电子资料及全国文化信息资源共享工程资源的存储问题。淄川区支中心建有

2005 年区图书馆获评国家“一级图书馆”

中心机房、电子阅览室、多媒体教室，配备服务器、磁盘阵列、交换机等硬件设施，开通电信10兆互联网专线，制定共享工程具体工作方案，专人负责培训及日常管理事务。同时，在各乡镇建立共享工程基层服务点。6月，淄博市文化信息资源共享工程首期培训班在淄川举行。

2010年，区图书馆蝉联“一级图书馆”荣誉称号。完成ILAS系统的升级及向Interlib系统的转换工作，实现图书采访、编目、流通自动化。4月，采购盲文书籍及有声读物430余册（件），内容涵盖文学、医药卫生、文化教育、政治法律、历史等类别。7月14日，区图书馆实现全开架服务。

2011年5月23日起，区图书馆实行全免费开放，实现公共图书馆“零门槛”进入。11月3日，组织参加由淄博市文化广电新闻出版局主办、淄博市图书馆承办的淄博市第四届公共图书馆业务竞赛，于宁获得个人全能一等奖，刘娌华获得个人全能三等奖，区图书馆代表队荣获团体三等奖。

2011年底，共有藏书10万余册、地方文献1000余种。整理并收藏各种家谱近百部，持证读者5000余人。实行全天对外开放，公休日照常接待读者。

2012—2013年，区图书馆完成新网站的建设工作，开设网上图书馆和共享工程两个特色板块。分两批采购20台新计算机，于2013年8月，完成调试安装。10月，重新改变计算机原有布局，重铺网络和电源线路，对电子阅览室进行改造。

2014年1月，区图书馆订购的新借书卡到馆并投入使用。新借书卡采用条形码扫描，取代了纸质借书证，简化图书加工和流通环节，彻底结束了手工借还书的时代。年内，区图书馆共发放借书卡3400余张。同年3月，设立专门的自习室，取消成人阅览室的学习专区，将自修与阅览报刊的读者分离开。10月15日，淄川区图书馆联合区残联举办盲人节特别活动，邀请区内部分盲人代表到电子阅览室体验视障阅读。在区图书馆工作人员指导下，视障读者体验了盲文图书、有声读物、“心声·音频馆”音频库资源。是年，区图书馆共采购图书2000余种、6000余册，接待读者6万余人次，图书流通量9万余册次，新增读者近2000人，订阅报刊200余种，装订报纸240余册，装订期刊300余册，修补破损图书500余册。

2015年4月，区图书馆开通期刊外借服务，实行现刊开架阅览和过刊装订外借相结合的模式，满足读者对书刊资料多样化的需求。7月，区图书馆尼山书院面向公众免费开放。是年，区图书馆共有藏书11.5万余册，年内采购图书2100余种、6000余册，接待读者8.9万余人次，图书流通量12.8万余册次，新增读者1600余人，订阅报刊200余种，装订报纸240余册，装订期刊300余册，修补破损图书400余册。

2016年10月，区图书馆斥资10余万元购买了《山东文献集成》系列丛书，珍藏于资料室内的专柜中。《山东文献集成》是一部代表山东传统文化成就的地方文献丛书，由山东大学文史哲研究院组织编辑，收录先贤著述1375种，历时六年编撰完成的，也是迄今为止全国最大的地方文献丛书。是年，淄川区图书馆共有藏书12.7万余册，年内采购图书3700余种、12000余册，接待读者9.2万余人次。图书流通量13.2万余册次，新增读者1300余人。订阅报刊200余种，装订报纸240余册，装订期刊300余册，修补破损图书600余册。

2017年12月1日起，区图书馆全面启动二代身份证免押金借阅功能。读者不论户籍，均可凭本人身份证到馆注册开通，读者身份证即为借书证。身份证免押金读者失信信息将纳入中国人民银行征信系统，实现读者征信与银行征信挂钩，开创省内公共图书馆征信管理的先河。是年，区图书馆共有纸质藏书13.8万余册、电子图书3.6万册，年内采购图书3700余种、11300余册，接待读者9.8万余人次，图书流通量14万余册次，新增读者1800余人，订阅报刊近200种，收集谱牒资料22种27册，装订报纸240余册，装订期刊300余册，修补破损图书600余册。

2018年，区图书馆因馆舍面积不达标，降为国家二级图书馆。区图书馆为全区107个贫困村配书2万余册，同时在全区13个乡镇街道全部成立分馆，并在颐泽社区成立社区分馆。是年，区图书馆共有纸质藏书17万余册、电子图书3.8万册，年内新增图书3.2万余册、电子图书2000册，收集谱牒资料22种、27册。接待读者11.3万余人次，图书流通量20万余册次。新增读者5000余人，有效持证读者1.76万余人。订阅报刊近200种，装订报纸240余册，装订期刊300余册，修补破损图书600余册。

2019年1月，由区文化和旅游局出资，区图书馆通过政府采购程序为全区13个分馆安装了Interlib图书馆集群管理系统——分馆系统。7月22日，区图书馆举办淄川区图书馆总分馆建设专题培训班，对各分馆从业人员进行集中培训，建立工作交流微信群，及时对各分馆实际操作中遇到的问题予以解答，指导并督促各分馆9月底完成各自图书编目工作。各分馆的2万余册图书全部实现编目标准化，理论上实现总分馆图书的通借通还。10月，区图书馆通过政府采购为13个分馆购买了身份证阅读机；在区特教中心成立图书流动站，针对孩子们特殊的阅读需求，区图书馆工作人员送去符合年龄特点、适合孩子阅读的书刊400余册。11月，区图书馆工作人员到各分馆逐一进行安装、现场调试，并教授分馆工作人员如何使用身份证阅读机。为所属各分馆全部配备身份证阅读机，在全市尚属首例。

第二节　读者活动

淄川区图书馆建馆伊始，受场地、经费、人员等限制，未开展读者活动。2001年，区图书馆搬入新址。随着人员的增加，外部环境的改善，加之政府对群众文化需求的日益重视，自2003年起，区图书馆的读者服务工作逐步从单一的图书借阅拓展到了文化生活的众多领域，区图书馆读者活动拉开序幕。

2003年5月，区图书馆与淄川开元书社联合举办了首届读者服务月活动。通过上街宣传、特价书专卖、送书上门、上门办证等活动，扩大图书馆社会影响；8月，成功举办淄川区首届图书文化节，邀请光明日报社、中央民族大学出版社、商务印书馆等各大出版社前来特价售书，共1000多个系列，吸引广大读者前来购买。

2004年新春伊始，区图书馆成功举办第一届“图书馆杯”迎春书画赏石盆景展览。收集了淄川

2003 年 8 月淄川区首届图书文化节

2004 年 9 月区图书馆 20 周年馆庆

2005 年区图书馆创建“军营流动图书室”

地区有较大影响的书画、赏石和盆景根雕等艺术作品，展览 7 天，观众达上千人次。9 月 28 日，区图书馆举办 20 周年馆庆系列活动，山东省图书馆及区委、区政府有关领导出席庆典活动。区图书馆还举办了书画及馆藏珍品展览，精选著名书画家的书法、绘画作品 30 余件及 20 年来的馆藏珍品进行了公开展览。

2005 年 8 月，区图书馆为区武警支队战士送去精心挑选的图书 400 多册，成功建成第一家“军营流动图书室”。12 月，与天津大港区文化馆联合举办“大型世界珍稀海贝展览”，展览汇聚世界各国的多种珍稀海贝，吸引千余名中小学生和幼儿园的小朋友前去参观，为全区少年儿童送上一道独特的“科普大餐”。

2006 年 5 月，开展首届淄川区图书馆服务宣传周活动。制作条幅和宣传标语，全体工作人员统一着装，佩戴工作证和绶带走上街头，宣传推广图书馆服务，让更多的市民了解图书馆、走进图书馆。“六一”儿童节前夕，开展了首届“关爱儿童，我们在行动”活动，为淄川区特教中心的残疾少年儿童捐赠了精心挑选的书刊 300 多册。

2007 年 3 月，举办首届庆元宵有奖猜谜活动，丰富和活跃了广大群众的节日文化生活。截至 2019 年，图书馆举办庆元宵有奖猜谜活动 13 次，参与读者 2 万余人次，发放各种纪念品 3000 余件。

2010 年 4 月，举办第一届“文化共享助春耕”活动，整合有效的“三农”资源，制作成光盘发放到各乡镇，为基层农民提供实用性的科学技术指导。6 月，成立“小书虫”俱乐部，发展会员 30 余人。通过开展丰富多彩的活动不仅丰富了孩子们的业余生活，也为孩子们提供了一个交友平台。

2011 年 5 月 16—22 日，区图书馆举办以“科技引领未来发展，创新建设美好淄川”为主题的首届科技周活动。活动期间开展系列科普宣传活动，如制作科普知识展板、向读者发放宣传材料、举办科普教育讲座等。7 月，开展为期一个月的“小小图书管理员”活动（暑期志愿者活动）。截至 2019 年底，寒、暑期志愿者活动共开展 14 次，注册志愿者 300 余名。志愿者活动的内容也日渐丰富，从最初配合工作人员维持秩序、做好图书上架整理、检查修补图书、接受咨询等工作，发展到参与图书采编及各业务窗口的日常工作，让孩子们亲身参与到图书馆新书的分编、加工过程和平常的借阅工作之中，成为近年来最受读者欢迎的活动之一。

2011 年首届暑期志愿者活动中，小志愿者了解借阅流程

2012 年 4 月 23—29 日，区图书馆举办以“播撒阅读种子，构建公共文化”为主题的世界读书日系列宣传活动，内容包括：全民阅读签名倡议、名师讲座、分享读书经验、“十佳文明读者”评选、新书推介及读者调查、图书馆体验日活动等。自此，世界读书日活动成为图书馆每年的常规性读者活动。5 月 28 日—6 月 3 日，举办以“倡导全民阅读 构建学习型社会”为主题的服务宣传周系列活动，内容包括：发放图书馆宣传材料、前往幼儿园进行爱心赠书、对少儿借阅室的新书进行集中整理上架、播放“红色历史文化系列”讲座专题片、举办以“读书”为主题的图书服务宣传周有奖征文比赛、召开读者座谈会等。截至 2019 年，图书馆服务宣传周活动共开展 8 次，发放宣传材料近万份，捐赠书刊近万册。7 月 4 日，与致公党淄川区基层委员会联合举办“送文化、科技、卫生下乡宣传活动”，走进西河镇北坪村，为乡亲们送去最先进的科技和文化。12 月，开展主题为“书香柳泉，文化淄川”的全民读书月活动，内容包括：报书名猜作者、好书交换、读者座谈会、年度“读书之星”表彰、共享工程宣传走进老年公寓。此后每年 12 月，图书馆都根据自身职能开展主题鲜明、内容丰富、关注老年人阅读的全民读书月系列活动。

2013 年 5 月 30 日，区图书馆和淄川一中联合举办的“图书馆杯”世界读书日征文比赛颁奖仪式在淄川一中成功举行。本次征文活动淄川一中全校学生参赛，比赛最终产生一等奖 30 名、二等奖 40 名、三等奖 50 名。5 月 31 日，与淄川一中签订了《校外美育基地共建协议书》，并接受授牌，为日后双方更好地进行文化交流和学习奠定了良好的基础。6 月 17 日，淄川一中校领导率百余名学生到淄川区图书馆参观。参观过后，双方就下一步志愿者活动相关事宜达成初步意见。6—8 月，举办首届少儿主题绘画比赛，在收到的 300 余幅作品中评选出一等奖 5 名、二等奖 10 名、优秀奖 30 名，此后每年 6—8 月，图书馆均举办不同主题的少儿绘画比赛，通过专业老师评选、获奖作品展览等环节，做到公开、公平、公正，并通过健康向上的活动主题引导广大少年儿童拥有正确的世界观、人生观、价值观。截至 2019 年，主题绘画比赛共举办 7 届，参赛选手达 3000 余人次。

2014 年 1 月 16 日—2 月 28 日，区图书馆开展“免费为农民工提供网上购票服务”活动，利用电子阅览室网络资源开通网络购票通道，在电子阅览室专门设立“春运网购火车票专座”，并安排专人免费辅导，帮助农民工朋友完成订票。2 月 9 日，举办首届小学生百科知识竞答活动，面向全区一至五年级小学生，内容以新课标为指导，兼顾课内与课外，内容涉及文学、科技、历史、地理、生物、社会和艺术等百科知识要点，题目在难度和广度上符合各年级小学生的知识水平和智力潜能，采用主持人提问、选手现场竞答的形式开展，答对一题即获得一份小奖品。比赛结束后，由工作人员统计每位参赛选手的答题数量，根据答对题目的多少评出一、二、三等奖及优秀奖若干，分别颁发荣誉证书。截至 2019 年已举办 6 届，参与近 400 人次，发放小奖品 2000 余份。3 月 22 日，携手淄川“心语”公益服务团队全力打造的“阳光心理课堂”正式开讲。“阳光心理课堂”通过公益讲座和一对一交流的形式，为家长和小读者提供心理咨询与疏导、中高考心理减压调节、青春期逆反、注意力与学习兴趣、亲子关系、心灵成长等方面的指导和服务。“阳光心理课堂”每月举办 1 期，2014 年共开办 9 期，服务读者 300 余人次，有 200 多个家庭受益。10 月 15 日，联合区残联举办盲人节特别活动，邀请区内部分盲人代表到电子阅览室体验视障阅读。在工作人员指导下，视障读者体验盲文图书、有声读物、“心声·音频馆”音频库资源。12 月 4 日，区图书馆全面启动网上订购火车票免费服务，将服务对象从特定人群拓展到社会各阶层。12 月 19 日，区图书馆“老年 e 族”公益电脑培训班开班，这是图书馆首次面向老年朋友开展免费电脑培训活动。此次活动经齐鲁网、《鲁中晨报》等媒体报道后，前去报名的老年人络绎不绝，一周之内，前三期培训班名额已满。培训采用工作人员集中授课和分散指导相结合的形式，每位老年朋友都配有一台计算机进行实际操作与练习，培训内容包括计算机基础、Windows XP 基本操作、文件和资料管理、文字输入、畅游网络世界、网上读书休闲、网上购物、网络聊天、电脑娱乐、电脑日常保养与维护等。活动持续到 2016 年 5 月底，共开展 4 期，累计授课 50 节，培训时长 100 小时，共培训 1000 余人次。

2015 年 3 月 28 日，“亲子共赏”放映厅面向市民开放。放映厅根据少年儿童的生理和心理特征，甄选优秀少儿影片定期放映，活动纯属公益，不收任何费用。截至 2019 年底，放映厅共放映优秀影片 138 场，参与家庭 2000 余个。5 月 14 日，区图书馆网站开启“亲子共读”优秀童书推荐栏目，定期为广大家庭推荐适合亲子阅读的优秀图书，年内推荐优秀图书 21 次。5 月 23 日，“亲子共读”小书房面向广大市民开放，针对 0—6 岁孩子及家长，精选大量幼儿绘本供家长和小朋友们进行亲子共读。“亲子共读”小书房每周六（后改为周日）免费面向广大市民开放，无须预约，无须办理任何证件，真正实现“零门槛”进入。截至 2019 年底，“亲子共读”小书房共开放 234 次，接待

7000个家庭、近2万人次。7月11日，邀请淄博市专业心理咨询师、家族系统排列师李玲和她的三位同行到区图书馆，为读者们进行了一场心理讲座。建军节前夕，为区武警中队军营流动图书室更换图书300余册。

2016年3月，以区图书馆尼山书院为依托，区文化旅游和新闻出版局为主办单位的淄川聊斋讲堂正式开讲。聊斋讲堂聘请研究蒲松龄文化及般阳文化多年的资深学者赵玉霞为主讲，通过对淄川历史名人志士的讲述，让听众认识、了解淄川地区本土的优秀传统文化，引导提升思想境界，使高尚的道德情操得到继承发扬。聊斋讲堂每月举办一期，属公益性质。2016年共举办9期，听众近500人次。6月21日，参加由淄博市文化广电新闻出版局主办、淄博市图书馆承办的淄博市第五届公共图书馆业务竞赛。区图书馆代表队分别以个人第2名、第9名和团体第3名的成绩，取得了个人一等奖、二等奖和团体二等奖的佳绩。9月27—28日，区图书馆职工于宁作为区县图书馆代表，和市图书馆2名工作人员组成淄博市代表队，参加山东省第七届公共图书馆业务竞赛，经过激烈角逐顺利进入决赛，于宁获图书馆业务知识项目二等奖和阅读服务项目三等奖，淄博市图书馆获团体三等奖和优秀组织奖。12月25日，携手般阳幼儿园举办“我读书，我快乐”亲子阅读活动，让孩子和家长共同阅读、共同游戏，通过亲子互动增进感情，爱上阅读。

聊斋讲堂（2016年拍摄）

2017年1月20日，旨在普及年俗文化知识的“品书香、赏年俗——2017年年俗文化展”开展。展览持续到2月底，观展近3000人次。4月21日，根据读者借阅记录，表彰2016—2017年度优秀读者10名，并为他们颁发证书和奖品。10月24日—11月4日，举办首届换书大集，倡导阅读风尚，让读者手中闲置的图书“动”起来，共流动图书300余册。与淄川区剪纸艺术协会联合开展公益剪纸课堂，面向6岁以上儿童及其家长，邀请淄川非物质文化遗产剪纸传承人杨杨授课。通过培养少年儿童的剪纸兴趣，提高动手能力和审美品位，并以剪纸为切入点，弘扬中华优秀传统文化。截至2019年共开办21期，330余个家庭、近700人次参与。

2018年1月，区图书馆向山东省图书馆申请了500张面值500元的全文数据库阅读卡，免费向读者发放。1月24日—3月4日，依托国家图书馆数字推广工程，举办“网络书香过大年”活动，活动内容：在线摄影征集、电子有声贺卡、在线闯关答题。2月1日—3月4日，举办“梨园贺岁·百戏升平”戏曲文化主题展，参观人数近3000人。2月13日—3月16日，“明春节礼俗·树文化自信”年俗文化展线上、线下同步开展，弘扬传统文化，坚定文化自信，观展近3000人次。4

月 9—24 日，举办学习《中华人民共和国公共图书馆法》图文展宣传活动，通过图文并茂的形式让读者对图书馆有更深的了解。6 月 4 日起，为全区广大视障读者提供“智能听书机”免费借阅服务。购买著名教育专家视频讲座资源，举办青少年心理健康类及阅读提升类视频讲座近 30 次，参与家庭近千个。通过微信公众号分享讲座资源 8 次，为广大青少年读者提供学习、阅读、交流、娱乐四位一体的公共图书馆服务。7 月 12 日，参加由淄博市文化广电新闻出版局主办，淄博市图书馆、淄博市图书馆学会承办的全市《中华人民共和国公共图书馆法》知识竞赛。来自全市各区县公共图书馆及市图书馆共 9 个代表队的 44 人参加比赛，区图书馆的于宁获个人一等奖，刘娌华获个人二等奖，区图书馆获团队一等奖。11 月份，联合淄川约读书房公益阅读团队，打造“约读书会”公益活动。聘请专业老师，对图书进行深度剖析，指导小读者们正确阅读。为保证活动质量，活动限额 20 名，截至 2019 年“约读书会”共开办 10 期，200 人次参与。

2019 年 4 月起，联合国学贝贝、雀之灵共同举办“国学小课堂 + 妙趣 DIY”手工坊活动。通过国学知识导入式学习和妙趣横生的手工制作，让孩子们增长知识，提高动手能力。截至 2019 年，“国学小课堂 + 妙趣 DIY”手工坊活动共开展 11 场，330 余人参与。8 月，区图书馆与区党史研究中心签订《淄川区党史史志文化联系点共建协议书》，区党史研究中心向图书馆赠送部分党史史志书籍。图书馆工作人员为党史研究中心的工作人员就图书分类加工、上架整理等业务内容做了详细介绍。10 月，在区特教中心成立图书流动站，针对孩子们特殊的阅读需求，精心挑选了符合年龄特点、适合他们阅读的书刊 400 余册，希望通过此次活动让孩子们感受到社会的爱和温暖，增强他们自尊、自立的成长信念。成立“文化暖心 阅读惠民”主题阅读志愿服务队，走进社区开展全民阅读宣传活动，为广大市民讲解图书馆政策法规，进行阅读推广。全年共开展全民阅读志愿宣传活动 8 次。

2019 年 8 月区党史研究中心向图书馆赠书

第三节　图书发行

淄川的图书发行业发端于清同治十一年（1872 年），蔺姓在淄城创办玉美堂，后三改其名，分别为三和堂、中和堂、顺和堂。除木版印刷外，还经营各种书籍和笔、墨、砚、纸张等。1932 年，苏慎清在淄城创建般阳书社。1936 年改李姓经营，专销售教科书和文具用品。七七事变后，营业萧条，书社自行歇业。

1949年6月，淄川新华书店成立，地址位于淄城二路（现城里大街）中段。初建时只有三间旧草屋作门市部，兼营文具用品，后于1952年在原址翻建门市部。从1950年到1956年，淄川逐步形成以新华书店为主的图书发行体系。

1958年，淄川建立公社书店17个、厂矿书店4个、商店图书门市部1个，全区形成图书发行网。1962年调整时，只存国营书店1处，淄城、洪山2个门市部。1966年洪山门市部撤销。

1977年，投资16.5万元在西关大桥东首建成新华书店三层营业大楼，面积1080平方米。

随着改革开放的深入，20世纪80年代图书零售行业逐步放开，新华书店对图书销售的垄断被打破。淄川区从80年代中期开始出现了民营图书零售业户，大多以书报亭、书报摊等形式存在，以经营报纸、期刊为主。

1982年，淄川新华书店建400平方米图书仓库。

1984年，淄川新华书店销售书籍306.6万册，营业额为96.3万元，库存书达23.6万册，发行网点发展到25处。区内另有6家个体户经营图书。

1986年，淄川新华书店隶属区委宣传部，负责区内图书发行。内设办公室、业务科、营业部、批发部，职工33人，实行独立核算、自主经营、自负盈亏。固定资产18万元。全区图书发行网点34个。是年，购进价值180万元的各类图书，销售292万册，销售金额178万元。

1987年，淄川新华书店购销形式由包销制改为经销制，试行寄销制。图书征订由单一的目录征订改为与看样订货相结合。

1988年，淄川新华书店转换机制，推行承包经营责任制。是年，淄川新华书店被山东省新华书店评为全省图书发行先进单位。年内，个体书摊、私营书店兴起，与新华书店形成竞争态势，有个体书摊3个。

1989年，淄川新华书店由区委宣传部转交淄博市新华书店垂直管理。

1991年，全区共有图书发行单位42家。是年，根据国家新闻出版总署、工商行政管理局《关于加强集体、个体、私营书店（摊）管理的暂行规定》，新华书店成为区内唯一具有图书批发资格的单位。当年，淄川新华书店销售各类图书375万册，销售金额422万元。

淄川新华书店旧址（1990年拍摄）

1993年，春、秋两季教材征订价值1200万元，课本与教学辅导材料配套率达60%。全区共有个体图书发行单位42家。

1994年12月，淄川新华书店迁至城里大街26号新址，建筑面积2959平方米，投资240万元。

1997年，淄川新华书店财务实现计算机管理。7月，在全国青少年“光辉五十年”读书活动中，发行图书4.5万册，被全国青少年读书活动组委会授予发行先进奖。

2000年3月，淄川新华书店被评为淄博市图书发行先进单位。

2002年，淄川新华书店实现POS机售书，图书征订、财务核算等业务实现网络化管理。是年，内设业务科、办公室、财务科、教材科、门市部，员工37人。全年销售各类图书541万册，销售金额1904万元。

2004年位于般阳书城的淄川新华书店外景

2003年，淄川新华书店投资350万元买断原淄博华联商厦大富豪酒店，占地约2.2亩，同年进行全面改造。

2004年6月15日，位于般阳路31号的般阳书城竣工，淄川新华书店由城里大街26号迁至般阳路31号进行试营业。该营业楼四层，面积3000余平方米，采用计算机管理。6月25日，举行开业仪式。

2005年3月，淄川新华书店被中共淄博市委、市政府命名为市级文明单位，同年被评为山东省新华书店系统先进单位，获评山东省发行百强企业、山东省新华书店教材发行先进单位。

2008年，中共淄博市委、市政府授予淄川新华书店2008年度建设“诚信企业”先进单位称号。4月23日，淄川新华书店在全区中小学校启动建立“新华书屋”。5月19日，书店全体党员干部职工向汶川特大地震灾区捐赠15990元。

2009年2月，淄川新华书店被中共淄川区委、区政府授予年度文化建设工作先进单位称号，被山东新华书店集团授予年度先进集体称号，被淄川区地方税收工作小组授予“诚信纳税”称号。

2010年，淄川新华书店被淄博市总工会授予“淄博市劳动关系和谐企业”称号；参加山东省新华书店举办的馆配会，征订金额连续三年创历史最好水平。

2011年10月13日，“农家书屋”图书捐赠仪式在淄川区人民会堂广场举行。11月18日，淄川新华书店召开全体职工大会，传达山东出版集团改制方案。

2012年1月4日，山东新华书店集团有限公司淄川分公司成立。3月，淄川新华书店在全市业务技能比赛中，获总分第一名。

2013年12月31日，山东新华书店集团有限公司淄川分公司与山东新昕资产管理经营有限公司签署般阳路书城资产收购协议。办理山东省淄博市淄川区新华书店非公司法人注销登记。

2014年，淄川新华书店与昆仑镇奎三村签订挂包帮扶协议。5月26日，于明军签名售书活动

淄川新华书店一角（2019 年拍摄）

在淄川新华书店举行。

2016 年，邀请著名儿童文学作家安武林和米吉卡前往北关小学、南部小学、双沟小学、洪山小学、开发区小学进行签售活动，取得了经济效益和社会效益双丰收。是年，淄川新华书店突破营业收入 3000 万元大关。

2017 年，淄川新华书店成立专项工作组，完成集团股改上市及财务内控工作。

2018 年，淄川新华书店发行《习近平谈治国理政》4 万余册。向蒲松龄纪念馆捐赠聊斋相关图书，价值合计 5000 余元。与区委宣传部、区教育体育局联合发文，开展暑假读一本好书活动，共征订图书 4400 余套（册）。

2019 年，淄川新华书店成立研学服务部，进军研学旅游市场。淄川二中校园书店“柳泉书吧”正式营业，入驻图书价值 10 万元，建立了阅读区和多元区。

1986—2002 年淄川新华书店图书经营情况表

表 3-1-1　　　　单位：万元、万册

年份	上年度库存余额	购书价值	销售										利税	固定资产
			课本		科技书		一般书		图片		合计			
			数量	金额	数量	金额	数量	金额	数量	金额	数量	金额		
1986	52	180	170	76	13	1	102	100	7	1	292	178	11	18
1987	54	188	180	88	12	18	85	71	51	17	308	194	10	17
1988	59	240	105	63	15	16	125	99	24	44	269	222	13	19
1989	52	329	218	117	21	3	103	150	6	37	348	307	16	49
1990	66	375	127	124	8	13	139	166	9	59	283	362	16	49
1991	75	439	170	127	6	14	190	219	9	62	375	422	21	49
1992	76	469	193	183	18	18	188	205	11	63	410	469	27	105
1993	76	496	219	221	5	9	168	196	3	41	395	467	26	130
1994	98	493	272	308	8	14	130	160	1	20	411	502	31	162
1995	60	805	264	457	2	13	79	295	—	—	345	765	35	426
1996	100	1441	215	537	1	18	143	691	—	—	360	1246	44	428
1997	281	1606	165	692	1	7	201	749	1	2	368	1450	88	399
1998	416	1818	176	601	—	—	266	1002	—	—	442	1603	72	424
1999	588	1783	169	631	1	13	194	1015	1	16	365	1675	79	387

续表 3–1–1

年份	上年度库存余额	购书价值	销售										利税	固定资产
			课本		科技书		一般书		图片		合计			
			数量	金额	数量	金额	数量	金额	数量	金额	数量	金额		
2000	695	1808	227	670	2	20	226	982	1	20	456	1692	90	370
2001	777	1680	197	789	5	49	203	931	—	—	405	1769	105	364
2002	642	1981	327	1104	7	50	206	737	1	13	541	1904	104	367

2003—2019 年淄川新华书店图书经营情况表

表 3–1–2　　单位：万元、万册

年份	上年度库存余额	购书价值	一般书销售		教材教辅销售		利税	固定资产
			数量	金额	数量	金额		
2003	719.00	2244.59	156.88	809.62	240.29	1198.38	76.75	406.59
2004	955.59	2146.69	160.94	1011.78	188.26	1153.72	83.53	436.84
2005	936.78	2833.45	159.16	1070.92	269.54	1651.92	143.02	1077.83
2006	1047.39	2599.63	156.93	756.67	231.90	1885.08	129.42	1110.59
2007	1005.27	2219.29	122.81	981.95	261.64	1535.86	137.51	1112.95
2008	706.65	2773.56	144.37	1316.54	231.60	1398.00	145.14	1260.76
2009	765.67	2264.67	25.77	499.32	351.73	2144.50	140.33	1271.35
2010	386.52	2796.90	64.99	722.00	298.91	1926.17	103.40	1264.56
2011	383.80	2758.48	84.33	930.32	266.86	1830.88	231.35	804.76
2012	381.08	1810.44	52.16	856.93	253.62	1884.44	162.00	210.16
2013	450.15	2893.29	85.48	663.41	284.96	1736.56	182.36	170.54
2014	943.47	3088.41	22.22	467.73	268.11	1882.22	121.38	458.49
2015	1681.93	2797.19	17.08	647.54	299.74	2052.00	163.75	960.92
2016	1779.58	3180.37	34.09	706.68	235.54	2288.45	214.56	965.64
2017	1964.82	3121.07	32.33	850.00	339.71	2340.96	340.18	756.40
2018	1894.93	3646.23	25.31	879.53	283.65	2615.04	473.11	760.50
2019	2046.59	3724.01	34.42	1015.60	259.80	2517.05	437.90	900.35

第二章　报　刊

第一节　报　纸

《淄川工人》

1928 年 9 月由中国共产党淄川地下组织创办，发行不久即停办。

《般阳新闻》

1937 年七七事变前，国民党淄川县党部主办，4 开 4 版，间日刊，曾设有副刊《孝妇河畔》。

《孝水新闻》

抗日战争期间，国民党鲁苏战区游击第三纵队二支队（翟超部）政治处主办，系油印小报。

《孝水新闻》

1945 年在洪山南门里出刊，主办单位是洪山国民党淄博矿区党部、工会。为 16 开 2 版，间日出版，开始每次油印七八十份。1946 年改石印后，印刷二三百份。

《淄川青年》

1945年冬，由淄川县三民主义青年团主办的油印小报，因经费不足，出版数期后即停刊。

《淄川新报》

1947年11月创刊，隔日刊，发行1000份。

《建设报》

1949年11月5日创刊，为8开4版，三日刊，系中国共产党淄博工矿特区委员会的机关报。1950年5月，在精简节约运动中停办。

《淄川报》

1989年7月1日，《淄川报》创刊，工作人员10名，内设要闻部、编辑部。4开4版，每周一期，韩绍玉题写报头。一版为要闻版，主要登载区内重要新闻，栏目有《简讯》《杂谈》《柳泉漫笔》；二版为经济版，栏目有《般阳论坛》《学习与探索》《读者之声》；三版为文学副刊，栏目有《聊斋》《学术探讨》；四版为综合版，栏目有《报刊文摘》《卫生与健康》《生活常识》。每期印刷发行5000份。

《淄川报》《淄川日报》《淄川工作》创刊号、停刊号

1990年5月1日，《淄川报》扩为每周两期。1992年，《淄川报》扩为每周三期，工作人员增至20人。

《淄川日报》

1992年7月1日，《淄川报》扩为每周四期，同时更名为《淄川日报》，著名书法家欧阳中石题写报头。经多次论证，建立自办发行系统。

1993 年 7 月 1 日，经山东省新闻出版局批准《淄川日报》扩为每周六期。同年 11 月，国家新闻出版署批准《淄川日报》国内统一刊号 CN37—0081，成为淄博市继《淄博日报》《淄博科技报》后第三家获得全国统一刊号的报纸，也是全国第一家有国内统一刊号的区县级日报。是年，山东省县市报研究会第二届第二次年会在淄川召开。

1994 年 4 月,《淄川日报》改由淄博日报社代办发行，每期发行 7000 份。

1996 年,《淄川日报》版面调整。一版开设《淄川要闻》《国事转载》《新闻特写》《直击现场》等栏目；二版开设《物价纵横》《广采博览》《他山之石》《农事顾问》等栏目；三版开设《般阳警威》《奇闻轶事》《般阳杂谈》《小说连载》《读者来信》《缤纷灯火》《人大园地》等栏目；四版为文体生活副刊，开设《万家灯火》《社会生活聚焦》《怡心园》《体育长镜头》等栏目。是年，在全省报纸审估工作中,《淄川日报》被评为优良报纸，被山东省县（市）报研究会评为新闻宣传工作先进单位、经营管理先进单位。

1997 年，报社投资扩建办公大楼，购置出版集成排版、图片处理系统等设备。报社内设总编办、行政办、财务科、发行部、广告部、经济部、文体部、美术摄影部、新闻研究室，工作人员 30 人。

1998 年 4 月 1 日,《淄川日报》停刊。部分财物由区广播电视局接收，人员大多归入广播电视局。《淄川日报》累计刊印 1915 期、4000 万字。办报期间有百余篇新闻稿件获山东省县（市）报研究会好新闻一、二、三等奖。

《淄川工作》

2001 年 11 月 8 日，区委、区政府批准《淄川工作》正式创刊。每周一期。由区委、区政府主办，区委宣传部编辑印刷发行。2002 年改为星期一、三、五出版，4 开 4 版，免费赠阅。《淄川工作》头版为要闻版；二版为综合新闻版，开设《来自基层的报道》《企业风采录》《法制经纬》《人车路》等栏目；三版为经济社会版；四版为文化生活副刊，开设《聊斋园》《万家灯火》《体育之窗》等栏目。至 2002 年底，刊出 177 期，计 350 万字，每期发行 6000 份。

2003 年,《淄川工作》版面调整。头版为要闻版，开设《贯彻十六大精神，开创工作新局面》《把区党代会精神落实到行动中》《实施清洁工程 创造优美环境》等栏目；二版为综合新闻版，开设《经济纵横》《百姓身边事》《回首 2002》《为您服务》等栏目；三版为经济社会版，开设《教育园地》《今日谈》《新闻直通车》《法制经纬》《人车路》《今日说你》等栏目；四版为文化生活副刊，开设《聊斋园》《般阳艺苑》《娱乐在线》《万家灯火》等栏目。至 2003 年底，刊出 154 期，计 310 万字，每期发行 6000 份。

2004 年,《淄川工作》版面调整。头版为要闻版，开设《整顿矿业秩序 优化发展环境》《新闻特写》《我们的 2003》等栏目；二版为综合新闻版，开设《经济纵横》《百姓身边事》《致富大观》

《为您服务》等栏目；三版为经济社会版，开设《精神文明建设巡礼》《今日谈》《新闻直通车》《法制经纬》《人车路》等栏目；四版为文化生活副刊，开设《聊斋园》《文化长廊》《娱乐在线》《万家灯火》等栏目。中间因上级政策影响，一度改成周刊，不久恢复正常出刊。至2003年底，刊出114期，计280万字，每期发行6000份。

2005年，《淄川工作》版面改版调整。头版为要闻版，开设《聚焦城建重点工程》《工业企业巡礼》《我们的2004》《保持共产党员先进性》等栏目；二版为综合版，开设《我为淄川发展献计策》《百姓身边事》《为您服务》等栏目；三版为社会版，开设《视点》《今日谈》《新闻集锦》等专版或栏目；四版为文化生活副刊，开设《文化》《文摘》《生活》等专版。至2005年底，刊出147期，计300万字，每期发行6000份。

2006年，《淄川工作》版面调整。头版为要闻版，开设《聚焦城建重点工程》《工业企业巡礼》《2005，让我们感动》《保持共产党员先进性》等栏目；二版为综合版，开设《保持先进性 建设新农村》《学党章 正党风》《百姓身边事》《为您服务》等栏目；三版为社会版，开设《视点》《今日谈》《新闻集锦》等专版或栏目；四版为文化生活副刊，开设《文化》《文摘》《健康》《生活》等专版。至2006年底，刊出148期，计300万字，每期发行6000份。

2007年，《淄川工作》版面调整。头版为要闻版，开设《和谐建设在淄川》《建设社会主义新农村》《开展四项活动 构建和谐淄川》《保四项教育促和谐》等栏目；二版为综合版，开设《走进乡镇 盘点收获》《行风热线回音壁》《为您服务》等栏目；三版为社会版，开设《百姓身边事》《今日谈》《新闻集锦》等专版或栏目；四版为文化生活副刊，开设《文化》《文摘》《健康》《生活》等专版。至2007年底，刊出152期，计305万字，每期发行6000份。

2008年，《淄川工作》版面调整。头版为要闻版，开设《透过民生看变化》《新闻时评》《科学发展 富民强区》《省级精神文明单位巡礼》等栏目；二版为综合版，开设《宣传思想与文明建设》《走进乡镇 盘点收获》《行风热线回音壁》《为您服务》等栏目；三版为社会版，开设《百姓身边事》《今日谈》《新闻集锦》《纪念改革开放三十周年》等专版或栏目；四版为文化生活副刊，开设《文化》《文摘》《健康》《生活》等专版。至2008年底，刊出147期，计295万字，每期发行6000份。

2009年，《淄川工作》版面调整。头版为要闻版，开设《牛年奋牛劲 新春新气象》《建设社会主义新农村》《开展四项活动 构建和谐淄川》《保四项教育促和谐》等栏目；二版为综合版，开设《宣传思想与文明建设》《“阳光政务热线”回音壁》《教育与就业》等栏目；三版为社会版，开设《继承革命传统 建设美好家园》《今日谈》《新闻直通车》等专版或栏目；四版为文化生活副刊，开设《文化》《文摘》《健康》《生活》等专版。至2009年底，刊出150期，计300万字，每期发行6000份。

2010年，《淄川工作》版面调整。头版为要闻版，开设《新年新希望虎年展虎威》《提供法律服务 促进结构调整》《时代先锋》《积极创先争优 争做淄川先锋》等栏目；二版为综合版，开设《转

方式 调结构 促增长》《“阳光政务热线”回音壁》《走进企业 弘扬精神 服务发展》等栏目；三版为社会版，开设《新星精神大家谈》《今日谈》《新闻直通车》等专版或栏目；四版为文化生活副刊，开设《文化》《文摘》《健康》《生活》等专版。至2010年底，刊出146期，计292万字，每期发行6000份。

2011年，《淄川工作》头版为要闻版，开设《欧尚摄影杯 新闻摄影大赛》庆祝《淄川工作》创刊十周年，开设《学习贯彻落实十七届六中全会精神》等栏目；二版综合新闻版，开设《打击非法开采矿产资源专项行动》《秸秆禁烧 科学转化》《全区宣传文化系统干部联系点》《社会·热点》《科技之窗》等栏目；三版经济社会版，开设《纪念建党90周年·人物》《记者走基层》《创建文明城市建设富饶秀美幸福新淄川》《严肃换届纪律 保证换届风清气正》《作风能效建设公开承诺》《党务公开》《向孟祥民同志学习·大家谈》等栏目；四版文化生活副刊，开设《生活与健康》《聊斋》《席殊书屋》《农信杯建党90周年征文》等栏目。至2011年底，刊出155期（1296—1450期），计310万字，每期发行6000份。

2012年，《淄川工作》增刊一期（周五），每周发行四期，头版为要闻版，开设《实施四德工程 建设道德淄川》《贯彻“三会”精神 建设富饶秀美幸福新淄川》《开展基层组织建设年创先争优迎十八大》《深入学习贯彻党的十八大精神》《喜迎十八大·身边看变化》等栏目；二版综合新闻版，开设《“四德”大家谈》《环保天地》《境界·干事·品牌 大家谈》《和谐城管》《实施“森林淄川”建设打造绿色生态淄川》等栏目；三版经济社会版，开设《今日社会保障》《校园风采》《践行四德工程 建设道德淄川》《新闻特写》等栏目；四版文化生活副刊，开设《聊斋》《阅读》《四德工程建设征文大赛》等栏目。至2012年底，刊出198期（1451—1648期），计400万字，每期发行13000份。

2013年，《淄川工作》头版为要闻版，开设《厉行勤俭节约 反对铺张浪费》《项目建设年 作风建设年》《爱国卫生在行动》《创建卫生城市 建设文明淄川》等栏目；二版为综合新闻版，开设《项目建设年 作风建设年·大家谈》《亲情民政》《最佳工作创新奖参评》；三版经济社会版，开设《教育体育》《美丽妈妈》《校园风采》《文明单位巡礼》《聚焦司法行政》等栏目；四版文化生活副刊，开设《淄川地名故事》《聊斋》《阅读》等栏目。至2013年底，刊出194期（1649—1842期），计390万字，每期发行13000份。

2014年，《淄川工作》周一、二、四、五发行，每周四期。一版为要闻版，开设《深入开展党的群众路线教育实践活动》《实施六新工程 建设美丽村居》等栏目；二版综合新闻版，《和谐城管》《新闻观察》《科技成果项目推介》《安监之窗》专栏，三版经济社会版，《作风效能曝光台》《政协委员风采》《区医院专刊》《中医大讲堂》等栏目；四版文化生活版，《文化旅游》《聊斋》《淄川地名故事》等专栏。至2014年底，刊发194期（1843—2036期），计390万字，每期发行13000份。

2015年，《淄川工作》头版为要闻版，开设《行进淄川·精彩故事》《贯彻落实区委十一届九次全体（扩大）会议精神》《学宪法知党章 大家谈》《办好民生实事 建设幸福淄川》《“解放思想、艰苦创业”大讨论》等栏目；二版综合新闻版，开设《和谐城管》《科技成果项目推介》《全民科学素质行动专栏》《食品药品安全之窗》《交通风采》《安全知识》等专栏；三版经济社会版，开设《疾病预防控制中心》《般阳健康》《学宪法 知党章》《般阳金盾》《“三严三实”专题教育》；四版文化生活副刊，开设《聊斋女儿谱》《聊斋》《厚德淄川 般阳世家》《文化旅游》等专栏。至 2015 年底，刊发 195 期（2037—2231 期），390 万字，每期发行 13000 份。

2016 年，《淄川工作》头版要闻版，开设《凝心聚力 开创工作新局面》《加强自身建设 当好“四个表率”》《打赢生态淄川攻坚战》《深入学习贯彻党的十八届六中全会精神》等栏目；二版综合新闻，开设《2016 年度各镇办为民办实事项目》《优秀网站新媒体》《科技成果项目推介》《安全生产征文》等栏目；三版经济社会版，开设《三风典范》《我的调解故事》《医疗卫生》等栏目；四版文化生活副刊，《文化旅游》专版每周一期，开设《聊斋》《淄川地名故事》。至 2016 年底，刊发 196 期（2232—2427 期），计 390 万字，每期发行 13000 份。

2017 年《淄川工作》头版要闻版，开设《书记局长访谈》《学习刘石祯 工作见行动》《“严细实高”抓作风 干事创业促发展》等专栏；二版综合新闻，开设栏目有《淄川人社就业创业》《食品药品安检之窗》《精准扶贫在行动》《治理散乱污 转型新发展》等；三版经济社会版，开设《教育体育》《聚焦司法行政》《今日社会保障》《般阳金盾》；四版文化生活副刊，开设《般阳世家 厚德淄川》《淄川民间文学》等专栏。至 2017 年底，刊发 185 期（2428—2612 期），约 370 万字，每期发行 13000 份。

2018 年，《淄川工作》头版为要闻版，开设《新旧动能转换淄川在行动》《便民服务 一次办好》《认真学习贯彻区委十三届会议精神》等栏目；二版为综合新闻，开设《深化改革惠民生》《创建国家卫生城市 打造干净健康淄川》《民生政策解读》《新时代 新理念 新担当》等栏目；三版为经济社会版，开设《新春走基层 聚焦“第一村医”》《教育体育》《健康淄川》《新时期 新作为 巾帼故事》以及《改革开放四十年 听我讲故事》等专栏，四版为文化生活副刊，每周一期《文化旅游》专版，开设《新书推荐》《健康知识》《淄川地名故事》等。至 2018 年底，刊发 146 期（2613—2758 期），计 290 万字，每期发行 13000 份。

2019 年，《淄川工作》头版为要闻版，开设《担当作为 狠抓落实》《灾后重建 淄川在行动》《初心落实 看淄川》等栏目；二版为综合新闻版，开设《新旧动能转换 淄川在行动》《新时代新担当新作为·人大代表风采录》等栏目；三版为经济社会版，《幸福是奋斗出来的·村居书记风采》《执纪者说》《美在家庭》《学习强国在淄川》等栏目；四版文化生活副刊，开设《文化旅游》《聊斋故事话廉政》《淄川诗词学会诗友品读（聊斋）诗词话廉》。至 2019 年底，刊发 148 期（2759—2906 期），计 295 万字，每期发行 13000 份。

第二节　刊　物

《劲松》

淄川文化馆于1968年创办。文艺性刊物。油印，16开本，共刊出36期停刊。

《般阳》

淄川文化馆主办。文艺性刊物。油印，16开本，是《劲松》停刊后兴办的群众文艺内部刊物，共出版7期。

《聊斋园》

1992年8月，经淄博市新闻出版局批准，由区文联主办的综合性文学期刊《聊斋园》创刊，书法家、山东大学教授蒋维崧题写刊名。《聊斋园》为季刊，季末出版，期发12万字。主要栏目有《小说林》《真情世界》《散文精品屋》《般水艺讯》《文坛走笔》《艺苑人物》《传统民间文学选萃》《新剧场》《诗风》《名宦家族》《神话与传说》《般阳闻人》《文物与收藏》等。其主旨是研究、开发、弘扬聊斋文化，古为今用，继承发展。《聊斋园》发行后，区内外作家和文学爱好者踊跃投稿，企业界积极提供赞助，受到广大读者的欢迎。是年，成立第一届理事会，设理事长、秘书长各1人，理事31人。至1996年，出刊8期，发稿110万字。是年6月，《聊斋园》停刊。2002年12月，《聊斋园》复刊。截至2019年12月，共编辑出版73

1992年8月《聊斋园》创刊号首发式

区文联主办的《聊斋园》(2019年拍摄)

期860万字,《聊斋园》成为全区文学艺术工作者学习交流的重要阵地。

《般阳文化》

2009年1月，经市新闻出版局审核批准，中共淄川区委主管，中共淄川区委宣传部、淄川般阳文化研究中心承办，淄川唯一一份地域文化研究刊物《般阳文化》创刊。《般阳文化》为季刊，季末出版，大16开本，每期12万字，印刷1000册。设置《聊斋研究》《陶瓷史话》《史海钩沉》《般阳世家》《大师风采》《民俗风情》《峥嵘岁月》《般阳风采》等10多个栏目。其主旨是挖掘、整理、研究以聊斋文化为代表的地域文化，继承发展，古为今用，推陈出新。

地域文化研究刊物《般阳文化》(2012年拍摄)

般阳文化研究中心邀请市委宣传部、市委党史委、淄矿集团、大专院校和研究机构的11名专家学者为特邀顾问，聘请26名般阳文化研究爱好者为研究员，建立13个般阳文化研究课题小组，成立般阳文化研究会。2019年1月，机构改革中淄川般阳文化研究中心并入淄川区融媒体中心。

截至2019年底,《般阳文化》已经编辑出版36期，刊发各类地域文化研究文章1600余篇，计430余万字。编辑出版以《淄川县志汇编》为代表的《般阳文化研究系列丛书》10余册（本）。般阳文化研究出版孟姜女文化、红木文化、般河文化、陶瓷琉璃文化等专辑8个。

第四篇　戏剧　曲艺

第一章 戏剧形式和创作

第一节 戏剧五种

淄川的戏剧历史十分悠久。唐宋时期，淄川一带的民间流行着许多乡村俚曲、梆调、秧歌腔、秧歌调等，这些民间演唱形式，都是戏剧艺术的雏形。到了明清时期，戏剧艺术开始发展。当时的主要剧种有肘鼓子（或称“周姑子”）、梆调戏、笛梆子、吟腔等。清朝同治年间（1862—1875），京剧传入淄川。在此前后，一直到民国初年，河南豫剧、河北梆子、莱芜梆子、山东梆子、山东吕剧等剧种也先后传入淄川。与此同时，活跃在城镇、乡村的一些艺人和戏剧爱好者牵头，纷纷成立戏班、子弟班、剧社、茶园等，在农闲或过年过节期间，在大集、庙会或戏园子演出。有的戏班还为富人家唱堂会，或为婚丧、庆典之事唱专场，演出场所多在露天。一些戏剧演出比较活跃的地区建起了戏楼或戏台，如淄川城里文庙戏楼、罗村莲花庵戏台、磁村张李村王家大院戏台等。这些戏楼、戏台有的建筑设计十分考究，建筑工艺精湛，雕梁画栋、飞檐方椽、古朴庄重，是典型的明清建筑，它们是淄川戏剧发展历史的见证。可惜这些戏楼、戏台大多毁于战火，有的在“文化大革命”期间破“四旧”时拆除。在戏剧创作上，最早要数元末明初的戏剧家贾仲名，据史料记载，其所作杂剧计有 16 种，现存 5 种，可分为爱情剧和神仙道化剧两类。虽然他的杂剧作品内容囿于时代，题材褊狭，但基本代表了元末明初这一历史时期戏曲创作的面貌。其次便是清康熙年间《聊斋志异》的作者蒲松龄编写的《考词九转货郎儿》《钟妹庆寿》《闹馆》三出戏文，并用俗曲“要孩儿”“罗江怨”等曲牌编成 15 种俚曲唱段，其中《墙头记》《禳妒咒》《磨难曲》等戏稿中，有故事情节、矛盾冲突，有人物上下场穿插、唱白科介、角色行当搭配齐全，对必要的道具、服装、化装，也都有详尽说明，基本接近现代戏剧体裁。这些俚曲问世后，立即传播到“街衢里巷之中，见者歌而闻者亦泣”，在当时一直习唱不辍。蒲松龄创作的戏文三出和俚曲《墙头记》等，在中国戏曲史上享有盛名。再者，将歌剧、舞剧、话剧传入淄川地区的是八路军三支队的“耀南剧团”，他们排演的《兄妹开荒》《长征》《刘胡兰》等节目很受当地群众欢迎。

中华人民共和国成立后，人民政府十分重视戏剧艺术事业的发展。中华人民共和国成立初期对民营艺术团体进行整合改造，成立了国营（或集体）艺术表演团体。20 世纪 60 年代后期至 70 年代末，由于受“文化大革命”的影响，淄川地区的戏剧艺术事业受到很大冲击，许多剧团被迫解散，一些戏剧艺术家受到迫害，整个演出业一片凋零。党的十一届三中全会以后，淄川地区的戏剧艺术事业开始复苏，并在很短的时间内有了较大的发展。特别是戏剧创作、演出取得了大丰收。

吕剧

曾名“化妆扬琴”“琴戏”，又称“迷戏”“蹦蹦戏”，系由民间说唱艺术“山东琴书”（腔扬琴）发展演变而来，流传迄今约有百年历史。吕剧题材多表现普通人的日常生活，唱腔多以下行腔为主，委婉缠绵、长于抒情，特别擅长表现女性的内心世界，所以无论传统剧目还是现代题材，女性永远是吕剧的忠实观众。因此，在农村吕剧又有一个不雅的绰号“拴老婆橛子”。关于吕剧一词的由来，一说是由于第一个化妆演出的剧目《王小赶脚》吸取民间跑驴的表演形式，采用驴形道具，群众遂称之为“驴戏”；又一说是群众自认为它是街坊邻舍戏，“吕”原本是“闾”字；第三种说法是，群众据其主要乐器坠琴演奏时捋上捋下而称它为“捋戏”。20 世纪 40 年代，用文字记载时，将该剧种称之为吕剧。

20 世纪 60 年代吕剧《姊妹易嫁》剧照

民国初年，吕剧开始传入淄川，流行地区甚广，城乡广大群众都能顺口唱上几句。民间有成立吕剧业余演出团体的，逢年过节，走村串乡演出。演出的剧目多是民间生活小戏，短小精悍，通俗易懂，唱腔明快流畅。淄川区主要有鲁川戏剧团、寨里莪庄民间艺术团、岭子镇戏迷俱乐部、洪山镇宋家吕剧团等群众业余剧团演出吕剧，先后参加全区的戏剧调演和送文化下乡活动。传统剧目有《小姑贤》《借年》《王定保借当》《姊妹易嫁》《蓝桥会》等。吕剧的板腔主要有四平、二板、散板、娃娃腔、莲花落等，主要伴奏乐器有坠琴、扬琴、二胡、三弦、琵琶、唢呐等。

王定保借当

第二场

1=C 4/4

(春上唱四平)　　　　春兰 唱

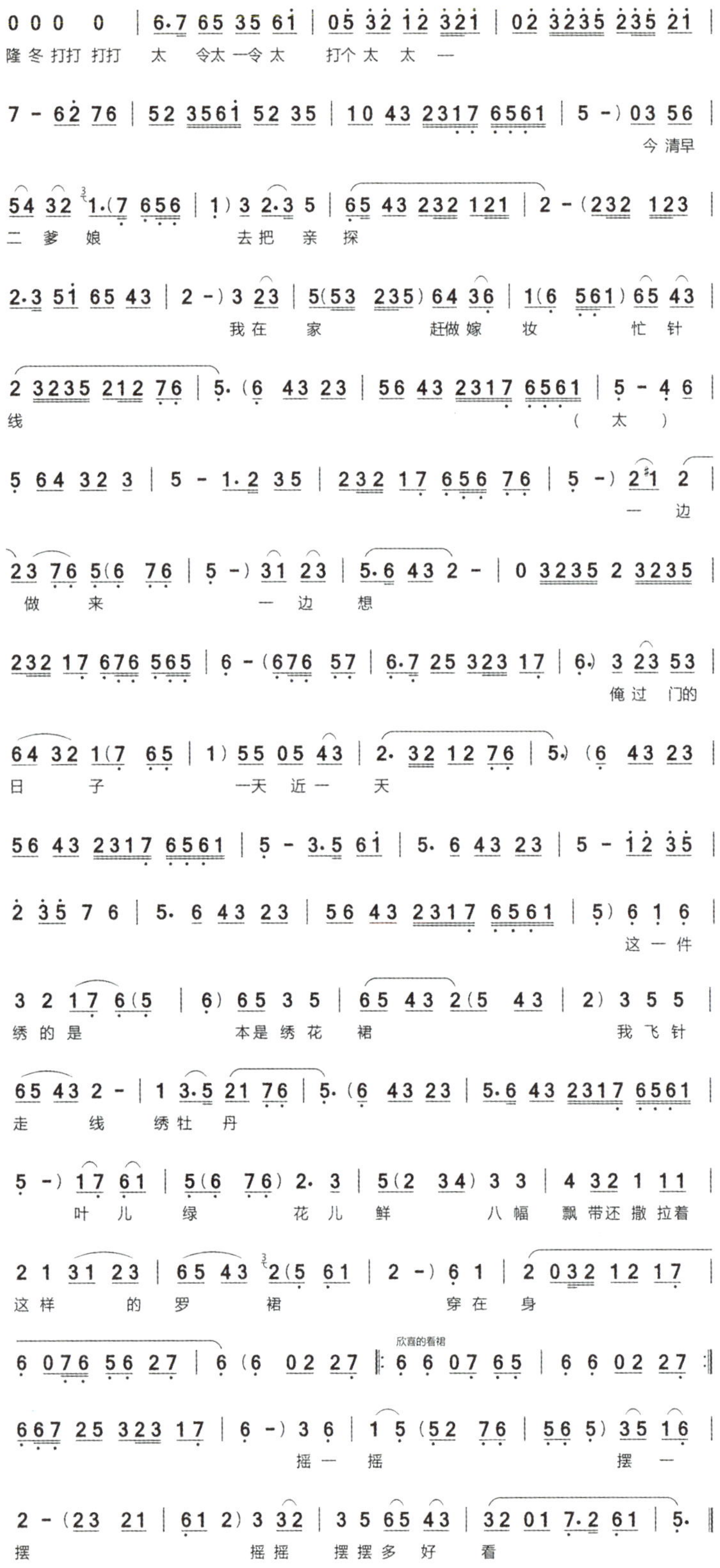

蓝桥会

（现为《井台会》）

兰瑞莲 唱

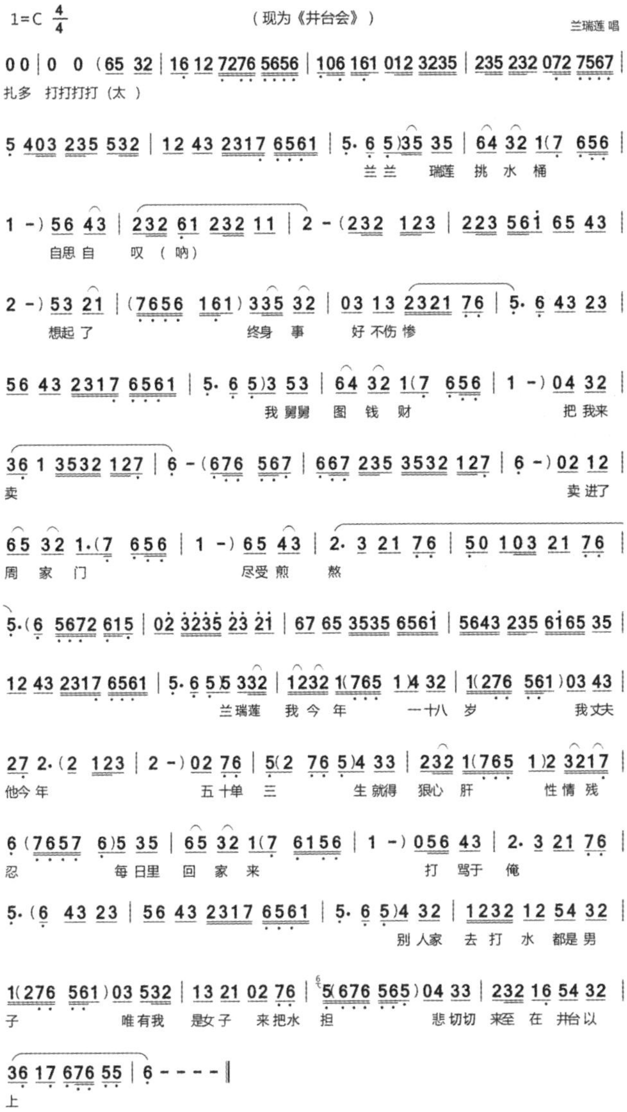

五音戏

五音戏原名肘鼓子或周姑子戏。它的历史起源，据艺人们追忆，推测是从 18 世纪中叶清代乾隆年间发展起来的。其演变过程大体经过了秧歌腔、周姑子、杂社、五音戏等 4 个时期。应当特别指出的是，周姑子戏时期是五音戏逐渐发展起来的十分重要的时期。周姑子戏逐渐成熟起来的后期，启用过五音戏一名，后来便成为该剧种的定名。多年来对启用此名的说法各有不同。一种说法是五音戏是用五个音演唱的戏。另一种说法是因为“人”“音”同韵，“五人戏”讹为“五音戏”。这一解释虽说有一定道理，但也很勉强。据老艺人的回忆，“五音戏”的得名与 1935 年邓洪山率领一部分演员去上海百代唱片公司灌片有关。前去的五人对外称“五人班”。那时厂方赠一锦旗，题字“五音泰斗”。其寓意系指演唱者五音洪亮，字正腔圆，婉转动听，技艺高超。“五音”指的是

20 世纪 80 年代初，邓洪山收徒授艺

“宫”“商”“角”“徵”“羽”中国古乐基本音阶，分别对映西乐音阶中的 do(哆)、re(来)、mi(咪)、sol(索)、la(拉)。在“五音戏”的唱腔中，以此五个音各自作为骨干音使用是常见的。它的典型唱腔多用七声或六声旋律。以“五音泰斗”之誉，逐渐成为“五音戏”剧种之名的说法，比较起来更加可信。在淄川地区，城北的法家村五音戏最具代表性。法家村的五音戏，可追溯到明朝永乐年间。法家村村东建一庙宇，庙前有一小溪，常年流水，绕庙北去。庙前有一小石桥，该庙名为小桥庵。庙前有一大道，北至滨州，南至博山，商贾往来甚多，法家小桥庵因此远近面名，香客常年不绝。民国初期，章丘西明水有一周姓尼姑迁至小桥庵，在此居住长达 20 余年，其间经常哼些小曲，后来法家村马方俊、张士才等跟随学唱，根据唱曲内容由马方俊执笔改编成戏剧，有《苍子花》《五宝珠》等剧目，时称肘鼓子。1928 年，经邓洪山到法家村指导和传授，肘鼓子剧目才逐渐扩大，当时在淄川以北地区很是有名。中华人民共和国成立后，淄博五音剧团将法家村“肘鼓”改为“五音戏”。法家村从“肘鼓”到“五音”经历 80 余年，传承人共三代，法家村 500 多户平均每户有演员 1 人。

第一代传承人主要有赵丰水、张士才等。赵丰水在淄川城区是远近闻名的滑稽小丑。第二代传承人孟宪芳，1958 年被邓洪山（鲜樱桃）聘为淄博市五音剧团名旦，并在《彩楼记》中扮演刘瑞莲，在《王小赶脚》中扮演二姑娘，扮相清新灵动，唱腔更是脍炙人口，名扬淄川、博山。第三代传承人主要有高兰英、张素青、罗秀珍、马梅芝等。法家村剧团三代传承人历经坎坷，至今仍保留着 20 世纪 80 年代以来的各种戏装、头饰，以及第一代传承人张士才的照片和 1968 年高兰英演出的《婆媒嫁》剧照。

五音戏唱腔属板式变化体。主要板式有“悠板”“二不应”“鸡刨爪”“散板”四种。悠板包括“慢板”“慢流水”“紧流水”等唱腔，它是五音戏板腔体系中典型的慢速度板头，为一板三眼。悠板又分旦行悠板和生行悠板两种。

“悠板”唱腔的主要特点：

一是唱腔的基本乐段结构主要有两个乐句组成，上下两句有明显的呼应关系，并决定着唱腔的调式、调性关系。通常称上句为头腔，下句为二腔。

二是“悠板”唱腔是一板三眼（4/4 拍），以四拍（一板）为一节奏单元。

三是“悠板”唱腔的结构布局可分为三种形式：唱词以七字句为基础，节奏是二、二、三布局；唱词以十字句为基础，节奏是三、三、四布局。此外，由于唱腔中经常出现字数不等的附加词句，有时又配以不同长度的行腔，因而节奏布局随之有了相应的变化。

王小赶脚

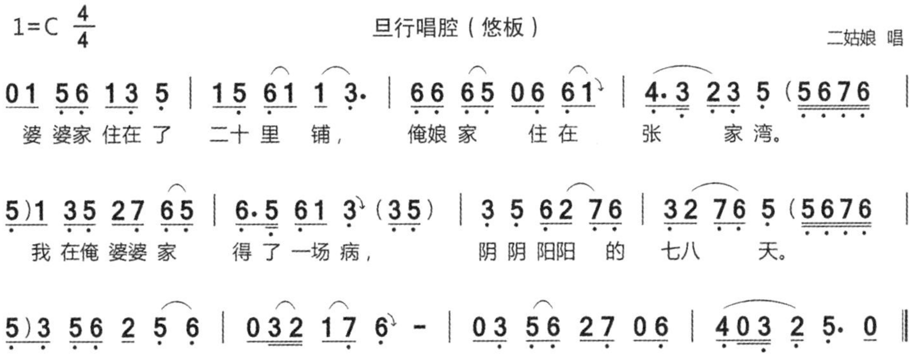

五凤岭

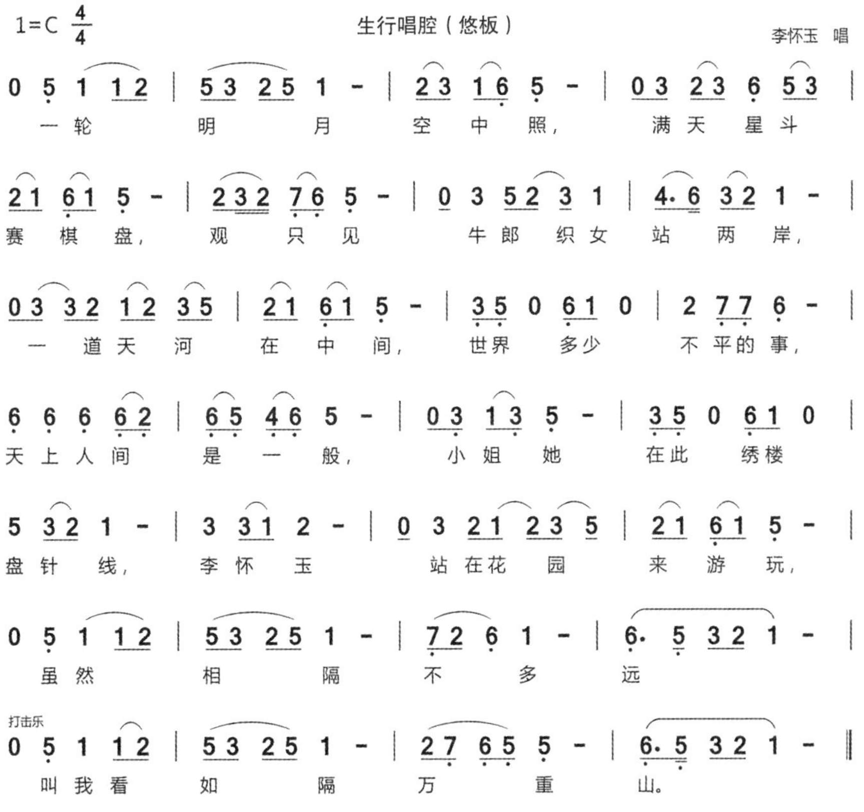

“二不应”唱腔又分“紧”“慢”两种。它是五音戏常用板头之一，属一板一眼（2/4 拍）快慢节奏兼备的板腔，用较快的节奏演唱，因而又称之为“流水板”。如同“悠板”唱腔一样，“二不应”板腔的适应性很强，既适应于旦角、青衣，又适应于老生、丑角，但最为常见的是用在老生和小生的唱腔中。它的节奏明快，可据剧情需要，形成“慢而不应”与“紧而不应”。

“二不应”唱腔的主要特点：

是它的基本乐段是由两个乐句组成。二是以两拍为节奏单元。三是唱词以七句为基础，节奏是二、二、三的布局；唱词以十字为基础，节奏是三、三、四的布局。

朱买臣休妻

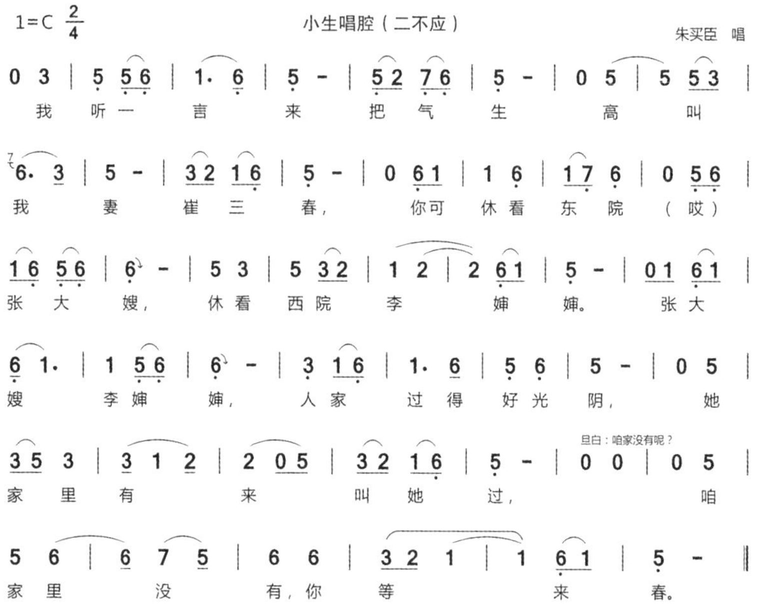

“鸡刨爪”唱腔包括“非板”唱腔，属于有板有眼（1/4拍）的快节奏唱腔。“鸡刨爪”唱腔的特点：

一是唱腔以一板（一拍）为一节奏单元，每句唱腔不少于四板；二是唱腔有板无眼，节奏是1/4拍，每小节为一拍。

“散板”唱腔包括“哭迷子”“鳔簧”唱腔，它同“悠板”“二不应”“鸡刨爪”同为五音戏的四大唱腔。“散板”虽节奏自由，却也分有板与无板两种，有板的散板唱腔也不受板数的约束，犹如紧拉慢唱，伴奏服从演唱。无板的“散板”唱腔，大都依靠演员自己把握节奏。

安安送米

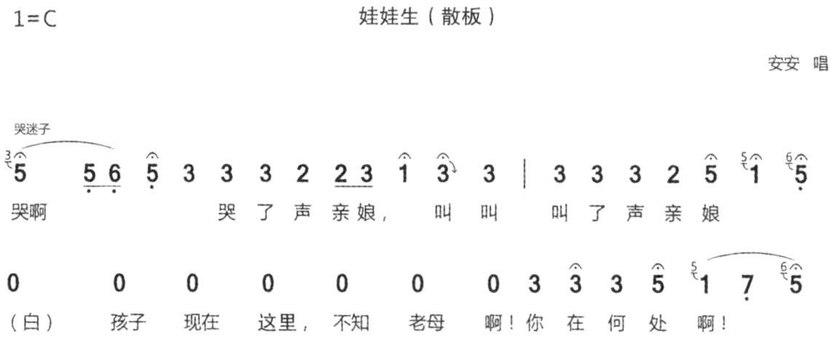

沉香救母

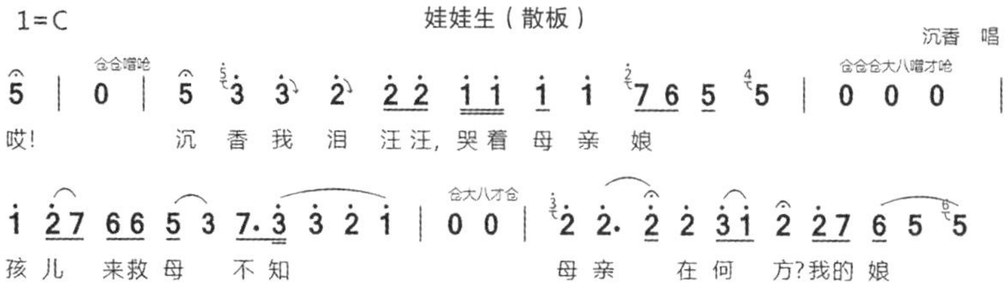

除上述四大唱腔之外，还有“娃娃腔”“莲花落”“逗歌”“茉莉花”“推倒船”“太平年”等曲牌。这些唱腔在演唱上的特点是先吐字、后行腔，用本嗓唱。女腔尾音用假嗓翻高，称为“云遮月”，并有“带板”“旱地拔葱”等。早期没有弦乐伴奏，只用锣鼓。自1952年起，陆续增加了管弦乐器伴奏，丰富了音乐的表现力。

五音戏在淄川流行比较广泛，尤其是在淄川洪山镇的东省村、双杨镇的杨寨村、法家村、华坞村，西河镇的窟空峪村，昆仑镇的磁村都有民间五音剧团，逢年过节，都要举行戏会进行表演。近年来，这些民间五音剧团积极参加全区的新春戏会和送戏下乡活动，受到广大戏曲爱好者的欢迎。2014年，五音戏被淄川区人民政府批准列入第四批区级非物质文化遗产项目名录。

骂堂

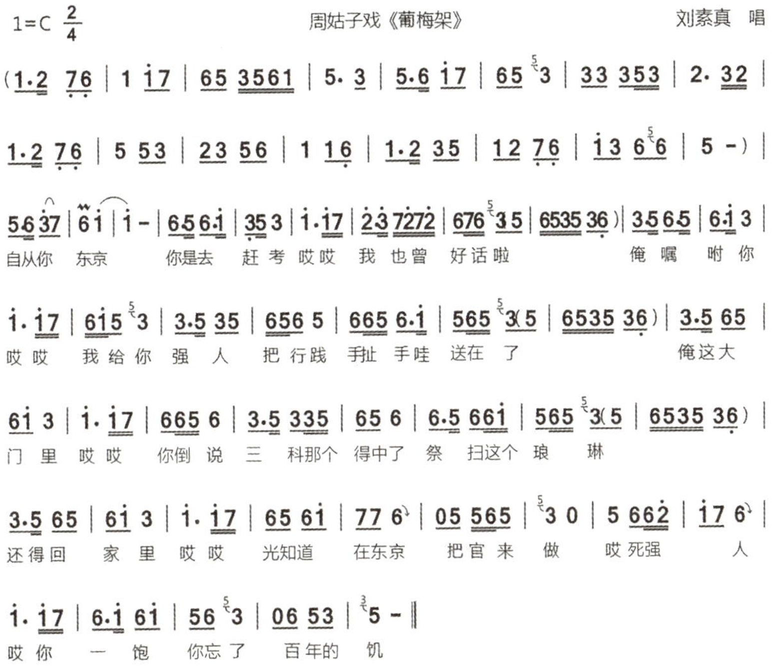

聊斋俚曲戏

聊斋俚曲戏是以聊斋俚曲的曲牌音乐作基调，用淄川一带的方言土语演唱，具有浓郁的聊斋文化地域特色和乡土气息的新生剧种。当时蒲松龄创作了三出小戏，包括《闹馆》《钟妹庆寿》和《闹窘》(附南吕调《九转货郎儿》)，它们分别以教书、庆寿和乡试为题材。从不同的角度和侧面共同

20世纪60年代《墙头记》剧照

2012 年聊斋俚曲艺术团表演的《钟妹庆寿》剧照

表现了知识分子怀才不遇的主题。三出小戏的内容都与作者的生活经历相关，富有真情实感和生活情趣，在嬉笑调侃之中表达了作者的愤懑和惆怅。三出小戏短小精悍，人物形象鲜明生动，语言通俗易懂，风趣幽默，戏剧形式自由活泼，体现了蒲松龄在戏剧艺术上的成就。

20 世纪 60 年代，为了参加全市的会演，区文化馆的陈倩创作了《贝壳花》，由陈玉琛以聊斋俚曲曲牌为素材改编了音乐，从而产生了一个类似于聊斋俚曲戏的小戏。此后，杨道坤又创作了与此类似的《不该演的戏》参加市里的会演。再后来，杨道坤在淄城镇的泉龙村组建起了淄川区聊斋俚曲艺术团，请市里的知名剧作家巩武威、徐树梓等创作了《青梅》《求骂》《祯姑》，以及现代戏《为孙女干杯》等进行排演。《青梅》还由淄川电视台在土峪村摄制成首部聊斋俚曲戏实景电视剧。磁村的文艺爱好者李慎濂变卖了赖以为生的大货车，雇用民办山东艺校的学生，成立淄川区聊斋俚曲剧团，陈倩请徐树梓为剧团提供《凤仙》《祯姑》等剧本，又请杨道坤谱曲，导演李维臣帮助排练。后来，这

2013 年聊斋俚曲艺术团表演的《王六郎》剧照

两个剧团由于经费、场地等方面的原因，慢慢地自生自灭。直到2008年5月，区人大常委会主任王世忠退休后出面组织成立了淄川聊斋俚曲艺术团，得到了省剧协领导的大力支持。几年下来，聊斋俚曲戏《求骂》《王六郎》荣获了山东省戏剧会演最高奖项——泰山文艺奖。淄川环保模范人物孟祥民被国务院批准为全国劳模和典型后，剧团创作排练了大型聊斋俚曲戏《环保卫士》，应邀到省城济南做汇报演出，受到省里有关领导和广大观众的肯定与好评。十多年来，剧团共创作编排大戏6部，小戏20多部，先后参加中国·博兴"非遗"（稀有）剧种小戏展演、山东戏剧会演、山东农民艺术节、山东"非遗"展演、山东"小红梅"比赛、淄博市小戏会演，多次获得泰山文艺奖、金奖、一等奖、二等奖、三等奖，《丫头大主任》还被选入了中央电视台小戏精品库。由于淄川在聊斋俚曲戏方面的发展风生水起，众多新闻媒体纷纷对此进行报道，香港《文汇报》及台湾的电视台都做过专题播报。

吟腔戏

清咸丰十年（1860年），东省庄的董衍将一位笛梆子戏演员单兆玉请到村中教戏。当年冬天，单兆玉就教出了第一代演员，并组成戏班。因扮演须生、小生和黑头的演员分别叫吕福胜、常敬胜、田福胜，因而把戏班定名为"东省庄吟腔三胜班"。

单兆玉只会唱戏，不会伴奏，只好舍弃笛梆子戏的伴奏乐器笛子和梆子等，改用当地人熟悉的锣鼓来伴奏。于是，起初人们把这种演唱形式称之为"锣鼓定腔"。后来，大家感到这些戏文中的唱腔，上下句音调不同，又讲究押韵合辙，演唱起来犹如吟诵诗词曲赋一般，故而便将其定名为"吟腔"。

该剧团发展到第四代，曾取名东省村同乐会。第四代演员主要有王光浦、王代元、韩发俊、谭玉兴、朱家信、闫立功、韩其礼、王光同、张相英等。王光浦为剧团的主要组织者，唱花旦、武旦，于1949年开始登台演出。剧团的主要剧目有20余个，比较著名的有《蝴蝶梦》《会仙山》《双增寿》《闹书房》《孟良盗发》《红娘》《北平府》等。剧中的主要角色有青衣、花旦、武旦。使用的乐器主要有皮鼓、大锣、小锣、大钵、小钵。吟腔戏在中华人民共和国成立初期非常兴盛，受到当地群众的热烈欢迎。2008年，吟腔戏被淄博市人民政府批准列入第二批市级非物质文化遗产项目名录。

淄川吟腔戏常用锣鼓点：

（上句）仓仓 | 仓 采采 | 采采 采采 | 仓 – |

（下句）仓仓 | 仓 采 ‖: 呆呆 七呆 | 七呆 仓 :‖

仓 仓 | 仓 仓 | 令仓 乙令 | 仓 – |

2008年吟腔戏演出剧照

俺是深山狐狸精

1=G $\frac{2}{4}$

选自《狐狸精闹书房》
旦角唱腔

狐狸精　唱

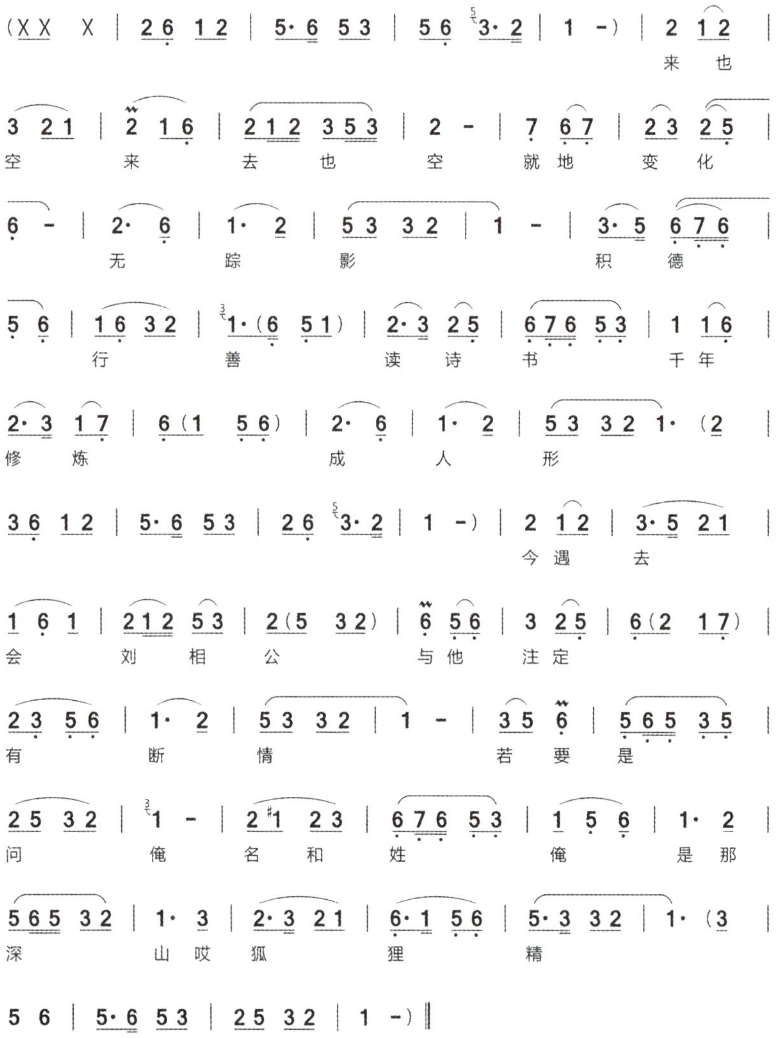

20 世纪 80 年代暖石坞村王庆梅饰演笛梆子戏《王宝钏》剧照

笛梆子戏

笛梆子戏是流行于磁村（今属昆仑镇）暖石坞一带群众喜闻乐见的一种地方戏曲，由流入山东的山陕梆子演变而成。明末清初，山西蒲州梆子和山陕梆子艺人随商队沿黄河到山东谋生，于是把这种梆子传至黄河两岸的历城、惠民、章丘等地。随着时间的推移，山陕梆子在当地方言、风俗、戏曲、民间音乐等的影响下，发生了很大变化，人们便把这种变化了的山陕梆子称为章丘梆子。因流行区域的不同，群众对其称呼亦有别，磁村地区称其为笛梆子。

从暖石坞建村和山陕梆子传播的时间可以推断笛梆子戏传入磁村地区的时间为清朝中期。据笛梆子戏老艺人回忆，先是由章丘西周峪的四位老师教授章丘梆子，尔后又有来自河北直隶梆子剧团的马德立教唱河北梆子。由于梆子腔粗犷豪放，很适合山区农民群众的口味，传入磁村地区后迅速流传开来，尤以暖石坞村为盛。这个剧种的唱腔高远激越，擅长表现慷慨悲壮的感情，听来往往使人有耳热心酸、痛快淋漓之感。舞台上的主角大多是历史上的英雄豪杰、清官、怨妇，如穆桂英、薛仁贵、包龙图、秦香莲等。主要板式有慢板、原板、一句三打、流水板、尖板、哭腔等。行当分生、旦、净、丑四种。服装主要有“四蟒四靠”。常用曲牌有“哭皇天”“横笛破字”“花鼓曲”“小工调”等十几种。排练演出的现代曲目有《红灯记》《红嫂》《三回船》等，传统笛梆子套戏有《王宝钏》系列、《杨家将》系列等50余种剧目。2008年，笛梆子戏被淄博市人民政府批准列入第二批市级非物质文化遗产项目名录。

2008年，笛梆子戏剧团乐队演出剧照

笛梆子戏《王宝钏》唱段

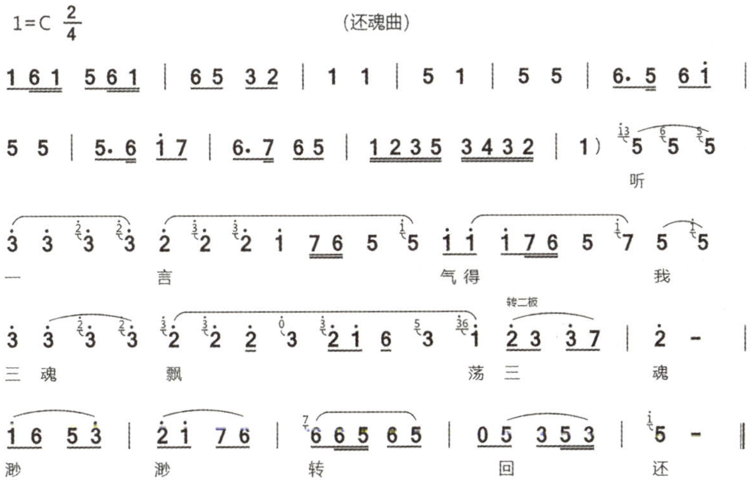

第二节　戏剧创作

1986年，区内戏剧有五音戏、吕剧、吟腔等剧种，传统剧目有《王小赶脚》《拐磨子》《老少换》《蓝桥会》等。

从1987年开始，戏剧创作获得较快发展，特别是聊斋俚曲的创作，根据聊斋故事改编的俚曲现代戏开始出现。

1987年5月，杨道坤创作的吕剧《彩电风波》参加淄博市“幸福之声”文艺会演，获编剧、唱腔一等奖。

1989年9月，杨道坤创作的俚曲小戏《为孙女干杯》参加淄博市曲艺小品电视大奖赛，获新作奖、作曲奖。

1990年，杨道坤创作的俚曲小戏《亲家俩》、吕剧《舅大外甥也不小》分获优秀创作奖。12月，其创作的吕剧《三改门楼》，在全市戏剧会演中获最佳创作奖、优秀音乐奖，被收入中国戏剧出版社出版的戏剧集《大厦迪斯科》。是月，蒲先和创作的俚曲戏《量宅基》在全市土地管理文艺会演中获创作奖；王镇东创作的话剧《甄有法无法》在市“土管杯”文艺会演中获优秀创作奖。

1991年12月，曹温年创作的儿童剧《枣儿熟了》在山东省第二届儿童戏剧比赛中，获创作演出二等奖。

1997年9月，陈谋钦创作、齐文编排的儿童歌舞剧《花蛤蟆·绿蛤蟆》参加山东省第四届儿童戏剧比赛，获创作、演出一等奖。

2010年8月，巩武威编剧、杨道坤编曲、周波导演的聊斋俚曲《求骂》，获得第三届山东省“泰山文艺奖”三等奖；12月，获得第二届山东省农村地方戏大赛二等奖。

2012年，聊斋俚曲戏《求骂》剧照

2012年4月，巩武威编剧、杨道坤编曲、周波导演的聊斋俚曲《求骂》，获得首届山东省地方戏新创作小戏展演二等奖。

8月，陈倩编剧、杨道坤编曲、李维臣导演的聊斋俚曲《王六郎》，获得第五届山东省泰山文艺奖地方小戏三等奖。

2013年12月，陈倩编剧、杨道坤编曲、李维臣导演的聊斋俚曲《王六郎》，获得首届淄博市新创作小戏优秀剧目调演三等奖。

2014年12月，陈倩编剧、杨道坤编曲、朱雷声导演的聊斋俚曲《丫头大主任》，获得第二届淄博市新创作小戏优秀剧目展演一等奖。

2015年12月，陈倩编剧、杨道坤编曲、朱雷声导演的聊斋俚曲《拉坟》，获得第三届淄博市新创作小戏优秀剧目展演一等奖。

2016年11月，巩武威编剧、杨道坤编曲、周波导演的聊斋俚曲《求骂》，参加华东六省一市戏剧小品大赛获银奖。12 月，陈倩编剧、杨道坤编曲、朱雷声导演的聊斋俚曲戏《钟妹庆寿》，获得第四届淄博市新创作小戏优秀剧目展演一等奖。

2017 年 11 月，陈倩编剧、司志国编曲、朱雷声导演的聊斋俚曲《少年夫妻老来伴》，获得淄博市第五届新创作小戏优秀剧目展演一等奖。

2019 年 12 月，赵京洲编剧、胡正德编曲、朱雷声导演的聊斋俚曲《般阳桥》，获得淄博市第七届新创作小戏优秀剧目展演一等奖。

第二章　曲艺形式和创作

淄川地区，多年来流传的曲艺形式主要有板话、数来宝、快板书、三句半和相声等。其中，黄玉庆学习著名作家赵树理的小说《李有才板话》中的人物李有才，继承和发展了板话这种艺术形式，受到广大群众的好评。

第一节　曲艺六种

板话

板话，作为一种文艺形式，人们大多是从作家赵树理的《李有才板话》中开始见到的。赵树理认为：作诗的人，叫“诗人”；说作诗的话，叫“诗话”；李有才作出来的歌，不是“诗”，而是“快板”，因此不能算“诗人”，只能算“板人”。李有才所编的快板中的话叫作板话，这就是“板话”的来源。

20世纪50—60年代，淄川的黄玉庆开始自觉地学习运用李有才的板话形式进行文艺创作，他把所写的快板、快书、快板书、数来宝、莲花落等韵文统统归之为板话。他把板话分为四类：即兴板话、说唱板话、抒情板话、纪实板话。黄玉庆继承板话的形式，同时他又从其外延和内涵两方面发展了李有才的板话：一是突破了李有才板话“形式短”的局限。李有才的板话虽然是快板形式，但是都很短，多的20来行，少的4行，不适合舞台表演。黄玉庆的板话，扩大了范围和容量，可长可短，长的如山东快书《陈毅借粮》、数来宝《逛峨庄》、板话集《武松新传》。二是改变了李有才板话揭露时弊、一针见血、以贬为主的方式。黄玉庆认为他所处的时代与赵树理生活的时代不同，他的板话是在中华人民共和国成立以后，人民当家作主，进行社会主义革命和建设时期，应以歌颂为主，针砭时弊为辅。特别是进入新时代后，就要与时俱进，歌颂新时代，释放正能量。三是改变了李有才的板话只是编出来念、“不能说唱演出”的模式，而是即兴就来，脱口而出，并且大多是编排好了上台演出，用来彰显党的方针、政策实施取得的成效；坚持正确的舆论导向，讴歌社会上出现的新人、新事、新思想、新作风、新面貌；弘扬正气，抨击邪气，调动人气，鼓舞士气，针砭时弊，鞭挞痼疾，等等。

黄玉庆从事业余曲艺创作60多年，系1980年中国曲协山东曲协首批会员，曾任淄博曲协理事，淄川区曲协主席。被淄博市淄川区政府列入非物质文化遗产传统板话传承人。淄博市曲艺家协会授予他“曲艺终身成就奖”。

数来宝

数来宝是曲艺的一种，流行于北方各地，一人或两人说唱。用竹板或系以铜铃的牛髀骨打拍。常用句式为可以断开的“三三”6字句和“四三”7字句，2句、4句或6句即可换韵。最初艺人沿街说唱，都是见景生情，即兴编词。后进入小型游乐场所演出，说唱内容有所变化。部分艺人演唱民间传说和历史故事，逐渐演变为快板书与数来宝同时流行。

数来宝本来是流落于民间的乞丐讨钱的一种手段。他们在两个牛胯骨（内行叫“合扇”）上面拴十三个小铃铛（俗称十三太保），头上有两个红缨，敲打着念自己编的词向商号要钱。他们站在门口左、右位置都有规矩，分为“梭”家门和“李”家门，还有一种叫“梭李不靠”的。他们讨钱不达目的不罢休，如果商号态度不好或口出恶言，他们便编词骂街，一定要讨到钱才走。他们都很聪明，见到什么就编什么词。商家虽然讨厌他们，但唱词得到多数旁听人的赞赏，还是会挣钱的。商家给钱他们不用手接，而用牛胯骨去接，也有用“节子”板（7块竹板）接的。要钱的方法和唱的词句也相同。

数来宝这种曲艺形式，从中华人民共和国成立前一直延续至今，“文化大革命”时期群众文艺宣传队运用此种形式较多，如今淄川的代表人物主要有黄玉庆、王庆厚等。黄玉庆创造的数来宝《逛峨庄》，曾在1964年全市群众文艺创作会演曲艺专场演出中获得创作演出奖。

快板书

快板书由数来宝演变而成。因沿用数来宝的击节乐器七块板儿，故名。它融合了相声、评书的艺术手段，丰富了数来宝原有的句式和板式，加强了表现力，20世纪50年代后风靡一时。快板书突破了数来宝“三三七”的句式，在七言对偶的基本句式之外，增添了单字垛、双字垛、三字头、四字联、五字垛等句式，以及重叠、连叠的长句式。为了提高艺术格调，避免传统数来宝的江湖气，又借鉴了竹板书、西河大鼓的演唱艺术，革新口风语气和表情动作，增强了刻画人物、描述情景的艺术表现力。传统的代表书目有《千锤百炼》《劫刑车》《三打白骨精》《火焰山》等。

淄川区在快板书这种曲艺形式的创作和演出方面，主要有赵明月、黄玉庆、王庆厚、唐加福、许昆、王长安、刘人源等人。代表作品有黄玉庆的快板书《相亲记》、赵明月创作的快板书《泉城之泉》、许昆创作的群口快板《光辉的历程》、王长安、刘人源创作的群口快板《定格精彩》、唐加福创作的群口快板《东西南北唱淄川》等。

三句半

三句半是中国民间一种群众喜闻乐见的曲艺表演形式，也是一种中国传统的说唱艺术，以说为主的韵文体曲种。一组表演词仅有三句话和一个短语而得名。表演者为四人，前三人每人说或唱一句，第四人则念诵归纳前三句内容的词或短语，反复循环至结束。

表演形式：表演者甲乙丙丁四人，手里各持鼓、小锣、镲、大锣等打击乐器敲打登场。乐器停，甲高声朗诵第一句，并根据此句意思做出一个造型动作；乙朗诵第二句；丙朗诵第三句；丁喊出的第四句是“戏眼”。三句半，关键在于半。半，其实只有一个字或两个字，也有三个字的。字多则味淡了。这一两个字，必须押韵、简洁、诙谐、合意，并出乎意料。一经丁喊出，能逗得观众哈哈大笑才行。观众大笑，台上四人敲打乐器转场，转一圈或两圈，之后接着表演第二段。一般一个三句半节目有八段到十段说词。

三句半这种形式在中华人民共和国成立后的淄川比较流行，运用最多的是“文化大革命”时期的文艺宣传队。由于其形式相对简单，创作比较容易，曾盛行一时。此后在文艺活动中也时有演出，但已经比较少见。淄川区创作三句半的代表人物主要有王庆厚、秦克新等。

相声

相声是由宋代的“像生”演变而来的，一般认为于清咸丰、同治年间形成，是一种以说笑话或滑稽问答引起观众发笑的曲艺形式。比如蒲松龄先生的《聊斋志异》中《口技》一文所描写的表演者，已具有相声之雏形。到了晚清，相声就形成了现代的特色和风格。主要用北京话讲，各地也有以当地方言说的“方言相声”。再后来表演者大多模仿人声，又在其中融入故事。

在相声形成过程中广泛吸取口技、说书等艺术之长，寓庄于谐，以讽刺笑料表现真善美，以引人发笑为艺术特点，以“说、学、逗、唱”为主要艺术手段。表演形式有单口、对口、群口三种。单口相声由一个演员表演，讲述笑话；对口相声由两个演员一捧一逗，通常又有“一头沉”和“子母哏”两类。群口相声又叫“群活”，由三个以上演员表演。传统曲目以讽刺旧社会各种丑恶现象和通过诙谐的叙述反映各种生活现象为主，中华人民共和国成立后除继续发扬讽刺传统外，开始创作出歌颂新人新事的作品。传统作品有《关公战秦琼》《扒马褂》等。

淄川区相声的创作表演主要以许昆、刘人源为代表。近十年，他们先后创作了《鲜花献给她》

《迷失自我》《南腔北调》《我要创业》等作品，先后获得山东省第二届“星光奖”一等奖、山东省曲艺会演二等奖、第七届淄博文学艺术奖、第五届泰山文艺奖三等奖、晋冀鲁豫相声大赛二等奖等众多奖项。

说唱表演

说唱表演是一种群众喜闻乐见的民间曲艺形式，它融音乐、语言及表演为一体，或表一事件，或表多个群体，曲调优美、言辞幽默。表演时一般先唱一段，然后加数板，有时乐队也可参与互动，深受群众喜爱。淄川区说唱表演方面代表人物主要有秦克新、王庆厚等。

第二节 曲艺创作

新中国成立初期，在淄川西关北河滩，每逢农历一、六赶集日，便有一姓黄的说书人（外人称他黄先生或大老黄）专说《武老二》。其他地点和农闲时间，也有零散说书者支鼓演唱传统书目的。

从20世纪60年代起，淄川地区开始了“新内容、旧形式”的曲艺创作演出活动。1964年在全市群众文艺创作会演曲艺专场演出中，黄玉庆创作的数来宝《逛峨庄》、山东快书《大战老龙坡》，均获创作演出奖。

1965年6月，黄玉庆根据长篇小说《烈火金钢》片段改编的快板书《肖飞买药》，发表在1965年9月14日《淄博日报》。

1983年，黄玉庆创作的快板书《相亲记》在《山东文艺》发表。在参加全市戏剧曲艺会演中，由王志玲演唱，获创作演出一等奖。

1986年，仇建新的中篇评书《雨夜疑案》在《艺术天地》杂志发表，获淄博市职工“建设者”征文一等奖。同年，王向东演唱的评书《宝刀出鞘》获山东省曲艺比赛三等奖。

1988年，黄玉庆创作的快书《夫妻情》被省计生委录制成宣传节目播放。《江冒富中奖》《江冒富送礼》分别获市广播大奖赛优秀奖、市税务系统文艺会演一等奖。

1989年，仇建新的评书《激战黄台》，获山东省“榴花杯”业余曲艺大赛创作一等奖。

1990年，秦克新的表演唱《四个大嫂谝致富》获全市表会演优秀创作奖、表演奖。

1991年11月，杨道坤创作的小品《并非小事》参加全市第三届残疾人文艺会演，获创作二等奖。

1992年，王向东演出的评书《铁柱的婚礼》参加省文化（艺术）馆站业务比赛，获优秀表演奖。

1993年，秦克新的曲艺作品集《曲苑新弹》、小品剧作集《大相径庭》由中国文联出版社出版。

1998年，黄玉庆创作的板书集《武松新传》由山东文艺出版社出版。

2000 年，赵明月创作的快板书《泉城之泉》，在中国广播电视学会举办的评奖活动中获一等奖。10 月，许昆创作的相声《代笔文书》在全国“西岗杯”新人新作相声征文大赛中获一等奖。

2001 年，赵明月创作表演的快板书《中华第一学宫》，获中国广播电视协会比赛二等奖。同年 7 月，许昆创作的群口快板《光辉的历程》，许昆、吴建勋创作的小品《交杯酒》，在淄博市“纪念中国共产党成立 80 周年新创作文艺会演”中分获创作大奖、一等奖。

2010 年 3 月，刘人源创作的小品《鲜花献给她》《不平凡的生日》分获省文化厅第二届“星光奖”一等奖、二等奖。6 月相声《迷失自我》获省文化厅曲艺会演二等奖。

2012 年 8 月，刘人源创作相声《迷失自我》获第五届山东省泰山星奖三等奖。

2015 年，秦克新举办红色抗日战争胜利 70 周年原创新歌演唱会。

是年秦克新先后举办庆祝中华人民共和国成立七十周年原创新歌演唱会“祖国万岁”，“百年红船”——庆祝中国共产党成立一百周年原创新歌演唱会。是年，市音乐家协会授予秦克新“终身成就音乐家”称号。

2017 年 11 月，刘人源创作的相声《我要创业》获第十三届晋冀鲁豫“山河杯”相声赛二等奖。

2017 年，黄玉庆创作的《乐在板话人生》由团结出版社出版。

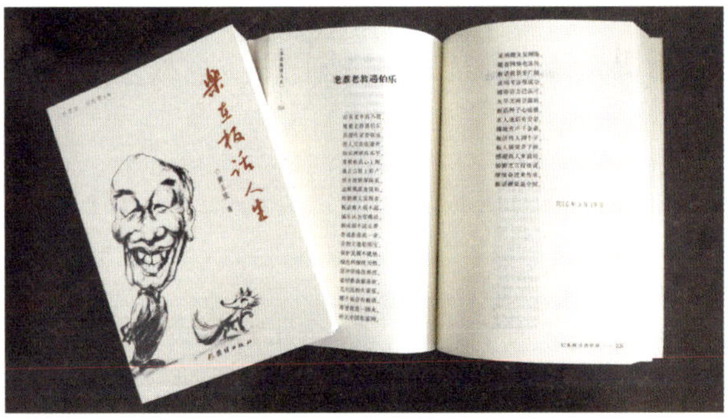

2017 年，黄玉庆的《乐在板话人生》出版

2018 年，刘人源创作的相声《我要创业》获省文化馆业务干部技能大赛曲艺组一等奖。

2019 年，黄玉庆创作的音乐快板《法治淄川更灿烂》参加省政法系统文艺会演，获一等奖。

第五篇　文化研究

第一章　聊斋文化研究

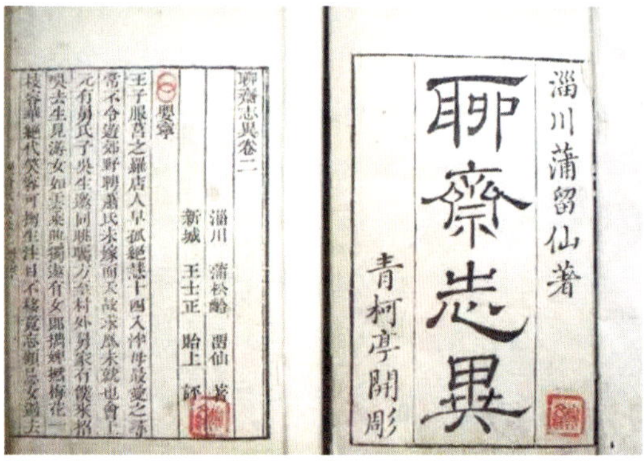
《聊斋志异》书影

蒲松龄一生著述丰富。其著作有《聊斋志异》近五百篇、聊斋诗一千余首、聊斋词九十余阕、聊斋俚曲十四种、戏三出、聊斋杂著五种，另外还有多种编选与辑录作品。蒲松龄各类著述虽有散佚，不能见其全貌，但仍是卷帙浩繁，为后人留下了宝贵的精神财富。

蒲松龄及其著述很早就引起人们的重视，并对其进行评点和研究。清代文人王士祺、冯镇峦、何守奇、但明伦、朱湘、唐梦赉等对蒲松龄及其《聊斋志异》、聊斋诗词、聊斋文等作了点评，为蒲松龄著述的传播做出了重要贡献。20世纪20年代始，以鲁迅、胡适、路大荒、刘阶平、罗尔纲等为代表的专家学者，则使聊斋文化研究进入现代学术化轨道。1949年始，中国内地和港台的聊斋文化研究都得到迅速、深入的发展，呈现全面繁荣的崭新局面：蒲氏著述以各种形式先后出版，各种研究机构也相继成立，研究队伍逐步壮大，各种研究会议不断召开，研究思路和视野不断开阔与创新，研究成果丰硕，撰写专著百余部、论文数千篇。

《聊斋志异》18世纪下半叶传入东方各国，19世纪中期传入西方国家。《聊斋志异》外文译本有日语、韩语、越南语、俄语、英语、法语、德语、西班牙语等20多个语种；外文版本多达近百种。《聊斋志异》及蒲松龄其他著述在国内外产生了巨大的影响。

在蒲松龄故里，聊斋文化广泛而深刻地影响了当地的思想、文化、生活、经济、政治、旅游等各个方面，成为社会文化的一个重要组成部分。以蒲松龄及其作品为源，以《聊斋志异》等的传播演变为流，以《聊斋志异》等文本及其诸多衍生现象为重要内容，已经形成了具有鲜明地域特色和广泛影响的聊斋文化。

第一节　蒲松龄生平

蒲松龄（1640—1715），字留仙，一字剑臣，别号柳泉居士。蒲松龄一生屡试不第，贫困潦倒，后人用 8 个字概括他的一生：读书、教学、著书、科考。蒲松龄出生在一个普通的文人家庭，由于家道中落，请不起教书先生，便随父读书。他自幼聪慧过人，经史过目不忘。18 岁完婚，应父母之命，娶本县文人刘国鼎的次女刘孺人为妻。19 岁初应童子试，便以县、府、道三试第一考中秀才。文章深受山东学政施愚山的赏识，一时声名大振。为了求取功名，实现理想，20 岁的蒲松龄与同乡好友李希梅、王鹿瞻、张笃庆共结“郢中诗社”，潜心治学。现在淄川的留仙湖、般河等地就是他们当年经常活动的地方。25 岁时蒲家因妯娌不和，兄弟分家，蒲松龄只分得“农场老屋三间，旷无四壁”，生活陷入困境。迫于生计，于清康熙九年（1670 年）应同邑好友江苏宝应县令孙蕙之聘，做其幕宾。那段时间蒲松龄开阔了眼界，写下不少诗文，但也饱尝寄人篱下之苦，加上思乡心切，第二年便辞幕还乡了。

归来后的蒲松龄没有考取功名，便屡屡设帐于缙绅之家，四处奔波，直到晚年援例入贡，才得一“候选儒学训导”的虚名。蒲松龄 70 岁撤帐返里，开始了暮年居家的生活。同年，乡里举行乡饮酒礼，蒲松龄与昔日好友李希梅、张笃庆被推举为乡饮介宾，这对当时的文人来说也算是种荣耀。康熙五十二年（1713 年）九月二十六日，蒲松龄妻子刘氏因病去世，其悲恸欲绝，倍感人生苦短。康熙五十四年（1715 年）正月二十二日，蒲翁于故居聊斋与世长辞。蒲松龄墓中出土的文物有锡酒壶、锡酒杯、旱烟袋、念珠、宣德炉、4 枚寿山石印章，还有其夫人用的铜镜、耳勺等。一代文学大师走完了他坎坷的人生，但是他为后人留下的财富却是永不磨灭的。

蒲松龄画像（2012 年拍摄）

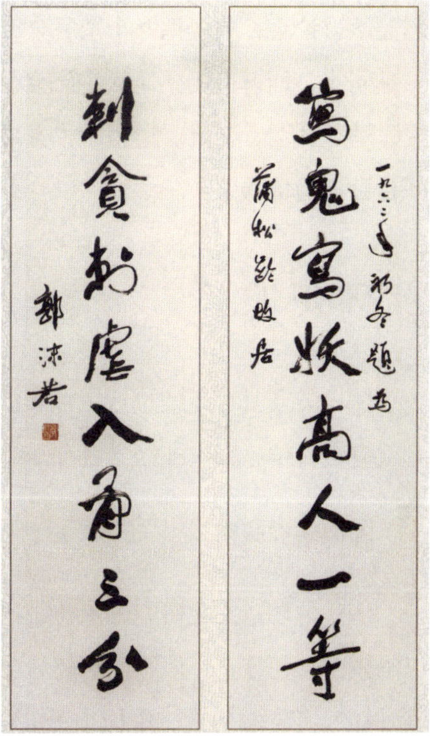

1962 年郭沫若为蒲松龄故居题写的对联（2012 年拍摄）

第二节　机构与队伍

研究机构

1952年，山东省成立蒲松龄研究小组，山东省文化局局长王统照任组长，山东省文联秘书长陶钝任副组长，成员有严薇青、栾调甫、路大荒、解方等人，主要负责调查、收集蒲松龄著述及有关研究资料。

1959年，山东省成立蒲松龄著作编辑委员会，对蒲松龄著作有计划、有系统地搜集、整理和出版。1961年，制定《蒲松龄著作编辑计划纲要（草稿）》，明确了编辑蒲氏著作的目的、意义，以及组织领导、步骤、方法和要求。

1980年，山东大学创立蒲松龄研究室。是年，创办《蒲松龄研究集刊》，主要发表论文、考证、随笔、调查报告、作品分析等文稿，先后出版4辑。

1986年，淄博市政府批准成立蒲松龄研究所，与蒲松龄纪念馆“一套人马、两块牌子”。研究所设有资料研究室、《蒲松龄研究》编辑部，先后举办或参与举办两届国际聊斋学讨论会、两届全国蒲学讨论会；独立举办十余届全市蒲学讨论会、两届聊斋俚曲讨论会。

同年，淄博市成立蒲松龄研究会，其任务是对蒲松龄生平、创作思想、艺术成就等进行探讨研究；举行年会，交流、通报学术开展情况，有会员近百人。蒲松龄研究会多次被淄博市社会科学界联合会评为优秀学会。

研究队伍

蒲松龄及其著述经过近三百年的传播，吸引越来越多的人投身到聊斋文化研究当中，仅著名学者就有近百位，其中外国学者有20多人。研究队伍的壮大是聊斋文化深入发展的重要标志之一。

国内研究队伍

清代的聊斋文化研究继承传统研究方式，以注释和评点为主，注释者有吕湛恩、何垠，评点者以冯镇峦、何守奇、但明伦等较为出名。20世纪始，出现专业的研究队伍。

1924年，鲁迅的《中国小说史略》第二十二篇《清之拟晋唐小说及其支流》对《聊斋志异》作了评价，奠定了学术界对《聊斋志异》在中国小说史上的定位。

20世纪30年代始，路大荒陆续发表研究蒲松龄的文章，并引起学者郑振铎、胡适等人的关注。胡适的聊斋研究突破了以往以评点为中心、重直观启悟的传统研究模式，建构起以考据为本位、尚实证逻辑的现代学术体系，为聊斋文化研究开辟了一个新方向。

新中国成立后，聊斋文化研究进入全面发展阶段，研究队伍充实壮大，在聊斋文化的各个研究领域涌现出一批卓有成就的专家学者。

蒲松龄著述的整理和出版是一项艰苦的工作，也是聊斋文化研究的基础性工作。在这个领域做出重要贡献的专家有路大荒、张友鹤、袁世硕、朱其铠、任笃行、罗敬之、赵蔚芝、邹宗良、盛伟等人。在他们的不断努力下，蒲松龄著作相继出版，为聊斋文化研究奠定了文献基础。

蒲松龄家世生平是聊斋文化研究的基础性课题，也是核心内容之一。这一研究领域的专家学者有刘阶平、张景樵、袁世硕、杨海儒、马振方、罗敬之、王枝忠、邹宗良等人，他们或撰年谱或写传记，做了大量的考证工作。袁世硕致力于蒲松龄生平交游和著述考证，其代表作《蒲松龄事迹著述新考》是推动聊斋研究最有价值的论著。杨海儒解决了最棘手的聊斋文献分类问题，独立创编了检索语言《蒲松龄文献资料分类表》；所著《蒲松龄生平著述考辨》获淄博市 1995 年度社科优秀成果一等奖，成为蒲松龄家世生平研究的最重要论著。

《聊斋志异》的艺术性及蒲松龄创作的综合性研究历来是聊斋文化研究中最活跃的领域，许多专家学者就个人感兴趣的问题发表了自己的观点，如李厚基、任孚先、周先慎、李茂肃、马瑞芳、汪玢玲、王枝忠、王林书、王同书、王平、李灵年、唐富龄、于天池、王恒展、陈文新、杜贵晨、张稔穰、雷群明、盛瑞裕等人成绩显著，仅专著就出版数十部。

聊斋俚曲是蒲松龄著述的重要组成部分，以其独特的魅力受到越来越多的专家学者的关注，如路大荒、关德栋、严薇青、曹正义、薛祥生、牟仁钧、纪根垠、李万鹏、汪玢玲、董绍克、车锡伦、张鸿魁、陈玉琛、刘晓静等人。关德栋是中华人民共和国成立后较早注意并研究聊斋俚曲者，思路新颖，具有开创性，并选注出版了《聊斋俚曲选》。刘晓静主要着力于聊斋俚曲音乐研究，著有《三百年遗响——蒲松龄俚曲音乐研究》。

国外研究队伍

随着《聊斋志异》在国外的传播和接受，吸引了十多个国家的汉学家投身于聊斋文化研究，为聊斋文化研究注入了新鲜血液。他们与国内研究者互为补充，成为聊斋文化研究的重要力量。

日本是国外研究聊斋文化的重要阵地，先后涌现出多位颇有建树的专家。平井雅尾在蒲松龄故里行医期间，搜集收藏了包括蒲松龄手稿在内的聊斋文献六百多件带回日本，并出版《聊斋研究》等论著，奠定了日本聊斋学研究的基础。前野直彬致力于蒲松龄生平研究，著有《蒲松龄传》一书，是国外出版的第一部蒲松龄传记。藤田祐贤主要从事蒲松龄及其著述的资料整理、甄别，以及《聊斋志异》与民间文艺和日本文学关系等方面的研究，先后编辑了《庆应义塾大学所藏聊斋关系资料目录》、《聊斋志异的研究和资料》、《聊斋研究文献要览》（与八木章好合编）等著作。八木章好主要是对聊斋诗歌的资料整理和研究，多有新见。

在俄罗斯，经过几代学人的共同努力，聊斋文化研究发展成为一门学科。阿列克谢耶夫是著名汉学家，先后翻译出版了《狐魅集》《神僧集》《志怪故事集》《异人集》四部聊斋故事集，撰有多篇评论文章。乌斯金是原苏联第一位专职研究聊斋文化的学者，著有《蒲松龄及其小说》。

在新加坡，国立大学中文系的辜美高倾心于聊斋文化研究，著有《〈聊斋志异〉与蒲松龄》，主编《国际聊斋论文集》。

在英国，著名汉学家翟理斯于1880年翻译出版《聊斋志异》第一部英译本——《中国书斋神异故事集》两卷，选译了《考城隍》《瞳人语》《崂山道士》《陆判》等164篇最富有特色的作品，是迄今为止篇目最多的英译本《聊斋志异》。翟理斯精通中国古典文学，其译文能传达原著之风格，在西方有很大的影响，对《聊斋志异》的传播有重要意义。

在捷克，汉学家雅洛斯拉夫·普实克是欧洲研究聊斋文化的代表人物之一，其论文有《蒲松龄〈聊斋志异〉创作环境探研》和《有关蒲松龄生平的两种资料》。

在美国，学者白亚仁自1977年开始接触《聊斋志异》，已撰写论文近20篇、专著2部，研究视角独特，见解新颖。杨瑞的博士论文《以心理分析解读〈聊斋志异〉》，采用西方20世纪最有影响的弗洛伊德、荣格等心理分析理论重新解读聊斋，对聊斋故事重复出现的母题、主题、深层结构和特殊语言现象等，都给予了全新的解释。

第三节　研究活动

1980年9月16—20日，全国第一届蒲松龄学术讨论会在淄博市召开。山东省文化局、省出版局、山东大学、省文联、省社会科学研究所和淄博市人民政府联合举办，与会专家、学者70余人，提交论文41篇。对蒲松龄的生平、思想、著作及其影响等方面，做了新的探索和论述。会上论文由山东大学蒲松龄研究室汇编成《蒲松龄学术讨论会专刊》。

1985年9月18—23日，全国第二届蒲松龄学术讨论会在淄博举行。山东大学、山东师范大学、山东省文联、省社科联及淄博市有关单位联合举办，与会学者从信息论、比较文学、系统论角度对《聊斋志异》进行了开拓性研究，就蒲松龄祖属民族问题、《聊斋志异》是否有反清思想、《聊斋志异》在中国文学史与世界文学史上的地位及其评价等问题进行深入探讨。会议决定成立蒲松龄研究会，并创办《蒲松龄研究》杂志。

1986年，召开淄博市蒲松龄研究会第一届年会，主要内容是研究会换届选举，通报聊斋文化研究发展动态和进行学术交流。同年9月，《蒲松龄研究》杂志创刊号发行，是迄今国内外唯一一本聊斋文化研究刊物。该刊先为半年刊，1992年改为季刊。主要发表聊斋文化研究论文，同时兼有《醒世姻缘传》与文言小说研究；及时报道聊斋文化动态、国内外聊斋文化大事和最新研究成果，多次被山东省新闻出版局评为优秀期刊。1999年，被中国社会科学院评定为中国人文社会科学核心期刊。

1988年10月26—28日，《聊斋志异》专题学术座谈会在江苏省如皋市召开，由江苏省明清小说研究会举办。来自南京师范大学、徐州师范学院、扬州教育学院等五所高校的近20名专家学者与会，收到论文10篇。他们对《聊斋志异》作了多角度、多层次地分析，为蒲松龄研究的深入发展作了有益探讨。

1990年，淄博市首届聊斋俚曲研讨会在市群众艺术馆召开。与会聊斋俚曲和民族音乐研究人员数十人，对聊斋俚曲音乐问题进行了深入的探讨。

1991年10月18—22日，首届国际聊斋学讨论会在淄博召开，由淄博市人民政府、山东省文化厅、山东大学联合举办。来自美国、英国、日本、澳大利亚，以及国内各地的专家学者70余人参加会议，提交论文37篇、专著4部。与会中外专家学者从哲学、美学、史学、民俗学等角度对《聊斋志异》进行了深入讨论。

1997年6月20日，第二届聊斋俚曲专题研讨会在蒲松龄纪念馆召开，由蒲松龄研究会举办。淄博市俚曲研究工作者及民间演唱艺人30多人参加会议。会上，民间艺人与群众演唱聊斋俚曲，淄博电视台、淄博文艺广播电台现场录像、录音。

2001年，由民盟市委组织的新千年聊斋俚曲研究会在淄博市召开，来自北京、上海、济南及淄博市内的专家学者30余人与会。会议主要对俚曲的成因、挖掘、整理以及如何发扬光大、为经济文化建设服务等问题进行探讨论证，提出新思路、新观点。

1995年10月，首届国际聊斋学讨论会召开

2001年4月，第二届国际聊斋学讨论会召开

2001年4月19—21日，第二届国际聊斋学讨论会在淄川区召开。由淄博市人民政府、淄博学院、蒲松龄研究会联合举办，英国、美国、俄罗斯、德国、意大利、日本、韩国、加拿大、印度等9个国家的13名专家、中国港台地区6名专家及20多个省、市的78名专家与会。会议收到论文70余篇，近80万字。会上，中外专家学者从文学、文艺心理学、社会学等角度对蒲松龄及其《聊斋志异》等著述作了多角度、全方位的开拓与创新研究，突出了聊斋文化研究的新思路、新趋势，并对21世纪的研究趋势进行了前瞻性思考。会议提交的论文汇编

为《第二届国际聊斋学讨论会论文集》。

第四节　研究成果

蒲松龄著述在其生前就已引起人们的兴趣。清代文人对蒲松龄的《聊斋志异》、诗词文皆有所评论，多为感悟性的序跋和评注，未成体系。进入20世纪后，对蒲松龄及其著述的研究真正迈入现代学术化轨道，并取得丰硕的成果。

蒲松龄家世生平研究

1932年，胡适的《辨伪举例——蒲松龄的生年考》发表后，曾引起一场关于蒲松龄生卒年代的争论。

1949年始，中国内地和港台地区诸多专家学者都投入这一研究领域，并取得了重大成绩，先后出版专著近20部，论文数10篇。伴随着研究的深入发展，出现了几个议论比较热烈的问题：蒲氏民族成分问题、家族渊源问题、蒲氏第二夫人问题、蒲氏终身未第问题与《醒世姻缘传》的作者问题等，诸多知名专家学者积极参与讨论，反响巨大。

蒲松龄家世生平研究主要论著情况表

表5-1-1

著述	作者	刊载 / 出版	时间
《蒲松龄》	路大荒	《前哨》	1957年第1期
《蒲松龄年谱》	路大荒	齐鲁书社	1980年
《蒲松龄南游考略（一）》	鲁童　盛伟	《蒲松龄研究集刊（第二辑）》	1981年
《蒲松龄的崂山之行》	邹宗良	《蒲松龄研究集刊》第四辑	1983年
《关于蒲松龄“闱中越幅被黜”商榷》	杨海儒	《文献》	1985年第4期
《关于蒲松龄两次考场被黜的原因及其他》	杨海儒	《语文教学阵地》	1986年第4期
《蒲松龄两次教馆丰泉王家说》	王枝忠	《东岳论丛》	1988年第1期
《对〈关于蒲松龄的第二位夫人〉一文质疑》	杨海儒	《蒲松龄研究》	1989年第2期
《蒲松龄生平二考》	邹宗良	《蒲松龄研究》第3辑	1989年
《蒲松龄并无第二夫人》	杨海儒	《东岳论丛》	1990年第3期
《〈蒲松龄年谱〉中应澄清的问题》	杨海儒	《蒲松龄研究》	1993年3、4期合刊
《蒲松龄生平著述考辨》	杨海儒	中国书籍出版社	1994年

续表 5-1-1

著述	作者	刊载 / 出版	时间
《蒲松龄志》	袁世硕等	山东人民出版社	2003 年
《蒲松龄与韩逢休》	邹宗良	《蒲松龄研究》	2005 年第 4 期
《蒲松龄与赵金人》	邹宗良	《蒲松龄研究》	2007 年第 1 期
《蒲松龄与王甡交游补考》	邹宗良	《山东理工大学学报》	2010 年第 1 期
《蒲松龄与淄西沈氏》	邹宗良	《蒲松龄研究》	2010 年第 3 期
《蒲松龄与李渔交往辨误》	邹宗良	《文史哲》	2010 年第 6 期
《蒲松龄与西关赵氏交游补考》	邹宗良	《现代文学》	2010 年第 11 期

《聊斋志异》研究

《聊斋志异》是聊斋文化研究的重要内容，也是为人们关注最多的领域，成果最显著。

《聊斋志异》手稿未能完整传世，各种抄本多有改动和散佚，因此它的搜集、辑佚以及编次界定、真伪考辨等问题一直是《聊斋志异》研究中的基础性课题，也是个难题。根据陆续发现的极具价值的《聊斋志异》手稿本、抄本和刻本，如手稿本、康熙抄本、铸雪斋抄本、二十四卷抄本、黄炎熙选抄本、青柯亭刻本、步云阁刻本等，对《聊斋志异》的编次、篇数、卷数等问题展开讨论。《〈聊斋志异〉会校会注会评本》《铸雪斋和〈铸雪斋抄本聊斋志异〉》《蒲松龄对〈聊斋志异〉的修改》《谈〈二十四卷本聊斋志异〉》《一函不同寻常的〈聊斋志异〉旧抄》《〈聊斋志异〉原稿编次初探》《〈聊斋志异〉是按写作先后编次的吗？——与章培恒同志商榷》《〈全本新注聊斋志异〉版本整理的复案和思考——兼议影印抄本〈异史〉》等，为再现《聊斋志异》原貌作出了努力。根据这些研究成果，张友鹤、朱其铠、任笃行先后整理出版了《聊斋志异》会校会注会评本、全本新注本、全校会注记评本。

1949 年前，对《聊斋志异》的文本研究几乎是空白，仅有鲁迅先生在《中国小说史略》中有过简短却经典的评论。1949 年始，中国内地、港台地区以及外国专家学者对《聊斋志异》文本研究空前繁荣。20 世纪 80 年代始，伴随着整个中国学术思潮的发展，《聊斋志异》研究思路不断开拓和创新，文化学、心理学、民俗学、叙事学、传播学等新兴学术理念被不断运用于《聊斋志异》的研究，并取得了可喜的成绩。其研究主要内容有：

创作动机和创作思想问题。正如蒲松龄所说："集腋为裘，妄续幽冥之录；浮白载笔，仅成孤愤之书。寄托如此，亦足悲矣！""孤愤"说成为其创作动机的主要观点，指出蒲松龄创作思想的进步性，《〈聊斋志异〉思想内容简论》《〈聊斋志异〉的思想性举隅》《〈聊斋志异〉的创作心理论略》《聊斋创作心理研究》等篇皆为此论。

《聊斋志异》有无民族思想的问题。晋驼的《〈聊斋志异〉的民族思想》、李灵年的《谈〈聊斋志异〉的时代气息》、赵俪生的《读〈聊斋志异〉札记》等论文，认为《聊斋志异》中的许多篇章，如《张氏妇》《林四娘》《公孙九娘》《野狗》等真实地反映了清初的几十年中清兵对百姓的屠杀、掠夺和残暴，表现了蒲松龄同情人民、反对暴虐的进步思想。

《聊斋志异》的艺术成就问题。宏观性研究，如肯定了其现实主义与浪漫主义相结合的创作方法，指出其接受传奇、话本小说、民间文学的影响，如《"假象寄兴"与〈聊斋志异〉的意境创造》《略论谢肇浙的文言小说与〈聊斋志异〉的关系》《论〈聊斋志异〉的诗美及其与晚明文艺启蒙思潮的关系》《浅论〈聊斋志异〉与话本小说的关系》等篇皆是；也有大量的微观性考察，如塑造艺术、结构艺术、情节艺术、叙事艺术、语言艺术等方面的探讨，《人鬼狐妖的艺术世界》《〈聊斋志异〉欣赏》《聊斋艺术论》《聊斋艺术通论》《聊斋人物塑造艺术研究》《〈聊斋志异〉艺术研究》等专著和大量论文，对《聊斋志异》艺术性作了精细的分析。

"志怪"特征的把握。指出《聊斋志异》不是单纯记异述怪，而是有意识地结撰故事，以寄托自己的"孤愤"情怀。如《聊斋志怪艺术新质论略》《怪异世界的建构——〈聊斋志异〉与志怪传统研究》等，分析了《聊斋志异》与六朝志怪及唐传奇的根本差异，从而揭示了其在志怪小说艺术方面所呈现的新基本特征，从而使"志怪"具有了形式的性质。

文化学的研究。如《〈聊斋志异〉与孔子思想》《蒲松龄与民间文学》《〈聊斋志异〉与儒学》《〈聊斋志异〉宗教现象读解》《〈聊斋志异〉与道教文化》等论文，探讨了《聊斋志异》对传统文化、民俗文化、宗教文化、地域文化等的继承和接受。

爱情婚姻题材的研究。肯定了蒲松龄的进步思想，如爱情自由、男女相悦、婚姻自主、知己之爱等，《〈聊斋志异〉关于妇女的解放思想及其矛盾》《〈聊斋志异〉对爱情题材的拓展》《蒲松龄论美感与〈聊斋志异〉中的知己之情》《〈聊斋志异〉中的爱情》等论文皆为此类。

比较研究。把《聊斋志异》置于中国小说史、中国文学史坐标上，阐述其渊源继承和创新发展，或置于世界文学背景下作纵向比较，如《从〈情史〉到〈聊斋志异〉》《〈聊斋志异·竹青〉与太宰治〈竹青〉之比较》《略谈〈聊斋志异〉在中国小说史上的地位》《〈聊斋志异〉与〈池北偶谈〉》《〈聊斋志异〉与六朝志怪小说》《〈聊斋志异〉的一个侧面——它和日本文学的关系》《从〈聊斋志异〉与〈阅微草堂笔记〉的比较看文言笔记小说创新的得失》《〈聊斋志异〉与〈红楼梦〉——兼论〈聊斋志异〉中的女性描写》《双重超越〈聊斋〉与〈三言〉〈二拍〉之比较》等篇。

《聊斋志异》研究主要论著情况表

表 5-1-2

著述	作者	刊载 / 出版	时间
《蒲松龄年谱》	路大荒	齐鲁书社	1980 年
《精选白话聊斋》	盛伟	山东友谊出版社	1986 年
《聊斋佚文辑注》	盛伟	山东齐鲁书社	1986 年

续表 5-1-2

著述	作者	刊载 / 出版	时间
《聊斋寓言童话译注》	盛伟	吉林文史出版社	1990 年
《小豆棚（校点）》	盛伟	山东齐鲁书社	1990 年
《初稿本〈聊斋志异〉考》	邹宗良	《山东大学学报》	1991 年
《〈异史〉校释》	盛伟	安徽文艺出版社	1993 年
《（新校本）聊斋志异》	盛伟	黄山书社	1994 年
《精选少年儿童白话聊斋》	周雁翔　董文林 刘承杰　主编	中国少年儿童出版社	1994 年
《全译白话聊斋志异》	周雁翔　刘玉湘 主编	农村读物出版社	1994 年
《有正本〈原本加批聊斋志异〉对原著的肆意篡改》	杨海儒	《明清小说研究》	1994 年第 1 期
《聊斋志异译注》	盛伟	山西人民出版社	1998 年
《聊斋学研究论集》	张永政　盛伟主编	中国文联出版社	2001 年
《神鬼狐妖的世界：聊斋人物论》	马瑞芳	中华书局	2002 年
《聊斋赘语》	王光福	大众文艺出版社	2003 年
《从〈聊斋志异〉到〈红楼梦〉》	马瑞芳	山东教育出版社	2004 年
《马瑞芳讲聊斋》	马瑞芳	中华书局	2005 年
		东方出版中心	2018 年
《谈狐说鬼第一书：跟马瑞芳读聊斋》	马瑞芳	中华书局	2006 年
《马瑞芳揭秘〈聊斋志异〉》	马瑞芳	东方出版社	2006 年
《狐鬼与人间：解读奇书〈聊斋志异〉》	马瑞芳	当代中国出版社	2007 年
《马瑞芳说聊斋》	马瑞芳	作家出版社	2007 年
		中国工人出版社	2014 年
《图说蒲松龄》	马瑞芳	山东友谊出版社	2009 年
《新发现的〈聊斋〉跋语二则》	刘卫东　王清平	《蒲松龄研究》	2010 年第 4 期
《马瑞芳趣话聊斋爱情》	马瑞芳	上海文艺出版社	2010 年
《蒲松龄研究丛稿》	邹宗良	山东大学出版社	2011 年
《聊斋女儿谱》	赵玉霞	齐鲁书社	2012 年
《幻由人生：蒲松龄传》	马瑞芳	作家出版社	2014 年
《马瑞芳评说聊斋之官场》	马瑞芳	安徽文艺出版社	2014 年
《聊斋艺术高峰论》	马瑞芳	齐鲁书社	2018 年
《聊斋琐议》	蒲先和	齐鲁书社	2018 年

聊斋诗词文研究

蒲松龄虽非诗词文领域的创作大家，但其创作亦颇有特色，留下数量众多的作品。自 20 世纪 80 年代始，专家学者主要着力于其诗词文的搜集和整理，相继发现《聊斋文集手稿》《南游诗草》《柳泉居士词稿手迹》《聊斋偶存草》等珍贵资料，而对聊斋诗词文文本的研究甚少。

聊斋诗词文研究主要论著情况表

表 5–1–3

著述	作者	刊载 / 出版	时间
《谈蒲松龄的散文》	郝浚　马瑞芳	《蒲松龄研究》	1980 年
《蒲松龄的〈鹤轩笔札〉手稿及其佚篇》	邹宗良	《蒲松龄研究集刊》第四辑	1983 年
《聊斋诗词选注》	赵蔚芝	山东大学出版社	1985 年
《聊斋佚文辑注》	盛　伟	齐鲁书社	1986 年
《〈聊斋遗诗风行录〉抄本考论》	杨海儒	《淄博社会科学》	1993 年第 3 期
谈蒲松龄的诗——《蒲松龄诗集笺注》前言	赵蔚芝	《蒲松龄研究》	1993 年第 3 期
《二卷本〈聊斋诗集〉探考》	邹宗良	《蒲松龄研究》	1994 年第 2 期
《蒲松龄生平著述考辨》	杨海儒	中国书籍出版社	1994 年
《由〈聊斋偶存草〉所见聊斋诗的整理诸问题》	邹宗良	《蒲松龄研究》	1995 年第 3 期
《谈〈聊斋文集〉的作品体裁和编纂》	赵蔚芝	《蒲松龄研究》	1998 年第 4 期
《对传为蒲松龄儿孙钞本的两种〈聊斋诗草〉的考察》	邹宗良	《蒲松龄研究》	2006 年第 1 期
《〈般阳诗萃〉中的蒲松龄诗与聊斋诗的编年问题》	邹宗良	《山东图书馆学刊》	2011 年第 5 期

聊斋俚曲研究

聊斋俚曲与《聊斋志异》一俗一雅，为蒲松龄著述的双璧，开创了传统戏的新风格，独树一帜，是蒲松龄多年创作心血之结晶；后期作品与前期作品相比较，不仅篇幅从短篇发展为长篇，而且将简单的曲艺说唱形式变为完整的戏剧形式。聊斋俚曲除少数几种付梓刻印外，多以手抄本的形式流传，加之其方言局限，故传播不广。因此，人们对它的了解不多，自然谈不上有更多的研究。1949 年前，仅有马立勋之《聊斋白

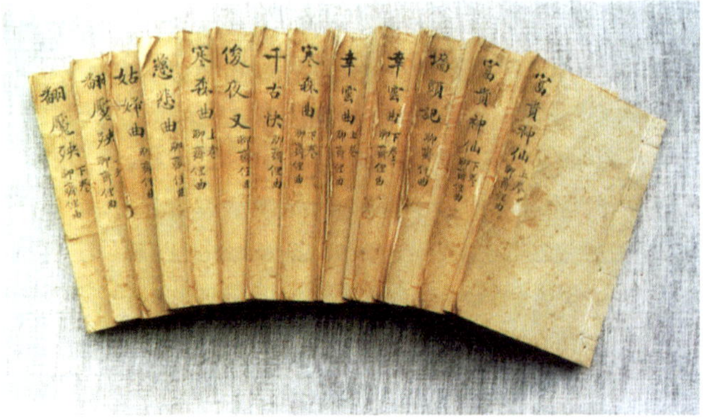

聊斋俚曲旧抄本（2012 年拍摄）

话韵文·引言》一篇研究性文章。1949 年始，逐渐引起研究者的重视。20 世纪 80 年代始，聊斋俚曲逐渐成为聊斋文化研究的热点。

聊斋俚曲研究主要论著情况表

表 5-1-4

著述	作者	刊载 / 出版	时间
《蒲松龄的〈聊斋俚曲〉音乐》	牟仁钧	齐鲁艺苑	1981 年第 4 期
《〈聊斋俚曲〉音乐浅谈》	牟仁钧	齐鲁书社（济南）	1981 年 7 月第 1 版
《聊斋佚文辑注》	蒲松龄纪念馆编 盛伟辑注	齐鲁书社	1986 年 1 月第 1 版
《聊斋俚曲音乐的艺术特色》	陈玉琛	《中国音乐》	1988 年第 1 期
《聊斋俚曲〈琴瑟乐〉与〈金瓶梅〉》	盛伟	《蒲松龄研究》	1989 年第 1 期
《〈琴瑟乐〉国内藏本与日本藏本校释》	盛伟	《蒲松龄研究》	1989 年第 1 期
《〈琴瑟乐〉曲中婚俗与方言俗语通释》	盛伟	《蒲松龄研究》	1989 年第 2 期
《谈聊斋艳情俚曲〈琴瑟乐〉的内部结构》	盛伟	《德州师专学报》	1989 年第 3 期
《聊斋俚曲与〈金瓶梅〉》	盛伟	《蒲松龄研究》	1991 年第 1 期
《蒲松龄与他的聊斋俚曲》	周雁翔	《蒲松龄研究》	1991 年第 1 期
《谈〈聊斋俚曲〉方言词语的丰富性及生动性》	丁龙涧	《蒲松龄研究》	1991 年第 1 期
《补白四则》	刘忠进等	《蒲松龄研究》	1991 年第 1 期
《聊斋俚曲及其研究》	杨海儒	《文学遗产》	1991 年第 3 期
《试论聊斋俚曲唱词的音乐美》	陈玉琛	《蒲松龄研究》	1992 年第 1 期
《聊斋俚曲溯源》	陈玉琛	《中国音乐学》	1992 年第 3 期
《〈琴瑟乐〉辨》	巩武威	《蒲松龄研究》	1993 年第 1、2 期合刊
《〈金瓶梅〉对蒲松龄创作的影响》	盛伟	《蒲松龄研究》	1993 年第 3、4 期合刊
《谈聊斋艳情俚曲〈琴瑟乐〉的写作》	盛伟 王中敏	《蒲松龄研究》	1994 年第 3 期
《聊斋俚曲的谐趣》	丁龙涧	《蒲松龄研究》	1995 年第 1 期
《初论聊斋俚曲〈禳妒咒〉》	巩武威	《蒲松龄研究》	1995 年第 2 期
《从〈磨难曲〉的创作过程看蒲松龄创作思想的变化》	刘玉湘	《蒲松龄研究》	1995 年第 3、4 期合刊
《蒲松龄的音乐才能》	王川昆	《蒲松龄研究》	1996 年第 2 期
《聊斋俚曲曲牌〈银纽丝〉的形态研究》	陈玉琛	《蒲松龄研究》	1996 年第 2 期
《从聊斋俚曲看蒲松龄的艺术创新精神》	陈玉琛	《蒲松龄研究》	1997 年第 1 期
《彰善瘅恶的正义之歌：谈〈磨难曲·旷野逢仙〉唱段的整理与改编》	王川昆	《蒲松龄研究》	1997 年第 1 期
《聊斋俚曲〈琴瑟乐〉两辨》	巩武威	《蒲松龄研究》	1997 年第 2 期
《从聊斋俚曲看蒲松龄的艺术创新精神》	陈玉琛	《中国音乐》	1997 年第 4 期

续表 5–1–4

著述	作者	刊载 / 出版	时间
《蒲氏碑阴俚曲十四种顺序考》	盛伟	《蒲松龄研究》	1997 年第 4 期
《蒲松龄巧用〈叠断桥〉》	王川昆 翟沛敏	《蒲松龄研究》	1997 年第 4 期
《谈谈聊斋俚曲的演唱》	侯宇爽	《蒲松龄研究》	1997 年第 4 期
《走近 [呀呀油]》	陈玉琛	《蒲松龄研究》	1997 年第 4 期
《浅析俚曲音乐的时代性和人民性》	唐道庄	《蒲松龄研究》	1997 年第 4 期
《论聊斋俚曲〈快曲〉》	巩武威	《蒲松龄研究》	1997 年第 4 期
《聊斋俚曲通论》	陈玉琛	《蒲松龄研究》	1997 年第 4 期
《闺艳琴（秦）声（又名〈琴瑟乐〉)》	蒲松龄著 盛伟校点	《蒲松龄研究》	1997 年第 4 期
《从聊斋俚曲看蒲松龄的艺术创新精神》	陈玉琛	《中国音乐》	1997 年第 6 期
《聊斋俚曲通论（续一)》	陈玉琛	《蒲松龄研究》	1998 年第 1 期
《对蒲氏“俚曲”的思考发微》	王川昆	《蒲松龄研究》	1998 年第 2 期
《聊斋俚曲通论（续二)》	陈玉琛	《蒲松龄研究》	1998 年第 3 期
《聊斋俚曲通论（续三)》	陈玉琛	《蒲松龄研究》	1999 年第 1 期
《论聊斋俚曲〈蓬莱宴〉》	巩武威	《蒲松龄研究》	1999 年第 2 期
《聊斋俚曲通论（续四)》	陈玉琛	《蒲松龄研究》	1999 年第 2 期
《聊斋俚曲〈墙头记〉的主题及其社会意义》	张敦彦	《蒲松龄研究》	1999 年第 3 期
《聊斋俚曲集》	蒲松龄著 蒲先明整理 邹宗良校注	国际文化出版公司	1999 年 10 月
《〈聊斋俚曲〉序》	盛伟	《蒲松龄研究》	2004 年第 3 期
《聊斋俚曲》	陈玉琛	山东文艺出版社	2004 年
《聊斋俚曲中歇后语的分布与类型》	王聿发	《蒲松龄研究》	2006 年第 4 期
《〈风筝误〉与〈墙头记〉比较谈》	王清平 丁修振	《蒲松龄研究》	2007 年第 3 期
《聊斋俚曲歇后语语法结构分析》	王聿发	《蒲松龄研究》	2007 年第 3 期
《蒲松龄对〈劈破玉〉的运用与创新》	陈玉琛	《蒲松龄研究》	2007 年第 4 期
《〈穷汉词〉片札》	王光福	《蒲松龄研究》	2007 年第 4 期
《聊斋俚曲歇后语语法结构分析（续)》	王聿发	《蒲松龄研究》	2007 年第 4 期
《艺苑馨香有佳音：记侯宇爽与聊斋俚曲的演唱》	侯宇爽口述 李汉举整理	《蒲松龄研究》	2007 年第 4 期
《传唱俚曲，怀念故人》	蒲泽	《蒲松龄研究》	2007 年第 4 期
《聊斋佚著三种》	蒲喜章 曹厥田	《蒲松龄研究》	2007 年第 4 期
《〈《增补幸云曲》校释〉辨误》	蒲先和	《蒲松龄研究》	2007 年第 4 期
《聊斋俚曲佛道熟语例释》	王聿发	《蒲松龄研究》	2009 年第 4 期

续表 5-1-4

著述	作者	刊载 / 出版	时间
《蒲邹本〈蒲松龄集·聊斋俚曲〉注释辨误》	蒲先和	《蒲松龄研究》	2011 年第 1 期
《蒲松龄写〈聊斋俚曲〉新探》	盛伟	《蒲松龄研究》	2012 年第 4 期
《〈蓬莱宴〉新探论》	王咏虹	《蒲松龄研究》	2013 年第 1 期
《“耸打瓦”试解》	陈如洁	《蒲松龄研究》	2013 年第 4 期
《聊斋俚曲中“您”字的音和义》	蒲先和	《蒲松龄研究》	2014 年第 1 期
《聊斋俚曲音乐艺术新论》	唐艺 陈玉琛	《星海音乐学院学报》	2016 年第 2 期
《聊斋俚曲戏曲观》	车玲 陈玉琛	《管子学刊》	2016 年第 3 期
《聊斋俚曲是一个系统》	陈玉琛	《蒲松龄研究》	2017 年第 1 期

聊斋杂著研究

聊斋杂著长期以抄本形式流传，世人对其知之甚少。中华人民共和国成立后，随着聊斋杂著及其他辑录作品的陆续发现，才逐渐引起重视。专家学者主要注重其文献的搜集、辑佚和辨正。

1984 年，俞荣梁的论文《蒲松龄及其农学著作》在《中国农史》第四期上发表；1988 年，袁世硕的论文《聊斋杂著考略》收录于《蒲松龄事迹著述新考》；1992—1994 年，洪流的《蒲松龄与〈药书〉》、日本天野元之助的《清·蒲松龄〈农桑经〉考》、杨海儒的《〈聊斋杂记〉实为蒲松龄的〈家政内、外编〉手稿》等论文在《蒲松龄研究》上发表。2001 年，杨海儒的《〈聊斋杂记〉应改其书名》被收录在《第二届国际聊斋学讨论会论文集》中。

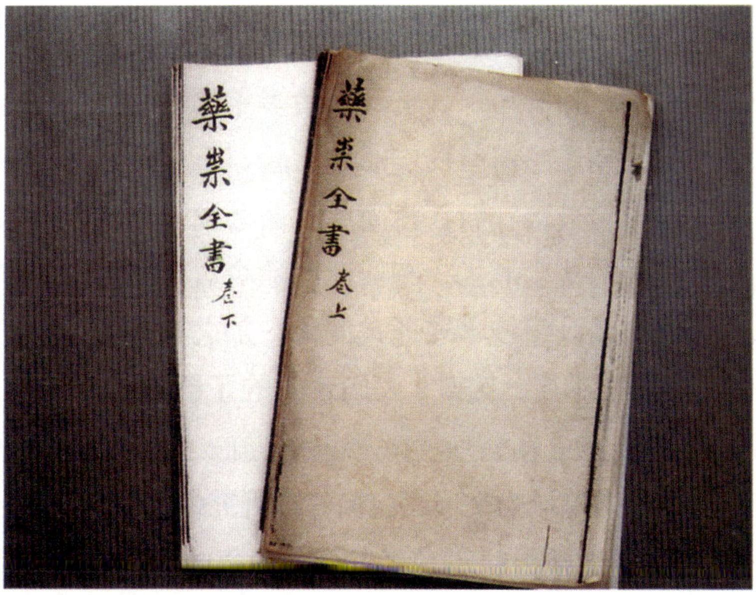

蒲松龄《药祟全书》手抄本（2012 年拍摄）

蒲松龄纪念馆编纂的《聊斋杂著》（2019 年拍摄）

第二章　地域文化研究

第一节　研究机构

般阳文化研究中心

2008年11月15日，由区人事局发文正式成立，编制3人，设主任1名，为正科级事业单位，主管部门为区委宣传部。内设编辑部，主编1名，副主编2名（由部长、副部长兼任），执行主编1名，编辑2名。负责编辑出版由淄博市新闻出版局审核批准的刊物《般阳文化》。该刊由中共淄川区委主办，区委宣传部承办，刊物为季刊，一年编印4期。成立了聊斋文化、陶瓷文化、煤炭文化、鬼谷子文化、红色文化、谱牒文化等13个课题研究小组。

淄川区党史研究中心

1982年10月，成立中共淄川区委党史资料征集研究领导小组，下设办公室，主要负责党史资料征集工作。1984年4月，成立中共淄川区委党史资料征集研究委员会，下设秘书资料科、编辑征研科。1993年12月机构改革，职能并入区委办公室。2004年2月，成立中共淄川区委党史工作办公室，为隶属区委办公室领导的正科级全额事业单位。

1982年3月，成立淄川区区志编纂委员会，下设办公室，为临时机构，隶属区委办公室。1984年1月3日，区志办公室定为正科级单位，隶属区政府办公室，内设资料股、编辑指导股。1993年12月4日，撤销区志办公室，其职能划归区政府办公室，设地方志科。2002年9月5日，恢复区志办公室，为正科级单位，隶属区政府办公室。

2019年1月，撤销中共淄川区委党史工作办公室、淄川区志办公室，成立淄川区党史研究中心

（淄川区地方史志研究中心），为区委直属正科级事业单位，由区委办公室代管。

淄川区政协文卫教体委

1965 年，区政协设立文史资料委员会。1986 年 11 月 16 日，区委编委批复区政协机关设立宣传科，负责文史资料工作。1990 年 12 月 28 日成立文史教卫关工作室。2004 年 8 月撤销，成立文卫教体委员会（与人口资源环境委合署办公）。

第二节　研究成果

改革开放以来，淄川地区的文化研究可以分为两个阶段。

第一个阶段大致为 20 世纪 80 年代末至 90 年代中期。这一阶段主要集中在党史研究、区志编纂和近当代文史资料的搜集与整理，在党史研究方面，出版了《中共淄川地方史（第一卷）》《峥嵘岁月稠》《巍巍马鞍山》以及淄川区及各乡镇党史大事记等史料；在区志编纂方面，出版了两轮新编地方志；在文史资料研究方面，区政协编辑出版了《淄川区政协文史资料》五辑。

第二个阶段是进入 21 世纪后。淄川的地域文化研究有组织、有阵地，研究的范围更广泛，成果更丰硕。无论是聊斋文化研究、红色文化研究，还是更广泛的区域文化研究，都形成了一个高潮。

般阳文化研究

非物质文化遗产研究

这方面的工作，主要体现在三个方面：一是 2006 年，区文化部门配合市群众艺术馆，组织泉龙聊斋俚曲剧团，召集了王淑琴、侯宇爽、郝恩波、常素芹等聊斋俚曲演唱人员，整理录制申报资料，5 月 20 日经国务院批准聊斋俚曲被列入国家级非物质文化遗产项目。二是在《淄川工作》《般阳文化》《鲁中晨报》《聊斋园》《淄博地域文化》等报刊开设“非物质文化遗产寻踪”栏目、专章，先后刊发《王

文化工作者采访磁村花鼓传人（2006 年拍摄）

定宝“当”借何方》《花鼓情》《国之瑰宝：青瓷莲花尊》等研究文章30余篇。三是组织全区广泛开展非物质文化遗产项目和传承人的逐级申报工作，2019年，全区非物质文化遗产项目：国家级4项、省级13项、市级41项、区级94项；“非遗”传承人：国家级1人、省级6人、市级31人、区级62人。

古籍文化研究

般阳文化研究中心在积极做好《般阳文化》刊物编辑出版的同时，还组织部分专门人员开展对淄川古县志的搜集、整理工作，先后搜集到明嘉靖二十五年、万历三十一年，清康熙二十六年、乾隆八年、乾隆四十一年、宣统三年所修的六种县志，以及《淄乘征》《淄川乡土志》《淄川乡土调查录》三种史志资料。专业人员花费近两年时间，对这些史志资料进行点校，将其编辑成为四册一套的《淄川县志汇编》，使淄川的县志文化和资料得到了一定程度的普及，受到社会各界的广泛好评。以《淄川县志汇编》为龙头的般阳文化研究系列丛书的编印工作也取得了一定的成就。先后组织编印了《沧桑巨变》《淄川诗抄》《般阳文赋》《上善若水》《鏖战锦川》等一批般阳文化研究专辑。同时还扶持有关作者编撰了《般阳桥记》《乡俗琐议》《淄川俚曲》《风雨锦川六十年》《锦川百年人物》《忆昔抚今话瓦村》等多部书稿。与此同时，全区各相关报刊也积极开辟专栏，有重点地刊发相关文章，文学季刊《聊斋园》开辟了“淄川诗抄”、“般阳文赋”等相关栏目，介绍淄川历史上的名诗名文，《淄川工作》编辑部则在副刊组织刊发淄川区非物质文化遗产寻踪、淄川名门望族和历史传说及掌故等文章，区地名办还编辑出版了《淄川地名故事》系列专辑，介绍淄川的地名文化等。

在人文研究方面，袁延民通过对《元史》《淄川县志》以及其他地方史料的考证，元曲著名作家、以写出“上有天堂，下有苏杭”名句的奥敦周卿落户淄川。通过曾任淄州刺史李邕撰写的《唐故白马寺翻译惠沼神塔碑》等资料，印证了唐代高僧“唯识三祖”之一的惠沼法师，从出生地彭城入淄州居住出家，被称为淄州沼，填补了县志空白。而杨宏道、贾仲明、崔遵度等文学音乐大家，李恒、傅永、傅竖眼等一代武将，这些在县志中记述简略的名人资料得到了进一步补充，研究力度进一步加大。

《般阳文化》专题研究

在保证《般阳文化》正常出刊的同时，般阳文化研究中心每年确定一个主题进行专题研究。从2010年开始，先后编辑出版了《孟姜女文化专辑》《红木文化专辑》《陶瓷琉璃文化专辑》《洪山文化专辑》《财神文化专辑》《般河文化专辑》《历史名人廉政专辑》等。

为翔实地反映西河红木文化的历史渊源、发展状况、创建中国古典红木家具之乡等方面的现状，广大文化研究工作者深入西河红木家具企业进行采访，搜集整理了反映西河红木发展渊源的传说故事《七子河畔的鲁班传说》，挖掘整理了揭示鲁作红木文化蕴含的《鲁作红木家具的文化特征》，整理出《鲁作红木家具的生产工序》等文章，编印了《红木文化专辑》。2012年，按照区委、区政府经济发展战略的要求，组织人员对陶瓷企业、名人、名品进行采访，搜集整理全区陶瓷琉璃产生发展的历史渊源，了解古窑文化、当代国窑的历史和生产情况，编辑出版了《陶瓷琉璃文化专辑》，为全区“淄博陶瓷、当代国窑”重要传承地建设进行了理论文化方面的探索和铺垫。2013 年，编辑出版《洪山文化专辑》，全面翔实地反映了洪山镇以聊斋文化为龙头，以项目建设为载体的经济文化发展思路以及取得的辉煌成就。为挖掘般河珍贵的历史资料。2015 年春，组织部分般阳文化研究学者，分 3 次沿般河河堤、河床逆流而上，徒步进行般河考察活动，基本摸清了般河各河段的现状及存在的问题，撰写整理历史、人文、名胜古迹、环境保护等方面的文章 30 多篇，编辑出版了《般河文化专刊》。2017 年底,《聊斋园 · 读史记乘》专辑出版，许多现存《淄川县志》没有记载的史料面世。2018 年，结合全区开展的党风廉政教育活动，组织全区 20 多位具有丰富历史文化阅历和扎实文学功底的《般阳文化》研究员，围绕廉政文化主题，创作出历史名人清正廉洁稿件、诗词、故事等 90 多篇（首）。编撰出版了《历史名人廉政专辑》。

考古文化研究

在考古研究方面，1982 年淄博市博物馆对淄川龙泉和庄北朝古墓进行发掘，出土的青瓷莲花尊为国家一级文物。2000 年，淄川区文物管理所配合山东省考古研究所、省博物馆在滨莱高速公路淄川段商家大邢村发掘清代古墓壁画，整体搬迁至省博物馆。2009 年，区文物事业管理局与市文物局联合对般阳故城龙兴寺遗址进行了考古发掘，出土莲花座及狮子灯等文物，佐证了文献中淄川龙兴寺的存在。2010 年，区文物局在原淄川蔬菜批发市场工地发掘清古墓一座，出土了淄川当地名人李希梅撰、毕海珖书的墓志铭碑等文物，为研究淄川地域文化提供了物证。特别是 2001 年 3 月，淄川文物管理所、淄博市文物局、山东大学考古系联合对淄川北沈遗址进行抢救性发掘，在此基础上编写了第一部反映淄川历史研究和考古发掘研究的专业著作《淄川考古》，由齐鲁书社出版发行，获省考古专著一等奖。

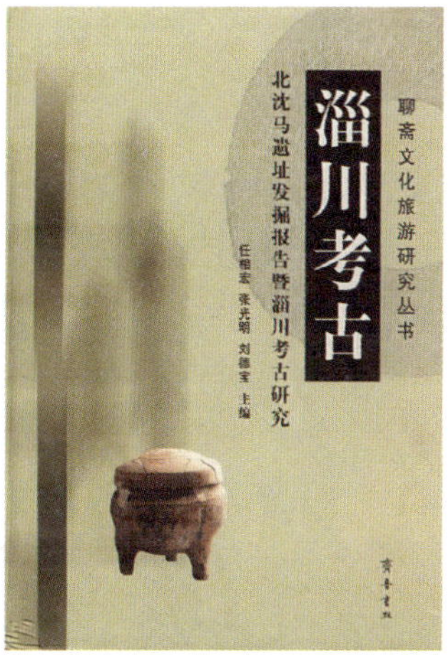

《淄川考古》（2005 年拍摄）

在古城建制方面，袁延民根据有关史料，考证了淄川县在王莽新朝时“济南亭”和南北朝时“贝丘县”两个县级名称的来历。

孟姜女传说研究

组织并举办“山东淄川 · 中国孟姜女传说学术研讨会”

2009 年 5 月 16 日，山东省民俗学会、淄川区委、区政府主办的“山东淄川 · 中国孟姜女传说学术研讨会”在淄博市淄川区举行。来自中国民俗学会、中国民间文艺家协会、中国社会科学院及北京师范大学、辽宁大学、东南大学等 40 多名专家、学者参加研讨会，探讨了孟姜女传说的起源地、原型、演变及流传。研讨会认为：淄川区淄河镇是孟姜女故事的早期发生地和重要传承地。民俗专家认为，之所以认定淄河镇作为孟姜女故事的早期发生地和重要传承地，有以下几个方面的理由：首先，早期孟姜女故事的中心情节是哭崩齐长城，投淄水而死。两件惊天动地、生死攸关的大事次第发生，给后人以强烈的暗示——两地相隔应该不远。淄河镇境内有齐长城横卧东西，有淄河纵贯南北，从齐长城和淄河的二维地理坐标交叉点来看，淄河镇在地理上符合杞梁妻哭城投水的情节要求。其次，孟姜女传说在淄河镇有极其丰富的传承。淄河镇境内有两个大平台，当地百姓称作"孟梁台"，也叫"姜女台"，传说是孟姜女和范杞梁升天的地方，也有说是孟姜女投淄水的地方。从明代始，每逢三月初三和九月初九，当地乡民借佛道吉日，在此烧香祈祷，并搭台唱戏，风俗延续至今。最后，位于齐长城与淄河相交地的淄河镇城子村的村民几乎人人都能讲唱孟姜女故事，且情节完整细致。村民还认为，本村丧葬习俗中的哭腔、烧纸后画圈的讲究等，就是从孟姜女那时候传下来的。其他如孟姜女跳河处、孟姜女庙、哭夫石、滚石坡等处遗迹，都显示出淄河一带对于孟姜女故事强烈的文化认同。

孟姜女传说学术研讨会与会专家合影（2009年拍摄）

编辑出版《孟姜女文化专辑》

2010年，般阳文化研究中心与孟姜女传说的发生和重要传播地淄河镇政府联合编辑出版了《般阳文化·孟姜女文化专辑》，专辑共收入文章23篇，对孟姜女文化发生的渊源、演变经过、传承发展等方面的内容做了比较深入的研究和探讨。

增福财神文化研究

2012年9月29日至30日，洪山镇政府组织李祖炬、鞠志国、韩其芳等6人到河北省曲周县考察，曲周县政府办公室副主任赵敬松、文史专家任建等人接待，考察了老县衙旧址遗存建筑物、民间所建财神庙、李诡祖埋葬地相公庄。鞠志国在洪山镇董瓦村的山峪里，建起李诡祖财神庙和坟墓。自 2013 年起，连续几年组织李诡祖飞升日祭祀活动。之后，又成立淄川区李诡祖文化研究会，报批李诡祖财神文化成为区级和市级非物质文化遗产。

2018 年 3 月，淄川区政府与首都旅游集团共同投资，建设中华传统文化创意园，以洪山镇土峪村为主，连片开发建设，其核心区就是李诡祖纪念馆。成立了李诡祖财神文化研究班子，由高生国负责。6 月，高生国与王清涛、赵海喜等人到河北省邯郸市的曲周县、永年县考察。他们从国家图书馆馆藏的清乾隆四十一年《新郑县志》（标注本）中查到关于李诡祖是晋人的记载。由此推断李诡祖一直活到晋朝，寿命在 70 岁以上。中华传统文化创意园的介入，使得李诡祖财神文化研究开发进入了一个新的阶段。

文化名人诗文集研究

蒲泽整理出版王培荀《乡园忆旧录》

《乡园忆旧录》（八卷）是清人王培荀纂辑的一部以记述山东及游宦山东的名人嘉言懿行、逸闻轶事为主，兼及地方掌故、名胜古迹、山川风物、自然资源诸方面的笔记体文献杂著。《乡园忆旧录》收文 1123 篇，是研究山东明清史的重要文献。

1993 年底，《乡园忆旧录》由知名学者蒲泽点校，教育家严薇青先生审定，山东齐鲁书社出版发行。此书的出版填补了淄川乡邦文献一大空白。

蒲泽校点版《乡园忆旧录》（2012 年拍摄）

淄川毕氏点校出版《石隐园藏稿》

《石隐园藏稿》（八卷）是明人毕自严著的一部诗文别集。其中，诗一卷、文三卷、疏三卷、书信一卷。此书系毕自严生前编选刻印，清康熙二十四年（1685 年）由其次子毕际有重刻。原刻本民间已鲜有收藏。该书在清乾隆年间曾由山东巡抚推荐入选《四库全书·集部》。2010 年，淄川毕氏委托知名学者蒲泽，以《石隐园藏稿》《四库全书》本为底本标点校注，由中国文联出版社出版。

淄川高氏点校出版《栖云阁全集》

2017 年 3 月，中国文史出版社出版了由淄川高氏委托知名学者蒲泽与青年学者高鹏合作点校的《栖云阁全集》。

《栖云阁全集》是清康熙年间淄川名士高珩著的一部诗文别集。原《栖云阁集》包括：《栖云阁文集》十五卷，收文 144 篇；《栖云阁诗集》十六卷，收诗 1000 首；《栖云阁诗拾遗》三卷，收诗 200 首。本次整理出版，增补了《栖云阁文拾遗》一卷，收文 26 篇；《栖云阁诗佚编》一卷，收诗 130 首；《栖云阁词》一卷，收词 41 阕；《醒梦戏曲》一出；附录文 6 篇；是能看到的最完备的高珩的诗文专集，故更名为《栖云阁全集》。

赵玉霞撰写《聊斋女儿谱》

赵玉霞，为淄博市蒲松龄研究会理事，多年业余从事传统文化和聊斋学研究工作，曾发表聊斋研究论文多篇，并编选出版过《聊斋故事》集，助淄川区纪委出版《读聊斋　话廉政》一书。

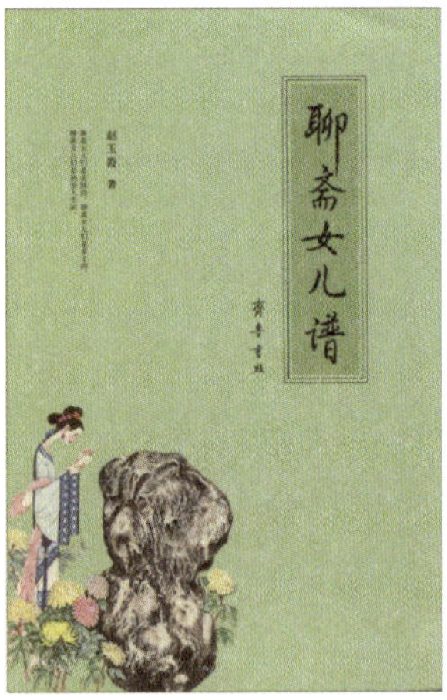

《聊斋女儿谱》（2013年拍摄）

《聊斋女儿谱》于2012年由齐鲁书社出版，于2013年再版。作者选取《聊斋志异》中最精彩的81名女性形象，以其为核心，介绍故事、人物并加以评点，彰显其形象的亮丽闪光点，引导人们用现代人的眼光和心灵，去欣赏形象，感受形象，以激起读者心灵的共鸣。

蒲先和、孙丽娟整理出版《东泉诗抄》

《东泉诗抄》孙锡嘏著。孙锡嘏，字尔常，号东泉，寨里镇北沈村人。清光绪丙子科（1876年）钦赐副举人，候选教谕。《淄川县志》载：孙公“好诗、古文词，尤留心记载之学”。著《东泉诗抄》二卷、《诗余》一卷。2015年，由蒲先和与孙锡嘏之玄孙女孙丽娟整理出版。

孙锡嘏的诗词，语挚而情真，内容多为反映社会现实，描绘田园景色，吟咏历史人物、古迹以及与友人酬唱之作。其中反映社会现实的作品弥足珍贵。如《地震纪事》《西关大水记事》《辛酉二月十二日，南贼过青石关至博山》《避难》以及《与乡众祭去年九月村中死难诸人》《葬族侄妇王氏》等诗作，皆可作史册之补充。

陈启照撰写《一代乡贤陈棍》

陈启照，淄川乡贤陈棍的七世孙，自2013年12月开始，搜集、挖掘和整理陈棍的相关资料，五六年间坚持不懈，终以翔实的史料，写成《一代乡贤陈棍》。

陈棍，字松舟，太学生。生活于清乾隆至道光年间，是淄川一带乃至鲁中地区闻名遐迩的乡绅乡贤。其修为和善举兴旺了一个族群，也影响了所在地区的乡风和文化，其事迹载入《淄川县志》和陈氏族谱，并在附近乡村广为流传。书中“史实记考”，对陈棍的生平事迹、致富过程、创业经营、义举善行、思想品德、族规家风，及对陈氏后代的影响、延续等进行了比较详细的记述、考略；“史料附录”收入了志书、族谱等书籍中有关陈棍的记载。这些资料对于研究中国地方乡贤文化具有重要的参考价值。

张洪玉校笺唐梦赉《志壑堂集》

唐梦赉《志壑堂集》，诸体兼备，自成机杼。记述明清易代之际，中国政治、经济、文化、民生，以及清初各大历史事件，对研究清初历史有重要参考价值。该书有《总目》一卷、《诗集》十二卷、《文集》十二卷、《诗后集》五卷、《文后集》三卷、《辛酉同游倡和集》二卷、《阮亭选志壑堂诗集》十五卷，共五十卷。《诗集》《文集》成书于清康熙二十年（1681年）；《诗后集》《文后集》《辛酉同游倡和集》成书于康熙二十五年（1686年）；《阮亭选志壑堂诗集》成书于康熙三十年（1691年）。

自2014年初，张洪玉和唐加福、蒲喜章开始着手唐梦赉《志壑堂集》的校笺工作（其中蒲喜章先生发起并参与了第一稿的句读点校工作）。书名定为《唐梦赉全集校笺》，繁体竖排。该书被收录到黑龙江大学杜桂萍教授主持的国家社科基金重大项目《清代诗人别集丛刊》，拟由人民文学出版社出版。根据课题组要求，注解文字以杜泽逊教授《十三经注疏汇校》为底本；标点按新式标准。本书注解侧重于人物、地理、名物、交游。文中对与唐梦赉同时代人尽可能地作了笺注。为方便理解，地名注释以当时地方志记载为准。为使全集更加充实，寻访、查阅了大量资料，辑有唐梦赉及同人诗文近 9 万字，编成《诗文辑佚》《附录》，并撰十余万字《年谱》分置文后。

谱牒文化研究

2000 年 2 月，谱牒学会访得清代扬州府宝应县知县孙蕙的墓志铭；4 月，孙发全、韩其芳赴山西洪洞县参加洪洞县政府组织的第十届寻根祭祖节，与刘郁瑞、张青等人座谈明代移民、枣强中转站以及谱牒文化改革、发展等问题；8 月，挖掘出“淄川韩氏”的《邑乘》旧谱书二册，为展现淄川明清文化史增添了若干珍贵史料；9 月，刊印《谱牒研究》第二期，刊发谱牒文化专家冯尔康、帅政、李庆、袁世硕、何扬鸣等人的谱牒文化论文计 5 万多字。2001 年 10 月，根据文化部办公厅关于协助编好《中国家谱总目》的通知精神，配合区文化馆，历时 5 个多月，深入村庄农家，共搜集填报家谱著录表 153 份，先后呈报市图书馆、省图书馆，以备编纂《中国家谱总目》，后被上海图书馆编印的《中国家谱总目》录用。2006 年 1 月，广州中山大学博士后秦海滢（女）到访淄川。半年后，其将访得资料整理成博士后出站报告，计 24 万余字，促进了淄川地区的谱牒文化发展。5 月，谱牒学会发现齐国名相晏婴的《晏氏族谱》，推荐给淄川区图书馆予以复印收藏。是年 2 月至年底，学会成员帮助岭子公社南坡村唐生德等族人修成《唐氏族谱》。2007 年，刊印《谱牒研究》第 3 期，集中刊发了《怎样续修新家谱》《关于明清时期区域性宗族研究的回顾》《孝妇河畔明清之季风流人物谈》等 5 万多字研究谱牒文化的文章。2008 年 10 月，杨寨镇月庄高氏编印由高风滨点校、释注，韩其芳作序的《高氏家模》。2009 年 5 月，孙发全的论文《续修家谱与构建和谐社会》在《谱牒学论丛》第三辑刊发。2010 年，孙发全、韩其芳数次去济南访问杨宗佑先生，与之交谈成立省谱牒文化研究机构问题。区谱牒学会积极支持省级机构的筹建，从而指导全省谱牒文化传承发展。同年 6 月 11 日，淄川谱牒文化理论研讨会召开。2011—2015 年，淄川谱牒学会调查地域内姓氏源流迁徙路线，研究移民文化的脉络、规律和意义，发展寻根旅游并为编纂《地方氏族志》打基础；研究历史文化名人、名著，探讨其时代精神，使之如何更好地为现实服务；研究历史名人、望族之间婚姻“门当户对”现象的弊与利，为增进民族大团结，建设和谐社会做贡献。区文联李振雷、双旭村谭明文等人，在组织家族修谱时，认真探讨改革家谱的格式、内容和检索方法。2019 年，先后发表《续家谱重续家风论》《村志汗青染乡愁》两篇文章。

自淄川谱牒学会成立以来，共计帮助邑内各家族修谱上百部，还帮助市、区图书馆募得新、老家谱数百部（册），其中不乏明代以前的珍贵谱牒文献。

红色文化研究

淄川，是中国共产党最早开展工人运动的重要地区之一。中国共产党诞生不久，中共一大代表、山东党组织的创始人王尽美、邓恩铭就先后来到淄川矿区，宣传革命道理，开展工人运动，帮助创建党的组织。1924 年 7 月，山东第二个直属中央领导的党支部——中共淄博支部（亦称中共淄博矿区支部）在淄川建立。淄川地区的中国共产党人以英勇无畏的革命精神和坚韧不拔的斗争意志，带领广大工农民众和知识分子，前仆后继，浴血奋战，经过大革命、土地革命、抗日战争、解放战争的艰难历程，谱写了一曲曲英雄赞歌。淄川区党史部门自成立以来，时刻以征集研究党的历史，传承红色基因为宗旨，先后出版发行地方史 2 部、地方党史大事记 3 部、组织史资料 2 部、革命斗争回忆录 1 部、革命斗争故事集 1 部、红色系列丛书 4 部，专题史 2 部等党史力作，为全区广大党员干部群众了解、学习、利用淄川地方党的历史提供了鲜活的教材。

党史正本编纂出版

自 1982 年 10 月党史研究机构成立以来，先后出版发行《中国共产党山东省淄博市淄川区组织史资料（1923.6—1987.11）》《中国共产党淄博市淄川区组织史资料·第二卷（1987.11—2008.12）》《中共淄川地方党史大事记（1921—1949）》《中共淄川党史大事记（1949—1987）》《中国共产党淄川区历史大事记（1988—2004）》《峥嵘岁月稠——淄川革命斗争回忆录》《巍巍马鞍山——淄川革命斗争故事集》《中共淄川地方史·第一卷（1919—1949）》《中国共产党山东省淄川区历史·第二卷（1949—1978）》《血染锦川》《铁证如山》等正史。

《中国共产党山东省淄博市淄川区组织史资料（1923.6—1987.11）》，详细记录了自 1923 年 6 月至 1987 年 11 月，中共淄川地方党组织的建立与发展历程，如实反映了各级党组织和党员队伍的发展和变化。1989 年 4 月，由山东新闻出版局准印内部发行。《中国共产党淄博市淄川区组织史资料·第二卷（1987.11—2008.12）》，以档案史料为依据，以淄川区 2008 年行政辖区为范围，收录了 1987 年 11 月至 2008 年 12 月，中共淄川区委、人大、政府、政协、人武部、群团组织和部分市属驻淄川区单位、企事业单位的副科级以上机构沿革和担任过副科级以上实职的领导干部名录。2009 年 12 月，由中共党史出版社出版发行。

《中共淄川地方党史大事记（1921—1949）》《中共淄川党史大事记（1949—1987）》，以党的活动为主线，采用编年体和记事本末体相结合的体例，记载了自 1921 年至 1987 年，淄川地方党组织从小到大，从弱到强，前仆后继，奋发图强，领导各界人民卓绝奋斗的光辉业绩，再现了中共淄川党组织领导广大人民群众在民主主义革命和社会主义建设时期团结奋斗、艰苦创业的光辉历程，讴歌了社会主义革命和社会主义建设的巨大成就，较为全面地反映了淄川历史发展的真实面貌。1989 年 8 月，《中共淄川地方党史大事记（1921—1949）》由山东人民出版社出版发行。1992 年 6 月，《中共淄川党史大事记（1949—1987）》由山东人民出版社出版发行。

《中国共产党淄川区历史大事记（1988—2004）》，以区委重大决策、重点工作和重要活动为主线，运用辩证唯物主义和历史唯物主义立场、观点和方法，用翔实的史料、实事求是的科学态度，反映了1988年至2004年全区经济社会发展取得的成绩。2005年6月，由中共党史出版社出版发行。

《峥嵘岁月稠——淄川革命斗争回忆录》，以时间先后为序，集辑了30多位老党员、老干部的回忆文章，反映了民主主义革命时期，淄川人民在中国共产党的领导下，为了革命，为了自由，为了国家和民族的解放事业，不惜抛头颅、洒热血，支援前线，艰苦斗争的英雄事迹。1991年6月，由山东人民出版社内部发行。

《巍巍马鞍山——淄川革命斗争故事集》，以真人真事为根据，记录了民主革命时期，诸多革命前辈和先烈为人民的解放事业浴血奋战、英勇献身的英雄事迹。1992年12月，由山东人民出版社出版发行。

《中共淄川地方史·第一卷（1921—1949）》记述了新民主主义革命时期淄川党组织的诞生、发展和壮大，歌颂了淄川地方党组织在革命战争年代带领全县人民前仆后继、英勇奋斗的丰功伟绩，是一部具有淄川特色的正本史书。2008年11月，由中共党史出版社出版发行。《中国共产党山东省淄川区历史·第二卷（1949—1978）》，记述了中华人民共和国成立后至十一届三中全会召开的29年，淄川党组织领导全区人民团结奋进，战胜各种艰难险阻，进行社会主义革命和建设的奋斗历程及艰辛探索。2017年6月，由中共党史出版社出版发行。

红色地方品牌打响

充分利用淄川丰富的党史资源，组织力量对淄川早期党史资料进行广泛征集研究，编纂出版了淄川红色地方党史系列丛书《红色千峪》《红色太河》《红色淄西》《红色矿区》，进一步弘扬了淄川优秀革命历史传统，为传承红色文化基因提供了翔实的资料。该系列丛书由中共淄博市原市委书记杜祥荣题写书名，被定为全区党的群众路线教育、“三严三实”专题教育、“学宪法、知党章”专题教育、“两学一做”学习教育读本。

《红色千峪》以抗战时期有关千峪红色史料为重点，兼顾原淄川县九区涉及的相关史料，以抗战为主，兼顾解放战争和中华人民共和国成立后前30年千峪村的变迁情况，由综合、回忆、人物、故事、烈士、附录6部分组成。2013年6月，由山东省新闻出版局准印内部发行。

红色地方党史系列丛书（2019年拍摄）

《红色太河》以亲历者回忆为主线，以客观史实资料为依据，对淄川早期党在太河地域的历史进行总结和展示，再现了民主革命时期栉风沐雨、艰难困苦的峥嵘岁月，记录了老一辈革命家的高风亮节和人格魅力。2014 年 6 月，由中共党史出版社出版发行。

《红色淄西》以岭子、磁村地区为中心，对革命战争时期淄川西部地区的革命斗争素材进行深入挖掘整理，材料翔实，轮廓清晰，由综述、亲历回忆、后人追记、血泪控诉、故事辑录、文献资料、人物名录和附录 8 部分组成，40 余万字，填补了淄川党史一直没有对淄西革命历史进行系统编纂的空白。2015 年 6 月，由中共党史出版社出版发行。

《红色矿区》以中共淄博支部成立旧址——洪山大荒地矿区为标志，充分利用淄川地区极为丰富的党史资源和鲜活生动的实例，选择具有典型、全局和存史意义的题材，翔实记录了中国共产党在矿区曲折前行、苦难辉煌的发展历程，文字精练，文风朴实，表述通俗。2016 年 6 月，由中共党史出版社出版发行。

党史基地得以命名

中共淄川县委东牛角纪念馆六任县委书记雕像（2019 年拍摄）

淄川红色资源丰富，党史遗址遗迹在全区分布较广，全区有记载的红色资源有 65 项（处），2019 年现存的革命遗址遗迹和教育基地 27 处，其中纪念馆 6 处，2006 年市委立碑 10 处。

近年来，经过两次针对性的重点普查，2015 年“七一”前夕，区委将 7 处保存完好的党史遗址命名为首批淄川区党史教育基地，分别是淄川区革命历史纪念馆、淄博煤矿展览馆、马鞍山抗战纪念馆、中共淄川县委东牛角纪念馆、太河惨案死难烈士纪念地、杨寨惨案纪念地、河东革命历史纪念馆。同年 12 月，马鞍山抗日遗址、中共淄川县委东牛角纪念馆、淄博煤矿展览馆 3 处场馆被省委党史研究室遴选命名为第二批“山东省党史教育基地”。

这些基地的命名，为红色文化的传承与保护，为红色基因的弘扬与发展奠定了更为扎实的基础。

宣传平台逐步完善与提升

在 2006 年 6 月建立“淄川党史”网页挂靠“淄川区政府”网站的基础上，2016 年 1 月聘请专业公司对“淄川党史”网页进行升级改版，向工业和信息化部申请了 www.zcds.gov.cn、www.zcds.

org.cn 域名，使其成为社会各界阅读、传播党史知识的重要平台，扩大了党史宣传教育受众面和覆盖面；同时注册建立了“淄川党史（zcdsb966）”微信公众号，不定期将淄川党的历史资料进行推送，对于普及淄川地方党史知识，宣传淄川红色文化，产生了积极的推动作用。2017 年又对“淄川党史”微信公众号进行升级，链接了“淄川党史”网站手机版，使微信公众号和网站融为一体，扩大了宣传面。

史志文化研究

1982 年 3 月 11 日，淄川区志编纂委员会恢复，志书年鉴编辑工作纳入正轨。

首轮《淄川区志》

首轮《淄川区志》编纂始于 1982 年 3 月，中共淄川区委、淄川区人民政府遵照淄博市委、市政府关于开展地方志编纂工作的指示，成立了《淄川区志》编纂委员会，下设办公室（科级事业单位），定编 10 人。区直各部门均组建了修志班子，配备专兼职修志人员 300 余人。

1982—1985 年为搜集、整理资料阶段，通过查档案、走访、信访、召开座谈会等形式，搜集到大量的口碑、实物、文字资料。经过对 1800 余万字的文字资料的整理，编写出资料长编 700 多万字，并印出《淄川区志资料》72 期，发至区直各单位和资料提供者，广泛征求意见。在搜集资料过程中，得到曾在淄川战斗、工作过的老干部和各方人士的大力支持。20 世纪 30 年代中共淄川地方组织领导人张天民、抗日战争初期曾任县委书记的边一峰、县长赵一川以及韩寿堂、晏兴堂、张风翔等老干部，不顾年事已高，欣然命笔，回顾当年战斗的经历。同时，各方人士也提供了大量的珍贵资料。

1985—1986 年上半年为《淄川区志》稿试写阶段。在反复修改区志篇目之后，在各部门提供的行业资料的基础上，进行《淄川区志》的试写总纂，1986 年 6 月完成初稿。

1988 年 4 月，《淄川区志》进入审稿阶段。首先由区委、区政府委托 11 人组成《淄川区志》审稿小组，用 20 天时间对《淄川区志》修改稿进行了逐篇、逐章的审阅。

1990 年 7 月，《淄川区志》发行会现场

1988 年 6 月 6—11 日，市志办公室调集人员到淄川审议《淄川区志》稿。9 月 2—7 日，淄博市志编纂委员会组成专门班子对《淄川区志》稿进行审定。9 月 15 日—10 月 10 日山

东省史志办公室对审定稿进行审查。12 月 4 日，淄博市志编纂委员会正式批准《淄川区志》稿可以公开出版。1990 年 1 月，由齐鲁书社出版发行。全书由概述、大事记、附录等共 35 篇组成。

二轮《淄川区志》

《淄川区志（1986—2002）》编纂始于 2002 年，历时六载，数易其稿，2008 年定稿付梓。

二轮修志大体分为三个阶段，2002 年为筹备发动阶段。召开全区史志工作会议，部署修志任务、组建修志队伍。全区承编单位近 200 个，撰稿、统稿人 300 多人，形成众手成志的格局。

2003 年至 2006 年 9 月，为搜集资料及编辑志稿阶段。要求各承编单位在搜集资料过程中须填写资料卡，在此基础上编写初稿，交区志办审阅。区志办按照审稿程序分别审阅填写意见，并采取约谈、到承编单位座谈或召开座谈会的方式反馈修改意见，其中“以会代训”座谈会 60 余次。承编单位按自审程序审查形成总纂用稿，单位主要领导签字盖章后方可将志稿、软盘、资料卡及相关图照报区志办公室。

2006 年 11 月始，为志稿深加工付梓阶段。邀请省、市史志办领导，专家及兄弟区县专业人士对志稿进行评审。将意见和建议进行梳理、消化吸收，并形成《淄川区志》送审稿修改方案，对志稿进行补充修改完善，并由专人核实全志数据、锤炼文字，采取互审、轮审、抽审等形式层层修改把关后送厂排版，经过选排图照、反复修改，打印清样呈送区领导及市史志办终审定稿。2008 年 9 月，由中华书局出版发行。二轮志书除概述、大事记、人物外，另设建置区划、自然环境、精神文明建设、科技、教育体育、文化、旅游、卫生、社会生活、乡镇街道概况等 26 篇，增加西关大集、清理整顿农村合作基金会专记两篇。

其他志鉴图书

二轮区志出版发行之后，淄川区志办又编印了《淄川简志》《淄川风物志》《淄川革命演义》。

自 2012 年，淄川区志办开始编辑出版《淄川年鉴》，并指导乡镇部门、村庄编写志书。截至 2019 年编写乡镇志一部《淄城镇志》；编写的部门志有：《财政志》《教育志》《卫生防疫志》《卫生志》《工商志》《工商联志》《风景园林志》《人口和计划生育志》。正在编写中的有《医院志》《农村信用合作社志》。

已出版村庄志的有：将军路街道西关一社区、西关二社区、公孙社区，般阳路街道城一社区、城二社区，松龄路街道城张社区，龙泉镇渭二社区，双杨镇西河村、金马村、藏梓村。志书在编写中或即将付印的有：双杨镇杨寨村、牛家村、月庄村，龙泉镇韩庄村、台头村，洪山镇蒲家村，经济开发区西山社区、贾村社区。出版的企业志有：《金城志》《凯盛化工志》。

《天南地北淄川人》

《天南地北淄川人》一书，2011 年 1 月由区委组织部和区人事局编辑出版。该书资料征集工作于2010年4月上旬开始，截至11月底，经汇总、分析、确认后，共发出信函2000余件，收到回信1150余件以及社会各界报送的200余条有价值信息，合计1400余人的信息资料。按入选条件编纂整理，共收录1165人。

《影像淄川（1949—2013）》

《影像淄川（1949—2013）》自2011年2月开始征集编纂，资料征集人员深入基层，广泛开展征集工作，赴市档案局、淄博日报社、淄矿集团等有关部门单位查阅近千卷宗资料，先后收到有关图片、物件4000余件，经过甄选整理，共录用620余幅图片。

史料文化研究

《淄川区文史资料选辑》

从1986年到1999年，淄川区的文史工作按照上级部署和淄川区工作实际，重点征集编印了《淄川文史资料选辑》一辑至五辑。

1986年，整理撰写了18篇计9万字的文稿，出版了《淄川区文史资料选辑》第一辑。

1988年，着重选用了一部分有关淄川的政治事件、著名人物、土特产品为题材，经过反复筛选、查证、整理，出版了《淄川文史资料选辑》第二辑。

1991年，出版了《淄川文史资料选辑》第三辑，计9万余字。

1996年，以贯彻《爱国主义教育实施纲要》为总出发点，以爱国主义的典型事例为素材，编写出版了2万字的《淄川文史资料选辑》第四辑。

1997年起，集中力量抓《水利专辑》的征集编纂工作。1999年，区政协制定印发了《淄川区文史资料的征集提纲（中华人民共和国成立后部分）》；18万字的《淄川文史资料选辑》第五辑《水利专辑》出版发行，此书被山东省文史资料研究委员会、山东省社会科学院评为1999年度文史书刊二等奖，区政协被表彰为省文史工作先进集体，有3人被省政府表彰为优秀文史工作者。

近现代淄川史料

2008年，由时任淄川区政协党组书记、主席李淑湘主编的《孝妇河畔明清名人传》出版。该书搜集整理了以淄川区为中心的孝妇河畔明清时期的近2000名历史名人的传记。

2012年，时任区政协党组书记、主席陈涟远提出，并经政协党组会及主席办公会研究批准，编纂出版“淄川区政协文史资料”丛书，抢救性挖掘整理中华人民共和国成立以来淄川区重要文史资料，以期达到“存史、资政、团结、育人”的目的。

该丛书的第一本是《新中国淄川人物》。2012年9月下旬，召开编纂工作会议，成立编纂委员会，制定工作方案，提出了搜集整理范围，部署了工作任务。召开各种会议十多次，发出征集、复核信函及电子邮件 800 余封。对于收集到的资料，先是进行整理分类，然后查阅核对各类档案和书籍资料，进行筛选和技术性处理。历时一年多，几易其稿，于 2013 年 9 月结集成书。《中华人民共和国淄川人物》以人物传记的形式，共整理、编辑了 328 名人物资料，真实记录了中华人民共和国成立以来至 2013 年上半年淄川人和在淄川工作过的客籍人的奋斗历程，从多个角度、多个层面展现了淄川 60 年来的巨大变化。

2013 年 12 月，区政协启动了“淄川区政协文史资料”丛书第二本《新中国淄川大事辑》的编写工作。该书以中华人民共和国成立以来（有些事件适当前延）淄川大地上发生的重大事件、重要成就为重点，筛选整理了 40 多个专题，邀请了事件的参与者、知情者或区里的著名文史工作者受访、撰写或整理稿件。2014 年 6 月，《新中国淄川大事辑》出版。该书涉及各个时期、各个领域、各个部门，共辑录资料 44 篇、55 万余字，配发 100 多幅图片。

2017 年 10 月，由李涌、孙月东两位区政协原主席任主编的《民国淄川人物》出版。全书共辑录人物 264 人，其中淄川籍人物 177 人、客籍人物 87 人，填补了该时期淄川文史资料比较稀缺的薄弱环节。

文史资料

2014 年 2 月，《淄川区政协志》出版。该书以全面、客观、翔实、系统的资料，真实记录了自 1962 年第一届委员会成立至 2013 年底第十一届政协所经历的 50 多年的光辉历程。

2015 年 10 月，《淄川区政协名录》出版。真实地反映了淄川区 11 届政协发展历程、委员履职风采以及政协工作成果。同时，还积极参与了省、市政协《天南地北山东人》《记忆山东》系列丛书、《山东抗战编年纪实》《淄博文学史》《淄博抗战纪事》等多部文史资料的编纂工作。2016—2017 年，完成了市政协《乡村记忆》一书淄川区政协部分的编纂工作，共辑录 68 个村近 16 万字。

2019 年，一部反映太河水库一干渠建设的文史资料集已基本结束征集工作，正在编纂之中。

第三章　淄川文化家族和名人研究

明清之际，淄川的文化家族复兴，出现了部分具有重要影响的文化家族和文化名人。这些文化家族成员之间累世联姻，题赠酬唱，关系十分密切。他们的文学活动极大地影响和丰富了淄川的明清文学，成为淄川文学史上一个重要的文学和文化现象。卢见曾《国朝山左诗钞》、徐世昌《晚清簃诗汇》、沈德潜《国朝诗别裁》等著述中收录了这些家族成员众多诗作。《孝水钩沉》《淄博文化通览》《淄博文化通史》等专著，以及山东大学马瑜理的《明末清初孝妇河文学世家的多元关系》、中山大学秦海滢的《明清时期山东孝妇河畔的望族——以淄川地区为中心》等论文中均对该时期的文化家族作了研究和论述。

第一节　明清时期淄川的文化家族

窎桥王氏

淄川窎桥（今罗村镇大窎桥村），在淄川城东北 15 公里处。明代属丰泉乡，清代改为东北乡，乾隆年间又改称东北路。窎桥村原名杨家庄。王氏于明洪武年间由河北枣强迁来，始祖王贵。后来因族人王樛架桥葬母遂改名窎桥村，近世又分为大、小窎桥。窎桥王氏传至四世王珍，入军籍，被派驻南京当守门的士兵。王氏发科并成为淄博仕宦望族，自王崇义始。此后科甲相继，至光绪年间的十八世为

大窎桥王氏庄园（2019 年拍摄）

止，300 多年间先后有 7 人考中进士，担任朝廷或地方要职。他们大多为官清廉，政绩卓著，并在文学上取得了较大成就。

王崇义（1509—1560），字子由，号方田，晚年自号见一山人。明嘉靖十年（1531 年）中举人第一名，嘉靖十七年（1538 年）中进士。初授刑部主事，几年后递升为员外郎、郎中。此间发生了著名的“宫婢之变”。事件中，王崇义敢言直谏，仗义救活男女老幼 70 多人。王崇义最后官至宁波知府，以年老告归。王崇义工诗能文，著有《见一山人集》《见一笔谈》《五经注辨》等。除对故乡的名胜如黉山郑公祠、双塔寺等题咏外，其诗多为赠别、酬答之作。王崇义作诗甚多，可惜大多散佚。

王　晓（1535—1586），字寅亮，号小田。王崇义长子。明隆庆五年（1571 年）进士，授行人司行人，后升浙江道监察御史、浙江巡按。他不畏强御，严惩贪赃枉法的官吏，狠狠打击邪恶势力，使浙江社会风气为之一变。后升大理寺左丞。王晓擅诗，任期内发生的重大事件多有题咏，故而有些诗篇具有史诗的功能。担任行人司行人期间，王晓对有关藩王家庭成员的册封、传送赐名或批准婚娶的旨意等都有诗以记，如《送吴济轩年丈使周藩次唐鉴江韵》《送沈澄川检讨册封楚藩》等，记载了朝廷遣使出使周、秦藩国以及册封楚王的史实。《送谢绎梅寅丈册封琉球国王赐一品服，诗以壮其行》，明确记载了 300 多年前琉球国王须经明廷册封这一历史事实。王晓去世后，后人将他的诗文编为《东山遗稿》，汇集诗、文、词 300 多篇。

王　巽（生卒年不详），字德称，号亦山。少年即颖悟绝伦，性格高旷，才华俊逸，为一时名士。曾中乡试副榜，后弃举业，致力于诗词创作。曾梓行诗集《游晋草》《客越集》。布衣诗人王稚登为其《客越集》作序，另一布衣诗人谈修作跋。《淄川县志》载有其《游笔架山》和《小憩天明寺》，后者并附作者小传。

王鳌永（1588—1644），字克巩，一字蘅皋，号涧溯。王崇义之孙。王鳌永气质沉毅，明天启五年（1625 年）进士。初授襄阳知县，后升户部主事，又升郧阳巡抚。王鳌永生活在明末大动荡之中，对明末积弊知之甚深，故其诗作充溢着忧国忧民之忱。比如《次韵送喻醒拙中丞还蜀》，送别友人致仕还乡，还不忘时局艰难，以为国效力共勉。经常接近下层人民，其诗《春日邻叟见过》，可谓深得杜甫“肯与邻翁相对饮，隔篱呼取尽余杯”之真髓。王鳌永一生留下了大量诗文，著有《霏雪馆集》《郧台奏议》等，其中文 12 篇、诗 224 首。

王　樛（1627—1665），字子下，号息轩。王鳌永之子。14 岁即考中秀才。王鳌永被赵应元义军杀死后，清廷授王樛世袭銮仪卫指挥佥事。后入旗籍，官至通政使司右通政。王樛诗、文俱佳，尤擅五言近体和七律。五言风格模仿唐王维，工于刻画，如《饮张举之小圃》。高珩、唐梦赉、张笃庆等人都对其诗文做了肯定和好评。王樛英年早逝，其从兄王橘搜其遗稿编为《息轩诗》，毕际有、唐梦赉、张笃庆为之校对。《国朝山左诗钞》录有王樛诗作及其小传。《淄川县志》载有其七言排律《孙禹年谈及柿岩，梅花歌以赠之》。徐世昌《晚清簃诗汇》录有王樛的 4 首诗。

王培荀　参见本章第二节《文化名人研究》。

此外，鸾桥王氏还有多人跻身文坛，留下不少诗文。

王君赏（1536—1594），字汝懋，号四山，王崇义族侄。明嘉靖三十八年（1559年）进士，官至苑马寺少卿。《淄川县志》载有其《登黄山谒郑康成祠次韵二首》《双塔寺》《游青云寺》等。

王载扬（生卒年不详），字汝宾，号见山，王君赏堂弟。明嘉靖四十年（1561年）中举人第一名。曾任海州（今江苏省连云港市东海县）知州。善诗文，然多散佚。存世有其晚年所作《请王净源秀才口占二绝》及《黄山碧霞元君庙碑记》。

王　睹（生卒年不详），字寅畏，号似田，王崇义幼子。以贡生任顺天府武学教授、某王府长史。著有《畅然园诗稿》，录诗176首，张至发作序。《淄川县志》载有其《昌城怀古》。另有词70余阕。

王三近（生卒年不详），字仲甫，号月芦，别号芦花道人，王鳌永族兄。天启间拔贡。能诗，《王氏一家言》录有其诗70余首、词10余阕。

王瑞永（生卒年不详），字应之。著有《北坪斋订证五音通摄》4卷、《唐诗纪事音韵注释》20卷、《七韵四声连篇等韵》13卷、《锦亭诗稿》《野望园艺律》《同合声》《四书证讹》《诗叶解颐》《黄钟议》《经术引微》等。由于战乱，大多散佚。《王氏一家言》录有其诗100余首。

王敏入（生卒年不详），字子逊，号梓岩，王瑞永之子。王瑞永一生著述甚丰，但大都散佚，后经王敏入多方搜集得若干，因家贫无力梓行，于是多寻怪石，刻父诗于其上，置于名山。王敏入著有《追远集》《易安亭稿》。其孝行曾载入《淄川县志》。

王敷政（生卒年不详），字代工，号澹庵。20岁即任知县，后升内阁侍读学士。诗学王士禛，曾和王氏之《秋柳》4首。有《苍桧阁文集》传世。

王观正（生卒年不详），字觐光，号如水。他与蒲松龄为挚友，其《以诗代柬邀蒲柳泉》云："他乡皆苦戍，吾国独田歌。剩雨飞樵路，残云湿牧蓑。室藏吏部酒，池浴右军鹅。不惜千金刻，披襟试一过。"著有《问心集》4卷,《退省斋》诗、词各1卷。

淄川毕氏

淄川毕氏，指旧淄川县西部万家庄、西铺村毕木家族及其后裔。1971年进行行政区划调整，这一带划归周村区。但人们习惯上仍称之为"淄川毕氏"。毕氏先祖是明初移民，自枣强迁至益都县颜神镇的石塘坞（今淄博市博山区石炭坞村）。后来毕敬贤迁来崔家庄，即今王村镇西铺村。经过几代人的不懈努力，至明末，毕自严、

毕氏石隐园万卷楼（2012年拍摄）

毕自寅、毕自肃兄弟纷纷出仕，毕自严还曾官至户部尚书。达官显宦、人文硕彦集于一门，毕氏一跃成为鲁中望族。此后科甲相继，人才辈出，直至清末，仍是全县知名的仕宦大族。

毕自严　参见本章第二节《文化名人研究》。

毕自寅（生卒年不详），字畏甫，号旭阳。明万历四十三年（1615年）考取举人，授吴桥知县，升至南京户部广东司主事。后因“吴桥兵变”牵连，被罢官。于万家村后山构筑拱玉园，会聚地方文人雅士赋诗填词，切磋学问。《淄川县志》载有毕自寅《清明同友人游虎头石》诗。毕自寅的著述，刊刻行世的有《拱玉园集》《志隐集》《选石斋诗》《毕氏宗乘》等。

毕际有（1623—1693），字载积，号存吾，毕自严之子。清顺治二年（1645年）拔贡，历任山西稷山知县、江南通州知州。任职期间，他据实上报请减免空头粮赋，上疏请求免除进贡地方特产，努力减轻百姓负担，后因部下“解运漕粮，积年挂欠，变产赔补不及额”而被免职。离职回乡之时，扬州名流林古度、杜濬、陈维崧、龚贤、孙默、孙豹人等一直送他到江边，并作《江干系马图》，赋诗惜别，一时传为佳话。

归田后，毕际有聘请蒲松龄为家庭塾师，教授孙辈。于是毕家贺吊往来的应酬文字大部分由蒲松龄捉刀。蒲松龄一生中留下来的文章有不少是代毕际有写作的。此外，蒲松龄还对毕际有的《晋游日记略稿》进行了批点。毕际有待蒲松龄非常宽厚，在生活方面给予了热情帮助。他不但积极支持蒲松龄创作《聊斋志异》，还直接参加了《聊斋志异》的创作，《鹌鸽》《五羖大夫》末尾分别署名“毕载积先生记”“毕载积先生志”便是明证。此外，《杨千总》一篇写“毕民部公即家起备兵洮岷时”“千总杨化麟”之事，“毕民部公”即毕际有之父毕自严，这显然也是毕际有提供的材料。毕际有善诗，并常与当地文人雅士在府内的石隐园相聚，赋诗填词，其诗作均辑入《存吾草》。

毕际有还积极参与了《济南府志》和《淄川县志》的编纂。在修县志的基础上，毕际有完成了他的另一著作《淄乘征》。毕际有之所以撰写此书，是因为他在参与修县志时许多观点和见解与别人不同，有些甚至相抵牾。综观该书，有如下几点：补县志之缺，有些历史人物如本为淄川人的公哲克补入“乡贤”，以及忠烈如王复等载入县志，弥补了县志的缺失，完善了县志的内容；正县志之讹，坚持实事求是的原则，考证汉菑川国非今日之淄川县，对本非淄川人的公孙弘、祢衡等人从淄川“乡贤”中删除；对某些讹传或没有定论的人或事做了科学考证，如《颜神镇割入益都之年》《张先生书院》等。该书开创了一种新的体例，即对方志进行考据。因为不唯“淄志无征”，其他方志亦无。毕际有还著有《泉史》，是研究中国古代货币史的宝贵资料。

毕世持（1649—1687），字公权，毕自严幼弟毕自肃之曾孙。毕世持幼时聪慧，9岁时就能作文，11岁考中秀才第一名，被誉为“圣童”。山东学政施闰章激赏其“振衰起靡，功不在昌黎下”。清康熙十七年（1678年）中解元，但此后毕世持六次进京会试，均榜上无名。39岁时因病去世。毕世持著有《困慵诗》，已散佚。《淄川县志》载其《清明日独上长白有怀》：“清明无伴却登高，惭愧东风到杏桃。我爱此山欲埋骨，不知何日取为陶。”毕世持殁后，好友蒲松龄曾作《挽毕公权》8首以悼之，并多方搜求其遗诗，汇集成册，撰写跋语。这些诗作已大都散佚。

毕海珖（生卒年不详），毕世持之子。毕海珖亦极富才华，著有《涧堂诗草》。毕海珖为赵执信弟子，其歌行体明显带有赵氏风格，如《修河叹》中官府强征农民修河，误了农时，一年的收成难以保证。修河工地上，督工的小吏凶狠如虎狼，挥舞鞭子驱使着人们不停歇的劳动。朝廷下拨的工粮，有一半被侵吞……与赵执信《氓入城行》颇为相似。《淄川县志》载有毕海珖《过黉山西望淄城》。

整个清代中叶，淄川毕氏在文学上几乎默默无闻，但到了清末，毕道远巍然而出，遂将文学家族推向了第二次辉煌。

毕道远（1810—1889），字仲任，号东河，毕自肃八世孙。幼年即颇灵悟，清道光二十一年（1841年）进士，入翰林院任庶吉士，散馆授检讨，后官至都察院左都御史兼兵部尚书，特授礼部尚书。他遇事敢言，侃侃不屈。咸丰十年（1860年）英法联军兵临北京城下，诸王公大臣多数主和或依违两可，而毕道远主张以死相拼，维护国家主权，表现了铮铮铁骨。

毕道远工于诗词，善戏谑，曾为故宅题联"十七世诗礼门第，五百年孝友家风。"他性格倜傥，擅书法，为清末"四小书法家"之一。其诗作由于未结集出版，已大多散佚无存。

淄川毕氏有诗文传世的还有毕木、毕际竑、毕际廉、毕盛钜、毕世济、毕海玥等，清末则有名画家毕先奎。

淄川张氏

淄川张氏，明代后期至清代前期，涌现出一大批官僚、文人。尤其是张敬之子张至发，明末曾任内阁首辅，使张家成为淄川乃至当时淄博地区最显赫的官宦大族。入清之后，张氏一门也涌现了一批知名文人和学者。

张　敬（1528—1585），字尔和，号松石。淄川张氏发科，始于张敬。张敬于明万历五年（1577年）考取进士，初授中书舍人，后升礼部仪制司主事，教习驸马。张敬博览群书，专力古文，渊博古奥，自成一家，被誉为"东国硕儒"，方志载"淄川古文之学，自张仪部公始"。著有《张仪部诗文集》。擅书法，狂草学雪蓑道人苏洲，如龙蛇飞舞，多不可识。诗作和易近人，一时仰重"如泰山北斗"。《淄川县志》载有其《三台山中读书咏落叶》诗。

张中发（生卒年不详），字智鹄，号仰松，张敬长子。张敬去世时，张中发与弟张至发均只有十多岁，先是就读于外祖家，师从王载扬；后又拜著名理学家、泰山李汝桂为师。张中发补为生员后，即放弃八股文，潜心研究书法，成为一代书法家。他书工王羲之之体，善作擘窠大字。济南黑龙潭边之"蛟蟠狮蹲"、淄川王教祠堂之"风清百世"、博山范公亭之"山高水长"、博山大庄村孙家林之"孝烈慈严"，以及其弟张至发花园之"水月莲花"与"环青"等，均为张中发的墨迹。张中发能诗，著有《回首窝稿》。《淄川县志》载有他的《暮春同友人重游上泉庵》诗。

张至发　参见本章第二节《文化名人研究》。

张　绂（生卒年不详），字孔绣，号似圣，张至发孙。清顺治元年（1644 年）拔贡。顺治四年（1647 年），谢迁军占据淄城抗清，极力笼络士人，张绂“自晦于酒人，佯狂以免”。张绂的堂叔张泰瑞被害，无人敢去收尸，张绂挺身殓葬。谢迁义军失败后，有仇家诬告张家曾“窝藏巨贼”，张绂与其堂弟张绵被关进监狱。在狱中，张绂“饮酒赋诗，不辍顾笑”。

张绂创作了大量优秀散文。他师法唐宋诸大家，文字朴素，叙事简洁，笔触细腻，使人如亲临其境。比如《云高洞记》。其散文分别辑为《西征游记》《适吴笔略》《楚游日记》《淄邑遇变记》以及《蒙难记》。张绂终身未仕，这使他能够游览祖国的许多地方。所至必有诗文佳作，诗作皆辑入《南游小咏》《闲闲草诗文全集》。《淄川县志》载有他的七言排律《七夕游柿岩即事》。张绂还十分重视地方志的纂修，清康熙二十六年（1687 年）与唐梦赉等纂修了《淄川县志》，撰写了《〈淄川县志〉后序》。

张笃庆　参见本章第二节《文化名人研究》。

张　元（1672—1756），字长四，一字殿传，号榆村，张中发五世孙。50 岁考中举人。他一生的主要职业是塾师，80 岁才出任山东鱼台县教谕。著有《书香堂制艺》《绿筠轩诗》《平山诗钞》等。

张元曾在济南名宦朱缃家教书 30 年之久。他教学用心，治学严谨，又精通八股文的撰写要领，他的学生中，有 2 人考中进士，多人考中举人。这使张元在乾隆初年享有盛誉。主编《国朝山左诗钞》的德州名宦、名儒卢见曾，曾以每年 2000 两银子的束脩聘他为家庭塾师。卢见曾担任永平府知府后，又聘他出任永平敬胜书院山长。张元主教该书院后，文风大变，一年中就有 8 人考中举人。

张元诗文功底深厚，擅长散文与韵文相交织。80 岁时，曾代卢见曾写了《〈渔洋感旧集〉小传》。张元诗学族伯张笃庆，师法王士禛的“神韵”说，高闲古淡，自成一家。《淄川县志·文学》载有他的《九日偕诸弟南城登高》和《白云山歌》。王士禛与卢见曾都曾在扬州做官且享有诗名，因而张元有“王前卢后均风雅，占断江南第一流”之句。《续文献通考》纂修官、甘肃按察使宋弼盛赞张元“白首骚坛气尚雄”“心折鹤楼崔颢工”。田同之则把他比作明代“后七子”的诗坛主将谢榛。张元为《聊斋志异》的传播作出了巨大的贡献。有学者考证，正是由于张元在朱缃家做塾师，朱家才假他之手从蒲松龄的后代那里借来《聊斋志异》手稿或手稿的外借副本做了重抄。这就是“铸雪斋抄本”《聊斋志异》的母本，是《聊斋志异》流传下来的最重要的版本。张元还在清雍正三年（1725 年）应邀撰写了《柳泉蒲先生墓表》，记述了蒲松龄的创作经历及其成果，介绍了蒲松龄的家世，对其创作成就做了概括和总结，并给予高度评价，为后人研究蒲松龄留下了不可多得的第一手资料。

张履庆（生卒年不详），字视旋，号顾斋，张绂之子，著有《食蔗堂诗》，诗作入选《国朝山左诗钞》。其堂侄张元评价他“敦名节，尚狷介。与兄昆仑、弟缄庵自相砥砺，所为诗文，以清真萧远为宗。兄弟三人分路扬镳，不相沿袭”。张履庆部分诗记载了当时淄川的重大事件，如《因大水寄讯袁松篱》可作史诗看待。

张增庆（生卒年不详），字川如，号损斋，晚号缄庵，张绂之子。著有《独树庵诗》，诗作亦被收入《国朝山左诗钞》。张元说他为诸生30余年，不应乡举，肆力诗文，自抒所得，以适己意而已。其咏史诗亦很有特色。《淄川县志》载有其《过仙洲园》。

张　谱（生卒年不详），字嗣宗，张中发孙。著有《行素堂诗文稿》，诗作入选《国朝山左诗钞》。他的原配妻子高氏是高珩叔父高所翔的女儿。清军破淄城谢迁军，高氏与其婆母谭氏担心受辱，同时自杀。高珩之子高之騊，官贵州平越县知县，张谱作为幕宾随行。抵任不到二年即爆发"三藩之乱"，张谱与高之騊改作道士装，辗转于山谷之间，艰苦备尝，十多年才返回故里。此后，张谱直至老死田园，再也未曾远游。"明朝莫负武陵约，认取桃源路不迷"（《丰芑园偶咏》），表现了历尽劫难后的大彻大悟。

此外，张氏还有多人享有文名。

张　询（生卒年不详），张谱之弟，字可绩，拔贡，晚年任宁阳县教谕。著有《静然堂诗古文集》，诗作入选《国朝山左诗钞》。郑兰谷评价他的诗"搜情则言外传神，波折则风行水面。追琢之至，归于自然"。张诠，张谱幼弟，曾考中武举，喜作诗。著有诗集《谵语》。张永跻，张询之子，字式九，清康熙五十年（1711年）举人。一生致力于诗词、古文，其词作具有北宋大家的风格。著有《四书问难》《蕉雨斋古文集》。张作哲，张永跻之孙、张元之子，字仲明，号浚庵。雍正举人，曾任临朐县教谕。13岁时作《清明郊游记》，洋洋数千言。其堂伯祖张笃庆阅后尾批："石破天惊！此吾家千里驹也。"著有《听雨楼诗集》。

淄川高氏

淄川月庄高氏，原籍蒙阴县。明初自狗跑泉村迁至淄川城北十余里的月庄，一百多年间一直默默无闻。至八世高举步入仕途，十世高珩为清初淄川首宦，高氏遂成为淄川望族。高氏家族现已传至二十六代，人丁增至3万余人，分布于全国各地及美国、巴西、加拿大等国家。淄川区的高氏家族人数有14000余人。在明清两代，高家涌现出10名进士、14名举人、66名贡生。淄川城里居住的高氏族人中，就有进士8名、举人12名，获得了"一门五进士""一科两举人"的赞誉。

高汝登（1525—1605），字自卑，号柳溪。因子高举（时任监察御史）功绩卓著，被明神宗累赠中宪大夫、都察院右佥都御史，世称高封公。《淄川县志》载：公有田40顷，一生好义乐施，为方便交通捐资建五里河桥、范水桥及灵虹桥栏，兴办学馆，数修县学，恤孤寡助婚葬，不可枚举。嘉靖四十五年(1566年)淄川大歉年，斗米需银二钱，他与其父母召乡闾食其家，救活百余人；明万历年间淄川境内多年大旱，他先后两赈饥荒，其子高举亦竭俸银资助，致使家道中落。高汝登八十岁殁，时五百里内皆罢市哀悼。数年后乡民思慕他的恩德，便于淄城东郭立祠祭祀他。

高　举（生卒年不详），字鹏程，号东溟。明万历八年（1580年）进士，历任完县、蒲圻县知县，皆有惠政。擢监察御史，升大理寺少卿，以都察院右佥都御史巡抚浙江。高举著述极富，有《西台疏草》《抚浙疏草》《埙篪诗草》《陶世名言》《〈世说新语〉一抄》《名文荟选》《中原音韵》

双杨镇月庄村高氏墓园（2019 年拍摄）

《观风集恩录》《循良模范》《一乡雅言》《夜光集》等。《淄川县志》载其《游苍龙峡》及《王旭谷父母招偕毕白阳丈游苍龙峡，俚言纪游》。

高　誉（生卒年不详），字鹍程，号南溟。幼年即十分聪慧，刻苦攻读经史。万历年间曾中乡试副榜，此后抛弃举业，专心著述，留下了大量诗文。然自清顺治四年（1647 年）谢迁义军据淄城抗清失败，清军屠城，其所作诗文大多散佚，仅存和高举共同编纂的《陶世名言》、共同辑录的《名文荟选》，以及与高举相唱和的诗集《埙篪诗草》。其诗作清新恬淡，深得陶渊明之旨。

高　玮（1609—1668），字握之，号绳东。高珩胞兄。14 岁以原籍蒙阴县考选为青州府秀才，与后来成为名臣的孙廷铨、冯溥齐名。明崇祯十二年（1639 年），高玮、高珩同科考取举人，高玮还考了第一名——解元，被誉为"玉毂同升"。清顺治三年（1646 年）考中进士，授官河间府推官，不久任河南乡试同考官。到任才几个月，李自成义军攻克河间，一批地方官以失陷城池罪被罢黜，高玮也受到牵连，被罢官归里。

高玮善书法、诗文。著有《淄风辑略》《为善于家》《三要图说》《家塾宝训》《规训随抄》《南游诗草》《护生编》《遗言赘语》等。他遍游淄川知名园林，如韩氏的石隐园（与西铺村毕氏石隐园同名）、张氏的近郭山林及环青园与丰芑园、高氏的竹园与是亦园、王氏的丽泉园、龙口竹园等，均有记，并载入《淄川县志》。

高　珩　参见在本章第二节《文化名人研究》中有专文介绍，在此不再赘述。

高之骎（1655—1719），字仲治，号思庵，一号松鹤，行九。原名高之騆，高玮第五子。因高珩只有一子高之驹远宦贵州，遂过继高之骎为子。高之骎生性纯孝，处事谦和，治家严谨。遇到仆人与他人争执，即使自己有理，也要对仆人痛加斥责，唯恐他们仗势欺人。他热心公益事业，清康熙三十九年（1700 年），淄城西门外孝妇河上的六龙桥被水冲垮，知县赵锡仁主持修复，动员全县乡绅捐资。高之骎带头响应，承担了工程量最大的工段。他扶危济困，救助百姓。康熙四十三年（1704 年），淄川县先遭大旱，后遭虫害，庄稼歉收，百姓大饥。高之骎拿出家中积存的几百石谷子，减价销售，平抑粮价。对于无钱买粮的百姓，按天供应粮食，帮助他们渡过难关，救活了很多人。高之骎对高氏家族最突出的贡献，是将其先辈的嘉言懿行随时记录，并为"仰承先德，垂训后人"，把有关资料汇集成册，编纂成《高氏家模》予以付梓。高之骎工诗，著有《强恕堂诗集》8 卷。《淄川县志》收录高之骎的 6 首诗，其中咏"载酒堂"的诗有 3 首。

高中谋（1774—1833），字亿堂，一字敬宇，号镜霞，高珩六世孙。勤奋攻读，博通经史。夜读恐妨碍父亲睡眠，经常进行默诵。清嘉庆三年（1798 年）举人，嘉庆二十二年（1817 年）大挑二等，任阳信县教谕。道光三年（1823 年）进士，授贵州玉屏知县，废除一切陋规以便民。后历署清镇、余庆知县，倡建嵩高书院。调任贵筑知县，适逢大水灾，请调拨国库银两赈灾，救活万人。后升镇远府台拱同知。

高中谋生而有异禀，少年能文，以诗受知于提学使阮元。他虽非专门攻诗，但流派分别，辨如泾渭，认为“古风从高、岑入手，易寻矩矱；若韩、苏，汪洋浩瀚，变化无端，初学未易琢磨”。他偶尔会同人作诗会，然他自己并不作诗，只是为别人点勘而已。署理玉屏知县时，适逢县试童生，外有对其他不利的谣传，高中谋遂作《白燕诗》以表明心迹。高中谋著有《亿堂诗文稿》《训俗俚言》《燕京日记》《黔游日记》《高氏诗汇》《高氏家模续集》。

高丙谋（生卒年不详），字在午，号也愚。高中谋之弟。清嘉庆十八年（1813 年）拔贡，授阳信县训导，以回避胞兄高中谋，改夏津。升曹州府学教授，擢贵州安平知县，对调江苏睢宁知县。捻军将领李三闹率部进入县境，高丙谋收买眼线将其擒杀，升邳州知州，又调任铜山知县。当时刘平、张彦带领一支农民军以微山湖、黑山寨为根据地，很快发展到数千之众。高丙谋带领乡勇突然偷袭，斩杀张彦，刘平率残部逃走。高丙谋以功保知府，在任候升。不久署理海州直隶州知州，加道台衔，归江苏知府候补。因为官清廉，囊无余资，贫不能归，90 岁时逝于铜山寓所。高丙谋能诗，有《蝴蝶诗》等。他对王士禛的《秋柳》诗极为赞赏，著有《王文简公〈秋柳〉诗释》。

此外，高氏家族中还有众多的人在文学上也取得了较高成就。高捷，字中白。万历丁酉举人，甲辰进士，授行人司行人，升户部郎中、淮安知府、淮徐道副使、遵化道副使。著有《四书疏义》《易学辞象》二集。诗作选入县志。高瑾，明末庠生，有诗作选入县志。高之駒，字骥良。顺治甲午举人，辛丑进士，授贵州平越知县。著有诗选入县志。高之騳，字梓岩。著有《梓岩遗诗》，有的选入《山左诗钞》。高之骒，字安贞，号懒滨。著有《懒滨老人诗》行世。高球，字石君，号振东。康熙丁未进士。王士禛撰墓志铭云：“止海上二劳山，宪道参同之旨，著《放言集》。”（见《山东通志》），高远询，字虞臣。道光丁酉举人，历任山东五处教谕、学正，纂刻《鸣盛集试帖》行世。高宴谋，字篪亭，一字杏江。嘉庆辛酉拔贡，卒年四十三岁。著有《量斋诗稿》。高炎绪，字丽明。武庠生，著有《驱事堂诗》。高往绪，字于止，号齐峰。著有《种书堂诗》。高贻璠，字连玙，一字华鲁，号桐斋。庠生，著有《桐斋诗稿》《颜山诗草》《于陵诗草》。高贻素，字少白。监生，著有《少白遗诗》。高贻圃，淄川人，字农如。庠生，著有《紫泥遗诗》。高贻芝，字瀛洲，一字紫亭，号兰泉。庠生，著有《石兰书屋诗》。高贻范，字希文，号石迂。庠生，著有《榆荫堂诗》。高贻茭，字芦洲。庠生，著有《芦洲诗草》。高廷谟，字赞虞，号梦园。贡生，嘉庆丙辰举孝廉方正。著有《淄邑金石考》。高勋谋，字孟略。庠生，著有《石湖诗草》。高肇昆，字庆老，号孝逸。著有《孝湄诗草》，见《山左诗钞续》。高肇馨，例贡。著有《载经集解》若干卷藏于家。高肇绵，字勒卣。庠生，著有《东园诗草》。高肇翰，字百宪，号西林，庠生。著有《淡如亭遗诗》。高肇毅，字近庵。庠生，著有《闲情录诗》。

淄川韩氏

韩氏先祖原为军籍，其始族韩景文于明建文元年（1399年），因修筑水利工程从直隶枣强县来到乐安（今广饶县一带）。韩景文在妻子去世后，向西南方向寻求茔田宝地，来到淄川西北荆山与大埠山之南，一个名叫珂里（阿里）村的地方，但见这里九峰环绕，人称“九顶（鼎）莲花山”，中央有一片盆地，土质肥沃，宜耕宜稼。便将这里作为安居之地住了下来。韩景文忠厚开基，慈良传家，孝友贻谟。传至第四代，韩家就培养出了一位贡生和一位廪生。后来先后出了“八扬”：俱扬、道扬、友扬、廷扬、岳扬、公扬、卿扬、朝阳，“三善”：萃善、取善、明善，“二千”茂椿、茂柯（两人的字为大千、小千）等人物。在明清时期，韩氏家族繁衍发展成为当地的诗礼之家、名门望族。珂里（阿里）村也被称为韩家阿，后改称韩家窝。清代《淄川县志》载：“邑乘所载名臣硕彦，惟韩氏最多。”王培荀在《乡园忆旧录》中记载：韩氏家族“科第隆起，一榜中三进士（清顺治庚子科韩之甲、韩维基、韩维翰），一时有三巡抚（明万历年间陕西布政司参政韩萃善、蓟辽总督韩取善、保定巡抚韩浚）”。在明清时期共有756人获得官衔或功名，其中进士11人，举人30人，22位贡生，62位例贡，并有19人得到朝廷封赠。淄川城内的功德牌坊，就有为韩弼、韩思武、韩萃善、韩取善、韩浚立的“四世承恩”坊，为韩弼、韩思文、韩思武、韩廷扬、韩师曾、韩学书、韩岳扬立的“累世崇褒”坊等八座。“文化大革命”前，韩氏茔地就有皇帝“谕葬”的若干大墓、石碑及石像生。

众多族人的宦绩载入国史、《济南府志》《淄川县志》等史籍方志。

韩萃善（1539—？），字约庵。明嘉靖四十三年（1564年）山东乡试甲子科举人，第十二名，万历二年（1574年）进士。初授常州府推官，历任南京户部主事、员外郎、山西太原府知府、浙江按察司副使、陕西布政司右参政。后上书请求致仕还乡。曾在董永山“四贤讲艺所”讲学。所修园林“石隐园”极一时之胜。

韩取善（1546—1618），字惺庵。明万历元年（1573年）癸酉科举人第四名，万历五年（1577年）进士。初授工部主事，改户部主事、员外郎中，擢山西布政司参政、按察司按察使、布政司右布政使，升巡抚辽东等处，都察院右佥都御史。罢职归乡后，在泮水之滨，匠心建构“仙洲园”，成山左名园。

韩　浚（生卒年不详），字邃之，号晶宇。明万历二十五年（1597年）丁酉科举人，翌年，登戊戌科进士。授嘉定知县，建明德书院，汇纂《嘉定县志》，多有惠政，邑人建祠奉祀。万历三十六年（1618年）八月升任监察御史，转大理寺丞，升都察院右佥都御史，巡抚保定，天启三年（1623年）致仕。

韩茂柯，清顺治年间庠生，恩荫官授弘文院中书舍人，掌管典籍事务，后升任山西潞安府同知。其为官清慎，公正廉洁，任上做到讼无科罚，案无留牍，因而邑民有“神明”之颂。

淄川韩氏在明清时期涌现出众多文人学士，著述极富。

韩　理（1627—1654），字温甫。清顺治己丑进士，任松江府推官，卒于任所。著有《松陵诗草》。

韩　冲（1621—1697），字丽宇。清顺治六年（1649 年）进士，授白水知县，升广平府同知，因受诬陷，35 岁时被罢官回籍。著有《金刚经大义》《箕山散著》《功德林》行于世。

韩维垣（生卒年不详），字子宣，庠生。著有诗一卷,《山左诗钞》选录。

韩维垲（生卒年不详），字西仲，号荆农。庠生，著有《荆农诗》，选入《山左诗钞》。

韩维愈（生卒年不详），字超远。庠生，潜心理学。著有《四书讲义》《告觉篇》六卷。韩茂桂，字秋华。著有《痘疹秘诀》《地理窃选》俱行于世。

韩茂椿（生卒年不详），字大千。岁贡，刊有《金刚经大旨》，著有《尚灰堂史略》百卷。

韩庚长（生卒年不详），字仲白。乾隆壬辰岁贡，任东吕府学训导，卒年 75 岁。著有《纲鉴太古钞》《堪舆注释》。

韩在甲（生卒年不详），光绪岁贡。著有《问愧集诗草》二卷，于陵苗束禾先生评序。

韩午锡（生卒年不详），系韩维愈子，庠生。著有《青斋诗草》二卷。韩祖法，例贡。著有《慎止轩诗集》藏于家。

韩谨修（生卒年不详），字敬亭。清末增生，著有《荆山偶话》《桐轩诗草》。

韩允嘉（生卒年不详），字娲石。顺治十五年（1658 年）进士。著有《谷贻堂文集》《金刚经解》《笔耕录》等。

韩砥修（生卒年不详），字介石。著有《乃吾庐诗》。

族人中不乏知名书法者，如韩取善的行、草，有章法、有功力，为众多邑人名家书丹。还有韩理、韩潜等皆工书法。

韩氏家族有着联合乡邻反抗压迫，驱逐洋人，保护环境的传统。清光绪初，外国传教士在此建教堂，开山凿石，破坏植被。韩氏族人倡议村民，掀起大规模的反洋教、反开山活动，并呈请清政府予以严禁。1938 年，又发生反对砍伐茔田树木的斗争。

韩氏家族重视谱牒修续。《淄川韩氏世谱》初创于明代，于清康熙年间予以增修，康熙九年（1670 年）付梓，至 1918 共 9 次续修。《淄川韩氏・邑乘》，约 10 万字，将 500 余年积淀的淄川韩氏文化的内容和特色都有所概括、体现。韩氏家族十分重视礼仪。

截至 2019 年底，淄川韩氏已有十万之众，播迁海内外。

第二节　文化名人研究

淄川历史上产生影响较大，在文学史上占有一定地位的文化名人，比较早的要数金末元初的著名诗人杨宏道和元末明初的杂剧家、戏曲史家、戏剧评论家贾仲明。明清时期是淄川文学再造辉煌的重要时期，出现了一批杰出的文学家和诸多有影响的文学作品。其著述数量超过以往任何朝代，在多个文学题材创作的总体品质上，也都有超越式的发展。其中有不少名人名家的作品收入《四库全书》《四库全书存目丛书》等典籍,《山左明诗钞》《国朝山左诗钞》等明清文人集中也都收入大量淄川人的优秀诗作，其作品数量和质量与其他地域文学群体相比较都颇具实力。这时期的诗人、文学家们的诗文创作风格多样，特色鲜明。他们较为共同的特点是爱国、爱家乡，究心民瘼，经世致用，关注和反映社会现实，恪持自己的文化认同和人格操守。这些内容构成了他们作品的主旋律，使他们的创作在体现自身独特文学价值的同时，还凸显出较强的社会意义。这时期张至发、毕自严、高珩、唐梦赉、蒲松龄、孙蕙、张笃庆、王培荀以及其后的路大荒等人成为代表人物。近年来，他们的生平事迹、诗文著述及其历史地位等方面，得到了有关部门和专家、学者的挖掘、整理和研究，相关成果见之于先后编辑出版的《蒲松龄生平事迹考辨》《淄博历史人物》《山东文化通览·淄博文化通览》《淄博文化通史》《淄博文学史》《淄川民国人物》《孝水钩沉》以及《般阳文化》《聊斋园》《文化与品牌》《淄川日报·副刊》《淄川工作·副刊》等专著和报刊之中。

杨弘道

杨弘道（1189—约 1274）字叔能，号素庵，又号默翁、坚白子，人称淄川先生，金末元初著名诗人。清中叶，由于“弘”字犯清乾隆帝弘历的讳，在修《四库全书》时，把“弘”改为“宏”。他早年一度与元好问齐名，晚年诗名也很盛，当时有人称他为诗坛盟主。

杨弘道

杨弘道远祖系出华阴，世系不可考。宋金易代时祖上从石熊麓迁居淄川。其父任汝阴县令，为七品职事官。杨弘道少年时跟随父亲在任所居住，曾经受过很好的家庭教育。但不久灾祸降临，11 岁时父母双亡，他不得已而投靠叔父生活。杨弘道的叔父是个无赖之徒，不但自己游乐嬉戏，还引诱杨弘道。杨弘道断然拒绝引诱，离开叔父，进入县学读书。在这里，他因为聪颖勤奋，深得师长喜爱。可惜时间不长，因老师及第离开，杨弘道的情绪和学业均受影响。后来经人引荐，到辽东跟从延赏学习，时间长达三年，直到金大安三年（1211 年），因为兵乱才回到故乡淄川。

杨弘道于金兴定元年（1217 年）以荫入仕，任刑部差委官，时间长约五年。金兴定五年（1221 年），杨宏道到汴京参加会御试，拜见知名诗人赵秉文、杨云翼。赵、杨在金室南渡后“代掌文柄，时人号‘赵杨’”。二人“见其《幽怀久不写》及《甘罗庙》诗，啧啧称叹不已，以为今世少见其比”，非常赞赏他的诗才。当时，元好问也到汴京参加会试，杨弘道与元好问有诗互赠。杨弘道得到他们的提携，声名大振，一时名重天下。会试不第后，杨弘道决定前往关中，朝中名贤都来送行，在社会上影响极大。这之后，杨弘道又几次赴汴京应试，都没有入第。后来，杨弘道到达陕西凤翔府。经人举荐，任麟游县酒税官。只干了数月，职事即被他人谋去。不久，他到达平凉，在当地驻军中谋取一个官职。他认为文人任武职，用非所长，以“位不称才”之由离职。

金正大四年（1227 年），杨弘道因屡试不第，心灰意冷，决计归隐。他在《归隐》诗中表达了自己的愿望。然而这一愿望也未能实现。十月，元兵到达商州，杨弘道于 十二月逃到河南内乡县。在这里，他见到了时任县令元好问。元好问热情地接待了他，为他提供了一个较为舒适的生活环境，使他生活很快安定下来。杨弘道对自己居有其所、衣食无忧十分满意。这一时期，二人交往密切，经常在一起切磋诗艺。

金天兴二年（1233 年）四月，杨弘道举家南迁，进入南宋疆域。次年谋任南宋襄阳府学教谕。端平二年（1235 年）清明后，杨弘道离开襄阳，到达唐州，经人举荐，任唐州司户参军，兼州学教授。这大概是杨弘道仕途上最高的官职。这年七月，元人伐宋，侵入唐州。十二月上旬，杨弘道又举家北迁，到达济源。济源是杨弘道结发妻子康氏的故乡。在济源的几年间，杨弘道生计十分艰难，为衣食到处奔波。他到安阳干谒时，元好问写诗为其送行，高度评价杨弘道："海内杨司户，声名三十秋。文高徒自苦，食尽与谁谋？老桧风霜饱，芳兰涧壑幽。东游无可虑，敬客有萧侯。(《送杨叔能东之相下》)"元太宗十一年（1239 年），杨弘道已经 51 岁。因为在济源生活困难，难以长久居住，于是决定"东归乡里"，返回淄川。杨弘道回乡后，亲戚已经全部逃散，田地和家园被豪绅占据，仅有的几个故人因为他贫穷潦倒，也不来往。杨弘道只得寄宿孔庙中，处境颇为艰难。他曾倾其所有置办酒席，宴请亲朋旧友，即席赋诗，求得帮助，但未能生效。一年之后，杨弘道"我自般溪移历下"，到济南投奔他的二叔。在济南数年，杨弘道在诗坛上的影响越来越大。当时有人以"诗坛盟主"称号相许，以能得到他的题品为终身之幸。

约在元海迷失后元年（1249 年），杨弘道年近 60 岁时，到益都投奔李璮。入幕之初，受到礼遇，授官易服，颇为得意。他庆幸自己找到了一个好处境。但时间不长，便遭恶人陷害，受到打击。海迷失后二年（1250 年），杨弘道把自己的诗文编辑成册，让儿子杨来复到元好问处请其作序。元好问应其所请，写就《杨叔能小亨集引》，高度评价杨弘道的诗文成就。至元九年（1272 年），有人上奏章，请求依照李俊民的例子，赐杨弘道"处士先生"之号。延祐三年（1316 年），赠"文节"。

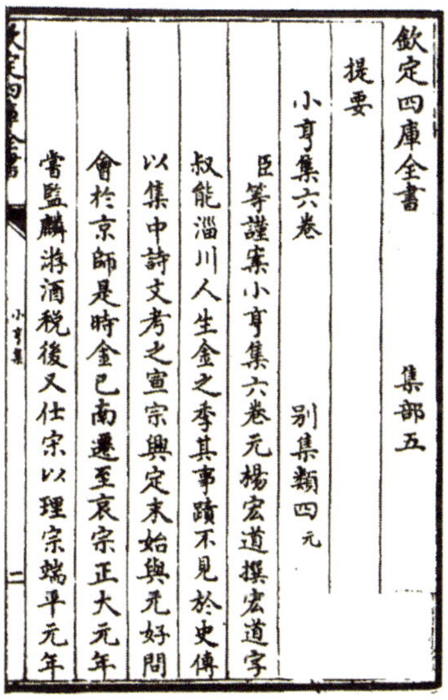
欽定四庫全書　集部五
提要
小亨集六卷　別集類四　元
臣等謹案小亨集六卷元楊宏道撰宏道字
叔能淄川人生金之季其事蹟不見於史傳
以集中詩文考之宣宗興定末始與元好問
會於京師是時金已南遷至哀宗正大元年
嘗監麟遊酒稅後又仕宋以理宗端平元年

《四库全书》本《小亨集》书影

据历史文献记载，杨弘道著有《小亨集》15 卷，也有资料称其为 10 卷。此书元朝时曾刻印，为《永乐大典》所采用，后来散佚。四库馆臣从《永乐大典》搜集补缀，厘为诗 5 卷、文 1 卷，仍题为《小亨集》，存诗 292 首、文 30 余篇。又有《言事补》3 卷，也曾刻印，已不传。总之，杨弘道作品保存相对完整。

贾仲名

贾仲名

贾仲名（1343—约 1423），一作贾仲明，自号云水散人、云水翁。元末明初剧作家、戏曲评论家，淄川人。

在明成祖朱棣尚为燕王时，贾仲名曾在燕王府做文学侍从，创作、排练了许多杂剧，在燕王官邸中为燕王演出，深得燕王的喜爱。晚年移居兰陵，潜心于戏剧研究，颇有成就。年近 80 岁时，贾仲名完成了对元代戏曲评论家钟嗣成的名作《录鬼簿》的增补，写成《录鬼簿续编》，成为他一生文学艺术生涯的里程碑。《录鬼簿续编》仿照钟嗣成的剧评形式，记录了元明期间 70 多位戏曲、散曲作家的简略事迹和作品目录，有很高的艺术价值和重要的史料价值。他为《录鬼簿》中涉及的 82 位戏曲作家各写一篇《双调·凌波仙》挽词，对这些戏曲作家及其创作予以梳理、评论，评价，至今仍在元代戏曲研究中被人们广泛征引。

贾仲名博学多才，擅长杂剧创作，写散曲也有很高的水准。其戏曲作品曾经辑为《云水遗音集》刊行于市，惜今不传。《录鬼簿续编》载其杂剧 16 种，至今尚存《铁拐李度金童玉女》《荆楚臣重对玉梳记》《萧淑兰情寄菩萨蛮》《李素兰风月玉壶春》《吕洞宾桃柳升仙梦》5 种。其中 3 种写男女爱情故事，两种写神仙道化故事。

《荆楚臣重对玉梳记》简称《玉梳记》，亦作《对玉梳》。写松江府秀才荆楚臣爱恋妓女顾玉香，金钱用尽后遭鸨母羞辱，被迫离去。鸨母遂逼玉香接待富商柳茂英，玉香不从，又将平日积蓄暗助楚臣赴京应试。临别时，玉香将其爱物玉梳一折两半，各持一半作为信物。楚臣走后，玉香相思忧烦，闭门拒客。柳茂英又以重金相求，遭玉香拒斥。后来，玉香逃出妓院赶往京都寻找楚臣。途中又遭柳茂英拦截，持刀相逼。适逢楚臣及第授官后赴任路过，将柳捉拿治罪。二人团聚，结为夫妻，并将两半玉梳镶合，作为永久的纪念。此剧题材虽一般，但结构精巧，曲辞流丽。《萧淑兰情寄菩萨蛮》简称《菩萨蛮》，本事见于《词苑丛谈》。写的是富有才情的萧淑兰敢于冲破封建礼教的束缚，以填写《菩萨蛮》词的方式，向在其家中坐馆教书的张世英大胆求爱。该剧塑造了一个敢于追求爱情幸福的女性形象，具有强烈的反封建意义。《李素兰风月玉壶春》简称《玉壶春》，讲述别号“玉壶生”的广陵书生李斌和妓女李素兰相爱，冲破鸨母和富商的重重阻挠，终成眷属的故事。剧情以现实生活真人（李斌即李唐宾，元末曲作家）为原型，这在元杂剧中实属罕见。剧中描写了当时的社会市井生活，丰富生动，颇具特色。上述三个杂剧，反映了贾仲名戏曲创作中的进步爱情观。这在大力提倡封建礼教的元末明初，无疑是具有进步意义的。

《铁拐李度金童玉女》又叫《金安寿》，亦作《金童玉女》。故事情节大体为：上界的金童玉女——金安寿、童娇兰因为思凡被谪人间，结为夫妻。后来，王母令铁拐李度脱其还归仙界，金、童二人不肯。铁拐李又接二连三用计度脱，使金、童醒悟，一起拜见西池王母，表示再不敢妄动凡心。此剧以度脱为旨，表现了元代女真族的生活。情节单纯，四折戏皆歌宴场面，场景华美热闹，歌舞并重。其词曲艳丽，其中有不少曲牌源于女真族，颇有特色。《吕洞宾桃柳升仙梦》简作《升仙梦》。写的是吕洞宾奉南极老人之命，前往汴京度脱生长在那里的桃、柳二树，先让其托生为人，结为夫妻，然后设为梦境，使其在梦中遇盗遭杀害，从而予以点悟，断其尘念，乃随之出家而成仙的故事。虽属神仙道化剧，但写天上人间，仙境幻化，极富于浪漫主义色彩。该剧每一折均使用南北合套的联套方式，打破了元杂剧的通例，另作尝试，别有一番新意。全剧四折无楔子，每一折的唱词，均用“南北合套”，而且正旦、正末同在一折戏中交替歌唱，以正旦唱南曲部分，以正末唱北曲部分。这在元杂剧中是绝无先例的，表现了作者在艺术上不守陈规、大胆探索的开拓精神。

贾仲名的戏剧评论，坚持了现实主义艺术观点，至今为后人称道。如他以“姓名香，四大神州。驱梨园领袖，总编修师首，捻杂剧班头”的精辟论断，肯定了元代杂剧大师关汉卿的历史地位。对王实甫、马致远等元代剧作家逐一作文，中肯评价其艺术成就。

贾仲名的戏曲艺术生涯充实而富有成就，除了天赋高的原因，更得益于他丰富的阅历和观察现实的细致。他在元末明初文艺界交游甚广，天下名士都敬佩他，愿意与他交往、做朋友。擅长写庆喜祝寿戏的明初剧作家、同样得到朱棣赏识的汤舜民与贾仲名志同道合，交往多年，是贴心连骨的朋友。《三国演义》作者罗贯中则与贾仲名成为忘年之交。罗贯中名气甚大，但生平资料极少，因为他创作过一出杂剧《赵太祖龙虎风云会》，被贾仲名写进《录鬼簿续编》:“罗贯中，太原人，号湖目人。与人寡合，乐府、隐语，极为清新。与予为忘年之交，遭时多故，天各一方。至正甲辰复会，别来又六十余年，竟不知所终。”虽落笔寥寥数语，却涉及罗贯中的故里、名号、性格、创作特色等，成为后人研究罗贯中生平和思想的珍贵史料。

毕自严

毕自严（1569—1638），字景曾，号白阳，淄川王村镇西铺村（现周村区王村镇西铺村）人。明万历十六年（1588 年）中举，万历二十年（1592 年）中进士，被授为松江府推官。他年少有才干，征召授官为刑部主事，并历任工部员外郎、郎中、淮徐道参议、洮岷兵备参政、山西参议、山西副使、右布政使等。万历三十八年（1610 年），毕自严被推荐为“卓异”，授辽海参政未就后，借病回家。3 年后任陕西参政。泰昌时，召为太仆寺卿。

毕自严画像

天启元年（1621 年）四月，后金努尔哈赤攻陷辽阳，守将自杀身亡，京师大震。朝廷议设天津巡抚，专饬海防，命毕自严以右佥都御史前往。他置水军，缮战舰，备兵器。及熊廷弼提出收复辽东的“三方布置策”，天津居其一。毕自严增设镇海诸营，招募水、陆兵 60000 人；安排客兵 10000 人，置战马 1000 匹，用戚继光遗法，水军先习陆战，军队由此可用。毕自严知道兵部主事来斯行很有武略，就请他为监军。

这些措施，加强了海防，提高了军队战斗力。此时，山东白莲教起义，毕自严令来斯行率 5000 人前往镇压。天启二年（1622 年），朝廷命毕自严代李长庚出督辽饷。因前平定白莲教起义有功，他又被提拔为右都御史兼户部左侍郎。当时朝廷商议裁去天津巡抚，让督饷侍郎兼管，就把这个重任交给了毕自严。

天启五年（1625 年），毕自严以右都御史掌管南京都察院。次年正月，又改任户部尚书。此时，魏忠贤建议卖掉南太仆牧马草场，名为“助殿工”，实欲借机牟取私利。毕自严坚持不可，于是托病辞官回家。

崇祯元年（1628 年），毕自严又被起用任户部尚书。此时，军事频繁，国库空虚。时任礼部尚书兼东阁大学士、参与机务的刘鸿训“以尚书毕自严善治赋，王在晋善治兵，请帝加倚信。帝初甚向之”。毕自严以度支大绌，上书请求核实欠赋，督察屯田，严格考成，汰除冗卒，停蓟、密、昌、永四镇新增盐菜银 22 万两，崇祯帝俱允可。九月，发生了“改敕书之事”。责任最终推给刘鸿训。刘鸿训被罢官后发配代州戍边，后死于代州。

崇祯二年（1629 年）崇祯帝下令纂辑《赋役全书》。毕自严认为：“《全书》之作，自行一条鞭始，距今已四十五年。有一事而此多彼少，其弊为混派；有司听奸吏暗洒瓜分，其弊为花派。当大为申饬。”于是他上疏陈述了八条建议，崇祯帝即命颁之天下。给事中汪始亨极论盗占屯田损失边饷之弊端。毕自严说：“相沿已久，难于核实。请无论军种民种，一照民田起课。”崇祯皇帝十分赞同他的建议。此前，魏忠贤乱政，边饷多缺，毕自严如期拨发。这年冬天，京师戒严，国事烦忧，圣旨一夜数发。“自严奏答无滞，不敢安寝，头目臃肿，事幸无乏。”保证了皇帝一天一夜数十道圣旨的下发和奏疏的上传。

崇祯三年（1630 年），兵部尚书梁廷栋请增天下田赋，皇帝命令户部协议。毕自严不能制止此事，于是在已增 520 万两赋税之外，又增征 165 万两有余。此后，毕自严上书陈述时务十事，献利民之策，皇帝全部采纳。这年夏天，毕自严自我总结了六条罪过，请求罢免自己的官职，皇帝下旨好言安抚挽留他。先是加封太子少保，后又加封为太子太保。

崇祯五年（1632 年）秋，刑部按惯例特请皇帝下诏，任毕自严为主笔。他以公正仁义为准，执法不徇私。总理太监张彝宪受宰相温体仁之命事事与毕自严为难。他连写十几份辞呈，均未获准。温体仁以毕自严前有青浦金花空缺，临考时补官为由，将其关押在大理寺。御史李若说上疏营救，皇帝不采纳。给事中吴甘来又抗疏论救，皇帝才释放了毕自严。接着，他被免职回乡。崇祯八年（1635 年）五月，叙四川平贼功，他恢复了官职。但他厌倦了险恶的官场，便告老还乡。又过了 3 年，

位于王村镇西铺村的毕自言故居（2019 年拍摄）

他就去世了，葬于今王村镇黄埠村旁。

毕自严历事三朝，为官 21 任，从政 43 年。神宗之荒怠朝政，熹宗之宦官专权、崇祯之刚愎自用，周旋于其间，殊非易事。王培荀在《乡园忆旧录》中评价毕自严："明季，寇盗充斥，大司农为吾邑毕白阳。公竭力补苴，后人或议其琐碎刻核，亦未思其时为何时也。当日，入不敷出者百万有余。调拨千端，饷支百绪，呼饥繁于蜩螗，勺水之益，不敌尾闾之泄，非点金雨粟，更有何术？"

毕自严不仅是一代廉吏，也是一位颇有文采的学者，他的诗文都有很高的造诣。纪晓岚编纂的《四库全书》中收录了他的《石隐园藏稿》8 卷。毕自严之所以在文学上也能取得很高的成就，这与他秉承家教、刻苦读书是分不开的。《乡园忆旧录》中记载："公每入署，舆后置书二寸余。中旨日数十下，公即刻奏成手中。僚友倦退，公方危坐，一灯荧荧，必尽读所挟书。漏下数刻乃归，以为常。"

毕自严一生著述等身，除被收入《四库全书》的《石隐园藏稿》外，还有《抚津》《督饷》《饷抚》《留宪》《留计》疏草 19 卷，《度支奏议》119 卷、《古今四时绝句》100 卷。2008 年，上海古籍出版社已据明崇祯刻本将《度支奏议》影印出版。2010 年 10 月，中国文联出版社出版了蒲泽标点校注的《石隐园藏稿》。

毕自严一生，不仅喜读书、著书，还在家中建了座万卷楼，广泛收藏图书，以资后人。万卷楼联云："万卷藏书益子孙，十年树木起风云。"在毕自严看来，与其为子孙留下万贯家产，不如留给子孙万卷图书。

现在政府已对毕自严故居进行了修缮，因蒲松龄曾设帐于毕府 30 多年，教毕自严的后代读书，所以，现在的毕府名为"蒲松龄书馆"，1984 年被定为市级重点文物保护单位。

张至发

张至发画像

张至发（1573—1642），字圣鹄，号宪松，张敬次子。生于明万历元年（1573 年），万历二十五年（1597 年）考中举人，万历二十九年（1601 年）考成进士，第二年被授为顺天府冀州玉田知县。他在玉田县修筑了防止水患的河堤，老百姓称为"张公堤"。当时遇上灾荒年，他劝说当地富户捐出救济粮数万斗，又请示上司，以官库银粮赈济灾民，使数万人得以存活。三年后，他转任遵化县知县，采取"均徭役、倡节俭"的方法减轻民众负担，并能公正断案、惩治豪强。在朝廷对县官三年一次的考核中，张至发因政绩突出，被调进京师任礼部主事，这已相当于他父亲张敬在朝时的最高职务。四年后，他成为云南道监察御史。又过两年，巡按河南。当时河南是万历皇帝爱子福王朱常询的藩国，很难治理。他按制度办事，规定过往达官贵人不得沿途勒索老百姓的钱财。当时有人想用黄金收买他，但他不为所动。有个横行乡里的恶霸，没人敢惹，张至发将其逮捕正法。他还依法惩治了王妃的弟弟熊朝会。安抚矿工，维护了当地矿业生产的正常进行。后来他留任巡按中州，适逢冰雹之灾。他上疏提请减免税收并进行赈灾，给贫民发放棉衣、棉裤等衣物数万件。

万历四十八年（1620年），朝廷派他巡按应天府，他以病请假回籍。后来，明思宗朱由检继位，张至发被提升为大理寺左丞，这又相当于他岳父王晓在朝时的最高职务。崇祯二年（1629年），他升为顺天府府丞。《明通鉴》说他："为府丞时，以清称强。"就是说，他为官清正、廉洁。他还严格要求其家人"有官若无官"。崇祯六年（1633年），他升为光禄寺卿。崇祯八年（1635年），升为刑部右侍郎。

崇祯帝认为，过去从没有实践经验、不熟悉时务的翰林官员中选拔内阁大臣有所不妥，便决定起用其他官员到内阁参政。他召见大臣几十人，授予命题，令他们拟写施政论文，最后只有张至发一人的拟文符合崇祯帝的心意。因此，在崇祯八年（1635年）七月，皇帝特命张至发任礼部左侍郎兼东阁大学士，参与机密政务。《明通鉴》记载："至发以县令起家，累擢居政府，盖异数也。"崇祯九年（1636年）夏，张至发又升为礼部尚书。冬天，又加封太子太保兼文渊阁大学士，晋阶光禄大夫并封他的上三代为一品官称号，成为"四世一品"。崇祯十年（1637年），他又作为在京会试的正主考官，选取全国三百多名进士人选，并进一步被加封为太子太傅。随后皇帝晋升他做了一人之下、万人之上的内阁首辅。他还以正总裁的身份，负责纂修皇族的谱牒及《熹庙实录宝训》。崇祯十一年（1638年）皇太子加冕，张至发上书劝太子勤学，得到皇帝和太子的赞扬并采纳了他的意见。这时，濒临灭亡的明王朝已摇摇欲坠，关内李自成、张献忠领导的农民起义风起云涌，关外后金政权打到山海关下，并一再出兵抢掠内地，明王朝腹背受敌。作为内阁首辅的张至发独当重任，协助皇帝日理万机，应付朝廷每况愈下的艰难局面。但腐朽的明王朝已是病入膏肓，任何人都无力回天。张至发借故再三请求告老还乡。他称自己告老还乡的理由有三条，但没说自己有病，稀里糊涂的皇帝竟在圣旨中令其"回原籍调理"，当时人们传为笑谈，说张至发是"遵旨患病"。

张至发纪念馆（2019年拍摄）

崇祯十一年（1638年）夏，张至发被朝廷赐给路费，通过官道驿站送回故里。当时各地兵荒马乱，为了防止匪兵侵袭，他献出自己多年为官的积蓄，带头重修了淄川的石头城墙，又得到朝廷的褒奖。崇祯十二年（1639年）冬，皇帝派人前来慰问他。因此，原淄川城南巷张至发家宅门前的巨大石牌坊上镌刻着"天恩存问"四个大字；两边小一点的石牌坊上分别刻着“天赐元辅”和“帝简端探”，以展示他的官职和为皇室续修家谱、办理文族的非凡历史。崇祯十四年（1641 年），皇帝又多次召他进京任首辅，他均以病疾为由辞不赴任。崇祯十五年（1642 年）七月二日，就在李自成打入北京的前两年，张至发病死于家中，时年 70 岁。死后、皇帝赠其为朝廷“少保”之称，赐祭葬，给祭田八百亩，其墓在淄川西北张家坡子村之东。当时，墓北有河，墓的东西两侧均有河沟，墓北的河东西横向，叫玉带河，墓两侧河沟南北纵向，叫桥杆沟。墓北有“四世一品”大石牌坊，坊前有石像生，即石马、石羊、石虎、石人之类，象征着忠、孝、节、义。其墓地以张敬墓为主墓，左右携张中发、张至发墓，面北成“率子上朝式”墓葬规制。此墓毁于“文化大革命”之初。

张至发留心政务，善于总结，巡按河南时，撰写了《巡方约略》《檄略》等，成为内阁阁臣尤其是担任首辅期间，汇总整理了《阁汇》。他还写下了大量诗文，如《韩侯新建石城碑记》《建空心楼、义仓记》《高举传》等，均载于《淄川县志》。

高珩

高珩（1612—1697），字葱佩，号念东，别号紫霞道人、净念居士，山东淄川人。明崇祯十二年（1639 年）中举，崇祯十六年（1643 年）进士。曾任翰林院庶吉士、秘书院检讨、国子监祭酒、少詹事、詹事、国史院学士、纂修实录副总裁、秘书院侍讲学士、钦命致祭神农帝舜二陵、赈济顺德府、江南正主考、礼部右侍郎、吏部左右侍郎、太常寺少卿、大理寺少卿、宗人府府丞、都察院左副都御史、刑部左右侍郎等职。

高珩

高珩为官勤政为民。清顺治五年（1648 年），高珩升为国子监祭酒。当时国家初创，典章不完备，春秋两次大祭经费严重不足。国子监是个苦差事，别人做一年就想办法调出，高珩却连任两年多，先后主持了五次祭祀，仍未升迁。同僚都为之不平，而高珩却坦然处之。顺治八年（1651 年）高珩转秘书院侍讲学士，奉旨典试江南正主考。此次江南乡试，考中者多海内知名之士，朝廷上下对高珩评价很高，无不称朝廷典试得人。后来，高珩升礼部右侍郎，又任吏部左侍郎，奉命赈济河北德顺府灾荒。他严防贪污、假冒，使恩泽遍及远近周边地区，饥民赞颂。

高珩为官秉公执法。顺治十四年（1657 年），高珩做大理寺少卿。到任时，正好有一位大臣被免官，应发三法司受杖刑，旁边有落井下石之人想趁机要他的命。高珩察觉后，亲自坐堂监杖，不准违例杖击。同僚们都讥笑高珩固执，说他不该为了一个素不相识的人而凭空给自己树敌。那位被刑的官员，得力于高珩主持正义，才保住了性命。

康熙七年（1668 年），钦命高珩祭奠神农、虞舜二陵。高珩轻车简从，不打扰地方，供应旧例全部坚决拒绝，地方父老感恩敬佩，立《戴德碑》颂扬。高珩在做刑部左侍郎期间，有一位落职的士大夫欠着官银无法偿还。高珩察知有补上钱就能豁免的先例，想以此来判此案。同僚认为那是胥吏，这是官员，身份不同。高珩认为胥吏、官员不一样处理，等于法律不平等。他把建议提到皇帝那里得到肯定，从此，这种规定成为制度。

康熙十八年（1679 年），总宪魏象枢推荐八人入朝，高珩居首，任刑部左侍郎管右侍郎事。高珩以年近古稀、精力不济为由推辞，但未被批准。上任后，他更加秉公执法，极力为民，保持高尚情操，不受贿赂。部下不慎定案有错，应当罢官，高珩可怜他上有老母，丢了职务就没法养家了，把错揽在自己身上，使自己官降一级。平反盐贩子的冤案，使好几人免于被杀；为一个老孀妇审理了被豪强霸占财产霸占女儿的冤情。

高珩为官清廉耿直。一日皇帝将他召至便殿赋诗、讲《易经》，并且让高珩推举人才。皇帝问："群臣才能、人品谁可重用？"高珩谦逊地回答说："以臣所知，王伯勉可任吏部尚书，姚文然可任户部尚书，魏象枢可任左都御史。"不久，姚文然、魏象枢二人皆成尚书，王伯勉因去世未得重用。高珩致仕回乡时，手边没有几两银子，只有一件老羊皮袄，没有御寒的东西，仆人和马匹草料费都不足。郎中姚仪为他赶制了一件大皮袄，追送到十里外，亲自披到高珩身上才回去。

高珩为文化事业做出多方面的贡献。他是第一个为蒲松龄《聊斋志异》作序的人，也正是在高珩的推介之下，《聊斋志异》这部"孤愤之作"广行天下。高珩在京城、湘湖、鄢陵、崂山、吴越、泰山、淄川周边等地都留下了珍贵历史地貌资料。特别是《滴翠园雅集图》一书，对研究京城园林及当时官员交往都有一定价值。他主持修订《山东通志》《淄川县志》，为仕宦、孝友、义厚、忠节等人物写传记，为文学人物著作写序言。

高珩十分注重德行的教化培养。他一生以其先祖高汝登的"畏天"一语为家学，以"忠孝仁义"为经络，以修德敬业为辅助。他奉行的信条是："己所不欲，勿施于人。"他创立了"四勉"（学道、进德、养生、修业）之说，并将堂号命名为：四勉堂。对"道德"的修养，详细用"十则"进行了论述。康熙三十二年（1693 年），他主持创修《淄川高氏家谱》，制定"十宜十诫"祖训。高珩 80 岁以后，力行旧风俗改革，他连续写了"五说一歌"，即《习俗说》《荐芰说》《与人同异说》《解疑说》《生死说》和《长歌》。同时还撰写了《还淳约小言》《革刁风说》《丧棚迂解》等篇，倡导移风易俗，提倡薄葬厚养。

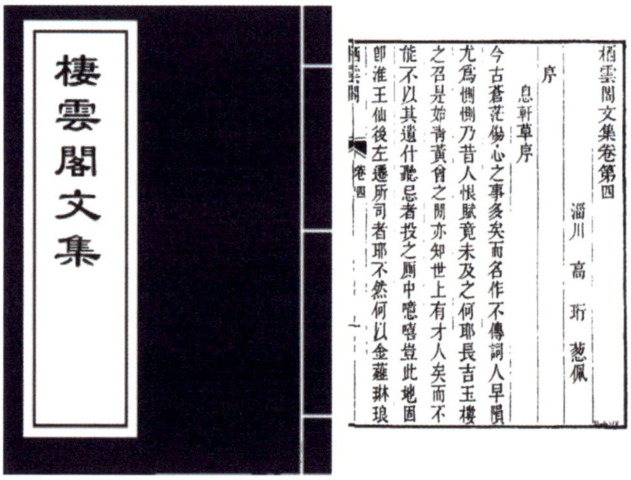

《栖云阁文集》书影

高珩是清初山左文人中官位较高、诗歌较有成就的人物。他一生所作诗歌不下万篇，留存下来的仅有 1200 首左右。《国朝山左诗抄》共60卷，高珩独占1卷，收录151首，并附小传，居第3位。《清诗别裁集》《文献征存录》《国朝诗人征略》《清诗纪事初编》等著作中也有高珩简短的传记。从四勉堂书目可知，高珩所著有《救荒略》《仕鉴》《劝孝汇编》《窒欲编》《畏天等歌》《存心二十三则》《劝善等说》《迂儒话》《戒杀广义》《放生汇编》《醒梦戏曲》《四勉堂说略》《栖云阁诗文集》等。赵执信删订其诗为《栖云阁诗》16卷，存诗近千首，宋弼又编订《拾遗》3卷，存诗200首，另有《栖云阁文集》15卷。其中,《栖云阁诗》及《拾遗》被列入《四库存目》。近年来淄川高氏族人在整理高珩《栖云阁全集》过程中，又发现了他的多部诗文集。如《高珩词》41首,《吴越游同游日记》中诗130多首，编入《栖云阁诗辑佚》。搜集遗文20余篇，编入《栖云阁遗文》。同时找到了《醒梦戏曲》，一并收入《栖云阁全集》。后来又陆续搜到了宋荦辑《载酒堂诗抄》2卷、《晳次斋名家赠什》，高珩所撰李文熙家族、毕氏家族、张氏家族、翟氏家族等文，及参与鉴定《鄢陵县志》《宋范文正公流寓长山事迹考》、参订《林惠堂全集》等资料。

王士禛对高珩的一生评价道："谓公为慧业文人，而遗其糟粕；谓公为经济名臣，而志存丘壑；谓公为道学真儒，而不明濂洛；谓公为人天导师，而已解禅缚。"

唐梦赉

唐梦赉画像

唐梦赉（1628—1698），字济武，以世居豹山之麓，别字豹岩，又号兰亭。淄川县忠信乡南坡村（今淄川区岭子镇南坡村）人。始祖克明，自枣强迁淄西李家疃，隶军籍。从黔国公沐英征云南，留镇乌撒卫。因始祖唐克明及以下数世事迹远不可考，唐梦赉创修族谱，以迁南坡村始祖唐正为一世祖。至其曾祖思仁，已历四世。祖时卿，父曰俞，皆淄川名儒。

唐梦赉生于明天启七年（1627年）十二月初八日，清顺治五年（1648年）乡试中式，明年联捷成进士，选翰林院庶吉士（习满文），散馆授内翰林秘书院检讨。顺治八年（1651年）八月二十三日唐梦赉入职内翰林秘书院，见顺治皇帝命词臣之通满文者，翻译《玉匣记》、玄帝《化书》以进。唐梦赉以为"非圣之书，曲说不典，无裨圣化"，旋上《请罢无益纂修等事疏》。当时范文程、洪承畴两辅臣极力劝阻，唐梦赉执意上疏。好在"疏入，留中"。顺治八年（1651年）五月末，外转御史张煊疏劾吏部尚书陈名夏并语涉洪承畴、陈之遴等，吏部满尚书谭泰坐张煊诬陷逃叛，绞死。顺治九年（1652年）春正月，因"火神庙事"，革陈名夏职，洪承畴留用，厚恤张煊之子，以父官官之，仍加二级。三月，又赠张煊太常寺卿，录其子以太常寺卿用，予张煊祭葬。给事中阴润，依倚形势，捭阖其间。会唐梦赉请假葬母，将行，又作《圣主求言甚殷等事疏》，攻御史张煊、给事阴润而遭反噬，忤旨罢归。少詹事李呈祥、给谏苏文枢、编修诸豫，各有疏乞留，而唐梦赉拂袖归里，时年 26 岁。

唐梦赉性嗜游，归居林下 40 余年，遍历诸方。康熙二年（1663 年）有“匡庐之游”，访方无可（方以智）大师于青原，探究佛理。又从同年施闰章讲学于白鹭洲。康熙十一年（1672 年）“牢桑之役”，“同行八人，游崂山，见海市”。此后蒲松龄写下了许多脍炙人口的崂山故事。康熙十六年（1677 年）与高珩、李呈祥三人访道南游，历时五月，集成《吴越同游日记》。至杭州，遇文坩（文徵明八世孙、状元宰相文震孟曾孙）。文坩自幼出家，释名本光，号于宋。善丹青，尤工写照。唐梦赉倩其为写小像。唐梦赉复作手卷，先自题小像。是年，尤侗、张恂、钱中谐、董文骥、汪懋麟先后题像，后唐梦赉携入京师，既而三游吴越，题像始成。康熙十九年（1680 年）唐梦赉三次南游，同年浙江巡抚李本晟及江南诸友人为刻《志壑堂集》24 卷。此游与江南诸友人有“吴山倡和”“西湖倡和”“倦圃倡和”“鸳湖倡和”“懒真堂倡和”。结识青年才俊周稚廉、吴棻（康熙二十三年归杭后改名吴陈琰）。将吴棻携归淄川。唐、吴二人一路于吴山越水间步韵倡和，集成《吴越同游倡和集》。

康熙二十三年（1684 年）、二十八年（1689 年），康熙两次南巡。过山东，招山东在籍、致仕官员到德州迎驾，唐梦赉皆在其列。二十三年（1684 年）朝毕，康熙遣“二中使追至仪仗外，问臣梦赉所参何人，系何年事，甚悉”。三十五年（1696 年）康熙亲征噶尔丹，大理寺卿喻成龙（原山东布政使）奉命赴登州航海渡鸭绿转运粮草于辽阳。唐梦赉绘《衮衣图》，作《备边十策》。惜此图、文皆散佚。

唐梦赉生母早亡，归田后，侍父及继母终身无违。为异母弟梦师买庄，营田产，并代弟交赋税。同年林嗣环客死杭州，贫不能葬，有子壮不能娶。唐梦赉虽与林同年，但从未谋面。葬林嗣环于昭庆寺西五里龙潭上，为其子完婚，整理其遗集，并为作《林铁厓大参传》而去。同年高迈臣官南郑知县，坐亏帑金，死于狱中。其妻、子当入官为奴。唐梦赉七昼夜行两千里，遍贷师友，为补齐帑金，家人得归。

唐梦赉为史官，曾于国史院参与纂修《通鉴全书》。康熙年间唐梦赉以其国史之余才，两次纂修《淄川县志》。书成，为世人所称道。又应山东巡抚钱珏、山东等处承宣布政使卫济齐与济南知府蒋焜之请，于自家志壑堂启精舍，延淄川文学之士相与悉心搜讨，纂修《济南府志》。七月书成。唐梦赉经营创始，厥功为大，人称其“良史才也”。

唐梦赉尤以经济自负，他建议实行货币改革，云“国家如无意于理财则已，国家如有意于理财也，则泉货流通之数，不可不熟计也”。其经济篇《禁籴说》《钱粮比较说》《或问》《拟行铜钞疏草》等，皆言以铜作钞及钱粮征收存在的弊端及改进之法，尤凿凿可见诸施行。高珩称其有救时宰相之识。唐梦赉经济之才亦曾小试一邑，他与明首辅张至发之子张泰孚于灾年创建西关义市（今淄川区大集），又请于知县蠲免赋税。淄川数任知县皆遵照执行，几百年来淄川民众受益不绝。淄川城墙倾颓，唐梦赉建议知县汪如龙用义工。开工一年余，垣墉如故。此唐梦赉经国鸿才纾困桑梓又一成果。

唐梦赉又通天文历法，精算术。其天文学成就，秘而不耀，只有在他给天文学家薛凤祚所撰《薛仪甫先生事略》中略见一二。

唐梦赉冀得天下人才共教之，望其将来能旗鼓中原，实现自己的政治理想。于江南觅得周稚廉、吴陈琰二人。本县苏元行、谭再生、杨万春辈，经其指授，率取科第，成名士。

唐梦赉著述，诸体咸备。于诗文一道，不愿寄人篱下，遂自立门派，自为宗师，开清新自然之文风。顺治十六年（1659 年）以前旧咏，“如《环山亭稿》《庐岳游记》及长安诸什，一夜起，挑灯于酒炉边尽焚之”。康熙二十年（1681 年）以前著述，辑成《志壑堂集删》：有《志壑堂诗集》12 卷，《志壑堂文集》12 卷，西湖书林刻本；康熙二十年（1681 年）至二十五年（1686 年）著述，辑成《志壑堂后集删》：有《志壑堂诗后集》5 卷，《志壑堂文后集》3 卷，《辛酉同游倡和集》2 卷，庄山书屋刻本；康熙三十年（1691 年），王士禛选《阮亭选志壑堂诗集》15 卷成。其《借鸽楼小集》2 卷，《林皋漫录》若干卷，只见著录，未有实物。大学士冯溥称其“文章海内无双手，公望词林最上头”。

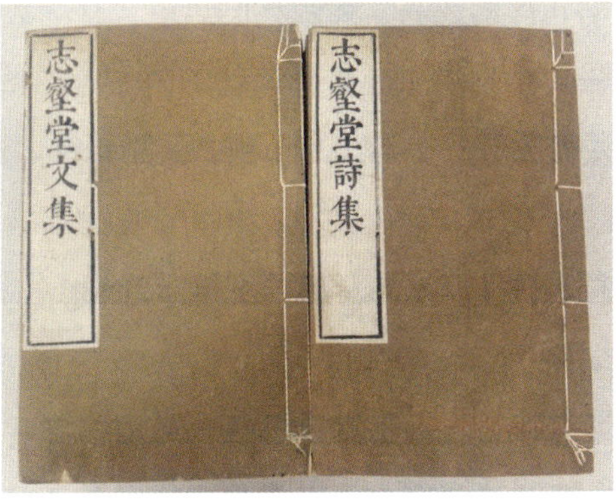

《志壑堂诗集》书影

康熙三十七年（1698 年）六月十七日，唐梦赉于志壑堂无疾而终，年 72 岁。王士禛作墓志铭，赵执信作墓表，蒲松龄作祭文。唐梦赉葬于淄川城西焕山脚下其自营之兆。方以智从子方中发有诗云：“一代文章经世业，半生山水读书人。”

孙蕙

孙蕙（1632—1685），字树百，号心谷，一号泰巘，别号笠山。明崇祯五年（1632 年）生于淄川大奎庄，后迁居西笠山村。清顺治十四年（1657 年）考中举人，十八年（1661 年）以殿试二甲考中进士，例选刑厅。

康熙八年（1669 年），清王朝裁撤刑厅，孙蕙被改授宝应县知县。宝应县地处苏北淮河下游，地势低洼，一旦发生水灾，后果十分严重。孙蕙前面的几任知县，一个比一个贪婪残忍，把连年水灾的宝应县搞得满目疮痍，民不聊生。孙蕙到任，立即着手革除旧有的杂税滥役，就恢复生产采取了一系列措施。经近两年苦心经营，宝应情况有了好转。康熙十年（1671 年）春，孙蕙被委以兼管高邮州事的重任。孙蕙在宝应、高邮不辞劳苦，勤政图治，为国为民做了不少好事。当时，淮扬一带多处决口未及堵塞。孙蕙上书陈情：高、宝诸县被淹没的田地，冬春两季暂时干涸，夏秋两季复被淹没。如不抓住时机垦荒，即使将来大堤修成，田地不再被淹，垦荒重建，也必定非常困难。他建议：政府应三年不征税，鼓励农民垦荒。这一建议得到朝廷允准，从而迅速恢复了生产。

高、宝诸县每年都要把征调来的粮食经运河、淮河运往凤阳。水长路远，百姓被此项差役压得痛苦不堪。高、宝诸县百姓要由淮河运粮到凤阳，而护漕淮军却要从凤阳再把粮食运回来。孙蕙明察其弊，上书奏请：以高、宝诸县粮食直接运往护漕淮军，无须再达凤阳。此请深得民心和朝廷嘉许，既解除了淮军由凤阳回运粮食的添足之劳，最重要的是永远免除了高、宝百姓三百多年的长途劳役之苦。这就是历史上著名的“凤米改淮”故事。

孙蕙在高、宝两县的惠政，最为人称道的是康熙九年（1670 年），他因河工一事而“强项”抗命。由于洪水泛滥，运河河道淤塞，严重影响了漕运。河道都御史罗多严令宝应县征集 7000 多民夫疏浚河道，限 40 日完工。孙蕙念大灾之年百姓困苦不堪，不忍驱迫，只征集了少量民夫，进度缓慢。罗多非常恼火，声言要弹劾孙蕙。宝应百姓闻知，遂“一夜群呼，集众万人”，数十里漕渠三昼夜工成。罗多惊喜地说：“向闻宝应令能声，果非虚语矣。”事后，宝应百姓专门绘制一幅《浚河图》，并刻于石碑以志不忘。

康熙十二年（1673 年）三藩叛乱，清朝大军南征，沿途各县差役供应骤然加重。高、宝两县濒临运河水陆要冲，过往官员、军队所需车（轿）马船夫，比平时繁巨百倍。如果处理不好，会引起地方与军队的矛盾，影响前方战事。朝廷旧例，驿站民夫完成差役每日应给银一钱一分，但往往拖一二年都不能兑现。而政府怕耽误了官差，往往差务未到就事先把民夫集中关押起来，数日甚至数十日不得外出，妻儿老小还要早晚送饭伺候，以致“招用一夫，民间费至一二两不等”。为尽量减轻百姓负担和不影响前方战事，孙蕙认为，高、宝两县每月各需水陆民夫可六七百人，通过借贷，他事先如数发给银两，令他们在家坚持生产，差务一到再行集合。老百姓既接受了官银得到了实惠，又不误生产。集合之日，无人迟到误事。孙蕙此举，保证了三藩叛乱和稍后收复台湾期间，高、宝地区的正常运营，为稳定后方和国家统一作出了贡献。

康熙十五年（1676 年），孙蕙以政绩卓异擢升户科给事中。两年后，又升为掌印给事中。孙蕙坚持“忠贞爱民、勤政负责”的为官原则，直言朝廷和社会时弊，向康熙皇帝提出了许多对当时乃至后世都有影响的条奏建议。清朝建立后，仍沿用前代的世袭恩荫制度。孙蕙上书认为，都察院、通政司、大理寺等执掌刑法、断狱、监察、弹劾、考核的衙门不能世袭为官。否则，势必结成纵横交织、盘根错节的人情关系网，从而产生徇情枉法的弊病。此奏疏一上，“圣祖深然之”。孙惠还多次上书奏请：免除陕西等边远省区因山高路险运粮艰难的数十万两税银，“皆得旨如所请行”，从而大大减轻了这些省区老百姓的负担。康熙皇帝向内阁大臣们说：“蕙可谓言无妄发者也。”又说：“蕙条奏详明，真谏臣也。”

孙蕙墓出土的顶戴

孙蕙先后担任过江南乡试同考官和福建乡试主考官，为国选才，公正严格，所取之士“多相继飞腾”。他尊重和重用人才，对达官贵人从“不肯有所屈”，而对文学名士则“降气订交”。康熙九年（1670年）秋，孙蕙邀请同邑友人蒲松龄到宝应县做幕宾，一年后，蒲松龄回归故里，孙蕙专门写了推荐信让他带回，以期帮助他在次年的山东乡试中实现科举梦。但蒲松龄依然名落孙山，铩羽而归。事后，孙蕙致信蒲松龄表示安慰、鼓励，要求他收敛谈鬼说狐的才气，专心科举以博一第。批评委婉中肯，虽未免偏颇，但对蒲松龄前途表示关切，善意可鉴。孙蕙长年在外做官，疏于对家奴仆役的管理。家奴、小役仗势横行乡里，激起民愤。为了维护孙蕙的名声，蒲松龄写了《上孙给谏书》，孙蕙深知其良苦用心，立即对家中情况进行了纠正。

康熙二十三年（1684年），孙蕙父亲去世，他归家丁忧守制。由父亲教养成人的孙蕙，对父亲逝世悲恸欲绝，不能节哀保重，以致哀伤过度，一病不起。康熙二十五年（1686年）春，病卒于家。

孙蕙诗文俱佳，所著《笠山诗选》《历代循良录》被辑入《四库全书》。其诗被《清诗别裁》等多种诗汇选载。其《安宜治略》《笠山奏议》《心谷制艺》《感应笺注》等著作，有的散佚流失，有的被图书馆收藏。

蒲松龄

参见第五篇第一章第一节《蒲松龄生平》。

张笃庆

张笃庆（1642—1715），字历友，号厚斋，又号昆仑山人，生于淄川城之南巷。他出生时，张至发已辞官在家，正逢皇帝派人来慰问，可谓双喜临门。于是，为之取名“重庆”。

张笃庆自幼就受到父亲张绂爱好诗作的影响。张绂曾亲授张笃庆以《诗法指南》。清顺治十八年（1661年），张笃庆父子受孙之獬次子、文人孙琰龄的邀请，游览了作为风景名胜地的柿岩。张笃庆即兴作诗16首，以记其盛况。到了康熙元年（1662年），他在当年参加山东乡试的两个月之暇余时间，就作诗积卷过寸。这年秋天，当时国内知名文人蒋大鸿、蒋左箴父子及顾当如来淄，张笃庆陪同他们游玩，诗词酬唱颇多。张笃庆此时写有《乐府杂诗》《唱和集》《天雨霜》《忧旱吟》及《悼亡孤鹤吟》。

康熙五年（1666年）的秋后，张笃庆赴济南参加当年的山东乡试，因病未能进入考场。到了年底，他收到好友蒲松龄和李尧臣写来的慰问信，就写了以诗代柬的《寄希梅六首》。康熙六年（1667年），当地发生蝗灾，张笃庆又写了长诗《捕蝗谣》。他还在当年写了《青石关》《瓮口道》等诗。康熙七年（1668年），山东发生地震灾害，当时正在长山县李侗庵家读书的张笃庆，写了《地震记异诗》12首。康熙八年（1669年），他在详细研究了曾祖张至发的事迹后，写了五言长诗《述祖德诗》。康熙十年（1671年），与张家有世谊、时任京官的焦毓瑞邀请张笃庆去章丘，陪同、辅导其儿子焦舜同读书。他写了《出门示诸弟》《留别孝仪》诸诗。这时，他的诗文就已受到国内名家的赞赏，如官宦文人钱珥信、翁宝林、劳书升等。

康熙十七年（1678 年），张笃庆遇上了一次科考成名的好机会。是年，喜欢诗文人才的康熙帝，下令在全国考举博学鸿词之士。当时的山东主考官极力举荐张笃庆。因曾祖父是明末内阁首辅，张笃庆不愿到北京去侍候使明朝灭亡的清朝皇帝，因此执意不从，写了《守贞辨》。但在康熙二十年（1681 年），屡试不第的张笃庆不得不步老友蒲松龄的后尘，当起了私塾先生。他在章丘，成为焦舜同两个儿子焦缩祚、焦绥祚的老师。后来，焦绥祚考成进士做了官。蒲松龄曾写了一篇叫《叶生》的聊斋故事，暗寓塾师以教出一个进士为幸。康熙十八年（1679 年），《聊斋志异》初步成集，高珩、唐梦赉先后为其作序，张笃庆也题诗 3 首表示祝贺。

康熙二十五年（1686 年），张笃庆在山东乡试中考为第一名拔贡。他的学生焦绥祚亦同考为第三名拔贡。第二年二月，他们师徒二人被送到北京国子监培养深造，以便参加当年的顺天秋试。张笃庆在秋试中本应中举，但按例雇用为其抄录试卷的人誊写潦草，遗落差讹满纸，与张笃庆原稿大相径庭，使考官难识庐山真面目，未能录取。虽然张笃庆这次未能经科举而进入仕途，但他却在北京结识了若干喜爱诗文的名人，尤其是受到了尚书曹禾的知遇。他手拿张笃庆的诗稿逢人便夸，使张笃庆的诗名一时大振。此时在北京的文人墨客，都与张笃庆交上了朋友。在京做官的赵执信以及当时住在北京的唐梦赉等都给了张笃庆以很大的支持和帮助。张笃庆还在北京写了《知北游类》诗百余首，尤以《蛩吟秋籁》受到名家的好评。这次在京，是张笃庆因诗名而入清史的重要契机。

康熙三十年（1691 年），张笃庆从章丘回到家乡。这时，他已在淄川城南石谷村的乡下购买了田产和住宅，过起了务农、教子的乡村生活，其诗作转向以田家杂兴诗为主。康熙三十二年（1693 年），张笃庆居家专攻古诗文，怀旧咏贤。此时，他的诗友赵金人、毕世持等人已经去世，他就写了《八哀》等诗以作悼念。这期间，张笃庆的母亲韩氏、岳父高珩、父亲张绂、好友唐梦赉先后去世。悲痛中的张笃庆又写了《衔恤诗》20 首、《西州吟》20 首、《楚些吟》30 首。在康熙三十三年（1694 年）年底，心情抑郁的张笃庆想起了与自己命运相同的老友蒲松龄，就在《岁暮怀人诗》中写了一首怀念蒲松龄的诗。

康熙三十九年（1700 年）秋，59 岁的张笃庆应焦舜同在湖北钟祥县做知县的族叔焦毓鼎之请，前去做幕宾。途中，他从济南路过泰山，作了《望岳诗》四章。又顺路拜谒了孔子故里，作了《阙里觐圣诗》一卷。他行程两千余里，遍游了沿途的圣贤遗址，受益匪浅。他此行还写了《适郢日记》1 卷、《适郢集》2 卷、《郢门初集》1 卷、《郢门二集》1 卷。康熙四十一年（1702 年），61 岁的张笃庆不服老，又挣扎着参加了当年秋天的山东乡试，和康熙二十六年（1687 年）一样，又因被人抄坏卷面，未能中举，只是中了副榜。

康熙四十六年（1707 年），66 岁的张笃庆终因年老多病，辞教回乡。他在乡间写了《田园杂兴》20 首、《和高季迪先生郊墅集诗》16 首、《丁丑记盛诗》38 首、《阅绥寇纪略杂诗》155 首、《山居杂诗》200 首、《述古律诗》170 余首以及《吊古》《怀人》《咏古新乐府》等诗篇。另外，他一生中还著有《百一诗》《八代诗选》《班范肪截》《五代史肪截》《两汉高士赞》《七言歌行》《古文集》《厚斋自著年谱》等。

乾隆年间，卢见曾所编《国朝山左诗钞》以及沈德潜等人所编《国朝诗别裁》，都大量收录了张笃庆的诗作，并在所附作者传略中，给予高度评价。张笃庆堪称一流诗人，一生的诗作多达数千首，主要摘录在卷帙浩繁的《昆仑山房诗集》中。他虽然没有做官，但凭其诗文的成就在《清史稿》和《清史列传》中都有传记，从而留下了千古不朽的文名。

《厚斋自撰年谱》手稿

王培荀

王培荀（1783—1859），字景叔，号雪峤，生于淄川县丰泉乡大窎桥（今淄川区罗村镇大窎桥村）。清道光元年（1821 年），中山东乡试第四名。后 14 年间，曾六上春闱而败北，遂以设帐教书为业。道光十五年（1835 年）会试落榜，适逢朝廷六年一度的“挑场”，获大挑一等，以知县分发到四川，任荣昌知县。道光十七年（1837 年）调丰都知县。道光二十年（1840 年）任新津知县。道光二十一年（1841 年）调兴文知县，后任四川乡试同考官，再后为嘉定府荣县知县。晚年卸任归里后，主讲于淄川般阳书院。

王培荀的科举仕途之路走得并不顺利。嘉庆八年（1803 年），20 岁的王培荀以优异成绩考中秀才，曾经令祖父与王氏满门满心喜欢。翌年祖父谢世，家庭生计仅靠父亲教书勉强维持。王培荀随后也做了私塾先生，先后到蒲台、长山等地教书。

其间，王培荀青云之志不减，在教书之余刻苦攻读，直到道光元年（1821 年），39 岁的王培荀才在山东乡试恩科中了第四名，成为举人。其后，他 6 次进京参加礼部的会试，最终也没有迈进进士的门槛。道光十五年（1835 年），年届五旬的王培荀参加会试，却又一次落榜，这使他心灰意冷，对仕途几乎绝望。没有想到，时过不久，朝廷开设六年一度的“挑场”，王培荀以“孝廉方正”获大挑一等，这才为他的仕途打开了通道。于是，他被朝廷分发到四川省，只身一人，千里迢迢到丰都担任知县。其后，又被派到荣昌、新津、兴文等县担任知县，均未出四川。道光二十三年（1843 年），王培荀以其学识和声望被荐为四川乡试同考官。在主持乡试期间，王培荀心底无私，尚贤爱才，殚精竭虑地为国选才，得到当地官员和民众的广泛赞誉。直到道光二十九年（1849 年），66 岁的王培荀才从四川省嘉定府荣县知县任上告别官场，回到久违的故园。

在川十四载，王培荀历任数地知县，每到一处都为官清正，多有政绩，深得民心。前四任知县的任职都像走马灯一般，时间很短，唯独王培荀在荣县一地任职6年，时间最长，政绩也最显著。荣县位于川南，属汉人与少数民族杂居之地，经济文化十分落后。境内常有盗匪扰民，但地方官僚不敢惩治，致使社会治安状况恶化。王培荀就任后，排查线索，介入案件，亲率壮丁惩治匪盗；大力推广耕种技术，教百姓从事植桑养蚕之业；积极开办学校，大力倡导文明。县署中有听雨楼，王培荀政暇时常召集邑中才俊赋诗其中，并选出优秀诗篇付梓刊出，以奖励、鼓舞士人崇尚风雅。从而使得社会治安得到有效治理，经济文化得到较快发展。

王培荀篆刻的图章

王培荀颇有学术意识，是最早向权威挑战、对西汉文学家司马相如的籍贯提出不同见解的学者。司马迁在《史记》中写定：“司马相如者，蜀郡成都人也，字长卿。”此说一出，近两千年间无人非议。直到道光年间，王培荀对司马相如的史料、事迹进行了细致的考察、研究，在其著作《听雨楼随笔》中指出：“人皆以相如为成都人，实今之蓬州（安）人，后迁成都，又居临邛。”世人以此为线索查证史料，深入研究，纠正了司马迁在《史记》中将司马相如列为成都人的观点。近年，蓬安县还专门成立了司马相如研究会。四川省作协主席马识途特题词“司马相如故里”，被蓬安县城用作门阙。此为王培荀在学术上的一大贡献。

王培荀终其一生，不管是做官还是为民，都勤于学习，笔耕不辍。他著有《乡园忆旧录》《听雨楼随笔》《听雨楼吟社诗》《雪峤外集》《雪峤日记》《秋海棠唱和诗》《王氏家传》等11种49卷，由他本人主持刊行。《四书集义》《读书绪论》《雪峤闲录》3种17卷未刊。其著述总量达数百万字。他成就最高、影响最大的两部著作是《乡园忆旧录》和《听雨楼随笔》。《听雨楼随笔》记录清朝开国至他在荣县任上的200年间，四川在康熙、雍正、乾隆、嘉庆、道光5个朝代中发生的大事、要事、奇事，当时由其本人主持付梓，改革开放以后由四川巴蜀书社整理出版。《乡园忆旧录》更将记述时限上溯至朱明王朝初叶，跨度近4个世纪，亦有极少明代以前的内容，均志以山东名人的嘉言懿行、山川景物、文史掌故。初刊时为六卷本，书名“乡园忆旧”，不足1000篇。流传后颇受好评，然而王培荀并未就此止步，又再接再厉，撰出两卷、136篇。在将前书舛误修改后，又出

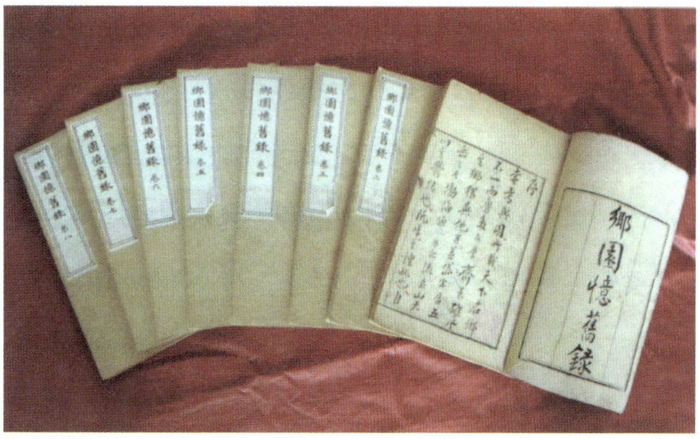
《乡园忆旧录》木刻八卷本书影

《乡园忆旧录》八卷本，收文 1123 篇，与前六卷本并行于世。

1983 年春季，蒲松龄学术讨论会在济南举行之际，山东师范大学教授严薇青建议在出版、研究蒲氏诗文、专著外，有关蒲氏的地方文献资料亦应刊行，并以王培荀《乡园忆旧录》为例。蒲氏后裔蒲泽用八卷本为底本，予以校点，1993 年由齐鲁书社出版了《乡园忆旧录》。从研究山东明清史的后世学者亦广为征引的情况看，其文献价值与学术价值很高，许多篇章可弥补史志记述之不足。如《乡园忆旧录・卷四》多记淄川县乃至山东的园林名胜。卷八记录了古代煤炭在山东的分布以及开采、提升、运输、凿洞方法的异同。他还仔细考证了几位唐初著名山东籍将领的逸事。王培荀还有《雪峤日记》16 卷、《王氏家传》1 卷。王培荀从四川做官回来后，为庆贺自己荣归故里，就在洪山他家的大片土地上扎台唱戏。这引得众人前来观看，以致踏出了大片无法耕种的荒地。这就是淄川“大荒地”的由来。后来，这里成为重要的煤矿所在地。王培荀回乡后以教授侄孙为业，直到去世。

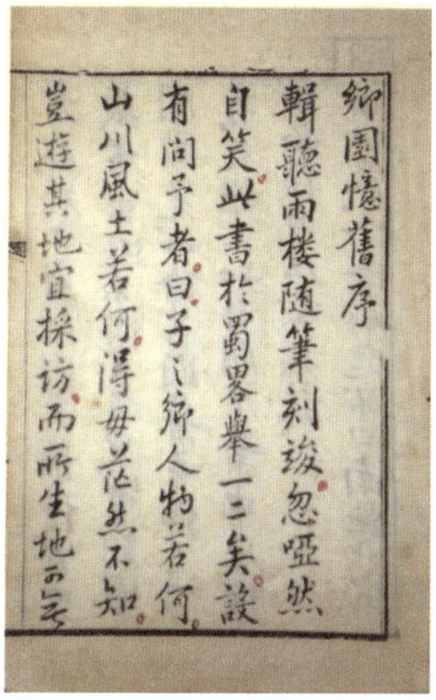
鄉園憶舊序
輯聽雨樓隨筆刻竣忽啞然
自笑此書於蜀畧舉一二矣設
有問予者曰子之鄉人物若何
山川風土若何得毋茫然不知
豈遊其地宜採訪而所生地

《乡园忆旧录》木刻本自序书影

淄川罗村鸾桥王氏家族，在经历了明嘉靖至清康熙“科甲蝉联”的辉煌而没落后，又有道光年间的王培荀以山左名流、西川贤宰闻名于世。虽家族昔日的辉煌难以复现，但仍足以告慰其先人。

毕柳村

毕柳村（1852—1938），名先奎，又名毕成荃，字星五，别号云阳道人，淄川县黄埠村人，有名的国画家。他出身于农家，作品多取材于田园，或花鸟鱼虫，或山川风物。他的画，多数散失在民间，为普通百姓所喜爱和收藏，因而他又有“田园画家”的美誉。

他 10 岁时入村塾读书，由于勤奋好学，在同学中成绩最优。数年间学业大进，不但能熟读“四书”、“五经”，而且能背诵许多唐诗宋词，熟记不少历史典故。他的字亦写得刚劲工整，深得师长的赞许。当时，他的家境并不宽裕，母亲操持家务，十分辛苦。还在他上中学时，由于念及母亲辛劳，便用课余时间主动在家拾柴烧灶，打水推磨，因而深得父母喜爱。因是独子，

毕柳村的画幅

父母也很尊重他的爱好，支持他在绘画事业上的选择。

他自幼酷爱绘画。幼年时，就常以大地为纸，以树枝为笔，勾画花鸟鱼虫。稍大后，不论在何处，凡能见到别人的画幅，他都潜心揣摩，赏析再三，几近入迷的程度。得空临摹几幅，便拿与人看，征求意见，或褒或贬，他都虚心听取。偶遇识画者，他更是虚心求教。在村塾读书不到十年间，他的绘画功力便初露锋芒。由于家计所迫，在他二十岁时，不得不到邻村一家制帽作坊当职员。这期间，他常来往于江浙一带销货，很少有时间作画，但他却认识了书画界不少知名人士，为他后来在绘画艺术上的成就打下了坚实的基础。

但是，他深深懂得，要真正学有成就，只靠一般的涉猎而没有专攻是不行的，必须冲破樊篱，向大自然撷取素材，向有真知灼见者虚心学习才行。于是，他征得家庭支持，辞去帽坊工作，于光绪六年（1880 年），开始跋涉吴越之间，或览胜写生，或拜师访友，终于得到名画家刘继壑、灵隐寺方丈等名师的真传。他一经名师指点，便心胸豁朗，眼界大开。此间他又博览了历代不少名家佳构，受益颇丰。加上他砥砺苦学，博采众长，不到几年的时间，他的画笔便得心应手，他的作品渐入佳境。

毕柳村的画取材广泛，多方涉猎，笔力过人，超凡脱俗，已成“妙品”。他少年时主攻花卉，中年后便以水墨写意为主，以致他的山水、花卉、翎毛、虫介无所不工。他博采唐宋以来名画家之长，又不拘一格，因而他的画可说是别开生面，自成一家。

毕柳村 37 岁自江南归来，栖向田园，常在旷野山林之间挥毫泼墨，即兴写意，使作品步步登高，精益求精。而对世态之炎凉，人情之趋势逢迎，则不屑一顾。《柳村传略》载：“当时先生之画已名噪遐迩，仕官巨富之家，欲借先生之名炫耀门庭，或重金延聘，或厚币相求，若论锦衣美食，广厦良田，唾手可得。然而先生自甘淡泊，数十年粗衣蔬食，优游田亩，从不为五斗米折腰。当时的县令王荩臣，慕先生之名亲临拜访，许以从九品衔延作幕僚，先生一笑置之。”而对贫寒之士，则深表同情，凡求画者均慨然允之。

毕柳村一生最崇敬扬州八怪之清高，而睥睨富贵，常以高风亮节自居，实与八怪有共同之处。但其持论高超，对后学者要求严格，主张没有天赋之才者不能学画，常说首先看笔力，其次论功夫，如笔力不佳者，滥竽充数而已。所以，才疏学浅者，前来求教的多不接纳。《柳村传略》中说“对上乘之资，则热情接引多方启迪。如 20 年代初，张大千、路大荒在学业上亦大有成熟”，于此可见其慧眼识才和持论高超，为人处事非同一般。

毕柳村晚年多杜门不出，除致力于国画外，他深谙养生之道，日常节饮食，善起居，除烦恼，无忧无虑。在作画之余则练拳舞剑，常论“武功强身，书画养气”之理，此二者，致使其寿达 86 岁，溘然长逝。

他的作品，原在淄川一带的民间到处可见，但经历“文化大革命”时期，现存者犹如凤毛麟角。淄川博物馆建馆时，收藏爱好者郑来田将其珍藏的五幅毕柳村国画作为稀世珍品献于该馆，以示庆贺。

孙迺琨

孙迺琨（1861—1940），字仲玉，因主讲淄西青云寺灵泉精舍，世称“灵泉先生”，淄川县八区董家庄（现属双杨镇）人。清末民初理学大师、教育家。一生著述颇丰，在学界享有盛誉。

孙迺琨自幼聪颖过人，生性恬淡寡言，刚毅果决。15 岁时与兄乃瑶先后考取秀才，因目睹清廷腐败，遂摒弃科举，钻研儒学。

当时陕西三原贺瑞麟主讲正谊书院，学养醇厚，理学造诣已趋关中之首，被誉为理学正宗、翰墨巨擘。孙迺琨经知己同窗焦振苍父亲焦云龙（时任陕西三原知县）推荐，拜贺瑞麟为师，到三原清麓正谊书院就读。

清光绪十六年（1890 年），孙迺琨 29 岁。在焦云龙的资助下，徒步入陕，西行受业。在正谊书院读书期间，三年未曾解衣而眠，成为贺门高徒，名噪陕中，时人称为“铁人”，被誉为“贺门曾子”。光绪十八年（1892 年），孙迺琨代兄迺瑶向贺瑞麟“纳贽请益”，作函授辅导。翌年 9 月贺瑞麟病逝，他葬师成礼，挥泪东归，与兄迺瑶为之服孝。两兄弟谨守恩师教诲，互相砥砺，在黉山后洞钻研儒学，探求理学精义，许多儒生前来求教。贺瑞麟周年忌辰，孙迺琨又徒步赴陕祭拜恩师之墓。正谊书院师生得知后，共推他为书院主讲。他再三推辞而不获允准，勉强留驻一年。离陕时，他将宋儒朱熹所有名著带回，一面在家中设立私塾，一面整理经籍著书立说。

1901 年，焦云龙在潼关任上谢世。孙迺琨感念其玉成求师之恩，第三次入陕为焦云龙送葬。重游书院时，继被留驻，执鞭主讲两年。因年岁灾荒，念母心切，乃辞馆返黉山后洞郑康祠设教。此后，部分地方名流捐资在淄西青云寺明清读书堂旧址建起灵泉精舍，请孙迺琨担任主讲。众多文化名流一时荟萃，青云寺遂成为山东地区理学研讨中心。

孙迺琨事母至孝。其母生病，他及时延请名医精心诊治，亲侍汤药。1917 年其母病逝，他在墓侧建一草房，守墓 3 年。四方受业的弟子，齐集墓侧受教。其孝行传诵乡里，淄川县监察官李苏翘听说之后，题写“孝妣柏庐”匾额相赠，匾额两边还分别题诗。

1923 年军阀混战，民不聊生。灵泉精舍学子人心惶惶，办学十分困难。此时正谊书院讲席数年空缺，孙迺琨旧友同人及社会名流联名函电恳前往主讲。孙迺琨遂决计第四次入陕，8 月至潼关祭焦云龙墓，9 月重阳节会祭贺瑞麟，10 月陕督刘镇华电邀孙迺琨及陕中名流到西安关洛学社会讲。后主讲正谊书院，兼讲于兴平县爱月精舍和孔教会。陕甘学界名流安晓峰、河南名儒白寿亭等经常与他书信往来，谈理学、论经籍，晋冀鲁豫许多学生前往正谊书院受业。一时关中理学甚为活跃。1926 年孙迺琨回乡探亲，后因战乱交通中断无法回陕，被邀至周村潜修学舍主讲经学。

1932 年时局稍稳，孙迺琨第五次入陕，仍主讲于正谊学院。此时杨虎城主政陕西，亲自给孙迺琨写信鼓励，并资助银圆 200 元。当时《大公报》主编张季鸾游历陕西，对孙迺琨人品学问极力称颂，在《大公报》撰文称孙迺琨“是讲宋学的山东领袖”。1936 年，孙迺琨应聘第六次赴陕，由其子孙和亭等陪同。正月二十二日启程，车到西安时，受到故旧好友和陕西政要刘守中的代表等人迎接。其后军旅高官孙蔚如（继杨虎城之后任陕西省主席）与刘允臣共同到正谊书院拜访，刘守中、张继等陕西军政要员也相继前来拜见问学。其间孙乃琨经常会晤陕甘晋豫等省著名学者，共同探讨经术、治道，声望甚高。7月，他辞馆东归。是年，他已75岁。

孙迺琨回淄后，讲学于周村潜修、存古两学舍，并在本村设立明复学舍，近自邻县、远至晋冀，前来求学者甚众。

从1890年至1936年，孙迺琨先后六次入陕。从求学到应聘讲学达40多年。以董仲舒“正其谊不谋其利，明其道不计其功”的理念为办学宗旨，并按照朱熹于庐山白鹿洞书院的办学理念，一改重功名（科举）之沿袭，学体兼用。他博通经史，以倡理学为己任，精研程朱之道。尤精于四书、《周易》，讲学著述，多有新见。在教学中，孙迺琨十分重视仁义道德，并躬行实践。

在正谊书院时，陕省权贵如督军刘振华等，或书函敦请，或侍座听讲。孙迺琨均以礼相待，从不涉足权门。清朝御史安维峻，在1894年的甲午中日战争问题上因请杀李鸿章，并弹劾军机大臣，把矛头直接指向慈禧太后。慈禧大怒，将安维峻革职。安维峻解职后，闻得孙迺琨大名、函书通问。孙迺琨则欣与往复，称赞安维峻“不顾利害生死，直言敢谏……大节彪炳，闻于海内”。闻其去世，则为哀辞遥致奠祭。各界要员中有才华者，也都愿与孙迺琨交往。

孙迺琨一生著述颇多。已刊行于世的有：《〈周易〉辑说讲义》8卷、《读〈易〉绪论》2卷、《〈清麓文集〉约钞》21卷、《〈春秋〉集义》12卷、《〈大学〉讲义》《〈中庸〉集说讲义》《〈中庸〉全篇讲义》《〈太极通书〉答问》《〈通书〉集义并说略》《贺清麓先生年谱》《灵泉文集》8卷、《灵泉著述摘要》1卷、《淄川孙氏族谱》《笃伦随笔》。未刊印的遗著有：《〈易经〉系辞》3卷、《〈论语〉集义》10卷、《〈孟子〉集解》7卷、《灵泉诗稿》《〈周易〉问答》4卷。此外尚有《答门弟子崔芳华问》。

路大荒

路大荒（1895—1972），原名路鸿藻，字笠生，又字笠僧，自号大荒或大荒山人、大荒堂主人，曾用名路爱范。县城西北郊菜园庄（现属松龄路街道）人。著名学者、蒲学专家。

路大荒

路大荒出身于书香门第。童年时即爱听其叔父路宗辙及启蒙老师、蒲松龄六世孙蒲国政谈《聊斋志异》，长期耳濡目染，引起了对蒲学的极大兴趣。步入青年，路大荒进了北京清华学堂所附设的“体育学校”。20余岁以后开始了教学生活，先教小学，后在淄川县立中学任书法教员。1916年在周村参加反袁护国军，后任淄川县保卫团团长。

五四运动时期，路大荒担任淄川县民众教育馆体育部主任，积极着手蒲松龄著作的收集整理和研究工作。先是，他从淄城得到前清举人曾主编《淄川乡土志》的王敬铸的《聊斋遗文》《聊斋套色画册》，以及乡贤冯继照编的《般阳诗萃》中蒲松龄的10余首诗作，更珍贵的是得到了蒲松龄手抄本《祭文》1册——仅此即花去20多块银圆。还买到桓台耿土伟家所收藏的一个裱本《聊斋文集》，这是路大荒第一次接触到蒲松龄的亲笔手迹。以后他又搜集到了蒲松龄的一卷精装锦盒《蒲松龄文集》40余篇，蒲松龄生前亲笔抄录的两卷《观象玩占》等。

路大荒（左一）在蒲松龄墓

1929年，路大荒任淄川县立体育场场长。20世纪30年代初，路大荒陆续在上海的《申报》、天津的《大公报》等报刊上发表研究蒲松龄的文章，引起著名学者郑振铎、胡适等人的注意。胡适等人开始与他通信联系，胡适还委托他拓印《蒲松龄先生墓表》，考证蒲松龄的有关问题。

1930年，路大荒着手撰写《蒲柳泉先生年谱》。1932年初稿脱手。同时，在上海《国闻日报》及北平《华北日报·图书周刊》上分别发表《蒲柳泉先生年谱考证》《蒲松龄先生遗著补考》和《蒲松龄先生故乡访书日记》。1933年，日本东京求文堂出版了他注释的《〈聊斋志异〉外书〈磨难曲〉》。1936年，在著名学者王献唐的帮助下，上海书局出版了路大荒搜集鉴定的《聊斋全集》。《聊斋全集》的问世，为蒲学研究开辟了一个广阔前景。

1937年底淄川沦陷，路大荒参加了家乡的抗日救亡活动。1938年日寇烧毁了他的家，他不得不携带其搜集整理的蒲氏文稿离家出走。转经博山、秘藏于其表弟高金庸家夹壁墙中。后去济南，尚随身带一部《聊斋文集》手稿，住在高金庸在济南的寓所大明湖畔的秋柳园。直到1939年春高金庸来济，才将藏于他家的蒲氏文稿带给路大荒。在生活窘迫之中，路大荒仍锲而不舍地进行蒲学研究。其间有人邀他去日本游历，被他严词拒绝。

位于菜园村的路大荒故居建筑群（2019年）

中华人民共和国成立后，路大荒曾任山东省图书馆整理委员会副主任委员、副馆长，山东省古代文物管理委员会委员、山东省政协委员、山东省作家协会理事、山东省整理蒲松龄著作编辑委员会副主任。1954 年与有关学者在当地政府支持下修复蒲松龄故居，任蒲松龄故居管理委员会委员。后搜集整理了蒲松龄佚文 12 篇，撰写了《齐国长城考察报告》。与人合著《刘德培》一书。1962 年，上海中华书局出版了他研究、整理的《蒲松龄集》。路大荒娴于书法，现悬于蒲松龄故居正堂上“聊斋”二字的横匾即是他的手迹。

“文化大革命”期间，路大荒受到不公正的待遇。1972 年 6 月，路大荒在济南去世。1980 年 9 月，山东省文化局为路大荒平反昭雪，恢复名誉。1981 年，路大荒遗体迁葬回本村公墓。1987 年重立墓碑，由思想家、哲学家、教育家梁漱溟题书。

第六篇　文博事业

第一章　文物古迹

淄川区历史悠久，文物古迹众多。截至 2019 年 12 月，在不可移动文物资源方面，全区普查登记各类文物点 500 余处，被列入各级文物保护单位 216 处。其中，全国重点文物保护单位 7 处，省级重点文物保护单位 23 处，市级文物保护单位 54 处，区级文物保护单位 132 处。

第一节　全国重点文物保护单位

截至 2019 年 12 月，淄川区有全国重点文物保护单位 7 处。

2001 年，齐长城遗址（淄川段）被列入第五批全国重点文物保护单位。

2006 年，寨里窑址、蒲松龄故宅被列入第六批全国重点文物保护单位。

2013 年，磁村瓷窑址、北沈遗址、淄矿集团德日建筑群被列入第七批全国重点文物保护单位。

2019 年，洄村古楼被列入第八批全国重点文物保护单位。

齐长城遗址（淄川段）

位于淄川区东南部山区，第五批全国重点文物保护单位。西接博山区八陡镇的苏家沟与西河镇薛家峪村交界的围屏山，到岳庄北峪、石龙山，再到护宝泉村。向东至岳阳山主峰，沿岳阳山脉向东，在城子村西跨淄水，进入太河镇城子村。由城子村向东南经三台山、鹿角山、黑虎寨、油篓寨，东向沿山梁至盘龙山、梦泉劈山，过雁门寨，至太平山进入沂源。经沂源后与临朐、沂水境内的穆陵关相接，向东延伸入海。淄川境内全长共计 40.35 公里。

淄川地区在春秋战国时期是齐鲁的边界，也是齐国的南大门。齐国是四塞之国，东面、北面是大海，西面有黄河、济水天险，南有泰沂山脉为屏障。济水与泰山之间构成依河临山之险，是春秋战国时期中原诸国进攻齐国的咽喉。所以，齐首先在这里修筑了长城，以防鲁、楚、吴、晋诸国。顾炎武《日知录》:“井田始废，而车变为骑，于是寇钞易而防守难，不得已而有长城之筑。”

据乾隆年间《博山县志》记载："自峨岭之脊，东逾秋谷，接荆山，迤逦岳阳山以东，逾淄水接临朐、沂水界之东泰山。自脊西行，跨凤凰山连原山、王大岭，出青石关之西，接莱芜境，山皆长城岭也。"《括地志》也记述了齐长城的准确走向，"长城西北起济州平阴县，缘河历太山北冈上，经济州、淄州……东至密州琅琊台入海"。《管子·轻重丁》中曰："阴雍长城之地，其于齐国三分之一……长城之阳，鲁也；长城之阴，齐也。"《史记·苏秦列传》中燕王曰："吾闻齐有清济、浊河可以为固，长城、钜防足以为塞，诚有之乎？"《史记·楚世家正义》引《齐记》："齐宣王乘山岭之上筑长城，东至海，西至济州千余里，以备楚。" 从史料记载可以断定，齐威王、宣王、闵王时代都筑过长城，齐长城从春秋修起到战国中期逐渐完成。

齐长城（淄川段）沿线有众多遗迹。其中护宝泉墙体 495 米，岳阳山墙体 349 米，城子村东墙体 328 米，三台山西墙体 438 米；另外还有岳阳山遗址、城子城池遗址、雁门寨遗址、太平山遗址以及劈山、马鞍山（烽火台）两处重要古兵营遗址。由此可见，春秋战国时期这里是齐鲁、齐楚的重要战场之一。

齐长城城子段（2019 年拍摄）

马鞍山古兵营遗址（2010 年拍摄）

蒲松龄故宅

位于淄川区洪山镇蒲家庄东西大街中段路北，第六批全国重点文物保护单位。1938 年遭日军焚毁，1954 年人民政府修复，1958 年设立了蒲松龄故居管理委员会，1980 年建蒲松龄纪念馆。故宅坐北朝南，原有北屋 3 间，东西厢房各 1 间，东向门楼 1 间，均为乱石墙基，青砖柱门窗，灰瓦硬山顶，小青瓦接檐。现有 7 个院落、8 个展室，展览面积 2000 平方米，占地面积 5000 平方米。其中聊斋正房坐北朝南，面阔 10.35 米、进深 5.11 米、脊高 5.46 米，建筑面积 52.89 平方米。郭沫若题写的"蒲松龄故居"金字门匾高悬于故居大门。房内路大荒手书的"聊斋"匾额迎门高悬，匾下悬挂着蒲松龄画像，聊斋正堂既是蒲松龄的出生地，也是聊斋文化的发源地。

蒲松龄纪念馆南门（2012 年拍摄）

聊斋正房（2012 年拍摄）

寨里窑址

位于淄川区寨里镇寨里村与大张村之间的田野中，第六批国家重点文物保护单位。窑址地势东高西低，北为河道，南为台地。台地南北和东西方向均有数道断崖，东南部和南部为窑址重点分布区域，文化层堆积厚 40—100 厘米。东西长 650 米、南北宽 500 米，总面积为 32 万平方米，年代为北魏—北齐时期。

1957 年全市第一次文物普查时发现，1976—1977 年由淄博市博物馆、淄博市《中国陶瓷史》编写组在东北角处选择局部进行了试掘，发现多处青瓷窑址。发现器物主要为日常生活用瓷，有碗、盘、壶、杯、缸、瓶、罐、尊等，各类瓷塑已十分成熟。从窑址面积看，当时的瓷器生产已粗具规模。窑具多用三足支钉，具有早期烧制的特点。烧制的青瓷胎骨前期厚重，后期稍薄，带灰白色，烧结度较高。早期产品大都釉色斑驳，颇具初制时期的风格；晚期工艺改进，采用二次上釉，使釉层加厚，明亮润泽，胎骨坚硬，达到了较高水平。装饰已经采用了锥刺、划花和堆贴等手法，

寨里窑址（2019 年拍摄）

寨里窑址出土器物（2010 年拍摄）

常见纹饰为弦纹、水波纹、斜方格网纹、连珠纹和莲瓣纹。莲瓣纹与弦纹的广泛应用，与北朝佛教的兴盛有很大关系。

1982 年，在龙泉镇和庄村古墓出土的青瓷莲花尊，是寨里窑的代表性青瓷产品，也是我国唯一一件有准确出土地点的青瓷莲花尊，国家一级文物。据《中国陶瓷史》记载："（寨里窑）是目前唯一已知的北方青瓷产地之一……年代为北齐时期。它发展较早，持续生产的时间颇长，是北方青瓷一个重要的产地。"

北沈遗址

位于淄川区寨里镇北沈村西，第七批全国重点文物保护单位。遗址为一高台地，高出地面 3—6 米。地势北高南低，南北长 400 米、东西宽 300 米，面积约 12 万平方米。该遗址东、北、西均为临河台地，南部台地被切割为三级，自北向南有数道断崖，断崖上可见清晰的文化堆积分布。耕土层为黄褐色，文化堆积层厚 1—3.5 米。包含了龙山文化、岳石文化及至商周时期的遗存，其中以龙山文化遗物最为丰富。2001 年，由山东大学进行了抢救性发掘，清理出道路 2 条、水沟 2 条、房址 5 座、窑址 3 座、窖穴 31 个、灰坑 26 个、墓葬 21 座，并出土了陶器、石器、骨器、铜器、玉器等遗物共 470 多件（套）。遗址除一座汉墓外，其余遗存分属商代、西周和战国几个时期。以商代西周遗存最为丰富，也最具学术价值，战国遗存均为墓葬。遗址出土器物中陶器数量最多，器物为鬶、鼎、鬲、簋、罐、杯、盆。陶质主要有夹砂和泥质两类。北沈遗址面积大，资料丰富，是淄川区境内一处重要的早期人类聚落遗址，也是到目前为止淄潍河流域最为重要的商末周初遗址，对商末周初文化遗存的研究将起到重要作用。

磁村窑址

位于淄川区昆仑镇磁村村东至西南的华严寺间，第七批全国重点文物保护单位。窑址分村东、苹果园、华严寺三个重点窑址区，面积 30 万平方米。相传村原有"窑王殿"和"晒金场"，是古代磁村窑场的作坊。磁村窑址始于唐终于元，烧造年代较长，是北方窑的重要窑口之一。北宋初期官府在磁村专门设"务"收税，故称"磁窑务"，足见当时烧制瓷器规模之大以及产业之兴隆。

1976 年，《淄博陶瓷史》编写组在窑址北部发掘窑炉 12 座，采集了大量标本。按器型和釉色特征可分为早、中、晚三期，出土器物有黑釉、茶叶末釉、酱色釉、青釉、雨点釉等。装饰工艺有白底黑花、划花、剔花、宋加彩等，代表产品有碗、盆、罐、钵、瓶、动物俑等。唐代晚期开始烧制黑釉瓷器和釉滴瓷器（俗称雨点釉），在我国北方诸窑中独具特色，也是我国最早的釉滴黑瓷。唐末五代时期，磁村窑开始生产白釉瓷器，并盛行在白釉上加点绿釉，开创淄博生产彩瓷的先河，在中国陶瓷史上占有重要地位。磁村窑的兴起，为北方陶瓷的发展奠定了基础。窑址的发掘，对北方陶瓷的研究提供了实物资料。

淄矿集团德日建筑群

淄矿集团德式建筑（2019 年拍摄）

位于淄川区洪山镇原淄博矿务局机关院内，第七批全国重点文物保护单位。总占地面积 4661.07 平方米，总建筑面积 7179.63 平方米。有德国建筑 13 座、日本建筑 5 座。主要建筑有：德国营业大楼、德国大夫住宅楼、日本神社、德国炮楼、碧霞祠和钟鼓楼等。德国建筑为砖石结构，门窗全用砂岩毛石砌筑，呈半圆形。日本建筑门窗为长方形。日本神社建筑始建于 1917 年，全部为钢筋混凝土建筑，这种风格建筑在国内实属罕见。整个建筑群自 1904 年由德国人开始兴建，距今已有 100 多年的历史。

洄村古楼

位于淄川区昆仑镇洄村村内，第八批全国重点文物保护单位。古楼坐北朝南，占地 437 平方米，为北方四合院楼阁建筑形式。砖石结构。石棂窗，门上部为石发券、呈半圆形，现存北楼和东西阁楼。北部主楼为 4 层，面阔 3 楹 11.5 米、进深 6.1 米。每层高低不同，全楼高 20 米。在一楼与二楼中间设置露天楼梯，可直接登上二楼。门前配有护栏和月台。二、三楼均方砖地板，四楼木质地板。室内楼梯较狭窄陡峭，只容一人上下。四楼空间宽大，向上可看到楼顶的脊梁椽瓦构造。东西两阁楼皆面阔 3 楹 11 米，进深 5.7 米，楼高 14 米。一层为石砌，二层窗为砖发券。整个楼群一体化，功能明确，主次分明。各楼之间有地下通道相连，可通向村外，以防匪盗袭扰。

洄村古楼（2019 年拍摄）

第二节　省级保护单位

截至 2019 年 12 月，淄川区有省级文物保护单位 23 处。

1997 年，马鞍山抗日遗址被列入山东省人民政府公布的第一批省级文物保护单位。

2006 年，前来遗址、公孙遗址、杨寨塔、蒲鲁浑墓、青云寺、苏秦墓、蒲家庄民俗建筑群 7 处单位被列入山东省人民政府公布的第三批省级文物保护单位。

2013 年，高汝登墓、忠亲王祠、渭一窑址、西坡地窑址 4 处单位被列入山东省人民政府公布的第四批省级文物保护单位。

2015 年，土峪天主堂、张庄石寨遗址、三教堂、上端士民居建筑群、张李民居建筑群、西股民居建筑群、大窎桥建筑群、巩家坞窑址、罗圈八路军医院旧址、杨寨惨案纪念地、河东惨案纪念地 11 处单位被列入山东省人民政府公布的第五批省级文物保护单位。

马鞍山抗日遗址

位于淄川区太河镇东石门村南 2 公里淄河东岸，第一批省级文物保护单位、山东省爱国主义教育基地、山东省国防教育基地。马鞍山主峰海拔 618 米，呈东西走向，因其主峰形若马鞍而得名，山顶四周为悬崖峭壁。春秋战国时期，该地是鲁、吴、楚、越通往齐国的咽喉要塞，敌人从淄河顺流而下，可直达齐国都城临淄，故齐国在此设重兵守卫。抗日战争时期，马鞍山是开展敌后工作的重要基地，也是鲁中通往清河、冀鲁边区和胶东地区的咽喉。1942 年的马鞍山保卫战震惊全国，主要遗迹有抗日掩体、八路军指挥所、摩崖石刻等，在山顶四周的悬崖峭壁上刻有廖容标、冯毅之、吴瑞林、李伯秋等人的题词“马鞍山抗日遗址”“碧血千秋”“怀念王凤麟”等。

马鞍山战斗指挥部遗址（2010 年拍摄）

马鞍山主峰（2010 年拍摄）

前来遗址

位于淄川区将军路街道办事处前来村，第三批省级文物保护单位。遗址为临河一、二级台地，原为绵延相连的一片，因村庄发展和城市道路建设，把遗址分割成东、西、南三部分。东部在鲁泰文化路东，进村路以北，般河以西；西部在鲁泰文化路以西，颐泽花园以南；南部在村委会以南。遗址南高北低，总占地面积约 38 万平方米，是一处典型的商周文化遗址。文化层堆积在 1 米左右，最厚约 3 米。村北最大的一片南北长 600 米、东西宽 400 米，面积 24 万平方米。早年村里取土烧砖对遗址东南部造成了一定的破坏，断崖处可见文化堆积，层次清晰，地表采集有灰陶鬲口沿、罐口沿、豆柄、板瓦、盆口沿等。纹饰为粗、细绳纹，材质多为泥质灰陶。包含了从商周到汉代的各种器物。20 世纪 90 年代，在遗址范围内曾出土商周时期玉璧，战国时期的铜剑、铜镞等。

公孙遗址

位于淄川区城南镇公孙村，第三批省级文物保护单位，为新石器时代聚落遗址。遗址南北长 1600 米、东西宽 500 米，面积约 83 万平方米。遗址被城市道路分隔为南北两部分。南部现有一村庄，村南为农田，村西为唐墓葬区（2008 年为配合颐中山水缘工程进行了考古挖掘）。北部为临河台地。遗址文化层厚度 0.5—2 米，主要出土物有灰陶鬲口沿、罐口沿、豆、板瓦等，纹饰为粗、细绳纹，材质为泥质。该遗址足以证明淄川是早期人类活动的地区之一。

杨寨塔

位于双杨镇杨寨村路北，第三批省级文物保护单位。杨寨塔坐北朝南，原是佛教寺院宝塔寺（亦名龙山寺）的旧址，始建年代约在宋元时期。该塔为可供人登览的七级八角楼阁式砖塔，石砌底座，砖筑塔身，通高 20.76 米、塔基高 1.29 米、对径 6.55 米，塔底对径东西 4.11 米、南北 4.17 米。各层平面对径尺寸逐层对减，平座为砖斗拱出两跳华拱偷心造。每层有券洞或佛龛，四个方向均为不同形式的砖作假窗。北面为登塔入口，登 17 级台阶到南至二层后，向西登旋转台阶至 6 层。塔刹为圆宝顶，塔门上方，嵌有石刻匾额一块，上书“阿弥陀佛”四字，落款为“康熙三年丁未季夏吉旦沈荃敬书”。杨寨塔是鲁中、鲁北地区现存唯一一处砖塔。明嘉靖二十五年（1546 年）、万历三十年（1602 年）《淄川县志》记载：“龙山寺，故址在县治北，有

杨寨塔（2010 年拍摄）

塔七级。”清乾隆四十一年（1776 年）《淄川县志》记载：“宝塔寺，旧名龙山寺。元大德六年，僧录果朗道行碑，邑北二十里杨家寨东。康熙三年（1664 年），邑人高司寇珩重修。石刻‘阿弥陀佛’四字，云间沈探花荃笔。邑塔高峻，无逾此者。”1999 年 7 月，该塔由省文物局投资，省文保科技中心重新维修。

青云寺

位于淄川区岭子镇槲林村北 500 米处的盘山与九纹山幽谷中，第三批省级文物保护单位，古般阳二十四景之一。寺坐落在盘山半山腰中，坐北朝南，自东向西分为四个院落。寺庙创建于明正德二年（1507 年），明、清屡有修建。主要建筑有天王殿、祖师殿、伽蓝殿、观音殿、地藏王殿、碧霞元君行宫、钟鼓楼等，占地面积 2651 平方米。天王殿坐北朝南，殿门上方雕刻“青云寺”三字，面阔三楹 10 米、进深 5.5 米，砖石结构，抬梁式混合结构硬山顶。屋面覆青筒瓦，置脊饰吻兽，无脊刹。设前廊，有两根檐柱，檐柱上镶有木质垂珠雀替。木质门直棂窗。廊坊施油彩。内有四大天王塑像，墙上绘有壁画，当门石兽为蹲狮。

青云寺（2018 年拍摄）

寺以九纹呈彩、四盘据胜、月山照晚、途井涵春、龙台荐霭、龟林毓秀、辋谷响应、屏壁舒卷、鸽崖绕回、鹰峰崚嶒十景而闻名遐迩。据《淄川县志》记载：“僧圆明，于西南山中创建青云寺者也。寺初名上泉庵。正统中，僧人净明结茅于此，舍身以为浮屠。开山为田，自耕而食。有徒曰道通，再传曰德山，皆苦身修行。垦田渐广。三传至圆明，于正德六年出家……不数年遂成大刹。又于中建精舍数间，招名流读书其内。百余年来，文人墨士碑版题咏之盛，一时称最。至今述邑中名胜，以青云寺为称首焉。”

清代文学家蒲松龄曾在青云寺秉烛苦读，谈诗会友，为《聊斋志异》的创作撷取了众多素材。康熙四十年（1701 年），蒲松龄应邀撰写了《青云寺重修二殿记》。淄川名士中的张中发、唐梦赉、沈天祥、邱希潜、蒲松龄、张笃庆、李尧臣等人撰写的碑刻 70 余通，可惜在“文化大革命”期间遭到严重毁坏。自 1992 年以来，将殿宇重加修整，还历史以原貌，新建了地藏王殿、千手观音殿、伽蓝殿、观音殿、理学书院等殿宇，重修了路途井。面貌如初，庙会为四月初八，香火极盛。

蒲家庄民俗建筑群

蒲家庄民俗建筑群（2019 年拍摄）

位于洪山镇蒲家庄村，第三批省级文物保护单位。该村已有 600 多年的历史，是清代著名文学家、世界短篇小说之王、《聊斋志异》作者蒲松龄的故乡。村内保存着完整的具有明清建筑风格的乡土建筑，占地 98924 平方米。村中现有国家重点文物保护单位“蒲松龄故宅”。村周原有土围墙，并建有四个寨门，现保留有北门“景徵”、西门“平康”、东门“仙乡”及村北、村东原围墙 100 余米，呈段状分布。村内街道以贯通“平康”“仙乡”两门的东西街为主道，与南北主道交叉，形成十字街主干道。村内有小巷 15 条，其中东西主街为青石板路，南北主街由一米见宽的石灰板沿街铺成，其他小巷多为泥土路面。东西街上有3棵古槐。村中现有百年以上的建筑6座，50年至100年间的建筑14座。村落占地 270 亩，居民 500 余人。村民中，蒲姓村民占大多数。

苏秦墓

位于淄川经济开发区南苏社区西，旧济青公路北 100 米，现胶王公路南 200 米处，第三批省级文物保护单位。墓坐北朝南，西、南两面是杨树林，东、北两面临水，封土高 6 米、东西长 40 米、南北宽 30 米，呈椭圆形，面积 1200 平方米，是目前保存较好的一处东周时期的墓葬。墓东南方 100 米处有一小石桥，为古般阳八景之一的“季子石桥”，也称“苏相桥”。《史记》记载：“苏秦者，东周洛阳人也。东事师于齐，而习之于鬼谷先生。”明嘉靖二十五年（1546 年）《淄川县志》记载：“按《史记》，苏秦为燕说齐，齐王用之。因与齐大夫争宠，刺杀之。乃葬于此。”战国时期，齐、楚、燕、韩、赵、魏、秦七国争霸天下，苏秦利用鬼谷子的纵横术，联合六国，洹水会盟，共抗强秦，成为佩六国相印而独步天下的风云人物。

蒲鲁浑墓

位于淄川经济开发区店子村西400米处的苗圃院内，第三批省级文物保护单位。墓坐北朝南，为元代谕葬。原占地40余亩。墓前有神道、牌坊，石像生分列东西。“文化大革命”期间，牌坊、石碑等地面遗物被毁掉。现存墓葬占地80平方米。蒲鲁浑为元代般阳路总管，《淄川县志》记载：“蒲鲁浑墓，元般阳路总管。墓在招村北，坊存碑仆。”蒲松龄《族谱序》云：“吾族为般阳土著，祖墓在邑西招村之北。内有谕葬二：一讳鲁浑，二讳居仁，并为元总管。”据淄川《蒲氏世谱》记载：“蒲鲁浑乃蒲氏远祖，曾在元代任过般阳路总管。”

忠亲王祠

忠亲王祠（2010年拍摄）

位于淄川城里大街185号，第四批省级文物保护单位。祠堂坐北朝南，原为三进院落加后花园，主要建筑有祠堂正殿3间，东西厢房各3间20.6米，进深28.4米，面积585平方米。祠堂创建于清同治四年（1865年），现存建筑正殿3楹，东西厢房各3间，东西配殿各两间，南殿3间为清代遗构。忠亲王祠又称“王爷庙”“僧王庙”，是为清同治四年（1865年）因镇压农民起义在曹州城西北死于捻军之手的僧格林沁而建，是北方现存少有的圣贤祠堂，规制高，规模大。正殿内供僧格林沁像，“文化大革命”时期和20世纪90年代旧城改造时大部被毁，唯正殿院落保存较好。建筑为砖石结构，设有前廊。檐柱6根，圆形柱础，抬梁式木结构，硬山灰瓦顶，隔扇门窗，油漆彩绘，正脊正吻，添有走兽。2002—2009年三次重修，基本保持了原来建筑风格。祠内现存碑刻5通，记录了忠亲王祠历史沿革和修建情况。

高汝登墓

位于淄川区双杨镇月庄村北，第四批省级文物保护单位。该墓地为高氏家族墓地，占地20余亩，始建于明嘉靖年间。高汝登墓坐北朝南，封土1.5米，直径4米。墓前有石供桌和碑楼，向南有3米宽的神道，墓南依次安置着两通诰命碑，两对石马、石虎左右排列，华表、牌坊高大。《淄川县志》记载：“高汝登墓，谕葬，在高全墓之东北半里许。”高汝登，字自卑，号柳溪。因子高举

高汝登墓（2019 年拍摄）

（时任监察御史）功绩卓著，而被朝廷封为河南道监察御史，赠中宪大夫、都察院右佥都御史。1605 年，高汝登去世，明神宗朱翊钧赐御葬。封土“文化大革命”时被平，石马、石虎被高氏后人埋入地下，得以保存。2004 年其后人将石马、石虎从地下挖出，立于神道两旁。重堆封土，重立碑碣、碑楼，四周重砌护栏，是境内保存完好的一处明代家族墓地。

渭一窑址

位于淄川区龙泉镇渭一村华龙公司旧址内，第四批省级文物保护单位。现存两座窑炉都呈馒头形。馒头窑是我国北方流行的陶瓷窑炉形制，由窑门、火膛、窑室、烟囱等部分组成。两窑炉相距 30 余米，呈南北排列，高 5 米、直径 14 米，占地 300 余平方米。两窑炉外壁皆为石块砌成，内壁为耐火砖砌成，位于南边的窑炉上方有两支砖砌烟囱。此窑原来主要以烧制日用瓷器为主，窑内还散落许多的残损日用瓷器。2015 年，淄川区文物事业管理局委托山东建筑大学规划设计研究院，对渭一窑址编制了保护规划和保护修缮设计，报经山东省文物局审批并拨出专款，由山东大学进行考古勘探。曲阜市三孔古建筑公司对其窑址本体、生活区、办公区进行保护修缮，基本恢复原有建筑风貌，于 2018 年施工验收并纳入文物保护档案。

渭一窑址（2015 年拍摄）

古窑（2015 年拍摄）

西坡地窑址

位于淄川区西河镇西坡地村和东坡地村之间，第四批省级文物保护单位。窑址南窄北宽，大体呈梯形。乡村路将窑址一分为二，占地9万平方米。窑址自东至西有东坡地、中坡地、西坡地三个自然村，村子内外地面上散布有丰富的瓷片、窑具、窑壁砖及炉灰垃圾等遗物，出土器物胎骨坚致，釉面光洁，以白釉为主，也有黑釉、酱釉，主要装饰有刻花、划花、黑釉粉杠、白底黑花等。可辨器型有碗、盆、瓶、盘、缸、罐等。烧造年代为北宋中、晚期至金、元时期，明清时主要生产生活器皿，清末民初烧造的各类鱼盘颇具特色。1956年和1973年，市文物局先后进行过两次调查。1977年进行了试掘。试掘中发现窑炉一座，破坏严重，基本形状尚可分辨。现因村庄扩建，大部分窑址被挤占。

三教堂

三教堂（2012年拍摄）

位于淄川区太河镇西石村东三佛山上，第五批省级文物保护单位。三教堂坐北朝南，占地面积7000平方米，为淄川东部山区最大的一处庙宇建筑群，集佛、儒、道三教为一体，故名三教堂。据宋元丰五年（1082年）重修碑记载，始建于唐贞观年间，至宋代重修时改名三教堂。明万历三十三年（1605年）、清乾隆十七年（1752年）、光绪二十四年（1898年）皆予重修。原建筑分为上、下、前、后、半崖、玉皇顶六大院落，即玉皇殿、文昌阁、地藏王殿、佛爷殿、灵官庙、炉神姑庙等。殿宇大部被毁，现存玉皇殿、白衣殿、地藏王殿、佛爷殿等建筑，均为明清遗构。建筑为砖石结构、灰瓦硬山顶，佛爷殿门窗为拱形石发券。2000年新建17级八角塔一座，石砌底座，砖混结构。佛爷殿东南100米处有道士墓一座。

上端士民居建筑群

位于淄川区太河镇上端士村中南部云明山下，第五批省级文物保护单位。该民居建筑群依山而建，地势南高北低，错落有致，占地12万平方米，为明清时期民俗建筑。据该村李氏祖茔碑文

上端士民居（2012 年拍摄）

记载，李氏第一代始祖在明永乐年间由枣强迁来，距今已将近 600 年。村中大部民居为北方农家四合院，房屋多为石结构，就地取材，由乱石垒砌，碎石填缝，黄泥黏结；局部砖结构，石板挑檐，麦秸覆顶。街道用青石板铺成，或为台阶或为平路；路边有水道、石碾、石磨、圈舍等。基本保存了明清时期淄川东南部山区居民原始生活状态，具有典型的北方山区村落特点。

巩家坞窑址

位于淄川区岭子镇巩家坞村东北的坡地上，第五批省级文物保护单位。窑址地势北高南低，呈梯形，东、南两面临河，西部为一条村级公路，面积 90000 多平方米。巩家坞窑始于北宋，以白瓷为主，其次有白地黑花、黑釉、白釉黑边、茶叶末釉印花、酱色釉等。在装饰技法上多采用划花、剔花、印花等工艺，主要器物有碗、盘、罐、灯等日常用具。金元时期，还生产较多的玩具，如乌龟、蛤蟆、小狗、小鹿等三彩器。巩家坞窑兴起的宋代正是磁村窑发展的鼎盛时期，两个窑的相继崛起，说明了淄川制瓷业的空前繁荣。由于近年来经济开发，在窑址北建起了水泥厂，对遗址造成一定程度的破坏。

张庄石寨遗址

位于淄川区西河镇梨峪口村西南雁门山顶，山东北和山西南分别建有雁门山水库和田庄水库，第五批省级文物保护单位。清末战乱频繁，匪盗横行。为躲灾避祸，山里的百姓或以家族为单位，或以村为单位，或依附于大户，纷纷在险要的山头修筑山寨。

张庄石寨遗址（2014 年拍摄）

张庄石寨占地 4515 平方米，由南北两个山寨组成，中间相隔 100 米，有小路相连。根据建筑风格，北边的山寨要早于南边的山寨。南边山寨尚有一垒于墙内的石碑，刻有落款："大清同治元年十一月初六"。雁门山海拔 534 米，站在山上，周围情况一览无余。山寨易守难攻，两个山寨能互相增援，是避难绝佳之所。现山寨只剩残墙，最高处 6 米，最宽处 1 米左右。每个山寨都有两个寨门，保存完整。

杨寨惨案纪念地

位于淄川区双杨镇杨寨村南，第五批省级文物保护单位。杨寨惨案纪念碑坐东朝西，是为纪念抗日战争时期被日军屠杀的杨寨村无辜村民而建。1938 年 2 月 2 日（农历正月初三）拂晓，日军突然包围了杨家寨，将村民赶到南门外的农田里，架起机枪，杀害村民 133 人，烧毁全村 800 多间房屋，制造了骇人听闻的"杨寨惨案"。纪念碑用花岗岩大理石砌筑，高 3.8 米，长 13.3 米，寓意杨寨惨案发生在 1938 年，遇难同胞 133 人。

河东惨案纪念地

位于淄川区罗村镇河东村东北，第五批省级文物保护单位。该建筑为一进院落，坐北朝南，门为东南朝向，由河东村投资十多万元于 1996 年 1 月修建，以纪念 1938 年 1 月被日本侵略者屠杀的 276 名河东村村民。河东惨案纪念碑位于院内中央，碑高 5 米，底座宽 6 米、长 8.1 米。碑身为砖砌，中间用黑色大理石板镶嵌，正面刻有"河东惨案纪念碑"7 个大字，碑身后面为河东惨案祭文。碑身底座为八角形，棱长 0.9 米，黑色大理石板镶嵌。纪念碑四周建有平台并镶有花岗岩石栏杆，东西南北各有 7 级台阶。碑北侧建有河东惨案烈士祠，坐北朝南，面阔三楹 10.8 米，进深 8 米，总面积 790 平方米，砖混结构，混凝土浇筑屋面。院子有围墙，东西墙体呈扇形。院中植有柳树、松树等。

土峪天主堂

土峪天主堂（2012 年拍摄）

位于淄川区洪山镇土峪村东南，第五批省级文物保护单位。始建于清光绪十一年（1885 年），现存房屋 18 栋，是山东省最大的天主堂。原由美国教父王若瑟购得草房 7 间、闲地 3000 平方米，由德国人投资，先后建堂屋、神父楼、饲养室、磨坊 45 间。1937—1939 年，美籍主教杨光从美国教会筹资，由美籍神父向志远监督施工，拆除旧堂，新建若瑟天主堂。该建筑占地 7 亩，建筑面积 2300 平方米，房屋 153 间，设有教堂、神父楼、修女院、办公楼、教会初级小学、伙房、磨坊、饲养室、配房等。该教堂为哥特式建筑，圆弧形窗门，天棚绘有《耶稣善牧》《五饼二鱼圣迹》《梅瑟十戒》等 9 幅西式油画。教堂内还有祭台、圣体楼等其他陈设。此外还有记载耶稣受难始末的苦路 14 处，均用研磨后的青石刻成，富有中国特色。教堂正门房山上端有高 1.8 米的教堂主保大圣若瑟石像。1885 年至中华人民共和国成立前夕，先后有 13 个来自美国、德国、意大利和中国的神父在土峪教堂任坐堂神父。“文化大革命”期间，教堂遭到严重破坏，1982 年经部分修缮后恢复宗教活动。

罗圈八路军医院旧址

位于淄川区太河镇罗圈村，第五批省级文物保护单位。罗圈村原名罗圈峪村，始建于明朝，三面环山。抗日战争时期，八路军某部医院转驻罗圈村，为八路军山东纵队的抗战斗争提供医疗保障。八路军山东纵队将医院转至此处，村民将房屋腾出收留受伤战士，并按功能划分为病房区、手术区、办公室等功能区域，涉及 32 户、115 间房屋。抗战期间，多名八路军战士在此治病养伤，时任八路军二旅副政治教导委员袁升平（1995 年被授予中将军衔）当时也在该村养伤，罗圈村八路军医院旧址成为抗战时期八路军抗战的缩影。现部分房屋虽做了改建，但仍保持了原来的建筑风格。

大窎桥建筑群

位于淄川区罗村镇大窎桥村，第五批省级文物保护单位。建筑群包括王家大院、韩家大院两处比较有特色的明清建筑群。其中王家大院占地约 8000 平方米，是明清时期与桓台新城王氏家族齐名的淄川王氏家族的住所，有古建筑 40 余间，比较完整地体现了当时的建筑风格，是境内为数不多的古建筑群。韩家大院占地约 2000 平方米，有古建筑十几间，距离王家大院 160 米。两个大院相互呼应，见证了大窎桥村悠久的历史文化。

大窎桥建筑群——王氏庄园（2019 年拍摄）

大窎桥建筑群（2019 年拍摄）

张李民居建筑群

张李民居建筑群（2019年拍摄）

位于淄川区昆仑镇张李村，第五批省级文物保护单位。村内清末民初时期的建筑存量丰富，古村历史格局完整，风貌较好。现存王家大院、绪岳民俗博物馆等古民居院落两处及东庙等建筑，总占地面积5121平方米。王家大院位于张李村中心，为张李民居建筑群主要组成部分。王家大院为清光绪年间商户王士英家族所建，由主院、觅汉院、花园、戏楼、牲口棚等组成。其主院包括太和堂院、保和堂院、佛堂院、仓囤院及前场院等5个院落，房屋共计31栋，门楼7座，防御工事炮楼4座。主院的各进四合院北屋、西屋、南屋供居住、会客，均设有地炉取暖，东屋多为储物功能。主院四角布置防御工事炮楼，均占据街道咽喉，垛口墙平屋顶，室内墙上有隐蔽的射击孔，把守过境要道。院内设置夹墙、地窖与地道相通，可藏身亦可转移至村外。建筑群整体厚重质朴，兼具完善的防御功能，其建筑布局和形制为鲁中地区古民居的代表性实例。抗日战争初期，徂徕山起义与黑铁山起义部队在淄川会师，党史称“磁窑坞会师”，王家大院曾作为当时会议地点，有着重要的纪念意义。当时王氏家族捐赠了全部枪支，并送族中青年参军抗日。

第三节　市级保护单位

截至2019年12月，淄川区有市级文物保护单位54处。

1984年，郝家古瓷窑址、大汉政府旧址、太河惨案纪念地3处单位被列入淄博市人民政府公布的第一批市级文物保护单位。

1997年，三台遗址、莱芜故城遗址、般阳故城遗址、刘志霞墓4处单位被列入淄博市人民政府公布的第二批市级文物保护单位。

2006年，巨石文化遗存、鬼谷洞遗址、淄川华严寺、三台山古建筑群、路大荒故居、莲花庵、六龙桥、张至发墓、唐梦赉墓、鲁大小学旧址10处单位被列入淄博市人民政府公布的第三批市级文物保护单位。

2010年，七里遗址、北石谷遗址、小庄遗址、尚庄遗址、羊栏遗址、夏庄遗址、淄砚生产作坊旧址、九龙寨遗址、庞涓墓、昆仑汉墓、昭阳洞古建筑群、南韩泰山行宫、修真观、中坡地民居建筑群、蓼坞石桥、龙泉玉石街、大奎山摩崖石刻、金鸡峪摩崖造像、淄川矿北大楼、淄矿电厂德日建筑群 20 处单位被列入淄博市人民政府公布的第四批市级文物保护单位。

2014 年，扎山寺遗址、菩萨庙遗址、高捷墓、竹林寺、张至发故居、苏王禹王庙、齐山民居建筑群、马家文昌阁、西谭三官庙、北庄桥、水峪寺、康家坞张宅、一干渠万米山洞、田庄中学旧址、西河火车站旧址、悦升公司旧址、淄川煤矿北大井遗址 17 处单位被列入淄博市人民政府公布的第五批市级文物保护单位。

郝家古瓷窑址

郝家古瓷窑址（2012 年拍摄）

位于淄川区岭子镇郝家村东，第一批市级文物保护单位。窑址东西长 155 米，南北宽 67 米，面积 1 万平方米。窑址内原有一古河道，后平整为农田。20 世纪 80 年代初期，淄川区文物普查队和淄博市博物馆先后作了考察。窑址瓷片以白釉为主，黑釉次之，品种多为日常用瓷，整器多用单色釉，有灰、白、黑、褐釉等，另外还有绞胎瓷、三彩瓷和粉杠瓷等装饰工艺。雨滴釉、兔毫釉、茶叶末釉等结晶釉瓷器产品的烧制已十分成熟，白地绿斑釉瓷更加精美，并偶有少数窑变釉器。主要器型有碗、罐、灯。从标本的造型、釉色看，郝家窑烧造年代主要在北宋，与磁村窑南北窑洼区的兴盛时代同期。郝家窑充分证明了淄川地区制瓷业的繁荣。

大汉政府旧址

位于淄川区般阳办事处城三社区城里大街路北 299 号，第一批市级文物保护单位。“大汉政府”是清末刘德培起义军建立的农民政权。殿宇坐北朝南，现存正堂 3 楹，北殿 3 间，正堂面阔 12 米，进深 9.8 米，北殿面阔 11 米，进深 9.8 米，面积 225 平方米。旧址原为城里翟氏景山堂，房屋砖石结构，设有前廊，檐柱 3 根，圆形柱础，抬梁式木结构，硬山灰瓦顶，耍头规矩。原为隔扇门窗，正脊。添有走兽。20 世纪 80 年代，二路粮店将前檐用砖垒砌成墙体，2005 年正殿重修时更换了屋面。

清同治元年（1862年）刘德培起义，是淄博近代史上反封建的一次有影响的农民起义。它沉重打击了清朝的统治，在淄博人民反封建斗争史上写下了光辉一页。刘德培，淄川城东开河村人。当时山东农民所负担的国家税收，主要有地丁银和漕粮。清朝官吏擅将折价银成倍增加，把漕粮的合勺零散凑成升，即“合勺成升”，从中贪污自肥，盘剥百姓，激起民愤，于是刘德培发动农民开展了声势浩大的抗漕斗争。1862年，在原县治东路北翟氏景山堂，建立了农民政权“大汉政府”，公开举起了反清大旗。1863年被清军镇压，起义失败。

太河惨案纪念地

位于淄川区太河镇南下册村南500米处的豹眼山半山腰处，第一批市级文物保护单位。太河惨案纪念碑坐西朝东，碑前有3个平台，94级台阶，碑身高13.58米，宽2.5米，厚1.97米。碑身由花岗岩垒砌，中间镶嵌汉白玉上有黎玉题写的“太河惨案死难烈士纪念碑”11个大字。碑帽为花岗岩挑檐，底座用混凝土浇筑。1939年3月，八路军山东纵队第三支队选派62名干部及护送战士共270人，到鲁南山东军政干部学校和延安抗日军政大学学习，途经太河时遭到国民党顽固派第五纵队王尚志部突然袭击，除60余人脱险外，210名干部战士或遇难或被俘。这就是震惊全国的“太河惨案”。为纪念太河惨案烈士，1985年8月，市政府在钓鱼台上建起了太河惨案死难烈士纪念碑，并派专人撰写了碑文。

三台遗址

位于淄川区昆仑镇三台村西南，第二批市级文物保护单位。遗址西北两面濒临范阳河，地势较高，呈南北走向，总面积1.5万平方米。1998年，修建滨博高速公路时，将遗址分割成东西两片。东片靠近村庄，村民取土建房，大部遗址被毁。现存西部遗址尚未遭到较大破坏，采集器物包含从龙山文化到东周时期的遗物，尤以龙山文化遗物最为丰富，有石铲、陶罐、陶盆，以及泥质磨光灰陶片、泥质灰陶片等。该遗址足以证明淄川是早期人类活动的地区之一，为研究龙山文化提供了实物资料。

莱芜故城遗址

位于太河镇城子村，第二批市级文物保护单位。遗址周长1558米，面积159737平方米。地处淄河上游，一面临山，三面环水，战略位置极为显要。春秋战国时期又是出齐入鲁、楚、吴、越的必经之地，离齐国首都临淄只有50公里，从淄河顺流而下可直达临淄。作为通向齐都的咽喉，齐国在这里设立齐兵营，布重兵把守，卫戍京畿。莱芜故城建有规模宏大的城堡，城子四周建有土

莱芜故城遗址——城子村（2012年拍摄）

筑城墙，城门为楼阁式建筑，一层为券洞式，二层建有房屋，上面有驻军防守，原城墙高约7米，宽3米，南北有城门通道，是一处重要的早期军事防御设施。公元前576年，齐灵公灭莱子国。莱子国自今龙口、莱阳一带往西迁徙，在此建城为邑。后又迁居现在的莱芜。据史书记载：东清河郡贝丘县［南朝宋永初元年（420年）改般阳县为贝丘县，隋开皇十八年（1598年）改贝丘县为淄川县］有莱芜城，即此，系汉代古城。原莱芜故城城墙旧址大部废圮，唯北墙尚有残存，20世纪50年代尽废，遗址现为城子村落和农田。1956年拆墙挖土造田时，曾出土过战国时期的铜镞、铜剑。1964年，在遗址范围内出土了彩绘红陶壶、白陶单耳杯、红陶罐等一批陶器，为典型大汶口文化晚期器物。现在沿着淄河河床的痕迹，仍可见城墙残垣断壁以及被水冲刷淤积的瓦砾陶片等。

般阳故城遗址

位于淄川城区内，第二批市级文物保护单位。故城城墙遗址南起留仙湖公园东北角，东到原淄川拖车厂宿舍，北至松龄东路，西至孝妇河。南北长1022米、东西宽916米，面积93万平方米。淄川古称般阳，秦汉之际置般阳县，因位于般水之阳而得名，距今已有两千多年。般阳故城汉初建有土城。据《淄川县志》记载，淄川土城，周围七里三十步。城高两丈。池深八尺，阔一丈五尺。四门皆砌以砖，各设更楼。四门之外各建一石桥（现仍存南门、西门两座），明弘治十四年（1501年）重修，规制如龟，故曰“龟城”。嘉靖十四年（1535年）加砖垛。万历七年（1579年）建瓮城，设重门。四门之上均建城楼，城墙四隅各设一角楼。崇祯九年（1636年）知县韩承宣将土城改建为石城，内外坚致。崇祯十一年（1638年）建空心楼8座，城四面设炮眼各24个，城门上备有防守大炮100余门。城墙垛口上配有护城毡、遮箭帘等军用设施，四门外护城河环城而流。康熙七年（1668年）六月地震，城楼崩。康熙二十一年（1682年）遭大雨，城墙崩损30余丈。后重修如故。

原城内矗立着十几座坊表，大都建于明代。县衙规模宏大，内有戒石，上书“下民易虐，上天难欺”。还有城隍庙、文庙（般阳书院）、魁星楼等。可惜这些古老的建筑大部毁于战火和“文化大革命”。现残存留仙湖北侧一段120米长的明代石墙，东侧保存一段长50米的汉代土城墙。般阳故城遗址出土文物有汉代陶灶、陶罐，魏晋时期碑刻，唐代青釉碗，宋金三彩狮子，以及全国五大名

般阳故城汉城墙遗址（2012 年拍摄）

般阳故城明城墙遗址（2012 年拍摄）

窑的瓷器等，充分印证了般阳故城悠久的历史和深厚的文化底蕴。

刘志霞墓

位于淄川区罗村镇东 150 米处，第二批市级文物保护单位。墓坐东朝西，南北长 4.28 米，东西宽 3.56 米，面积 15.2 平方米，墓高 1 米，四周砌有花墙。墓前有一墓碑，砖砌碑楼，材质为石灰石，碑高 1.18 米，宽 0.62 米，碑文阴刻，碑上方文字为“一九四八年二月殉难”，中间大字为“刘志霞烈士之墓”，下方为“一九六四年三月罗村公社大队全体社员敬立”。墓东南侧原为村纪念堂，现已荒废。

刘志霞墓（2012 年拍摄）

巨石文化遗存——蛤蟆石（2012 年拍摄）

巨石文化遗存

位于淄川区洪山镇北工村委西北 500 米处，第三批市级文物保护单位。巨石形如蟾蜍，坐西向东，长 5.4 米、宽 3 米、高 2.8 米。据《淄川县志》记载：“县东五里杜坡村西，巨石横卧，形如蟾蜍，色黝黑，高数尺，其上方可坐数人。”因巨石形如蟾蜍，当地人叫“蛤蟆石”，石质为砂页岩，为远古冰川运动所形成。

鬼谷洞遗址

位于淄川区双杨镇藏梓村东300米处的梓橦山风景区内，第三批市级文物保护单位。洞高2.76米、宽1.80米、长80米。原洞大部已毁，今洞为1992年重建。鬼谷洞遗址传说为鬼谷子讲学授徒的地方，现已建成风景旅游区。洞南侧存有明万历年间淄川八大乡绅为纪念鬼谷子2000年诞辰修建的无字碑盘龙帽1尊。传说鬼谷子姓王名诩，生活在春秋、战国之际，是中国纵横家的鼻祖。鬼谷子曾游学至齐，在梓橦山鬼谷洞讲学授徒。《淄川县志》载："鬼谷洞，县东十五里梓橦山后。相传鬼谷先生隐居于此，弟子孙膑、庞涓、苏秦、张仪辈五百余人。"苏秦、张仪、孙膑、庞涓就是在梓橦山鬼谷洞受到鬼谷子真传而名扬天下。鬼谷子的主要著作《鬼谷子》，是鬼谷子学说的精髓，由后代学者根据言论整理而成，是历代学者、高人谋士研究的一部智慧巨著。

淄川华严寺

华严寺观音阁（2012年拍摄）

位于淄川区昆仑镇磁村村西南凤凰岭上，第三批市级文物保护单位。寺院坐北朝南，呈梯形。南北长106米、北部东西宽79.5米、南部东西宽62.5米，面积7718平方米。始建于唐开元元年（713年），距今已有1300年的历史。据传为印度高僧所建，又传是为救王有功的十三棍僧，唐玄宗拨巨资修建，并携带臣眷三次到寺进香拜佛。历代屡有修建。明永乐十七年（1419年）、明嘉靖七年（1528年）与十五年（1536年），清乾隆、同治年间均做过大的修葺，现存建筑玉皇阁、文昌阁、魁星楼、观音殿为明代遗构，余皆清代重建。其中玉皇阁为二层砖石结构，单脊，硬山顶，屋面施黄琉璃瓦，置脊饰吻兽，脊刹为元宝顶。耍头规矩，雕有"风调雨顺，国泰民安"八个大字。设前廊，有四根檐柱，隔扇门窗。一层为石墙，石发券拱形门窗，门口有月台。现存松柏两株，为建寺时初植，玉皇阁东有一高 15 米，胸径 1 米，树冠 13 米的银杏树，已有 1000 余年的历史。华严寺是由佛教中的《华严经》《华严咒》而得名，原为十三进院落，现院落大部已毁。

三台山古建筑群

三台山古建筑群远景（2012 年拍摄）

位于昆仑镇刘瓦村东三台山顶，第三批市级文物保护单位，古般阳二十四景之一。三台山庙宇是一座儒、释、道三教合一的寺院，始建于唐代，明天启年间重修。此后历经风雨侵蚀、战乱等，损毁殆尽，原建筑仅存玉皇殿。现存的庙宇为 2002 年重建，为上下两个院落，有石栈道相连，总占地 2500 多平方米，共有房 7 栋。上院的主殿玉皇殿为砖石结构，面阔 9.4 米、进深 7.6 米。施灰筒瓦，硬山顶，置脊饰吻兽，脊刹为二龙戏珠，檐角飞翘。设前廊，有 4 根檐柱，砖发券门窗。门口有踏跺。下院主殿碧霞祠为砖石结构，面阔 8 米、进深 6.2 米。黄琉璃瓦歇山顶，斗拱檐，脊刹为元宝瓶，隔扇门窗。大殿前廊有 8 根檐柱，门前有垂带踏跺。山门外有 400 多级台阶直通山下。

路大荒故居

位于菜园社区的路大荒故居（2019 年拍摄）

位于淄川区松龄办事处菜园社区 207 号，第三批市级文物保护单位。故居坐北朝南，为一进院落，面阔 25.3 米、进深 22.2 米，面积 561.7 平方米。进大门在西，有正房 3 楹，为路大荒的出生地；东西配房各 3 间，西北屋 2 间，南厢屋 3 间。北屋前有月台。砖石结构，硬山顶，木制门窗，屋面现已换成红瓦。整体结构为北方四合院建筑风格。

莲花庵

莲花庵（2012 年拍摄）

位于淄川区罗村镇，第三批市级文物保护单位。《淄川县志》记载：“县东北二十里，河东庄西，石岗状类莲花，上建白衣庵，名曰青莲。”寺院坐南朝北，南北长 96 米、东西宽 52 米，面积 4992 平方米。原为一处道教建筑，只有碧霞元君行宫一座，始建于明天启年间，清乾隆三十五年（1770 年）、四十一年（1776 年）重修扩建。主要建筑有碧霞元君行宫、观音阁。为二层楼阁式建筑，面阔 3 楹 11.6 米，进深 5.8 米，高 7 米。砖石结构，硬山顶，灰瓦覆面，木制门窗，门窗上部为半圆形砖发券，屋顶均用木椽结构，重梁起架，一楼下有阶梯直通二楼，为典型明代建筑风格。2007 年重修后，施彩绘，东楼悬钟，西楼置鼓，新增山门、十大夫庙、炉神姑庙、地藏王殿、念经堂及僧人用房。钟楼前东南侧有一经幢，上部已残，下部有八棱底座，有“公灵塔徒弟聪慧聪贵孙普明曾孙元孙修”等字样，其余字迹已模糊不清，可知为僧人灵塔。寺院西侧中间广场处铸有铜质观音塑像，为露天竖立。在院西有 7 通石碑保存较好，为清乾隆四十二年（1777 年）、1925 年重修碑记和功德人名录。

六龙桥

20 世纪 30 年代的六龙桥

位于淄川区将军路街道办事处西关一社区东孝妇河上，第三批市级文物保护单位。桥东西走向，石结构拱形桥，古称“孝感桥”“六济桥”，始建于明万历四十三年（1615 年）。修有七大八小 15 个石拱桥孔，皆为石结构。桥东西长 87 米、南北宽 15 米、高 6.2 米、拱高 3.2 米，面积 610 平方米。据明嘉靖二十五年（1546 年）《淄川县志》记载：“孝感桥，县治西门外孝妇河上，废。”清乾隆四十一年（1776年）重修《淄川县志》载：“六龙桥，县治西门外孝妇河上，万历中知县王时和建，是岁秋，举者六人宾行于桥上，遂名焉。”六龙桥，历史上曾多次修葺。现石桥为明代建筑结构，历代重修对桥面、护栏改动较大。1956年去掉砖砌桥栏改为钢筋混凝土。1981年重修，2006年又重新进行了维修，桥面中间隆起，安装了青石护栏和栏杆，至今仍存古桥遗风。

张至发墓

位于淄川区双杨镇坡子村东南，第三批市级文物保护单位。墓坐北朝南，占地200平方米。原墓前有神道、牌坊、旗杆、石像生等，墓室为青砖砌筑，20世纪60年代被盗掘。墓址尚存。现存祠堂一处，房屋9间，大部分砖墙剥蚀，屋顶漏雨。在祠堂西南角有3通石碑，为张家墓碑，年代为清乾隆四年（1739年）。原牌坊上“圣旨特旌”碑，现保存于一张姓村民家中。

张至发墓（2012年拍摄）

唐梦赉墓

当地人称唐太师墓，位于淄川经济开发区前孟社区南（淄川经济开发区马莲山路与焕山路交叉路口西南墙角处），第三批市级文物保护单位。原墓封土高4米、直径15米，墓前有石供桌、墓碑，1958年和“文化大革命”中被挖掘，墓碑被砸，现墓址尚存，并于2013年重修。

唐梦赉墓（2019年拍摄）

鲁大小学旧址

位于淄川区洪山镇太和村东，第三批市级文物保护单位。始建于1925年，1942年建新校，建筑面积5000余平方米，原有教室5栋、礼堂1栋、食堂1栋。原为鲁大公司开设的矿工子弟学校，中华人民共和国成立后先后为洪山中学、洪山小学。建筑总体保存完整，结构稳定，具有典型的德、日建筑风格。2005 年学校搬迁新校址，无人使用，门窗大部分已被破坏。

七里遗址

位于淄川区将军路街道办事处七里社区北，第四批市级文物保护单位。遗址东北两面临孝妇河，南为七里村新建宿舍楼，向西为张博公路（205 国道）。遗址大部分是麦田，东北角有少量树木，总面积 12 万平方米。该遗址南部文化层堆积在 1—1.5 米，东北 0.5 米左右，包含了商周时期的遗物，尤以东周文化遗存最为丰富。出土有豆、罐、纺轮等，纹饰为粗、细绳纹，材质多为泥质灰陶，少数为加沙陶。该遗址是淄川地区一处典型的商周聚落遗址。

北石谷遗址

位于淄川区将军路街道办事处北石谷社区，第四批市级文物保护单位。遗址为河旁 1—3 级台地，东西长，南北短。东部靠近村西的道路，北面是村中通往张博路的一条乡村公路，南面、西面临孝妇河。遗址大部分是麦田，最西边有少量树木，总面积近 21 万平方米。文化堆积一般在 0.5 米，断崖上堆积丰厚，平地堆积稀疏，为一处战国至汉唐时期的遗址。出土主要器物有灰陶豆、罐等，纹饰为粗、细绳纹，多泥质灰陶，少数为加沙陶。

小庄遗址

位于淄川区双杨镇小庄村南约 300 米，第四批市级文物保护单位。遗址面积约 1.5 万平方米，文化层堆积厚度为 1—3 米。主要出土器物有灰陶鬲、罐、盆、豆、板瓦等，文化性质与时代约为商周到汉代。

尚庄遗址

位于淄川区龙泉镇尚庄村北，第四批市级文物保护单位。遗址与村庄相连，南北长 120 米、东西宽 160 米，面积约 2 万平方米。为临河二、三级台地，西与西北临般河，东与村庄相连，南有一条乡村生产路，北边是村里砖厂取土所形成的断崖，砖厂取土毁坏的部分占原遗址的 1/3。从断崖看遗址的文化层厚度在 2 米左右，出土文物有罐、碗、盆、骨器、纺轮等。从出土器物和采集标本特征分析，该遗址是一处龙山文化遗存，下限可延续到汉代。2005 年遗址内曾出土一面直径 30 厘米的汉代铜镜，现藏于淄博市博物馆。

羊栏遗址

位于淄川区双杨镇杨兰村，第四批市级文物保护单位。遗址东为张博铁路，西为孝妇河，北为养殖场。大体成方形，面积达2000平方米。主要出土器物有灰陶鬲沿、罐沿、豆、板瓦等。

夏庄遗址

位于淄川区开发区夏庄村北100米处，第四批市级文物保护单位。该遗址向西为黄杨公路，向东150米处为渡槽，北侧为贾村南新修的道路。遗址表面大部分是麦田，总面积8.5万平方米，时代为东周至汉代。遗址文化层堆积在0.3—0.5米，出土标本有豆、罐、瓦等。纹饰为粗、细绳纹和弦纹。相传遗址中心处为孔子七十二弟子之一的公皙哀墓。原墓直径20米，封土高7—8米，墓碑高2米多。墓葬在“文化大革命”期间被毁，墓碑被砸，据村中老人讲墓室尚未盗掘。

淄砚生产作坊旧址

位于淄川区罗村镇河东村东北仙岩洞下，第四批市级文物保护单位。洞口朝东，宽1.8米，高1.7米，洞长5000余米，洞内砚石分12层，面积30000余平方米，砚石始开采于汉，迄今已有2000多年的历史，主要以固石和灰堂石两种，多系黑色或黑灰色砂质泥岩。因固石含硫化铁而呈现黄色金点和金丝，石质软硬适度，软则容易精雕细刻，硬则发墨不易磨损，用其刻砚，雅俗共赏。开采工具主要有凿、撬等。淄砚到宋代达到鼎盛，范仲淹、苏轼、米芾、陆游都择用淄砚，唐彦猷的《砚录》说：“淄石可与端歙相上下。”明人余怀的《砚林》记载：“宋熙宁中尚淄砚，神宗择其佳者赐司马温公。”蒲松龄创作《聊斋志异》，就曾用过淄砚。北京故宫博物院存有一方汉代淄砚。淄砚作为一种古老的文化产品，现在依然生产且被人们所追捧，成为淄川重要的文化产品。淄砚石矿遗址的完整保存，对于研究淄砚文化具有重要意义。

九龙寨遗址

东石村九龙寨遗址（2019年拍摄）

位于淄川区太河镇东石村南1公里的山岭上，第四批市级文物保护单位。山寨西侧为西石村，东边是悬崖，北面距峨庄河500米，南面为山岭。占地面积2629平方米，海拔470米。山寨呈南北走向，分内外两层，均呈椭圆形，南北长、东西短。内寨在南部有一个寨门，外寨在西南和西北各设一寨门。寨墙宽1米，残高4米。南门寨墙上建有一小石庙，外寨西边寨墙中部有一水井。内寨与外寨之间均建有房舍。寨南门外有石碾1盘，石臼和石香炉各1个。该山寨保存较完整，功能比较齐全，对研究当地古民居和人类生存环境具有一定的史料价值。

庞涓墓

位于淄川区将军路街道办事处将军头社区东50米处，第四批市级文物保护单位。墓坐北朝南，原墓封土高8米，直径25米。墓冢前立石碑1通，高1米，宽0.6米，碑额刻“昭明古迹”四字，中间刻“魏将军庞涓墓”，上首刻“明嘉靖十三年冬月上浣谷旦”，下首刻“济南府淄川县李公立”。原墓毁于20世纪60年代，2009年5月增添封土，周围用块石垒砌，并灰砖铺地，重立碑碣。

庞涓，战国时期魏国大将。公元前341年，齐魏“马陵之战”兵败自刎，齐国得其首级葬于孝妇河畔，村子因此叫“将军头”。《淄川县志》载：“相传孙膑减灶破魏兵，涓自杀。韩赵以涓常暴于彼，与齐兵分其尸，齐得其首，葬之。”

昆仑汉墓

位于淄川区昆仑镇奎四村北1200米处砖厂北，第四批市级文物保护单位。当地群众称之为“王坟”。墓周长128米，直径40米，占地面积860平方米。封土高12米，四周陡峭。墓北部距顶部4米处有一洞，为寻“上水石”者所挖。墓周围出土过斗、盘、陶片、人骨、牙齿等文物。冢顶长满灌木和杂草，散落着陶器残片。墓南50米处原有一巨石，称“拜将台”，现已被村民当石料开采，荡然无存。该墓墓主不详，未被盗掘。明清《淄川县志》有记载。该墓为研究淄川地区汉代丧葬习俗及社会经济文化提供了实体物证。

潭溪山昭阳洞（2012年拍摄）

昭阳洞古建筑群

位于淄川区太河镇石沟村东北潭溪山上，第四批市级文物保护单位。相传南北朝时，北魏昭阳太子目睹皇室争权夺利，萁豆相煎，毅然抛弃皇权而隐居于此，故称昭阳洞。山上有美人峰、上天桥、下天桥、北洞、南洞、高门洞、王小洞等自然景观，还有北魏昭阳太子隐居的书房及将军庙等遗迹。北洞分上下两层，洞右侧原有碑刻 1 通，由昭阳洞住持道人高和云书写，碑名为“记新建潭溪山观音堂善事”。碑宽 0.4 米、高 0.6 米，为清嘉庆年间立。上天桥有上中两桥组成，桥高数丈，宽不足 1 米，地势险要，桥里面有一洞穴。下天桥也叫升仙桥，是进昭阳洞的必经之路，桥北头有龙宫庙，有龙宫神像 1 尊，桥南是南洞，面阔 6.7 米、进深 5 米、高 4 米。洞内滴水成泉，内有龙王庙（现村民改为观音堂），洞中有“三教同源”石刻横卧地上。《昭阳洞记》石碑保存较好，字迹尚可辨。

南韩泰山行宫

位于淄川区罗村镇南韩村东南，第四批市级文物保护单位。庙坐北朝南，原为一个院落，大门朝南，前边有文昌阁、钟鼓楼、三官殿、娃娃殿等建筑，原建筑大部已毁，现只存泰山行宫和三官庙，面积 356 平方米。泰山行宫面阔三楹 9.3 米、进深 5.6 米。原为娃娃殿，后改建成泰山行宫。砖石结构，硬山顶，无梁砖发券起拱。根基底部为青石，上部为砖砌，前檐为圆形，石檐上有两层砖砌小檐，呈“丁”字形。檐下有四个砖雕，两侧有砖作雀替。门窗为拱形砖发券，门上面有一半拱形石块组成，图案为莲花纹，灰瓦顶，木制门窗。殿前有砖砌平台和花墙，正中是台阶。南殿为三官殿，东西长 11.32 米、南北宽 5.85 米。砖石结构，硬山顶，木制门窗，石檐，灰瓦面。2006 年村民重修时做了维护性调整，更换了屋面，正脊正吻，添置走兽。

修真观

位于淄川区将军路街道办事处七里社区，第四批市级文物保护单位。始建年代应为元代。据《淄川县志》记载，元至治元年（1321 年）寺观就已存在，明洪武二年（1369 年）重修，又名“真宫观”，也叫“长春观”。寺院为二进院落，坐北朝南。南北长 42 米、东西宽 42 米，呈正方形，占地 1764 平方米。有房屋 6 栋，卷棚 1 个，钟楼 1 座，山门 1 座，碑刻 3 通。其中正殿建筑为明代遗构，余皆清代后次第重建和维修。正殿为砖石结构。单脊，抬梁式混合结构。硬山顶，施青筒瓦。置脊饰吻兽，脊刹为二龙戏珠。隔扇门窗，过道式门厅，卷棚前有两根檐柱，圆形柱础，梁枋施油彩画，耍头规矩。大殿后期改建修缮的痕迹较重，主体建筑仍保留原建筑风格。

中坡地民居建筑群

位于淄川区西河镇中坡地村，第四批市级文物保护单位。占地面积 67800 平方米。村始建于明初，初名坡地，清末始称中坡地。村内现保留较完整的清同治年间兴建的 4 个村寨门，北门谓“景山”、南门曰“波会”、东门称“东昇”、西门叫“煦日”。四门匾额皆正楷阴刻，镶嵌在城门正面，

“文化大革命”中被人用水泥抹平，遮盖起来得以保存，连接四门的围墙用当地石灰石垒砌，现存围墙 300 余米。村以东西门为主街道，村内大街上有数棵古槐，为建村时初植，见证了村庄的发展历史。现存碑刻 4 通，庙宇 1 座。古村寨随着村庄的扩展已被现代民居所包围。

蓼坞石桥

位于淄川区寨里镇蓼坞村东西大街上，第四批市级文物保护单位。桥东西走向，始建于清康熙五十六年（1717 年）。石桥为单孔，拱形结构。长 16 米。宽 3.5 米、高 8 米。拱脚踏在天然砣石上，根基坚固。砌拱用石规格相同，且打磨精细，共计 22 排，每排 6 块。拱洞两侧填砌同样石块。桥面青石板铺设，两侧石护栏。各有 8 根石柱。石柱高 1.14 米、宽 0.35 米。每根石柱顶部分别雕刻四升、四斗、四莲花、四和尚图案。桥两边各有一尊龙卷石鼓，桥底部为沟底河道，桥拱建在岩石上，两侧为石灰岩层。在桥西现存三截石碑，为通济石桥碑记，碑已残，但字迹尚可辨。桥四周植被茂密，以槐树、榕树为多。

龙泉玉石街

位于淄川区龙泉镇龙一、龙二、龙三、龙四村中，第四批市级文物保护单位。街道呈南北走向，现存较完好的一段有 440 余米，建于清末民国初。玉石街用方正的大块青石整齐地按照一定的规律铺成。青石由于岁月的风雨侵蚀和历代行人的穿梭磨砺，已变得光滑，温润如墨玉。过去玉石街一直是龙口古镇的商贸、文化中心，龙口大集也设在这里。当时的玉石街两侧店铺相连，沿街建有高大的门楼，青砖灰瓦，飞檐斗拱，里面大都是连着长长过道的三进院落。现在街两旁青砖灰瓦的房屋多数已无人居住。玉石街充分反映了当地的历史传统、文化风貌，为研究当地文化、民风风俗提供了实物资料。

大奎山摩崖石刻

大奎山摩崖石刻（2012 年拍摄）

位于淄川区昆仑镇大奎山南麓的山崖石壁上，第四批市级文物保护单位。石刻面朝东南，高 0.6 米、宽 1.2 米，字为阴刻楷书，共 43 字。字迹清晰可辨，有“天圣十年九月一日记”字迹。“天圣”为宋仁宗年号，距今已有 900 余年。由于摩崖石刻常年暴露在野外，风刮雨淋，现字迹已风化，受到一定程度损坏。

金鸡峪摩崖造像

位于淄川区岭子镇下店村南约2500米处的悬崖上，第四批市级文物保护单位。是淄川境内唯一一处保存较完整的明代摩崖造像。造像坐西朝东，悬崖下原有一庙宇，名孤石大夫庙。庙毁于“文化大革命”，现遗迹尚存，孤石大夫碑保存尚好，字迹尚能辨认，系明代崇祯三年（1630年）立，记述了孤石大夫庙建立情况。庙北约15米处悬崖上有浮雕神像一组，中间神像高0.9米，宽0.7米，闭目端坐，双手扶膝，两侧各有一小像，高0.4米，宽0.1米，直立。石像个别部位有伤毁。现当地村民依悬崖建了一座砖石结构小庙，使摩崖造像免受风雨侵蚀，得到了有效保护。

淄川煤矿北大楼

位于淄川区淄博矿务局方大工程公司院内，第四批市级文物保护单位。楼坐北朝南，为石结构、半地下室式三层楼房，东西长36.3米，南北宽16米，高12米，面积576米。该建筑为德国建筑，始建于19世纪初。门窗为石发券，混凝土浇筑楼顶，上部为半圆形。楼前面有8根石砌石柱凸于墙外，石料全部打凿成蘑菇片石。原为德国开办的“大荒地”煤矿办公楼，中华人民共和国成立后为淄川煤矿办公楼，后成为淄博矿务局党校办公楼，现为山东方大工程有限公司办公楼，具有典型的欧式建筑风格，具有一定的历史、艺术研究价值。

淄川煤矿北大楼（2012年拍摄）

淄矿电厂德日建筑群

位于淄川区洪山镇淄博矿务局电厂院内，第五批市级文物保护单位。该建筑始建于19世纪初，为德国电厂的办公楼。楼坐南朝北，为二层楼房。东西长19米、南北宽16.5米、高12米，面积313.5平方米。楼为砖石结构，灰瓦硬山顶。原为木质门，门上安有雨挡，窗户狭长。楼为毛石根基，墙面为水泥拉毛，楼前有4根墙垛凸于墙外。

扎山寺遗址

位于淄川区寨里镇南峪村东 1.5 公里处的山坡上，第五批市级文物保护单位。遗址现存石碑共 5 通，原为扎山寺庙碑刻，庙毁后碑刻幸存。碑刻由碑帽、碑身、底座组成，材质为石灰岩。碑刻内容大部分为重修扎山庙碑记，年代为清光绪四年（1878 年）、光绪十三年（1887 年）。

菩萨庙遗址

位于淄川区将军路街道办事处北石社区东南，第五批市级文物保护单位。大殿坐北朝南。原庙宇为一进院落，南大门。有正殿 3 间，内塑观音等塑像，建有东西配房。东北侧建有石大夫庙，为土地庙，已毁。20 世纪 90 年代改建为村委会办公室，2007 年村民在原址复建部分建筑。现庙宇为殿堂五间，砖石结构，硬山顶，正脊正吻。原为红瓦，现油漆为黑瓦。西侧建有三姐殿。

高捷墓

位于淄川区经济开发区招村社区村北高氏祖茔内，第五批市级文物保护单位。墓坐西北朝东南，占地 30 余平方米，为高氏后人近年修复。高捷，字中白，号连城，淄川招村人，高氏旁支，明嘉靖至崇祯初人，殁时七十余岁，后人称为“中白公”或“淮上公”。高捷自幼聪慧，素有“才子”之誉。十五岁中秀才，万历二十五年（1597 年）高中解元，七年后登进士第，出为淮安知府，其间适逢山东灾荒，难民纷至，他开办粥厂，施医救人，全活 15 万人之多。巡按上表赞为“汲黯发粟河内，富弼救赈青州”，受到朝廷赞赏。后升迁至江西道御史。一生为官廉洁奉公，勤政爱民，入邑乡贤祠,《淄川县志》有传。

竹林寺

位于淄川区太河镇林泉村北，第五批市级文物保护单位。寺坐北朝南，二进院落，山门为天王殿，西厢房为三圣殿。现存建筑天王殿、大雄宝殿为明代遗构，余皆清代扩建或重修。正殿为大雄宝殿，东西宽 42 米、南北长 60 米。山门为单檐硬山顶，前廊卷棚，抬梁式混合结构，灰瓦覆面。2004 年 4 月重修天王殿和大雄宝殿，并塑佛像。山门西侧有 7 通石碑，垒在墙上。碑文记载：“竹林寺始建年代为元代，明正德年间，清康熙年间、乾隆年间、嘉庆十二年（1807 年）、道光十二年（1832 年）皆重修。因寺内外竹林茂盛，故名‘竹林寺’。”

张至发故居

贾村张至发故居北厅（2012年拍摄）

位于淄川区经济开发区贾村大街路北，第五批市级文物保护单位。坐北朝南，原建筑有两个院落，大门和二门，始建于明末崇祯年间，清代屡有修葺，现存建筑为明代遗构，距今已有370余年。主要建筑有大中两门，北厅和东、西厢房。现存故居为一过厅式建筑，房屋3楹，面阔11.45米、进深7.1米，面积81平方米。砖石抬梁混合结构，硬山式布灰瓦顶。设有前廊，檐柱4根，圆形柱础，廊柱刻有垂珠、雀替，耍头规矩，隔扇门窗，正脊正吻，添有走兽。二门为过厅式大门，木结构，保存较好。

苏王禹王庙

苏王村禹王庙（2012年拍摄）

位于淄川区昆仑镇苏王村西南1公里处禹王山顶，第五批市级文物保护单位。禹王庙是为纪念大禹治水而建，清康熙、乾隆年间重修。禹王庙为一进院落，坐北朝南。南北长40米、东西宽30米，占地1200平方米。主要建筑有山门、影壁、禹王殿等。山门为砖发券圆洞式，门脸上方镶嵌一石刻“禹王山祠”。山门前南有一砖砌影壁墙，正面有一砖雕“神”字。禹王殿房屋三楹，砖石结构，用当地红山石垒砌，面阔8米、进深7.2米，硬山顶。施青筒瓦，置脊饰吻兽，脊刹为元宝形。设前廊，有4根六棱石檐柱，圆形柱础，门与前檐下装饰板为木质，梁枋施油彩，红石直窗棂，红石发券屋顶，门前有垂带踏步。僧房5间唯剩残墙。大殿两侧原各有卷棚，现已不存。东南侧有一古松，为建庙初植。东墙处有一米臼，保存完整。自20世纪90年代中期，寺庙次第扩建，先后建有玉皇殿、白衣殿、地藏王殿、财神殿、王灵官庙、石大夫庙、山神庙等。2007年新建碑亭。整栋建筑仍保留明代建筑风格，大殿后期修缮的痕迹较重。

齐山民居建筑群（2019 年拍摄）

齐山民居建筑群

位于太河镇齐山景区内，第五批市级文物保护单位。现存的大小民居建筑将近 200 座，其中最早的居民建筑距今 200 多年，是典型的两进四合院。由于古村落所处的地形条件，居民建筑大多依据地势沿道路两侧布置，大小变化不一，一般由正房、厢房、倒座围合成南北朝向的院落。多进院落之间使用夹道连接，围绕中心院落有序向外发散，形成复杂的多进院落组团。这样的平面组织方式，主次分明，辈分有序，各支系脉络清晰，形成了齐山古村落民居建筑群。“进士故居”作为全村规模最大的居民建筑组群，也是齐山古村落至今保留最为完整的一座私塾，建于清光绪十六年（1890 年）。住宅内原有门屋、房院、私塾院和藏书楼等，但现存建筑除西向的门屋保留了原有风貌外，其余房舍皆经历了后世的改建。

马家文昌阁

位于淄川区洪山镇马家庄西南，第五批市级文物保护单位。坐北朝南，南北长 41 米、东西宽 35 米，面积 1435 平方米。有北殿（文昌阁）1 栋，东殿 3 间，西殿 3 间，白衣殿 3 间，门楼 1 间。其中东殿、西殿及白衣殿为原址复建。文昌阁为砖石结构，两层，面阔 10.2 米、进深 5 米，屋面施青筒瓦，置脊饰吻兽，脊刹为二龙戏珠。梁枋施油彩画，砖发券门窗，门前有垂带踏跺。整个建筑保存完整，具有清代建筑风格。

马家庄文昌阁（2019 年拍摄）

西谭三官庙

位于淄川经济开发区西谭社区东南角，第五批市级文物保护单位。庙坐北朝南，始建于清康熙年间，原建筑有三个院落、山门、钟鼓楼组成，山门前有庙台、古松。庙后有一院落为玉皇阁，玉皇阁东侧院落为镇宫殿。现只存三官庙院落，其余皆毁。庙正殿3楹，面阔9.8米，进深4.6米，面积45.1平方米。庙为抬梁式混合结构，硬山灰瓦顶，正脊正吻，砖做耍头，添有走兽，梁上有双龙浮雕彩绘。庙内有塑像为天官、地官、水官。现存“都会府”碑刻1通，为清康熙四十九年（1710年），楼阁式山门为2009年6月村民重修。

北庄桥

位于淄川区龙泉镇韩圣村，第五批市级文物保护单位。桥呈东西走向，为单孔石拱桥，横跨在穿村而过的般河上。桥面长10米、桥宽4.8米，占地面积50平方米。桥面为青石铺成，设有护栏。护栏镶有石灰石柱，并雕刻花卉和动物，桥两侧石柱上刻有四升、四斗、四莲花、四狮子图案并镶嵌石鼓，保存较完整。此桥结构稳定，能够体现当时的建筑风格。

韩圣村北庄桥（2012年拍摄）

水峪寺

位于淄川区磁村镇滴水泉村西北1.5公里处的山峪中，第五批市级文物保护单位。为明代青云寺住持僧人智慧和尚开凿的一处石窟寺，坐北朝南，由6个天然岩洞组成，由西往东依次为西朝阳洞、朝阳洞、东朝阳洞、罗汉洞。洞口均为青石垒砌，呈拱形。朝阳洞洞口高2米、拱宽1.2米。洞内有5尊残石雕佛像，洞穴上方崖壁凿有3尊浮雕佛像，洞内原供奉石佛，石佛高如常人，左右各有两个罗汉。洞前正前方7米处，原建有高4米的七级佛塔，“文化大革命”期间被毁，石窟内石佛像残件仍保存在洞内。水峪寺石佛造像为研究淄川地区石佛造像艺术提供了实物资料。

滴水泉村水峪寺（2012年拍摄）

康家坞张宅

康家坞村张宅（2019 年拍摄）

位于淄川区昆仑镇康家坞村南北大街中段东侧，第五批市级文物保护单位。此宅为民国建筑，坐北朝南。为一进院落，南北长 23 米、东西宽 20 米，占地 460 平方米。由南、北、东、西屋和大门楼等组成。西屋下有地下室，面积达 30 平方米，院西北角有一平顶房屋，有楼梯可达屋顶，东北角起脊与东屋相结。东南角大门楼为平顶，上有青砖砌成的护栏。西南角为畜圈。房屋以石灰石块石为主要建筑材料，采用青砖、块石砌筑，青石铺底，青瓦覆面，北屋正房门前设有月台。整个院落砖雕、石雕古朴，结构对称严谨，布局合理，属典型的北方四合院建筑，具有较高的历史和艺术价值。

一干渠万米山洞

位于淄川区寨里镇北黄村北二里处，第五批市级文物保护单位。一干渠万米山洞呈东西走向，洞全长 10474 米、高 5.2 米、宽 7.5 米，通水每秒 10 立方米。出口上方嵌有“万米山洞”四个大字，顶部建有 430 平方米的二层展室。出口东北处有五角双檐纪念亭，中间矗一白玉石碑，刻着山东省原副省长高启云的题词“为建设万米山洞牺牲的同志永垂不朽”等字。一干渠万米山洞是太河水库一干渠的配套工程，也是全国最长的人造灌溉隧洞，由淄川区政府于 1975 年 12 月动工兴建，1978 年 2 月竣工，历时两年零两个月。该工程投工 248 万个，开挖搬运土石方 19 万立方米。

田庄中学旧址

位于淄川区西河镇田庄村，第五批市级文物保护单位。学校坐北朝南，背靠小山，面对公路。为两栋二层小楼，楼中间由门洞连成一体，占地 274 平方米。砖石结构，东边的楼是红瓦硬山顶，建于 1952 年；西边是平顶，建于 1965 年。建成后最先作为田庄人民公社使用，后改为田庄小学，1963 年改为田庄中学，1982 年田庄中学搬迁后改为民居。

西河火车站旧址

西河火车站旧址（2012 年拍摄）

位于淄川区西河镇广仁村东北，第五批市级文物保护单位。为二层小楼，楼坐北朝南，呈“L”形，南北长 10 米、东西宽 10 米，砖石结构，硬山红瓦顶，上面起脊。1924 年，悦升煤矿公司动工修筑西（河）昆（仑）专用铁路，西河火车站是起点，20 世纪 80 年代末停止运营。该建筑是近现代淄川民族资本工业兴起的标志之一。

悦升公司旧址

位于淄川区西河镇广仁村东，第五批市级文物保护单位。建筑坐北朝南，南北长 14 米、东西宽 30 米、高 6 米，是一座具有欧式风格的建筑。该建筑始建于 1919 年，为江苏省扬州人丁敬臣在西河悦升煤矿公司的办公旧址，现为西河派出所驻地。悦升煤矿公司是淄川现代民营煤矿的代表，是旧中国淄博地区规模最大的民营煤矿。

淄川煤矿北大井遗址

淄川煤矿北大井遗址（2012 年拍摄）

位于淄川区洪山镇东工村北中舜集团锅炉房西，第五批市级文物保护单位。1904 年由德国人开凿，毁于 1935 年透水事件。现存遗址包括井口、井架、工房等，基本结构较完整。井架用混凝土浇筑，呈四边形，边长 4.8 米。四角井柱直径 0.4 米，井架高 17.5 米。井架西 3 米处现存矿工下井房一间，长宽各 7.5 米，门朝西，总面积 101.79 平方米。淄川煤矿北大井，是当时山东大型矿井之一，德国、日本先后经营达40年。该矿设备较为先进，最高日产量达到3000吨，但矿工生活却十分艰苦，劳动条件极为恶劣，安全毫无保障。1935年5月13日发生了透水事件，淹死矿工536名。

第四节　区级保护单位

截至2019年12月，淄川区有区级文物保护单位132处。

2000年，文昌阁旧址（文峰山）、玉皇山（玉皇山庙）、孤山惧趋崖（清风寺）、苍龙宫、黉山泰山行宫、郑公书院旧址、磁村大街、环青碑、石鼓、古柏、桃花洞、淄川革命烈士陵园、响井泉三十九烈士墓13处单位被列入淄川区人民政府公布的第一批区级文物保护单位。

2007年，文昌阁（大土屋）、观音阁、圣水泉庙、大悲庵、云峰观、洞子沟、豹山、武举楼、张春兰故居、孟子山建筑、玉皇山庙、塔山庙、关帝庙（含古槐）、龙兴寺、仙岩门、通济桥、圣水寺、炉神姑庙、圣泉庙、天台山庙、志公庙、常家大院陆家大院、普陀洞、赵断沟、昆仑山遗址、滴水泉、焕山石龟、大佛寺碑刻、贞节碑（上端士村）、王氏墓铭碑、贞节碑（孤山村）、烈女墓32处单位被列入淄川区人民政府公布的第二批区级文物保护单位。

2013年，悬羊山山寨遗址、唐三寨、西南牟遗址、和庄古墓遗址、西关二遗址、东下册阎氏家族墓地、东下册王子冢、宝泉古墓群、梦泉李氏祖茔、王公赵氏墓、蓼坞白氏祖茔、南股孟氏祖茔、幸福李氏祖茔、钟子期墓、北岳阴陈氏祖茔、洼子张家墓园、普济桥、孙家坪对松观、吴家当铺、下端士白衣庙、上岛坪灵泉井、土泉村流苏泉（含流苏树）、朝泉观、石沟村北井、石安峪古楼、北马鹿碧霞元君祠、西余粮万神堂、孙家庄龙王庙、西石门石楼、西石门王家围山寨、北岳阴志公庙、湾头赵氏祠堂、淄河古楼、幸福玉皇庙、涌泉古井、池板村兴隆桥（含池板古井）、梦泉、陈家井古井、本齐中和桥、聚峰村北斗庙、大马陵石寨、东槐峪关帝庙、田庄古建筑群、水峪青龙山庙、小东坪兴云寺、南峪太平山庙、敦仁古建筑群、河北马家古楼、砚场关帝庙（含北廓）、奎三古建筑群、西笠山姬氏老宅、郭庄关帝阁、东龙角民俗建筑群、西龙角杨家祠堂、石门白衣阁、张李白衣阁、马棚玉皇庙、赵家楼观音庙（含关帝庙）、张家庄关帝庙、岭子村观音庙、东省永济桥、小红卫关帝庙、北杨庄关帝庙、双泉五圣堂、西山白衣阁、大邢观音堂、甘泉观音庙、东井天堂寨、窑头观音堂、北镇后白衣庙、下端士肖氏谱碑、小口头孙氏谱碑、池板碑刻群、山西洞庙、环翠书馆碑刻、查王重修关帝庙碑、宋家碑刻、罗村义勇可风碑、紫峪水库大坝旧址、悦升公司发电厂旧址、河北村日伪遮断墙遗址、渭一村馒头窑、山东矿业工会淄博部旧址、路大荒墓、赛龙引水渠、劈山铁路遗址、洪山火车站办公楼（德式）87处单位被列入淄川区人民政府公布的第三批区级文物保护单位。

文昌阁旧址（文峰山）

文峰山文昌阁旧址（2012 年拍摄）

位于淄川区将军路街道办事处查王社区东的文峰山半山腰处，第一批区级文物保护单位。坐北朝南，占地 65 平方米。原塔已毁，现塔为 2004 年在原址复建。塔为三层楼阁式建筑，基座为六边形，边长 5 米，通高 15 米。内有楼梯直通三层。外挑檐，灰瓦覆面，置脊饰吻兽，塔刹为宝瓶。

玉皇山（玉皇庙）

位于淄川区岭子镇杨家村南 500 米处，建有玉皇庙，第一批区级文物保护单位。玉皇庙为一进院落，坐北朝南，是一座道教寺院，主要建筑有玉皇殿、卷棚、东西厢房、钟鼓楼、门楼等，占地 742.5 平方米。庙创建于元代，明、清屡有修建。玉皇殿为元代遗构，余皆明、清重建。玉皇殿面阔三楹 10.6 米，进深 6.8 米，前面带卷棚。石结构，石门石窗，石板挑檐；房顶为石发券，梁架为石梁，石梁下中间有两根石柱支撑。硬山式黄琉璃瓦顶，卷棚为抬梁式混合结构。有 4 根檐柱，柱础为圆形石鼓，廊坊施油彩。卷棚西南角现存碑刻 1 通，为新修卷棚越台碑记，字迹已看不清，落款为“×××三年岁次戊寅十月朔日”，据推断应为清嘉庆二十三年（1818 年）。玉皇殿房梁上记载为清康熙十年（1671 年）重修，屋面、前廊后期改建修缮的痕迹较重。

孤山惧趋崖（清风寺）

孤山村惧趋崖（2012 年拍摄）

位于淄川区寨里镇孤山村西 1.5 公里处，第一批区级文物保护单位。民国 9 年（1920 年）《淄川县志》记载：“县东二十五里，两崖对辟，中有鸟道一线。北崖壁立不生树木，下有石碥，地稍平坦，就北崖下建玉皇庙三间，庙前余地不咫，护以石栏，防倾坠也。自石栏至涧底，尚深四五丈，蛇经逶迤，行者不敢遽下，须扶尣尥坐而行，故名惧趋。其南崖则直上数丈，自趾至巅，杂生小树，黄栌、赤梁、枫、楝、橡、栗、无不具备。每至深秋，木叶经霜，红黄紫绿灿若云锦。揽胜者，多登眺悦目焉。”清风寺，坐北朝南，山门朝东。原建筑有玉皇殿、观音殿、药王庙等，创建于清代。现存建筑观音殿为清代遗构，后屡有修建。在山门右侧山脊半崖处有碑碣数通，为历代修庙碑碣。西侧有一石窟建筑为观音殿，利用天然岩洞建成。洞面阔 7.3 米、进深 3 米、高 2.7 米。悬崖处有当地山石垒砌平台，中间镶嵌一碑刻，阳刻隶书“扎山书院”。观音殿向西 3 米处的悬崖上有一碑，落款清道光三年。北面悬崖中间为玉皇殿，砖石结构。设有前廊，檐柱两根，柱础为石鼓。抬梁式混合结构，硬山灰瓦顶，隔扇门窗，油漆彩绘，正脊正吻，添有走兽。须弥座为两块天然巨石凿成，长 3.15 米，宽 0.95 米。殿内有玉皇大帝塑像。

苍龙宫

位于淄川区西河镇龙湾峪村西南，第一批区级文物保护单位。苍龙宫坐北朝南，由两个院落构成，占地 788 平方米，院内多碑，大都损坏。庙宇始建于唐代，历代均做过修葺。主要建筑有玉皇殿、灵霄宝殿、碧霞元君祠、龙王庙、关爷庙、十大夫庙等建筑。灵霄宝殿为一进院落，砖石结构，面阔 8.5 米、进深 5.2 米。硬山式布灰瓦顶，正脊正吻，两梢添有走兽。门窗砖发券，呈半圆形。直棂窗，木质门。檐下方镶嵌雀替，施油漆。门前设有平台，并设有台阶，砖砌花墙。庙宇内现存“唐槐”“宋柏”及八卦石等诸多碑刻。据重修龙王庙记碑文记载，明万历二十一年（1593 年）重修。宫门外有古槐荫及宫门，建筑保存较好。

黉山泰山行宫

位于淄川区寨里镇山头村东北黉山的半山腰中，第一批区级文物保护单位。坐北朝南，为两进院落。主要建筑有碧霞祠、无生殿、平安殿、玉皇阁等，面积 2000 平方米。寺庙创建于明代，清代屡有修建。现存建筑泰山行宫、无生殿、平安殿、玉皇阁为明代遗构，余皆清代重建。山上建筑

黉山泰山行宫古建筑群（2019 年拍摄）

黉山玉皇阁（2019 年拍摄）

仿泰山布局，有中天门、南天门、碧霞祠、玉皇阁等庙宇。泰山行宫面阔 9.6 米、进深 5.6 米，砖石结构，设有前廊。檐柱 6 根，覆盆式柱础，抬梁式混合结构硬山琉璃瓦顶，隔扇门窗，油漆彩绘。正脊正吻，添有走兽。村民于 1991 年和 2009 年分别重修。殿宇内有古松数株，植被茂密。黉山，邑内名山，古般阳二十四景之一。《淄川县志》载："黉山，县治东北一十里。峰峦屏列，镇奠一方。有汉儒大司农郑康成之庙，春秋致祭。详见《祠杞志》。"

郑公书院旧址

山头村郑公书院旧址（2012 年拍摄）

位于淄川区寨里镇山头村东北的黉山之阳，第一批区级文物保护单位。遗址坐北朝南，南北长 36 米、东西宽 83 米，面积 3000 平方米。始建于汉代，相传是汉代名儒郑玄当年教授弟子和著书立说的地方，明嘉靖二十五年（1546 年）《淄川县志》载："黉山在县治东一十里，嶂峦屏列，镇奠一方。上有汉儒大司农郑康成之庙，春秋致祭。"郑玄，字康成，北海高密人。幼好学，袁绍领冀州时被征为大司农，后因病还家，随军赴官渡至元城，卒年 74 岁。著有注释《周易》《尚书》《诗》《礼》等书百余万言，生徒数千人。书院为元节度使张夔重修，元至正二十六年（1366 年）州长平阳王重修，明朝嘉靖五年（1526 年）知县张文全重修，嘉靖二十四年（1545 年）知县王琮增修。原为两进院落，已毁于战乱和"文化大革命"。现建筑为 1990 年村民在原址上重建。郑公书院现为一进院落，正殿 3 楹，面阔 11.2 米、进深 7.6 米，面积 85 平方米。书院四周遍植古松，植被茂密。

磁村大街（2012 年拍摄）

磁村大街

位于淄川区昆仑镇磁村村西部，第一批区级文物保护单位。南北长 334 米，东西宽 5 米，面积 1670 平方米。南为范阳河支流，北为泉王公路。由青石铺成，北高南低，贯穿村南北。磁村大街旧时为通往博山的大道，磁村隋唐时期名“瓷窑务”，因有瓷窑设“务”收税而得名。明后期改称“瓷窑坞”，1937年改称磁村。磁村从唐至元是北方陶瓷重镇，经济繁荣。大街两旁店铺林立，大街家族宅院气势恢宏，异常繁华。现建筑大部倒塌或已改建他用，但磁村大街仍保存着北方民俗乡土建筑遗风。

环青碑

环青碑（2012年拍摄）

位于淄川区双杨镇张家坡村东南，第一批区级文物保护单位。碑坐北朝南，原为明代张至发花园环青园石刻。“环青”二字系明代书法家张至发之兄张中发所书，为阳文。环青园位于今文昌湖旅游度假区萌水镇水磨头村，园已毁，旧址尚存。“文化大革命”期间，石刻被垒进学校墙上。20世纪80年代学校重建，石刻被村民运至家中，现保存较好。

石鼓

位于淄川区西河镇河南村，第一批区级文物保护单位。石鼓坐西南向东北，两石鼓分别置于大门的两侧，为石灰石质。鼓座为长方体，长0.9米、高0.4米。鼓直径0.4厘米，石雕通高0.96米。雕刻工艺精湛，能够体现当时人们的艺术审美理念，具有较高的历史和艺术价值。

古柏

位于淄川区太河镇下岛坪村西北台地上的青松观遗址内，第一批区级文物保护单位。树干高1.8米，胸径1.60米，树高24米，树冠17米，已被列入古树名录。据当地群众讲，青松观因此柏树而得名。青松观遗址，始建于清代，东西长30米、南北宽20米，面积600平方米。20世纪80年代，寺观拆毁改建学校。

下岛坪村古柏（2012年拍摄）

桃花洞

位于淄川区岭子镇桃花泉村南200米处的封山悬崖上，第一批区级文物保护单位。洞口坐北朝南，山门前设有台阶，东侧为悬崖。进山门有一院落，深30米、宽20米、高8米，面积300平方米。洞内有庙宇3栋，即玉皇殿、佛爷殿、真武殿，均为石窟寺建筑。正殿3间为佛爷殿，砖石结构，硬山顶，施青筒瓦，置脊饰吻兽，无脊刹。木质直棂窗，内塑释迦牟尼佛像。佛爷殿东侧建有玉皇庙，西侧为桃花女庙。南侧石壁下现存石碑3通，保存较好，字迹尚可辨认。其中《重修桃花洞庵》为明嘉靖七年（1528年）十月十五日立，《重修七圣堂记》为明隆庆六年（1572年）十月十五日立，《重修桃花洞碑记》为清道光十四年（1834年）立。桃花洞建在悬崖峭壁中间，洞口被松柏覆盖，常人很难找到。

桃花泉村桃花洞（2009年拍摄）

淄川区革命烈士陵园

位于淄川城区东关社区东500米处的杜坡山西侧，第一批区级文物保护单位。陵园坐东朝西，占地面积23564平方米。由广场、纪念碑、烈士墓、纪念馆等组成。始建于1952年，1962年由城北迁至杜坡山西麓。革命烈士纪念碑建于1987年，碑身高18米，用白色花岗岩砌成，正面正中为黑色大理石，上镌刻“革命烈士永垂不朽”8个大字；底座为正方形，边长7米，用黑色大理石砌成，底座下为台阶。2006年拆除烈士纪念祠，新建淄川革命历史纪念馆，2008年对纪念馆扩建。现纪念馆为两层，高6米，长29米，总布展面积900平方米。2007年建成高1.6米、宽18米，刻有烈士英名的大理石浮雕墙。

淄川区革命历史纪念碑（2019年拍摄）

响井泉三十九烈士墓

位于淄川区龙泉镇龙一村西北，第一批区级文物保护单位。墓坐南朝北，墓园占地 96 平方米。现存墓冢 1 座、碑刻 1 通。响井泉是一口废弃煤井，1947 年以圈子村伪乡长戚汝良为首的地主还乡团在响井泉杀害村干部、民兵及土改运动积极分子 39 人。淄川解放后，人民政府为悼念响井泉遇难者，于 1948 年 7 月在井上竖立墓碑 1 座，铭刻死难者姓名，并建公墓以示纪念。

文昌阁（大土屋）

位于淄川区龙泉镇大土屋村内，第二批区级文物保护单位。坐北朝南，为一进院落，院落由山门、楼阁和厢房等组成。楼为二层楼阁式建筑，始建于清乾隆甲申年间，2002 年，村民集资按原状进行修缮，基本保持了原建筑风格。占地 340 平方米。文昌阁面阔三楹 10.3 米、进深 6.4 米。单檐，硬山灰瓦顶、无脊刹，置脊饰吻兽。一层为块石砌筑，内发券。二层为砖木结构，设前廊，有两根檐柱并用砖砌花墙。一层内有楼梯至二层，正门上方镶有“乾隆岁次甲申季春日吉旦立文昌阁”篆字石匾，一层门窗为块石垒砌，方形木质窗，内梁柱施油漆彩绘，墙面画有壁画。一层塑有关帝圣君像，二层有文昌帝君塑像。楼阁前有一院落。在楼西 20 米处有一古井，深 20 米，为建楼阁时所凿。

观音阁

位于淄川区将军路街道办事处前来社区东，第二批区级文物保护单位。坐北朝南，为一进院落，南北长 12 米、东西宽 15 米，占地 180 平方米。由正殿、山门和僧人用房组成。原建筑正殿面阔三楹 6.8 米、进深 3.9 米。砖石结构，硬山式布灰瓦顶，无脊刹。不设前廊，直棂木制门窗。2008 年村民重修，将屋面改成青筒瓦，置脊饰吻兽，梁枋施油彩画，后期修缮的痕迹较重。主体建筑明显呈清代风格。

南沈村圣水泉庙（2009 年拍摄）

圣水泉庙

位于淄川区寨里镇南沈村西，第二批区级文物保护单位。坐北朝南，原为两进院落，已毁，现建筑是 2000

年后在原址重建。现主要建筑有地藏王、药王、碧霞祠、三清殿、瑶池仙宫、龙王殿、玉皇阁、文昌殿、慈母殿、无生殿 10 个殿宇。院落面阔 21 米、进深 39 米，面积 819 平方米。砖石结构，硬山式布灰瓦顶，隔扇门窗，设有前廊，砖做耍头，正脊正吻，添有走兽。据《淄川县志》记载："庙内有古柏四株。"

大悲庵

位于淄川区岭子镇龙泉村北路东，第二批区级文物保护单位。坐北朝南，创建于清康熙三年（1664 年），后屡有修建。旧时大悲庵背山临溪，西南有井曰"龙泉"，夏季水涨流至北殿西墙外，汇为一小潭，水清冽可饮。蒲松龄早年经常去青云寺，过往此地，与大悲庵结下了不解之缘，并撰有《大悲庵访王公睿》等诗。原建筑现存观音殿，其余皆毁，为清代遗构，明显呈清代风格。观音殿面阔 5.6 米、进深 4.2 米，面积 23.52 平方米。砖石抬梁式混合结构，硬山顶，施青筒瓦。置脊饰吻兽，脊刹为元宝瓶，砖做耍头，上刻"风调雨顺，国泰民安"八个字。木制门，直棂窗，门口有踏跺。梁坊上施油彩画，全用大漆绘制，为研究大漆在建筑物上的应用提供了实物资料。

云峰观

位于淄川区太河镇上端士村西，第二批区级文物保护单位。据考证原建筑为石结构房屋 1 间，始建于民国 23 年（1934 年），"文化大革命"中被毁，1992 年村民在原址改建。改建后为一完整的院落，坐北朝南，有主殿 3 间，东西厢房各 3 间。庙内供奉着半仙李吉清塑像。主殿为砖石结构，面阔 9.7 米、进深 6 米。单脊红瓦硬山顶，设有前廊。屋脊两端安有吻，檐角安放走兽，隔扇门窗。大殿前有 4 根石质廊柱，门前有如意踏跺。2007 年新建官厅，斗拱挑檐，歇山式顶。院西南有 1 株古槐，距今已 600 余年。

上端士村云峰观（2019 年拍摄）

洞子沟

位于淄川区罗村镇河东村东北，第二批区级文物保护单位。洞坐北朝南，面积 73 平方米。洞子沟，也称仙岩洞，又称王母蟠桃洞，处在悬崖上，古般阳二十四景之一。南北洞长 9.8 米、宽 1.4

河东村洞子沟（2019 年拍摄）

米、高 2.5 米；东西洞长 5.6 米、宽 4.4 米、高 3.5 米。为天然洞窟，南北洞和东西洞前有平台和护栏，洞内王母娘娘像为后人重塑。南北洞两侧壁画为八仙过海图案。洞口前廊为木制，为前厦檐，有 4 根立柱，北侧有台阶拾级而上。西崖壁上有一自然石窟，坐西朝东，洞深 1.7 米，宽 2.6 米，高 2 米，当地人称观音洞。据王母蟠桃碑记载：“大明国山东省济南府淄川县仙人乡二图正东沟修养之处，大明隆庆四年元月十五日立。”

豹山（豹岩观）

巩家坞村豹岩观（2012 年拍摄）

位于淄川区岭子镇巩家坞村东北 1000 米，古般阳二十四景之一，山顶建有豹岩观，第二批区级文物保护单位。豹岩观坐北朝南，占地 2000 平方米。现存房屋 9 栋，门楼 1 个，碑刻 3 通。豹岩观创建于明代，后屡有修建。旧时建有庞大宫观，也是淄川重要的道教名山。原大部建筑已毁。现存建筑王母殿、圣母殿、观音殿、地藏王殿，为明代遗构，余皆清代重建。《淄川县志》载：“县西五十里。山巅建立宫观，各依巨石，上筑高台，梁柱阑楯皆石。历级而上，大似浮搓。绝巅两石相对，一径中通，呼曰天门。从松柏杂树中遥望，南山缥缈，若蓬莱三岛。有泉出山南麓，冬夏不涸，东注为溪。邱文学希潜，架数椽于此。题曰‘画村清梦楼’云。”据地藏王殿碑文记载，为明万历十六年（1588 年）建立。圣母殿为万历二十八年（1600 年）建修，清道光九年（1829 年）和二十四年（1844 年）两次重修。“文化大革命”期间寺庙佛像被毁。后曾改作市麻风病医院及养殖场。

寺院分山上山下两部分，进大门南侧院落为王母殿及僧人用房。王母殿坐北朝南，房屋 3 楹，面阔 11.2 米，进深 8 米。硬山式布灰瓦顶，置脊饰吻兽，脊刹为元宝顶。有 4 根檐柱，圆鼓形柱础。梁枋多施油彩，门口设垂带踏跺。王母殿向南顺台阶而下，东侧即豹山名景重阳槐、凤凰窝。重阳槐因每年春季与重阳节前后两次开花而得名。崖壁上横亘一巨石，巨石朝西处有一天然石窝，直径

0.40 米，深 0.30 米，当地人称凤凰石、凤凰窝。西侧有一页岩石砌筑的建筑，石门框、石棂窗，屋面石发券，称圣母殿。地藏王殿为天然石窟，全部为石砌。2004 年以来，村民次第恢复兴建了大雄宝殿、玉皇殿、送生娘娘殿、九天神女殿等建筑。

武举楼

位于淄川区太河镇上端士村，第二批区级文物保护单位。坐北朝南，东西长 7.5 米，南北宽 5 米，高 7 米。墙厚 0.9 米，为石结构，石发券二层石楼。一楼为石质直棂石窗，窗口较小，窗高 0.8 米，宽 0.9 米。房顶已毁，只剩框架，房子所用石料大小不一，用黄土黏结，碎石填缝。现在看来房子显得粗糙简陋，但在当时已是档次较高的建筑。房子的主人李武举是山东吕剧《王定保借当》故事中的原型。

张春兰故居

位于淄川区太河镇响泉村，第二批区级文物保护单位。故居坐西南朝东北，面阔 8.5 米，进深 4.8 米，占地面积 40.8 平方米。二层石结构，原为石板盖顶，现房顶已毁，只剩残存墙体。门口石发券。一楼的石窗较小，只有 5 根石质直窗棂。二楼前后各有 3 扇窗，东西山墙中间各有 1 扇窗，采光较好。一楼到二楼有 12 级台阶。一楼门口距地面有 1.2 米高，建有一小月台，三面垂直于地面，只有西北墙边有台阶顺墙而下。张春兰是山东吕剧《王定保借当》故事中的主人公，响泉村原叫张家湾。

响泉村张春兰故居（2009 年拍摄）

孟子山建筑

位于淄川区西河镇上台村孟子山顶，第二批区级文物保护单位。由关帝庙、奶奶庙、正阳门、清水池和围墙等组成，占地 1430 余平方米。相传孟子游说齐宣王推行他的政治主张遭拒，抑郁返鲁，途经孟子山，见山林葱郁，景色秀丽，便在山上逗留了几日。其齐国弟子知悉，便在山上建庙设孟子肖像祀之，故名孟子山。现今已无孟子庙，只有关帝庙、奶奶庙，均为砖石结构，硬山顶、红瓦、木制门窗。其中关帝庙庙门前两根石柱刻有楹联，前有一月台，月台花墙外靠近地面处有一清水池，水质甘洌。

玉皇山庙

安仁村玉皇山庙（2009 年拍摄）

位于淄川区西河镇安仁村西北的玉皇山顶，第二批区级文物保护单位。庙坐北朝南，一进院落，南北长 29 米，东西宽 31.5 米，占地 914 平方米。有大殿（玉皇殿）、钟楼、太清殿、五祖殿、文昌阁及山门等组成。大殿为砖石结构，基座高起，面阔 10 米，进深 7.5 米。硬山红琉璃筒瓦顶，前出厦。屋脊两端安有吻，正脊之中安置二龙戏珠，檐角飞翘，安放走兽。隔扇门窗。大殿共有 8 根大柱支撑，门前有垂带踏跺，建筑整体对称严谨。1994 年，当地村民对庙宇进行修缮。现庙宇保存完整，结构稳定。

塔山庙

位于淄川区西河镇上塔山村村北小山上，建设年代不详，第二批区级文物保护单位。庙坐北朝南，南北长 27.1 米，东西宽 28 米，占地 760 平方米。有北殿 3 栋，东殿 1 栋，西殿 1 栋，中间 1 栋，门楼 1 座。整个建筑均为砖石结构，是一座具有地方特色的道教建筑。正殿碧霞元君殿为灰筒瓦硬山顶，设前廊，有檐柱。屋脊两端安有吻，正脊之中安有瑞兽，檐角安放走兽。门窗为木制，门口有台阶。

许家村关帝庙（2009 年拍摄）

关帝庙（含古槐）

位于淄川区昆仑镇许家村东西大街中段，建设年代不详，第二批区级文物保护单位。庙坐北朝南，房屋三楹，面阔 5.4 米、进深 4.2 米、通高 4.5 米，占地 42 平方米。砖石结构，花脊，硬山布灰瓦顶。设前廊，有 4 根檐柱。前廊东西两侧墙上各镶嵌碑刻 1 通，为明崇祯九年（1636 年）八月二十七日立和清康熙年间立。庙前有月台，庙右前1米处有一古槐，胸径2米，已被列入市古树名录，挂牌保护。

龙兴寺

位于淄川区西河镇河湾村北，第二批区级文物保护单位。坐北朝南，占地1232平方米。原为清代建筑，现在原址复建，由两座大殿和山门组成，由南向北依次沿中轴线排列。主殿为歇山式灰筒瓦顶，设前廊，屋脊两端安有吻，檐角飞翘，安放走兽。隔扇门窗，大殿内共有18根大柱支撑，门前有垂带踏跺。重建后的寺院对原建筑风格改动较大。

仙岩门

洼子村仙岩门（2009年拍摄）

位于淄川区罗村镇洼子村南，第二批区级文物保护单位。原村四周有围墙和寨门，后来被毁。仙岩门始建于明正德年间，该门为券洞式，西北东南走向，砖石结构。底部为石块垒砌，上部为砖发券，顶部砌有垛口。门洞面阔4米，进深2.1米，券洞高2.9米。2006年村民集资重修，券洞上方镶嵌“仙岩门”三字。

通济桥

位于淄川区太河镇曹家村西首，第二批区级文物保护单位。此桥为古代青州通往济南的必经之路，故曰“通济桥”，现仍是村民进出的必经之路。桥横跨于西峪河支流北沟之上，呈东西走向。桥长23米，桥面宽5.2米、高5.1米，加引桥总占地120余平方米。桥有三孔，中间孔较大，跨径4米、拱高4.2米；两边孔小，跨

曹家村通济桥（2009年拍摄）

径 2.8 米、拱高 3.6 米。拱为石发券，中间浮雕一镇水兽。桥面上安有青石护栏，桥两头镶嵌石鼓。桥西有古槐 1 株，碑刻 4 通。据碑文记载，通济桥最早的修建年代为明万历三十四年（1606 年），清道光二十一年（1841 年）碑文里有“淄博”二字，这是“淄博”一名最早文字记载。

圣水寺

位于太河镇城子村西岳阴山半山腰处，第二批区级文物保护单位。寺西、北为岳阳山，寺南为引淄入西水利工程渡槽。圣水寺是境内建造较早的寺院之一，原有大雄宝殿、玉皇阁、地藏王殿和观音殿等建筑，今大部被毁。原大雄宝殿有残存碑碣，据碑文记载始建于后周。现仅存北殿和圣水井。北殿坐北朝南，砖石结构，面阔三楹 12 米，进深 6.6 米，面积 79 平方米。硬山布灰瓦顶，设前廊，有 4 根檐柱，圆鼓形柱础，直棂窗，门口设有台阶。东西前廊下各有石碑 1 通，为清道光二十年（1840 年）重修碑记。圣水井保存较好。北侧有井台，四周镶嵌栏杆和石鼓。2005 年，村民又在原址上重新修建大雄宝殿和玉皇阁。

炉神姑庙

十里村炉神姑庙（2019 年拍摄）

位于淄川区洪山镇十里村南，第二批区级文物保护单位。建于清道光十八年（1838 年），坐北朝南，为一进院落，南北长 25 米，东西宽 15 米，面积 375 平方米。现存北殿 3 间，东殿 3 间，门房两间，碑两通。庙门前建有两个放生池，庙内供奉着齐国孝女李娥塑像。寺院大殿为砖石结构，面阔 8.2 米，进深 7.2 米。抬梁式混合结构硬山顶。屋面施青筒瓦，置脊饰吻兽。设前廊，有 4 根石檐柱，方形柱础。隔扇门窗，门前有如意踏跺。整栋建筑雕梁画栋，结构完整。

圣泉庙

位于淄川区西河镇西坡地村北，第二批区级文物保护单位。庙坐北朝南，南北长 66 米、东西宽 35 米，占地 2310 平方米。有北殿 3 栋，南殿 3 栋，西殿两栋，山门两个，碑刻 7 通。寺院主殿为二层楼阁，面阔 5.8 米，进深 4.5 米，两边有耳房。整个建筑保存完整，极具明清风格。

天台山庙

位于淄川区龙泉镇圈子村西的天台山上，第二批区级文物保护单位。庙坐北朝南，为一进院落。山门为二层楼阁式建筑，二层供奉文昌帝君塑像。院落南北长48米、东西宽44米，占地面积2112平方米。主要建筑有碧霞元君殿、黑虎玄坛殿、王灵官庙、文昌阁等。碧霞元君殿为单檐、硬山顶，面阔10.9米、进深7.7米。屋面施青筒瓦，置脊饰吻兽，脊刹为元宝顶。设前廊，有4根水泥檐柱，圆形柱础。前廊枋施油漆彩绘，隔扇门窗。碧霞元君行宫为2000年村民在原址复建，基本保持了原建筑风格。

志公庙

位于淄川区龙泉镇渭一村东志公山上，第二批区级文物保护单位。志公山原名青龙山，清康熙三十四年（1695年）始建志公庙。庙坐北朝南，为一进院落，占地面积224平方米。正殿砖石结构，墙体用石块垒砌，无梁，石发券。门窗用石块发券，呈拱形。单檐，硬山式布灰瓦顶。置脊饰吻兽，脊刹为元宝顶。殿内塑玉皇大帝坐像。在院东南角有坍塌的钟楼1座。院内存有明、清时期碑刻5通。正殿房屋整体结构保存完整，颇具地方特色。

渭一村志公庙（2009年拍摄）

常家大院、陆家大院

常家大院，位于淄川区昆仑镇磁村大街以西，第二批区级文物保护单位。始建于清光绪年间，现存有一个半院落，房5栋，占地704平方米。砖石结构，单脊，硬山顶，门窗青砖发券。门两侧镶有悬轸，悬轸刻有精美的图案。常氏家族早年经商，挣下大笔钱财，建起了常家大院。原来院落众多，接连成片，占磁村大街西边的一大半。原院落大部被毁，现院落保存较完整，基本保持了原建筑风格，是典型的北方四合院民俗乡土建筑。

陆家大院，位于淄川区昆仑镇磁村村南，第二批区级文物保护单位。在磁村大街以东、鸳鸯桥以北，占地475平方米。始建于1919年，坐北朝南，为一进院落。有正房3间带耳房，南屋3间带耳房，东西厢房各3间，均为砖石结构，单脊，硬山顶，砖挑檐。门窗青砖发券，门两侧镶有悬轸、腰轸、底轸。悬轸、腰轸上刻有精美图案，门口有如意踏跺。现屋面已换成红瓦，基本保持了原建筑风格，是典型的北方四合院民俗乡土建筑。

磁村陆家大院（2019 年拍摄）

磁村常家大院（2019 年拍摄）

普陀洞

位于淄川区太河镇黑山村西 1 公里处的翠屏山上，第二批区级文物保护单位。山上有普陀寺，坐西朝东，为一天然岩洞，始建于清顺治年间。《淄川县志》载："普陀寺，县东四十里黑山村西峪中。寺前古木荫翳，夭矫杈丫。寺内多老藤巨竹，山蘡薁大皆数围。石壁间，有洞深不可测。俗名柘子洞。"原庙宇房屋已毁，现建筑为 2001 年村民在原址重建。有屋 3 间，面阔 7.3 米，进深 12 米，占地面积 87.6 平方米。砖石结构，硬山顶。红瓦屋面。置脊饰吻兽，脊刹为二龙戏珠，设前廊，有 4 根檐柱，圆圆鼓形柱础。廊枋施油彩，门前设台阶。内塑关帝塑像。庙西山墙有一自然山洞，为石大夫庙。前檐下有两通石碑，台阶两侧各有 1 通石碑，皆为重修碑记，分别为清光绪二十二年（1896 年）和 1923 年。庙南墙角 2 米处现存清顺治年间石碑一通，由于年岁久远，风剥雨蚀，字迹已看不清。

赵断沟庙

位于淄川区寨里镇北黄村西南 1 公里处，第二批区级文物保护单位，般阳二十四景之一。赵断沟也称照旦沟，《淄川县志》载："赵断沟去黉山东南六里，四壁如削。东南岩下一泉，近民赖之。北壁之半有洞，深不可测。"赵断沟北崖下，有一天然岩洞，坐北朝南，传说宋开国皇帝赵匡胤避难于此。南有一天然巨石横卧，

北黄村赵断沟庙（2009 年拍摄）

称“龙床”，为赵匡胤休息之所。石棚内有一石泉形似马蹄，叫饮马泉。“龙床”东侧建有关帝庙，西建有文昌阁、佛爷殿。东侧为白衣殿，坐东朝西，面阔 6.6 米、进深 4.6 米。砖石结构，硬山顶，红瓦面，设有前廊。原有两根八棱檐柱，上面刻有对联皆残，现重修时用水泥柱代替。

昆仑山遗址

位于淄川区昆仑镇大昆仑村大昆仑山南侧山腰处，第二批区级文物保护单位。明清时，“昆仑叠翠”为邑内八景和二十四景之一。《淄川县志》载：“县西南二十里。俗名毂轮山，其下有毂轮村，旧通志云：以山形如毂轮故名。”又载昆仑山“横亘”西南数十里如张屏，“列阙翠黛，袭行人衣袂”。反映出昆仑山满目苍翠，幢幢庙宇点缀其间。昆仑山原庙宇已毁，现庙宇为 2004 年重建。寺院坐北朝南，大殿为砖石结构，面阔 23.7 米、进深 8.1 米。单脊，硬山顶，红瓦覆面。设前廊，有 6 根檐柱。梁枋施油彩画，隔扇门窗，门前有垂带踏跺。

大昆仑村昆仑山遗址（2009 年拍摄）

滴水泉

又名“晴雨泉”“天雨泉”，位于淄川区昆仑镇滴水泉村西路北悬崖处，第二批区级文物保护单位，古般阳二十四景之一。滴水泉，占地 126 平方米，坐北朝南，在崖壁下有一天然石窟窿，形成一大石棚，长 20 米，宽 8 米，高 5 米。石窟内垂钟乳石 3 个，系天然形成，依次排列。水自乳头滴入池内，久旱滴挂不止，当地百姓称之为“井口朝天，泉水倒流”。在石窟北面的悬崖峭壁上，建有水母娘娘庙。庙小巧，设一门两窗，前廊有四根檐柱。北壁东侧有一高 0.30 米神龛。原庙已毁，现庙系村民在原址重建。滴水泉仍是当地村民饮用水水源地。

滴水泉村滴水泉（2009 年拍摄）

焕山石龟

王家社区焕山石龟（2009 年拍摄）

位于淄川经济开发区王家社区东 1500 米处焕山寺遗址内，第二批区级文物保护单位。焕山寺遗址占地面积 600 平方米，建筑轮廓基本清晰。遗址内现存石龟，头朝西南方向，龟身上部刻有六棱形花纹，龟背清晰，龟脖子处刻有旋纹，眼神形象逼真，做工精细。质地为石灰石，长 2.1 米，宽 0.98 米，高 0.80 米，重约 2 吨，上部刻有一方形槽，原立有石碑 。

焕山山市，般阳二十四景之一。《淄川县志》载：焕山在“县西十五里，南北亘城之。西南接禹王山，北去为明山。旧有烟火台，今废。有山市，邑人多见之者。城阁楼台，宫室树木，人物之状，类海市云”。明代山上建有庙宇，毁于清末。现存石龟为当时重修庙宇时所立石碑之遗存。

大佛寺碑刻

位于淄川区般阳街道办事处城一社区西南，第二批区级文物保护单位。该碑坐北朝南，原为大佛寺重修碑记。大佛寺毁于“文化大革命”，1992 年易地重建。现存石碑由原址移来，一通为《重修普照寺厅文碑记》，清顺治八年（1651 年）立。另一通为清雍正二年（1724 年）立。碑刻石质为石灰岩，两边砖砌碑楼。大佛寺，俗称“普照寺”，是淄川境内著名的佛教寺院。

“节励松筠”贞节碑

位于淄川区太河镇下端士村东北约 200 米处的台地上，第二批区级文物保护单位。碑刻坐南朝北，由碑座、碑身、碑帽三部分组成。碑高 2.7 米，宽 0.88 米，厚 0.28 米。碑身刻有“节励松筠”四个大字，左上方刻有“大总统褒扬山东博山县端士村肖来仑之妻李氏”，右下刻有“中华民国十四年夏历葡月上浣之吉”。碑帽刻有国民党党旗和中华民国国旗，旗中央下方刻有大总统印，印章四周刻牡丹花图案。碑身四周刻八仙图案。

下端士村“节励松筠”贞节碑（2009 年拍摄）

王氏墓铭碑

位于淄川区太河镇王家村东，第二批区级文物保护单位。该碑立于清康熙十八年（1679 年），高 2.24 米、宽 0.83 米、厚 0.17 米，材质为石灰石。现只存碑身。碑文为阴文楷书，内容为《王氏世代叙铭碑记》。碑上其曾祖王连凯为山东广为流传的吕剧《王定保借当》中的主人公，此碑为研究王定保借当的人物原型提供了实物证据。

“玉洁冰清”贞节碑

位于淄川区寨里镇孤山村西 500 米处路北的山坡上，第二批区级文物保护单位。该碑坐北朝南，由碑身、碑帽、底座组成。碑高 1.85 米、宽 0.92 米。材质为石灰岩，字阴刻。碑帽为方形二龙戏珠图案，中间刻“圣旨”两字，碑文为“敕旌节孝。诰封宜人王氏，例赠奉直大夫宋聿兰之妻碑铭，玉洁冰清。皇清光绪三十三年岁次丁未桂月朔日”。

弧山村“玉洁冰清”贞节碑（2009 年拍摄）

烈女墓

位于淄川区罗村镇罗村大街路北张向林家院内东南角，第二批区级文物保护单位。墓坐北朝南，封土呈正方形，东西长、南北宽各 4 米，封土高 1.3 米，底部用石块垒砌。封土上面有一棵稀有树株盘龙枣树。原有牌坊已毁，残存石构件垒砌在墓前。墓门处镶嵌两通石碑，右边石碑上方阳刻“万古流芳”四个大字；两边竖刻对联，上联是“十七岁烈女全节保贞偕乾坤而并古”，下联是“千百载芳名铭旌勒石共日月以争光”。左边碑刻“烈女碑”三字，碑两旁对联为“万古香魂升碧落”“独留青冢向黄昏”。中间竖刻“烈女王三姐之墓”。字为阳刻楷体，为“清光绪三十年岁在甲辰正阳月上浣谷旦”。墓碑两侧各有一尊石兽，上部已被毁。

烈女王三姐，系河东王乾之女，事情发生在清康熙四十二年（1703 年）七月初一，因不从无赖非礼，以死全节。五年后，御赐旌表，勒石表彰。

悬羊山山寨遗址

位于淄川区太河镇土泉村东北 1500 米处悬羊山主峰上，第三批区级文物保护单位。悬羊山原名岑山，又名摩天岭，因齐桓公小白在此悬羊击鼓脱困返齐继国君之位而得名。悬羊山寨呈南北走向，为北斗七星状；“斗”头在南，“斗”柄在北，斗柄所指的方向即齐国国都临淄。山寨设有东西

土泉村悬羊山山寨遗址（2009 年拍摄）

两个寨门，西门为正门。整个山寨都有围墙，围墙外是悬崖峭壁。南边墙厚 2 米，用不规则石块垒成。在“斗”中央有一山峰，上有人工建筑的痕迹。站在山峰上，山下一览无余。在“斗”头跟“斗”柄连接处有一道防御墙。北部斗柄垒砌较规整，墙厚 1 米，人工捣凿痕迹清晰。南部山寨遗址时代较早，北部较晚。遗址内发现有元代黑釉白线纹瓷片和黑釉瓷片，由此推断，元之前山寨已形成。

唐三寨

位于淄川区太河镇东余粮村西 1 公里处，第三批区级文物保护单位。唐三寨由岌岌寨、石棚寨和唐王寨三个山寨组成，其中岌岌寨、石棚寨位于青州市境内，山寨方圆 10 公里。据传隋大业七年（611 年）王薄长白山起义时青州起义军曾占领此地。明永乐十八年（1420 年），唐赛儿以石棚寨为据点率 6000 民众起义，打击官府和富豪地主，接济百姓，后被朝廷镇压。唐赛儿起义插旗的旗杆石（窝）、点将台、跑马夼、饮马湾、棋盘石等古迹犹存。

位于齐山的唐三寨（2009 年拍摄）

唐王寨大体呈心形，东窄西宽，面积 4875 平方米。点将台为一天然平台，呈南北走向，直径 20 米。点将台南侧 30 米有一旗杆窝和石刻棋盘。西侧 30 米处有一天然石灰岩石刻，长 1.3 米、高 0.8 米，埋于杂草泥土中，上刻“嘉定十四年三月一日大宋国李万户”，字不规整，为阴刻。点将台西侧为悬崖，悬崖边存有寨墙痕迹；东侧尚存有 100 余米长、1 米高的残寨墙。在唐王寨南侧的山岭上，出土过战国、汉代、宋金、明清时期大量陶片、瓷片、陶瓦片。

西南牟遗址

位于太河镇西南牟村南淄河西岸，为太河水库 3—5 级临河台地，第三批区级文物保护单位。南北长 250 米，东西宽 60 米，面积 1.5 万平方米。1958 年修建太河水库，遗址被淹没。在临河断崖上可见文化层堆积分布，地表聚集标本有龙山文化时期凸弦纹泥质陶片，商周时期的陶豆、陶罐残片，陶纺轮、绳纹陶片及战国时期陶片。包含从龙山文化到东周时期的遗物，该遗址未见著录和公布。2003 年曾在遗址内出土宋代白釉瓷缸一件，现存淄川博物馆。

和庄古墓遗址

和庄古墓遗址出土的国家一级文物青瓷莲花尊（2009 年拍摄）

位于淄川区龙泉镇和庄村东的东岭农田中，第三批区级文物保护单位。墓西距村庄 50 米，东距龙泉煤矿专用铁路线 50 米，南距村东的水泵房 80 余米。该墓在 1982 年村里整地时被发掘，出土了国家一级文物青瓷莲花尊，由村民蔡新生上交给政府。墓葬为发券石砌墓，根据当时出土的器物考证，为隋唐时期墓葬。此墓出土的青瓷莲花尊，对研究寨里窑址青瓷产品的烧造历史具有一定的价值。

西关二遗址

位于将军路街道办事处西关二社区西约 2500 米，第三批区级文物保护单位。面积约 7.5 万平方米，文化层堆积 1.3—2 米，主要出土器物有灰陶豆、罐、筒瓦等，文化性质与年代约为战国到汉代。

东下册闫氏家族墓地

位于淄川区太河镇东下册村东，第三批区级文物保护单位。墓园坐北朝南，共有墓冢 26 座，墓碑 3 通，占地 800 平方米，为普通平民墓。墓冢封土一般在 1.3 米左右，直径 2 米。3 通石碑都由碑帽、碑身、底座组成，碑文为阴文楷书，字迹清晰，分别为清光绪十年（1884 年）、清光绪二十八年（1902 年）、1914 年。闫氏家族墓地是境内保存较完整的家族墓地，对研究当地葬俗及民俗家族文化具有一定的史料价值。

东下册王子冢

位于淄川区太河镇东下册村东北 100 米处，第三批区级文物保护单位。墓冢坐东朝西，呈圆形。现存封土高 7 米，周长 138 米，占地 1310 平方米。据传为汉景帝时“七王之乱”刘濞之子的坟墓，现已无据可考。村南有一沟叫冢子沟，传说清代周家村出了个状元，在冢子上竖立了旗杆，称翰林旗。后搬迁平崖下，该处地名叫周家林。王子冢对面过淄河有一村叫望子村，西边有一山叫望子山。原先有大片一抱粗松林，20 世纪 50 年代被毁。1959 年修建太河水库，民工在此挖洞扎土屋，封土部分被毁。王子冢是淄川区保存较好的汉代墓葬之一，对研究汉代墓葬制度提供了参考。

梦泉李氏祖茔

位于淄川区太河镇梦泉村南 300 米处山谷中，第三批区级文物保护单位。墓坐西朝东，封土高 1 米，占地 6 平方米。墓碑由碑身、碑帽组成，材质为石灰石。碑高 1.66 米、宽 0.63 米、厚 0.26 米。碑文为阴刻楷体，字迹大部分清晰可辨，局部有残损。墓冢封土部分流失，墓地保存基本完整。

王公赵氏墓

位于淄川区西河镇河北村东南 1 公里的苹果园内，第三批区级文物保护单位。墓坐东朝西，为夫妻合葬墓，占地约 6 平方米，封土已平，墓碑、石供桌尚存。墓碑与石供桌均为石灰石质。碑高 1.67 米、宽 0.78 米、厚 0.19 米，碑文为阴刻楷书，立于明万历八年（1580 年）九月二十七。该墓葬对于研究当地葬俗文化提供了实体物证。

宝泉古墓群

位于淄川区西河镇宝泉，第三批区级文物保护单位，包括张宗圣墓、齐洵墓、齐昇墓、张显墓、义学碑。

张宗圣墓，位于淄川区西河镇宝泉村西。墓坐东北朝西南，占地 12 平方米。墓葬建于清道光八年（1828 年），封土已平。墓碑尚存，由碑身、碑帽、护碑石三部分组成，碑前有石供桌、石香炉。碑身高 0.90 米、宽 1.78 米、厚 0.17 米，保存完整，字迹清晰，碑文为阴文楷书。该墓碑是淄川区至今发现保存最好，尺寸及规制最大、最高的墓碑。墓碑上书“皇清恩授登仕郎张翁讳宗圣字亦会母杜王太君之墓”。该墓葬对研究民间葬俗文化具有一定史料价值。

齐洵墓，位于淄川区西河镇宝泉村北。墓坐东北朝西南，封土已平，仅存墓碑。为普通平民墓，占地 6 平方米。墓碑由碑身、碑帽、护碑石组成。碑前尚有石供桌、石香炉，碑身高 0.92 米、宽 1.12 米，墓碑完整，字迹清晰，碑文为阴文楷书，为清光绪二十年（1894 年）立。该墓葬对研究当地葬俗文化具有历史价值。

齐昇墓，位于淄川区西河镇宝泉村西北齐家墓园内。墓坐东北朝西南，墓葬建于清同治三年（1864 年），封土已平，存墓碑。墓碑由碑身、碑帽两部分组成，材质为石灰石。碑身高 1.40 米、宽 0.68 米、厚 0.20 米，碑文为阴文楷书，字迹清晰，墓碑保存较完整，为研究当地葬俗文化保存了实体物证。

张显墓，位于淄川区西河镇宝泉村南 200 余米农田中。墓葬建于清道光十三年（1833 年），坐南朝北，封土已平，现存墓碑、石供桌、石香炉，占地 6 平方米。碑身高 1.50 米、宽 0.73 米、厚 0.20 米，墓碑为石灰石质，碑文为阴文楷书，字迹清晰，保存完整，该墓葬为研究当地葬俗提供了实物资料。

义学碑，位于淄川区西河镇宝泉村老村委墙上。立于清光绪三十年（1904年），碑身高1.28米，宽0.68米，石灰石材质。义学碑碑文为阴文楷书，记述了当地群众集资兴办义学的善举。

关帝庙碑，在原村委屋内西山墙上，立于光绪八年（1882年），碑身高1.26米，宽0.60米，石灰石材质，碑文为阴文楷书。

蓼坞白氏祖茔

位于淄川区寨里镇蓼坞村北1.5公里处的农田里，第三批区级文物保护单位。墓坐北朝南，现存墓冢11座，墓碑与封土尚存，还有雕刻精美的石供桌、石香炉，占地400平方米，封土一般在1.5米左右。墓碑中白氏双龙碑、白氏支莹碑保存较好。白氏双龙碑由碑帽、碑身、底座组成（底座已埋于地下），材质为石灰岩。碑帽为双龙图案，中间刻“圣旨”二字，碑身刻“待赠文林郎白公冠英、皇清元配徐孺人……”清道光二十年立（1840年）。碑前有石供桌，两侧有圆形旗杆座。白氏支莹碑立于光绪二十三年（1897年）。

南股孟氏祖茔

位于淄川区太河镇南股村东，第三批区级文物保护单位。墓地东临莲花山，西为南围子山，占地660平方米。墓葬封土流失较严重，大部封土已无。清乾隆五十年（1785年）岁次乙巳四月立《孟氏族茔》碑，记述了孟氏自明代迁居于此，以及发展繁衍的经历。孟氏祖茔碑刻为研究当地丧葬习俗、宗族谱牒文化和历史变迁提供了实体物证。

幸福李氏祖茔

位于淄川区太河镇幸福村东北，第三批区级文物保护单位。占地150平方米，为李氏家族墓地。墓群封土已平，仅存李氏祖茔碑刻1通，为家族族谱碑，立于清嘉庆十八年（1813年）十一月十六日。坐东北朝西南，由碑身、碑帽组成，碑身高1.00米，宽0.67米，厚0.27米。材质为石灰石，碑额为“宗族碑记”，碑文为阴文楷书。该碑保存完整，字迹清晰，对于研究当地谱牒文化保存了实体物证。

钟子期墓

位于淄川区太河镇湾头村北1000米处农田中，第三批区级文物保护单位。历代传说此处为钟子期墓，所在的田地当地村民称“钟子期地”，20 世纪 60—70 年代，墓曾被打开，村中老人回忆墓规模不大，青砖垒砌，砖上沾有朱砂，为空墓。墓前原有石香炉、旗杆石等。后因村民整地，墓封土被铲平，石香炉等被移走。从墓形结构看，非战国墓，应为明清普通墓葬。此墓对研究当地民俗文化具有一定的参考价值。

北岳阴陈氏祖茔

位于淄川区太河镇北岳阴村西南，第三批区级文物保护单位。墓地南北长 30 米，东西宽 20 米，占地 600 平方米。祖茔内原有陈氏家族墓葬 10 余座，封土均已被毁，仅存墓碑两通。一通顶端呈圆弧形，碑高 1.30 米，宽 0.85 米，厚 0.15 米，碑额为阴刻篆书，碑文字迹模糊难以辨认。另一通碑高 1.7 米，宽 0.87，厚 0.18 米，碑额为阳刻楷书“陈氏祖茔”。村民在 20 世纪 60—70 年代曾在陈家祖茔内发现过其他古墓葬，墓内尚有陪葬的瓷器出土。此碑刻对于研究陈氏谱牒文化提供了实物资料。

洼子张家墓园

位于淄川区罗村镇洼子村东 1 公里的山冈上，第三批区级文物保护单位。墓地坐西南朝东北，为长方形，四周有低矮的围墙，占地 156 平方米，现存张氏先茔碑 1 通、张氏家谱碑 1 通、墓志两通。先茔碑立于清宣统三年（1911 年），高 1.52 米，宽 0.72 米，厚 0.24 米，碑文为阴刻楷书。两通墓志，为张文聪、张国明夫妻合葬之墓志。张氏家谱碑立于清乾隆五十一年（1786 年）十月初一日。

普济桥

山桥村普济桥（2009 年拍摄）

位于淄川区太河镇山桥村南，第三批区级文物保护单位。地处淄川、博山、青州、临朐、沂源五县交界处，当地有“雄鸡一鸣听五县”之说。据《普济桥记》碑文记载，该桥为单孔石拱桥，重修于民国 9 年（1920 年）。东西走向，桥长 9 米、宽 4.6 米、高 5.25 米，拱高 3.5 米、跨径 3.3 米。桥身南北两侧桥拱上各镶嵌一石质匾额，南曰“虎踞”，北曰“龙盘”。桥南北两侧砌有石柱护板，石柱宽 0.3 米，长 0.2 米，高 0.58 米。立柱之间的石护板长 1.25 米，宽 0.50 米，厚 0.12 米。桥面由青石板铺成，历经磨砺光滑如镜。桥西有两块残存石碑，为《普济桥记》碑刻。残缺碑文记载：“桥不知创自何年。重修后，至宣统二年（1910 年）七月二十三日大雨又圮。1920 年又重修，立此碑。”据《淄博市地名志》中杨家庄《李氏族谱》记载，李氏始祖自明洪武初年由河北省枣强县迁居青州府益都县史家峪。将村前山峪中之桥命名为“山桥”，清代后期桥被冲毁后，以姓氏改称“史家峪”。自此山桥、史家峪两名并存。后定村名为山桥。

孙家坪对松观

位于淄川区太河镇孙家坪村，第三批区级文物保护单位。因院中一古槐正对着东殿门，故称“对松观”。该观坐东朝西，占地 141 平方米，为一进院落，有东殿、西殿、北殿房屋 8 间。东殿为吕祖殿，塑有吕洞宾泥像。北殿为白衣奶奶殿，西殿为官厅。主殿吕祖殿为砖石结构，灰瓦硬山顶，单脊上置二龙戏珠，设前廊，廊柱为花岗岩。北殿为木制梁柱、门窗。该观始建于清道光二十一年（1841 年），1946 年将北殿改成烈士祠，20 世纪 80 年代该观曾改建成学校，1990 年又改建成峨庄乡烈士祠，2000 年将东殿改建成乾坤大帝殿并塑像，香火极盛。

吴家当铺

位于淄川区太河镇峨庄村大街路北，第三批区级文物保护单位。当铺始建于明代，坐北朝南，为一进院落，占地 135 平方米，前铺后居格式。共有房屋 2 栋 6 间，砖石结构，硬山顶，上覆秸草。窗户装有挡板，石板垒砌窗台凸出墙外。因年久失修，门窗皆朽损，主体结构较完整。据传此处为山东吕剧《王定保借当》中王定保当钱的当铺，因当铺老板姓吴，故名“吴家当铺”。该建筑为研究王定保借当故事提供了实体物证。

下端士白衣庵

下端士村白衣庙（2009 年拍摄）

位于淄川区太河镇下端士村，第三批区级文物保护单位。始建于清雍正十二年（1734 年），咸丰元年（1851 年）重修。坐北朝南，为一进院落，占地面积 164 平方米，房屋 3 栋，门楼 1 座，石碑 1 通。原正殿为白衣奶奶庙，北殿为关帝庙。原壁画神像已毁，2005 年村民在原址复建，并新建东殿 3 间及山门，山门两边围墙建成护栏状。山门外有月台，月台两侧各设台阶。

上岛坪灵泉井

位于淄川区太上岛坪灵泉井河镇上岛坪村东北，第三批区级文物保护单位。井台坐南朝北，井的南边有一石堰，石堰北 3 米处为村中河流，井坐落于河南边的台地上。井口为青石甃起，井口宽 0.5 米，长 0.6 米。井西 1.6 米处有石碑一方，上刻《灵泉井记》，时间为民国 21 年（1932 年）。该井现仍为村民人畜用水主要来源，为研究当地历史文化具有一定的参考价值。

土泉村流苏泉（含流苏树）

土泉村千年流苏王（2009 年拍摄）

位于淄川区太河镇土泉村内，第三批区级文物保护单位。泉在岩石前，村民利用泉边的岩石简易砌成，占地面积有 1 平方米，在泉边的岩石上，刻有“流苏泉”三字。泉水常年不涸，滋养着泉东侧的流苏树，使流苏树虽历经千年依然生机盎然。流苏树高 14.5 米，主干高 2.7 米，胸径 1.4 米，树冠 14 米。树干在 2.6 米处分杈，分为南北两枝。南边一枝胸径 0.7 米，北边一枝胸径 0.4 米。该树龄已有 900 年，在北方比较罕见，每年“五一”前后开花，花为白色，香溢几百米，是土泉村重要的一景。

朝泉观

位于淄川区太河镇石沟村内，第三批区级文物保护单位。坐北朝南，为一进院落，南北长 11.5 米、东西宽 13.5 米，占地 155.3 平方米。大殿面阔 7 米、进深 4.1 米、高 4.5 米，为砖木石结构。单脊，硬山顶，红琉璃瓦覆面。前出厦，有 4 根廊柱支撑。观整体结构稳定。今建筑为近年原址复建，基本与原风格相符。观内存有 4 通碑刻，分别为清代与民国时期设立，其中只有两通碑刻记述的内容与朝泉观有关，其他两通碑刻是从他处迁于此地。

石沟村北井

位于淄川区太河镇石沟村南，第三批区级文物保护单位。井口为一天然石灰石凿成，长 1.1 米，宽 0.7 米，直径 0.46 米。井深 17 米，井口四周用青石甃起，上有辘轳。井边有清同治十三年（1874 年）所立石井碑 1 通。

石安峪古楼

石安峪村古楼（2019 年拍摄）

位于淄川区太河镇石安峪村，第三批区级文物保护单位。古楼坐北朝南，面阔 4.3 米、进深 4.2 米，占地面积 18 平方米，是一处清代古民居。古楼共有三层，室内设楼梯。一层为石发券房顶；二层南北各有门，石砌墙体；三层窗为砖发券，最顶层是阁楼，为草屋顶。古楼西山墙另开一侧门，在三层处有两个砖发券拱形窗户。古楼整体保存较完整，是北方乡村少有的民俗建筑。

北马鹿碧霞元君祠

位于淄川区太河镇北马鹿村中，第三批区级文物保护单位。坐北朝南，面阔 10 米，进深 6.4 米，占地面积 64 平方米。现有房屋 1 栋，碑 3 通。20 世纪六七十年代北马鹿村古建筑部分被毁，唯碧霞元君祠保存较好。始建于宋代，据碑文记载，明崇祯元年（1628 年）、清康熙十二年（1673 年）、乾隆十九年（1754 年）均曾重修。祠为砖石结构，灰瓦硬山顶。置脊饰吻兽，设前廊，有 4 根廊柱，廊坊施油彩画。祠东侧现存石碑 3 通，为明清时期重修庙记。近年村民对房屋进行了修缮，基本保持了原有建筑风格。

西余粮村万神堂（2009 年拍摄）

西余粮万神堂

位于淄川区太河镇西余粮村内，第三批区级文物保护单位。坐北朝南，正殿 3 间，配殿两间。主殿面阔 8.6 米，进深 5.7 米，面积 49 平方米。为砖石结构，基座为当地石料砌成，四角砌砖，抬梁式混合结构，硬山布灰瓦顶。设前檐，有 4 根檐柱。圆形柱础，砖做耍头，置脊饰吻兽，脊刹为元宝瓶。木质门，直棂窗，门窗发券为拱形。梁坊施油彩画，门口有垂带踏跺。台阶左右各有一座重修石碑。正殿东有一配殿，四周有院墙。院内有 4 通碑，分别为清道光十一年（1831 年）、清光绪十七年（1837 年）、1922 年、1933 年立。

孙家庄龙王庙

位于淄川区太河镇孙家庄村东南 800 米处龙王崖之上、张庄通淄河公路以东，第三批区级文物保护单位。庙南 30 米为悬崖，悬崖下为太河水库。该庙始建于清康熙年间，现存房屋 3 间，坐北朝南，面阔 6.8 米、进深 5.7 米，面积为 38.76 平方米。庙为砖石结构，灰瓦，硬山顶。置脊饰吻兽，脊刹为二龙戏珠。庙设前廊，有 4 根廊柱，门口为石发券，石窗为钱形，门口有踏跺。门口左前方有石碑 3 通，一通为康熙癸卯年（1663 年）立，一通为清乾隆三十九年（1774 年）岁次甲午初一日立，另一通为新修碑记。

孙家庄龙王庙（2019 年拍摄）

西石门古楼

位于太河镇西石门村村南，第三批区级文物保护单位。古楼坐北朝南，为四合院布局，现残存北楼 1 栋，东西厢房各 3 间，门楼 1 个。北楼为二层城堡，长 10 米、宽 5.5 米，面积 55 平方米。据说为王家围子主人王统领所建，大部为花岗岩石垒砌。上层为砖结构，平顶，现已坍塌。门窗较小，门口有陡峭的七级台阶，台阶下有地窖。整个建筑有着较强的防御性。

西石门王家围山寨

位于淄川区太河镇西石门村西岳阳山上，第三批区级文物保护单位。山寨建在两座山峰上，南北相距 500 米，皆依山势而建。南北各设围门，布局结构严谨。四周均用厚 1 米、高 2 米以上的石墙相围，中间为居住的房屋。南围子有房 10 余间，墙内侧建有高 2 米、宽 1 米，可容数人站立的掩体 10 多个。寨内有存水窖。两个山头因形似挑着的扁担，当地人称“扁担围子”。始建于清代，相传过去此处由一精通军事的王姓人率兵把守，人们又习惯称“王家围子”。抗日战争时期，日伪在此设据点，不断骚扰抗日军民，与据守马鞍山的八路军隔淄河对峙。此围子对于研究当地风俗与历史提供了实物资料。

西石门王家围山寨（2009 年拍摄）

北岳阴志公庙

位于淄川区太河镇北岳阴村南，第三批区级文物保护单位。建于清康熙五十五年（1716 年），为一进院落，坐北朝南，东西长 29 米、南北宽 27.4 米，面积 794.6 平方米。主要建筑有房屋 3 栋，影壁 1 座，门楼 1 座，碑 1 通。主殿志公庙房屋 3 间，砖石结构，置脊饰吻兽，灰瓦硬山顶。设前廊，有 4 根檐柱，圆鼓形柱础。木质门窗，门口有垂带踏跺。该庙为典型的清代风格。

北岳阴村志公庙（2009 年拍摄）

湾头赵氏祠堂

位于淄川区太河镇湾头村中，第三批区级文物保护单位。祠堂坐北朝南，为一进院落，东西长 20.5 米、南北宽 17.9 米，面积 367 平方米。祠堂为北方四合院结构，北屋 3 间，东西厢房各 3 间，门楼 1 座，门楼旁耳房两间，正屋为砖石结构，灰瓦硬山顶，砖挑檐。该建筑保存完整，20 世纪后半叶曾做过学校和村委办公室。

淄河古楼

位于淄川区太河镇淄河村东 100 米处，第三批区级文物保护单位。古楼坐西北朝东南，南北长 4.5 米、东西宽 9 米、高 8 米、墙厚 0.56 米，占地面积 45 平方米，楼为二层起脊，内置楼梯，灰瓦，硬山顶。一层用方形石灰石砌成，门窗为长方形，门上方为半圆形石雕。二层用青砖砌成，正面设

3 窗，山墙各设 1 窗，窗上方为拱形砖发券，古楼结构对称严谨，明显呈清代风格。

幸福玉皇庙

位于淄川区太河镇幸福村西南封山脚下，第三批区级文物保护单位。该庙为明代建筑，原为四合院结构布局，有玉皇殿、泰山奶奶殿等 10 间庙宇。原庙外有古柏数株，其中庙南大门外有一古柏为建庙初植，树干需四人才能合抱，树枝几乎遮盖整个寺院，此处“文化大革命”前曾是学校。北殿现供奉着不少革命烈士的牌位，这些牌位于 20 世纪 60 年代迁于马鞍山。庙东南处有烈士公墓。北殿重修于 2003 年，坐北朝南，面阔 10.1 米、进深 7.1 米，面积 71.7 平方米。硬山顶，屋内发券，砖石结构，屋面施黄琉璃瓦，置脊饰吻兽，脊刹为二龙戏珠，梁坊施油彩画。设前廊，有 4 根檐柱，圆鼓形柱础，木制门窗。西殿两间重修于 2008 年。

涌泉村古井（2012 年拍摄）

涌泉古井

位于淄川区太河镇涌泉村主街道南首路东，第三批区级文物保护单位。井台占地 24 平方米，井口直径 0.5 米、井深 32 米。井圈用青石凿成，井壁砖甃。井台上有铁制辘轳，井口沿绳索磨勒的凹痕明显。明中期建村即有，井水清澈尚能饮用。该井对研究当地村民生活习俗具有一定的意义。

池板村兴隆桥（含池板古井）

位于淄川区太河镇池板村西潭湾上，第三批区级文物保护单位。桥呈东西走向，为单拱石桥。桥长 9 米、宽 3.7 米、高 11 米，孔跨径 5 米。桥建在两岸石崖相距最窄处，无台无礅，取用当地石料直接砌筑在岸边的石崖上，既坚固又经济，桥保存完好并沿用至今。池板古井，位于淄川区太河镇池板村南，井口直径 0.5 米、井台长 2.6 米、宽 2.4 米，占地 6.3 平方米。据传井在明代初期建村即有。井台用青石甃起，井圈用青石凿成，口沿还有绳索磨勒的凹痕。井壁石砌，井台上有铁制辘轳，井水清澈尚能饮用。该井对研究当地历史及村落变迁具有一定的历史价值。

池板村古井（2012 年拍摄）

池板村兴隆桥（2012 年拍摄）

梦泉

梦泉村梦泉（2012 年拍摄）

位于淄川区太河镇梦泉村南 600 米处的山谷中，第三批区级文物保护单位。泉四周用块石甃起，长 1.6 米、宽 1.4 米，距地面 2.8 米、水深 1 米，占地面积 2.24 平方米。泉顶部用石块发券，泉北设有垒砌的台阶。2004 年在泉西建有汉白玉石雕成的孙膑石像。梦泉现为该村村民的主要饮用水水源地。

陈家井村古井

位于淄川区太河镇陈家井村中部，第三批区级文物保护单位。井台南北长 1.2 米、东西宽 0.9 米，井深 30 米。井口为一青石凿成，直径 0.5 米，井台上有铁制辘轳，井口被长年汲水的井绳磨出一道道绳痕。井口北 4 米处有残碑一通，高 0.9 米、宽 0.70 米，字迹已腐蚀不清，唯“……井……清康熙四十三年十二月”等字可辨。据传该井由陈姓村民凿成，故村名为陈家井。井及碑刻见证了当地群众传统的生活方式，充分佐证了劳动人民凿井技术的历史传承与发展，具有一定的历史研究价值。

本齐中和桥

位于淄川区太河镇本齐村内，第三批区级文物保护单位。桥横跨于村内小河之上，呈南北走向。桥面长 7 米、宽 4.2 米、桥高 3.7 米。为单拱石桥，桥拱呈半圆形，跨度 3.4 米，用当地石灰石砌成。据碑文记载，桥始建于清光绪三十年（1904 年），由居于村河东岸的张姓人家和居于河西岸的刘、韦姓人家共同出资修建，故取名“中和桥”。此桥现在仍然是连接村东西的重要交通要道，该桥体现了邻里互助、和谐相处的淳朴民风。

聚峰村北斗庙

位于淄川区太河镇聚峰村中心路北侧，第三批区级文物保护单位。该庙宇为一进院落，坐北朝南，面阔 14 米，进深 16 米，占地 224 平方米。主要建筑有山门、北斗殿和佛爷殿组成，两殿均为单脊。北斗殿砖石结构，抬梁式硬山，布灰瓦顶。设前檐，有 4 根六棱石檐柱，圆鼓形柱础，石檐柱上方刻有八宝图案，并镶嵌雀替，长方形门、圆形窗。佛爷殿为方形门窗，在佛爷殿前檐下有碑刻 3 通。据碑刻记载，庙建于明代，建筑整体结构严谨对称，具有鲜明的时代特征。

大马陵石寨

位于淄川区西河镇大马陵村东，当地人称马陵围子，第三批区级文物保护单位。大马陵石寨坐北朝南，建在村东的高地上。围墙高 5—6 米、宽 1—2 米，围墙外筑有若干个墙垛。石寨有 4 个寨门，并设有若干角门，角门上方设有掩体。东北处有一大寨门，坐东面西，石发券，两侧有掩体，大门两边用巨石凿成门闩，门杠将大门插住，十分牢固。立柱直通石砌门顶，门顶上方建有掩体，掩体上有观察哨口，上下掩体的通道有专人防守。围子内按地形分布着大小房屋 200 余间，还有蓄水池、米臼、石碾等生活设施。面积 3254 平方米，周长 196 米。该山寨为研究古民居提供了实物资料。

大马陵村石寨（2012 年拍摄）

东槐峪关帝庙

位于淄川区西河镇东槐峪村村内，第三批区级文物保护单位。庙坐北朝南，始建于康熙四十五年（1706 年），为一进院落，房屋 3 间，影壁 1 座，碑 2 通，建于高于地面 2.5 米的基座上。正殿面阔 4.55 米，进深 5 米，占地 23 平方米。砖石结构，灰筒瓦，硬山顶。设前廊，有 4 根檐柱。屋脊两端安有吻，檐角飞翘。木制门窗，门口石发券半圆形，门前有踏跺。为典型清代建筑。

田庄古建筑群

位于淄川区西河镇田庄村，第三批区级文物保护单位。包括田庄桥（含风雷峡）、田珍祥老宅、张阁老鼓楼、关帝庙、龙王庙、戏台等文物点。

田庄村田庄桥（2012 年拍摄）

田庄桥（含风雷峡），位于淄川区西河镇田庄村南。呈南北向跨谷而建，长 13.5 米、宽 4.3 米、高 6.5 米。一孔跨径 5.3 米、孔高 5.2 米、拱厚 0.95 米。古时是东南部山区进淄川的必经之路。桥两边是山岭，中间有峡谷，桥东崖壁上刻有“风雷峡”三个大字。《淄川县志》记载：“县东南三十里田庄之南，水自东北峪中出。两岸陡绝，石桥横溪。溪中巨石嶙峋，不可名状。水石相击，声响如雷。桥左有石，刻‘风雷峡’三大字。笔力苍老，不著姓名。”

田珍祥老宅古楼（2019 年拍摄）

田珍祥老宅，位于山东省淄博市淄川区田庄村北部。抗日战争期间曾遭日军放火焚烧。1955 年重修。古楼坐北朝南，面阔 9.0 米，进深 4.85 米，占地 44 平方米。石发券无梁殿，砖石结构，单脊，硬山顶，正吻，檐角飞翘，红瓦覆顶。门窗为半圆形青砖发券，门窗都为木制。楼门口前有青石砌的月台。此楼用材考究，做工精良，为研究当地风俗、历史文化提供了实物资料。

张阁老古楼，位于淄川区西河镇田庄村村中。坐北朝南，面阔 7.2 米、进深 5 米，占地 199 平方米。古楼为一进院落，现存一座二层楼和 3 间房舍，砖石结构，单脊，硬山顶，正吻，檐角飞翘，灰瓦覆顶，门窗为半圆形青砖发券，门窗均为木制，楼门口前有青石砌的月台。据当地人讲，此楼始建于明末清初，原为明末内阁首辅张至发的乡间别墅。此楼用材考究，做工精良，为研究当

田庄村张阁老别墅古建筑群（2019 年拍摄）

地明清时期民俗文化和建筑提供了实物资料，具有较高的历史文化价值。

关帝庙，位于淄川区西河镇田庄村中部。庙坐北朝南，一进院落，面阔 6.3 米，进深 5.6 米，占地面积 35.3 平方米。为砖石结构，红瓦覆面，硬山顶，门窗为木制。设前廊，有两根廊柱，门前有两级踏跺。为典型的清代建筑。

龙王庙，位于淄川区西河镇田庄村水库下游 200 米处。坐北朝南，砖石结构，面阔 5.7 米，进深 5 米，占地面积 28.5 平方米。红瓦硬山顶，门窗为木质，设前廊，有两根木质廊柱，门前有踏跺。为典型的清代建筑。

田庄村关帝庙（2019 年拍摄）

田庄村龙王庙（2019 年拍摄）

田庄村戏台（2019 年拍摄）

戏台，位于淄川区西河镇田庄村路西。坐南朝北，戏台基高 1.3 米，占地 72.76 平方米。戏台南侧有化妆屋 3 间，面阔 9.9 米，进深4.2米，面积41.6平方米。为砖石结构，灰瓦硬山顶，砖挑檐，吻兽已不存，无脊刹。中间有一窗户，左右各有一门，门口为半圆形砖发券。戏台前面有两个柱础，东侧堆放着 4 通石碑，据碑文记载戏台始建于清雍正元年（1723 年）。

水峪青龙山庙

位于淄川区西河镇水峪村，第三批区级文物保护单位。庙坐北朝南，南北长 26.2 米、东西宽 17 米、占地面积445.4平方米，始建于清代。主要建筑有北殿3间，东殿3间，西殿3间，山门1座，碑刻 3 通。大殿为石发券，无梁，砖石结构。硬山红瓦顶，单檐。设前廊，有 4 根檐柱，屋脊两端安有吻。门窗为木制，门前有如意踏跺。3 通碑刻为清道光六年（1826 年）、同治七年（1868 年）、清光绪二十年（1894 年）。整栋建筑保存完整，是一座具有清代风格的院落。

小东坪兴云寺

位于淄川区西河镇小东坪村南，第三批区级文物保护单位。寺院坐北朝南，面积1124平方米。现有房屋9栋、影壁1座、山门1座、碑刻4通，主要建筑有三圣殿、碧霞殿、顺天姑庙、观音殿、圣母庙等。原殿宇为砖石结构，硬山灰瓦顶，置脊饰吻兽，脊刹为葫芦形，门窗砖发券呈拱形，木制门窗。2004年对寺院进行了修缮，增建房屋2栋，基本保持了原建筑风格。

小东坪村兴云寺（2009年拍摄）

南峪太平山庙

位于淄川区西河镇南峪村中，第三批区级文物保护单位。坐北朝南，一进院落，占地168平方米，由正殿和西殿组成。正殿为砖石结构，硬山顶，灰瓦覆面。屋脊两端安有吻，中间置宝瓶。檐角飞翘，上置走兽。设前廊，有两根石质檐柱，前檐东、西墙上用砖浮雕各种图案。木制门窗，门口有垂带踏跺。院内有清嘉庆、清光绪、民国碑刻3通。庙为清代风格。

敦仁古建筑群

位于淄川区西河镇敦仁村内，第三批区级文物保护单位。包含太平门、马家楼、王家楼、韩家楼等文物点。

太平门，坐北朝南，南北长3.5米、东西宽4.4米、高4.8米，占地15.4平方米。村寨门呈长方形，为砖石结构，门洞上半部由当地的耐火砖发券而成。门正面上方镶嵌刻有清同治七年（1868年）立的“太平门”石刻，东西两侧保留着村寨围墙。村寨门整体建筑风格对称、严谨，能够体现当时建筑的时代风格和特点。

马家古楼，坐西南朝东北，为清代建筑，东西面阔9.2米、通高8米，占地面积43.2平方米。为砖石木结构，单檐，硬山，灰瓦顶，采用地暖炉取暖。一层用石灰石垒砌地基1米，上面用青砖砌成。正面设1门2窗，两山墙各辟1窗。门窗为长方形。二层正面设3窗，门窗为木制，拱形。屋面局部砖瓦有松动和脱落，长有杂草。建筑主体保存较完整。

王家古楼，坐西北朝东南，南北进深 4.9 米、东西面阔 9.2 米、通高 10 米，占地面积 45.1 平方米。原为砖石结构，单檐，硬山，灰瓦顶，现更换为红瓦。采用地暖炉取暖，门前有马鞍形台阶。一层窗台下用石灰石砌成，向上改用青砖。正面一层辟 1 门 2 窗，二层正面辟 3 个窗，门窗都为木制长方形，门窗上方为木过梁。从外面看是两层，楼内是三层，二楼窗户以上经过翻修。屋面局部砖瓦松动，墙体剥落，基本建筑较完整。

韩家古楼，坐西南朝东北，南北 4.1 米、东西 8.8 米、通高 9 米，占地 36.1 平方米，为清代建筑。为砖石木结构，单檐，硬山顶，灰布瓦覆面。采用地暖炉取暖，楼的一层地基以上一米用当地石灰石砌成，再向上用青砖砌成。楼正面辟 1 门 2 窗，两边山墙上各辟 1 窗，二层正面墙辟 3 窗，门窗都为木制长方形，上方都是方木过梁。楼顶屋面长满杂草，局部砖瓦有松动和脱落。古楼体现了当时社会经济和历史文化状况。

河北马家古楼

位于淄川区西河镇河北村中，第三批区级文物保护单位。坐东南面西北，为清代建筑。南北进深 4.5 米、东西面阔 9.5 米、通高 9 米，占地 42.8 平方米。古楼为二层楼阁式建筑，砖石结构，单檐，硬山，布灰瓦顶。二层门窗为青砖发券，呈拱形。门窗均为木制，门前有青石垒砌的月台。一楼有楼梯通向二楼，屋顶为火缝檐，方椽结构支撑，要头规矩。因年久失修，屋面已漏雨，但仍保存着北方民俗建筑遗风。

砚场关帝庙（含北廓）

砚场村关帝庙，位于淄川区龙泉镇砚场村内，第三批区级文物保护单位。坐北朝南，为一进院落。南北长 20 米，东西宽 14 米，占地面积 280 平方米。庙始建于清雍正十三年（1735 年），由正殿、东西耳房、西殿和山门组成。正殿面阔 6.5 米，进深 4.85 米，为砖石结构，单檐，硬山顶。屋面施青筒瓦，置脊饰吻兽。设前廊，有 4 根檐柱，圆鼓形柱础。前廊枋施油漆彩绘，装饰简单素雅。殿内供奉关羽、周仓和关平塑像。东院墙镶嵌石碑 1 通，雍正十三年立（1735 年）。山门为过道式，东侧有一石碑，1923 年立。该庙体现了北方乡村明清时期寺庙建筑风格。

砚场村北廓，位于淄川区龙泉镇砚场村北，第三批区级文物保护单位。为清代建筑，坐南朝北。面阔 6 米、进深 9.3 米、高 6 米，占地 55.8 平方米。为长方体形，石发券结构。据当地村民讲，北廓为村庄原来的北门，中华人民共和国成立前村子周围有围墙，现围墙早已拆除，仅保留下此廓。廓上原有郑公庙，在日军侵华时改作炮楼使用，现已废弃，仅存一面北墙。这种结构寨门能够体现当时的社会状况及建筑风格、特点，对研究当地的历史文化变迁有一定的历史价值。

奎三古建筑群

位于淄川区昆仑镇奎三村，第三批区级文物保护单位。包括关帝庙、北极庙、碧霞元君庙等建筑。

关帝庙，坐北朝南，一进院落，占地108平方米。主要建筑由正殿、厢房、山门等组成，房屋为砖石结构。正殿面阔4.65米，进深5.8米，高3.6米。硬山顶，红琉璃瓦覆面。设前檐，有4根檐柱，圆鼓形柱础，梁枋施油彩画。隔扇门窗。庙内现存碑刻2通，镶嵌在前檐西墙上和西院墙上。据《重修关帝庙碑》记载，为清乾隆七年（1742年）五月十三日立。

北极庙，坐北朝南，为一进院落，南北长40米、东西宽20米、占地800平方米。主要建筑由北极殿、钟楼、山门和影壁墙组成。庙内还保存有碑刻1通、石狮子两个。正殿为砖石结构，硬山顶，单脊，施青筒瓦，置脊饰吻兽，脊刹为二龙戏珠。设前檐，有四根檐柱，梁枋施油彩画，门檐柱前有石狮，台阶下有两个立式石香炉，隔扇门窗，2002年村民重修，正殿屋面修缮的痕迹较重，其余基本保持了原建筑风格。

碧霞元君祠坐北朝南，为一进院落，占地80平方米，由正殿和西殿组成。正殿南北长4.7米、东西宽6.9米、高4.8米，为砖石结构，单檐，硬山，红琉璃瓦顶。有前廊，4根檐柱，设台阶。房屋结构稳定，基本保持原建筑风格。

郭庄关帝阁

位于淄川区昆仑镇郭庄村东西大街西首，第三批区级文物保护单位。阁坐西朝东，为二层楼阁式建筑，南北长4.7米、东西宽7米、通高9米、占地面积32.9平方米。一层为砖石发券结构的门洞，是村内东西大街的西出口。二层为关帝庙，砖石结构，硬山灰瓦顶，设脊刹。庙南侧为山门，内墙上镶嵌碑刻1通，砖砌花墙。庙北侧墙上镶嵌碑刻两通，为清道光二十二年（1842年）和光绪十五年（1889年）所立。

东龙角民俗建筑群（含王氏家庙、关帝庙）

王氏家庙，位于淄川区昆仑镇东龙角村原村委院内，第三批区级文物保护单位。坐北朝南，一进院落，占地272平方米。正殿南北长5.8米、东西宽10米，单檐硬山顶，红瓦覆面，砖石结构，设前檐，檐柱有4根四棱石柱，现祠堂已闲置，门窗已残损，屋面局部砖瓦有松动和脱落。院东南建有临街大门，进大门迎面有影壁墙。因前村委在此办公，对祠堂部分建筑进行了改建。正殿东西修建了砖混结构楼房，对祠堂的整体建筑风格造成一定程度破坏。

关帝庙，位于淄川区昆仑镇镇东龙角村，该庙一进院落，砖做耍头，椽子屋面。具有明显清代建筑风格，保存较好。

西龙角杨家祠堂

位于淄川区昆仑镇东龙角村南，第三批区级文物保护单位。坐西北朝东南，一进院落。南北长21米、东西宽22米、占地面积462平方米。为北方四合院建筑，由北屋、东屋、西屋、南屋、大门和影壁等组成。每栋房屋各有3间，房屋均为单檐，硬山式红瓦顶。正屋设前檐，有4根六棱石檐柱，圆形柱础。门前有三级踏跺。2003年重修，屋面更换为红瓦。整体结构稳定，保存完整，为研究祠堂家族文化保留了物证。

石门白衣阁

位于淄川区将军路街道办事处石门社区南北大街南首，第三批区级文物保护单位。坐北朝南，南北长6米、东西宽8.5米、高6米，占地51平方米，为楼阁式建筑。一层为圆拱形、城门洞式建筑，石质发券结构。二层为平顶建筑。楼阁东北角有1通石碑，为明崇祯二年（1629年）立。此楼阁下原为淄川通往博山的官道，是南出淄川的重要隘口。因公路改道，现已弃用多年。

张李白衣阁

位于淄川区昆仑镇张李村东，第三批区级文物保护单位。楼阁坐北朝南，为二层楼阁式建筑。面阔7.2米、进深5.7米、墙厚1米，占地41平方米。为砖石结构，硬山顶，屋面施青瓦。置脊饰吻兽，脊刹为葫芦形。设前廊，前廊枋施油漆，有4根檐柱，圆形柱础。砖做耍头，雕刻有荷花狮子图案。一层为石砌，砖发券拱形直棂窗，石发券拱形木制门。二层为阁楼。前廊外侧为砖砌花墙，上铺一层条石。隔扇门窗，门上方悬匾额，上书“白衣阁”。现存碑刻1通，据碑文记载，阁于清雍正年间、光绪二十六年（1900年）重修。

马棚村玉皇庙（2009年拍摄）

马棚玉皇庙

位于淄川区昆仑镇马棚村西北的山岭上，第三批区级文物保护单位。庙坐北朝南，为一进院落，占地81平方米。庙门面南，进门有影壁。有正殿3间，基座高起，面阔8.8米，进深 6 米，砖石结构。花脊，灰瓦，硬山顶。前置前廊，有两根方形石檐柱，圆鼓形柱础。檐柱为石质花岗岩，雕刻八角莲花图案，上部为云龙兽头，砖做耍头，雕刻鹿马图案。石制门、直棂窗，门前有月台，有垂带踏步。该庙为淄川西部山区较有代表特色的建筑。

赵家楼观音庙（含关帝庙）

赵家楼观音庙，位于淄川区岭子镇赵家楼村西北，第三批区级文物保护单位。庙坐北朝南，为一进院落，房屋 3 间，砖石结构。面阔 7.14 米，进深 4 米，面积 28.6 平方米。灰瓦，硬山顶，置脊饰吻兽，脊刹为二龙戏珠造型。梁架为木结构，建筑明显呈清代风格。村民于 2003 年对庙进行全面修缮，对屋面改动较大。赵家楼关帝庙，位于淄川区岭子镇赵家楼村西北，第三批区级文物保护单位。坐北朝南，面阔 5.2 米，进深 4.66 米，面积 24.2 平方米，砖石结构。灰瓦，硬山顶，置脊饰吻兽，脊刹为二龙戏珠造型。木质门，铜钱形石窗。大门外有一影壁与南墙相连。今庙为村民于 1993 年重修，屋面后期改建修缮的痕迹较重。

赵家楼村观音庙（2019 年拍摄）

张家庄关帝庙

张家庄村关帝庙（2009 年拍摄）

位于淄川区岭子镇张家庄村东南，第三批区级文物保护单位。庙坐北朝南，为一进院落，南北长 24.4 米，东西宽 16.6 米，面积 405 平方米。大门一侧有两门，南侧有一影壁墙，四周花墙为石英石垒砌。关帝庙正殿 3 间，东西均有台阶，拾级而上。砖石结构，硬山顶，施直筒三彩瓦，置脊饰吻兽，脊刹为二龙戏珠，砖做耍头，门窗皆为石制，内塑关帝塑像，墙上绘有壁画。西院墙有碑楼，现存 5 通石碑，由北向南排列。据碑文记载，庙为清康熙五十四年（1715 年）九月竣工，清乾隆、道光年间曾重修。2003 年，村民对该庙又进行了全面修缮。

岭子村观音庙

位于淄川区岭子镇岭子村中，第三批区级文物保护单位。庙坐北朝南，为一进院落。观音殿 3 间，面阔 4.7 米，进深 4.2 米，面积 17.94 平方米。整栋房屋全部用石块垒成，灰瓦，硬山顶，置脊饰吻兽。石檐，屋顶为半圆形石发券，木质门窗，石发券拱形门，门口设台阶踏跺。内塑观音像。大门楼东西墙壁分别镶嵌石碑，东侧墙为明万历四十一年（1613 年）立，西墙为清康熙五十九年（1720 年）立，均为重修观音庙碑记。大殿后期改建修缮的痕迹较重，但仍保留明代建筑风格。

东省永济桥

东省村永济桥（2009 年拍摄）

位于淄川区洪山镇东省村北沟上，当地村民也叫“蓝桥”，第三批区级文物保护单位。桥建于清代，南接村庄，靠凤凰台山。桥长 22 米，宽 4 米，高 8 米。一孔跨径 5 米，孔高 6.6 米，拱厚 1.5 米。永济桥为实腹石拱桥，拱圈顶部雕有一龙头。此桥处于旧时青州至龙泉、西河、博山的官道，原在桥北的永济桥石碑被后人拆去修了河坝。原桥面两侧石条护栏，今已全无。该桥虽历经风雨，但仍坚固如初。

小红卫关帝庙

位于淄川区洪山镇小红卫村中部，第三批区级文物保护单位。坐北朝南，一进院落，房屋 3 间，面阔 7.1 米，进深 5.1 米，占地面积 36.2 平方米。砖石结构，硬山顶，砖做耍头。木制门窗，椽子屋面。梁柱施彩绘，屋面原为灰瓦。正脊已毁，吻兽也不存。近年来经过多次维修，屋面换成红瓦，但仍保留了清代建筑风格。

北杨庄关帝庙

位于淄川区洪山镇北杨庄村西北，第三批区级文物保护单位。始建于明天启元年（1621 年），砖石结构。面阔 3.9 米，进深 4.4 米，占地面积 17.2 平方米。抬梁式混合结构，硬山，布灰瓦顶，砖做耍头，纹饰为牡丹。设前廊，有两根檐柱，圆鼓形柱础。前檐有望板，木制门窗。门口有一级踏跺，庙前原有一平庙台，“文化大革命”时被毁。四角现存柱础各一个。东墙上镶嵌碑刻为明天启元年（1621年），字迹已风化难辨。

双泉五圣堂

位于淄川经济开发区双泉社区，第三批区级文物保护单位。坐北朝南，房屋3楹，面阔6.4米，进深4.8米，面积30.7平方米。硬山，灰瓦顶，无梁，砖发券结构。设有前廊，檐柱2根，为当地红山石材料雕刻而成，石质已酥软，并刻有对联，阳文，字迹已不清。前檐檩上有壁画，已模糊不清。庙门为木制，窗为方圆形，呈制钱状。东西墙檐下各镶有石碑1通，东为重修五圣堂记碑，有“清康熙岁次已卯暮春吉日立”字样。西墙石碑为雍正三年（1725年）岁次乙已四月初一日立。现房屋已经漏雨，塑像已全无。

西山白衣阁

位于淄川经济开发区西山社区东大街上，第三批区级文物保护单位。阁坐东朝西，为楼阁式建筑。下有一券洞，直通大街东西。券洞上方有3小间房屋，门正中有一影壁墙，南面有台阶直上，进山门向北拐有一侧门，建筑形式为卷棚式前檐，砖石、抬梁式混合结构。硬山，灰瓦顶，隔扇门窗，门前为一平台。底部券洞为石砌，石发券。东南墙上有砖镶石碑1通，碑高1.25米，宽0.63米。由于风剥雨蚀，字迹已看不清。该阁具有明代晚期风格。

西山社区白衣阁（2009年拍摄）

大邢观音堂

位于淄川区开发区大邢社区北，路西一侧，第三批区级文物保护单位。坐西朝东，面阔9米，进深3米，占地面积27平方米。砖石结构，硬山顶布灰瓦面。原为一进院落，大部毁于“文化大革命”，只存观音堂。残存建筑为明嘉靖十六年（1537年）重修，现墙体屋面已全部漏雨，殿内塑像全无。另有3通石碑，两通高1.5米，宽0.87米，为明嘉靖十六年（1537年）立；另一通高1.55米，宽0.73米，为清乾隆十五年（1750年）立，阴文，大部字迹看不清，石质为石灰岩，石质酥碱。

甘泉观音庙

甘泉村观音庙（2009 年拍摄）

位于淄川区寨里镇甘泉村中心路北，第三批区级文物保护单位。坐北朝南，面阔 3 楹 7 米，进深 6 米，面积 42 平方米，现存建筑为清代风格。村民 2008 年进行修缮，屋面、前廊后期改建修缮的痕迹较重。为砖石结构，设有前廊。檐柱两根，方圆式柱础。抬梁式混合结构，硬山，灰瓦顶，木制门窗，油漆彩绘，正脊正吻，添有走兽。前檐上刻有八宝图案。庙前有三级台阶，台阶 1 米处有一古松，直径 1.4 米。庙东有青石垒砌的石墙，并有一大水池，四周镶嵌栏杆。原有一泉，味甜，故取名“甘泉”。

东井天堂寨

位于淄川区寨里镇东井村东北 2.5 公里处，第三批区级文物保护单位。山寨大体呈圆形，周长 388 米，为明永乐十八年（1420 年）唐赛儿起义军旧址。由于寨内有食同吃，有福同享，童叟无欺，人们到了山寨如同到了天堂，故名“天堂寨”。庙内现存庙宇 6 座，为王灵官庙、山神庙、吕祖庙、玉皇庙、泰山奶奶庙、狐姑庙，为明代建筑。寨内其他建筑为清代、民国重建。王灵官庙位于南寨门半山腰处，坐北朝南。狐姑庙位于山寨东南，坐东朝西。其余庙宇均坐北朝南。庙较小，结构均为石匣式石砌墙体，屋面用整块石块砌成，顶部刻有图案，两头饰有纹饰。王灵官庙后有残碑 4 通，为民国重修碑，有“中华民国”字样，其他字体已看不清。山寨顶部的玉皇庙为 2008 年重修，其他建筑保存较好。山寨寨墙较完整，墙宽 1.5 米，平均高 2 米、局部 3 米。庙会为三月十五日、六月十五日、十月十五日，香火较盛。

窑头观音堂

位于般阳路街道办事处窑头社区西南，第三批区级文物保护单位。坐南朝北，南为般河，创建于明代，此后曾多次修缮。有殿宇 3 间，面阔 4.8 米，进深 4.2 米。观音堂带卷棚，卷棚系后人新建，面阔 4.8 米，进深 4.7 米，堂占地面积 42.7 平方米。砖石结构，硬山式布灰瓦顶。在东山墙 7 米处有残存墙壁，上镶嵌石碑 3 通，分别为明隆庆三年（1569 年）、天启四年（1624 年）和清顺治八年（1651 年）立，记录了观音堂的沿革情况。

北镇后白衣庙

位于太河镇北镇后村东，第三批区级文物保护单位。坐北朝南，现存建筑明显呈清代风格，系清嘉庆十六年（1811 年）重修。房屋 3 楹，面阔 8.5 米，进深 6.4 米，面积 54.4 平方米。砖石结构，设有前廊。单檐，檐柱 4 根，柱础为石鼓。无梁发券，硬山顶。木棂窗，砖做耍头。原屋面为灰瓦，现改建成红瓦。庙东侧墙根处有石碑 1 通，保存较好，碑上刻有清嘉庆十六年（1811 年）重修庙记。

下端士肖氏谱碑

位于淄川区太河镇下端士村东孝子岭下，第三批区级文物保护单位。坐北朝南，占地 8 平方米，共两组。一组有碑 4 通，为明万历七年（1579 年）1 通、清康熙二十六年（1687 年）两通、清道光十年（1830 年）1 通。石碑由碑身、碑帽组成，材料为石灰石。碑文为阴文楷书，上刻“祖茔题名”。另一组在第一组南约 10 米处，共有碑 3 通，分别为萧氏谱碑、承先启后碑、本支百世碑，年代均为民国，碑文为阴文楷书，字迹清晰。这些碑刻对研究淄博地区谱牒文化有一定的史料价值。

小口头孙氏祖茔

位于淄川区太河镇小口头村南，第三批区级文物保护单位。墓地面积 400 平方米，为孙氏家族墓地，系土坑式普通平民墓，封土大部已平。现存“族谱世系碑”两通，比肩参差而立，材质均为石灰岩，立于 1923 年。一通碑高 1.76 米、宽 0.77 米、厚 0.23 米；另一通碑高 1.50 米、宽 0.69 米、厚 0.23 米。为阴刻楷书。孙氏祖茔碑刻对于研究当地孙氏宗族文化保存了实体物证。

池板村碑刻群（含观音庙）

池板村碑刻群，位于淄川区太河镇池板村，第三批区级文物保护单位。其中，多数碑刻为村庙碑，庙毁碑尚存，被村民垒砌在多处房屋墙上。现存完整碑刻 24 通，还有部分散布在村观音庙院内及村委办公用房墙体中。年代跨度从明代至民国，内容涉及族谱、修桥铺路、封禁山林、建寨凿井等。均为石灰石质，碑文为阴文楷体，大部分字迹清晰可辨。数量之多、内容涵盖面之广，实属罕见。这些碑刻对于研究当地的历史文化、风俗习惯等具有一定的价值。

观音庙，位于淄川区太河镇池板村西。坐南朝北，面阔 7.35 米，进深 5.6 米，占地面积 41.1 平方米。砖石结构，单脊，灰瓦覆面、硬山顶，砖做螭头。设前廊，有 4 根廊柱，廊柱上镶嵌花格纹式雀替，木质门窗。门前有踏跺。观音庙结构完整，基本保留了清代建筑风格。

山西洞庙

位于淄川区西河镇山西村西南崖壁上，第三批区级文物保护单位。庙内自西向东依次有天然山洞 4 个，洞口前建有庙宇。砖石结构，屋脊贴在石壁上。隔扇门窗。设前廊，有廊柱支撑。庙内建筑文昌阁分上下两层，下层为石发券，呈拱形。洞中共有碑刻 4 通，其中最早的为清康熙年间。系淄川辖区内少有的洞窟庙宇。

车家村环翠书馆碑刻（2009 年拍摄）

环翠书馆碑刻

位于淄川区洪山镇车家村西北村委院内东院墙上，第三批区级文物保护单位。原碑散落在村里，现村委原为小学，建学校时，村民将此碑镶嵌于学校东院墙上，并保存至今。该碑材质为石灰石，长 1.35 米，宽 0.48 米。碑刻为阴刻楷书，上刻“环翠书馆”，并刻有一枚闲章、两枚名章。

查王重修关帝庙碑

位于淄川区将军路街道办事处查王村原卫生室西院墙上，第三批区级文物保护单位。碑面西，高 0.96 米、宽 0.43 米、厚 0.18 米，材质为石灰石。碑正、背两面文字皆为阴刻楷书。正面为清康熙九年（1670 年）《重修关帝庙碑记》，其中记述了康熙七年（1668 年）淄川大地震时的情景，碑文记载与蒲松龄《聊斋志异》中《地震》一篇描写的情景和时间极为相近。碑刻背面记载的是村民为重修关帝庙的用地情况。此碑刻为“蒲学”研究提供了实物资料，具有较高的历史价值。

宋家碑刻

位于淄川区岭子镇宋家村幼儿园旁小广场西侧，第三批区级文物保护单位。村中观音堂毁于“文化大革命”，仅存石碑 3 通。碑由碑身、碑座两部分组成，材质为石灰石。重修观音堂碑，碑高 1.7 米，长 0.66 米，厚 0.21 米，清雍正八年（1730 年）立；重修五庄观世音碑，碑高 1.6 米，长 0.7 米，厚 0.24 米，清光绪十六年（1890 年）立；题名碑，碑高 1.67 米，长 0.68 米，厚 0.2 米，清嘉庆八年（1803年）立，碑文为阴刻楷书，字迹清楚。

罗村“义勇可风”碑

位于淄川区罗村镇罗村村东山岗上，第三批区级文物保护单位。坐东朝西，原在罗村小学墙上，2008年移到现址。碑高2米，宽0.86米，材质为石灰石。碑上建有碑楼，石砌平台底座。平台为正方形，长宽各6.7米。平台西侧有台阶，四周安装雕刻栏杆。碑楼占地面积45平方米。此碑是为悼念在解放战争中牺牲的淄川县蟠龙区92烈士而立，碑文为阳刻，正面文字为“淄川蟠龙区义勇男女同志九十二烈士殉难纪念”，正中为“义勇可风”四个大字，下款为“蟠龙区全体群众立”；背面文字为“中华民国三十七年八月二十六日，淄川县蟠龙区全区民众恭立”。

罗村“义勇可风”碑（2009年拍摄）

紫峪水库大坝旧址

位于淄川区太河镇后紫峪村紫峪水库中部，第三批区级文物保护单位。大坝旧址呈东西走向。该水库始建于1965年，为国家三级水库。堤坝用石块垒砌，长56米，底宽4米，顶宽2米，占地面积224平方米。1966年7月15日，大坝因暴雨冲毁，淹死下游南响泉村村民153人，经济损失达50万元。坝前原立有“泪滴石碑”，意在警示后人以史为鉴。

悦升公司发电厂旧址

悦升公司发电厂旧址（2009年拍摄）

位于淄川区西河镇广仁村东，第三批区级文物保护单位。旧址由两座楼构成，坐南朝北，南北长29米、东西宽20米、通高9米，占地面积580平方米。两楼顶部相连，呈“M”形，为硬山顶，门窗高大。北门前有雨厦，南面有混凝土结构楼梯和走廊，并可通二楼。此建筑是江苏省扬州人丁敬臣于1919年在西河镇建悦升煤矿公司后，1925年为扩大生产而建的西河发电厂。该建筑也是淄川区近现代民族资本工业的代表性建筑，具有较高的历史价值。

河北村日伪遮断墙遗址

河北村日伪遮断墙（2019 年拍摄）

位于淄川区西河镇河北村东的旮旯山上，第三批区级文物保护单位。残墙现存 705 米，墙基宽 2.6 米，墙体最高处 2.7 米。北起万缘阁东墙角下，沿山岭向南至旮旯山南半山腰处。1942—1943 年，日军为防八路军袭击，从洪山一带往南，沿途经大土屋、龙口、台头、圈子、渭头河村东山，一直延伸到西坡地以南一带，构筑石围墙（又称遮断墙）、防共墙 37 公里。墙高 2—3 米，厚 0.5 米，分段设门，全部抓民夫建成。这是日军侵略淄川的铁证。解放初期，遮断墙因村庄建设和农业生产部分被拆毁，唯此段保存较完整。

渭一村馒头窑（含花沟窑、松林窑、大堰根窑）

位于淄川区龙泉镇渭一村内，包括花沟窑、松林窑、大堰根窑 3 处遗址，第三批区级文物保护单位。窑始建于 20 世纪 50 年代，窑炉外壁为块石砌成，内壁为耐火砖砌成，因火膛和窑室呈馒头形，故称“馒头窑”（馒头窑是我国北方地区流行的陶瓷窑炉形制之一），主要以烧造日用瓷器为主。窑内至今还散落着许多残损瓷器，窑体保存较完整。该窑炉于 20 世纪 90 年代弃用，窑周围和顶部长满杂草。

山东矿业工会淄博部旧址

位于淄川区洪山镇马家庄村委会院内，第三批区级文物保护单位。旧址院子东西长 18 米，南北宽 12 米，占地 216 平方米。有北屋、东屋、西屋各 3 间，均为砖石结构，硬山顶，红瓦覆顶。1922 年 6 月，山东中共党组织领导人王尽美来到淄博后居住于此，亲自指导建立淄博矿区的工会组织，选举成立了淄博第一个工会组织——山东矿业工会淄博部。山东矿业工会淄博部的建立，对推动之后的淄博矿区工人运动起了奠基石的作用。

路大荒墓

位于淄川区松龄办事处菜园社区北，第三批区级文物保护单位。坐北朝南，处在北面台地堰下，墓边长 2 米，封土高 1 米。墓碑材质为花岗岩，碑文阴刻，由全国著名思想家、哲学家、教育家梁漱溟题写碑文："路大荒先生之墓"。1972 年 6 月 6 日路大荒去世后葬于济南，1981 年迁葬于此，1987 年重新立碑。

赛龙引水渠

第三批区级文物保护单位，包含龙湾桥、后沟石桥、前沟石桥、跃进桥、赛龙大桥 5 处文物点。1955 年 11 月，峨庄水土保持委员会主任孙兆珍为改变山区穷山恶水的现状，率领群众开展水利建设，在缺乏技术、资金、物料的情况下，经过 8 年艰苦奋斗，修成了全长 33.5 公里的环山水渠，建成"湖沂争鸣""三社建成""青年""赛龙""土泉"等连环水库、塘坝共计 8 座。这些水利工程能浇地 3500 余亩，使昔日乱石滚滚的峨庄溜一跃成为山东省兴修水利先进单位。龙湾桥、后沟石桥、前沟石桥、跃进桥、赛龙大桥佐证了当时当地群众为改变恶劣环境而付出的艰苦努力，具有很高的历史价值。

龙湾桥，位于淄川区太河镇王家庄村东。桥呈南北走向，桥长 16.8 米、宽 2.4 米、最高处高 5.2 米，占地面积 40.3 平方米。桥为拱形，共有两个大小相同的桥拱。桥全部使用当地的石块砌成。桥西侧上方有石刻的楷书"坚固如钢""公元一九五八年桃月建修"等。桥拱西侧南北两端各有一浮雕的五角星，桥面上是赛龙工程的引水渠。

王家村龙湾桥（2019 年拍摄）

后沟石桥，位于淄川区太河镇后沟村西。桥呈南北走向，桥长 20 米、宽 2.5 米、最高处高 11 米，占地面积 50 平方米。桥为拱形石桥，有两个大小不同的桥拱，桥全部使用当地的块石砌成，桥西侧上方刻有"群智宏伟"四字。桥拱上方各有一浮雕的五角星，桥面上有赛龙工程的引水渠。

后沟村石桥（2019 年拍摄）

前沟石桥，位于淄川区太河镇前沟村西。桥呈南北走向，桥长 14.8 米、宽 2.5 米、桥

前沟村石桥（2019 年拍摄）

最高处 5.5 米，占地面积 37 平方米。桥为拱形，共有两个大小相同桥拱，桥全部使用当地的块石砌成，桥西侧上方有石刻的楷书“群策群力”“公元一九五六年四月建”等字。碑的上方是一浮雕的五角星，桥面上有赛龙工程的引水渠。

跃进桥，位于淄川区太河镇上岛坪村西。桥呈南北走向，桥拱跨度 6 米、桥宽 3.6 米、桥高 9.6 米，占地面积 21.6 平方米。桥为拱形，全部使用当地的块石砌成。在桥拱西侧上方有石刻的楷书“跃进桥 公元一九五八年三月建修”，桥拱东侧上方有石刻的楷书“面貌更新”四个字，字的上方及左右两侧各有一个浮雕的五角星。

赛龙大桥，位于淄川区太河镇柳花村南。桥呈南北走向，桥长 48 米、宽 2.6 米、桥最高处 10.2 米，占地面积 124.8 平方米。桥为拱形，共有两个桥拱，桥全部使用当地的块石砌成。桥上两侧有铁制护栏。桥大拱东侧上方有石刻的楷书“赛龙大桥”，桥拱西侧上方有石刻的楷书“落虹”二字，桥面有赛龙工程的引水渠。

上岛坪村跃进桥（2019 年拍摄）

柳花村赛龙大桥（2019 年拍摄）

洪山火车站办公楼（德式）

位于淄川区洪山镇，第三批区级文物保护单位，是德国德华矿务公司在淄川洪山火车站的办公旧址。楼坐东朝西，现保留了 4 条轨道和 4 座站台。

洪山火车站办公楼（2009 年拍摄）

劈山铁路遗址

位于淄川区龙泉镇矾场村，第三批区级文物保护单位。劈山铁路遗址是悦升煤矿公司于1922年至1924年修建的西河至昆仑轻便狭轨铁路，为煤炭运输专用线。20世纪60年代开展煤矿内部福利性客运，后因煤炭产量不足，蒸汽机车影响环境，于2000年6月停运、拆除。现西河车站、西河至劈山段大部、大岭段部分遗迹尚存，其余大多数地段遗迹无存。劈山铁路遗址，是当年西昆铁路的重要一段，"劈山"也因当时劈山开路而得名沿用至今。2000年6月铁路拆除后，淄川区水务局在劈山段内埋设了东水西调自来水管道，并设有保护标志。

西笠山姬氏老宅

位于淄川区昆仑镇西笠山村2–70号，第三批区级文物保护单位。始建于清代，古建筑保存较好，已设立文物保护标志碑。

附：淄川区各级文物保护单位一览表

全国重点文物保护单位一览表

表6–1–1

名称	批次	批准文号
齐长城（淄川段）	第五批国家重点文物保护单位	国发〔2001〕25号
蒲松龄故宅	第六批国家重点文物保护单位	国发〔2006〕19号
寨里窑址	第六批国家重点文物保护单位	国发〔2006〕19号
北沈遗址	第七批国家重点文物保护单位	国发〔2013〕13号
磁村瓷窑址	第七批国家重点文物保护单位	国发〔2013〕13号
淄矿德日建筑群	第七批国家重点文物保护单位	国发〔2013〕13号
洄村古楼	第八批国家重点文物保护单位	国发〔2019〕22号

省级文物保护单位一览表

表6–1–2

名称	批次	批准文号
马鞍山抗日遗址	第一批省级文物保护单位	鲁革发〔1977〕122号
前来遗址	第三批省级文物保护单位	鲁政发〔2006〕136号
公孙遗址	第三批省级文物保护单位	鲁政发〔2006〕136号
杨寨塔	第三批省级文物保护单位	鲁政发〔2006〕136号

续表 6-1-2

名 称	批 次	批准文号
蒲鲁浑墓	第三批省级文物保护单位	鲁政发〔2006〕136 号
青云寺	第三批省级文物保护单位	鲁政发〔2006〕136 号
苏秦墓	第三批省级文物保护单位	鲁政发〔2006〕136 号
蒲家庄民俗建筑群	第三批省级文物保护单位	鲁政发〔2006〕136 号
高汝登墓	第四批省级文物保护单位	鲁政字〔2013〕204 号
忠亲王祠	第四批省级文物保护单位	鲁政字〔2013〕204 号
渭一窑址	第四批省级文物保护单位	鲁政字〔2013〕204 号
西坡地窑址	第四批省级文物保护单位	鲁政字〔2013〕204 号
土峪天主堂	第五批省级文物保护单位	鲁政字〔2015〕142 号
张庄石寨	第五批省级文物保护单位	鲁政字〔2015〕142 号
三教堂	第五批省级文物保护单位	鲁政字〔2015〕142 号
上端士民居建筑群	第五批省级文物保护单位	鲁政字〔2015〕142 号
张李民居建筑群	第五批省级文物保护单位	鲁政字〔2015〕142 号
西股民居建筑群	第五批省级文物保护单位	鲁政字〔2015〕142 号
大穹桥民居建筑群	第五批省级文物保护单位	鲁政字〔2015〕142 号
巩家坞窑址	第五批省级文物保护单位	鲁政字〔2015〕142 号
罗圈八路军医院	第五批省级文物保护单位	鲁政字〔2015〕142 号
杨寨惨案纪念地	第五批省级文物保护单位	鲁政字〔2015〕142 号
河东惨案纪念地	第五批省级文物保护单位	鲁政字〔2015〕142 号

市级文物保护单位一览表

表 6-1-3

名 称	批 次	批准文号
郝家古瓷窑址	第一批市级文物保护单位	淄政发〔1984〕132 号
大汉政府旧址	第一批市级文物保护单位	淄政发〔1984〕132 号
太河惨案纪念地	第一批市级文物保护单位	淄政发〔1984〕132 号
三台遗址	第二批市级文物保护单位	淄政发〔1997〕108 号
莱芜故城遗址	第二批市级文物保护单位	淄政发〔1997〕108 号
般阳故城遗址	第二批市级文物保护单位	淄政发〔1997〕108 号
刘志霞墓	第二批市级文物保护单位	淄政发〔1997〕108 号
巨石文化遗存	第三批市级文物保护单位	淄政发〔2006〕34 号
鬼谷洞遗址	第三批市级文物保护单位	淄政发〔2006〕34 号
淄川华严寺	第三批市级文物保护单位	淄政发〔2006〕34 号
三台山古建筑群	第三批市级文物保护单位	淄政发〔2006〕34 号

续表 6-1-3

名 称	批 次	批准文号
路大荒故居	第三批市级文物保护单位	淄政发〔2006〕34 号
莲花庵	第三批市级文物保护单位	淄政发〔2006〕34 号
六龙桥	第三批市级文物保护单位	淄政发〔2006〕34 号
张至发墓	第三批市级文物保护单位	淄政发〔2006〕34 号
唐梦赉墓	第三批市级文物保护单位	淄政发〔2006〕34 号
鲁大小学旧址	第三批市级文物保护单位	淄政发〔2006〕34 号
七里遗址	第四批市级文物保护单位	淄政发〔2010〕56 号
北石谷遗址	第四批市级文物保护单位	淄政发〔2010〕56 号
小庄遗址	第四批市级文物保护单位	淄政发〔2010〕56 号
尚庄遗址	第四批市级文物保护单位	淄政发〔2010〕56 号
羊栏遗址	第四批市级文物保护单位	淄政发〔2010〕56 号
夏庄遗址	第四批市级文物保护单位	淄政发〔2010〕56 号
淄砚生产作坊旧址	第四批市级文物保护单位	淄政发〔2010〕56 号
九龙寨遗址	第四批市级文物保护单位	淄政发〔2010〕56 号
庞涓墓	第四批市级文物保护单位	淄政发〔2010〕56 号
昆仑汉墓	第四批市级文物保护单位	淄政发〔2010〕56 号
昭阳洞古建筑群	第四批市级文物保护单位	淄政发〔2010〕56 号
南韩泰山行宫	第四批市级文物保护单位	淄政发〔2010〕56 号
修真观	第四批市级文物保护单位	淄政发〔2010〕56 号
中坡地民居建筑群	第四批市级文物保护单位	淄政发〔2010〕56 号
蓼坞石桥	第四批市级文物保护单位	淄政发〔2010〕56 号
龙泉玉石街	第四批市级文物保护单位	淄政发〔2010〕56 号
大奎山摩崖石刻	第四批市级文物保护单位	淄政发〔2010〕56 号
金鸡峪摩崖造像	第四批市级文物保护单位	淄政发〔2010〕56 号
淄川矿北大楼	第四批市级文物保护单位	淄政发〔2010〕56 号
淄矿电厂德日建筑群	第四批市级文物保护单位	淄政发〔2010〕56 号
扎山寺遗址	第五批市级文物保护单位	淄政发〔2014〕23 号
菩萨庙遗址	第五批市级文物保护单位	淄政发〔2014〕23 号
高捷墓	第五批市级文物保护单位	淄政发〔2014〕23 号
竹林寺	第五批市级文物保护单位	淄政发〔2014〕23 号
张至发故居	第五批市级文物保护单位	淄政发〔2014〕23 号
苏王禹王庙	第五批市级文物保护单位	淄政发〔2014〕23 号
齐山民居建筑群	第五批市级文物保护单位	淄政发〔2014〕23 号
马家文昌阁	第五批市级文物保护单位	淄政发〔2014〕23 号
西谭三官庙	第五批市级文物保护单位	淄政发〔2014〕23 号

续表 6-1-3

名 称	批 次	批准文号
北庄桥	第五批市级文物保护单位	淄政发〔2014〕23 号
水峪寺	第五批市级文物保护单位	淄政发〔2014〕23 号
康家坞张宅	第五批市级文物保护单位	淄政发〔2014〕23 号
一干渠	第五批市级文物保护单位	淄政发〔2014〕23 号
田庄中学旧址	第五批市级文物保护单位	淄政发〔2014〕23 号
西河火车站旧址	第五批市级文物保护单位	淄政发〔2014〕23 号
悦升公司旧址	第五批市级文物保护单位	淄政发〔2014〕23 号
淄川煤矿北大井遗址	第五批市级文物保护单位	淄政发〔2014〕23 号

区级文物保护单位一览表

表 6-1-4

名 称	批 次	批准文号
文昌阁旧址（文峰山）	第一批区级文物保护单位	川政普发〔2000〕62 号
玉皇山	第一批区级文物保护单位	川政普发〔2000〕62 号
孤山惧�崖	第一批区级文物保护单位	川政普发〔2000〕62 号
苍龙宫	第一批区级文物保护单位	川政普发〔2000〕62 号
黉山泰山行宫	第一批区级文物保护单位	川政普发〔2000〕62 号
郑公书院旧址	第一批区级文物保护单位	川政普发〔2000〕62 号
磁村大街	第一批区级文物保护单位	川政普发〔2000〕62 号
环青碑	第一批区级文物保护单位	川政普发〔2000〕62 号
石鼓	第一批区级文物保护单位	川政普发〔2000〕62 号
古柏	第一批区级文物保护单位	川政普发〔2000〕62 号
桃花洞	第一批区级文物保护单位	川政普发〔2000〕62 号
淄川革命烈士陵园	第一批区级文物保护单位	川政普发〔2000〕62 号
响井泉三十九烈士墓	第一批区级文物保护单位	川政普发〔2000〕62 号
文昌阁（大土屋）	第二批区级文物保护单位	川政发〔2007〕118 号
观音阁	第二批区级文物保护单位	川政发〔2007〕118 号
圣水泉庙	第二批区级文物保护单位	川政发〔2007〕118 号
大悲庵	第二批区级文物保护单位	川政发〔2007〕118 号
云峰观	第二批区级文物保护单位	川政发〔2007〕118 号
洞子沟	第二批区级文物保护单位	川政发〔2007〕118 号
豹山	第二批区级文物保护单位	川政发〔2007〕118 号
武举楼	第二批区级文物保护单位	川政发〔2007〕118 号
张春兰故居	第二批区级文物保护单位	川政发〔2007〕118 号

续表 6-1-4

名 称	批 次	批准文号
孟子山建筑	第二批区级文物保护单位	川政发〔2007〕118 号
玉皇山庙	第二批区级文物保护单位	川政发〔2007〕118 号
塔山庙	第二批区级文物保护单位	川政发〔2007〕118 号
关帝庙（含古槐）	第二批区级文物保护单位	川政发〔2007〕118 号
龙兴寺	第二批区级文物保护单位	川政发〔2007〕118 号
仙岩门	第二批区级文物保护单位	川政发〔2007〕118 号
通济桥	第二批区级文物保护单位	川政发〔2007〕118 号
圣水寺	第二批区级文物保护单位	川政发〔2007〕118 号
炉神姑庙	第二批区级文物保护单位	川政发〔2007〕118 号
圣泉庙	第二批区级文物保护单位	川政发〔2007〕118 号
天台山庙	第二批区级文物保护单位	川政发〔2007〕118 号
志公庙	第二批区级文物保护单位	川政发〔2007〕118 号
常家大院、陆家大院	第二批区级文物保护单位	川政发〔2007〕118 号
普陀洞	第二批区级文物保护单位	川政发〔2007〕118 号
赵断沟	第二批区级文物保护单位	川政发〔2007〕118 号
昆仑山遗址	第二批区级文物保护单位	川政发〔2007〕118 号
滴水泉	第二批区级文物保护单位	川政发〔2007〕118 号
焕山石龟	第二批区级文物保护单位	川政发〔2007〕118 号
大佛寺碑刻	第二批区级文物保护单位	川政发〔2007〕118 号
贞节碑（上端士村）	第二批区级文物保护单位	川政发〔2007〕118 号
王氏墓铭碑	第二批区级文物保护单位	川政发〔2007〕118 号
贞节碑（孤山村）	第二批区级文物保护单位	川政发〔2007〕118 号
烈女墓	第二批区级文物保护单位	川政发〔2007〕118 号
悬羊山山寨遗址	第三批区级文物保护单位	川政发〔2013〕60 号
唐三寨	第三批区级文物保护单位	川政发〔2013〕60 号
西南牟遗址	第三批区级文物保护单位	川政发〔2013〕60 号
和庄古墓遗址	第三批区级文物保护单位	川政发〔2013〕60 号
西关二遗址	第三批区级文物保护单位	川政发〔2013〕60 号
东下册阎氏家族墓地	第三批区级文物保护单位	川政发〔2013〕60 号
东下册王子冢	第三批区级文物保护单位	川政发〔2013〕60 号
宝泉古墓群	第三批区级文物保护单位	川政发〔2013〕60 号
梦泉李氏祖茔	第三批区级文物保护单位	川政发〔2013〕60 号
王公赵氏墓	第三批区级文物保护单位	川政发〔2013〕60 号
蓼坞白氏祖茔	第三批区级文物保护单位	川政发〔2013〕60 号
南股孟氏祖茔	第三批区级文物保护单位	川政发〔2013〕60 号

续表 6-1-4

名 称	批 次	批准文号
幸福李氏祖茔	第三批区级文物保护单位	川政发〔2013〕60号
钟子期墓	第三批区级文物保护单位	川政发〔2013〕60号
北岳阴陈氏祖茔	第三批区级文物保护单位	川政发〔2013〕60号
洼子张家墓园	第三批区级文物保护单位	川政发〔2013〕60号
普济桥	第三批区级文物保护单位	川政发〔2013〕60号
孙家坪对松观	第三批区级文物保护单位	川政发〔2013〕60号
吴家当铺	第三批区级文物保护单位	川政发〔2013〕60号
下端士白衣庙	第三批区级文物保护单位	川政发〔2013〕60号
上岛坪灵泉井	第三批区级文物保护单位	川政发〔2013〕60号
土泉村流苏泉（含流苏树）	第三批区级文物保护单位	川政发〔2013〕60号
朝泉观	第三批区级文物保护单位	川政发〔2013〕60号
石沟村北井	第三批区级文物保护单位	川政发〔2013〕60号
石安峪古楼	第三批区级文物保护单位	川政发〔2013〕60号
北马鹿碧霞元君祠	第三批区级文物保护单位	川政发〔2013〕60号
西余粮万神堂	第三批区级文物保护单位	川政发〔2013〕60号
孙家庄龙王庙	第三批区级文物保护单位	川政发〔2013〕60号
西石门石楼	第三批区级文物保护单位	川政发〔2013〕60号
西石门王家围山寨	第三批区级文物保护单位	川政发〔2013〕60号
北岳阴志公庙	第三批区级文物保护单位	川政发〔2013〕60号
湾头赵氏祠堂	第三批区级文物保护单位	川政发〔2013〕60号
淄河古楼	第三批区级文物保护单位	川政发〔2013〕60号
幸福玉皇庙	第三批区级文物保护单位	川政发〔2013〕60号
涌泉古井	第三批区级文物保护单位	川政发〔2013〕60号
池板村兴隆桥（含池板古井）	第三批区级文物保护单位	川政发〔2013〕60号
梦泉	第三批区级文物保护单位	川政发〔2013〕60号
陈家井古井	第三批区级文物保护单位	川政发〔2013〕60号
本齐中和桥	第三批区级文物保护单位	川政发〔2013〕60号
聚峰村北斗庙	第三批区级文物保护单位	川政发〔2013〕60号
大马陵石寨	第三批区级文物保护单位	川政发〔2013〕60号
东槐峪关帝庙	第三批区级文物保护单位	川政发〔2013〕60号
田庄古建筑群	第三批区级文物保护单位	川政发〔2013〕60号
水峪青龙山庙	第三批区级文物保护单位	川政发〔2013〕60号
小东坪兴云寺	第三批区级文物保护单位	川政发〔2013〕60号
南峪太平山庙	第三批区级文物保护单位	川政发〔2013〕60号
敦仁古建筑群	第三批区级文物保护单位	川政发〔2013〕60号

续表 6-1-4

名 称	批 次	批准文号
河北马家古楼	第三批区级文物保护单位	川政发〔2013〕60 号
砚场关帝庙（含北廓）	第三批区级文物保护单位	川政发〔2013〕60 号
奎三古建筑群	第三批区级文物保护单位	川政发〔2013〕60 号
西笠山姬氏老宅	第三批区级文物保护单位	川政发〔2013〕60 号
郭庄关帝阁	第三批区级文物保护单位	川政发〔2013〕60 号
东龙角民俗建筑群	第三批区级文物保护单位	川政发〔2013〕60 号
西龙角杨家祠堂	第三批区级文物保护单位	川政发〔2013〕60 号
石门白衣阁	第三批区级文物保护单位	川政发〔2013〕60 号
张李白衣阁	第三批区级文物保护单位	川政发〔2013〕60 号
马棚玉皇庙	第三批区级文物保护单位	川政发〔2013〕60 号
赵家楼观音庙（含关帝庙）	第三批区级文物保护单位	川政发〔2013〕60 号
张家庄关帝庙	第三批区级文物保护单位	川政发〔2013〕60 号
岭子村观音庙	第三批区级文物保护单位	川政发〔2013〕60 号
东省永济桥	第三批区级文物保护单位	川政发〔2013〕60 号
小红卫关帝庙	第三批区级文物保护单位	川政发〔2013〕60 号
北杨庄关帝庙	第三批区级文物保护单位	川政发〔2013〕60 号
双泉五圣堂	第三批区级文物保护单位	川政发〔2013〕60 号
西山白衣阁	第三批区级文物保护单位	川政发〔2013〕60 号
大邢观音堂	第三批区级文物保护单位	川政发〔2013〕60 号
甘泉观音庙	第三批区级文物保护单位	川政发〔2013〕60 号
东井天堂寨	第三批区级文物保护单位	川政发〔2013〕60 号
窑头观音堂	第三批区级文物保护单位	川政发〔2013〕60 号
北镇后白衣庙	第三批区级文物保护单位	川政发〔2013〕60 号
下端士肖氏谱碑	第三批区级文物保护单位	川政发〔2013〕60 号
小口头孙氏谱碑	第三批区级文物保护单位	川政发〔2013〕60 号
池板村碑刻群（含观音庙）	第三批区级文物保护单位	川政发〔2013〕60 号
山西洞庙	第三批区级文物保护单位	川政发〔2013〕60 号
环翠书馆碑刻	第三批区级文物保护单位	川政发〔2013〕60 号
直工重修关帝庙碑	第三批区级文物保护单位	川政发〔2013〕60 号
宋家碑刻	第三批区级文物保护单位	川政发〔2013〕60 号
罗村“义勇可风”碑	第三批区级文物保护单位	川政发〔2013〕60 号
紫峪水库大坝旧址	第三批区级文物保护单位	川政发〔2013〕60 号
悦升公司发电厂旧址	第三批区级文物保护单位	川政发〔2013〕60 号
河北村日伪遮断墙遗址	第三批区级文物保护单位	川政发〔2013〕60 号

续表 6-1-4

名 称	批 次	批准文号
渭一村馒头窑（含花沟窑、松林窑、大堰根窑）	第三批区级文物保护单位	川政发〔2013〕60 号
山东矿业工会淄博部旧址	第三批区级文物保护单位	川政发〔2013〕60 号
路大荒墓	第三批区级文物保护单位	川政发〔2013〕60 号
赛龙引水渠	第三批区级文物保护单位	川政发〔2013〕60 号
劈山铁路遗址	第三批区级文物保护单位	川政发〔2013〕60 号
洪山火车站办公楼（德式）	第三批区级文物保护单位	川政发〔2013〕60 号

第五节　古代园林与寺庙

园林

明朝建立后，为使社会稳定发展，人民安居乐业，颁布采取了若干恢复经济的措施，到明中后期经济得到了较好的恢复和发展。淄川地区也随之产生了许多富户，他们的子弟得到了良好的家庭及社会教育，呈现了人才辈出、盛况空前的大好局面。据《淄川县志·选举志》记载，自明中期至清康乾年间就涌现出 68 名进士、181 名举人。一时间，淄川的富人、乡宦、士子，为了营造一个良好的生活、学习、邀友会客、游乐的环境，先后建起了自己的私家园林。清康熙《淄川县志·园林》载："淄邑当万山之中，孝水与般、萌会之。登山临水，莫此为使；稍加人力，辄为园林。"下文根据清乾隆《淄川县志》所载，将部分重要的园林简介如下。

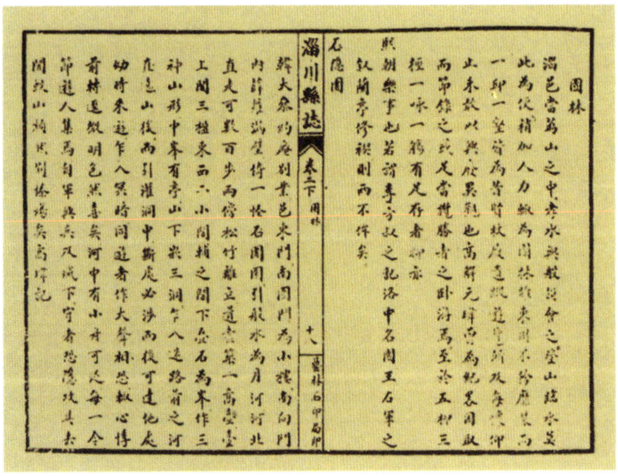
淄川縣志
園林
淄邑當萬山之中孝水與般萌會之登山臨水莫
石隱園
韓大參約庵別業邑東門南園門為小樓南向門
內薜蘿滿壁倚一怪石圍園引般水為月河河北
直走可數百步兩傍松竹離立道盡築一高臺臺
上閣三楹東西二小閣輔之閣下叠石為峯作三
神山形中峯有亭山下嵌三洞乍入迷路前之河
直繞山後而引灌洞中斷處必涉而後可達他處

清康熙《淄川县志·园林》书影

石隐园（淄城）

石隐园，位于淄川城东南，近临般河，为明代韩萃善的别墅。为度好晚年生活，在城东南临般河构筑石隐园。这是般阳地区最早有文字记载的私人宅园。《淄川县志·园林》载："石隐园，韩大参约庵别业。邑东门南，园门为小楼，南向。门内薛萝满壁，倚一怪石。围园引般水为月河，河北直走可数百步，两傍松竹离立。道尽筑一高台。台上阁三楹，东、西二小阁辅之阁下。叠石为峰，作三神山形。中峰有亭，山下嵌三洞，乍入迷路。前之河直绕山后而引灌洞中，断处必涉而后可达他处。幼时来游，乍入冥暗，同游者作大声相恐，辄心悸。前转，径微明，色然喜矣。河中有小舟可泛，每一令节，游人集焉。自军兴兵及城下，守者恐隐攻具，去阁毁山，颓然荆榛场矣。"

近郭山林

近郭山林，淄川县城之西关村，东临孝水，是明末内阁首辅张至发的私家宅园。《淄川县志・园林》载："近郭山林邑西关，为张阁学宪松园。东临孝水，中作船廊。凿大池，竖凤石其中。西建一亭，花木交映，石大者可丈余，小者皆米颠袖中物，不下数百段，公好石故也。每孝水泛，辄啮园址。公殁后，亦渐荒矣。"

环青园

环青园，位于淄川县水磨头村（现周村区萌水镇水磨头村），为明末内阁首辅张至发的园林。明代的环青园现已荡然无存，幸存有"环青"石刻，曾被弃之于坡子村南张氏墓园，后断为两截，1982年由坡子小学将其砌于院墙上保护下来。石刻为横幅，高60厘米，宽90厘米。青石阳刻，行书"环青"二字，每字约40厘米见方，为明代书法家张中发手笔。《淄川县志・园林》载："环青园，张少保园也，在水磨头庄，范阳河北岸。因山架阁，阁下作洞，洞前凿池植莲花。阁额题曰'环青'，因以名园。少保公兄硕隐公题'水月莲花'，镌石甃壁间。随山布石，高下崚嶒；洞穴幽邃，势若天成。临溪构长廊，匾曰'水云居'。东有古柳，盛夏蝉声盈耳。柳北有亭，壁间题曰'高柳新蝉'。东折高轩五楹，外临流水。轩东凿石为沼，上构海屋，架木梁而渡。南逼大河，筑崇墉障水，置小亭其上。匾以'宛在'。池西有洞，洞中置石床、石枕。洞上大台可凭可眺，下视游鱼，不殊濠濮。胜概实甲淄邑，

环青园——古槐（2015年拍摄）

但数苦水患，今惟阁柳仅存，未逮畴昔什一矣。”清高珩有《城上望张相国旧圃》诗赞颂其园。

丽泉园

丽泉园旧址（2015 年拍摄）

丽泉园，位于淄川城南石谷村东，原为王中涵之私家园，后因家道渐落，归明末首辅张至发之子张泰来。《淄川县志·园林》载：“丽泉园，城南石谷村东。旧为王太学中涵园，后归张孝廉伯开，泠废。止泉水湛然，一泓如故耳。”当年窎桥王氏家族与张氏家族，均是淄川名门望族，关系也很密切。据《王氏一家言》载，王三近曾写有《丽泉园即事》一诗：“一关远野少人踪，门隔溪桥尽日封。此地不浊独懒事，园丁睡倚一株松。”这首诗写出了此园已时过境迁，昔日如画的景色今已不再，很少有人到此游览，园子里见到的只有护园人倚着松树睡着了的景象。

龙口竹园

龙口竹园旧址（2015 年拍摄）

龙口竹园，在城南三十里，园傍般溪。原是孙氏竹园，后归王樛。《淄川县志·园林》载：“龙口竹园，西园流泉灌中，曲折北出，门前置小桥，园中修竹万竿，绿荫合围，北对高台，佛庐遥峙。今归之王银台子下，新构一亭，景物如故也。东园竹赤森列，泉低不可引溉。中有高阜。长松，为独胜耳。”此园在孙氏经营期间，王樛因被园内景色所吸引，经常去孙氏竹园。孙氏后因家势渐落，无力经营此园，而卖给了王家。孙氏竹园，应该是淄川最早的园林之一。王樛经营龙口竹园后，新构一亭，景物如故。成了邀客会友及王氏家人游饮的主要场所。后来此园也因王家渐落而尽鬻他姓。道光年间王培荀《乡园忆旧录》中记载了龙口竹园的盛况和后来易主的详情。

龙门园

龙门园，位于淄川城南二十余里的般水源头，王启睿的私家园。《淄川县志·园林》载：“龙门园，王太学玉烟园也。其自记其园盛况曰：‘南发淄城二十里为般水源，望见西山，黛色明秀，势转游龙，两峰角立，平临深壑，中有飞流注空而下，古名“龙门”。傍龙门岩际，突出一泉，清冷可漱。东北一带尽丹。崖中一怪石，石花青润，可佐点茶。傍石得古木一，角爪蜿蜒，不受尺咫土肤。壁间有洞，去流水丈余。东岩稍折，若虎头转顾。西去石台，背依削壁，仅容竹簟。听月下瀑布，如挫冰弦。又西一龛，居悬崖绝巅。日中潭影，金光注射，奕奕浮动。西南岩畔，一石陡插岩腹，俯窥潭影，洞彻须眉。取径凿室，方古穴居。东山朝旭渐生，晶晶可爱，上植松柏数丛。远峰秀峙，状类笔山。下有方塘，立片石曰“古澹”。南涧转来，清泉一曲，游鱼出没。倒看山光，影摇波底，令人神清飞越。忽欲于龙门上悬架一楼，聊堪徙倚，拟名“人倚楼”。山雨欲来，冷然风举，又拟名“风满楼”。惜榆夹满地，不堪作买山钱耳。’”

似懒园

似懒园，位于淄川城南石沟河西岸，孙琰龄私家园。《淄川县志·园林》载：“城南石沟河西岸，孙州佐禹年即其舍南为园。因高筑台，踞台为亭，亭东向，万太守所题‘有怀堂’也。皓雪藏梅，香风拂桂。时从柏林中遥露山光，颇称幽丽。亭北一室，绮疏南向，外为台，奇石数笋，芍药间之，颜其室曰‘石香舫’。又西为曲房，隔以短垣，石台东下为敞亭，俯临荷沼，万竹旖旎，寒香入座中矣。南出一迳，竹外小亭，在高阜上，远瞻山色，近听流泉，洵为胜概也。”

似懒园旧址（2015 年拍摄）

柿岩

柿岩，位于淄川城西南三十余里的大峪南边，布有柿林千树。初为孙相国廷铨经常到此游闲之地，后来孙琰龄也卜楼于此，建为私家园林。《淄川县志·园林》载：“柿岩，孙相国沚亭《南征纪略》曰：失谷台，南有谷，曰‘大峪’。又南一小谷，入山西行北折，溪穷崖合，中更开布。有柿林千树，高下扶疏。虽四面林泉殊态，而高深同在一岩。其坡东多红杏，西多

柿岩全景（2015 年拍摄）

海棠，春秋临望，烂若云霞。其树悉托根石棱，丛条交荫。虽盛夏夫暑，提琴解带，瑟瑟凉生，流泉过席，不复知舟升降为烦。近孙禹年卜栖于此，林壑作门，依岩布屋。上下有三泉：一泉当村口，潭而不流；一泉对门，出削壁下，落草石间，数折去作溪流；一泉出岩下柿树根，遥从屋后伏流入石悬崖，潜泻石池中。差差侧出，交鱼映藻，清照轩亭。又伏流出亭后，为泉悬流入荷陂中，漱山根下注，合为一溪。初禹年避兵居此，筑庐石上，梯然后升。后又于壁下作亭池，复于亭下新筑三楹，前列桐竹，后临深壑，作台以对趵泉。自下望之，阑干户牖，悉在云中矣。”

孙廷铨（1613—1674），明崇祯己卯（1639年）举人，官至内秘书院大学士，有《颜山杂记》等十几部著述。博山民间俗称“孙国老”。归田后在夹谷台南边小峪种满了柿树，构建起了私家宅园颐养天年，后来转给了孙琰龄。孙国老曾有诗赠孙琰龄，其诗《柿岩赠禹年》曰：“山从屋上岚烟合，水抱村流涧响闻。北渚渔樵通远望，西畴中驾逐归云。”此诗通过对景物的描述，渗透着他们之间那浓浓的感情。孙琰龄，字禹年，清初开科选拔贡元，著有《似懒园》《石来轩》《柿岩小律》等诗集。淄川名人张绂、张笃庆父子及毕海珖、王撰也是他们家中的座上宾，都有诗颂扬当年柿岩之美景。

石隐园

石隐园，位于淄川县西部西铺村，为明代户部尚书毕自严之宅园，后为毕际有所有。石隐园，为毕自严在居第中构筑的一个十亩大的园林。园中桧柏蔽日，集花为篱。树丛中有“远心亭”，周围绿竹千竿，如屏障般林立。园北有毕自严晾官服的“振衣阁”，气势雄伟。阁前有两株松树，左者树干挺拔亭亭直上；右者伛偻如揖，树冠如蝴蝶展翅，故名“蝴蝶松”。园中还有“同春堂”“谡谡轩”“霞绮轩”“蔓松桥”“万笏山”“海岳石”“牡丹径”“连枝桧”等。亭台堂阁，四季花木繁盛，石奇山秀。毕自严以石隐为园名，取石头的坚硬之意，喻自己隐居的决心，曾作《石隐园怀古》诗。毕际有于康熙年间重新修葺，将那些奇形怪状的石头重新布置成一个三亩大小的石隐园，并撰《石隐园》一文：“石隐园，先少保公所构也。园正在第后，大不十亩。多桧柏，取石于甘泉山，杂置树间。入门以天然柏为屏，杂花为篱。中有亭，曰‘远心’。方而四敞，风从树中来，六月忘暑。迤北为‘同春堂’。左右修竹林立，与树埒。堂前有台，可以迟月。堂北栎树，异根同干、枝成连理。树下有石，曰‘垂云石’。北为池，石梁亘之。又北为‘振衣阁’，远眺长白诸峰，悉在目中。池左垂槐一，诘曲攫拏，作龙蛇状。巽方有石，黝然作象鼻形状，因名‘俈象’，扣之泠然清越。兑方大夫松二，左者亭亭直上，右者伛偻如楫，殆若桥梓也。松北为‘谡谡轩’。轩北牡丹、芍药近百本。西北隅为茶寮。园之四周无墙，栉比桐梓榆柳，皆成乔木。少保见背，长兄履礼承之。未几，履礼亦逝，园遂荒落。亭堂皆圮，诸石倾仆，‘俈象’亦为樵牧断其相连孔窍。李赞皇《平泉遗记》谓：‘将一草一木与人者，非佳子弟。’有窍洞焉，乃鬻别产易之。移‘振衣阁’于厅事左，贮先少保遗书。园南第北，旧有小园，可石隐五之一。缭垣皆柏，直北亭三楹。遥以‘双鹰石’对之，以石峰如两鹰相顾而栖，故名，亦先少保经理未成者也。有恐石隐诸石散轶，因移彼就此。会白沙王山人仲超来，稍为布置。自双鹰而西，依古柏为山，卧者成冈，立者成峰，离立者成涧壑，丛立者成叠峦，横而空悬者成桥梁岩洞，层累而上者成绝巘峭壁。于是诸石悉如新沐而出。枕山为池，沿池为亭。池东植海棠、木瓜数十丛。外设篱，篱外始径。自外而达于旧亭，仍以‘远心亭’之故额颜之。亭前银杏二，绿结浓荫。亭左稍前置室，以供宾客下榻。前植绣球、芍药。篱以蔷薇，因名‘霞绮轩’。‘远心’‘霞绮’之界，叠石为小山，径路纡迴，峰峦若天成。牛山人玉李之匠心也。薇篱南，老梨一株，园中旧物也。再南为竹，尽园而止。石隐之石，既悉归此，故仍名之‘石隐’云。今旧园所存，惟‘垂云’一石岿然为鲁灵光。‘谡谡轩’亦稍加修葺。昔司马温公独乐园，卑小不可与众园班，而李方叔记洛阳名园，未尝遗之。有即不敢以先少保上拟温公，然石隐与独乐，庶几近之。谨述其略如此。”

西铺村毕自言故居石隐园绰然堂（2019 年拍摄）

石隐园闻名于世，主要还是因为著名文学家蒲松龄在此坐馆生活过。清康熙十一年（1672 年），毕际有聘请蒲松龄来毕府坐馆，石隐园便成为蒲松龄教书著书的地方。蒲松龄在毕家教书长达 30 年之久，大部分时间在绰然堂授课，每到三伏盛夏，课堂则移至石隐园。蒲松龄以诗作了记述。1987 年，政府拨款重建振衣阁，并作石隐园复原规划，因石隐园旧址已被划分建起民宅，故复原计划尚待付诸实施。暂辟为“蒲松龄书馆”，对游人开放。

拱玉园

拱玉园，淄川城西三十余里的西阿村（现为文昌湖旅游度假区商家镇），毕畏甫私园。毕畏甫，名自寅，号旭阳，又号畏甫，明万历乙卯（1615 年）科进士。归田后，构拱玉园，日啸饮其中，刻有《拱玉园集》，载赠公篇数百首。《淄川县志》载有米万钟撰写的《拱玉园记》。米万钟，明书画家，字仲诏，号友石，顺天宛平（今北京市）人。万历二十三年（1595 年）进士，官至太仆寺少卿。绘画以北宋为楷模，山水细润精工，布局深远，有时亦仿米芾法作泼墨巨幅。花卉宗陈道复。行书、草书得米家法，与邢侗、董其昌、张瑞图并称“明末四大书法家”，并有“南董北米”之誉。其《拱玉园记》曰：“城西王村北，为毕主政畏甫园。米仲诏序曰：‘余尝谓：岩居或失则寂，泽居或失则湿，未若园居。伐石为山，辟地为池，种树筑室，亦足以畅遂襟怀，发摅啸傲也。’长白支出者为玉清山，毕赠公舜石佳城在焉。畏甫构园其南，北顾松楸，仰瞻截嶫，兹拱玉所由名园也。园中石三，一海岳，一龙头，一天柱。于鬯先记：所谓海岳，高二丈，突兀秀拔，昂霄岳峙，凹处渊注如海；龙头孤峭奋怒，五眼空洞，可谓奇绝。余园挹海一勺，幽胜而已。乏巨丽，观性雅，有家颇之嗜。虽日柱笏罗拜，不过拳石之多，那得如畏甫石奇甚。即辅吾园者，有西山在望，相距尚二十余里，距都城可三十余里，往来颇费屐齿，安得如畏甫日涉之为快也。幸先大夫马鬣亦与园差近，以较玉清佳城葱茏之气，又当不侔矣。事事不如，安敢问汉谁与我大？虬先既为之记，海内词人竞起而歌咏之。于是裒而成集，问序于余。余何能为役？虽然，玉清即名山乎？非兹园垂以揽其胜。使二石非遇畏甫，犹然甘泉一块山骨耳！山水以人重耶？名园以人传耶？畏甫不朽矣。”记述了毕主政畏甫园景色。

候仙园

候仙园，位于萌水西、箕山东麓。其园为韩氏园，后为高珩念东所得，不久又转卖他人。王培荀《乡园忆旧录》云：“候仙园，去吾村（罗村镇大窎桥村）西北二十余里，引河水环园四周，以闸蓄泄。园方二十余亩，藤架花篱，掩映曲折；凉亭燠室，布置随宜；有牡丹二百余本，他花称是。蓄水既深，有怪潜藏。仆人子浴其中，为所害。竭水取视，忽黑风起，滚滚向西北去。高念东先生来游，有句云：‘野人礼数寒暄灭，名士风流几砚香。’后园为先生所得，尝检纸团展视，乃园丁次第报花开单也，怅然有作。富贵人置园亭，或不得身履，惟于长安担上看花，甚而于纸上看花，可叹！先生不久又转鬻他人，亲友知其疏财，不数日借贷一空。先生笑谓客曰：‘前日穷儿暴富，今日富儿暴穷矣！’其诗最有味：‘垂柳阴中花几树，尽是飞觞行乐处。栽花不是看花人，花村西北长安路。岁岁春风岁岁花，主人匏系在天涯。园丁莫报花开未，花正开时人忆家。’又《园中销夏》云：‘日荡树心光掩冉，楼横水面影高低。’亦可见其风景。”

乾隆四十一年（1776 年）《淄川县志·园林》亦载有清初名人唐太史梦赉先生所撰《候仙园记》：“萌水西，箕山东麓，是为候仙园。园北旧第弘丽，园南为溪道，开村诸泉由琐石岭东注。溪南为山，东西延亘数里。入园门，高桧扶立，缭迎春花蔓为壁。循桧南行，花林绿天。出连翘棚下，一夜合树离立松间。西出见候仙轩，崇台四级，短垣绮窗，如处士居。轩北一石，如叠云对峙，湖石参立。葡萄老蔓成株，蟠石上松间，短长下缀。轩西迳为桧林，虬藤蜿蜒，重云密布，竟日为荫。北一石屹立，仿佛似海上蓬莱割来一片地，但不闻流水淙淙耳。近西杂花外，女墙临深涧，因涧为沼，危桥横渡，往往凭藉而过，犹恐坠也。桥上南望小亭，出园外，桥

候仙园旧址（2015 年拍摄）

北青桐扶疏，荫水台，台北修竹葱茜，别起重楼。从他径入，度桥北折芙蓉亭，岿然浓荫中。南起竹台，溪光入座，西立一石，与桧林石伯仲。小山出墙外，龙爪槐下，石几列坐，凤凰、长白诸峰，朝霞夕霭，扑人衣袖。山下老柳数围，崎倚撼风。石内芙蓉一株，凌空起亭上。西北编为柏墙，为芍药径。径外牡丹五十余本，是为沼之西北。一门临竹开，石级入门，高楼对壑。楼西径折为南轩，与芙蓉亭对。楼西甬道转素壁，列楹以十数。穿涧而南，一亭当溪心，临石闸，霍然园外，如鸟开笼。村落峰峦，徙倚可数，是桥上所南望小亭也。亭西为溪水入沼处，遵亭而东，垣外为南溪。老树参天，长风披野。垣内为东西渠，渠南古柳盘郁。一平桥偃渠上，甓阶数级，是为薜荔门，乃候仙轩南门也。门内松柯从地起，萝蔓扶云，与轩前三石相周旋。轩东为蔷薇篱，稍北为藏花窟，是为园之东际。南渠水出园，而东汇为广池。忆当道口，诸泉盛时，北满沼，东满渠，南满溪。主人一叶系柳根，亦飞来幔亭，九曲之一也。癸丑夏，来与汾滨导师紫霞先生习静者，凡再阅月，蹁跌之余，日有游焉。未几，复与存吾、松篱有邑乘之邑（役），遂得次其崖略如此。”

唐梦赉是候仙园中的常客，还写有一首关于候仙园的诗，题为“候仙园销夏同毕公载积、表兄宣四”。王樛与高珩、唐梦赉属同时代人，也到过候仙园，写有《题候仙园亭壁》诗。

仙洲园

仙洲园，为明朝进士辽东巡抚韩取善的园林。位于丰水店，即今沣水镇。丰水店，因“丰水”而得名。《淄川县志·山川》曰：丰水“〈地理志〉曰：‘德会水出昌国西。’按：德会水即今丰水也。源出县东北三十五里范王庄南，名‘泉合头’，源可三亩余，诸泉迸发如珠串。邑人往往构亭下流。丰芑园、仙洲园在焉。北流两岸仅二三尺许，雨涨洪涛，自昔无从溃啮之患，土人谓为‘铜帮铁底’，又呼为朱龙河。淄之水皆入孝水，此水独入乌河，乌河即临淄时水也。旧为邑景之一。”明季韩氏，累世贵盛，宅第宏丽，别墅、园亭随在多有，但最盛大的莫过于仙洲园。当时北地少水，独此源头活水，平地汩汩而来，汇而储之，方四五里。旁有小山，密栽松竹，间以亭榭楼阁。每风暄妍，辄驾画舸，天魔小队，靓妆丽服，笛声箫韵，缥缈于烟波夕照间，闻者销魂。当时大司马王象乾之弟王象蒙应主人之邀，观后被园中景物所感动，挥毫写了《仙洲园》一文，对园内景观逐一记述：“城东北丰水之侧，韩大中丞惺庵园也。引丰水注之，极为整丽。丰水一名朱龙河。中丞自辽左归，卜筑于此。余一日往过抵园之南偏，望见一坊，题曰：‘仙洲’。洲外四面皆水，水外四面皆山，俯仰四顾，水光山色，上接长空。已而从一梁入，下有‘趵突’者二，夹梁两腋而上，涌声若隐雷，形若喷玉，亦名‘漱玉泉’。其流者开河，四周而汇者成湾，澍者成池。余不尽藉者，复从西北石突出，激为趵突。余与中丞泛舟中流，击楫而歌，已而涉河，北陂曰‘藐然山’。山有三峰，熊蹲虎踞、鹤舞凤翔，太湖、锦川诸石相为参错。松、竹、桂、橘诸树相为掩映。水濂、琼蕊诸泉相为喷薄，人谓之‘小姑射’。中峰亭曰‘耸云’，左峰亭曰‘飞青’，右峰亭曰‘流翠’。水清月明，烟消日落，种种输奇，令人夺目。下有‘归云洞’，冬夏温凉异致，时有白云缕缕从中起。山阳喷泉一线，平地丈许，南注为池。池南环列四墉，对翼东西二楼，而嵂然据其中者，‘凭虚阁’也。上千层霄，下绝人寰，登眺其上，山水尽在目中，真有凭虚御风之趣。阁东西各置荷池，中央为亭，东曰‘湖心’，西曰‘水面’。阁南有亭，名‘月到’。迤南曰‘松坊’，再南而西折曰‘飞霞楼’，又南而东折曰‘栩栩楼’。其他松亭柏壁，较若井田，丝树晴岚，浑如图画，又未可屈指也。”

当时淄川私家宅园像仙洲园这样的并不多见，因而，这些宅园就成了解甲归田及时任官宦的常游之处。益都人，状元赵秉忠因与韩取善同朝为官，回乡后也经常到韩府做客，酒后有时也乘兴到仙洲园游玩，因景生情，也赋诗表达心中情怀，写了《游仙洲园》一诗。白阳老人毕自严、闲居在家的王教，及章丘县令元城人董复亨、大仓人王稚登等人也有诗作赞颂仙洲园。

后来，园渐颓废。淄川名士王如水与司寇高珩曾到此一游，高珩曾嘱如水题诗于竹。如水记曰：“虽有歌咏，而竹瘦细不盈指，难载如椽之罄笔。今则水仅细流，山无寸木。曩日之画栋雕槛，殁于荒烟蔓草，并遗址无存矣！”宅也易他姓，庭前古柏数株，鬻宅之后旋木枯萎。邑人王樛与庠生张增庆（明末首辅张至发之孙）也曾先后有事路过仙洲园，这时的仙洲园亦是今非昔比，与王如水发出了同样感慨。王樛《过仙洲园有感》诗曰：“玉箫金管尽尘埃，久视楼倾剩绿苔。惟有流泉偕晚照，千秋无恙待人来。”张增庆《过仙洲园》诗云：“荒园人望草青青，剩有云山列画屏。过客凄凉凭吊处，夕阳尤挂耸云亭。”

丰芑园

丰芑园，位于淄川城东北三十余里的沣水之滨。为明末举人张泰来的私家宅园，是当时淄川县较早的宅园之一。《淄川县志·园林》载：“丰芑园，张孝廉伯开园也，亦引丰水环之。外辟重河，中筑草庐。涉南河而北中堂三楹，前对大石如楼阁，旁皆小石环侍。堂西稍南，凿池可数十亩，北岸竖石布版，为水亭三楹，池中大鱼盈尺。西又凿池种莲，余地皆竹。往时竹甚茂，今不及前矣。吾邑之园得山易，得水难，而此园之水独浩渺汪洋，竹石又足助之，故为胜云。”清初张家经过几次大的洗劫，张泰来去世后，此园“不及前矣”。张泰来的兄弟泰孚之孙张笃庆《芑园感旧》诗写出了丰芑园凄凉的景象。诗曰：“草色侵阶竹户扃，石衣满地藓痕青。空余十里春山色，犹照凄凉水上亭。东风花外此经过，高下空陂长绿莎。芳径无人自来去，寒烟依旧满藤萝。”

高氏竹园

高氏竹园，高子下园。位于丰水下流。《淄川县志》载：“去丰水源近，丰水北来入此园。最先园中旧一草亭，今圮。亭南一池，池上石桥。亭北杂蔬数畦，余三面皆竹，竹颇盛。”此园旧主人不知是谁，因家境渐贫，后被高子下买下。高珩曾以诗《子下新买竹园》记下其事，诗曰：“渭川千亩富如何，一道鸣泉价几多？更有地灵应入券，门西北去是泷河。”高子下买下此园以后，经过整理又是一番景象，淄川名人王士祯之子王啓曾止宿高氏竹园，有感而赋《春日止宿高氏竹园》诗一首，赞颂园中景色：“树涌潮声溪带烟，客来小住镜湖边。桃花照水纷红雨，竹径穿云入绿天。

隔岸山禽春戛戛，窥帘萝月净娟娟。羲皇以上人常健，短榻还来比牖眠。”

是亦园

是亦园，明代高玮私家园。高玮曾自记其园曰：“是亦园，南定庄西北隅。园南对梓橦，北倚三泉，懒水、漫澌二河绕其右，石山临其左。予养疴无聊，作垣周之。满种桃李政山中杂树，其中门内竹篱曲折环之。数折而北，有木香一架，其色编珠，其味旖旎，可称香雪。前对一石，种芍药、牡丹，杂花数本。架西一夜合，乘荫数舍。折而北凿一池，种莲养鱼，北建一草亭临之。每山花开时，往往不知名。又有紫梨、脆枣、葡萄、林檎，分幼佐樽，皆足取给焉。既已园之，是亦园耳。”其弟高珩写有《家绳东兄是亦园》一诗，曰：“茶烟苔影罢将迎，远眺微吟称野情。此地闲人宜痛饮，何年芳草不丛生。横塘半亩添春雨，斜照千家傍古城。直待芙蕖香远屋，移床来听水禽鸣。”此诗描绘了是亦园的美丽景色和人们高兴时也可在园中会友招饮的欢快心情。

是亦园旧址新貌（2015 年拍摄）

载酒堂

载酒堂，位于淄川城东门外，为清代刑部左侍郎高珩的私家园林。《淄川县志・园林》载：“载酒堂，高司寇园。东门外，南偏临陌路，西倚城墉，北望城楼，南瞻军埠。作堂名曰‘载酒’，取‘东园载酒西园醉’意也。苏文忠公‘儋耳堂’名，恰与此同。堂之前后汇为巨湖，种莲艺蒲，高柳杂树，绿荫郁葱，与水光相掩映，宛似江乡也。右为浴室，室南于丛竹中筑台。台上为行亭，复匠意疏渠，引般水数折而下，与湖通。制为扁舟，园门内列肆飐帘，以待饮者，宾至飞觥命棹，不减濯劳，会矣。”载酒堂建成之后，成了高珩邀饮会友的地方，一时达官、名人，争相题咏的诗作多达二十六首。

高珩去世后，此堂荒芜，其六世孙子固廷谋，又重新修葺一新。王培荀《乡园忆旧录・卷四》中载：“念东先生载酒园，绘为巨幛，著色细笔勾勒，诸名公题诗其上。竹树苍郁，荷叶田田，架木为巢，亦在水中。盖先生性爱水。所居栖云阁五楹，阁上层旁出一门为平台，台前奇石碧桃，下凿为池，小舟系焉，亦绘为图。今台未倾而池已平。阁悬一匾，云：‘主人雅有沧洲意，沧洲意在水云边。’‘沧洲意’三字连环读，匾今亦无。载酒园久芜，先生六世孙子固廷谋葺而新之。夏日与客谈宴其中，北堂面水，碧绿莹澈，方可亩余，泉声潺潺，流入池中。旁架木竖小阁，虚敞无壁。

唐济武先生所咏‘谁云无地起楼台’者即此也。楹联云：‘荷花风四面；杨柳水中央。’当日先生自题。复取前人题壁诗，命弟杏江宴谋、在午丙谋重书，淋漓满墙，循环吟讽，终日不厌。堂额为益都冯文毅公溥书，忘其词。新城王文简公手书一联云：‘修梅亚竹临官路，流水浮花过县门。’雅切蕴藉，如食江瑶柱，盘餐尽废。盖园负郭，故云然也。先生《栖云阁》七律，起四句云：‘小阁栖云古寺邻，萧条钟梵似山村。但临流水先铺簟，非抱琴来莫叩门。’《载酒园水阁》云：‘地僻人疑忘晋魏，枕安心欲借潇湘。’《载酒堂水阁》云：‘荷才有叶尚无胎，飒飒微风荇藻开。谁向乌衣双燕报？小塘刚绿便飞来。’‘绿荫三尺已摇风，玉树青葱忆汉宫。不是主人能种树，邻家槐子落庭中。’家佥事公园亦在东郭，《园居四首》有云：‘白云迷雉堞，新月落渔洲。’疑于此相近。后来，宅既鬻于高氏，园即随之，亦未可定。是一是二，无庸深求。子固修园，作记一篇甚佳，惜不记忆。子固受业先大父，以拔贡就职州判。体貌甚伟，意气雄放，好客疏财，议论侃侃，如陈同甫一流。而一门孝友，督诸弟读书成立。杏江、在午俱拔贡，亿堂癸未进士。子固前数年卒。园中古木干霄，皆二三百年物，闻斫伐已尽。池涸草荒，无可观矣！其图仅存。”

栖云阁

栖云阁，为高珩习静读书之所。阁在其第后，高珩卸任刑部左侍郎归里后，栖心净土，宗法武林莲池大士，寓意云栖，以此名阁，为云间沈探花荃所题额。《淄川县志・园林》载：“阁前湖石嶙峋，如曲折行粤西桂林玉笋中。林塘之际，出一石门，颜曰：‘碧桃花下海山门’，用‘玉茗堂’词语也。门外为藏花之窟。阁南精舍三楹。舍西为曲廊，廊尽处为洞。舍前曲水流觞，丛篁幽蒨。南出为台，与洞通，台南方塘可行舟。塘上板桥，南渡一坊，扁书‘沧州意’，韩郡丞冲书。自右读之，云‘主人自有沧州意’，左读则‘沧州意在云水间’，公命书也。前书‘小莲池’，唐太史梦赉书，坊南则公第矣。”高珩解甲归田后，栖云阁就成了他著述与会友的地方。清初相国冯溥，诗界领袖、刑部尚书王渔洋及亲家张绂等名流，皆有歌咏栖云阁之作。

志壑堂

志壑堂，亦称“五亩园”。位于淄川城东南隅，唐梦赉之宅园。《淄川县志・园林》载：“志壑堂，唐太史第也，城东南隅五亩园北。唐荆川里居时，满壁书‘志士不忘在沟壑’句，堂以此名。堂前凿池种芙渠，池边修竹千竿，径可四五寸，绿荫萧森，江以北所未有也。堂东筑为高阁，颜曰‘林皋’，可望长白、夹谷诸胜。西偏垒石为山，时为弟买庄，而山甫成，故名‘庄山’云。山前架石梁于小渚上，直北作室，曰‘庄山书屋’。山旁周以回廊，杂植花木。堂南作花墙，引缀薜萝。墙外为圆亭，青桐覆之，榜曰‘画余亭’。西为长廊，号‘思桐书屋’，以俟过客栖宿诗赋。”

《淄川县志・艺文志》亦载，唐梦赉本人所写《志壑堂赋》，全文如下：“吴子海木既为余作‘志壑堂赋’，抗响留云，掷声震地，琳琅金薤，聿增岩穴之光。余见猎而喜曰：‘是不可以无作，太冲伧父，诚不知二陆之绝缨矣！’唐子二十六岁而抽簪，乃卜居于般水之涘。家世南坡，始迁北宅。文靖之厅旋马、平仲之廛近市。迤逦敞庐，朅来迁此乃安，冏卿之故第，王肩望之旧里也。志称王樵茧室，在城东南隅。既辟东宇，载治西堂，抱吟容梁父之膝，作黍置庞公之床，取姑庵之石以叠山，象斗杓之形以凿塘。既旁通乎地肺，亦遥挹乎天浆。山断沼连，垂虹为梁，渡梁而南，越山之冈，则画余闲亭。吴门顾苓文，先为余作画，故题曰'画余'。'思桐山房'也。桐，先君子所手植。其东则倚穹窿而架阁，阁爰名洞。念东先生所题。其北则对巉岩而结屋，屋亦称庄也。小山成时，为家弟凉武置一庄亦成，故曰'庄山'。对山则'庄山书屋'。吴海木读书于此。阁前则色葳蕤而栽花，影毵毵而种柳。纷薜荔之被墙，郁筼筜之盈亩。秧种注范蠡之径，纤插矜橐驼之手。树则十年而后成，竹则四国所稀有也。当夫春花初放，春鸟初鸣，晕朝曦而变色，翳新绿而殊声。红日穿牖，主人乍醒，循三径而自悦，屏万虑而无营。俄而剥啄柴门，有客并至，挥尘谈经，携壶问字，衣常带烟霞之光，口不及京洛之事。礼数勿繁，善谑无忌。酒出中藏，蔬非列肆。鸟鸣花开，陶陶径醉。迨夏木荫合，急雨倾盆，路绝奔竞，巷断器喧。傲闲僧之退院，类耕叟之孤村。草长庭寂，林黑云屯。梧桐结子，琅玕生孙。笑舍舟之渔父，乍误路于仙源；问晋魏兮不知，渺秦汉兮何论！已而霜露既零，五亩园名叶落，俯仰登台，故人如昨。怀齐鲁之嘉会，望夹谷之峭削。听晚濑之镗鞳，疑莱柞之乐作。至于黉山书带，郑康成之讲台犹存；长白浮云，范文正之名泉如故。见衰草兮连天，伤美人兮迟暮，永免顾景徘徊，有怀欲诉者矣。若夫乐毅昌国之封，平津牧豕之遇，明诚金石之碑，正平鹦鹉之赋。嗟陟降于斯堂，曾何足与比数耶？乱曰：壑之泉清且旨兮，壑之木多且美兮。泉可酿以佐吾卮，木可樵以煮吾绮兮。余惟爱此丘壑，相九州而独喜兮！"

志壑堂建成后，唐梦赉写了《志壑堂成或劝余制文窗亮雕绘之率答》一诗："老屋鸿胪旧栋梁，岿然敢道鲁灵光。种花不掩藤萝户，为客尝悬书画床。饘粥在斯还忝窃，奉祠于后更荒唐。何妨绮疏连青琐，恐负声称志壑堂。"

逸峰园

逸峰园，位于淄川城南7.5千米昆仑镇笠山村，为清人孙蕙的私人宅园。《淄川县志·园林》载："给谏孙公第旁园也，邑南十五里，方广数十余亩。内建高阁，亦名'逸峰'，东西两室翼之。西北为回廊，廊外为池蓄鱼。凭栏俯视，深可寻丈。其外为树园，园中放鹤，时闻声彻九皋也。阁前为亭，榜曰：'万仞芙蓉斋'。斋前为露台，方广亩许，周以短墙。台南为池，池上架桥，东为舫亭，西为长廊，廊南出为石假山，山之东绿竹万丛。西南隅为曲径幽斋，竹林杂树映之，颇类僧寮。"逸峰园建成后，淄川名人争相题颂，但流传至今只有唐梦赉和蒲松龄的诗作。唐梦赉《题孙树百谏万仞芙蓉斋》二首，对古人及园中景色大加赞颂了一番。蒲松龄《卧万仞芙蓉，听棋客争道》诗，写出了逸峰园中的美景，从侧面也反映了孙蕙家中豪华奢靡的生活。

万绿园

万绿园，位于淄川城中，孙坤的私人宅园。孙坤，字荆玉，别号黉岩，附监生，考授州同知。

《淄川县志·续园林》载："(新创)万绿园者，孙黉岩先生园也。园南向，入门直北为'乐孺堂'。堂之中左架图史，中悬松雪山水。案上宣炉一，哥窑盘一。右为复室，室内床一具。壁粘董华亭行草，南窗下倚小几，几置围棋一枰。堂之前柿一株，白丁香二树，树高可丈许。上畜鹦鹉，笼画眉。时有小鸟啁哳对语，间以人声，杂遝可听。树下有老梅数盆，大如盂，皆百年物。西偏为'点易斋'，斋悬古琴一张，吴小仙山水一轴。案有端溪砚，険糜鼠须各一。东偏为'柿庐'，余题跋也。中挂东坡画。石庐外，居北为小屋，屋大不十笏，设一榻待嘉宾。堂之后，东有亭，曰'西爽'，敞其四面。下为窟室，踏石磴，俯入窟，冷气飒飒，可避暑。亭北曰'萝月山房'。由房中曲折南出为长廊，颜曰'迎旭留霞'。傍摘白句一联，曰：'一领新秋箪，三间明月廊。'廊下环以水，豢金鱼数十头，浮沈上下如画。水西叠石为小山，山南脚汇水为池。夏秋时，荷叶田田，菡萏馥郁。池上跨小石桥如彴，余履之，骨战栗，不良于行。循小山而西有荜门，门西修篁数百竿，杂以松、栝、桐、梓、榆、柳、枫、楸树数百本，苍翠满目，一望无际。树丛中有高台，台上架屋三楹。登台而望，古仓、万、笠、禹三、大堆诸山峙其南。黉山、焕山列其东西。其北，则青苍一抹，出没隐见，若拱若揖者，长白山也。杰立云表者，摩诃峰也。山岚云气，袭我襟裾；暮雨朝烟，缭绕罨霭。静听般、笼两水交会，声如雷霆，如千乘车砰磅訇磕，不可遏。黉岩之孙韩起云声恩洽，日夕坐卧其间，岁时伏腊，数集亲故饮，饮半酣辄睡。睡醒则帘阁兀坐，矻矻然读书一二卷。而园中乐事，于是乎无终极。"清淄川县儒学教谕臧岳写有《万绿园记》《万绿园漫兴》诗一组八首，高珩写有《万绿园歌赠孙荆玉》诗，描写园中景色。

此园后来荒芜不堪，有些游者已经不知道这里原来是孙氏之万绿园。王培荀《乡园忆旧录》记载了少年时游园的感受，"孙氏万绿园，在城中，余少年时见平畴瓦砾，惟兔葵燕麦摇动春风，不知所谓园也"。当看到臧岳所写的《万绿园记》之后，才知道此园当年景色之美及园中置放之物如此珍贵，惜今已不存。"如李龙眠白描，细入毫发，一池一亭，一草一木，曲折幽深，令人应接不暇，坐而生羡。其规模都不记忆。其间陈设，尚记有东坡墨竹一轴、哥窑盘一枚。数年前，县令喻姓者从孙氏子孙取二物去，自咤云：'画固至宝；盘之存者，海内只有四，今得其一，此来为不虚矣！'余未见其盘，如哥窑亦非稀有，何至如此郑重，是必有异。物之有形者易亡，而存图记一篇，如话如画，其境仿佛在目。文人笔墨可与造化争能，古人必倩名人作记，非徒夸耀一时，亦谓园可亡而文字在即园在也。《洛阳名园记》验天下之盛衰，吾记诸园，亦以验吾邑之盛衰云尔。"

半圃园

半圃园，沈曾育私家宅园。沈曾育，字也鲁，乾隆十三年（1748年）岁贡生，任高密县儒学训导。归隐后，辟半圃，号半圃闲人。曾自作小传，曰："半圃闲人，闲人有半圃也。闲人素倜傥，不治家人生产年就衰，苦劳勚。别业有荒园数亩，结屋遁迹其中，为偷闲之地。烟峦环翠，茂树成林，闲中之景物也。农歌樵唱，燕语莺鸣，闲中之丝竹也。撷畦蔬，摘山果，钓溪鲜，闲中之珍错也。覆茅为亭，编竹为篱，叠石成山，凿地成沼，闲中之平泉金谷也。以闲地养闲人，半圃中裕如矣。或曰圃，无偏全，何云半也？闲人曰：家人强以其半为种菜计，弗能与争故。称半圃云。”半圃闲人自作传后，同乡好友、举人鱼台县儒学教谕张元有《题半圃闲人传后诗二首》，对闲人及圃中景色进行了一番描述：“东阳瘦沈气嶙峋，卜筑山郭寄此身。永世添丁先有兆，年周花甲又逢春。酒材预贮招佳客，菜把无烦累近邻。谢尽俗缘学灌溉，居然物外有闲人。为爱村居为半圃，聊将心事托园官。溪声近绕篱边过，山色遥从树里看。猛雨翻滋松偃盖，惊风不动竹平安。晚菘早韭随时课，始识闲中无地宽。”

活水园

活水园，位于城西昆仑镇郭庄村，胡文元先生的私家园，清乾隆年间已废。《淄川县志·重续园林》中载有穆省身为其园所作园记，曰：“活水园者，文元胡君园也。在郭庄东岭，为三台山之支阜。岭半突发一泉，经大旱不涸。胡君于泉西偏构精舍数间，引泉水入苑内，为方塘，为曲沼。其演漾不尽者，为浅濑，为趵突。略彴横斜，游鲦出没，每一临眺，辄令人作濠濮间想。园既成，属余作记。余帷惟此泉向隐草莽中，不知几何年，使无人淘汰疏决，披剔苔藓，则亦犹然空山一蹄涔耳，与沟浍奚异？今遇胡君表而出之，而泉与园且可俱垂不朽。所谓人杰地灵，相得而益彰者，不信然耶？抑又闻之，水之为象，主文明，胡君家诸子弟类，英俊能文，而伯泉、仲泉昆季，尤称秀发，其命名即取义于此。时从余读书园中，其将来皆不可限量。语云：‘涓涓不息，流为江河’。吾知胡氏之方兴，而未有艾也。”

半野园

半野园，位于淄川城南七里店，李南村的私家宅园。李南村，名导江，字又东，一字岷源，号南村，廪贡生，历任莱州府儒学训导，观城县教谕。在七里店构筑一私人宅园，颇擅林泉之胜，号半野园，后遂移家居住。《淄川县志·三续园林》载：半野园“东俯笼水，南对笠山，颇擅邱壑之胜。遂移家焉。于居第之东，辟地二十亩，中设界墙，分其地而二之。墙以南，种蔬菜，艺桑麻，为家人生产计。墙以北，则攀山石，莳花树，构精舍其中，为延师课读地，兼为名流文宴之所。东无墙，阻水为界，岸高丈许。因岸垒石，架水车其上，戽河水以资灌输。因地高下，湾环为沼，筑水亭两楹，周以栏槛，通以略彴。夏月荷花盛开，推轩四望，香气披拂，几不知身在歊暑中也。亭之前为‘七松书屋’，户北向正室三间，复室二间。屋不高广而窗明几净，松影参差颇有幽人深致。其东南隅有小楼一座，近对昆仑、禹

半野园旧址（2015 年拍摄）

王诸峰，远揽大奎、万山诸胜。登高望远，爽气迎人。循阶而下，沿石砌而西有巨石，攫拏干云，当路而立。折而北，又有石，峙其西石之左为角门，则通主人内室者也。又北出水亭后，则积土为山，上戴大石，为岭为峰，逶迤袤丈。古柳、高槐，间以麻黄、天竹、长春诸卉草，丹黄杂错，萦绕于石罅中。其东距岸数尺，尽环以柏。又北侧茅屋八九间，为诸生诵读下榻之所。再折而西，则为竹圃，为菊畦，为海棠榭，蔷薇丛，牡丹、芍药以及桃、李、梅、柰诸果树，四时开落，生香不断。长山刘炼堂先生，以名进士出宰湖南，告养回籍曾馆此。园门下极一时之盛，南村先生之孙简堂孝廉兄弟与焉。惜其时南村已殁，未获亲睹为快。故炼堂先生有句云：'转转池塘曲曲台，山之尽处水之隈。两行翠柏千竿竹，半是主人亲手栽。'盖伤之也。初园既成，拟赐以嘉名未就，适掘土得片石，上镌'半野园'三字，遂因以名焉。"

如园

如园，位于淄川城北关村东邻张家庄（今城张村），王文恂的私家园林。王文恂，字赍园，廪贡生，候选儒学训导。少聪慧，才高学赡，文工而速，下笔千言，一挥而就。食饩后，厌岁试之烦，于是放弃科举，于城外构筑别墅如园。擅池沼台榭之盛，闲暇时与文友歌咏其中。当时淄川县令杨旭峤经常带宾朋到此游玩，他的妻子吴静君精绘画，亲手把墨竹画在石上。少尉季香评，也绘制了如园全景图赠绘赍园先生，四方宾朋来游园的络绎不绝。邑庠生王维壁《如园秋夜》诗曰："庭际幽香细细生，桂岩疏雨酿新晴。帘前花影梧桐月，夜里秋心蟋蟀声。苔磴润添双屐滑，葛衣凉袭一身轻。良宵如此偕谁赏，露白风清已二更。"老年后，闲暇无事，便自驾一舟在园中自游取乐，所到之处随意题留诗句。后来先生风疾不能游览，而如园也在咸丰年间被兵火所毁。《淄川县志·三续园林》载："如园，在城北关外张家庄，邑人王赍园先生之所营也。四周缭以周垣，南为官道，东西皆民舍，北为蔬圃。自有明中叶邑令侯公筑坝于般水上游，分水一支绕城而北，至此水与地平。疏则为溪，潴则为沼，曲折随人无不如志。于是因水构地为园于庄之北，建大门于西南隅。入门不数武，折而东，有小门。门以内南屋三间，屋后有小院落，为应门童仆及佃客辈憩息之所。北有亚字墙，过墙有甬路一条，直通二门。甬路中峙一石笋，亭亭独立，名'驮来石'，传闻系二牛驮来者也。甬路之东，地极宽敞，杂栽花木，间以怪石。少北为井，旁一垂柳高丈余，大两人合抱，长条踠地，披拂于银床上。井北有亭三间，西一间为过厅，后楹悬一额曰：'一池秋水'；中二间为客厅，壁上悬《如园图》，为季香坪少尹写赠。亭后有石耸立，刻墨竹其背，则邑侯杨旭峤内子吴静君夫人之所绘也。又北为池，池不深广，不圆不方，岸石屈曲，抵山之趾而止。中植红白菡萏，夏月盛开，香风远袭。山不高峻，有东西两磴可上。其巅有巨石孤立，下列石几石礅，略可容三五人茗谈。山后陡不可下，当二门若屏风然。自驮来石循路北行，径侧有细流出乱竹中。白杨二株甚郁茂，高二三丈，每于晴昼作风雨声。路尽抵二门，门之西有高柳、藤萝覆其上，花时紫雪纷缀，一院皆芬。门之东有牡丹数株，间以芍药，花大如盘盂，亦春深一巨观也。入门为书斋，正中北舍三间，左植蜡梅一丛，高与檐齐；右植黄杨一本，高出檐上。少南为西舍三间，南厅三间，东有小长廊，廊前甃一方池，小而深，则蓄水养金鱼者也。西北隅，起小楼，仅一间，颜曰：‘观稼楼’。下有门可通后圃，则种家蔬、莳野竹地也。统计园之大，不盈五亩，有山焉，曰‘覆篑’耳；有池焉，曰‘覆杯’耳；有台榭焉，曰‘茅庵草舍’耳；有庖厨焉，曰‘土铚烟灶’耳。主人笑曰：‘是乌足以名园哉，仅可谓如园已耳。’时有孙君锡田亦任侠士园，在如园之西，亦有花数本，池一渠，屋数间。每酒酣辄对客曰：“王君之园曰‘如园’，余之园又不如王君，只可谓‘不如园’耳。时传以为美谈。”

太湖山房

太湖山房，位于城西南昆仑镇大百锡村，王琳先生的私家园。离村里许，因地名太湖石，因地有巨石颇幽秀得名。王琳在石旁开地数亩，依丘壑泉林之盛景，筑墙起馆舍，名曰“太湖山房”。《淄川县志・三续艺文》载有进士曹佳和《太湖山房记》，对太湖山房的主人及园内盛景进行了描述。其记曰：“王子玉琅，以不屑文战，弃儒而贾，历三十载。归自荆南，既饶于资而学亦益进，能诗工琴，旁及百氏岐黄，堪舆之术尤精。归后苦所居嚣尘，又少子拣及侄若孙辈皆秀起，思得静处课读。去村里许，地名太湖石者，以巨石幽秀得名。山蜿蜒自西北来，再折而东，下临清溪，水声潺潺东流，数百步入汜水。王子乃于其南岸高处，筑屋三楹，粉壁纱窗，启南北户，冬夏分向，为师弟子馆所。别构数椽于其西偏，可容八九人座，而王子偃仰其中。周围墙垣，则因岸之高下，叠见层出。手植花木，驯养鱼鸟，水色闪光如坐画图。既成请额，而余名之曰，‘太湖山房’。夫山水之乐，高旷者苦于目所未睹，卑俗者目相对而不知。今计王子所历涉洞庭，过衡阳，下姑苏，惊波怒涛，崇岩绝壁，猿鹤之所游，蛟龙之所窟，无不心赏情移，收贮胸中。既老而归，乃从容布置，而寄胜于一丘一壑之间，始知其去儒而贾者迹也，贾而山水者趣也。鱼盐耕稼不累圣贤，其学之所以益进，殆以职此故欤？余既额其室，而又为之记，以见王子之所得者，在此不在彼也。”

涌清园

涌清园，位于城东南十五里的龙泉镇龙口村涌泉寺北，老儒刘汉东私园。刘汉东去世后，其园卖给了同村张家，开辟为教学读书的地方。《淄川县志・三续园林》载：“园仅亩许，入门有柏数株，有石一拳。花畦高下，随地曲折入。少南有方池，水清以澈，有鱼数十头，大者二三尺，小者亦八九寸，浮游池面，驯不畏人。旁有

涌青园园墙（2015 年拍摄）

细泉，自屋旁地中沸出，滚滚作珍珠颗、鱼眼、蟹眼相续不绝，以泻于池，琤琮作琴筑声。池之西有修竹一塍，风篁戛击，快人耳目。少北有老柳一株，斜覆水上。柳之东叠石为花台，凡三层，下层植牡丹二株，中植杂卉，上层一怪石矗立。后为书斋，斋有额曰‘静观’，又一额曰‘近山林’，为明硕隐公张伴鹤先生真迹。西小亭数椽，颜曰‘春晖’。推窗远眺，隔河见西南天台诸峰，冈峦层复，弥望无际。俯临般水，时有小鱼数尾，游戏水浅沙明之际。亭后佳木葱茏，浓荫密布。北有土崖突起，高可数仞。上有三五人家，每炊烟朝沍，杳霭若天际然。其东邻亦刘氏桑园，绿荫相接，杖履其中，翛然有世外远致。今汉东先生已殁，园售于同里张君，即其地为义塾，而涌清园之名，犹仍其旧。”

乐亦园

乐亦园，位于淄川城西关村外与慕王村南的交会处。慕王村徐文卿的私家宅园。《淄川县志·三续园林》载：文卿“于居第后，置地数亩，缭以土垣。其西南隅，种树数千株，榆、柳、杨、槐并皆葱茂。出树园北为场圃，地亦宽阔，春韭秋茄，列畦如画。畦之北有葡萄一架，架之东为界墙。墙以内别为一院，北构茅斋数间，颜曰：‘友菊山房’。斋前平台甚广，每晴霁后，于赏月最宜。台左右海棠各一，丁香、紫薇点缀其间，春来花发，异香满院。庭中筑一花墀，上立三石，大者高四尺许，刻其上曰：‘人生安得如汝寿’，小者亦各尺余。幽篁丛卉，掩映于石隙中。覆一垂柳，大可合抱。前为牡丹畦，四十余种，皆自曹州购来佳品。谷雨花开，名流宴赏无虚日。东为芸香馆，棋奁茗椀，潇洒绝尘，则主人延客处也。西辟荷池，池之南有玉兰、丹桂、蜡梅诸树。其极南近墙处叠石积土，堆为假山，时一登眺，数十里内，川原胜概尽纳于指顾中。诸生王奎光先生，高尚士也，两馆园中，凡一草一木，经其指点，无不位置得宜。尝与主人相顾而言曰：圣人云，乐亦在其中矣。乐固无往而不在也，吾于此园亦云，因名乐亦园。”此园在 20 世纪 40 年代末毁于战火。

栖鹤园

栖鹤园，在县南三十五里焦庄之东。其地有文峰、墨林、双旗山诸胜。居人孙东圃，即其地辟为园，为习静之所。园外一泉，自山而下，潆洄环抱，泻入涧中，汇为一池。有草，叶如车前，天寒愈翠，为他处所无。每天欲雨，西望湖山云气蒸蒸，园中草木皆含润泽。修竹千竿，与槿篱茅舍相映。最古者孤松一株，枝柯夭矫，时有异鸟翔集其上，因名“栖鹤树”，遂并以名其园。

寺庙

佛教是释迦牟尼于公元前 6 世纪时创立的一种宗教。两汉之际传入中国，两晋时期得以发展，东晋元熙二年（420 年），天竺（今印度）三藏佛陀跋陀罗于扬都（今南京市）道场翻译出六十卷

《大方广佛华严经》。随着晋译《华严经》的流布，到南北朝时期，佛教得到了较为广泛的传播，各地纷纷修建寺院。自1840年以来，中国沦为半封建半殖民地之后，几经战乱，佛教寺院遭到破坏。中华人民共和国成立后，党和国家实行信教自由政策，佛教场所又逐步得到恢复。

龙兴寺

龙兴寺，位于淄川城里西南隅，始建于北魏初年。据传当时有一僧人从山西而来，他一进入淄川地界便发现此地是处风水宝地，物华天宝，地杰人灵，便在此住了下来。后来发现城西南隅，三面有水环绕，又是孝水与般河的交汇处，东南方万山重重叠叠，山水相映，便拿出自已的全部积蓄买下了这块宝地，创建了龙兴寺。《淄川县志·寺观》曰："龙兴寺，城内西南隅。寺内石幢二，书古佛名号。外去寺百余步，石幢一，隶书《陀罗尼经》。寺极幽敞，先辈多读书其中。邑令岁时祝贺，率先一日于此习仪云。"明朝中期，淄川张氏四世祖张璿看到邑中大寺逐年衰落，僧徒也少得可怜，为使寺院重现当年辉煌，便带良田八十三亩入住龙兴寺，法号"圆澄"。《淄川县志·三续仙释》载："圆澄，俗家张姓，世居城南街张家巷，家素封。中年忽契净缘，带腴田八十三亩，出家于龙兴寺为僧。龙兴寺本大刹，后中衰，僧徒寥落。得张产徒侣复盛，今已历数传。每春秋祭墓供馔，犹取给予僧，而张氏后裔就庙中享祭余焉。"龙兴寺在淄川历史上存在了1500余年，给淄川的佛教史留下了光辉的一页。民国年间连年战乱，寺院残破不堪。中华人民共和国成立后，人们对佛教信仰日趋淡化。龙兴寺逐渐退出了人们的视野。

普照寺

普照寺，位于淄川城里东北隅，约建于南朝陈废帝光大元年（567年）。寺几经毁坏，又几次修复。唐代为法相宗三祖慧沼大师弘法处。慧沼大师，淄川人，乃玄奘、窥基再传弟子，精通唯识法相学，时称"唯识三祖"或"淄州大师"，被誉为"山东一遍沼"。据传日本法相唯识宗源于唐淄州慧沼大师弘法盛地普照寺。《淄川县志·寺观》曰："城内东北隅，有石佛高丈余，俗名'石佛寺'。旧有峻塔，为邑景之一，明万历庚子毁。后人于其址觅万年灰。殿后石幢一，隶书佛顶尊胜陀罗尼经，其二面楷书序文。旧为僧寮所掩，其书之人与年皆不可考。今移殿前，俗呼为'塔寺'，即古开元寺也。"

其寺院北向，巽门。进山门，过影壁西去即正院。院内古松参天，掩云蔽日，藤绕曲杈，鹤立虬枝，使人望而凝眸。大殿西北角处一高塔耸立，飞檐翘然，风铃流韵。此塔以其壮丽英姿载入《淄川县志》所列八景之一的"禅林峻塔"，闻名遐迩。大殿门前，门楣上方高悬着"大雄宝殿"四字匾额。大殿迎面是一尊金身大佛，慈祥可掬，足踏莲台，端然而坐，高至楼顶。远近乡民故有"踩着佛肩摸佛耳"之说，大佛背后齐肩处有一尊背靠如来佛的倒坐观音。大殿东院是伽蓝殿，南向。殿内一尊菩萨塑像，半盔半袍，蚕眉凤目，面如重枣，五绺长髯，俨然关夫子。传说伽蓝菩萨乃关云长化身，曾为如来佛保驾从印度来到中国。

古开元寺石佛

普照寺（2019 年拍摄）

改革开放后，又将已毁的普照寺移至南关桥西南的空旷地带，建筑面积 1100 平方米。由天王殿、大雄宝殿、观音殿等建筑组成。1996 年 9 月，被山东省宗教局批准为正式宗教活动场所，现有僧众 20 人，皈依居士近万人。

淄川普照寺成为正式开放寺院后，首任住持为能阐老和尚，系天台宗第 45 世传人，毕生专弘净土法门，于 2009 年 3 月安详示寂。现任住持仁昌法师，毕业于中国佛学院灵岩山分院，得能阐和尚亲传法券。仁昌法师 2003 年 7 月任淄川普照寺监院，2006 年 6 月任住持至今。

普照寺旧址（20 世纪 30 年代拍摄）

大圣寺

大圣寺，位于城西北十余里的灵沼村。《淄川县志·重续寺观》载：“大圣寺，县西北十里灵沼庄，俗从村名谓之灵沼寺。七星河经由寺前汇而为沼，湛碧渊涵，深不可测，村取名以此。地势高敞，殿宇宏丽。按碑记建自唐初，近又新建文昌阁，峥嵘绀碧，弥壮观瞻。”

据现残存的明嘉靖、崇祯及清光绪年间的《重修碑记》载，寺院占地 3000 多平方米，前后四院落。依山崖地势巧妙设计，殿阁楼台，

灵沼村大圣寺观音殿（2015 年拍摄）

主次分明，左右对称，古朴典雅，华丽壮观。拾级而上，山门内四大天王对峙两厢。过影壁，东为钟鼓楼。鼓楼旁侧小院，为观音大士、碧霞元君堂。影壁西侧小院，为祖师殿。大院正北为大雄宝殿，金瓦覆顶，飞檐垂脊，雕梁画栋，彩绘斗拱。大殿正中，金身塑像的佛祖端坐在莲花宝座，神态各异的十八罗汉彩塑，分列两厢。佛祖身后为千手观音塑像，大殿西侧为龙王殿。大雄宝殿后院东北角为文昌阁。

寺外西北隅岩壁石隙有泉水流出，清冽甘美。寺内僧人取其泉水饮用，故称“和尚泉”。

宝塔寺

宝塔寺，旧名龙山寺。位于城北双杨镇杨寨村东首小学校内，该校校址原为佛教寺院龙山寺的旧址。寺内现存有鲁中、鲁北地区唯一一处砖结构的宝塔。

宝塔寺始建年代已无从详知，明嘉靖二十五年（1546年）《淄川县志·寺观》载：“龙山寺，故址在县治北，有塔七级。”宝塔寺，旧名龙山寺。元大德六年（1302年），僧录果郎道行碑，邑北二十里杨家寨东。康熙三年（1664年），邑人高司寇珩重修，石刻‘阿弥陀佛’四字，云间沈探花荃笔。邑塔高峻无逾此者。

宝塔寺旧有天王殿、大雄宝殿等建筑，殿堂伟巍，石碑林立。现已全毁，唯留古塔。1999年7月，市文物局对该塔进行了全面维修。

20世纪30年代杨寨村宝塔寺原貌

般河庵

般河庵，位于淄川城东南五里余，前来村东南的庵子沟。建设年代不详。此地在明清之际，庵因水而名，水因庵而盛，古般阳二十四景中的《般水》中题：“自峪头河盘折而下，村峃林木为邑东南奥区。经城西南隅与孝水合，县资名以此。其支流经东郭绕北城下，乃入孝水。”因而留下许多赞美的诗篇。

清初邑人唐梦赉曾为此庵写有《庵子沟寺募序》一文，赞美般河庵及其庵子沟一带的自然景色。其文曰：“淄之巨浸，有若孝妇、范阳诸水，而黝折惟有般河。般之上下村墅，类如东里先生之所谓山阴溪曲者，而揽胜乃在庵子沟一带。盖其地溪谷之澄泓可以容舴艋，林木之窈窕可以荫蹦跌，茅屋峭然向望可以恣杖屦，而其僦舍山城者，可以携樽榼，早出而夕归。独四方轻去其乡之君子，则寐纺缊而不得时至。沟之中泉可以漱。沟之壁为洞，洞祠祀观音大士，其石壁则可洗苔

般河庵旧址（2015年拍摄）

薛而携游诗。尝试遵壁而远眺，其蔚蓝为晴日，其罨画为远山，其喧寂为陇陌，其谽谺为断崖。其游泳而熙适者，为禽鱼与樵牧；其而镗鞳者，为晚濑之水春；其惝恍自失，嗒焉若丧者，则倦客之支颐，而忘其世也。而其敷座而坐，寂灭现前者，则为三十二相之大士。一日者，吾友王子长人徇乡人请，将仍其穹庐而丹雘之，饰其宇而廊其外。吾知过此以往，净度庄严，瓣香以供，优婆一龛，以礼羽士，终古潺湲，参以梵呗，吾乌知曹溪之一滴，不于是焉寄之，方当为之执畚锸之役，而何惮于拖钵之嚆矢也，抑且从操觚而有所感矣。向者银台吾友维舟祠下，二三君子，击楫而赋清流焉。曾日月之几何，而旧题不可复识矣。夫世无所谓今古也。天地如新，双轮自跃。七尺非我，黄土相循。苟不明楞伽之心印者，不足语少室之功德，而况乎康乐之登临，岂堪问宗雷之白社乎？世即有矢羼提而发信施，嗣给孤而称长者，亦不以鄙言之故矣。邑人唐梦赉募疏。”

天明寺

梨峪口村天明寺（2015年拍摄）

天明寺，位于县城东南四十里梨峪口村西南，东隔田庄水库与金鸡山相对，背受青龙山环抱。青龙山背面脚下便是雁门山水库。山顶上有古兵寨遗址。《淄川县志·重续寺观》载，此寺“高岸突兀，寺在半山岩中。前临清溪，旁多古木，幽胜特绝。”清代名士，邑人王巽，当年曾多次到过天明寺。因路途遥远又难行，除了当地人按节令到此烧香拜佛，很少有人到此。其诗《小憩天明寺》曰：“重来古寺几经春，苔碧潭清少住尘。此际探奇无别景，青山行尽不逢人。”后来，邑庠生王佳宾也曾到过天明寺，并赋诗一首谈感受。其《天明寺》诗曰：“拔地数千尺，空中起化城。白云和磬远，古木入琴清。林际淄流出，檐端岳色明。红尘飞不到，端坐悟无生。”

淄川境内还有多处古代寺庙，因在前四节的各级文物保护单位中已做记述，这里不再详细介绍，以《淄川古代寺庙一览表》形式加以记录。

淄川古代寺庙一览表

表 6–1–5

名称	位置	级别
青云寺	岭子镇槲林村北 500 米处的盘山与九纹山幽谷中	第三批省级文物保护单位
三教堂	太河镇西石村东三佛山上	第五批省级文物保护单位
华严寺	昆仑镇磁村村西南凤凰岭上	第三批市级文物保护单位
莲花庵	罗村镇	第三批市级文物保护单位
三台山古建筑群	昆仑镇刘瓦村东三台山顶	第三批市级文物保护单位
南韩泰山行宫	罗村镇南韩村东南	第四批市级文物保护单位
修真观	将军路街道办事处七里社区	第四批市级文物保护单位
菩萨庙遗址	将军路街道办事处北石社区东南	第五批市级文物保护单位
竹林寺	太河镇林泉村北	第五批市级文物保护单位
苏王禹王庙	昆仑镇苏王村西南 1 公里处禹王山顶	第五批市级文物保护单位
马家文昌阁	洪山镇马家庄西南	第五批市级文物保护单位
西谭三官庙	经济开发区西谭社区东南角	第五批市级文物保护单位
水峪寺	磁村镇滴水泉村西北 1.5 公里处的山峪中	第五批市级文物保护单位
文昌阁旧址（文峰山）	将军路街道办事处查王社区东的文峰山半山腰处	第一批区级文物保护单位
玉皇山庙	岭子镇杨家村南 500 米处	第一批区级文物保护单位
清风寺	寨里镇孤山村西 1.5 公里处	第一批区级文物保护单位
苍龙宫	西河镇龙湾峪村西南	第一批区级文物保护单位
簧山泰山行宫	寨里镇山头村东北簧山的半山腰中	第一批区级文物保护单位
桃花洞	岭子镇桃花泉村南 200 米处的封山悬崖上	第一批区级文物保护单位
文昌阁（大土屋）	龙泉镇大土屋村内	第二批区级文物保护单位
观音阁	将军路街道办事处前来社区东	第二批区级文物保护单位
圣水泉庙	寨里镇南沈村西	第二批区级文物保护单位
大悲庵	岭子镇龙泉村北路东	第二批区级文物保护单位
云峰观	太河镇上端士村西	第二批区级文物保护单位
豹岩观	岭子镇巩家坞村东北 1000 米	第二批区级文物保护单位
孟子山建筑	西河镇上台村孟了山顶	第二批区级文物保护单位
玉皇山庙	西河镇安仁村西北的玉皇山顶	第二批区级文物保护单位
塔山庙	西河镇上塔山村村北小山上	第二批区级文物保护单位
关帝庙	昆仑镇许家村东西大街中段	第二批区级文物保护单位
龙兴寺	西河镇河湾村北	第二批区级文物保护单位
圣水寺	太河镇城子村西岳阴山半山腰处	第二批区级文物保护单位
炉神姑庙	洪山镇十里村南	第二批区级文物保护单位
圣泉庙	西河镇西坡地村北	第二批区级文物保护单位

续表 6-1-5

名称	位置	级别
天台山庙	龙泉镇圈子村西的天台山上	第二批区级文物保护单位
志公庙	龙泉镇渭一村东志公山上	第二批区级文物保护单位
普陀洞	太河镇黑山村西 1 公里处的翠屏山上	第二批区级文物保护单位
赵断沟庙	寨里镇北黄村西南 1 公里处	第二批区级文物保护单位
昆仑山遗址	昆仑镇大昆仑村大昆仑山南侧山腰处	第二批区级文物保护单位
孙家坪对松观	太河镇孙家坪村	第三批区级文物保护单位
下端士白衣庙	太河镇下端士村	第三批区级文物保护单位
朝泉观	太河镇石沟村内	第三批区级文物保护单位
北马鹿碧霞元君祠	太河镇北马鹿村中	第三批区级文物保护单位
西余粮万神堂	太河镇西余粮村内	第三批区级文物保护单位
孙家庄龙王庙	太河镇孙家庄村东南 800 米处龙王崖之上	第三批区级文物保护单位
北岳阴志公庙	太河镇北岳阴村南	第三批区级文物保护单位
幸福玉皇庙	太河镇幸福村西南封山脚下	第三批区级文物保护单位
聚峰村北斗庙	太河镇聚峰村中心路北侧	第三批区级文物保护单位
东槐峪关帝庙	西河镇东槐峪村村内	第三批区级文物保护单位
田庄关帝庙	西河镇田庄村中部	第三批区级文物保护单位
田庄龙王庙	西河镇田庄村水库下游 200 米处	第三批区级文物保护单位
水峪青龙山庙	西河镇水峪村	第三批区级文物保护单位
小东坪兴云寺	西河镇小东坪村南	第三批区级文物保护单位
南峪太平山庙	西河镇南峪村中	第三批区级文物保护单位
矾场关帝庙	龙泉镇矾场村内	第三批区级文物保护单位
奎三古建筑群	昆仑镇奎三村	第三批区级文物保护单位
郭庄关帝阁	昆仑镇郭庄村东西大街西首	第三批区级文物保护单位
东龙角关帝庙	昆仑镇镇东龙角村	第三批区级文物保护单位
石门白衣阁	将军路街道办事处石门社区南北大街南首	第三批区级文物保护单位
张李白衣阁	昆仑镇张李村东	第三批区级文物保护单位
马棚玉皇庙	昆仑镇马棚村西北的山岭上	第三批区级文物保护单位
赵家楼观音庙	岭子镇赵家楼村西北	第三批区级文物保护单位
赵家楼关帝庙	岭子镇赵家楼村西北	第三批区级文物保护单位
张家庄关帝庙	岭子镇张家庄村东南	第三批区级文物保护单位
岭子村观音庙	岭子镇岭子村中	第三批区级文物保护单位
小红卫关帝庙	洪山镇小红卫村中部	第三批区级文物保护单位
北杨庄关帝庙	洪山镇北杨庄村西北	第三批区级文物保护单位
双泉五圣堂	经济开发区双泉社区	第三批区级文物保护单位
西山白衣阁	经济开发区西山社区东大街上	第三批区级文物保护单位

续表 6-1-5

名称	位置	级别
大邢观音堂	淄川区开发区大邢社区北	第三批区级文物保护单位
甘泉观音庙	寨里镇甘泉村中心路北	第三批区级文物保护单位
窑头观音堂	般阳路街道办事处窑头社区西南	第三批区级文物保护单位
北镇后白衣庙	太河镇北镇后村东	第三批区级文物保护单位
池板观音庙	太河镇池板村西	第三批区级文物保护单位
山西洞庙	西河镇山西村西南崖壁上	第三批区级文物保护单位

第六节　历史名景

淄川自西汉置般阳县，历史悠久，文化灿烂，两千多年来留下了大量的自然、人文景观，文人雅士多有吟诵。

般阳八景

嘉靖《淄川县志》载有般阳八景。这八景分别为：郑公书院、季子石桥、万山石桥、丰水牧唱、梵刹浮图、文庙古桧、般阳晓钟、昆仑山色。当时的县教谕吴倖分别为“八景”题诗。

郑公书院

康成遗庙照山川，无限春风桃李妍。
袅袅青云绕书屋，鹅湖白鹿接风烟。

季子石桥

苏相桥边日未西，水流畾畾草萋萋。
行人莫辨当年事，惟听流莺绕树啼。

万山石桥

万叠烟峦罗列多，樵云深处有清歌。
春风越客游难遍，奈尔青山碧嶂何？

丰水牧唱

北关迤逦绕河湾，丰水迢遥菡萏间。
落日前川望晴色，牧童声带夕阳还。

梵刹浮图

仙梵宝塔叩天关，赤日行空手可攀。
几度巡檐朝北斗，佩环清响隔人间。

文庙古桧

撑天老桧压秦松，道脉灵根结翠重。
千古长风吹夜月，似翻碧海起虬龙。

般阳晓钟

万户钟声散晓霜，似闻长乐在般阳。
十年湖海频惊梦，得破昏聋五夜长。

昆仑山色

城南山色枕河流，西域昆仑拟可俦。
自是周王八骏在，茫茫万里又重游。

吴俸，明清之际孙之獬曾为其写传："樊阳吴公讳俸，字廉夫，浙江东黄岩人。任光、沂两州司训，三迁而秉淄铎。公赋资岐嶷，有俊才，垂髫游泽宫，作诸生冠军。俸自任淄土，乐育以成者有张仪部敬、王大理晓、王太常教等。又创纂邑乘，省制祭器，修葺庙庑，购置书史。暇则共马给奉锡、许邑令澜、王太守崇义、王大参纳言，赓烟和月，兴会磅礴，若弗知老之将至，与身位之落落下僚者。年八十许精神不衰，一时骚坛，每叹为奇人。"

嘉靖二十九年（1550 年），淄川知县陈时万也为般阳八景作诗。当时八景的名称是：昆仑叠翠、孝水澄清、文庙古松、禅林峻塔、苏相石桥、郑公书院、万山樵唱、丰源牧歌。变化较大的是把"般阳晓钟"换成了"孝水澄清"。除"郑公书院"外，其他六景的名称均做了改动："季子石桥"改为"苏相石桥"，"万山石桥"改为"万山樵唱"，"丰水牧唱"改为"丰源牧歌"，"梵刹浮图"改为"禅林峻塔"，"文庙古桧"改为"文庙古松"，"昆仑山色"改为"昆仑叠翠"。

昆仑叠翠

地轴常依北，天盘合向南。高峰朝陷雾，列岫晚拖岚。
远控青齐冠，闲停豸绣骖。人从膏雨后，指点说青蓝。

孝水澄清

孝妇感山灵，甘泉石窦生。夹崖千里泻，当槛一池清。
协气蒸云雨，精光映日星。停车偶延伫，苔竭纪熙宁。

文庙古松

教启坛依杏，功成庙有松。疏枝飞彩凤，曲干偃苍龙。
圣泽栽培久，天朝雨露浓。只今应变化，扶日上云重。

禅林峻塔

浮屠创何代，屹立县之东。峻级遥天见，虚棂上界通。
涂膏民已竭，作镇力俱空。地主光无益，翻因逼太穷。

苏相石桥

季子激于妻，仇秦却说齐。一朝佩金印，六国筑沙堤。
去日桥先造，归时柱已题。于今芳草合，犹自马频嘶。

郑公书院

黉山新庙貌，汉室旧名儒。披褐思康世，传经乐聚徒。
鸟啼双舄在，人远落霞孤。更上荒台望，遗书晒有无？

万山樵唱

地入龙泉隩，嵚岑总是山。鸟飞缘雀度，樵入卧云还。
渺渺流霞静，丁丁伐木闲。寻香欲深向，久矣歉跻攀。

丰源牧歌

林麓饶丰润，江南宛不殊。雨倾红菡萏，晴映绿蘼芜。
紧犊吪依水，黄童唱弄雏。淄川遍丰水，哪复患催租？

陈时万，明代鄞县人，以举人身份于明万历二十九年（1601年）任淄川知县，虽短短一年，但于淄川政治、文化的繁荣做了许多善事。王教所撰明万历《淄川县志》即是在陈知县任职时开始撰写，陈时万的八景诗就载在县志《艺文志·诗》中。

般阳二十四景

清康熙年间，大窎桥的王敏入实地考察了时人议定的《般阳二十四景》，并分别绘制了图画。唐梦赉在《般阳二十四景图》前写的序中说："般阳自汉置县以来，为府为路不一，都会也。旧志绘图粗恶，又无山川景物，今延名士王子逊，馆余别墅两月，每写一图必亲历其处，盘礴坐卧，撷稿而后归，经营良苦矣。语曰：山不在高，水不在深，其抚斯图而有感欤！"在跋中又说："邑文学王梓岩，望出崔、卢，名高顾、陆，凡所为诗文，授笔立就，皆能道所欲言。其画，绘山川、云物、卉虫最工，尤善写生，极妍尽态。……今所画般阳诸图，于康熙丁卯五六月间，冒暑裹粮，一仆一骑，周历十余日，返而后下笔，垂帘闭阁，毕得其情状。"唐梦赉邀请王敏入绘制《般阳二十四景图》之举，解决了"旧志绘图粗恶，又无山川景物"的弊端。

此二十四景是当时的人们在原八景基础上，删去一景，又增添了十七景后而成，分别为般水、夹谷台、三台山、苍龙峡、瀑水湾、焕山、长白山、青嶂泉、青云寺、晴雨泉、龙泉寺、放生矶、宝塔寺、明山倒影、赵断沟、豹山、仙岩洞。较之此前的"八景"，又有了如下变化：一是除去"禅林峻塔"（此景为般阳故城里的普照寺，也称大佛寺、塔寺。寺内旧有峻塔，于明万历庚子年损毁），增加了"般水"；二是部分名胜改变了名称："文庙古松"成为"圣庙古桧"，"昆仑叠翠"成为"昆仑山"，"孝水澄清"成为"孝水"，"万山樵唱"成为"万山"，"郑公书院"成为"黉山"，"苏相石桥"成为"苏相桥"，"丰水牧歌"成为"丰水"。截至2019年底，原二十四景在淄川区内的尚有十五处：般水、昆仑山、孝水、三台山、苍龙峡、黉山、瀑水湾、苏相桥、焕山、青云寺、晴雨泉、宝塔寺、赵断沟、豹山、仙岩洞。两处毁弃：圣庙古桧、放生矶。七处已不在淄川区范围内，分别为：邹市平的长白山、青嶂泉、龙泉寺；博山区的夹谷台、万山；张店区的丰水；文昌湖旅游度假区的明山倒影。

附：

王敏入绘制的般阳二十四景

圣庙古桧：轮囷夭矫，数千百年物也。

圣庙古桧

般水：自峪头河般折而下，村峦林木，为邑东南奥区。经城西南隅与孝水合，县资名以此。其支流经东郭绕北城下，仍入孝水。

般水

昆仑山：横亘西南数十里，如张屏列阙，翠黛袭行人衣袂。

昆仑山

孝水:《水经注》所谓陇水也。源出颜文姜祠下，经县治北流至长山、新城等县入海。

孝水

夹谷台：传为孔子相鲁定公会齐侯处。山巅平衍，可容千乘；岩间有洞，深不可测。洞外巨石耸立，端冕垂绅，俨如历阶而升，不尽一等时。

夹谷台

三台山：三峰鼎峙，秀削凌霄；下视范水，明如拖玉。最宜重阳登眺。

三台山

万山：邑南诸山，层叠不可名状，此山其最著也。金地院在其阴。

万山

苍龙峡：群山之中，石壁划断。下有巨潭，相传龙盘其内，邑人祈雨辄验。

苍龙峡

黉山：汉儒郑康成教授门弟子处。有晒书台故迹，至今书带草犹生。王樵茧室、鬼谷子洞在山后。

黉山

瀑水湾：石岩穹窿，悬流下注，澎湃有声，遥望之如庐山三叠泉。

瀑水湾

苏相石桥：旁有苏相冢。石涧青蒲，寒泉茂树，行人憩息其间，多流连不能去。

苏相石桥

焕山：邑西山突起，寺观最胜。山下诸泉汉流，迩日山市叠见。

焕山

长白山：范文正公继父朱文翰官于淄，公幼尝往来于此，为元人张临读书处。抱朴子所云七十二福地之一也。

长白山

青嶂泉：长白山南村，一片独石，方广亩余。有泉出焉，流为巨溪。溅成瀑响，声闻数里。

青嶂泉

青云寺：山迴溪曲，密树高岩。名贤肄业寺中，往往成名去。

青云寺

晴雨泉：巨壑悬崖如百间屋，泉自春而直下注，类晴天疏雨，故名。

晴雨泉

龙泉寺：一名燕窝寺。长白山畔，殿倚高岩。门前泉涌为塘，暑月荷花放时，柳幕草芮，不知仇池雁宕为何处矣！

龙泉寺

放生矶：孝水西岸，石坡陀如虎阜。晓风杨柳，回流漩涡，濠濮间鱼乐处也。邑人放生于此，立碑戒捕鱼者。

放生矶

宝塔寺：塔高峻，四望廓如。孝水出其东，山岚崒嵂。林木郁葱，称胜概焉。

宝塔寺

明山倒影：邑西北，萌水所经。水浸山趾，影澄泓照水中，风来习习欲动。

明山倒影

丰水：源出昌国城东南泉活头，即所谓德会水也。源阔数亩，涌为巨溪。虽雨涨不溢。呼为洙龙河。邑人傍水建亭园，皆成胜概。

丰水

赵断沟：沟壁有洞，泉从中落。石蹬穿洞，南上平台可眺也。

赵断沟

豹山：山之阳，石最雄奇。庙皆踞石上。其傍高下欹侧，如屋如席。山头磊磊，族而居者，若为部落焉。

豹山

仙岩洞：名洞子沟。悬岩铁色，壁立千寻。南北相对，各立像祠，为黄冠修真之所。涧水西流发源，有石平铺数亩。秋涨散瀑，恍龙翻浪，亦奇观也。

仙岩洞

三、南韩村古八景

在人杰地灵的淄川之地，除般阳八景、般阳二十四景等著名历史景观外，境内还遍布着许多在当地一定范围内具有影响力的人文、自然景观，其中“南韩村古八景”具有一定代表性。殷寿德撰诗文记述如下：

漫河垂钓

垂纶漫水意陶然，闭目细听鱼咬竿。

钓尽晚霞红日落，唤出明月挂星天。

漫河垂钓

漫泗河，又名锦川河。发源于淄川东部山区西河镇境内的大寨顶山。山阴有一古井，名曰“荒露井”。井水终年喷涌，满溢成溪，然后穿山越涧，沿途百纳泉流，蜿蜒跌宕奔腾而下。河水纵贯罗村镇南北全境，被罗村百姓称之为母亲河。50年前的漫泗河两岸杨柳婆娑，花木葳蕤，芦苇葱郁，鸟语花香。碧波荡漾的河水中锦鳞潜泳，虾蟹游弋，成为村上人休闲娱乐的好去处。

20 世纪 60 年代末，漫泗河两岸大开煤井，致使地下水位下降、河水干涸。沿河化工企业的污水排放，更使漫泗河变成了一条臭水河，从此母亲河风光不再。近年来政府开始注重保护和改善生态环境，漫泗河也得到了初步治理。

仙姑悬窟

嵬崖对峙入云端，妙境仙姑驻半岩。

天地往来降祥瑞，遍植瑶草惠人间。

仙姑悬窟，又名仙姑洞。位于南韩村南首峡谷中，峭壁对峙，嵬崖如削。两岸苍松耸翠，卉木葳蕤。悬崖之上的紫藤负势竞上，盘根错节。暮春时分，一串串美若云霞的藤花怒放，美不胜收。谷底流水潺潺，静谧清幽。仙姑悬窟坐落于峡谷北岸的崖壁之上。悬窟可攀岩而上，洞口青砖镶嵌，上端黄瓦盖顶。飞檐翘角，凌空伸展。远望薄雾环绕，若隐若现，似空中楼阁。

三元晓钟

道院恢宏殿几重，苍松翠柏绿荫浓。

香烟袅袅醒三界，最是五更听晓钟。

始建于宋、重建于明嘉靖年间。庙院背倚九峰山屏障，襟抱圣水泉涌。院内沿中轴线依次为庙门、文昌阁、钟鼓楼、东西厢房、三官大殿、碧霞殿、玉皇殿等建筑，气势恢宏，雕梁画栋、金碧辉煌、庄严肃穆。立于庙门左侧钟楼中一架色泽黝黑、身高与口径均在 1.5 米左右的巨大铜钟高悬于阁梁之上，每日五更时分，晨钟鸣响，似天籁回荡，声震乡野。千年古钟毁于 20 世纪 50 年代。

淄砚宋坑

淄砚宋坑别有天，匍匐猫洞勒青岩。

石藏崖壁孕奇幻，韫玉雀斑出自然。

淄砚产于淄博，以旧属淄州而得名。南韩砚台洞位于村北首沟壑间的悬崖峭壁上，矿坑星罗棋布，巷道多呈南北走向，深浅不一，最深者达千米以上，相传在宋代右矿已成规模，故后人又称矿坑遗址为宋坑。宋坑遗址，20 世纪 50 年代已被山东铝厂排矿渣深埋于地下。现唯有淘砚井尚存。

道观对松

鳞甲披身酷似龙，顶天伫地傲苍穹。

虬枝翠盖殿前立，千载修行一对松。

三元都会府俗称“三官庙”，院内古木参天，松柏成林，虬枝竞秀，郁郁葱葱。伫立于三官大殿前的两株古松最为挺拔高大，树主干高达十米以上，直径须有三位成年人联手方能勉强抱拢，人们称其为“汉松”。三官庙殿前的这对汉松，毁于20世纪50年代。据说古松被毁，庙前的圣水泉便停止了喷涌。

道观对松（对松已毁）（2019年拍摄）

古井勒痕

古井苍颜千岁身，滴滴甘露净心尘。
至今犹忆唇痕印，一种乡愁牵梦魂。

村上人称之为“老井”的一口古井，位于村北首的沟壑之中，深丈余，水质清澈甘醇，是村内主要的饮用水井。井口用一约4平方米的巨石覆盖，巨石中央凿一圆形井口供提水，由于井绳常年摩擦之故，井口石板上留下了23条深达10余厘米的勒痕，这23条勒痕成了“韩里沟”这一村名称谓的缘由。村里人远行，常常被外地人以老井多少条沟来测试你是否是南韩村人的证据。老井背靠龙王庙，左临猪头湾，周边山崖对峙，万木葱翠，遮天蔽日；涧底水流潺潺，波光粼粼；井口被松柏、古槐环绕，绿荫掩映。古井勒痕遗址，20世纪50年代已被山东铝厂排矿渣深埋于地下。

老泉甘露

溅玉喷珠百韵生，一潭碧水泛幽明。
涓涓不尽奉甘露，泽惠乡黎一片情。

老泉甘露遗迹（2019年拍摄）

南韩村地处泰沂山脉之余脉，远古时期，由于受鲁中地壳运动抬升与漫泗河断层的影响，村周边山泉众多，而湖沟老泉又是这众多山泉中最具代表性的山泉之一。这里景色秀丽，老泉的一潭碧水就隐藏在赵台山与团山之间的峡谷之中。泉水清醇甘洌，直饮如甘露一样沁人心脾。泉水日夜不停地从崖缝中流出，化成一溪涓涓清流，自乱石、山崖间穿过，曲曲弯弯地流淌着。如今山泉尚存，但泉水已断流。

九峰览胜

欲览风光上九峰，岭头四望壮豪情。

屏障似画云间挂，游目骋怀万象荣。

九峰即西岭山、荒坡山、小乓山、大乓山、齐陵山、骨垛山、米山、长岭山、赵台山的总称。位于古韩刘坞村的北部，东西横亘十余里，形成一道天然屏障。群山绿树叠翠，连绵起伏，磊崴峰峻。村人结庐于九峰山阳，日事于稼穑之劳，耕余饭后，登高览胜，足可游目骋怀。

第二章　文物管理

淄川区境内文物丰富，保护好这些宝贵的文物资源，对保护、传承、弘扬优秀传统文化，促进社会主义先进文化建设具有重要意义。多年来，淄川区委、区政府高度重视文物资源的保护与管理，坚持贯彻“保护为主、抢救第一、合理利用、加强管理”的文物工作方针，着力提升文物工作管理水平，加大文物保护、投入力度，全力推动全区文物事业科学有序发展。

第一节　管理机构

1999 年 5 月以前，淄川区无专设文物机构，文物工作由淄川区文化局内设科室代管，代管科员 1 名。

1999 年 5 月，淄川区编委下发《关于成立淄川区文物管理所的批复》，成立淄川区文物管理所，为隶属淄川区文化局的股级差额事业单位，人员从淄川区文化局所属差额事业单位在编人员中调剂。办公地点设在淄川区文化局，后搬迁到淄川城里大街 185 号忠亲王祠院内。是年 11 月，淄川区政府印发《关于加强文物保护管理工作实施意见的通知》，要求全区各乡镇、部门、区属企事业单位结合各自实际，共同参与文物保护工作。

2000 年，淄川区政府办公室下发《关于成立淄川区文物保护管理委员会的通知》，全面协调文物工作中出现的各种问题，由分管副区长任主任，区政府办公室副主任与区法制局局长任副主任。委员会办公室设在区文化局。

2007 年 6 月 19 日，淄川区编委下发《关于成立淄川区文物事业管理处的批复》，经淄川区委第 13 次常委会会议研究，成立淄川区文物事业管理处，为隶属淄川区文化旅游局领导的副科级全额拨款事业单位，编制 5 人，所需人员从淄川区文化旅游局在编差额事业人员中公开考录，撤销淄川区文物管理所。年底，建成淄川博物馆（松龄路 262 号），淄川区文物事业管理处办公地点搬迁至此。

2008 年，根据淄川区委、区政府《关于进一步加强文化建设的意见》文件精神，经区委第 50

次常委会会议研究，决定将淄川区文物事业管理处更名为淄川区文物事业管理局，并加挂“淄川博物馆”牌子，隶属关系、机构规格、人员编制及经费来源均不变。是年6月11日，区编委《关于区文物事业管理处更名并加挂牌子的批复》（川编〔2008〕16号）下发，编制内5人全部为公开考试录取人员。2016年6月12日，区编委《关于为淄川文物事业管理局增加编制的批复》下发，为淄川文物事业管理局增加全额财政拨款事业编制3名，调整后，淄川区文物事业管理局事业编制数增加到8名。

2017年10月，《淄川区机构编制委员会关于成立淄川博物馆的批复》下发，淄川博物馆为隶属于淄川区文化旅游和新闻出版局领导的副科级全额拨款事业单位，核定全额编制8名，不再在区文物事业管理局挂牌。

2019年1月，全区进行机构改革，撤销淄川区文化旅游和新闻出版局，建立淄川区文化和旅游局并加挂淄川区文物局牌子，同时撤销淄川文物事业管理局，设立淄川区文物事业服务中心，为隶属于淄川区文化和旅游局领导的副科级全额拨款事业单位。

第二节　文物保护

一、文物普查

文物普查是国情国力调查的重要组成部分，是确保国家历史文化遗产安全的重要措施，是文化遗产保护的重要基础工作。第一次全国文物普查于1956年开始，当时区里没有设立专门的文物工作机构，工作开展情况、普查资料无档案可查。1981年至1985年，进行第二次全国文物普查，全区共普查古遗址、古墓葬、古建筑、古石刻等100多处。2007年4月，国务院印发《关于开展第三次全国文物普查的通知》后，淄川区第三次全国文物普查（以下简称“三普”）工作逐步展开。2008年3月，成立由副区长任组长的淄川区第三次全国文物普查领导小组，负责普查工作的组织领导，协调解决重大问题，并以区政府文件下发《淄川区第三次文物普查实施方案》，对普查工作进行统一要求、部署，成立区第三次全国文物普查领导小组办公室，办公地点设在淄川博物馆。淄川区政府先后拨付资金36万元，用作此次文物普查经费。

2008年5月至2010年3月，淄川“三普”野外实地调查工作圆满完成。共普查文物点500处，其中新发现文物点393处，复查107处。通过此次“三普”田野调查工作，基本掌握淄川境内不可移动文物的数量、分布、特征、保存现状、环境状况等基本情况。2010年4月11—12日，省第三次全国文物普查领导小组办公室组织省市专家联合对淄川进行验收。专家组认为淄川区开展野外实地调查工作扎实有效，实现了建制村普查覆盖率100%、自然村覆盖率100%，田野到达率超过了95%，采集文物点数据、信息详细、真实、准确，基本符合标准规范要求，验收结果为优秀。

2010 年 8 月淄川区第三次全国文物普查文物工作者开展野外调查和走访

淄川境内除丰富的不可移动文物资源外，还有数量众多的馆藏可移动文物。2013—2016 年，淄川区开展全国第一次可移动文物普查，对全区所有国有单位逐一进行调查。根据调查、反馈结果，建立淄川区可移动文物收藏国有单位名录。区内国有可移动文物收藏数量为 18332 件（套），分布在淄川博物馆、淄博煤矿博物馆、蒲松龄纪念馆、淄川区图书馆、淄川区档案馆、淄川区烈士陵园管理处 6 家国有单位。按收藏单位隶属关系分：省属收藏单位收藏 2189 件（套），地市属单位收藏 15409 件（套），区县属单位收藏 734 件（套）。按收藏单位性质分：事业单位收藏 16143 件（套），国有企业、国有控股企业收藏 2189 件（套）。按收藏单位类型分：博物馆、纪念馆收藏 16125 件（套），图书馆收藏 7 件（套），档案馆收藏 11 件（套），企业收藏 2189 件（套）。按收藏单位行业类型分：采矿业收藏 2189 件（套），卫生、社会保障和社会福利业收藏 30 件（套），文化文物、体育和娱乐业收藏 16102 件（套），公共管理和社会组织收藏 11 件（套）。

二、文物考古

淄川考古最早可追溯到金代。1956 年发现的淄川王母山北峰巨石文化遗存，早在 1187 年（金朝时期）就被人发掘并作记载。遗存是用几块巨大的自然石块经人工简单加工后竖立而成的建筑物。盖顶石长 1.84 米、宽 1.16 米、厚 0.88 米，呈扁平状，下有 0.7 米高的三根石柱自然支撑，形似石冢。周围还发现有打制石器和赤褐色夹砂陶片。

1964 年文物普查中，在今太河镇大口头村南发现一处大汶口文化遗址，总面积约 8000 平方米。遗址东临淄河，地势较高。东部文化层内含有少量泥质红陶碎片，西部在基建施工中，曾挖出陶器 6 件，器类有壶、单耳杯等。遗址出土器物以泥质白陶为多，红陶次之，彩陶较少，均为手制，其中彩绘红陶壶、白陶单耳杯、红陶罐等，是大汶口文化中晚期器物。

20 世纪 70 年代发现寨里窑址。1976—1977 年，由省、市博物馆进行试掘。1982 年文物普查时对该遗址作了考察记载。同年，文物出版社出版的《中国陶瓷史》第四章第三节《北朝的瓷业》作了详述。寨里窑址在中国陶瓷史上占有重要地位，具有较高的史料价值和科学价值。

1970 年 3 月，在二里公社石门村东平整土地时，出土北魏名将傅竖眼墓志铭碑。这是在淄川区发现的年代最早的墓志铭碑。

1976 年 10 月,《淄博陶瓷史》编写组对磁村窑址进行试掘，挖出窑炉 12 座和大量瓷片标本。按器形和釉色特点，分早、中、晚三期。1982 年 11 月，淄博市博物馆又对该遗址进行复查。磁村窑址烧造年代跨度较长，根据出土遗物的造型、釉色、工艺特点分析，烧造年代上限在唐代中期，下限在金元时期，明清至民国逐渐衰退。

1977 年 4 月，淄博市文物普查队对磁村西南 4 座春秋墓进行发掘，出土了青铜鼎、青铜敦、青铜戈、青铜剑、青铜镞以及骨器、陶鬲、陶豆、贝币、车马器等器物 20 余件。这是一处小型齐国贵族墓地，特别是出土的夹砂素面红陶鬲是先齐文化的典型代表器物。

1981 年，淄博市博物馆发掘冶头乡武家村元代墓。墓葬是典型的蒙古包式（当地人称“油篓坟”）砖室墓，出土瓷器为白瓷黑釉，白地黑花，瓷质较粗。该墓为元至大四年（1311 年）八月初三破土，十月二十三日安葬，墓主张元亭。

1982 年 6 月，淄博市博物馆对龙泉镇和庄北朝古墓进行发掘。该墓出土的青瓷莲花尊是我国北方青瓷的代表作，产于寨里窑址，为国家一级文物。

1982 年 11 月，淄博市博物馆对太河乡南阳村西周墓葬进行发掘，出土铜鼎、铜戈、铜鏊、陶鬲、陶豆等文物 10 余件。

1984年，淄博市博物馆对罗村镇南韩村战国墓进行清理，共清理墓葬13座，出土器物30余件。

2000 年，淄川区文物管理所配合山东省考古研究所、省博物馆在滨莱高速公路淄川段商家镇大邢村发掘清壁画墓，整体搬迁至省博物馆。

2001 年 4 月，淄川区文物管理所、淄博市文物局、山东大学考古系联合对淄川北沈遗址进行抢救性发掘，揭露面积 1000 平方米，清理房址 5 座、窑址 3 座、窖穴 31 个、道路 2 条、沟 2 条、灰坑 26 个、墓葬 21 座，出土器物 470 件（套）。在此基础上编写第一部反映淄川历史研究和考古发掘研究的专业著作《淄川考古》，2006 年由齐鲁书社出版发行，获山东省考古专著一等奖。

2005 年，淄川区文物管理所对蒲家庄明代墓葬进行发掘清理，出土明永乐年间瓷器等文物。

2007 年市、区文物部门联合对公孙墓群考古发掘

2007 年，淄博市文物局与淄川区文物事业管理处联合对淄川公孙墓群进行发掘，清理古墓 88 座，年代自唐代至民国，出土各类文物 500 余件。清理清康熙年间壁画墓，并将其搬迁至淄川博物馆收藏。

2009 年，市、区文物局联

2009 年市、区文物部门联合对般阳故城遗址考古发掘

合对般阳故城龙兴寺遗址进行考古发掘，出土莲花座及狮子灯等文物，佐证了文献中淄川龙兴寺的存在。

2010 年，淄川区文物局在原淄川蔬菜批发市场工地发掘清古墓一座，出土淄川当地名人李尧臣撰、毕海珖书的墓志铭碑等。

2011 年，淄川区文物局在将军路西延工程二里村南发掘两座明初古墓，出土 30 余件文物。

2017 年，淄川区文物局在淄川昆仑 1954 陶瓷文化创意园园区内发掘清理金元墓一座，出土器物 8 件。

三、文物保护维修

淄川文物管理部门在摸清全区不可移动文物情况的基础上，分批分重点地将文物点申报为各级文物保护单位，组织实施重点文物抢救、保护工程，保护了一大批文化遗产。

2000 年始，先后修缮忠亲王祠、刘德培起义旧址、杨寨塔等古建筑。

2013 年，争取省文物保护专项资金 10 万元，用于渭一窑址修缮。

2014 年，争取省级大遗址及重点文物保护专项经费 220 万元，分别用于淄矿集团德日建筑群规划编制、寨里窑址考古勘探及规划编制、渭一窑址保护规划编制、洄村古楼维修工程。12 月，争取中央补助地方文化体育与传媒事业发展专项资金（传统村落）200 万元，用于太河镇上端士村民居建筑保护维修；争取国家补助文化和自然遗产保护设施建设中央基建投资专项资金 322 万元，用于寨里窑址保护设施建设项目。

2015 年，争取市级文物保护专项资金 8 万元，用于张氏祠堂保护项目。争取国家文物保护专项资金 413 万元，用于寨里窑址保护规划，淄矿集团德日建筑群保护规划、修缮工程，北沈遗址安防工程，磁村瓷窑址保护规划。同时，争取省级大遗址及重点文物保护经费 100 万元，用于磁村窑址保护规划编制与渭一窑址抢救性保护工程。

2016 年，争取省级文物保护专项资金 510 万元，用于齐长城淄川三太山西股东山段保护方案编制、罗圈村八路军医院旧址修缮保护工程、苏秦墓保护工程、张李民居建筑群王家大院一期维修保护工程、太河镇传统乡镇保护利用总体规划编制、梦泉村乡村记忆民俗博物馆建设、洄村古楼乡村记忆民俗博物馆建设。

2017 年，争取省级文物保护专项资金 685 万元，用于康家坞村张家大院维修保护、土峪村天主堂磨坊及储物窑洞抢修、三教堂修缮保护、忠亲王祠保护修缮、龙泉镇渭一窑址修缮、上端士村传统村落保护修缮、大窎桥建筑群王氏中宅区 29—56 号房修缮等项工程。

2018 年，争取省级文物保护专项资金 233 万元，用于上端士村武举楼粉坊修缮保护、梦泉村李家大院修缮保护、张李民居建筑群王家大院修缮二期等项工程。

2019 年，争取省级文物保护专项资金 698 万元，用于蒲家庄民俗建筑群 192 号院修缮保护工程、巩家坞窑址保护规划编制及考古勘探、西坡地窑址保护规划编制及考古勘探、罗圈村八路军医院旧址（二期）建筑群修缮保护工程、大窎桥建筑群保护修缮工程王氏西宅区 1—8 号房、渭一窑址修缮工程（二期）。

第三节　博物馆事业

2017 年建成的阎先公艺术博物馆（2019 年拍摄）

中华人民共和国成立后，特别是改革开放以来，淄川区的博物馆事业得到快速发展。截至 2019 年 12 月，全区共有 24 家博物馆（纪念馆）。其中，国有博物馆 7 家，分别是淄川博物馆、淄川历史文化展馆、淄博昆仑陶瓷博物馆、阎先公艺术博物馆、淄博煤矿博物馆、蒲松龄纪念馆、淄川革命历史纪念馆；非国有博物馆 7 家，分别是绪岳民俗博物馆、锦川淄砚博物馆、源一刻瓷艺术博物馆、寅瑄乡愁博物馆、青岭内画鼻烟壶博物馆、渭头河大缸博物馆、三顺民俗陶瓷博物馆；乡村记忆博物馆 10 家，分别是双杨镇赵瓦乡村记忆博物馆、双杨镇白沙乡村记忆博物馆、双杨镇月庄乡村记忆博物馆、龙泉镇铁壶乡村记忆博物馆、龙泉镇三顺乡村记忆博物馆、太河镇梦泉乡村记忆博物馆、罗村镇大窎桥乡村记忆博物馆、洪山镇土峪乡村记忆博物馆、东盛乡情博物馆、西关记忆博物馆。

国有博物馆

淄川博物馆　参见第一篇文化机构第二章事业机构。

2016 年 1 月，淄川区政府投资 300 万元建成淄川历史文化展馆。展馆位于城里大街中段忠亲王祠院内，展览以“般阳记忆”为主题，展现淄川地区的历史延续和变迁，展示淄川丰富的文化资源。

2017 年 4 月，淄川区政府投资 800 万元建成阎先公艺术博物馆。位于昆仑镇 1954 陶瓷文化创意园，展馆由原淄博瓷厂旧厂房改造而成，建筑面积 1500 平方米。主要展出中国陶瓷艺术大师阎先公先生捐赠的陶瓷绘画作品，设陶瓷彩绘、刻瓷作品展区，壁画、雕塑、陶瓷创新技法作品展区，国画、素描、速写作品展区三大展区，是淄川区第一个陶瓷专题博物馆。

2017 年 9 月，淄川区政府投资 4600 万元建成淄博昆仑陶瓷博物馆。位于昆仑镇 1954 陶瓷文化创意园内，利用原淄博瓷厂原料车间和成型车间厂房，以工业遗产历史建筑再利用方式进行设计改造。主体结构分上下两层，建筑面积 2803 平方米，展览分为淄博陶瓷史、淄博瓷厂大事记、陶瓷生产工艺展示、陶瓷艺术大师艺术品区等板块，陈列原淄博瓷厂生产的各时期瓷器 500 多件（套），展示淄博日用瓷的生产历史，成为全市陶瓷文化的一张名片。

2006 年拆除烈士纪念祠，新建淄川革命历史纪念馆。2008 年对纪念馆扩建，对纪念馆重新布展，并由中央军委原副主席、国防部原部长迟浩田题写馆名。主要有"星星之光""辉煌人生"两大主题展厅。纪念馆在爱国主义和革命传统教育方面起到了积极作用。

淄博煤矿博物馆位于淄矿集团机关驻地，前身是淄博工矿展览馆，于 1981 年 7 月建成开馆，是淄川区第一家行业博物馆，隶属于山东能源集团淄矿集团。展馆占地面积 13333 平方米，建筑面积 2900 平方米，分上下两层，由 13 个展室和 1 个矿工墓组成，共展出 647 幅图片、656 件实物。展览内容包括淄博地区煤炭资源的开发利用、矿工翻身得解放的革命斗争、煤矿工人自强不息的创业之路、百年淄矿的美好未来、淄博矿区的重要人物、淄博矿区的主要荣誉 6 个部分。

蒲松龄纪念馆是在蒲松龄故居原址修复重建的文化名人纪念馆，属比较典型的明清风格北方农家建筑。现有 6 个小院、7 个展室，主要有聊斋复原陈列、蒲松龄生平展室、蒲松龄著述展室、蒲松龄著述外文和研究成果展室、聊斋故事彩塑展、馆藏名人字画展、回顾展等，收藏的文物包括资料在内达到 500 余件。

淄川博物馆部分馆藏文物

北朝青釉莲花尊

金代黑釉四系鸡腿瓶

元代白釉黑花玉壶春瓶

金代黄绿釉狮子形器

金元白釉褐花罐

宋代白釉瓜棱瓷罐

明代青花瓷碗

战国青铜衣带钩

明代青花瓷碟

战国青铜矛

明代绿釉瓷罐

清代青釉灯

宋代茶叶末釉瓷罐

明代铜道士坐像

西周青铜鼎

金代双鱼铜镜

明代盘螭青铜瓶

明代青铜宣德炉

战国青铜鍪

北朝莲瓣纹青瓷碗

清代铜鎏金送子观音坐像

战国青铜剑

非国有博物馆

淄川区民间文物收藏数量大，对文物保护热情高，近年来在淄川区政府的引导支持下，非国有博物馆发展势头迅猛，成为国有博物馆的有效补充。

2014 年，淄川绪岳民俗博物馆经山东省文物局批准成立，是淄川区第一家非国有博物馆，位于淄川区昆仑镇张李村。博物馆建筑风格是明清四合院，展出民间民俗文物藏品和传统生产、生活用具近 400 件。

2016 年 3 月，锦川淄砚博物馆、源一刻瓷艺术博物馆经山东省文物局批准成立。7 月，寅瑄乡愁博物馆经山东省文物局批准成立。11 月，青岭内画鼻烟壶博物馆、渭头河大缸博物馆经山东省文物局批准成立。锦川淄砚博物馆位于淄川区罗村镇洪五社区，以淄砚为主题特色，馆藏砚台 368 方。源一刻瓷艺术博物馆位于淄川区松龄东路 260 号，以刻瓷艺术展示与传承为主题。寅瑄乡愁博物馆位于淄川区松龄办事处小赵村，分乡愁民俗馆、古钱币馆、陶瓷馆三部分，多为北方农村农民日常生活、生产遗留下来的见证物，展示鲁中地区民风民俗、农耕文明场景。青岭内画鼻烟壶博物馆位于淄川区松龄东路 268 号，馆藏品包含文献研究资料、内画鼻烟壶实物展品，含中国工艺美术大师张广庆、中国陶瓷艺术大师张路华多年来收藏和创作的内画鼻烟壶精品 287 件及其他鼻烟壶艺术品数百件，是一所集内画鼻烟壶艺术展示与传承为主题的专业博物馆。渭头河大缸博物馆位于淄川区龙泉镇渭一村，渭头河窑是近现代中国大瓮、园林、工业陶瓷的发源地，明清至中华人民共和国成立初期，渭头河窑空前繁荣。馆内陈列大缸 113 件，园林、工业陶瓷 58 件，日用陶瓷 114 件，是一座展示渭头河大缸（瓮）民窑传统特征、反映陶瓷生产的专题博物馆。

锦川淄砚博物馆展室（2018 年 11 月 29 日拍摄）

青岭内画鼻烟壶博物馆展室（2018 年 12 月 6 日拍摄）

渭头河大缸博物馆展室（2018 年 12 月 5 日拍摄）

源一刻瓷艺术博物馆展室（2018 年 12 月 5 日拍摄）

2017 年 4 月，三顺民俗陶瓷博物馆经山东省文物局批准设立。位于淄川区龙泉镇圈子村，面积 600 平方米，藏品以陶瓷、民俗类器物为主。

乡村记忆博物馆

淄川区在大力发展国有和非国有博物馆建设的同时，在 2014 年省委、省政府全力实施“乡村记忆工程”的大背景下，结合本区实际，积极贯彻实施，重点在文化遗产、文化底蕴深厚的村居、社区，引导其因地制宜建设乡村记忆博物馆。经过近几年的发展，淄川区共建立乡村记忆博物馆 10 家。这些乡村记忆博物馆多以展示本村（社区）发展历史以及传统乡村生产生活、生活习俗等为主，成为“乡愁”记忆的展示载体，均免费对外开放。

淄川境内博物馆、纪念馆一览表

表 6-2-1

序号	名称	性质	类别
1	淄川博物馆	国有	综合
2	淄博昆仑陶瓷博物馆	国有	艺术、陶瓷
3	闫先公艺术博物馆	国有	艺术
4	淄川历史文化展馆	国有	历史
5	淄博煤矿博物馆	国有	行业
6	蒲松龄纪念馆	国有	纪念
7	淄川革命历史纪念馆	国有	历史
8	淄博市淄川绪岳民俗博物馆	非国有	民俗
9	淄博锦川淄砚博物馆	非国有	艺术
10	淄博市源一刻瓷艺术博物馆	非国有	艺术
11	淄博市淄川区寅瑄乡愁博物馆	非国有	民俗
12	淄博市青岭内画鼻烟壶博物馆	非国有	艺术
13	淄博市淄川区渭头河大缸博物馆	非国有	艺术、陶瓷
14	淄博市淄川区三顺民俗陶瓷博物馆	非国有	民俗

淄川区乡村记忆博物馆一览表

表 6-2-2

序号	名称	地址
1	淄川区双杨镇赵瓦乡村记忆博物馆	淄川区双杨镇赵瓦村
2	淄川区双杨镇白沙乡村记忆博物馆	淄川区双杨镇白沙村
3	淄川区双杨镇月庄乡村记忆博物馆	淄川区双杨镇月庄村
4	淄川区龙泉镇韩庄乡村记忆博物馆	淄川区龙泉镇韩庄村
5	淄川区龙泉镇三顺乡村记忆博物馆	淄川区龙泉镇圈子村
6	淄川区太河镇梦泉乡村记忆博物馆	淄川区太河镇梦泉村
7	淄川区罗村镇大窎桥乡村记忆博物馆	淄川区罗村镇大吊桥村
8	淄川区洪山镇土峪乡村记忆博物馆	淄川区洪山镇土峪村
9	淄川区东盛乡情博物馆	淄川区西河镇上塔山村
10	淄川区西关记忆博物馆	淄川区西关社区

第七篇　非物质文化遗产

淄川区历史悠久，文化遗产丰富，自 2006 年组织开展非物质文化遗产普查、保护等工作，截至 2019 年 12 月，全区共普查出非物质文化遗产线索 2866 条，其中重点资源项目 284 个。现有非物质文化遗产名录项目：国家级 4 项、省级 13 项、市级 41 项、区级 94 项。

第一章　国家级非物质文化遗产名录项目

淄川区现有国家级非物质文化遗产代表性项目 4 项。

2006 年，聊斋俚曲、孟姜女传说两个项目被列入国务院公布的第一批国家级非物质文化遗产代表性项目名录；2010 年，淄博陶瓷烧制技艺项目被列入国务院公布的第三批国家级非物质文化遗产代表性项目名录；2014 年，鲁派内画项目被列入国务院公布的第四批国家级非物质文化遗产代表性项目名录。

一、聊斋俚曲

聊斋俚曲，第一批国家级非物质文化遗产项目。聊斋俚曲是清代文学家蒲松龄利用时调俗曲的曲牌，用白话及淄川方言俚语填词创作的说唱及戏曲唱本的统称。据张元《柳泉蒲先生墓表》碑阴记载，蒲松龄著有俚曲 14 种:《墙头记》、《姑妇曲》、《慈悲曲》、《翻魇殃》、《寒森曲》、《琴瑟乐》、《蓬莱宴》、《俊夜叉》、《穷汉词》、《丑俊巴》、《快曲》、《禳妒咒》、《富贵神仙》(后变《磨难曲》)、《增补幸云曲》。其中,《丑俊巴》为未完成作品。《磨难曲》是《富贵神仙》的增订本，在流传中成为两个独立的本子。所以俚曲为 15 种，共计 62 万余字。

20 世纪 60 年代蒲家庄俚曲歌手（左起：蒲玉水、蒲文勇、蒲人润、蒲文圣）

聊斋俚曲是运用散韵交织的多种文体组合而成的一种艺术形式，是通过歌唱、吟诵、说白、表演来讲述故事、刻画人物、揭示作者创作思想、反映社会现实生活的。聊斋俚曲的题材相当广泛，有的取材于历史故事和神话传说，有的取材于《聊斋志异》，有的是作者身边的人和事。但无论取材于何处，它所反映的问题大都与现实社会生活紧密相连。尤其是晚年的 11 种俚曲作品，更加关注现实社会问题，从不同角度揭露和批判了封建社会的黑暗与腐朽。

聊斋俚曲的唱词独具一格，自成体系。既有叙事性，又有抒情性；既遵循原始曲牌的句式词格，又有突破与创新。语言虽是方言土语，但通俗流畅、文采艳丽、幽默诙谐、充满内在的音乐美。在结构上也比较灵活自由，既有民歌体，也有长短句；既有小令、绝句，也有戏剧中常用的十字句等。在音乐方面，蒲松龄运用的是传统曲牌和时调小曲，即依曲填词。他在聊斋俚曲中精心选用了 53 首曲牌，多系明清时期在淄川一带广为流行并为自己所熟悉的时调小曲。

蒲松龄在聊斋俚曲中，对曲牌的运用是颇有考究的。总的看来，大致分为南北合套式 、十样锦式 、主联套式 、单曲式等。另外，还有“杂曲连缀”“连环套”等形式的结构形态。总之，聊斋俚曲丰富的曲牌及其灵活多样的结合形式，再加上蒲松龄的精心设计与改编，使音乐较完美地表现了“俚曲”故事的内容。通过对现有曲牌的分析，聊斋俚曲音乐特点大致有三点：情调性强，并具有叙事性和抒情性，节奏舒缓平稳，旋律上下迂回进行，感情色彩浓厚，极适合于大型说唱表演；每首曲牌的曲式结构简单而多样，有上下句结构、三乐句段变奏，还有四句结构和扩充结构等；通俗流畅、易唱易记，符合人民大众的欣赏水平和欣赏习惯。

聊斋俚曲最基本的艺术特色是“以俗为本，俗中见雅”。所谓“俗”，是指其题材、内容、语言、唱词及音乐曲牌的通俗性和民间色彩性。所谓“雅”，就是高尚而不粗俗。“俗中见雅”指的是在俗的前提下不落俗套，并能调动俗、雅创作中的一切艺术手法，把作品中的人物性格和内心世界刻画得淋漓尽致、鲜明突出，从而达到雅俗共赏的地步。聊斋俚曲的另一个艺术特色是，集多种传统“说与唱”的结合形式于一体。有以说为主的长文大段，甚至是一回、一段、一联全是说；有的是整回、整段、整联都是唱；更多的则是说与唱两种成分不同程度的结合。在“说”中，既有由方言土语组成的散文体念白，也有通俗易懂、诙谐华丽的韵白。在“唱”中，还有半说半唱、唱中夹说和似说似唱的唱段。正因为有了上述“俗中见雅”和丰富多彩、灵活多变的艺术特色，才使这一说唱曲种经久不衰、流传至今。聊斋俚曲的整体艺术风格是以幽默风趣为主的，但在幽默风趣的同时又不失其“度”，从而跳出了某些旧时俗文学中的粗俗。比如，在《寒森曲》第四回中，对官府衙役为商三官抬棺材的一段描写，分寸把握得就恰到好处。既有恨的怒骂，又有怜的嬉笑。他写道：“都说道吃横亏，一个个唉哼成堆，快头先行

2006 年 10 月 24 日，淄博聊斋俚曲艺术团演员演唱聊斋俚曲《银纽丝》

又被屁股坠。禹禹凉凉都乱动，好似夹了一群贼，又像当的锅腰子会。人都说黄河干了，爬出来一群乌龟。”由此看出，蒲松龄在这段唱词中，恨骂有分寸，语言不粗俗，取得了良好的艺术效果。

聊斋俚曲的演唱形式，虽具有明清时期一般说唱艺术的特点，但又不拘一格。有的是一人来进行演唱，此人要刻画出多种人物的形象；有的是几人来演唱，每人充当一个角色；还有的则是由演唱者装扮成故事中的人物，近似戏曲形式的说唱。有些“俚曲”的开场和煞尾用吟诵诗词的形式导入故事，或作为整个故事的结尾，多数则用“西江月”和“清江引”曲牌来作一种“俚曲”的首尾。在整个说唱中，有独白、对白、旁白、数白，有独唱、对唱、分唱和帮腔，形式灵活多样，令人百听不厌。聊斋俚曲所用的伴奏乐器，也有一个由简到繁的发展过程，初为一人操三弦为其伴奏，后来增加了竹笛、扬琴、二胡、琵琶、四胡等乐器。现在蒲松龄故乡的人们在演唱俚曲时，已是用编配齐全的民族管弦乐队伴奏了。俚曲多是蒲翁晚年的倾心力作，所以思想性与艺术性更加成熟。

现存于蒲松龄纪念馆的《聊斋俚曲》手抄本（2009 年拍摄）

2011 年 10 月，蒲松龄原著聊斋俚曲戏《学究自嘲》剧照（2011 年拍摄）

二、孟姜女传说

孟姜女传说，第一批国家级非物质文化遗产项目。孟姜女哭长城的故事是中国四大民间传说之一，在淄川广泛流传。

2015 年 9 月，山东电视台在梦泉劈山进行孟姜女小调采访

据史料记载，淄川城子村是莱芜故城遗址，是齐长城上的一个军事要塞。传说，孟姜女哭长城的故事就发生在这里，村东山上有孟姜女哭长城遗址，并在遗址上建有孟姜女庙。

古时候，有一姓孟的人家种了一棵南瓜，在隔壁姜姓人家的房顶上开花结果。收获时，南瓜中生出一个白胖美丽的小姑娘，因为这个瓜是孟、姜两家的，所以取名孟姜女。孟姜女在两家老人的抚养照顾下，渐渐长大了。十八岁的孟姜女，不但学会了绣花，并且还学了些文化。姜老汉和孟老汉还以“攒四方”的方法，给她三十粒豆子，三十粒谷子，三十粒玉米，让她耕种，从此孟姜女也学会了种粮。两家老人不贪图女儿做些什么，而是让她学会自立，学会过日子。孟姜女知道两家老人的意图，非常勤奋，邻里乡亲都夸孟姜女是一个知书达礼、孝敬父母、贤惠漂亮的好姑娘。

这年夏天的一个晚上，孟姜女忙了一天正想洗个澡早点休息，刚脱下外衣，就听到窗外丁香树丛有动静，她立即喊来父母，父母发现一名发烧病得很厉害的年轻人。经过询问得知，这名年轻人是楚国军队中的一名小武官，名字叫万喜良，因齐、楚两国交战做了俘虏，被捉到齐国修长城，这次是趁外出征集木材之机逃出来的。孟老汉知道这些情况后，动了恻隐之心，决定偷偷把万喜良藏起来养病。在养病的这段日子里，一家人喜欢上了这名年轻人，孟姜女也很喜欢万喜良，但又碍于姑娘的情面不好直说，于是，就推说万喜良偷看她洗澡要父母把她嫁给这名青年。两家老人早已看出女儿的心思，决定择个黄道吉日为女儿完婚。这天是孟姜女和万喜良大喜的日子，可是当他们刚刚拜完天地，就见路上驰来一队人马，进门后不问青红皂白，就把万喜良绑了起来，临走时说：“我们是齐国人，是奉官府之命，来捉拿逃犯万喜良的。”就这样，一对未入洞房的鸳鸯被无情之棍打得天各一方。

万喜良被绑走后，孟姜女悲伤不已，白天不好当着四位老人哭泣，但晚上却泪湿枕头一大片。这天夜里孟姜女做了个梦，梦到丈夫万喜良浑身是血向她走来，并告诉她不要指望他能回去与家人团聚，让她另嫁他人照顾父母。孟姜女追问喜良这又为何？喜良回头就走，并不言何事。孟姜女哭着追赶丈夫，却被一块石头绊倒，醒来才知是一梦。秋天到了，孟姜女打听到自己的丈夫在齐、鲁边界淄河岸边的三台山修长城，决定做好寒衣给丈夫送去。可当她把自己的想法告诉两家老人时，老人坚决不同意。老人们说：“喜良远离他乡，半年杳无音信，唯一的女儿再奔他乡寻夫，实在让人放心不下。地界又那么大，能否找到？”孟姜女却说：“我已与万喜良拜了天地，虽未入洞房，可也和他结成夫妻，我生是他家的人，死是他家的鬼，山崖沟梁难挡我寻夫的路，难阻我找郎的心。这次出去，要是找到丈夫，一定要说服官府，我和喜良一起回来；如果寻不到，讨饭也要继续寻下去，死了我也要和他葬在一起。”父母见女儿意已决，心已定，只好为她拿上盘缠，哭着送她上路。

孟姜女带着为丈夫做的棉衣，千里寻找丈夫，一路上凡听说此事的人，都为之感动。孟姜女一路打听，一路走，脚磨破了全然不顾，饥了渴了勒紧腰带，挂念父母思念丈夫，有时半夜醒来再也睡不着，就只好披星赶路。临近腊月，孟姜女来到了淄河边，齐王听说孟姜女是俘虏中小有名气的万喜良之妻，这次她千里

位于城子村的孟姜女寻夫处（2019 年拍摄）

来寻夫，的确是个执拗女子。可他也知道万喜良早在几个月前就死了，他的尸骨就葬在长城下，这事一旦让孟姜女知道，还不知出现什么后果。于是他只好推说万喜良外出征集木料未归。可是万喜良不幸身亡的消息还是被孟姜女知道了。她几天不吃不喝也不睡，爬到三台山上望着淄河的水一连哭了三天三夜。大概是孟姜女思夫心诚所致，长城竟倒了三十里。长城坍塌后露出了块块白骨，孟姜女不知哪一块是丈夫的，但她知道为修筑长城不知有多少人付出了生命。孟姜女在哭干眼泪后，一头投进了淄河。后来，人们把孟姜女常站的那块石头称作“望夫石”，她投河的地方称作“寻夫处”。孟姜女死后被齐王封为烈女，并为她举行了隆重的葬礼。

千百年来，在中国大地上，孟姜女哭长城的故事家喻户晓，妇孺皆知。但是，长期以来世人错误地认为孟姜女哭的是河北的秦长城，却不知实为山东淄川的齐长城。

这个故事的毛坯源自于“杞梁妻哭夫”的史实。始见于《左传·襄公二三年》(公元前550)，齐庄公发兵攻打莒国，齐军先锋杞梁在与莒国交战时战死，齐庄公班师回国路上，在莒城郊外遇到杞梁的妻子，向她吊唁，杞梁妻得知丈夫已经战死，悲痛交加，拒绝接受在郊外吊唁，齐庄公便到杞梁家设祭吊唁。

到了战国时期,《礼记·檀弓》引曾子的话中对这段史实增加了“其妻迎其柩于路而哭之哀”一语。《孟子·告子下》记载淳于髡的话:“梁之妻善哭其夫而变国俗。”从而把“哭夫”的史事变成了“悲歌”流行曲。

西汉时，刘向在《烈女传》中说:“杞梁之妻无子，内外无五属之亲。即无所归，乃枕其夫之尸于城下而哭之，内诚动人，道路过者莫不为之挥涕，十日而城为之崩。”至此，故事又由“悲歌”演变成了“崩城”。

东汉时，有《杞梁妻叹》琴曲，并称曲系杞梁妻自做。

西晋时，崔豹《古今注》中有:“杞植妻……抗声长哭，杞都城感之而颓，遂投水而死。”是说杞梁妻高声哭倒了杞国都城。

到了唐朝，诗僧贯休作诗《杞梁妻》:“秦之无道兮四海枯，筑长城兮遮北胡。筑人筑土一万里，杞梁贞妇啼呜呜。上无父兮中无夫，下无子兮孤复孤。一号城崩塞色苦，再号杞梁骨出土。疲魂饥魄相逐归，陌上少年莫相非。”贯休竟把杞梁变成了秦朝人，并被筑在城墙里，其妻哭崩了秦长城。从此，杞梁妻及其后来演变成的孟姜女就与秦长城结下了不解之缘。

既然杞梁和杞梁妻是春秋时期的齐国人，当然也就不可能事发在300多年后秦始皇修筑的秦长城。其实，著名历史学家顾颉刚先生早在20世纪30年代就对此进行了系统研究，写出了《孟姜女故事的转变》《孟姜女故事研究》等一系列文章，断定孟姜女哭的是齐长城，而不是秦长城。

为纪念忠贞烈女孟姜，当地百姓将她的故事编成动人的传说，在淄博及周边地区慢慢流传开来。人们以不同的艺术形式演绎着《孟姜女哭长城》的传说，仅民歌在淄川地区就有8首之多，至今仍在淄川及周边地区民间传唱。在她千里寻夫经过的地方，人们还为她修了不少庙，时常祭祀她。

2008 年淄川区在涌泉村重修的孟姜女故居

三、淄博陶瓷烧制技艺

淄博陶瓷烧制技艺，第三批国家级非物质文化遗产项目。淄博陶瓷历史悠久，据考证陶器最早出现在新石器时代晚期，迄今已有上万年的历史。商、周时期，开始烧制原始瓷器。北朝时烧制青釉瓷，工艺发达著称于世。唐代盛烧“黑釉瓷”，釉质晶莹滋润、色黑如漆。宋代制瓷工艺繁荣，精品迭出，以烧制“白瓷”“黑釉瓷”“雨点釉”“茶叶末釉”闻名全国，“白瓷”曾作为贡品贡奉朝廷。金代盛产白瓷和白釉黑花、黑釉、酱色釉等产品，“粉杠瓷”系最富特色的品种之一。从明清开始窑业日盛，今淄博地区逐渐发展成山东陶瓷生产和销售中心，为全国五大瓷都之一，产品行销国内外。

淄博陶瓷题材广泛，从日用品到陈设品再到园林建筑用瓷，从一个侧面反映了当时鲁中地区的社会、经济、文化背景和面貌。淄博陶瓷在长期的生产发展中，形成了原料基本取自当地，烧制技术精湛，产品风格鲜明、门类齐全、装饰新颖、品种丰富的特点。按照产品的使用功能分为日用陶瓷、美术陈设陶瓷、工业陶瓷（电瓷、化工陶瓷等）、建筑卫生陶瓷、特种陶瓷等。所用原料除部分特种陶瓷、工业陶瓷有些是来自外地外，其他产品基本是取自当地；原料处理、配釉料制备、产品成型、烧成等主要生产工艺基本实现机械化或部分工艺环节连续化。产品装饰基本是手工操作，主要装饰技法分釉上彩、釉下彩两大类，常用的有手工绘画、贴花纸、刻、划、剔、雕塑、腐蚀

鲁青瓷制成品（2019 年拍摄）

金、刻瓷等。部分有特殊要求的产品，如窑变花釉、结晶釉（茶叶末釉、雨点釉）等在釉料配方、釉层厚度、窑炉火焰气氛、烧成温度等方面都有着特殊要求，一般要由经验丰富的技工操作。

20 世纪 70 年代后，在传统产品基础上新研制成功、迅速发展起来的高级日用细瓷原料构成主要以当地资源为主，在配方、原料配比、泥料性能、烧成温度气氛等工艺过程中，制定了一套科学严格的控制标准，因此烧制出来的产品具有白度高、透明度好、瓷质细腻、釉面光润、色调柔和、热冲击性能好的特点，具有现代精细瓷器的美感，以及优良的理化性能。由于在工艺技术上实现了传统制瓷的重大突破，解决了国内外长期不能解决的技术难题，滑石质细瓷（镁质强化瓷）、高石英瓷、合成骨瓷分别获得国家发明奖，先后被北京人民大会堂、中南海紫光阁、中央办公厅、国务院办公厅、钓鱼台国宾馆选用。淄博鲁青瓷烧制始于宋代，1972 年重新研制成功，1983 年 4 月获国家科技发明三等奖，1987 年获比利时布鲁塞尔第 36 届尤里卡国际发明博览会金奖。

随着现代工业的发展，淄博陶瓷烧制技艺也面临着机械化、高科技的冲击。20 世纪 80 年代，以淄博陶瓷延续百年的圆窑（俗称“馒头窑”）逐渐退出为标志，传统的陶瓷烧制技艺也面临着老艺人相继退休、去世，手工制作技艺濒临失传的局面。

四、鲁派内画

鲁派内画，第四批国家级非物质文化遗产项目。鲁派内画是淄博市的一种鼻烟壶内壁绘画技艺，与京派、冀派、粤派内画在业内并称为中国内画四大流派。鲁派内画用特制的弯形内画毛笔，伸入口小如豆的壶内反向作画，将国画的皴、擦、勾、染、点等技法引入内画，手工绘出细致入微的画面，格调典雅、笔触精妙，“方寸之间绘大千世界”。鲁派内画作品多以历史典故、神话传说等传统题材进行创作，并擅绘制百虎、百骏、百兽等题材作品，作品粗犷豪迈，风格泼辣，具有浓郁的地域特色。

鲁派内画始于清代光绪年间，北京的内画鼻烟壶技术传到淄博，光绪十六年（1890 年）画师毕荣九利用本地生产的高级琉璃水晶料做壶坯，开始制作琉璃内画鼻烟壶，解决了内画瓶内壁磨砂的技术难题，当时画师孙坦普、薛向都等潜心钻研、反复琢磨，掌握了内画技艺，至此造就了鲁派内画，成为鲁派内画传统技艺的创始人和中国内画史上的一代名师。毕荣九学生张文堂、毕怀远，薛向都之子薛京，张文堂之子张雪等继续传承内画技艺，经过多年的努力，鲁派内画壶成为当地具有代表性的美术琉璃艺术品，赢得“袖里乾坤真正大，壶中日月尽包罗”的盛赞，鲁派内画更是自成一派，与北京画派齐名，二者并列为宫廷用品。在当时的内画画坛上，京派、鲁派双峰对峙，群星共耀。1958年，老艺人薛京万苦心钻研，发明了不怕水的烤彩内画鼻烟壶，又发明了内画毛笔，将一直沿用的竹签笔改为毛笔，并在全国内画界推广，鲁派内画毛笔的发明，成为中国内画艺术史上一个重要的里程碑。

内画作品——百虎图（2016年拍摄）

内画作品——一百单八将（2016年拍摄）

经过一百多年的不断探索和几代内画艺人们的奋发努力，鲁派内画已成为中国内画四大流派的生力军，中国工艺美术学会鼻烟壶专业委员会也落户淄博淄川张广庆内画艺术研究院，以内画研究院为基地，传承发展鲁派内画技艺。

淄川区国家级非物质文化遗产代表性传承人名单

表7-1-1

传承人	传承项目	公布批次
蒲章俊	聊斋俚曲	第二批

第二章　省级非物质文化遗产名录项目

淄川区现有省级非物质文化遗产代表性项目 13 项（已被列入国家级非物质文化遗产代表性项目名录的项目，省级项目中不再统计、介绍）。

2006 年，磁村花鼓项目被列入山东省人民政府公布的第一批非物质文化遗产代表性项目名录；2009 年，鬼谷子传说、商家大鼓项目被列入山东省人民政府公布的第二批非物质文化遗产代表性项目名录；2013 年，淄砚制作技艺、淄博刻瓷被列入山东省人民政府公布的第三批非物质文化遗产代表性项目名录；2016 年，淄博琉璃烧制技艺、淄川肉烧饼制作技艺、孙膑拳、通背拳被列入山东省人民政府公布的第四批非物质文化遗产代表性项目名录。

一、磁村花鼓

磁村花鼓，省级第一批非物质文化遗产项目。磁村花鼓俗称“打花鼓”，原是旧社会穷人用于乞讨谋生的一种器具。据传，清同治十二年（1873 年），淄川县令下令重修磁窑坞通往华严寺的鸳鸯桥，这也是济南通往颜神（今博山区）的交通要道。修毕，人们在桥头设台唱戏庆贺，在当时磁窑坞有 4 名串乡乞食玩杂耍的民间艺人，也献演了很多节目，其中的“打花鼓”村民前所未闻，观后颇为喜爱，从此“打花鼓”就在磁窑坞落了户并逐步流传下来。又有一说，唐代，磁村盛产陶瓷，商贾云集，贸易繁荣，又系交通要道，沿路乞讨者不绝，花鼓也随之传入，并成为群众闹元宵的传统节目。“打花鼓”艺术于 20 世纪 60 年代重新整理，正式命名为“磁村花鼓”，从清同治年间兴起，到现在已有 150 余年的历史。

磁村花鼓形似腰鼓又大于腰鼓，表演时鼓斜背在舞者背后，其击打用具为鼓绳，是别具一格的两条 1 米多长的软绳，绳端打有形如小枣的葡萄结。用这种鼓绳，一是携带方便，翻舞轻巧，不打鼓时搭肩便走；二是村里狗见生人常来咬，人可用绳驱赶狗。表演时舞者要向背后击中鼓面，全凭舞者娴熟的击打技能、良好的时空意念和舞蹈感觉来掌握鼓绳的长和短、收与放。在表演时由于鼓绳在背后上下左右翻飞，显得舞者灵巧、欢快、舒展，增强了舞动性和艺术感染力。花鼓的伴奏乐器为手锣、镲、小点锣等。

磁村花鼓（2008 年拍摄）

2009 年元宵节磁村中学表演队表演磁村花鼓

磁村花鼓无繁多内容和人物，是以鼓为主的表演，表演者一男三女。男的打花鼓，三个女的一人打手锣，一人打镲，一人打小点锣。表演时由鼓舞者领头排行，边击边跳上场，打鼓者在场中击打表演，其他人在一旁原地跳动，击打手中镲和锣。鼓舞者在场中随打随舞，随唱随舞，动作有左右旋转、肩上双打、腋下打、胯下打、腾空跳跃打、蹲转打、立打等。舞者舞步轻快，节奏鲜明，有一定的节拍，动作稳健有力，亮相时唱花鼓调，唱词可即兴更改。围观者多时，也是击打高潮，鼓舞者进行滚翻击打、旋转击打等即兴表演，伴舞者围鼓串场，动作反复表演，人散舞止。随着时代的发展和人民群众日益增长的精神文化生活的需求，磁村花鼓由早先的 1 鼓 3 镲（锣），逐渐演变为 2 鼓 2 镲，4 鼓 4 镲，到 20 世纪 80 年代增到 8 鼓 8 镲，增强了舞蹈表演气氛，在继承传统的基础上，保留原有的舞蹈风格特色，赋予了时代感和青春活力。

二、鬼谷子传说

位于藏梓村的鬼谷子雕像（2016 年拍摄）

鬼谷子传说，省级第二批非物质文化遗产项目。鬼谷子传说广泛流传于中国民间，距今已有两千多年的历史。鬼谷子从《史记》记载中考察确有其人，生活在公元前 2 世纪，姓王名栩，自号鬼谷子，曾教出苏秦、张仪、孙膑、庞涓等著名政治家、军事家。相传春秋末战国初，鬼谷子于梓橦山隐居，建鬼谷洞并讲学授徒，著有纵横家理论著作《鬼谷子》，广泛用于世界政治、军事、外交、经济等各个领域，《鬼谷子》一书又被后人称为“金书”“天书”，梓橦山鬼谷洞又被人尊称为“中国历史上第一所军事学院”。梓橦山是鬼谷子文化发祥地，中国古代纵横家、军事家的摇篮。山上有鬼谷洞遗址、获世界吉尼斯之最的《鬼谷子》三卷二十三篇刻瓷长影壁、鬼谷祠、魁星阁、鬼谷泉等景观。

鬼谷子传说深深扎根于民间，极富地方特色，故事传说语言生动，人物形象鲜明，雅俗共赏，可读性强。所写故事涉及医学、养殖、贸易、养生、相面、纵横术、兵法、教育等多方面。《鬼谷子出世》《鬼谷子求学》《井中相会》等民间故事及《围魏救赵》《引锥刺股》《田忌赛马》《鬼谷子》等已成为鬼谷子文化研究的重要来源。

三、商家大鼓

商家大鼓，省级第二批非物质文化遗产项目。商家大鼓是一种以最先引入和拥有者的姓氏冠名的民间鼓乐，因该鼓最早是由商姓人家引入传承，且后学者均沿用了其鼓谱和制鼓标准，故被称为“商家大鼓”。

商家大鼓发源于原淄川区商家镇（2011 年划归文昌湖旅游度假区），始于清朝中期，至今已有 300 多年。据传，乾隆年间，当地商家庄有一名叫商学智的商人在苏杭一带做买卖，过年回家时，为增加节日喜庆气氛，购回了一套在南方十分盛行的锣鼓进行敲打，不料深受欢迎。到清末民国初时，商家大鼓发展到了鼎盛时期，以淄川商家为中心，东到青州，西到章丘，南到莱芜，北到滨州，方圆几百里的广大地区十分盛行这种鼓乐。相传，当时大鼓已是该地区家庭之中的必备之物，每年每村都要组织好几次赛鼓，春节过后，相邻各村间要举行大规模的赛鼓。学鼓、打鼓、赛鼓已成为这一地区的主要人文活动和时尚。

商家大鼓由鼓、锣、钹三种乐器组成。大鼓为扁平形，鼓腔高 30 厘米，鼓帮呈外圆弧形，采用上好的桑木精心制作而成，鼓面直径 80 厘米，用整张淹透熟好的老公牛皮经人工踩踏、拉紧、铆就而成。先前的方法是：将加工成型的鼓腔置于木台上，木台四周砸上铁橛，将牛皮蒙在鼓面，然后用多条双股麻绳一端拴住牛皮，一端拴于铁橛拉紧，人工踩踏牛皮，待牛皮伸张后，再用木标将麻绳重新拉紧，如此反复多次，最后上箍钉钉。现在的做法是：将加工成型的鼓腔放于下部可由千斤顶升降的木台上，鼓腔四周用松紧螺栓、铁抓将鼓面牛皮和地面上的地铆连接上紧，人工踩踏后，用木台下面的千斤顶将木台升高，以达到拉紧牛皮的目的。商家大鼓鼓腔内装有多组弹簧丝，敲打起来声音浑厚、洪亮，伴有金属余音，声音和谐、美妙、动听。鼓腔的外边装有两个相互对称的铁环子，以利打鼓者拴鼓背鼓之用。先前大鼓为显其神秘多为浅黑色，现为体现其欢快、喜庆的气氛多为大红色。锣、钹是由紫铜和高锡按 77 ∶ 23

2009 年元宵节民间艺术进城表演中的商家大鼓表演

的比例合炼成的响铜，经翻砂、浇铸、修饰、磨光等工序制作而成。

商家大鼓常用鼓谱有“边鼓歌诀”“丈八歌诀”“杏花天歌诀”“长淌花歌诀”。击鼓技法有击鼓心、击鼓边、击鼓帮、单槌打、双槌打、重槌砸等。商家大鼓鼓、锣、钹三种乐器的搭配比例，因演奏人数的多少而定。商家大鼓的起奏、变换、轻点、重击及刹鼓，全听鼓队“鼓头”的指挥，“千人打鼓，一锤定音”讲的就是鼓头的作用和地位。商家大鼓气势宏伟、音调优美、节奏欢快。激昂时，雷霆万钧，排山倒海，具压倒和征服一切之势；缠绵时，如行云流水，春雨润物，切切幽幽，回味无穷。其精彩和称道之处，当属它的“刹鼓”，它能在瞬间将雄壮、激昂，犹如万马奔腾、气吞山河的鼓乐极巅，戛然变得鸦雀无声，其果断、迅速、一致，令人心旷神怡，拍案叫绝。

四、淄砚制作技艺

淄砚制作技艺，省级第三批非物质文化遗产项目。淄砚石产于淄川区罗村镇东北之洞子沟（原名“仙岩洞”），洞深达五百余米，洞内石分十二层，以固石和灰堂石为佳，石质各具特色。固石有油性，润泽似脂。灰堂石含铜，磨墨写字则闪金星，古人誉为“金星石”“金雀石”。洞子沟砚石为清墨色，石质软硬相兼，所制之砚利于发墨又不易磨损，曾风靡北京。古人赞淄砚：“浮石有铜，足为地真，如金之声，如玉之润。研磨如锉，发墨如油，用手抚之，如婴之背。”

淄砚在历史上也称作淄川砚、淄州砚或淄石砚，始于西汉，盛在唐宋，传承至今。制作工艺以镂雕为主，迄今已有两千余年历史，是中国治砚鼻祖，史上有四大名砚之称。著名诗人、书法家苏东坡赞淄砚为韫玉，米芾、唐彦猷、邵康节、陆游等宋代著名文人对淄砚皆有论述。米芾称其为“淄州砚”；唐彦猷在《砚录》评述“淄石可与端歙相上下，而取胜于工”；陆游《蛮溪砚铭》中记载“龙尾之群，淄韫玉之伯仲也”；宋神宗熙宁年间，大史学家司马光编修《资治通鉴》，神宗奖其辛劳，亲选珍藏淄砚一方赐之，司马光咏叹“淄砚逾于琼瑶，一砚价比连城”。

淄砚的制作工艺取胜于工，以镂雕为主。砚工利用料石原状，顺其自然，确定砚体，经琢磨构思，再在砚体、砚盖上精工细雕花草鱼虫、走兽、人物等图案。淄砚品种多，做工精细，玲珑剔

淄砚原石（2010 年拍摄）

墨海砚（2010 年拍摄）

透，精美别致，集使用、观赏于一身。淄砚曾多次作为国礼赠送国际友人，并远销美国、英国、法国、德国、加拿大、澳大利亚、日本、韩国、新加坡等十几个国家和地区。

五、淄博刻瓷

淄博刻瓷，省级第三批非物质文化遗产项目。淄博刻瓷起源于清代乾隆年间，最早的实物资料现存于北京故宫博物院、台北故宫博物院的乾隆四十一年（1776 年）所制宋定窑、汝窑名瓷器皿。刻瓷，顾名思义，就是运用特制刀具在烧制后的瓷面上进錾刻的技艺。刻制者在瓷器上錾刻出诗文、山水、人物、花鸟等艺术形象，再敷上色彩，使之渗入瓷中，封蜡后可以使作品经久保存而不变色。

刻瓷是一门综合性的艺术，它融绘画、书法、镂刻于一身，题材广泛，形式多样，诗文、山水、花鸟、人物等均可镂刻；挂盘、座盘、文具、茶具、花瓶、瓷板等皆能作业。小到几厘米、十几厘米的器皿，大至数米屏风、壁画，都可在刻瓷艺术家的刀笔下变成珍贵的艺术品。刻瓷工艺一般分为三个步骤。一是起稿，即先将要雕刻的图案、书法、绘画绘于瓷器上，然后照图刻制。绘画、雕刻功底高深的艺术家以腹稿施刀即可。二是雕刻，这是刻瓷中的主要环节，不但工艺复杂，技术性强，而且所有工具考究，操作技艺精深。常用工具有尖、扁金刚凿，金刚刻笔，小铁锤和砂轮片。主要工艺为线刻、点刻和面刻，其中线刻最为重要，线刻的水平往往标志着刻瓷制作者的水平。三是赋色，这是刻瓷的最后一道工序即根据画面的需要，涂上各种颜色。在瓷器上涂色，不同于纸张和其他质地的东西，其常用原料有三种，即油画颜料、发光油和陶瓷釉。

清乾隆年间，乾隆皇帝爱瓷成癖、书写成僖，所赏名瓷无不亲题诗文，命造办处艺匠刻制双勾于瓷面上，形成了一种特有的陶瓷装饰。据有关资料记载：“光绪二十八年（1902 年）顺天府府尹陈璧奉旨创办工艺学堂，特设刻瓷一科，聘著名艺匠华法（字约三）为导师，教授 30 人，后唯陈之光、朱友麟操业，其作品被视为珍品，宫中达贵无不争藏之。”当时刻瓷艺术作品还流入欧洲，在大英博物馆中就收藏有华法和朱友麟的作品。1911 年清朝覆灭，宫中造办处艺人流落民间，大部分被迫改行。国民党统治

李梓源刻瓷作品宝琴赏梅（2010 年拍摄）

张明文刻瓷作品侍女出游图（2010 年拍摄）

时期，更无人问津此业，1949 年前刻瓷艺术濒临绝境。新中国成立后人民政府十分重视，北京市有关部门对刻瓷艺术进行了抢救和挖掘，朱友麟、陈之光两位老艺人被聘为研究员，但刻瓷技艺恢复、发展缓慢。1958 年朱、陈二人相继去世，近二百多年历史的刻瓷艺术几乎销声匿迹。1976 年，山东省政府决定挖掘和恢复古老的刻瓷艺术，山东省陶瓷公司成立刻瓷小组，在继承前人的基础上逐渐形成了自己的风格。淄川的刻瓷技艺也逐渐成熟，刻瓷人才逐渐增多，形成了以张明文、李梓源为代表的刻瓷艺术家队伍。20 世纪 90 年代在淄川区政府的支持下，先后成立了李梓源刻瓷艺术中心等刻瓷科研机构。

1983 年 1 月，张明文在美国第十四届世界博览会上的刻瓷表演，轰动了国际艺术界。在 1982 年 3 月举办的联邦德国德慕尼黑第三十四届国际手工艺国际博览会及瑞士巴塞尔春季博览会上，陶瓷艺术大师李梓源的一套鲁青瓷五头刻瓷文具获得了金质奖章并被授予最佳成就者的称号。陶瓷艺术大师王一君首次突破山东工艺美术的全国最高奖项纪录，荣获“百花杯”中国工艺美术精品奖特等奖，并屡获金奖，多次为中国驻外特命全权大使创作礼品。在 2011 年度由山东省委、省人民政府设立的“泰山”文艺奖评选中，淄川区刻瓷艺术家、山东省工艺美术大师李秋峰的作品《泰山赋》成为唯一的刻瓷类获奖作品。

六、淄博琉璃烧制技艺

淄博琉璃烧制技艺，省级第四批非物质文化遗产项目。淄博琉璃有着悠久的历史，元代以来琉璃生产中心在山东淄川县颜神镇，明清以前只有北京和颜神镇建有琉璃作坊。当代琉璃生产的厂家、作坊和琉璃制作工匠、琉璃艺术大师大多集中在淄博，淄博琉璃在清代就远销全国各地，南至广东、福建、上海、武汉，西至新疆、西藏、河套地区，北至北京、张家口、东北地区，出口到日本、朝鲜、越南、英国、德国等国家。淄博琉璃以马牙石、紫石、凌子石为主要原料，经科学配比，通过配料、熔化、吹制、成型、雕刻、绘画等传统技艺手法，将普通的原材料塑造成绝美的艺术品，将琉璃热成型工艺推向极高的境界，尽显了中国文化强大的生命力。

鸡油黄琉璃花瓶（2015 年拍摄）

“一带一路”琉璃作品（2015 年拍摄）

七、淄川肉烧饼制作技艺

淄川肉烧饼制作技艺，省级第四批非物质文化遗产项目。淄川肉烧饼是产生于淄川，在鲁中地区有一定影响的淄博名特产品，起源于汉代的胡饼，至今已有近千年的历史。后经人们的不断探索改进，逐步演变为现在的肉烧饼。淄川是淄博陶瓷的发源地，早在新石器时代先民们就开始烧制陶器。到宋元时期，在寨里、磁村等地已多处出现瓷窑。人们在烧制瓷器的过程中，窑工因不能长时间离开窑炉吃饭，就将携带的干粮放在窑炉口烤一下吃，受此启发烧饼艺人经过长期探索，就地取材，用废弃的大瓮扣过来，打上一个缺口，抹上黄泥制作成馒头炉，烤制烧饼。起初，淄川地区的烧饼为素烧饼。相传明朝时期淄川城里有一老艺人突发奇想：火烧、蒸包等面食，肉的都比素的味美好吃，烧饼加点肉的岂不也更好吃？于是，他慢慢琢磨试做，终于成功。据调查考证，到清末民国初期，在淄川规模较大的肉烧饼铺已有4家。

淄川肉烧饼制作技艺（2015年拍摄）

淄川肉烧饼主料是面粉，配料有猪肉、大葱、芝麻、酱油、盐等，亦有无肉配方。淄川肉烧饼又薄又圆，两面金黄，其中一面撒满芝麻粒，饼内带有肉丁馅，吃起来筋道耐嚼，满口醇香。烧饼圆形，象征圆圆满满，烧饼上面撒满芝麻，寓意今后的生活如芝麻开花节节高。

八、孙膑拳

孙膑拳，省级第四批非物质文化遗产项目。孙膑拳在淄川地区广泛流传，相传两千五百年前，孙膑在淄川梓橦山拜鬼谷子为师学兵法，学成出山之后，在魏国受辱，被齐国使臣带回国。途中他每见一物创作一式，独创360式拳路，被后人称为“孙膑拳”，亦称“长袖拳”。该拳法经张友春传杨明斋、由杨明斋传高作霖，流传至今。

孙膑拳传承的形式有三十二手、大架、小架、中架、孙膑拐等。孙膑拳的特点为蹒跚步、象鼻拳。基本步法为两大腿藏挡相加，一膝顶住另一膝之内侧成“丁”形步，有“孙膑步法世间稀，拔根掀脚不为奇”之说。拳法上说“蹒跚步子催跟急，前进后退蹒跚移；神态自若心里记，左摇右摆找战机”。腿法有截腿、弹腿、挂腿、踹腿、蹬腿、蹚腿、踩腿等。拳法讲究拧旋寸打，冷弹蹦砸，拳法上说“高不架、低不压，左不封、右不挂，来啥打啥，堵上就是一下”。身法讲究“侧身打、立身招，闪、展、腾、挪最为高”。击法讲究“空、诓、虚、实、晃，速、巧、绵、软、小，一拳不到二拳跟，三拳四拳齐进身，举拳三不让，出溜出溜往前上”。孙膑拳拳法动作优美大方，简洁实用，既适合个体演练，也适合集体表演，同时孙膑拳融合了孙膑兵法的战略、战术思想，值得后人研究推广。

孙膑拳传人高作霖（20 世纪 60 年代）

孙膑拳对练（2009 年拍摄）

九、通背拳

通背拳，省级第四批非物质文化遗产项目。通背拳是中国传统武术拳种之一，起源于战国时期，亦称“长拳”，在宋初由后周将领韩通传入嵩山少林寺，历经数代名家的精心历练，明末清初流传于民间。清朝灭亡后，京城恭亲王府内卫尹海滨（原籍德州）等人流落到山东淄川大荒地（今洪山镇一带），以传授通背拳术为生，其门徒有沈法义、刘孰先、肖玉祥等人。通背拳身法要求身似弓、手似剑、腰似螺丝、腿似钻。拳法有平拳、尖拳、斩首拳、透骨拳。掌法有拍掌、踏掌、撩阴掌、引手掌。拳术练习以中盘和低盘为主。

沈法义（1917—2001），字宜之，8 岁拜在尹海滨先师门下，苦练通背拳术、器械，深得老师真传，至 15 岁时受师命，先到罗村，后到章丘埠村煤矿等地授业教徒。新中国成立后，曾任淄博市武协副主席、国家二级武术裁判，一生酷爱武术事业，发扬传统通背拳术。慕名投门习武的学生

通背拳对练（20 世纪 70 年代）

通背拳传人沈祥平（2009 年拍摄）

北至牡丹江，东至胶东莱州，济南、博山、淄川地区更是门徒众多。沈宜之教授的通背拳功法分初部功、中部功、后部功三部分。初步功为基本腰法、腿法、臂法、体法、八大架势、十趟明腿、通背综合拳；中部功为通背拳术一趟、二趟、三趟拳、徒手对练、五郎锤、二十四手连环掌、排打桩功等；后部功为八卦掌、通背器械（通背单刀、通背单剑、通背花枪、通背大刀、通背棍、棍擒枪、梢子棍擒枪、扁担对练、苗刀）、铁砂掌、绝命三腿、六趟套手连环掌等。后沈祥平（沈法义孙）2009 年发起成立淄博市通背拳研究会，深入挖掘、整理补充了部分拳谱、器械、功法，推动了通背拳的演练，为通背拳在淄川的传承做出了重要贡献。

淄川区省级非物质文化遗产代表性传承人名单

表 7–2

传承人	传承项目	公布批次
蒲章俊	聊斋俚曲	第一批
李慎濂	磁村花鼓	第二批
张广庆	淄博内画	第五批
李梓源	淄博刻瓷	第五批
王一君	淄博刻瓷	第五批
伊 兵	淄博琉璃烧制技艺	第五批

第三章　市级非物质文化遗产名录项目

淄川区市级非物质文化遗产名代表性项目 41 项（已被列入省级及以上级别非物质文化遗产名录的项目，市级项目中不再统计、介绍）。

2008 年，笛梆子戏、王定宝借当传说、聂村扛芯子、苏王舞龙、吟腔戏 、剪纸项目被列入淄博市人民政府公布的第二批非物质文化遗产代表性项目名录。

2010 年，李吉清传说、唐赛儿传说、陶瓷雕塑、豆腐干制作技艺、黉山庙会、大鼓制作技艺（2011 年随区划调整归文昌湖旅游度假区）项目被列入淄博市人民政府公布的第三批非物质文化遗产代表性项目名录。

2013 年，孙膑梦泉传说、增福财神李诡祖传说、淄博石雕、鲁作家具制作技艺项目被列入淄博市人民政府公布的第四批非物质文化遗产代表性项目名录。

2015 年，招夫寨的传说、陶氏膏药项目被列入淄博市人民政府公布的第五批非物质文化遗产代表性项目名录。

2019 年，峨庄肉蛋制作技艺、传统修脚技艺、瓷板画、虎头鞋帽制作技艺、纪氏肴鸡制作技艺、青瓦琉璃瓦制作技艺、淄川元宵节扮玩、月庄锣鼓、锔瓷技艺、烙画项目被列入淄博市人民政府公布的第六批非物质文化遗产代表性项目名录。

一、笛梆子戏

参见本书第四篇第一节《戏剧五种・笛梆子戏》。

二、王定保借当传说

王定保借当传说，市级第二批非物质文化遗产项目。据传，王定保的故居就在现在的淄川区太河镇王家村。王定保原名王连凯，明洪武二年（1369 年），王定保的父亲王当与姐夫张窑瓢一家从

王定保借当发生地太河镇王家村（2016 年拍摄）

山西省流浪来到了现在的淄川区峨庄。洪武二十二（1389 年），王定保与表姐张春兰定亲。王定保在读书时，趁清明节老师外出踏青之际，与同学赌钱，欠下赌债，他不敢开口向父亲要钱还债，只好厚着脸皮来到张家湾岳父家借钱。张春兰给王定保包上了几件衣服和部分铜钱，王定保带衣物去当铺变现时，正好被仰慕张春兰美貌的李武举碰上，李武举诬陷这些东西是王定保盗窃他家的，并报官把王定保收押。得知消息后的张春兰毫不畏惧，一次次地到县衙击鼓喊冤做证，终于为王定保洗清冤屈，将李武举绳之以法。

三、聂村扛芯子

聂村扛芯子，市级第二批非物质文化遗产项目。聂村扛芯子起源于清嘉庆年间，距今已有近二百年历史。早年民间卖货郎身背篓筐，筐上插着一根杆子，上面拴着各种各样非常好看的小玩意，很是好看喜人。村里的能工巧匠产生灵感，打造了一幅拴在人身上的铁杆架子，上面绑着扮得很鲜艳的小孩上街闹玩，这便是聂村扛芯子的雏形。

2009 年元宵节聂村扛芯子进城表演

聂村扛芯子的主要道具是打造成裹在人身上的铁架，用软布条把它绑紧，上端有个衔扣，再上面有根铁杆，铁杆上端是个半弧形的护栏，扣住小孩的胸膛，下边有脚踏板，挑选 5—7 岁的童男童女装扮成各种角色，用软布条把他们固定在上面，扛芯子的和芯子上的小孩成为一体，从外面看好像是一个山东大汉用右手举着一个小孩在锣鼓的声乐中翩翩起舞。聂村扛芯子表现内容有神话传说中的天女散花、嫦娥奔月，有古典名著《红楼梦》《西游记》，有人们喜闻乐见的戏剧《白蛇传》《打渔杀家》《王小赶脚》等。

四、苏王舞龙

2014 年元宵节扮玩中的苏王舞龙

苏王舞龙，市级第二批非物质文化遗产项目。龙是中华民族的象征，是祥瑞之物，自古民众为寄托美好的愿望而创造了龙的形象，舞龙便是人们为消灾降福、除恶辟邪、兴旺人丁，展示精神风貌的一种极具特色的表现形式。苏王舞龙始于元末明初，苏王舞龙主要以布龙为主，龙头、龙体选择优等竹皮制成，龙衣以布料配有各种颜色图案绘制完成，龙身长一般为10—120 米。舞龙者的服装均由老艺人自行设计，并手工制作完成。苏王舞龙传统的舞龙动作有“跳、跃、盘、旋、滚”五种，而通过 600 余年的不断摸索改进，独创了具有鲜明特色的“翻、滚、腾、转、旋、游、盘、穿、缠、跳、跃、摆、摔、钻、卧、拜”等近百种套路。所舞龙灯既有舞蹈般的美，又有杂技般的惊险，造型新颖、阵势奇特，以“险、奇、绝、美”而著称。

五、吟腔戏

参见本书第四篇第一节《戏剧五种·吟腔戏》。

六、剪纸

剪纸技艺传承人传授剪纸技艺（2019 年拍摄）

剪纸作品《蝶恋花》（2015 年拍摄）

剪纸，市级第二批非物质文化遗产项目。剪纸历史悠久，是淄川东西部山区农村极具传统性、群众性的造型艺术，在淄川地区各村民间剪纸艺人很多，涉及范围较广，辐射淄川周边的博山区李家、池上，沂源县的三岔，临朐的嵩山等地区。剪纸作品中有龙、凤、虎、狮、鱼等动物，有梅、兰、竹、菊、牡丹、荷花等花草，有门神、钟馗等历史人物。淄川民间剪纸刀工婉转细腻、图案栩栩如生，堪称剪纸一绝。

七、李吉清传说

李吉清传说，市级第三批非物质文化遗产项目。李吉清，今淄川区太河镇下岛坪村人，出生于清朝咸丰八年（1858年），年幼时家境贫寒，十三岁时父母相继去世，随其姑母居住太河镇东东峪村，并到太河镇孙家坪村为李庄主放牧牛羊。一次在石沟村东的昭阳洞上放羊时，因搭救狐仙，后修炼得道，常为人治病疗伤、预测农事、勘验水井，还常做些造福百姓、福荫乡民的善事。

民间流传，李吉清曾在当地引进了众多优良的农作物品种，如谷子品种“铁腿红”、玉米品种“大马牙”，都成了太河峨庄当地延续种植的品种；同时，还引进了果树的嫁接管理技术，嫁接柿子、扁珍杏、水杏等，成为当地居民喜爱的经济树种。李吉清被当地群众供奉为“玄武老爷”，意为玄武大帝下凡。在峨庄、淄河等地均建有“玄武庙”，逢每年农历三、六、九月均有庙会，虔诚的善男信女前往祭拜，祈求丰收和平安。

八、唐赛儿传说

唐赛儿传说，市级第三批非物质文化遗产项目。唐三寨位于太河镇鲁子峪村与东石村、石沟村山峦交界处，也叫髻髻寨、卸石寨、石棚寨，曾经是唐赛儿起义屯兵的地方。清同治二年（1863年）《重修山寨碑》记载：“唐三寨由来久矣，自明永乐十八年（1420年），蒲台民林三之妻唐赛儿者创修此寨，而山因以名焉。”明永乐十八年（1420年）二月，唐赛儿领兵起义，杀贪官，反皇帝，但从不欺压百姓。青州卫都指挥使高凤率两三千人前来捉拿唐赛儿，唐赛儿率部在鲁子峪村口的开阔地与之一战，取得了胜利。

唐三寨全景（2010年拍摄）

九、豆腐干制作技艺

豆腐干制作技艺，市级第三批非物质文化遗产项目。豆腐干制作源于今淄川区罗村镇南韩村，相传明朝仇尚书回乡省亲，吃了韩柳沟（现名南韩村）的豆腐干后大加赞赏。因留恋家乡的风味特产，经常捎家书给宗亲，专门定做韩柳沟的五香豆腐干。1949 年以前，以本村韩氏、咸氏、崔氏、李氏各家族经营为主，各有特色，后兼收并蓄，形成了今天南韩村豆腐干独有的特色。

豆腐干制作（2011 年拍摄）

南韩村豆腐干纯手工制作，选取上乘黄豆经浸泡、磨浆、滤浆、煮浆后压制两次成型，随后加入秘制汤料过卤、凉制、灭菌，整个过程共计二十几道工序，历时 6 个小时才能制作完成。由于是纯手工制作，费时费力，且劳动强度大，产量低，加之制作时温度高、湿度大，特别是包干手艺祖辈代代相传，需要有师傅的悉心传授，才能掌握其精巧的制作工艺。

十、黉山庙会

黉山庙会，市级第三批非物质文化遗产项目。庙会，又称古会、山会、香会等，乡间有“赶庙会”“逛庙会”“赶山”“赶会”的习俗。据当地民众传说，黉山庙会已有近千年历史，相传有一年春天，碧霞元君（民间称呼为泰山娘娘）要起驾巡视天下，三月十八这天要经过般阳古城（淄川的古称），计划在黉山落落脚，黉山十里八乡的百姓得知后，按照泰山昭真祠的样子，在山顶修建了一座巍峨的行宫碧霞祠，三月十八碧霞元君率领众神，浩浩荡荡驾祥云而来，元君看到此处臣民虔诚厚道，便决定每年三月十八都率众神把福禄吉祥洒向此处。从此，每逢三月十八前后几天，方圆百里的善男信女，或祈求还愿或祈福求子，都来这里烧香磕头，

黉山庙会（1989 年拍摄）

登山游玩，逐渐形成了现在丰富多彩的簧山庙会。

十一、大鼓制作技艺

大鼓制作技艺，市级第三批非物质文化遗产项目。大鼓制作技艺始于清朝中末期，创始人只能考证到张鸿仪（之前情况不详），早年间为土法踩鼓制作，所需牛皮、木材、鼓钉、鼓簧等物料均就地取材，制鼓设备只需一张结实的方桌，另备数十条好麻绳、小木棍即可。踩鼓就是将已做好的鼓腔放于桌面上，把裁好的牛皮蒙在鼓腔上，将牛皮周边用刀捅上小孔，将备好的麻绳从孔中穿过，用木棍将绳子打结系在方桌上以此来拉紧牛皮，牛皮绷得越紧鼓才敲得越响。此时人踩在鼓皮上像跳舞一样在上面蹦跳，牛皮被踩松，然后再次将被踩松的牛皮紧起来，再进行反复踩跳，直到无法再延伸就可以了。最后钉上鼓钉，将多余的周边牛皮切下来，鼓面晒干后即可敲打。由于受当时条件限制，只能做最大直径 70 厘米的大鼓。

现在随着社会的发展，制鼓工艺逐步改革，张家第六代传人张景昌主业以来，在传统制鼓技艺的基础上总结经验、反复研制，不断改进设备、物料、制作技术，物料选用优质木材、皮张，所用的鼓簧弹性、音质俱佳，自制铁件坚固耐用，现直径 0.2—3 米的各种规格的大鼓均可制作。所制大鼓无论直径大小，在高度与弧度方面均相称，造型美观大方，制鼓工艺不断进步。

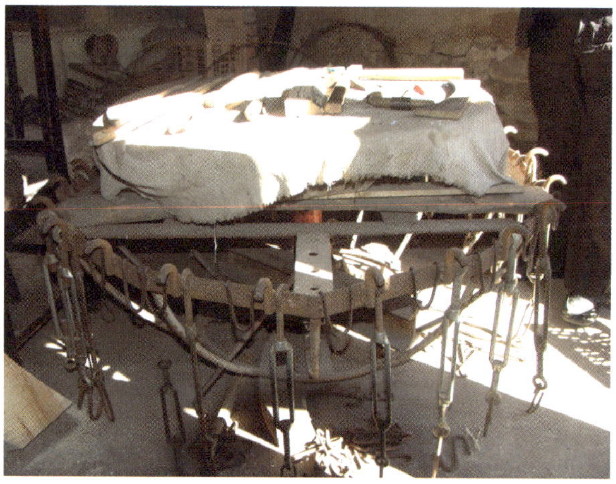

大鼓制作工具（2010 年拍摄）

大鼓的构件（2010 年拍摄）

十二、陶瓷雕塑

陶瓷雕塑，市级第三批非物质文化遗产项目。陶瓷雕塑是龙泉制陶业的一个重要品种，明清时期龙泉地区就有童趣十足的陶塑玩具。陶瓷雕塑一般高为 8—15 厘米，品种丰富，题材广泛，形制多变，具有浓郁的乡野气息。常见的陶瓷雕塑制品有人物、动物形象，人物形象以儿童居多，动物以十二生肖形象为主。这些用巧拙相生的捏塑手法制作出来的艺术形象，看似是不经意的随手捏制，但意象生动，以意写神，以神寄情，体现了民间匠师独特的认知方式、思维方式和表达方式，赋予作品以鲜明的个性与地域特色，极富感染力。

陶瓷雕塑作品（2010年拍摄）

十三、孙膑梦泉传说

孙膑梦泉传说，市级第四批非物质文化遗产项目。淄川区太河镇梦泉村，以孙膑梦泉得水而名。相传战国时期，孙膑与庞涓交战，因双方实力悬殊，孙膑兵败被围，人马困乏，口渴难耐。夜间，孙膑躺在一堰根下睡着了，梦见一白须老翁慈祥地对他说："年轻人，不要灰心，你身下之泉水会救你。"说罢，飘然而去。孙膑醒后，立即令将士在此处挖掘，结果挖地不到三尺，一股清泉汩汩而出，将士们饮用后精神抖擞，一鼓作气打败敌军。得胜后，孙膑在泉水旁挥剑写下了"梦泉"二字。后来，人们在此立村，并将村名定为"梦泉"，一直沿用至今。

十四、增福财神李诡祖传说

增福财神李诡祖传说，市级第四批非物质文化遗产项目。李诡祖是淄川区有史料记载的最早的历史文化名人之一。据《淄川县志》记载，李诡祖在北魏年间任曲梁县令，仁德爱民，去世后葬于老家（今淄川区洪山镇董瓦村嬷嬷疃）并立祠纪念。淄川及其周边地区流传有许多有关李诡祖的故事与传说，例如太白金星下凡传说、唐王封财神传说、淌钱眼传说、王元宝传说、李掌柜与财神节传说等。李诡祖在中国民间广受欢迎，每年农历三月十九日、七月二十二日、九月十七日等都要举行隆重的祭祀活动。

十五、淄博石雕

淄博石雕，市级第四批非物质文化遗产项目。淄博石雕产于淄川区太河镇，至今已有两千多年历史。太河镇是淄河流域人类最早居住地之一，石头资源丰富，过去人们不论是建房还是修墓，几乎全都用石头作为原料，并讲究石刻石雕排场。太河镇王家庄李氏祖上为石匠，手艺远近闻名。改革开放后，在石匠面临失业、石雕技艺失传的情况下，李家兄弟排行第六、人称"六石匠"的李信勇，以传承石雕技艺为己任，牵头成立了淄博山川艺术研究院，高薪聘请民间石雕石刻艺人，专门从事石头雕刻，并注重人才培养和石雕艺术传承保护，使淄博石雕艺术有了进一步发展。

十六、鲁作家具制作技艺

鲁作家具制作技艺，市级第四批非物质文化遗产项目。鲁作家具产于中国古典红木家具之乡——淄川区西河镇，相传鲁班及其弟子曾在西河镇的天际山下生活多年，为这里的人民带来了先进的生产工具及制作工艺，奠定了鲁作家具的雏形，西河地区是鲁作家具的发源地和制作基地。

月洞架子床（2010 年拍摄）

西河地区的天际山及其周边山脉，槲柞成林，梨树、柿树、香椿树、楸树、柳树等木材为早期鲁作家具生产提供了充足的原材。明崇祯年间，时任兵部侍郎的西河人翟凤翀，返乡时带回了老红木圈椅、紫檀木月洞床、黄花梨亮格柜、红酸枝书橱等红木家具，首次让西河人真正认识了古色古香的红木家具。之后，四方工匠纷纷探访学习，各家作坊悉心研究家具制作工艺，闻名遐迩的“西河大床”正是当时鲁作家具的代表作品。家家有作坊、户户有木匠，形成了鲁作家具手工制作的传统工艺，一直延续到今天，已有 600 余年的生产历史。

鲁作家具制作技艺——雕花（2012 年拍摄）

十七、招夫寨传说

招夫寨传说，市级第五批非物质文化遗产项目。招夫寨的传说，源于明初唐赛儿起义军女将秋花在今淄川区太河镇前香峪村西北的山寨上比武招夫的故事，距今已有 600 多年的历史。

传说中的招夫寨所在地（2012 年拍摄）

相传，明朝永乐年间唐赛儿在太河乡的卸石棚聚众起义，她手下女将秋花被派驻在前香峪村西北的山寨上，她独守山寨自知身单力薄，怕山头丢失，且芳龄已过二十，便产生了“以武招亲”的想法，意在招贤纳士。结果摆下擂台大战三天，前来应招的足有上百人，可是却没有人能取胜秋花。虽未取胜，但壮士们敬重秋花的人品和武功，愿投到秋花的麾下效力。后来，虽然唐赛儿起义失败了，但人们都十分敬重和怀念秋花，便将她所驻守的山寨称为“招夫寨”，沿用至今。

十八、陶氏膏药

陶氏膏药，市级第五批非物质文化遗产项目。相传，清末冬天的一个夜晚，家住淄川城西贾村庄的陶云修救助了一位老道人，作为报答，道人将治腰腿痛病的膏药秘方交给了陶云修。1911 年秋天，陶云修在家门口挂上“陶济堂”的牌号，为村民治疗腰腿痛病，疗效显著，慕名而来就医的村民络绎不绝，这种膏药被淄川群众称为“陶济堂膏药”“陶氏膏药”。之后，陶氏膏药第二代传承人陶继诚又把陶氏膏药的名声传播到了淄川杨寨、罗村以及张店傅家、周村萌水一带。第三代传承人陶守明经常利用农闲时间免费给乡亲们看病，乡亲们知道陶氏膏药是用中草药和纯香油炮制、传统手工制作而成，便买斤香油或上山挖些中草药送来，以示感谢。陶氏膏药已流传了上百年，发展传承到了第四代。

十九、峨庄肉蛋制作技艺

峨庄肉蛋（2012 年拍摄）

峨庄肉蛋制作技艺，市级第六批非物质文化遗产项目。俗称炸肉蛋，是淄川东部山区峨庄一带的传统美食。在过去，峨庄山区到了过年时节，富裕人家都会杀猪宰羊，炸肉炖鸡，宴请宾朋。普通百姓家境贫寒，没有多少肉，既要表达出过年的喜庆氛围，又要在亲朋好友、邻里乡亲面前表现出生活富裕，还要让家中的孩子老人改善生活，就将仅有的一点肉剁成肉丁，也有用村边小河里捞的小鱼小虾，甚至还有用豆腐的，用发酵后的面糊包起肉丁，油锅中用急火炸老，出锅后从外表看与炸过的大肉蛋无二差别，故取名“炸肉蛋”。一般的食用方法为“炖肉蛋”。将水烧开后，加入肉蛋、适量精盐，沸腾 3—5 分钟，捞出，放入汤盘或汤碗中，加葱姜丝、酱油、食醋适量，再取汤适量浇入后即可食用。

峨庄肉蛋的产生与发展，与当时社会政治、经济和人民的生活水平密不可分，是山区老百姓在物质贫乏年代自创的地方特色菜，每逢年节，婚丧嫁娶、祭祀、造房等重大的事情，或宴请重要的客人，均制作肉蛋，显得重视和对客人的尊重。肉蛋圆鼓鼓的形状也象征着生活圆圆满满，事事如意。

二十、传统修脚技艺

传统修脚技艺，市级第六批非物质文化遗产项目。传统修脚技艺是中医外治的重要组成部分，采用中国传统医术和刀法相结合来治疗各种脚部疾病，是传承于汉族民间的重要手法技艺之一。传统修脚技艺有着悠久的历史，早在公元前1300年的甲骨文中就有发现，商朝时期有了记载。相传周文王患甲病，有一个叫“冶公”的人用“方扁铲”将其治愈，隋朝《诸病源候论》中亦有记载。到了清代，修脚发展成为一个专门的行业，在光绪年间的河北定兴李廷华所著的《五言杂字》中有“修脚剜鸡眼”的文字记载，可见当时修脚术已广泛为足病患者服务。

二十一、瓷板画

瓷板画，市级第六批非物质文化遗产项目。瓷板画作为一个独立画种，是指在平素瓷板上使用特殊的化工颜料手工绘画、上釉，再经高温烧制而成的一种平面陶瓷艺术品。瓷板画的历史最早可追溯到秦汉时期，而真正意义上的瓷板画则出现在明代中期，从清中期开始，瓷板画发展走向了兴盛。瓷板画形式多样，有青花、青花釉里红、五彩等，其内容有山水、人物、花鸟，样式有长方形、圆形、椭圆、扇面等。淄博市是中国陶瓷发祥地之一，是瓷板画重要产区之一，在淄博瓷板画的历史发展中，艺术大师们创作出了无数优秀作品，其中代表作品有“聊斋故事”“聊斋十二仙”组画12幅、“十八罗汉”组画18幅、“齐国成语故事”100幅等。

阎先公、罗晓东瓷板画作品《狐谐鬼唱入聊斋（彩绘）》（2019年拍摄）

二十二、虎头鞋帽制作技艺

虎头鞋帽制作技艺，市级第六批非物质文化遗产项目。虎头帽、虎头鞋制作技艺流传于民间，具有鲜明浓郁的乡土气息，在淄川地区流传已有六七百年的历史。虎头鞋帽是用青、蓝、粉红色布料或绸面手工缝制而成的一种御寒棉鞋帽，要经过剪、贴、插、刺、绣等几十道工序才能完成，既有使用价值又有观赏价值，同时也是吉祥的象征。民间认为老虎虎威凛凛，可镇万兽，是驱邪避灾、平安吉祥的象征，在古代民间，大人总是以老虎的造型来打扮孩子，头戴虎头帽，脚穿虎头鞋，手抱布老虎，睡觉还要枕着虎头枕，寓意孩子能够健康成长、强壮勇敢。

虎头鞋（2012 年拍摄）

虎头帽（2012 年拍摄）

二十三、纪氏肴鸡制作技艺

纪氏肴鸡制作技艺，市级第六批非物质文化遗产项目。纪氏肴鸡制作技艺起源于民国时期，由淄川东关村的纪德恭创制，是淄川当地名小吃。早在清末，纪德恭的父亲即开始制作肴鸡。到民国初，军阀混战，百业萧条，加之当时淄川城里有数家肴鸡门店，竞争激烈。在此情况下，纪德恭毅然关门歇业，四处拜师，先后到青州、济南、禹城、德州等地拜师学习，取人之长，补己之短，经过苦心考究，逐步改进配方，做出的肴鸡更加香嫩可口，从此“纪氏肴鸡”的美名逐渐传开。在此基础上纪德恭不断推陈出新，又先后研制出了纪氏香肠、纪氏肉干等美食。

二十四、锔瓷技艺

锔瓷技艺，市级第六批非物质文化遗产项目。中国是陶瓷的发源地，锔补修复瓷器的产生与瓷器的产生和发展有着紧密的联系，从 7000 年前的泥土修复法、绳系法，到 2000 多年前木制锔钉的出现，到 1000 多年前的铁制锔钉，经过上千年的传承，锔瓷工艺成为中华民族传统手工业史的活化石，承载了无数先民的智慧和汗水。

随着时代的更替交叠，锔瓷经历了由技术到艺术的演变过程，不仅作为一种陶瓷修补技术而存在，更多是作为一项民间艺术形式被人们所使用。在锔瓷技艺千年传承中，锔瓷艺人们在继承老手艺的基础上，总结出锔艺行当里锔件、补件、配饰、镶饰中 72 种方法 136 道工序，创造性地总结出独龙锔、无缝扣接壶盖、走水密封、壶盖内双向拉伸、包马蹄嘴、水火交融技法等独门绝技，对保存传统手工工艺、文物修缮都具有重要意义。

锔瓷作品（2014 年拍摄）

锔瓷工具（2014 年拍摄）

动物烙画（2016 年拍摄）

二十五、烙画技艺

烙画技艺，市级第六批非物质文化遗产项目。淄博烙画发源于淄川区昆仑镇大昆仑村，最初是在木板上烙画，后来逐渐发展为宣纸烙画、丝绸烙画。烙画所使用的工具由最初的炭烧铁器转变为今天的电烙铁，烙画的题材形式分为花鸟、山水、人物、走兽等几类，依据中国画的原理作为底蕴，分工笔与写意两种表现技法，以其独有的烙铁烙色，形象生动地描绘所表现的事物，具有水墨所不能展现的韵味，具观赏性与收藏性。

二十六、淄川元宵节扮玩

淄川元宵节扮玩，市级第六批非物质文化遗产项目。农历正月十五元宵节，又称“上元节”，是春节之后的第一个重要节日。史料记载，淄川自建制以来，就有元宵节扮玩习俗，并一直延续发展，主要内容有耍龙灯、耍狮子、踩高跷、划旱船、扭秧歌、打花鼓、跑驴儿等传统民俗扮玩表演。旧时的扮玩活动由每个村各出一支队伍，并在各村之间穿梭表演、相互比试、轮番上演。清光绪二十年（1894 年），淄川各村扮玩游艺队伍行列长达七八里。

为了使这一根植于民间的传统文化更好地弘扬和传承下去，淄川区每年都精心组织元宵节民间艺术进城表演，至 2019 年已连续举办 36 届，扮玩活动在规模、档次、形式、内容上都有了提升和创新，尤其是芯子、舞龙、舞狮、磁村花鼓、月庄锣鼓、贾村大鼓等有着数百年历史的传统民间艺术得到了继承和发展。淄川元宵节扮玩保持了淄川传统文化的独特性和鲜明性，从不同层面展示了淄川特色地域文化的魅力，现已成为淄川老百姓回忆过去、传承民间艺术的品牌文化活动。

西河踩高跷（2010 年拍摄）

龙泉舞龙（2010 年拍摄）

上五村鼓狮队表演（2012 年拍摄）

贾村大鼓（2012 年拍摄）

二十七、月庄锣鼓

月庄锣鼓，市级第六批非物质文化遗产项目。月庄锣鼓传承于淄川区双杨镇月庄村，起源于宋元、兴盛于清。古时候，淄川县衙到泰山祭山，曾多次召月庄锣鼓随驾，据传：“泰山接驾时，月庄锣鼓独特奇妙的演奏，观者众、人潮涌，听者专注、道路拥堵，至商家不能营业。”

月庄锣鼓源自芯子鼓，过去中国北方地区，每逢喜庆尤其是正月十五扮玩，时兴玩芯子，民间艺人制作高高的芯子架，每抬芯子由八个人抬着，芯子顶端是由十几岁的小孩扮成的戏剧人物，合着抬夫整齐的步伐，戏中人舒展舞动，簇拥着的是锣鼓队伍。其锣鼓韵律，既有北国的豪迈雄浑，又依剧情需要，糅合进许多戏剧锣鼓的元素，音律清脆，节奏强烈，富于变化，起伏跌宕，明快流畅。

月庄锣鼓风格独特，鼓韵和配置不同于“商家”“二毛”“军鼓”等淄博以及山东各地的大鼓，它突出了铜乐器在演奏中的作用，强调韵律。一般大鼓的演奏以鼓为主，鼓多取胜，铜乐器很少，传承至今，鼓越做越大，发展到极致，能有人站在鼓上或者几个人共打一面鼓，配以威风的姿势。月庄锣鼓的乐器由鼓、锣、大钹、二钹、小钹、月锣、手锣七种组成，铜乐器是相当重要的组成部分。小型锣鼓队演奏时，二钹、小钹可选一种，月锣、手锣可选一种，即最少有五种乐器演奏，缺一不可。月庄锣鼓乐器中的手锣，在其他各种锣鼓队伍中极其少见，具有北方手鼓的特点，据传与元明时期的文化交融有关。月庄锣鼓有六个旋律，七种乐器穿插变化，有“杏花天”“义昌”“蓬莱阁”等六个曲牌，它们交织穿插，分合变化，鼓、锣、大钹、月锣、手锣、铙钹、小钹等七种打击乐器各循其韵，时合时分，形成美妙的打击乐交响曲，时而高亢激越，其势排山倒海，使人热血奔涌；时而清脆明快，犹如高山流水，佩环叮咚。

2008 年元宵节扮玩表演中的月庄锣鼓

二十八、青瓦琉璃瓦制作技艺

青瓦琉璃瓦成品（2012 年拍摄）

青瓦琉璃瓦制作技艺，市级第六批非物质文化遗产项目。在中国的古建筑中，青瓦琉璃瓦制品是一种被广泛使用的物料，它既可以作为宫殿馆阙的构件，又可被组合成园林建筑饰件，彰显建筑组群庄严华贵的气氛，同时又具有优异的防水、防腐的性能，千百年来琉璃瓦、青瓦在中国建筑中具有极为重要的作用和艺术价值。淄川地区的青瓦琉璃瓦制作技艺是从原始的砖瓦手工作坊开始的，窑工们“晴天做砖瓦，雨天捏脊兽，丰年在家干”，青瓦琉璃瓦制作技艺手艺逐渐流传于淄川地区。

淄川区市级非物质文化遗产代表性传承人名单

表 7-3-1

传承人	传承项目	批次
蒲章俊	聊斋俚曲	第一批

续表 7-3-1

传承人	传承项目	批次
曹秀芬	磁村花鼓	第一批
常媛媛	磁村花鼓	第一批
李慎濂	磁村花鼓	第一批
张广庆	淄博内画	第二批
李梓源	淄博刻瓷	第二批
张明文	淄博刻瓷	第二批
于荣宙	苏王舞龙	第二批
王庆梅	笛梆子戏	第二批
陈贻谟	淄博陶瓷烧制技艺	第二批
许立荣	淄砚手工制作技艺	第二批
陈　倩	聊斋俚曲	第三批
杨道坤	聊斋俚曲	第三批
卢德国	淄博陶瓷烧制技艺	第三批
张广文	淄博陶瓷烧制技艺	第三批
李新一	淄博刻瓷	第三批
牛继伟	陶瓷雕塑	第三批
张路华	鲁派内画	第四批
王一君	淄博刻瓷	第四批
陈京田	琉璃烧制技艺	第四批
伊　兵	琉璃烧制技艺	第四批
戚亚函	琉璃烧制技艺	第四批
许业兵	淄川肉烧饼制作技艺	第四批
许　魁	鬼谷子传说	第五批
高　峰	孙膑拳	第五批
韩克峰	孙膑拳	第五批
沈祥平	通背拳	第五批
李信勇	淄博石雕技艺	第五批
陶海峰	陶氏膏药	第五批
张德继	鲁作家具制作技艺	第五批
李义勇	豆腐干制作技艺	第五批

第四章　区级非物质文化遗产名录项目

淄川区级非物质文化遗产代表性项目名录 93 项（已被列入市级及以上级别非物质文化遗产名录的项目，区级项目中不再统计、介绍）。

2008 年，渭头河制陶技艺项目被列入淄川区人民政府公布的第一批非物质文化遗产代表性项目名录。

2010 年，顺天姑传说、神赐灵泉传说、吴王寨传说、马陵锣鼓、蝴蝶舞、寨里芯子、茶叶末釉与陶瓷雕塑、陶瓷龙瓶制作技艺、马陵雕刻、条编技艺、黑神丹丸（于 2011 年划归文昌湖旅游度假区）、真观宫庙会项目被列入淄川区人民政府公布的第二批非物质文化遗产代表性项目名录。

2012 年，打铁花、农家土法酿酒技艺、渭头河大瓮制作技艺、石磨制作技艺、慕王大花皂、韩氏中医（不孕不育）、贾氏中医（痈疽疔疮）项目被列入淄川区人民政府公布的第三批非物质文化遗产代表性项目名录。

2014 年，五音戏、贾村大鼓、锡器制作技艺、毡活制作技艺、淄川民间传统游戏项目被列入淄川区人民政府公布的第四批非物质文化遗产代表性项目名录。

2016 年，金鸡山的传说、传统板话、纸扎花制作技艺、老豆腐制作技艺、正骨疗法、不孕症汤剂、针灸疗法、淄博刻瓷（扩展）、土法酿酒（扩展 2 项）、陶瓷雕塑（扩展）被列入淄川区人民政府公布的第五批非物质文化遗产代表性项目名录。

2018 年，悬羊山传说、铁壶制作技艺、董佳斋香肠制作技艺、淄博池梨栽培技艺、鲁中石堰垒砌技艺、民间走马灯制作技艺 、蓑衣制作技艺、淄博陶瓷烧制技艺（扩展）、淄博砖雕制作技艺、淄博花釉烧制技艺、木版画制作技艺、快速修复膏、太极拳、形意拳、淄博陶瓷雕塑技艺（扩展）、土法酿酒（扩展）项目被列入淄川区人民政府公布的第六批非物质文化遗产代表性项目名录。

一、渭头河制陶技艺

渭头河制陶技艺，第一批区级非物质文化遗产项目。渭头河的陶瓷制造业是本地区的主流产业，它的兴起和发展繁荣了一方经济，创出了一批陶瓷名牌，形成了独具特色的陶艺文化。其工艺技术水平、改革创新能力、产品科技含量在同行业中处于领先地位。

渭头河的陶瓷制造业始于宋末元初，据考证，清雍正元年（1723 年）村民刘氏、韩氏在本村桥口南北开始建小圆窑生产黑陶碗，他们是最早形成作坊的小业主。随着陶瓷业的发展，至清代中期，淄川的陶瓷生产逐渐集中到渭头河一带，该地成为淄川陶瓷生产和销售中心。据《淄博陶瓷工业大事记》记载：清雍正十三年（1735 年）渭头河村孙氏建大圆窑生产黑陶碗、盆等，同时博山山头的大瓮（缸）生产工艺传到渭头河，经过当地工匠不断改进完善，形成了自己独特的产品——渭头河大瓮。渭头河大瓮独具特色，一是用料讲究，其用料通过层层筛选，主料坚实，辅料柔韧性和致密性好，独树一帜。二是加工精细，工艺精湛，用来盛酒、油、水、粮，不渗、不漏、避鼠害，价格便宜，深受酿造业、粮食加工等行业青睐，产品远销省内外。

渭头河大瓮的生产直至新中国成立初期一直沿用较原始的生产方式，用手摇轮、手拉坯，分四节成型，干燥主要靠太阳晾晒或地炕烘干。1954 年，淄川窑厂三节成型试制成功。1963 年，淄川陶瓷厂工人高允河等人发明制成大缸刀板成型机，从此结束了手工制缸的历史。1979 年又研制成功了大缸滚压成型自动生产线，并于 1982 年 7 月荣获“国家科委创造发明三等奖”。在此基础上，又先后研制成功了小缸成型机、中缸成型机、制盆机，至此缸盆生产全部实现机械化。渭头河陶瓷业由兴起到发展成一大产业，制造出了各种陶瓷精品，获得多项陶瓷界奖项，其中最有代表性的是：淄川陶瓷厂生产的“龙泉牌”大缸，1984 年被山东省命名为优质产品；淄博柳泉陶瓷有限责任公司生产的“柳泉牌”陶缸、陶管均被评为市级优质产品；淄川陶瓷厂生产的龙花缸，1982 年获山东省一轻厅优质产品称号。

近些年陶瓷原料逐渐枯竭，几种对原料要求高的产品已经被迫停产。大多陶瓷制品的利润空间很小，受生产材料价格上涨等原因的影响，传统陶瓷制品经营状况十分艰难，精通手工制作的老陶瓷艺人逐年减少，后继乏人，一些很有发展前途的手工陶瓷制品面临失传的危险。

二、顺天姑传说

顺天姑传说，第二批区级非物质文化遗产项目。“顺天姑”相传原是淄河幸福溜池板村的民间女子，姓李，因其出生时出现祥云，久旱逢雨，村中老先生为她取名为彩云。彩云六岁时，因父母病逝，被送到南牟村的翟姓姥姥家，七岁时经常跟随姥姥到村中关帝庙烧香拜佛。十七岁时，淄河流域突发旱灾，一位云游高僧指点村民选一名年轻貌美、心地善良的女子到鲁山龙王庙求雨，彩云为了解救苦难中的百姓，欣然前往。彩云经历了千辛万苦，在山神的帮助下终于到了鲁山山顶，彩云不吃不喝，焚香求雨，直到第七天，终于支持不住，倒在山顶上，魂不附体。这一幕被观音菩萨看在眼里，柳叶一挥，彩云苏醒，便随观音菩萨到了天宫，玉帝见其真诚，便封彩云为顺天姑，王母娘娘收其为干闺女，并指派文武官各三名，两位侍女下凡降雨。在文武官的帮助下，彩云降下倾盆大雨，救了饱受干旱之苦的淄河流域百姓。

后来彩云常下人间，为百姓造福。人们为感念她的大恩大德，在淄河流域修建了多处庙宇，称为顺天姑庙。每遇大旱，淄河流域的村民就自发地组成“求雨”队到顺天姑庙求雨。“求雨”队一般由18人组成，只准男人参加。4人抬顺天姑，4人抬辇，1人耍钢叉，1人耍官刀，4人敲锣打鼓，4人各自拿着一只盛满“仙水”的碗。求雨队所有的人必须打扮成各种各样的花脸，且不准讲话，也不准插队，其余求雨人跟随其后。求雨的村在村中央搭个露天戏台，“顺天姑”放在戏台中央，供人们祭拜，口中低声念咒语“天姑娘娘下雨来”。一般求雨时间为7天，在这7天中定有某日会乌云遮日，下起倾盆大雨，使旱情得到缓解。雨到后，求雨队再把“顺天姑”送到顺天姑庙中。求雨结束后，求雨人要进行会餐，然后解散求雨队。据老人们说，每次求雨都很灵验，一般最少求得四指雨。

又传，清末年间，淄河流域池板村刘姓农民家中添一女孩，这孩子自小聪明伶俐，高雅安静，熟知天下事，但从不愿外出，也不愿与外人接触，因此就是本村人也有大多数人不认识她。自从这女孩降生后，这一带风调雨顺，五谷丰登。老百姓都喜笑颜开，安居乐业，但谁也不知道这好的年景与这女孩有关。

眨眼间，十六年过去了，这女孩长成一个亭亭玉立的大姑娘，自然前来提亲的不少，但这女孩贫富不应，总把媒婆拒之门外。在那时，女孩一般十五六岁就到了出嫁的年龄，再大了不嫁，人家就会笑话的，又过了两年，这女孩十八岁了，父母也没有再征求她的意见，就将其许配给相邻的牟庄村的一个英俊青年。可临近结婚时，这女孩突然病了，汤水不下。一天早晨，太阳升起的时候，邻居们看到她家中突然升起了一股青烟，后又变成一位仙女飘然升天，不一会就听到她家传出哭声，这女孩病故了。乡亲们议论纷纷，有人说这风调雨顺的十八年景，肯定会与这女孩有关，也有人说不可能。不觉到了第二年春天，干旱无雨，水缺如油，耕种无望，这时人们都怀念起这女孩来，她父母更是悲恸欲绝。有天夜里，她母亲做了一个梦，女孩告诉她说：“我本是天上的一名仙女，名叫‘顺天姑’，下界人间期限是20年，我提前回来的原因是我不能与凡人同居生活，我虽然回到天庭，但十分感激父母对我的养育之恩，为报答您与乡亲们的恩情，我已请求玉皇大帝恩准，给了我四指雨的权利，只要你们需要雨时，找个地方写上我的名字焚香告之就行。”第二天，她母亲将女儿托梦之事告诉了乡亲们，人们立即写上“顺天

西股村顺天姑庙（2012年拍摄）

姑”牌位焚香祈祷，结果中午晴朗的天空中突然从东南方来了一块云彩，随着雷声下起了大雨，不一会雨停云散，人们用手量了一下，正好是四指雨水，打听了降雨的范围，也是相邻方圆十里之内的乡村。后来，每当遇到旱情，人们就焚香告之，无不灵验。到了民国初年，当地有一绅士说顺天姑赐给我们这么多雨水，我们应为其建庙塑身。于是在他的带动下，这一带众乡亲捐资在西股村的三官庙东建起了顺天姑庙。

三、神赐灵泉传说

神赐灵泉传说，第二批区级非物质文化遗产项目。神赐灵泉位于今淄川区太河镇西股村南，悬崖陡峭，苍松密布，绿荫遮天，悬崖下自西向东，排列三泉，常年不涸，味甘清醇，颇有灵气，称作“神赐灵泉”。泉东建有“三官庙”“顺天姑庙”“高王殿”，分居东西两小院，两株古松覆盖寺院。崖壁上刻有“神赐灵泉”四个大字，石崖下面依次排列三口泉井。相传唐初，一书生进京赶考路经此地，因当时这里尚无村舍，书生人困马乏，饥饿难忍，便焚香祈祷寻找水源，并许愿若神灵相助，等金榜题名，则来此修庙为神灵塑金身。书生言感动神灵，霎时清清泉水从路边石崖下汩汩流出，书生饮之顿消疲劳，精神大振，进京则金榜题名，考中状元。三载后，书生探家又过此地，虽是寒冬，却见一群蜜蜂在其乘坐的轿旁嗡嗡飞歌，书生纳闷，即刻落轿，观看四周，方想起当年求水许愿之事，便立即出资，修庙塑身还愿。时值寒冬，滴水成冰，便以酒代水和泥，建起了“天官、地官、水官”三官殿。自此，泉水则更旺盛。三口泉井常年不涸，尤其雨季泉水更旺，溢出的泉水汇成小溪，沿参差石阶飞流直下，成美丽壮观的瀑布。泉边的西股村则靠泉井繁衍生息，几百年间形成一大村落。

西股村的神赐灵泉（2019 年拍摄）

三口泉井垒砌别具一格。中、西两井呈拱形垒砌，凹在石崖里面，以免雨天从山上冲下的脏物流入井泉。东面井泉呈方形，井上砌有一精美小石屋，方正的小门里面供放着“十大夫塑像”。据说，喝了此井泉的水能消灾除病。更令人惊奇的是，三口井泉地处百米之高的半山腰，相距只有两三米，但水的比重却各不相同。三官庙内建筑，“文化大革命”期间被毁殆尽，现只剩下三间空庙。该庙初建年代失考，但从保存完好的碑文得知，乾隆四十七年（1782 年）曾重修过。民国初年重建碑文记载：“环处皆山也，以上松岭诸峰尤美。地中生木，层层而起；山下出水，汩汩而来；其地则胜，其水则灵；而中天然运于其间也。”三官庙中院与西院有十几级石阶相连，台阶旁有一株直径米余的古柏。院中有庙宇三间，该庙为“高王菩萨殿”，建于清道光二十九年（1849 年）。在寺院中的山崖下，有一口两米多深的泉井，井口下一米处有一股清泉从山崖缝中汩汩汇聚流出，年复一年，日夜不息。东院的“顺天姑庙”建造较晚，有碑文载：“自古山不在高，有仙则名；水不在深，有龙则灵。传闻顺天仙姑之神降临宝泉社（当时西股泉村隶属宝泉社辖管）数岁，化神成仙……”

“神赐灵泉”所处树木丛生，植被茂密，山顶一株十余米的古柏，望去犹如一支插放在山顶的毛笔，故称“松灵一支笔”。古人云这里脉象好，乃风水宝地也。

四、吴王寨传说

吴王寨传说，第二批区级非物质文化遗产项目。吴王寨位于淄川区太河镇西南边沿，与西河镇田庄村搭界，海拔 785 米，山顶端在 20 世纪 50 年代建有防空瞭望哨塔一座。相传西汉景帝时，吴王刘濞（封地江苏邳县）联络济南王、淄川王、楚王、赵王、胶西王、胶南王发动“七国叛乱”，吴王驻扎的山寨后人便称“吴王寨”。他的王子驻扎的前哨山寨，后人便称作“王子山”，它位处淄水西岸吴王寨前沿。为防朝廷大军征讨，吴王与王子约定，凡有兵马来犯，即命王子以击鼓鸣锣为号，吴王闻之便发兵助战。此时王子年轻识短，恐怕万一兵马来攻，父王不来咋办？于是令士兵击鼓鸣锣试之，吴王在山上闻听信号，立即发兵下山助战，结果竟是虚惊一场。吴王气愤地训诫王子，军中不得戏言，万不可再这般胡来，以免懈怠军心。吴王上山后，王子总害怕有兵来犯，终日忧惧，心想如果有兵真来进攻怎么办？就拿定主意再击鼓鸣锣试试，吴王在山上闻听信号，以为敌兵果真来了，于是再次派兵救援，结果又扑了一场空，吴王与众将士对此颇为生气，愤愤回山寨而去。不几日，敌兵真的前来进攻，王子急发信号求救，吴王闻听后，认为王子又是在胡闹，就没有派兵前往，结果王子寡不敌众，死于战阵，前哨山寨被敌军占领。吴王得知此情，叹息悔恨，随令兵士兜土为冢，将王子尸体葬于淄河东岸的土坡下。兵士每人兜一兜黄土筑成了一座大冢子，即现存的王子冢，后人便称其地为冢子沟。王子墓西与吴王寨隔淄河相望，吴王寨、王子山村名、冢子

太河镇吴王寨（2012 年拍摄）

沟等名称沿称至今。

五、马陵锣鼓

马陵锣鼓，第二批区级非物质文化遗产项目。形成于清朝盛世，为今淄川区太河镇马陵村鼓乐艺人所创，故称“马陵锣鼓”。鼓曲雄壮激越，优美动听，催人奋进，常用于喜庆演奏，能使秧歌队踏着鼓点翩翩起舞。马陵锣鼓分蓬莱阁、宜昌、编鼓通三个主段。三段意境如下：一、初入仙境，似觉漫步蓬莱，踏步云天，挥洒自如，浪漫自由。使人有超俗出尘，飘飘欲仙之感觉，不由得轻歌曼舞；二、渐入佳境。宜人之景，让人舒心畅快，豪情满怀。欢快激扬的节奏使人舞性大发，进入欲罢不能之境界；三、鼓曲更加雄壮激越，优美动听，舞姿随之更加奔放。人人精神倍增，畅达痛快，犹如龙腾虎跃，震天动地，春雷滚滚，催人奋进。

六、蝴蝶舞

蝴蝶舞，第二批区级非物质文化遗产项目。别名扑蝴蝶，自清朝起流传于山东地区，至今已有100多年的历史，20世纪初，蝴蝶舞处于兴盛时期，每年腊月二十几开始调集人员训练，春节、元宵节上街表演，象征春天的到来，农民开始忙于播种，表达农民的愉快心情。

蝴蝶舞运用的是一系列舞蹈动作，属多人舞，成双成对。初期是男引男扑，中期是男引女扑，后期是女引女扑。至少要6引6扑12人，都是挑选五官端正的青年参加表演，中间穿插翻转等花样，最后形成蝴蝶样式。演出服装为蝴蝶衣，用丝绸制作而成，蝶身是由板子、弹簧组成，蝶翅是由铁丝撑起，总重量达4公斤左右。蝴蝶舞表演用的伴奏音乐是“喜皮线”“夜深沉”，是由京剧曲牌改革演变而来，2黄8板，4/4拍。全舞分三部曲，乐器有京二胡、月琴、大鼓小鼓、大锣、小锣、大钵、小钵等。

蝴蝶舞鼎盛时期是在1948年左右，春节前就开始着手准备，从正月初几开始一直出演到正月十五。1960年至1979年，几乎没再演出。改革开放以后又慢慢恢复，20世纪80年代后期，人数多达12对24人。1987年山东电视台专程进行采访。如今在每年的元宵节民间艺术扮玩等大型活动中，蝴蝶舞作为一个重点节目进行演出，受到群众欢迎。

2008年元宵节蝴蝶舞表演

七、寨里芯子

寨里芯子，第二批区级非物质文化遗产项目。芯子是流传于民间的古老传统杂耍技艺，渊源大概可追溯到明清时期，把5—7岁的儿童装扮成各种人物，固定在铁芯上呈现惊险优美的造型。芯子作为一种古老的民间技艺，在淄川许多村庄流传至今，用于庆祝春节、元宵节等传统节日。寨里芯子在淄川颇有名气，它的设计巧、险、美，所扮芯子有“吕布戏貂蝉”“状元拜塔”“罗成卖绒线”“鸿雁传书”等。芯子一般由四人抬着前进，芯子微微上下颤动，上面的孩子两臂随着节奏轻轻地摇摆，极具韵味。

八、茶叶末釉与陶瓷雕塑

茶叶末釉与陶瓷雕塑，第二批区级非物质文化遗产项目。茶叶末釉起源于唐代，盛于清代乾隆年间。唐代茶叶末釉以含铁量较高的釉土为主要材料，以还原焰烧成。烧成的产品釉面呈现带哑光的微结晶状，色泽与茶叶末酷似，给人以浑厚含蓄、大方稳重的感觉，是历史上的名贵釉色。

宋代以后，茶叶末釉烧制工艺一度失传。清光绪三十二年（1906年），山东省工艺局拨20万两银子在博山设立陶瓷专习所，特聘老艺人陈希龄为技师，主持博山陶瓷的恢复、研制和开发，遂以当地原料试验恢复了茶叶末釉。新的茶叶末釉呈现出鳝鱼青、鳝鱼黄两种色泽。专习所创作了大螃蟹造型的蟹黄汤专用器具，山东省工艺局将之作为贡品献给清廷，获赐黄马褂。

1957年，党和政府在博山山头成立了陶瓷技术研究小组，陈怀慈（国家级老艺人，陈希龄之子）任组长，恢复了由于战乱一度失传的茶叶末釉瓷器，制作了42个品种的产品。在1959年广交会上，茶叶末釉广受海外客商欢迎，被一次性定制了39个品种，10万件产品。轻工部在1960年批准投资建立博山美术陶瓷厂（当时全国共设立4个美陶厂）。1962年陈怀慈任全国工艺师，主持恢复茶叶末釉螃蟹产品的生产，但由于管理不力，茶叶末釉的生产并没有步入正轨。20世纪70年代，陈氏家族第三代传人，中国工艺美术大师、中国陶瓷艺术大师陈贻谟，继承父辈遗志，继续对茶叶末釉进行研究与创新。陈贻谟利用茶叶末釉的艺术特点，将材料的材质美、色彩美运用到不同形体之中，开发了陶瓷雕塑。作品造型生动自然，色彩丰富绚丽，突出运用各种花釉，尤其是借助窑变花釉的表现力。他同时改进工艺，适应工业化生产，施釉采取浸、喷、涂、轮等方法。其代表作品——兔毫釉浮雕龙盘，被中国工艺美术珍宝馆收藏，定为国家一级工艺美术珍品。鸵鸟、卧虎、上山虎等作品被选为国家礼品瓷。雕塑人物古代科学家贾思勰被中国美术馆收藏。2000年后，陈贻谟恢复了两次失传的茶叶末釉大螃蟹，开展小批量茶叶末釉的试验。2007年，淄川区委、区政府投资兴建“陈贻谟陶瓷艺术馆”，这一艺术瑰宝得到保护、传承。

茶叶末釉《天圆地方》文具（2010 年拍摄）

兔毫釉浮雕龙盘（2010 年拍摄）

九、陶瓷龙瓶制作技艺

陶瓷龙瓶制作技艺，第二批区级非物质文化遗产项目。淄博陶瓷源远流长，淄川寨里早在距今 1400 多年前的北朝时期就成为北方重要的青瓷产地。1982 年淄川龙泉出土的青瓷莲花尊，专家考证年代北朝，确认是淄川本地寨里古窑生产。由寨里窑向南 7 公里的渭头河窑（今淄川区龙泉镇），宋金时期窑场众多，新品迭出。

清朝后期渭头河分为孙家、牛家、程家三大窑场，后主要以孙家窑为主。孙兆亮是民国时期孙家窑的掌门人，当地叫“皇虎将”（也就是现在所说的陶瓷艺术家）。牛世广在新中国成立前后随孙兆亮学徒，主要生产碗、碟、盆、瓮等民用陶瓷，做少量花瓶、动物等艺术品。当时花瓶最大高度也不过 1 米左右，主要是些浅浮雕吉祥图案。采用的印坯技术，据传是来源于北朝时期的青瓷莲花尊的制作技术，所用的古窑炉现在仍保存完好。后牛继伟继承父业，沿用并提高印坯技术，发展了传统的陶瓷工艺，并成立了淄博辰浩雕塑艺术有限公司，产品主要有小到 1 米，大到 5 米高、直径 1.8 米的大型高浮雕龙瓶，以及大型园林陶瓷雕塑，其中以大型龙瓶为代表，行销全国，走向世界。

大型陶瓷龙瓶的制作，需要多道工序方能制成。原料必须采用地下 40—50 米深的优质黏土，及多种原料，按配方混合，沉浮期需要 10—20 年之后细度粉碎，再练泥、再扶垛。制作工艺分为两种，一是印坯技术，二是盘筑技术。在保持湿度的情况下，需要 3—5 个月的时间慢慢成型。雕塑则采用堆塑方法，运用祥龙、祥云、山、水等吉祥图案，需要 6—8 个月的时间多人雕塑完成。之后是施釉，釉料配方有多种，按所需制釉，采用喷施方法施釉，底釉需要 13 遍，面釉需要 3 遍，耗时 1 个多月。最后一个步骤是烧制，在 0℃—1300℃的温度下分段烧成，有小火、中火、大火之分。烧成后，再需要 10 天时间慢慢冷却，方可制作出合格的陶瓷艺术品。其中若有一道工序出现纰漏，就会导致整体失败。

装窑（2012 年拍摄）

陶瓷龙瓶成品（2012 年拍摄）

十、马陵雕刻

马陵雕刻，第二批区级非物质文化遗产项目。今西河镇大马陵村的雕刻艺术，已有 200 多年的历史，有木雕、石雕等。木雕艺人夏振远精通木工工艺，尤其擅长木雕。20 世纪 30 年代他曾为土峪天主教堂做了一个莲花球。此球做工精细，看不出有任何缝隙，手掰、摔砸都不能使球分开，但球上有一个小机关，一摁就使其立刻变成一朵莲花。此艺术品使德国的建筑师都为之竖大拇指，现下落不明。

马陵雕刻《鱼戏》（2012 年拍摄）

工匠手工雕刻（2012 年拍摄）

十一、条编技艺

条编技艺，第二批区级非物质文化遗产项目。条编亦称编筐、编篮，它流行于原淄川商家地区，2011 年划归文昌湖旅游度假区。条编制作工艺并不复杂，材料以腊条、棉槐、柳条等为主，经筛选、修条、打皮、浸泡、晾条、抠型、编织、修饰等过程而成，主要工具有模具、弯刀、剪刀、夹钳等，用粗壮的条子制出所需的框架，也可用单根或多根，根据不同的规格用途粗细搭配，交叉编条。

条编产品主要用于农村生产、农民生活、工业采矿等，具有方便、耐用、环保、经济等优点，成品有拖筐（过去井下拖煤用）、罗头筐、提篮、花篮、菜筐等十几个品种。现如今科技发达和社会进步了，条编使用范围越来越窄，虽然工艺简单，使用环保，但因为原料缺乏，销路不畅，原来的条编艺人大多改行另从他艺，现只有很少的人从事这一技艺。

十二、黑神丹丸

黑神丹丸，第二批区级非物质文化遗产项目。专治妇科病，在原淄川城西商家乡村已流传 100 多年，2011 年划归文昌湖旅游度假区。此药共 4 味药，其中起主要作用的是秘制的药引子。

十三、真观宫庙会

真观宫庙会，第二批区级非物质文化遗产项目。位于今淄川区将军路街道七里社区，每年正月初九、三月十五、九月初九举办庙会。其中以正月初九最为隆重，相传这天是玉皇大帝生日。现在庙会时有送轿、船、旗、匾、伞等仪式，有衣服、袍子，有元宝、聚宝盆、莲花盆、食物等祭品，张店、沂源、博山等地均有善男信女前来朝拜，附近村子更是人来人往，香火最盛时人流量达到每天 2000 余人次。

十四、农家土法酿酒技艺

农家土法酿酒技艺，第三批区级非物质文化遗产项目。流传于淄川东南部山区的峨庄、大河、淄河一带，一般采用本地所产粮食、果品酿造，酒香醇正。其制作工艺一般有三个步骤。

一、制麦曲。选择上好的小麦轧细，带麸，加水适量，揉成团状备用。在花篓、条筐或其他透气性好的容器底部铺设一层麦穰，将其放入，每放一层铺一层麦穰。气温在 28℃左右，若天气转凉，可在阳光下增盖塑料薄膜以提高温度。制曲的多少以所蒸酒的数量而定，一般 50 公斤料要用 15—20 公斤小麦制曲。

二、做引。将主料（一般用高粱或玉米）加工成粉状，待水开后将高粱面（或玉米面）放入，煮熟之后置入事先备好的酒缸，搅动散热。待高粱粥温度降至 30℃以上、40℃以下时，可放入轧细后的麦曲。加入后，充分搅拌。依据口味及习惯不同可分别加入柿子块、软枣、酸枣、山楂等果品，以获得柿子酒、软枣酒、酸枣酒、山楂酒等不同品种的酒类。辅料可多可少，依个人口味喜好而定。高粱（或玉米）主料根据生产数量而定，一般每公斤主料，可产 60 度左右的原白酒 0.5 公

蒸制出酒（2016 年拍摄）

斤。做好引后，应适当保温，待机蒸制。

三、蒸制。蒸制前要准备冰块及两口大锅，其中一口为上锅，现多用不锈钢或铝制作，内放冰块；另一口为下锅，添水适量，用火烧热。两锅之间隔开，外围可用材料较硬的木板拼成，也可用秫秸、玉米秸围成，用黄泥密封。上、下锅直径大体相当。灶膛大小一般以锅的直径而定，以干草（谷秸）或稻糠为燃料（以干草为佳，因干草透气性好，适宜蒸腾），保证燃烧充分，必要时配备鼓风机。待下锅中的水烧开后，用干草拌料，要求均匀（下锅上沿置箅子），放入箅子上，待料填满后，放上酒溜子。在甑上口置上锅，锅脐为上锅的中间部分，所得酒皆从此滴落在酒溜子上，再从酒溜所置导管中流出。上锅内置事先准备好的冰块，以增加温度差，增加蒸馏量。下锅继续加热，所产生的蒸馏水即为原白酒。

出酒后，一般为头曲、二曲度数高，口感好，质量好。尤以二曲为上品，及至最后，度数较低，质量较差，可以将其倒入下锅复蒸。待酒流量减小后，出料，再投料续蒸。

蒸制过程中，要观察下锅中的水量，水量减少，要及时补充，但不可过满。也可用上锅冰块融化后的水加入，以减少烧火时间。

接酒后，要用陶缸、陶罐等器皿盛酒，不可用塑料制品直接盛酒。存放月余，充分糖化，即可饮用。

十五、慕王大花皂

慕王大花皂，第三批区级非物质文化遗产项目。又叫“猪胰子”“黑肥皂”，为淄川土特产。1954 年由赵盛景开始制作，至今已有 60 多年历史，远近闻名。旧时在淄川地区每到冬天，几乎家家都用“猪胰子”洗手。尤其是手上有冻伤、裂口时，那一定要用“猪胰子”洗手，“猪胰子”具有消肿止痛、消炎灭菌、去油除污的功效。淄川人叫肥皂为“胰子”，其原因也来自“猪胰子”。

“猪胰子”的配方和制作工艺源远流长，最早是民间自产自用。人们利用猪的胰脏加碱，制成最原始的肥皂。猪的胰脏和碱都有很强的去污力，将二者结合，可以缓解碱的刺激力，再掺加些白砂、樟脑、香料等使气味更适宜。淄川民间土法制作“猪胰子”很简单：把猪的胰脏切碎，放在案板上用锤子砸，砸成黏糊状以后，放进一个大铁盆子里，用四五根筷子攥在一起在盆子里搅动，边搅边把在锅里融化的柴碱水倒进去。越搅越黏，越黏越搅，等把柴碱水分都搅干了就可以停下来，用手抠出一块，团揉成球或方块等形状，放在通风干燥处晾干，十多天后便可使用。加黑碱生产出来的就是黑色的，加白碱则是白色的，黑碱和白碱混合而成的“猪胰子”，淄川百姓叫“大花皂”，一头猪的胰脏可做大约 20 块“猪胰子”。“猪胰子”是季节性产品，一到夏季容易变质、冒白霜，制售“猪胰子”一般从每年阴历十月一开始，一直卖到来年春暖花开。

大花皂制作工具（2012 年拍摄）

大花皂（2012 年拍摄）

十六、涓头河大瓮制作技艺

涓头河大瓮制作技艺，第三批区级非物质文化遗产项目。涓头河村位于淄川般河的源头，故名涓头河，亦称峪头河，清光绪二十六年（1900 年），以谐音称涓头河。涓头河陶瓷生产历史悠久，据考证始于宋元时期，到清中期淄川的陶瓷生产逐渐集中到涓头河一带，该地成为淄川陶瓷生产和销售中心。1723 年，涓头河村民建小窑生产碗、盆等。清雍正十三年（1735 年），涓头河孙氏在此建大圆窑生产碗、盆等。到清嘉庆年间涓头河窑业发展到六七家。经陶瓷工匠不断改进完善，形成了自己独特的产品涓头河大瓮，大瓮产品小到直径 0.3 米，大到直径 1.5 米，有 20 多个品种和十几种釉面。大瓮用来盛酒、水、粮等，不渗、不漏，且避鼠害，深受酿造业和粮食储存、加工等行业以及广大百姓的青睐，产品远销全国各地，所以，制作大瓮为当地百姓谋生的重要途径。

十七、石磨制作技艺

石磨制作技艺，第三批区级非物质文化遗产项目。石磨用的石材称素石，含石英石 75% 以上，矿藏大，用途广。该石料坚而不硬，素而不繁，细而不碎，层层有序。人们利用这种石料的优势，打制石磨，其产品耐用、耐磨、环保、卫生、方便，赢得了广大用户的青睐，产品销往河北、河南、胶东一带。石磨制作首先是采石，初步成型，直径不小于 60 厘米，厚不小于 30 厘米，然后精细加工，其主要规格为直径 60 厘米、厚度 30 厘米，分上、下两层，种类分旱磨、水磨两种，磨盘上下两层相互作用，磨制出所需的农作物。

十八、淄川打铁花

淄川打铁花，第三批区级非物质文化遗产项目。是淄川地区一种独特而古朴的民间娱乐活动，据传始于清道光元年（1821 年）。当时，西关六龙桥一带，冶炼、铸造、制车业等诸业兴旺，能工巧匠云集于此。冶铁业发达昌盛，铁匠们打铁时，偶然发现四处飞溅的铁花非常漂亮，金星四溅，耀眼夺目，触发了人们的创作灵感。岁末年初，工匠们凑在一起扮玩取乐，把剩余的铁汁对空敲击，铁花四溅，具有很强的娱乐性和观赏性，打铁花由此演变而来。后来经过几代人不断探索改进，逐步发展为淄川地区独特的传统民间节目表演。

淄川打铁花表演，要提前几天就做好准备。首先要到附近山上挖好耐火土砸碎研细，加水、盐和好，使劲摔打无数遍，使之“上劲”后，捏成小碗大小的坩埚（其大小直径 10 厘米左右）、酒盅大小的坩勺（勺的大小直径 2 厘米左右），晾干待用。废旧铁器用铁锤砸成硬币大小的碎块备用，打一场铁花要耗费少则数十斤、多则上百斤铸铁。准备焦炭，没有现成的，就用烟煤在炉子里烧到发红正旺的时候，用铁钳夹出扔到水里冷却后即成。再准备数块两尺多长、三四寸宽、半寸左右厚的木板，把手握的一端削得窄一些光一点，以便好拿好用。还要准备好风箱和两把长柄的火钳，然后选择六龙桥下孝妇河边的河滩，临水平坦地段扎一松门，垒一个二尺左右高、二尺左右粗细的炉子，把风箱安放好并与炉子进风口连接妥当。接着把准备好的焦炭、碎生铁片、坩埚和引火生火的软硬柴火等拿来放好备用。正月十五当晚，打铁花的工匠们在熊熊燃烧的炉内放几个用耐火土制作的小坩埚，坩埚内放满碎生铁块，将碎铁块熔炼成 1500℃以上的铁汁。熔化碎铁有一定讲究，以稀而不散、稠而不沾为好。打铁花的人数不限，或几人或数十人，一般都是生龙活虎的小伙子。打铁花时头戴草帽，双手执木板，站在炉旁，专人负责用火钳夹着坩勺舀入炼好的铁汁，倒在用锯末在板上围成的圆圈里，工匠们面向河心水面方向，将铁汁抛起，待落下时，以木板用力击向空中，表演者必须胆大心细，眼明手快。先将红铁团轻轻一簸，随即猛力往上空打去。灼热的红铁团于半空迸散，顿时形成五彩斑斓的火花，绚丽多彩，变幻莫测，夺目耀眼，令蟾宫失色。打铁花是臂力与技巧的完美结合，只有好的工匠才能泼打出形形色色、各式各样的火花。随着表演者臂膀上下挥舞，“铁花”此起彼落，从高处倒悬坠落如火山喷发，火花稀落之时又如火树银花，流光飞天，壮丽绚烂，美不可言。旧时每年正月十五，在淄川西关河滩表演打铁花时，淄川城乡男女老少倾家出动，云集孝妇河畔、六龙桥上观赏打铁花，场面十分壮观。

20 世纪 80 年代打铁花的壮观场面

1986 年元宵节，中央电视台《九州方圆》节目主持人沈力及播音员赵忠祥带领摄制组来淄川拍摄打铁花节目，并作为《九州方圆》节目片头播映。1991年，第二届淄博陶瓷琉璃艺术节开幕，邀请西关一村赴淄博人民公园表演打铁花，令数万名观众大饱眼福。1992年元宵节，台湾导演凌峰率领的《八千里路云和月》摄制组一行5人，专程至西关一村录制打铁花，他们对这一艺术奇葩赞叹不已。

十九、五音戏

五音戏，第四批区级非物质文化遗产项目。原名“肘鼓子”或“周姑子”戏。它的历史起源，据艺人们的追忆，推测是从18世纪中叶清代乾隆年间发展起来的，其衍变过程大体经过了“秧歌腔”“周姑子”“杂社”“五音戏”等四个时期。周姑子戏时期是“五音戏”逐渐发展起来的重要时期，周姑子戏逐渐成熟起来的后期，启用过“五音戏”一名，后来便成为该剧种的定名。

二十、贾村大鼓

贾村大鼓，第四批区级非物质文化遗产项目。源于明末内阁首辅张至发携京城鼓师艺人传入贾村，距今400余年。通过一代又一代的鼓迷爱好者传承至今，形成了一套独具风格的地方民间艺术形式。

贾村大鼓打鼓手法有击鼓心、击鼓梆、击鼓边、单槌打、双槌打、轻槌点、重槌敲等技巧。贾村大鼓气势宏伟，音调优美，节奏欢快，激昂时雷霆万钧、排山倒海，缠绵时如行云流水、春雨润物，回味无穷。

二十一、韩氏中医（不孕不育）

韩氏中医（不孕不育），第三批区级非物质文化遗产项目。据史志及家谱记载，韩氏族系中历代不乏名医。明代族人韩明善、韩道扬，清代族人韩鳌修，都曾被授予“太医院吏目”。清代韩维耀，在淄川东关大街韩家“吉顺堂”坐堂行医，清代《淄川县志》载其名录，称其“内、妇、儿各科医术均佳”。民国时期韩允深为地方名医，1933年在淄川区罗村镇开办“瑞生堂”，医术医德载录《淄川区志》。韩宗明现为韩氏中医十六代传人，其祖父韩奉玉、三叔父韩奉瑾（主任医师），均为地方名医。韩宗明自幼受家庭熏陶，喜爱中医，潜心学习、钻研，专攻男女不孕不育病症治疗。他刻苦钻研先辈们流传下来的医术，与父亲韩天成一起挖掘、整理治疗不孕不育处方30余个，结合现代医疗诊断技术，中西结合，辨证施治，对多种男女不孕不育疑难病症有显著疗效。十六代传人中的韩双、韩宗福等也都学有所成，跟随父辈习用韩氏中医的医术，为不孕不育患者治疗病患。韩氏中医祖传的医术专著《丸药本》《经验处方集》《神效中医经验方》，为数代韩氏名医流传下来的经验处方，对于治疗男女不孕不育疑难病症，有着十分重要的价值。

韩氏中医第十四代（中）、十五代（右）、十六代（左）传人（2016年拍摄）

韩氏祖传药橱、药柜、药碾（2016年拍摄）

二十二、贾氏医家（痈疽疔疮）

贾氏医家，第三批区级非物质文化遗产项目。淄川贾氏医家是淄川著名的治疗痈疽疔疮的中医世家。19 世纪中后期，贾氏家族中的贾久常老先生立志学习中医，那时家族中尚未有学医之人，他四处拜师，以顽强的意志最终学到一身中医治病的本领，在淄川西关鱼市街设立益寿堂诊所，其子贾泽远（生于 20 世纪初）从小受父亲贾久常的影响，认真研习中西技术，并在黄家铺组建小医院坐诊、授徒，也就是后来发展壮大的黄家铺镇医院。其创制的痈疽汤由黄芪、当归、赤芍、花粉、荆芥、防风等 12 味中药组成，疗效独特。现在贾氏医家的主要传承人贾世华，自幼跟随其父贾泽远学习并深得真传，他还虚心求教医学老前辈，不断丰富自己的临床实践经验，经过多年的潜心研究探索，擅长皮肤疮疡、内科、妇科等病症治疗，尤其是在皮肤科方面，研制出了抗敏胶囊、消银胶囊、抗真胶囊、调经方、肠痈汤、鼻衄散等，在许多疑难杂症治疗上取得独特疗效。

二十三、锡器制作技艺

锡器制作技艺，第四批区级非物质文化遗产项目。清代中期郑氏迁入淄川西河，将锡器打造技艺带入，为西河及周边乡镇人民群众的生产和生活带来了方便。锡器打造所用工具有火炉、风机、化锡锅、夹锅钳、火钳、铁锤、木槌、垫铁、压板、模具、剪刀、烙铁等。打造一件锡器制品一般需要经过以下几个流程：化锡，把锡块或废旧锡器放入锅内用旺火将其化为锡水；倒模，将锡水倒入预先制作好的模具内，自然冷却定型；裁剪，根据要制作的器具的大小、形状，将冷却定型的模块进行剪裁；定型，将裁剪好的模块捶打整形，用点焊对接等方法进行定型；焊接，焊接定型器具的所有缝隙和连接点；抛光，对焊接好的器具的外表及焊接处进行打磨抛光。

时至今日，随着社会工业技术的快速发展，手工打造技术逐渐被淘汰，锡制手工艺品逐渐被其他机械金属制品所替代，颇有造诣的技工相继谢世，有些绝技难以得到传承，锡器打造技艺已濒临失传。

二十四、毡活制作技艺

毡活制作技艺，第四批区级非物质文化遗产项目。毡活制作是龙泉镇的传统技艺，从 19 世纪初以来就远近闻名，迄今不衰。

据《中国实业志》记载："淄川龙泉镇之毡帽，在山东手工业上颇有地位。在民国 23 年（1934 年）以前销场甚旺，嗣后受时局影响，销数大减，价格即跌，存积又多，龙泉毡帽业一蹶不振矣。该地毡帽业，现存者仅有二家，一为义兴厚帽庄，一为洪增帽庄。义兴厚创于民国 6 年，系合资组织，资本五千元，职员七名，工人四十人，职员月薪总数七十元，工人工资总数每月二百四十元。工人尽系本地招雇。所用原料羊绒五千斤，产于本地及邻近各县，每斤约为五角。每年出产大帽一万顶，每顶五角；小帽六千顶，每顶二角五分。生产总值六千五百元，销于江浙两省及本地。洪增帽庄，开办于民国二十年，亦为合资组织。资本三千元，职员五名，工人二十五人。职员月薪总数五十元，工人工资总数每月一百五十元。每年需用羊绒三千斤，产大帽七千顶，产品总值四千二百五十元。"抗战期间，毡帽业曾经一度萧条。新中国成立后国家对龙口毡帽进行了扶持，恢复生产，使该业复苏。抗美援朝时期，因朝鲜气候严寒，政府从龙口选拔制毡工匠七十余人，派到济南军区制作毡和毡帽，支援抗美援朝，战争胜利后这些工匠光荣返乡。

毡帽有单片和双片之分，主要原料是春天的山羊绒，也可掺用少量的羊毛，原料产于本地邻近各县，每顶毡帽要经过大小 20 多道工序。毡帽具有防风、御寒、保暖、祛湿、顶戴舒适等特点，远销上海、宁波、温州和绍兴等地，深受江南广大群众尤其为船夫和艄公等从事水上作业人员的喜爱。后来民间工匠将毡的运用进一步扩大，制作出床毡、毡靴等生活用品。

二十五、淄川民间传统游戏

淄川民间传统游戏，第四批区级非物质文化遗产项目。淄川民间传统游戏，是流传于广大民众尤其是少年儿童生活中的嬉戏娱乐活动，趣味性强、种类繁多，内容活泼、轻松，简单易学，形式灵活多样，且多为集体性游戏，需要同伴之间的合作和互动，对促进孩子身心发展有着重要作用。

在淄川民间广泛流传的传统游戏有荡秋千、剪子包袱锤、捉迷藏、跳房子、跳皮筋、跳绳、打懒婆（打陀螺）、老鹰抓小鸡、撞拐、跳大绳、弹玻璃珠（弹蛋儿）、四项、拍手背、解九连环、打楔、翻花绳（翻棉条）、滚铁环、拉大锯、把菠菜、弹杏核、盘金钱、拾沙包（拾棋、拾子）、做屋、地雷爆炸、踢毽子、扎手绢等，许多游戏仍然在淄川儿童及部分成年人间流行，具有极强的生活气息，给人们带来了童年的欢乐。

二十六、金鸡山的传说

金鸡山的传说，第五批区级非物质文化遗产项目。金鸡山。位于淄川区太河镇。传说是天庭玉皇大帝的一只金翅鸟，也有的说它是王母娘娘的一只金鸡，负责在天庭与蓬莱之间传旨递信，因眷恋这方风水，常化为凡间姑娘，偷偷离开天庭来到淄河岸边玩耍。后来被天庭知道后，派天兵前来捉拿。金鸡姑娘主意已定，坚决不回天庭，在霹雳将军的闪电中，她化成了一座独立的山头，就是现在的金鸡山。远看像一只引颈卓立的金鸡，就连山顶的那棵千年古柏也酷似一只独立啼鸣的金鸡，过往来人，无不驻足看上几眼。

二十七、传统板话

传统板话，第五批区级非物质文化遗产项目。是流传于淄川民间的口头文学艺术样式，主要表现形式有即兴板话、说唱板话、纪实板话、行业板话、抒情板话等，内容多贬恶扬善，弘扬正气，释放正能量，贴近百姓，深受大众欢迎喜爱。

二十八、纸扎花制作技艺

纸扎花制作技艺，第五批区级非物质文化遗产项目。纸扎又称糊纸、扎纸、彩糊等，融剪纸、绘画、草编、竹扎和裱糊于一体，是一门独特的民间艺术。纸扎艺术最初起源于丧俗，主要指用于祭祀及丧俗活动，扎制纸人、纸马、摇钱树、金山银山、金斗银斗、纸狮子、纸象、纸鹿、纸棺罩、花圈等焚烧的纸扎品，是为满足民众祭祀心理及精神需要的一种形式。

传统的纸扎艺术作为一种民间美术样式，以其丰富多彩、实用性广的特点深得百姓喜爱，也被广泛用于民俗节庆文化中，如用纸扎技艺制作跑旱船的船、龙灯、腰灯、毛驴、狮子、竹马等多种纸扎道具。

二十九、老豆腐制作技艺

老豆腐制作技艺，第五批区级非物质文化遗产项目。据传明朝初年朱元璋大洗山东后，有红头苍蝇传播细菌，瘟疫遍地。今太河镇西岛坪村任氏先人觉得生存无望，用仅有的几斤黑豆制作豆腐，当时的峨庄，交通不便，能买到卤水的机会不多，就利用老浆（酸浆水）进行点制，但意想不到的是红头苍蝇落在豆渣上全部死亡，任氏躲过灾难。据西岛坪村村碑记载，该村于明代以前建村，据此推测，峨庄地区豆腐的制作，最晚不会晚于元代。

三十、正骨疗法

正骨疗法，第五批区级非物质文化遗产项目。起源于清末，至今已有一百多年的历史。正骨疗法是运用摸、接、端、提、推、拿、按、摩等治疗手法，使移位的骨折端正确地复位，再加以中成膏药辅助治疗软组织损伤，具有良好疗效。

三十一、不孕症汤剂

不孕症汤剂，第五批区级非物质文化遗产项目。不孕症汤剂为淄川吉顺堂韩氏中医十六代传人韩宗明利用祖传制作技艺炮制，用于治疗男女不孕不育病症。韩氏中医祖传的医术专著《丸药本》《经验处方集》《神效中医经验方》，为数代韩氏名医流传下来的经验处方，家传秘方不孕症汤剂的制作更是十分重要的一部分，对于治疗男女不孕不育疑难病症，有着十分重要的价值。

三十二、针灸疗法

针灸疗法，第五批区级非物质文化遗产项目。代表性传承人淄川昆仑镇马庄村张常德，他是张氏针灸疗法的第三代传人，有40余年的行医经验，在继承传统中医基础上，根据多年来大量的临床经验，他研究出了一套行之有效的中医针灸推拿疗法。张氏针灸疗法以中医经络学为基础，包括针刺法和灸法，针刺法又称刺法，即用针刺治疗疾病的方法，灸法又称艾灸，即用艾火灸烤治疗疾病的方法，临床中根据不同的疾病症候，辨证运用。推拿对于骨科方面的疾病治疗效果较好，如颈椎病、落枕、腰椎间盘突出症、腰肌劳损、肩周火、膝关节骨刺，各种软组织的扭伤、挫伤等，其适应证也较广，在内科、妇科、儿科等都有应用。

韩氏中医不孕不育验方集（2016年拍摄）

三十三、淄博刻瓷（扩展）

淄博刻瓷（扩展），第五批区级非物质文化遗产项目。参见省级非物质文化遗产名录项目五。

三十四、土法酿酒（扩展2项）

土法酿酒（扩展2项），第五批区级非物质文化遗产项目。参见区级非物质文化遗产名录项目十四。

三十五、陶瓷雕塑（扩展）

陶瓷雕塑（扩展），第五批区级非物质文化遗产项目。参见市级非物质文化遗产名录项目十二。

三十六、悬羊山传说

悬羊山传说，第六批区级非物质文化遗产项目。悬羊山位于太河镇境内的东峪村和土泉村之间，曾是历史上的古战场，至今流传着“悬羊击鼓”的传说。

春秋时期，齐国与鲁国交兵，齐桓公的军队被鲁庄公困在了峨庄溜。鲁庄公看山溜两旁到处高峰林立，悬崖如削。心想，齐军就是插翅也难飞了。于是，一边自斟自饮，一边吩咐部下扼守山口。齐军被围困在山谷之后，时隔不长，便断了粮草，人饥马困，难以突围。危急之中，齐桓公计上心来。他令士兵在山中挖了一条条壕沟，将几百匹饿马置于沟内，并在马脖子上系上铜铃。饥饿难耐的战马在壕沟内狂奔，相互撕咬，铜铃响声一片。齐桓公又命士兵把一只只山羊逮来，倒悬蹄吊在树上，在前蹄下放上战鼓，羊蹄乱蹬，鼓声震天。在路口守株待兔的鲁庄公听到山溜中传来的鼓响马嘶铜铃声，以为困在其中的齐军已到了山穷水尽、走投无路的地步。正在鲁庄公得意之时，一支军队从背后杀来，把鲁军杀了个落花流水。原来，齐桓公将一切布置好后，便率军队从早已挖好的通道中逃出，翻山往东，绕青州，走临淄，来了个“回马枪”。从此，人们便把齐军悬羊击鼓的这座山叫“悬羊山”。

悬羊山东寨全景（2012年拍摄）

悬羊山远眺（2012 年拍摄）

三十七、铁壶制作技艺

铁壶制作技艺，第六批区级非物质文化遗产项目。铁壶是用来煎茶、煮水的器具，起源于中国，据记载最早出现在元至大二年（1309 年），于江户时代传入日本，距今已有数百年的历史。淄川区龙泉铁壶便是在这种传承中延续下来的，且通过戚家几代人的传承创造，工艺先进，雕工精细，内涵丰富，造型美观，深受用户喜欢。

铁壶以生铁为原料，用传统的铸造工艺和复杂的手工加工处理而成，具有养生保健、美观实用、增值收藏的价值。一把好的铁壶需要经过制模、摇蜡、焙烧、熔铁、浇铸、取坯、去砂、粗磨、雕刻、修面、整口、塑嘴、固提梁、校流、镶嵌等几十道工序处理，然后再做表面淡化处理，原生态植物防锈处理，众多工序皆需专业的人员手工操作，耗时多日方能完成。制作铁壶的原料也十分考究，需用高纯砂铁作为原料，才会有养生保健、改善水质的功效。

三十八、董佳斋香肠制作技艺

董佳斋香肠制作技艺，第六批区级非物质文化遗产项目。香肠制作是一种非常古老的食物生产和肉食保存技术，古时候人们用动物的肉加入天然香辛料灌入肠衣中制成香肠。民国时期董佳斋香肠第一代制作者董文炳在淄川开办“董家饭馆”，逐步得到广大食客的认可。董佳斋香肠也由此崭露头角，逐渐发展延续了下来。董佳斋香肠外观润泽金黄，香肠可撕成细丝，肉丝完整，细可穿针，特别是 27 味天然香辛料的加入，不但使香肠防腐保鲜，而且让香肠具备了软绵醇香的口感，味道淡雅不腻、清香扑鼻。

三十九、淄博池梨栽培技艺

淄博池梨栽培技艺，第六批区级非物质文化遗产项目。池梨是淄博市独有的特色果品，因其最早产于太河镇池板村，故称为“淄博池梨”。据史料记载，池梨在明洪武年间就开始栽培，迄今已有600余年历史。相传，有年乾隆皇帝前去泰山进香，有人献上池梨，他吃后感到甜脆可口，大加赞赏，随之钦定为贡品，每年进贡朝廷。淄博池梨栽培技艺，主要有育苗、栽培、施肥、剪枝等工序组成，它经过梨农们祖祖辈辈数百年的辛勤劳动和探索，形成了一套独特的栽培管理技艺和完整理论。

四十、鲁中石堰垒砌技艺

鲁中石堰垒砌技艺，第六批区级非物质文化遗产项目。鲁中地区石堰垒砌，历史悠久。据考证，淄川区太河镇一带石堰垒砌技艺，至今已有近千年历史。太河镇地处淄川东南山区，属丘陵地带，石头资源丰富，青石遍地皆是，为石堰垒砌技艺发展创造了良好的条件。过去人们不论垒堰造地，还是建房、修墓，几乎全都用石头作为原料，靠传统石堰垒砌技艺垒砌。国家级重点文物保护单位齐长城、淄博市重点文物保护单位莱芜故城遗址，均用石堰垒砌技艺垒砌，现部分建筑仍保存较为完好。

鲁中石堰垒砌技艺，主要有选址、挖沟夯实、选料、垒砌、填土等工序组成。选址，要根据实际需求，选择石堰垒砌地基，地基一般选择较为平整的地方，根基要坚硬。挖沟夯实，地基在石板上最好，若在土地里，要根据石堰的高度挖沟夯实，以免遇到水涝地基下沉，石堰倒塌。选料，最好是选找四面平整的石料，至少上下两个面平整，忌用河滩的鹅卵石垒砌，由于受客观因素制约，太河镇一带石堰垒砌，全不用黏合剂，也就是俗话说的“干碴堰”。由于用于垒砌的石头形状不一，上下接触面也不规则平整，就必须用碎石来支垫所砌料石的四角。所砌石堰，除力求耐用长久外，还要注重美观，要求每行石头要横平竖直。填土，垒砌石堰造地时，还要根据实际，随时将石堰里面用土或碎石填实，使之成为一体，避免遇到水涝出现漏洞，冲毁堰体。当然，石堰垒砌技艺除了以上正常工序外，还有农民们祖传的秘诀。

四十一、民间走马灯制作技艺

民间走马灯制作技艺，第六批区级非物质文化遗产项目。淄川区太河镇峨庄片区（原峨庄乡），这里每逢春节至元宵节有挂灯、赏灯的习俗，“走马灯”应运而生。勤劳智慧的峨庄人运用当地的秫秸等材料，手工制作花灯，里边装饰马或者四大名著的人物，点燃蜡烛后随着热气流的上升，马或者人物在灯内旋转，类似马或者人物奔跑，因此取名“走马灯”。

四十二、蓑衣制作技艺

编织蓑衣（2016 年拍摄）

蓑衣制作技艺，第六批区级非物质文化遗产项目。蓑衣是劳动者用一种不容易腐烂的草（民间叫蓑草）编织而成的像衣服一样能穿在身上的雨具。淄川区昆仑镇磁村片蓑衣制作技艺传承人，选用当地特有的一种蓑草制作蓑衣。蓑衣编制蓑衣一般分上衣与下裙两块，这种雨具穿在身上劳动十分方便。旧社会极贫人家，没有裤子穿，也用蓑衣来蔽体，有衣穿的人就用它做雨具。蓑衣编织工艺精妙复杂，至少需要几十道工序才能完成，展现了我国古代农人不凡的技艺和化腐朽为神奇的智慧，对今天的纺织编织工艺和服装设计都具有借鉴意义。

四十三、淄博砖雕制作技艺

镂空砖雕《鹤鹿同春》（2016 年拍摄）

淄博砖雕制作技艺，第六批区级非物质文化遗产项目。砖雕是我国传统建筑特有的一种装饰工艺，与木雕、石雕合称为建筑三雕。是在青砖上雕刻出人物、山水、花卉等图案，主要用于装饰寺塔、照壁、大门门楼、山墙墀头和屋顶等建筑物的构件。淄博淄川砖雕既有石雕的刚毅质感，又有木雕的精致柔润与平滑，呈现出刚柔并济而又质朴清秀的风格。

四十四、淄博花釉烧制技艺

彩花釉盘（2016 年拍摄）

淄博花釉烧制技艺，第六批区级非物质文化遗产项目。花釉是一种靠其色彩和纹理变幻形成的艺术釉，是中国陶瓷颜色釉中的珍贵品种，与单色釉相比，具有色彩多变，纹理生动自然，斑驳陆离的艺术效果。淄博花釉烧制技艺已有千年历史，是淄博淄川工艺美术陶瓷的传统装饰方法。淄博花釉以含铁、钙元素较多的黏土做底釉，再用含钛、锡等氧化物配制的颜色釉为面釉，通过喷、涂、点、浸等不同的施釉方法挂在器物上，在窑内1250℃以上高温作用下，通过窑内温度、气氛的变化，烧制成颜色绚丽多彩、花纹变化莫测的艺术作品。

四十五、木版画制作技艺

木版画传承人李玉莲正在免费教授木版画（2017年拍摄）

木版画制作技艺，第六批区级非物质文化遗产项目。木版画是以老门板为载体，用丙烯颜料绘制而成，具有防水、色泽持久不褪色的特点。淄川地区木版画存在较普遍，乡村多于城区。一幅木版画的制作需要经过十几道工序和细节处理，首先要用高压水枪、刷子，将门板表面的浮尘、糨糊和纹理间的污垢清理干净，接着进行晾晒；晒干后再用毛刷等工具深度清理，用电动工具抛光；然后勾图、修整、铺底色，反复上色，直至色彩达到最佳效果后，落款、盖章，完成整部作品。随着城市化进程的不断加快，老门板的数量越来越少，因此老门板画的收藏价值也越来越高。

四十六、快速修复膏

快速修复膏，第六批区级非物质文化遗产项目。快速修复膏是一种治疗溃烂伤口的膏状药品，特别是对常年卧床不起造成的褥疮溃烂、糖尿病足、老烂腿等有快速修复的疗效，在淄川洪山地区从第一代传承人至今已有100多年的历史。

四十七、太极拳

太极拳，第六批区级非物质文化遗产项目。太极拳——武当赵堡太极拳以道家哲学中的太极、阴阳辩证理念为核心思想，集颐养性情、强身健体、技击对抗等多种功能为一体，是结合易学的阴阳五行之变化、中医经络学、古代的导引术和吐纳术而形成的一种内外兼修、刚柔相济的传统内家拳术。有“太极拳圆桩功”“太极内丹功”等六大功法，就推手和技击劲法来讲，有上中下三盘24法秘技等。

武当赵堡太极拳在清末时期传入淄川。第十一代传人侯转运传播此拳，自此这一古老的拳种在般阳开始扎根发芽。为能进一步挽救并留承这一道门瑰宝，武当赵堡太极拳第十二代传人王敬爱于2015年3月创办了“淄博三丰太极文化传播有限公司”，专门从事传播武当赵堡太极拳

四十八、形意拳

形意拳，第六批区级非物质文化遗产项目。形意拳是由“心意拳”（亦称心意六合拳）发展演变而来的一个拳种。“包裹严密，劲力精巧”，以“内功四经”为主导，以“大开大合，尽力舒展”为特点。创立于清初，为山西永济人姬际可所创，清中期传入淄川，传承至今。

20 世纪 70 年代末，王衍华在山西太谷县形意拳发源地，被形意拳第二代传人刘剑亲传弟子吴殿科纳入门下，把自己的多年练拳经验和秘不外传的“心意精义”拳谱，悉数传于王衍华。学成后王衍华在淄川地区开班授徒传承发展。

四十九、淄博陶瓷雕塑技艺（扩展）

淄博陶瓷雕塑技艺（扩展），第六批区级非物质文化遗产项目。参见区非物质文化遗产名录项目三十。

五十、淄博陶瓷烧制技艺（扩展）

淄博陶瓷烧制技艺（扩展），第六批区级非物质文化遗产项目。参见国家级非物质文化遗产名录项目三。

五十一、土法酿酒（扩展）

土法酿酒（扩展），第六批区级非物质文化遗产。参见 2012 年第三批区级非物质文化遗产名录项目十四。

淄川区非物质文化遗产代表性传承人名单

表 7-4-1

传承人	传承项目	批次
翟　海	孟姜女传说	第一批
许　魁	鬼谷子传说	第一批
李建军	唐赛儿传说	第一批
李新一 王一君	淄博刻瓷	第一批
张路华 卢　宁	淄博内画	第一批

续表 7-4-1

传承人	传承项目	批次
蒲建工 蒲新业 杨道坤	聊斋俚曲	第一批
曾文秋	蝴蝶舞	第一批
王光浦	吟腔戏	第一批
卢德国 张广文	淄博陶瓷烧制技艺	第一批
李义勇	南韩豆腐干制作技艺	第一批
牛继伟	陶瓷雕塑（龙瓶）	第一批
李兴贵	孙膑梦泉传说	第二批
李春敬	王定保借当传说	第二批
张红霞	李半仙传说	第二批
孟凡智	神赐灵泉传说	第二批
苗凤田 李玉书 王桂珍	淄川剪纸	第二批
侯本茂	炸肉蛋	第二批
韩宗明	韩氏中医	第二批
沈祥平	通背拳	第二批
高　峰 韩克峰	孙膑拳	第二批
张　平	打铁花	第二批
伊海富 陈京田 伊　兵	淄博琉璃制作技艺	第二批
李信勇	淄博石雕制作技艺	第二批
张德继	鲁作家具制作技艺	第二批
孙永芬	淄川大花皂技艺	第二批
陈卫森 董汉臣	土法酿酒	第二批
侯言绪	唐赛儿传说	第三批
任继辉	李吉清传说	第三批
田相东	顺天姑传说	第三批
杨　杨 王继红	淄川剪纸	第三批
谭秀贞	淄川肉烧饼制作技艺	第三批
司志万	锡器制作技艺	第三批

续表 7-4-1

传承人	传承项目	批次
苑新生 苑钧华	纪氏肴鸡制作技艺	第三批
黄玉庆	传统板话	第四批
阎先公 阎　俊 徐　明	瓷板画	第四批
罗光禄	烙画	第四批
王一君	淄博陶瓷烧制技艺	第四批
杨　涛	锔瓷技艺	第四批
谭延江 付春苗	青瓦琉璃瓦烧制技艺	第四批
张　雷	陶瓷雕塑技艺	第四批
张云美	修脚技艺	第四批
常宗林	砚铭雕刻技艺	第四批
张庆成	针灸疗法	第四批
王书友	虎头鞋帽制作技艺	第五批
王应菊	土法酿酒制作技艺	第五批
司继法	老浆豆腐制作技艺	第五批

第八篇 文化市场

淄川区的文化市场是从 20 世纪 80 年代开始形成并逐步发展起来的，伴随着改革开放的不断深入和经济社会的持续发展，文化市场的内容也在不断发生改变。首先是娱乐市场的形成，舞厅、迪厅、卡拉 OK、KTV 练歌房等，从开始的一两家逐步发展到十几家、几十家，从城区发展到乡镇。随着人们生活水平的提高，对文化生活的需求日益增长，文化娱乐消费也逐步趋于多元化。到 1991 年，淄川区形成了以歌舞娱乐、电子游戏、音像制品等行业为主体的文化市场，全区有文化市场经营业户 279 家，其中图书发行 42 家，录像放映 48 家，音像制品 30 家，电子游艺 32 家，台球业户 29 家，音乐茶座 12 家，营业性舞厅 9 家，印刷扩印 23 家，激光打靶 1 家，高档歌舞娱乐场所 4 家。随着文化市场的发展和科技的进步，网吧逐步登上时代舞台，并一度成为文化市场最炙手可热的行业，而录像放映、音乐茶座、音像制品等则逐步被市场淘汰，台球、激光打靶等行业门类也由于法律法规和文化部门职责的调整，退出了文化市场的范畴。截至 2019 年底，淄川区各类文化经营单位共有 244 家，其中印刷企业 64 家、图书发行单位 46 家、互联网上网服务营业场所（网吧)85 家、歌舞娱乐场所 30 家、电子游艺娱乐场所 7 家、艺术品经营单位 12 家。

随着全区文化市场的不断发展繁荣，淄川区的文化市场管理机构也逐步壮大。从文化市场管理办公室到文化旅游市场综合执法大队，管辖范围也从传统的文化市场，扩展到文物市场、旅游市场、新闻出版广电市场等领域。在区政府指导下，还成立了淄川区文化娱乐协会、淄川区印刷发行行业协会等行业自治组织，引导广大文化市场经营单位加强自我管理，促进行业健康发展，对文化市场的发展起到了积极的推动作用。

第一章　组织机构

第一节　管理机构

淄川区文化市场管理办公室

1990 年 12 月，淄川区文化市场管理办公室正式成立，副科级事业单位，隶属区文化局领导。1998 年 11 月 4 日，成立淄川区文化市场管理办公室党支部，隶属于中共淄川区委直接管理。截至 2013 年 11 月，区文化市场管理办公室实有工作人员 9 人，内设办公室、业务科、稽查队。

淄川区新闻出版管理办公室

1996 年 8 月，成立淄川区新闻出版管理办公室，副科级事业单位。负责全区出版物市场、印刷企业和“扫黄打非”工作。2010 年 4 月，新闻出版管理职权归并入淄川区文化旅游和新闻出版局，淄川区新闻出版管理办公室撤销。

淄川区文化市场综合执法大队

2013 年 11 月 18 日，根据中央和省、市关于文化体制改革的有关精神，淄川区文化市场管理办公室更名为淄川区文化市场综合执法大队，由原来的财政补贴事业单位调整为财政拨款事业单位，隶属区文化旅游和新闻出版局，承担全区文化（文物）、新闻出版市场和“扫黄打非”工作的行政执法职能。

淄川区文化旅游市场综合执法大队

2017 年 11 月 23 日，为推进综合执法改革，淄川区文化市场综合执法大队更名为淄川区文化旅游市场综合执法大队，为隶属淄川区文化旅游和新闻出版局领导的副科级财政拨款事业单位。淄川区文化旅游市场综合执法大队受区文化旅游和新闻出版局委托，依法行使文化、文物、广播电视、电影、出版、旅游等六大市场领域执法职责，并承担“扫黄打非”有关工作任务，以区文化旅游和新闻出版局名义实施执法。

第二节　行业协会

淄川区文化娱乐协会

2006 年 3 月 9 日，淄川区文化娱乐协会成立并召开第一次会员大会。会上通过了《淄川区文化娱乐协会章程》，选举产生第一届理事会、会长、常务副会长、副会长、秘书长。协会以“自我管理、自我服务、自我完善、共同发展”为宗旨，发挥行业自律作用，协助文化主管部门，规范文化市场秩序，投身社会公益，为全区经济社会发展做出积极贡献。

淄川区印刷发行行业协会

2013 年 4 月 8 日，在淄川宾馆召开淄博市淄川区印刷发行行业协会成立大会，全区 120 家会员单位参加会议。会议审定并通过了《淄博市淄川区印刷发行行业协会章程》，选举产生了第一届理事会，会长、常务副会长、副会长、秘书长。协会的主要职责是通过制定行业标准，规范行业和会员的生产经营行为；组织会员学习相关法律、法规和政策，加强对会员守法经营、照章纳税的教育和监督；强化行业价格自律，维护市场公平竞争和社会公共利益；强化产品和服务质量自律，配合政府监督管理，打击制售假冒伪劣产品的违法行为。

第二章　市场类别

第一节　娱乐市场

改革开放初期，由于娱乐行业的特殊属性，从境外引进的经营项目、内容鱼龙混杂，一些不健康的内容一度在社会上产生较大负面影响。政府针对娱乐市场出台了一系列法律法规，文化部门也不断严格审批准入，加强执法监管，使全区文化市场一步步走上有序、健康、繁荣发展的轨道。淄川区娱乐市场主要分为歌舞娱乐市场和游艺娱乐市场，包括歌舞厅、KTV 练歌房、电子游戏厅等。

歌舞娱乐市场

20 世纪 80 年代，淄川区的歌舞厅、卡拉 OK 厅、KTV 练歌房等文化娱乐场所逐步发展起来。北关村的爱丽丝歌舞厅、东方商厦的东方歌舞厅、淄川商业大厦爱的梦歌舞厅、淄川第二商业大厦的凤凰歌舞厅、淄川电影公司的小天鹅歌舞厅相继开办。到 80 年代末，一些音乐茶座、音乐餐厅、综合娱乐中心等也加入其中，而且规模越办越大，档次越来越高，生意越办越红火。歌舞娱乐场所的兴起，对推动淄川区服务业发展发挥了重要作用。据统计，淄川区歌舞娱乐市场在鼎盛时期达 80 余家，其中营业性歌舞厅 20 余家、音乐茶座卡拉 OK 餐厅 60 余家，在全市娱乐市场中都占有相当重要的地位。

20 世纪 90 年代淄川区的歌舞厅内场景

歌舞娱乐市场的迅速崛起，也活跃和丰富了城乡居民的文化生活。

由于行业发展迅速，国家法律法规和管理措施相对滞后，致使一些负面现象开始蔓延。一些不法业户把歌舞厅、练歌房变成黄赌毒、嫖娼卖淫等从事违法犯罪的窝点，给社会造成极大危害。有些不良商人以无证经营、偷税漏税、坑骗顾客等手段扰乱市场，影响了整个市场的健康发展。1993年12月16日，区文管办下发《关于营业性歌舞娱乐场所管理的有关规定》，开始着手加强歌舞娱乐场所管理。到20世纪90年代中后期，随着文化市场管理工作的逐步强化和“扫黄打非”专项行动的开展，一些不法经营场所被取缔，部分场所因经营不善而倒闭，娱乐市场逐步得到净化。据统计，1997年全区歌舞厅、练歌房、音乐茶座、综合娱乐中心等场所减少到20余家。随着市场的逐步规范，内容健康向上、百姓喜闻乐见的经营模式开始在淄川出现。2007年2月3日，淄川区第一家量贩式KTV——淄川松龄好时光时尚歌城开业。2008年4月18日，淄川区规模最大的量贩式KTV——淄博音乐之声娱乐城开业。该场所营业面积1500平方米，共有50个包间。量贩式KTV面向大众消费市场，经营透明，价格实惠，内容健康，管理规范，得到广大群众的喜爱。一时间，家人朋友同学聚会去KTV唱歌，成为社会主流的休闲娱乐方式。截至2019年底，全区共有歌舞娱乐场所30家。

游艺娱乐市场

游艺娱乐场所是指以盈利为目的，向公众开放，以消费者操作游戏、游艺设备进行娱乐的场所，其兴起是随着电子科技的发展而产生的。淄川区的游艺娱乐场所（俗称电子游戏厅），起步于20世纪80年代末期，繁荣于90年代初。到1991年，全区游艺娱乐场所发展到32家。而随着赌博机的泛滥和青少年沉迷游戏厅等一系列问题的出现。1995年，全国统一规定所有电子游戏厅停业整顿。1997年，根据上级有关规定重新开放游艺娱乐市场，但对各地游戏厅审批实施总量控制。从2000年开始，由于网吧市场逐步繁荣兴盛，游艺娱乐市场开始萎缩。2015年，根据文化部《关于落实“先照后证”改进文化市场行政审批工作的通知》，正式取消了游艺娱乐场所总量控制和布局规划的要求。截至2016年底，全区电子游戏厅只剩1家。而随着国家对游戏机和游艺机的分类管理，各地综合性购物中心的大量出现，面向少年儿童、以经营游艺机为主的游艺娱乐场所又开始增多。截至2019年底，全区共有游艺娱乐场所7家。

第二节　音像市场

20世纪80年代初期，随着音像设备的普及和音像制品的流通，淄川区的音像市场逐步发展起来。1986年9月，经山东省广播电视音像管理处批准，区电影公司成为淄博市第一批电视录像点，成立了淄川区音像制品发行放映管理站，负责全区音像制品的发行放映管理工作。音像制品的批发零售、出租、放映等各类经营方式，到80年代末期已粗具规模。

从1989年开始，文化、新闻出版、广电以及工商、公安等部门在区政府的协调下，多次集中行动，开展“扫黄打非”“清理整顿”，有效净化了音像市场。1991年，全区有录像放映厅（室）48家，音像制品经营单位30家。

音像店一角（2004年拍摄）

20世纪90年代中期，音像市场发展迅速。一些经营业户纷纷抢滩、占领市场，特别是录像放映厅遍布城乡，成为人们休闲娱乐的重要场所。在音像市场经营活动中，一些不法业户大量经营盗版、淫秽音像制品，加上在音像市场管理上存在着多头管理、责权不清、法规滞后等问题，致使音像市场一度出现混乱局面。1994年6—8月，按照文化部统一部署，集中对全区音像市场进行了集中治理，对50家登记合格的单位换发文化部统一印制的新“文化经营许可证”。

1996年6月，音像市场连同图书发行市场一并移交淄川区新闻出版管理办公室管理。

1998年2月，成立淄川区音像制品专供中心，对全区录像放映场所统一实行录像节目专供制度。

2001年9月，音像市场重新划归文化部门管理。随后根据政策要求，全区录像放映厅（室）全部关闭。

2004年，按照“规模适度、控制总量”的原则，进一步整顿和规范全区音像市场秩序，提高正版音像制品市场占有率。在全区范围内建立起爱书人音像制品连锁经营网络，连锁网点17处，配送中心1处，保障了音像市场健康有序发展。

从2006年开始，互联网的日益繁荣和MP3、MP4等数字多媒体播放设备的逐步普及，盗版视听内容在网上泛滥，音像市场受到沉重打击。从2011年开始，随着智能手机和移动互联网的兴起和普及，网络的海量资源和随时随地的方便，使人们开始逐渐接受、习惯使用网络进行视听娱乐活动。音像制品销售的只能面向中老年群体和农村市场，音像制品经营业户从开始兼营小家电、玩具、箱包等商品逐步转为主营，CD、DVD等音像制品渐渐从商家的货架上绝迹。截至2019年，全区已无一家音像制品经营单位，音像市场消失。

第三节　网络文化市场

随着互联网的发展，网络信息服务逐步深入人们的生活、学习和工作之中。通过计算机登录互联网，向消费者提供上机学习、信息查询和交流、网上娱乐等服务的营业场所应运而生。这种服务场所即互联网上网服务营业场所，俗称“网吧”，构成了淄川区网络文化市场的主体。

淄川区的网络文化市场形成于20世纪90年代末期，主要以城里大街及周边为主要分布区域。起初3—5台电脑就是个网吧，规模较小，消费者大多数是青少年。进入21世纪，随着电脑和网络的普及，人们对网络文化的需求更加强烈，提供上网服务的网吧也开始红火起来，遍布全区城区和乡镇。

2001年4月，信息产业部、公安部、文化部、国家工商行政管理局联合颁布《互联网上网服务营业场所管理办法》，规定信息产业部门和电信管理机构依职权作为网吧的主管部门，负责互联网上网服务营业场所的监督管理工作。区文管办主要承担全区网络文化市场的管理执法工作。

2002年，全区互联网上网服务营业场所发展到近百家。是年6月，北京发生“蓝极速”网吧纵火事件。9月，国务院颁布《互联网上网服务营业场所管理条例》，网吧的主管部门改为文化部门，开始实行经营许可制，并对全国网吧开展大整顿。淄川区文化、公安、工商、电信、广电等部门也对全区网吧市场开展联合检查暨清理整顿工作。

2004年开始，根据国家统一部署，对全区网吧市场开展长达半年的专项整治，对不合格或违规经营的网吧实施关停，并对网吧设立了严格的市场准入标准。按照文化部关于网吧连锁经营的要求，不再对单体网吧进行审批。淄川区开始引入山东万佳网络文化有限公司、山东爱书人网吧连锁加盟有限公司等连锁企业，单体网吧陆续加盟上述公司。

2013年1月，淄川区第一家县级网吧连锁企业——淄博白桦林网络科技有限公司正式成立，该公司下辖网吧8家，在全区本土网吧企业发展中具有标志性意义。截至2013年底，全区连锁网吧达82家，连锁率达98%，位居全市前列。

从2012年开始，伴随移动互联网的迅猛发展和智能手机的普及，网吧行业开始走下坡路。2014年11月，文化部、工商总局、公安部、工信部联合印发通知，全面放开网吧审批。文化部还出台了《关于推动互联网上网服务行业转型升级的意见》，推动上网服务行业发展成为具有现代管理水平的服务业。淄川区逐步出现装修豪华、设施高档，提供自制饮品和简餐，开展多种服务的网咖。

整洁舒适的网吧（2015年拍摄）

然而，高档网吧、多元化经营等举措并没有阻挡网吧行业的颓势，原来利用网吧进行网络社交、影音娱乐、查阅资料和部分网络游戏竞技的客户群体逐渐转向了智能手机、平板电脑等移动终端，网吧仅仅依靠着一部分玩PC网络游戏的玩家支撑着。

从2016年开始，以建陶、化工为

支柱产业的淄川区成为环保治理的重中之重，大量工厂关停。双杨镇、罗村镇、寨里镇等相当一部分以附近工厂为主要客源的网吧经营难以为继，纷纷倒闭。随着网吧市场的逐步萎缩，截至2019年底，全区持有“网络文化经营许可证”的互联网上网服务营业场所经营单位共有85家，实际正常营业网吧36家。

第四节　艺术品市场

从20世纪90年代中后期，随着人民生活和消费水平的提高，喜好艺术品欣赏和热爱收藏的人越来越多，艺术品市场活跃起来。书画装裱业也随之逐步繁荣，高雅的艺术品开始进入寻常百姓家。

淄川区的艺术品经营场所主要有画廊、画店，以及经营刻瓷、内画等艺术品的各种艺廊（斋、轩、堂等）、门市。20世纪80年代，全区艺术品经营业户极少。1988年7月，区电影公司工艺美术厂改建为淄博市淄川特种工艺厂，主要生产项目有字画装裱、文房纸砚、艺术刻瓷等，部分产品外贸包销，达到年出口创汇15万美元的能力。进入20世纪90年代，艺术品经营业户开始逐步增加。2004年7月1日，文化部颁布《美术品经营管理办法》正式实施，为配合办法的实施，加强对艺术品市场的监管，区文化市场管理办公室向经营单位印发了《美术品经营管理办法》，并对全区的艺术品经营单位进行了调查摸底和备案登记工作，使全区30余家艺术品经营单位走上规范管理轨道。2016年3月15日,《艺术品经营管理办法》开始实施，原《美术品经营管理办法》废止。伴随着我国艺术品市场逐步显现一二级市场倒挂的局面，艺术品拍卖成为艺术品市场绝对主导力量，而以画廊为代表的一级市场日渐式微，淄川区备案登记的艺术品经营单位逐步减少。截至2019年底，全区共有备案登记的艺术品经营单位12家。

第五节　印刷市场

1840年，长山县苑城小丁旺庄一蔺姓人家迁来淄川，在淄城西关开设书笔铺1处，号顺和堂，主要生意是木刻板印刷，1937年改称德兴公书局。1933年从临淄迁到淄川一李姓人家，在淄城西关长兴街开设成文斋书笔铺，成员5人，主做毛笔，1954年改称为成文斋文具印刷局。此外，境内还有德顺印刷局、华新印刷局以及复兴文具店等。

1956年6月，成立公私合营的淄博前进印刷厂，位于淄城一路（现般阳路）。当年转为地方国营，为淄川境唯一的国营印刷厂。至1985年，前进印刷厂占地面积为14.85亩。

1986年，全区共有印刷企业6个。是年，淄博前进印刷厂投资90万元新上四色胶印机，开展彩色印刷业务。

随着改革开放的不断深入，淄川的陶瓷、化工、建材等产业逐渐兴起，助推了印刷行业的快速发展。1992 年，全区印刷企业达 19 个。是年，淄博前进印刷厂与香港佳腾投资有限公司合资成立淄博东弥印刷有限公司，总投资 224 万美元。其中港方占 59%，厂方占 41%，年产值 1430 万元。

1993 年，淄博东弥印刷有限公司引进联邦德国海德堡印刷设备，生产高档陶瓷印花纸。翌年投资 200 万元新上彩盒生产设备，年产 1000 万件，实现产值 1500 万元。是年，淄博市印刷技术服务中心印刷厂在太河乡建成投产。

1996 年，东坪镇社会福利化工厂实施彩印纸盒包装生产线技改项目，总投资 668 万元，年产彩印包装箱（盒）80 万个。

1997 年，淄博东弥印刷有限公司引进 1300 大规格双色印刷机，生产贴花纸、彩盒及承接书刊印刷。翌年，改制为淄博汇江印务有限公司。

2001 年 4 月，淄博万峰怡和精品彩印包装有限公司投产，投资 500 万元，年产精品包装印刷品 2000 万平方米。

2002 年 5 月，淄博汇江印务有限公司在淄博高新技术产业开发区投资 300 万元新上瓦楞纸板生产线，固定资产达到 1300 万元。

2010 年 7 月至 9 月，对全区印刷企业进行调查摸底，全区印刷企业共 89 家，其中出版物印刷企业 2 家，包装装潢印刷企业 61 家，其他印刷品印刷企业 26 家。从业人员共 2539 人。

2011 年 12 月 31 日，淄博山川包装制品有限公司、淄博文城印务有限公司、淄博华瑞铝塑包装材料有限公司 3 家印刷企业被评为“淄博市诚法守信先进单位”。是年，全区共有印刷企业 89 家，其中，出版物印刷企业 2 家，其他印刷企业 27 家，包装装潢（专项包装）印刷企业 60 家。

2013 年 3 月，全区共有印刷企业 91 家。其中，出版物印刷企业 2 家，其他印刷企业 26 家，包装装潢（专项包装）印刷企业 63 家。

2014 年，全区印刷行业资产总额达 56066.66 万元，实现工业总产值 68640.47 万元，销售收入 63514.35 万元，利润总额 2509.35 万元，从业人员 1756 人。

2015 年 3 月，全区共有印刷企业 86 家。其中，出版物印刷企业 2 家，包装装潢（专项包装）印刷企业 59 家，其他印刷企业 25 家。2015 年，全区印刷行业资产总额达到 57393.78 万元，实现工业总产值 75312.46 万元，销售收入 71596.47 万元，利润总额 2162.53 万元，从业人员 1947 人。

2016 年 3 月，全区共有印刷企业 76 家。其中，出版物印刷企业 2 家，包装装潢（专项包装）印刷企业 50 家，其他印刷企业 24 家。2016 年，全区印刷行业资产总额达到 50276.81 万元，实现工业总产值 56810.01 万元，销售收入 52720.98 万元，利润总额 2121.02 万元，从业人员 1653 人。

2017 年 3 月，全区共有印刷企业 95 家。其中，出版物印刷企业 2 家，包装装潢印刷企业 47 家，其他印刷品印刷企业 24 家，专项包装印刷企业 22 家。2017 年，全区印刷行业资产总额达到 58414.37 万元，实现工业总产值 63683.08 万元，销售收入 57974.97 万元，利润总额 2584.59 万元，从业人员 1446 人。

2018 年 3 月，全区共有印刷企业 67 家。其中，出版物印刷企业 1 家，包装装潢印刷企业 43 家，其他印刷品印刷企业 18 家，专项包装印刷企业 5 家。

截至 2019 年底，全区共有印刷企业 64 家。其中，专项包装印刷企业 6 家，包装装潢印刷企业 43 家，其他印刷品印刷企业 15 家。2019 年，全区印刷行业资产总额达到 49567.97 万元，实现工业总产值 58634.43 万元，销售收入 57675.43 万元，利润总额 1647.53 万元，从业人员 1282 人。

第三章　市场管理

文化市场管理，是指文化主管部门依照国家和地方有关法律、法规和政策，对文化产品的生产、经营、销售、服务以及各类文化单位进行规划、组织、调控、激励、监督的行为。文化行政主管部门及行政审批部门依据国家和地方的有关法律法规和政策对文化市场进行监管，主要工作职责有行政审批和执法检查。2019 年，淄川区在机构改革后具体履行以上职责的机构分别是行政审批服务局、文化和旅游局以及文化旅游市场综合执法大队。在此基础上，行业协会的自律、自治也是文化市场管理的重要组成部分。

第一节　许可审批

机构及权限

1993 年，全市文化市场实行分级管理。根据淄博市文化局制定的《关于淄博市文化娱乐市场分级管理的实施办法》有关规定，审批权限下放。淄川区文化市场管理办公室负责全区文化市场经营业户的审核、审批，并报市文化局备案。

1994 年，淄川区文管办共办理“文化经营许可证”300 余家。其中营业性歌舞厅 20 家，音乐茶座、卡拉 OK 餐厅 40 家，录像放映场所 40 余家，音像出租场所 80 余家，书刊经营单位 120 家，其他经营单位 20 家。

1996 年，文化市场实施分类管理。文化娱乐场所、音像市场等由区文化市场管理办公室负责审批管理，印刷发行市场由区新闻出版管理办公室负责审批管理。

1999 年，“文化经营许可证”由市文管处统一审核换证。全区经过治理整顿共有 66 家经营单位符合换证条件，其中歌舞厅 3 家、卡拉 OK 餐厅 38 家、电子游戏厅 4 家、音像放映出租经营单位 21 家。全年共办理“文化经营许可证”166 家，其中营业性歌舞厅 8 家、录像放映出租单位 38 家、音乐茶座卡拉 OK 餐厅 116 家、电子游戏厅 4 家。

2001 年之后，为加强宏观调控和管理，实行属地管理的原则，即市属以上单位开办的文化经营项目，以及文物、电影、演出等经营项目，由市文化局直接负责审核、审批；属控制发展的项目，如游艺娱乐、网络文化等经营项目，由区文化市场管理办公室初审后，报市文化局审核、审批。其他审批许可项目仍然由区文化市场管理办公室审批。

2015 年，文化市场审批许可工作纳入区行政服务中心集中办理，审批程序更加规范，办事效率更加高效。

2019 年 1 月，根据“放管服”改革及优化营商环境工作要求，互联网上网服务营业场所、娱乐场所等审批许可职能划转淄川区行政审批服务局。区文化和旅游局同时划转 1 名工作人员至行政审批服务局。

2019 年，区文化和旅游局承担依申请政务服务事项 41 项（其中行政许可事项 14 项，依申请公共服务事项 19 项，行政确认 1 项，其他权利 7 项）。制定政务服务集中办理及“一窗受理”改革工作方案，将所承担的 41 项依申请公共服务事项全部纳入行政审批服务科集中办理，配备 1 名工作人员专门负责行政审批服务工作，梳理明确事项名称、办理时限、办理流程、各环节办理人员等基本要素形成办事指南。是年 3 月 20 日，实现前台“无差别受理”。

审批程序

依据有关法律法规规定和淄川区“一次办好”有关要求，文化和旅游类的行政许可审批事项办理类型均是即办件，全部实现“全程网办”。以“数据多跑路、群众少跑路”为原则，通过“互联网咨询、互联网收件、互联网预审、互联网受理、互联网办理”，为群众提供服务。办事群众通过“山东政务服务网”提交申请材料，到行政服务中心一次就可以办理完毕，拿到对应事项的许可证。

审批程序主要包括受理和决定 2 个环节。受理环节：工作人员对申请材料进行审核，提出审核意见，审查内容不合格，退回进行补充完善。审查合格后，工作人员填写审查意见，提交首席代表审批。决定环节：全面审查申请材料、办理流程及初审意见的合规性和有效性，做出准予许可或不予许可决定。打印许可文书、许可证，通过自取、邮寄等方式发放给办事群众，有关审批材料进行归档管理。

第二节　执法检查和“扫黄打非”

多部门共管阶段

自 1982 年开始，由中共淄川区委宣传部牵头，区文化局、区公安局、区工商局、区广电局组成联合检查组，共同管理全区文化市场，日常工作由区文化局兼管。

专门机构管理阶段

随着文化市场的发展，经营业户的增多，文化市场在经营过程中暴露出很多问题，区委、区政府开始加强对文化市场的管理力度，成立区文化市场执法专门机构，执法队伍逐步发展壮大。

1989 年 8 月底，针对一些不法业户受经济利益的驱使，制售盗版、反动、暴力、封建、淫秽书刊和音像制品，极大扰乱文化市场经营秩序等问题，中央成立“全国清理整顿书报刊领导小组”。2000 年 2 月，全国领导小组更名为全国工作小组；地方叫“扫黄打非”工作领导小组。淄川区“扫黄打非”工作领导小组办公室从 1996 年 8 月开始设在区新闻出版管理办公室。

1990 年 12 月，淄川区文化市场管理办公室成立后，对歌舞娱乐、音像制品、图书销售等工作进行执法检查，以日常随机巡查为主进行管理。

1991 年始，国家、集体、个人兴办文化产业，文化管理部门本着“抓而不死、活而不乱”的方针，加强监督管理，歌舞娱乐、电子游戏、音像制品、网吧、高档娱乐场所等得到快速发展。

1993 年，文化、公安、工商、新闻出版、广电、电信等部门开展“扫黄打非”专项治理 5 次，收缴盗版光盘 3632 张，查处非法出版物 3000 余册，“黄、赌、毒”得到有效遏制。

1994 年，区文管办共开展大型检查 30 多次，取缔无证经营 46 家，查缴、销毁非法出版物 1 万余册，非法音像制品 200 盘（件）。是年，区文管办被淄博市“扫黄打非”领导小组办公室评为先进集体。

1995 年 3 月 20 日，区文管办下发《关于加强街头卡拉 OK、台球经营摊点管理的通知》，逐步把街头卡拉 OK 和台球经营摊点纳入规范管理的轨道。8 月，开展文化市场集中执法月活动，在此期间共查处无证经营业户 46 家，取缔 40 家，没收录像带 100 余盘、图书报刊 60 余册，查缴非法出版物 1996 年挂历 39 箱 1950 册，价值 2 万余元，停业整顿 27 家。10 月 5—6 日，举办全区文化市场管理法规知识培训班，150 余人参加。主要学习《山东省文化市场管理条例》《山东省歌舞娱乐场所管理规定》《音像制品管理条例》《文化市场稽查人员岗位规范》《山东省图书报刊市场管理规定》《治安管理条例》等有关法规。

2012 年 8 月，淄川区文化市场执法人员参加全市大练兵活动

1996 年 1 月，区文管办被市“扫黄打非”领导小组办公室评为先进集体。7 月 1 日，区文管办下发《关于对乡镇、城区、卡拉 OK 餐厅、音乐茶座、咖啡厅以及台球加强管理的规定》，要求相关场所必须办理“文化经营许可证”，同时必须播放经文管办审验合格的音像制品，加大了对以上场所的管理。是年，文化市场实施分类管理。文化娱乐场所、音像市场由文化市场管理办公室

管理，图书出版销售和“扫黄打非”划归新闻出版管理办公室管理。

1997年1月17日，区文管办制定下发《关于音像制品出租、零售、放映的管理规定》，进一步加强对音像市场的管理，并对6000余盘音像制品进行审验。9月19日，召开全区歌舞厅负责人会议，30余人参加。11月27日，召开全区录像放映负责人会议，60人参加。是年，共开展较大规模的检查30余次，配合有关部门“扫黄打非”集中行动2次，取缔无证经营30余家，查处非法出版物、非法音像制品500余盘（件）。

1998年1月10日，对全区35家录像放映单位进行停业整顿。4月，开展法制年宣传月活动，共发放宣传材料2000余份，制作宣传横（条）幅20余条、宣传牌40余个，区电视台对法制年工作进行跟踪报道。4月17—19日，在淄博矿务局技校会议室举办全区文化市场经营单位培训班，共100余人参加培训。主要学习《山东省文化市场管理条例》《山东省歌舞娱乐场所管理规定》《音像制品管理条例》《音像制品零售、出租、放映管理办法》《治安管理条例》《美术品经营管理办法》等有关法规，并进行考试。6月，文化、公安、环保三部门联合出台《关于加强露天卡拉OK经营点管理的意见》，有效规范街头露天卡拉OK摊点，解决人民群众反映强烈的影响居民休息的问题。

1999年，全年共检查文化市场300余次，取缔、处罚违法经营单位25家。

2000年4月23日，区文管办配合有关部门对龙泉煤矿俱乐部放映走私影片《人肉排骨》一案进行查处。此案的查处受到省、市领导的高度肯定，是淄博市查处的第一例走私影片案件。7月2日—9月30日，开展电子游戏经营场所专项行动，全区电子游戏厅全部停业整顿，在此期间共出动160余人次，对2家证照不全的经营单位进行查处。8月16日，举办全区舞厅、电子游戏厅负责人培训班，主要传达学习全省电子游戏经营场所专项治理有关文件和公安部消防局《关于对河南省焦作市天堂录像厅特大恶性火灾事故的紧急通报》等材料，共有40余人参加。10月9日，举办全区电子游戏专项治理负责人培训班，主要学习国务委员罗干在全国电子游戏专项治理工作电视电话会议上的讲话、《山东省加强娱乐服务场所管理　严厉打击卖淫嫖娼赌博吸毒贩毒等社会丑恶现象专项行动方案》等内容。

2001年3—8月，区文管办先后6次对音像市场进行清理整顿，取缔了12家非法音像制品经营点，查缴各类盗版光碟1720盘。5月6日，区文管办接群众举报，查处双沟一酒楼利用电脑从事赌博活动案件，当场查扣电脑主机1台、显示器3台及摄像头等设备。7月8—12日，对全区录像放映场所进行专项治理，查处非法放映业户4家，查扣电视机4台、VCD功放机4部及部分影碟。暑期，全区开展“扫黄打非”集中行动，公安、工商、文化、广播电视、新闻出版、城管、电信、税务等部门历时15天，收缴非法出版物、色情出版物3421册。9月3—14日，根据全国整顿和规范文化市场电视电话会议精神，文化、公安、工商、电信、城管、地税、新闻出版7个单位组成整顿和规范文化市场工作综合执法组，对全区文化市场进行联合检查。共出动检查人员240余人次，出动稽查车辆64台次、宣传车1辆，检查文化经营单位业户324家，取缔无证经营35家，查扣电脑主机8台、非法出版物2500余册，处罚4家经营单位。是年，区新闻出版管理办公室对全区印刷企业进行整顿，取缔整合不符合设立标准的印刷企业 23 家。

2002 年 5 月 17—18 日，区文管办对违规开放的录像放映单位进行全部关停，并拆除了涉及录像放映内容的广告牌、售票房。27—28 日，由区委政法委牵头，区公安分局、区工商局、区电信局、区教委、团区委、区文管办等部门对全区互联网上网服务营业场所进行全面清理整顿，共检查网吧 34 家。其中未办理“网络文化准营证”17 家，责令其立即停业，待办理全部手续后方可营业。6 月，按照鲁文市发〔2002〕51 号文件要求，区文管办取缔了省文化厅重点关注的东方商厦对过沿河路两侧非法音像制品集散地。7 月 2—4 日，区文管办会同区公安分局、区工商局、区委机要保密局、区教委等部门，对提供网站、网页、电子公告栏、留言板、聊天室、个人主页和电子邮件服务的互联网信息服务单位，提供短信息服务的单位及互联网上网服务营业场所进行全面清理整治，对未落实安全管理制度、安全防范措施及有害信息过滤制度的 24 家企业、16 家网吧依法进行查处。7 月 11 日，区文管办会同区公安分局对全区的舞厅、网吧等场所进行全面检查，关闭违法经营舞厅 1 家、查扣违规经营网吧设备 2 台，责令 6 家场所停业整顿。9 月 10—13 日，文化、公安、工商、电信、广电等部门对全区网吧市场进行联合检查暨清理整顿，共查扣上网经营设备 12 台，取缔无证网吧 20 余家。9—10 月，开展“金风行动”，配合市文管处查处淄川区一地下音像制品非法经营场所，查缴违法音像制品 5 万余盘。11 月 15 日，开展《互联网上网服务营业场所管理条例》宣传活动。11 月底，对全区互联网上网服务营业场所进行拉网式的检查，共查处、取缔违法经营网吧 10 家，对 4 家拒不接受处理的网吧停止信号接入。12 月 5—6 日，在区电信局举办全区互联网上网服务营业场经营管理人员培训班，市文管处、区工商分局、区公安分局及互联网接入服务单位参加。12 月 25—26 日，举办全区音像市场从业人员培训班。学习了《音像制品管理条例》《音像制品批发、零售和出租管理办法》《山东省音像制品分销管理办法》等法规，区公安分局人员讲解对经营含有淫秽内容音像制品的处罚措施等有关内容，80 余人参加培训。

2003 年，文化、公安、工商、电信、广电等部门联合对全区网吧市场进行 4 次拉网式检查，10 家“黑网吧”被关停。8 月 28 日和 9 月 10 日，分别接群众举报，捣毁了 3 个非法经营音像制品的地下仓库，共收缴非法音像制品 25000 余盘，有力打击了文化市场经营活动中的违法违规行为。

2004 年 2 月 24 日—8 月 31 日，在全区开展“全国互联网上网服务营业场所专项整治”工作。2 月 24 日，召开互联网上网服务营业场所清理整顿工作领导小组成员单位专题会议，传达《关于成立淄川区互联网上网服务营业场所清理整顿工作领导小组的通知》《互联网上网服务营业场所专项治理整顿工作实施方案》《互联网上网服务营业场所实施细则》，部署专项治理整顿工作。4 月 26 日晚，举行专项整治行动周启动仪式并开展“零点行动”。在“全国互联网上网服务营业场所专项整治”工作中，全区共计关停“黑网吧”90 家，查处违规经营网吧 23 家，与公安、工商、电信等部门开展联合行动 20 余次。

2005 年 5 月 14 日—6 月 14 日，对全区文化市场进行专项治理。共检查网吧 150 余家次，音像制品经营单位 70 余家次，歌舞娱乐场所 20 余家次，下达整改通知书 19 份，查缴非法音像制品

5000余盘，取缔无证音像摊点5处，对7家违规经营单位进行处罚。9月1日，召开全区网吧负责人会议，会上传达学习山东文化厅等9部门转发《文化部、国家工商行政管理总局、公安部、信息产业部、教育部关于进一步深化网吧管理工作的通知》。

2006年1月13—20日，由区委政法委牵头，文化、公安、工商、教体和网通公司联手对全区“黑网吧”进行专项治理。查处“黑网吧”149家，其中城区32家、乡镇117家。3月16日，召开淄川区互联网经营业户管理工作会议，传达由区文化旅游局等14部门联合转发的国家14部委《关于进一步加强网吧及网络游戏管理工作的通知》。6月1日—8月31日，对暑期网络文化市场开展专项治理。区文化旅游局与区教育体育局联合下发《关于暑假期间禁止未成年人进入网吧的通知》，重点打击违规接纳未成年人上网和上网登记不规范等违规经营行为，着力构建“学校、家庭、社会”三结合的管理机制，保障中小学生健康成长。7月25日—10月25日，集中开展打击盗版音像和计算机软件制品，简称“反盗版百日行动”。按照属地管理原则，实行文化市场协管员制度，聘请各办事处及乡镇文化站工作人员担任协管员，强化文化市场的日常监管。

2007年，多措并举，进一步加大执法力度，促进各经营业户守法经营、合法经营的意识，全区文化市场专项整治活动共出动执法检查人员11120人次，检查网吧、音像、娱乐等经营单位3112家次，年审换证各类文化经营单位79家。立案37件，结案37件，涉案金额达7万余元；受理举报投诉34件，结案34件，结案率达到了100%，并且无一起行政复议案件出现。取缔游商地摊36个，查缴违法音像制品5000余盘（张）。通过这些活动的开展，及时地把整治工作落到实处，规范、净化和繁荣了文化市场，促进文化产业的发展壮大。

2008年4月10日，全市网吧监控工作会议在淄川区召开。会议总结2007年度全市监控工作，表彰先进单位。淄川区获得安装率指标全市第二，卸载率指标全市第一的成绩。5月底，全区启动文化市场“奥运保障行动”，与广大经营业户签订责任书，并开展文化市场专项整治。在中、高考期间，与区教体局联合发文并对网吧开展专项整治，连续7天对学校周边网吧进行了重点检查，为广大考生营造良好的学习生活环境。从8月开始，文化部门联合工商、公安等部门开展为期2个月的全区网络文化市场集中治理整顿工作，共动用车辆70余辆次，开展“零点行动”6次，下达执法文书100余份，对存在接纳未成年人、上网登记不规范和超时经营等违规行为的40余家网吧进行立案处理。同时，加大对“黑网吧”的查处力度，采取个案联合工商部门联合执法，积极联系网通、电信部门切断“黑网吧”网络信号的执法模式，“黑网吧”得以有效遏制。

2008年4月10日，全市网吧监控工作会议在淄川召开

2009年9—10月开展迎国庆、迎全运净化音像市场专项行动，确保国庆、全运会期间全区文化市场的稳定、有序。10月开展动漫市场专项整治行动，查缴非法动漫音像、软件制品340余张。11月，区文管办与工商、公安部门采取联合行动，对松龄西路无证无照经营的4家歌厅进行了依法取缔。2009年，共查缴盗版、低俗、淫秽色情音像制品5100余张，取缔销售非法音像制品的游商小贩10余家次。在2009年全市执法案卷评比中，区文管办选送案卷获得全市第一，并代表淄博市到省文化厅参加评比。

2010年3月26日，召开淄川区网吧工作会议暨星级网吧表彰大会。从全区80家网吧中评选了3家四星级网吧、5家三星级网吧，并举行授牌仪式，努力在网吧市场形成示范效应，营造良性的市场竞争环境。从5月3日开始，根据全国综治维稳电视电话会议精神，以学校周边文化市场专项治理为开端，开展一系列专项整治工作。区文旅新局通过协调工商、公安、教育等部门，联合对校园周边的网吧、歌舞厅、游戏厅、音像书刊店等单位进行全面排查，坚决取缔非法游商地摊，封堵各类非法文化产品，杜绝有害出版物进入校园。对学校周边的“黑网吧”和正规文化经营单位接纳未成年人、上网登记不规范等违规行为进行立案查处。7—9月，结合全区城市公共文明指数测评工作，开展暑期文化市场专项治理工作，以网吧市场为重点对全区文化市场展开全面检查。从9月开始，开展文化市场查处取缔无证无照经营活动，对网吧、音像、歌舞娱乐、美术品市场中进行非法经营活动的单位、个人进行全面摸排和调查核实并分类进行备案登记，全面掌握无证无照经营情况，对不具备办证条件、抗拒执法的依法予以取缔。2010年，共对全区文化市场进行了9次拉网式大检查，出动稽查人员4300余人次，检查文化经营单位1000余家次，立案55起，查缴盗版、低俗、淫秽色情音像制品4000余张，取缔销售非法音像制品的游商小贩15人次，同时对100余家次存在各种违规行为的经营单位下达整改通知书，有效规范全区文化市场的经营秩序。淄川区“扫黄打非”工作领导小组办公室及淄川区文化旅游和新闻出版局被评为全市“扫黄打非”工作先进集体。

2011年，淄川区文化旅游和新闻出版局在全区文化市场开展“执法规范年”活动和庆祝中国共产党成立90周年文化市场保障行动。3月31日上午，在区联通公司电视会议中心召开“2011年全区文化市场‘执法规范年’暨创建全国文明城市动员会”，全区120余家文化经营单位参加会议。会议传达市文化市场执法局开展“执法规范年”活动的文件精神，学习区文化旅游和新闻出版局《关于创建全国文明城市工作的实施方案》，对“执法规范年”和创建全国文明城市提出具体要求，全区文化市场经营单位负责人签订《2011年淄川区文化市场“执法规范年”、创建文明城市暨安全生产责任书》。4月20日，调整充实淄川区“扫黄打非”工作领导小组成员单位成员，印发《淄川区“扫黄打非”工作领导小组2011年全区“扫黄打非”行动方案》。8月23日，市委常委、宣传部部长郭利民考察淄川区文化市场创建文明城市工作，并给予充分肯定。9月，在全区网络文化市场开展迎接全国文明城市测评专项行动，将文化市场分区分片，责任到人，对责任区经营单位每天不少于4次巡视检查。在场所内，制定统一、标准的经营管理制度，并悬挂上墙。2011年，先后开展“扫黄打非”专项行动、演出市场专项整治、网吧娱乐市场专项整治和校园周边文化市场专项治理等一系列执法工作，共对全区文化市场经营单位进行10次拉网式大检查。共出动稽查人员6000余人次，检查单位1400余家次，立案59起，查缴各类非法音像制品2000余张。是年，区文管办报送的《淄博淄川东海网吧接纳未成年人进入营业场所案》在全省文化市场行政执法案卷评查活动获三等奖，是淄博市唯一一家获奖单位。区文化旅游和新闻出版局获得2011年度全省文化市场管理工作先进单位、全省“扫黄打非”工作先进集体和全市“扫黄打非”工作先进集体等荣誉。

2012年4月18日，全区网吧管理暨推进连锁工作会议

2012年4月18日，全区网吧管理暨推进连锁工作会议在区联通公司视频会议厅召开。7月，区“扫黄打非”工作领导小组更名为区文化市场管理暨“扫黄打非”工作领导小组，由区委副书记任组长，区委宣传部部长、区委政法委书记和区政府分管副区长为副组长，区19个职能部门负责人为小组成员。办公室设在区文化旅游和新闻出版局，形成了文化部门牵头，成员单位各司其职、协同配合、齐抓共管、上下联动、力量互补的文化市场管理执法工作新格局。2012年6月2日和8月25日，“但愿人长久邓丽君经典金曲·刘倩文演唱会”和淄博“鲁中国际商贸城财富之夜”文艺晚会相继举行。通过对主办方进行行政指导，督促其办理营业性演出许可，并对演唱会进行全程监管，保证演唱会顺利举行。是年，开展文化市场“执法规范提升年”活动，通过文化执法工作的不断规范，提升全区文化市场的经营秩序及执法水平。以网吧娱乐市场为核心，以违规接纳未成年人、未按规定核对登记上网人员有效身份证件、未建立营业日志及擅自停止技术措施等违规行为为检查重点，全年相继开展新春文化市场专项整治、整治互联网和手机媒体传播淫秽色情及低俗信息专项行动、娱乐市场专项整治、动漫市场专项整治、校园周边文化市场专项整治、暑期文化市场专项整治、十八大保障行动及网吧市场专项治理等8次专项整治工作。2012年全年共开展10次拉网式大检查，出动执法人员8000余人次，检查文化市场经营单位2000余家次，查缴非法音像制品3000余盘，取缔游商地摊7家，函告工商部门“黑网吧”6家，查处非法演出活动3起，立案37起。

2013年春节前，联合消防等部门对淄川区大型娱乐场所进行了以安全为主题、以查处违规经营行为为抓手的大检查。全国两会期间，对网吧经营者向消费者提供淫秽色情内容链接、歌舞娱乐场所提供禁播歌曲等行为进行坚决打击。4月，查办2起在全市文化执法系统较有影响力的案件：26日，执法人员接到群众举报，对新东方购物广场内2家音像店进行检查，当场查扣涉嫌侵权盗版的音像制品2898件。经鉴定，所查扣音像制品均属侵权盗版音像制品。12月4日，淄川区人民法院

2013 年，执法人员对网吧开展夜查“零点行动”

对赵某和董某侵犯著作权案分别依法进行公开审理。12 月 13 日，被告人赵某因犯侵犯著作权罪，被判处有期徒刑 1 年，缓刑 1 年，并处罚金人民币 5000 元。涉案音像制品，由公安机关依法予以没收。被告人董某因犯侵犯著作权罪，被判处拘役 6 个月，缓刑 6 个月，并处罚金人民币 2000 元。涉案音像制品，由公安机关依法予以没收。这 2 起案件的查处，开创了淄川区文化市场行政执法部门查获涉嫌侵犯著作权案的先河。“五一”期间，对全区网吧娱乐市场进行全面检查，有效打击各种违法违规行为。从 5 月底开始，在全区范围内开展为期 1 个月，以整治校园周边环境为重点的中、高考期间校园周边文化市场专项整治行动。7—9 月，开展暑期文化市场专项治理工作，执法人员全天在岗值班，以网吧市场为重点对全区文化市场开展了 3 次拉网式大检查，开展“零点行动”2 次。10 月起，联合公安、工商、教育等部门开展为期 1 年的网吧市场集中整治。11 月，开展“黑网吧”专项检查摸底工作。2013 年，共出动执法人员 9000 余人次，检查文化市场经营单位 2700 余家次，立案 46 起，查处并函告工商部门“黑网吧”10 家，查处非法演出活动 2 起。

文化市场综合执法阶段

2013 年底开始，文化（文物）、新闻出版市场执法及“扫黄打非”日常工作由新成立的淄川区文化市场综合执法大队承担。随着文化市场综合执法改革工作的不断深入，旅游、广播电视、电影等领域执法工作也纳入文化市场综合执法范畴。

2013 年，区文化执法人员对涉嫌违规经营业户下达执法文书

2014 年，全区文化市场执法工作以校园周边文化市场为中心展开。1 月，利用公安部门的既有设施，区财政投资 3 万余元建成覆盖全区 80% 文化市

场经营场所的视频监控系统。一季度，开展春节期间文化市场专项整治和两会期间文化市场专项整治工作。二季度，结合全市网吧市场集中整治，开展为期3个月的专项检查，对全区网吧、娱乐场所进行了3次拉网式检查。7月24日，13名基层文化站长被聘请为淄川区文化市场协管员，有效延伸市场监管“触角”，加强了文化市场综合执法力量。9月，开展校园周边文化市场“回头看”行动，防止不法业户和违法违规行为死灰复燃。11月，开展创建文明城市专项整治，对各文化经营单位的证照悬挂、环境卫生、经营规范进行再强调、再检查。2014年，共进行12次拉网式检查，出动执法人员6000余人次，检查文化经营场所1400余家次，立案54起。因成绩突出，区文旅新局被评为全省、全市文化市场管理暨“扫黄打非”工作先进集体荣誉称号，区文化市场综合执法大队被市文化市场执法局推荐为“全市青少年维权岗创建单位”。

2014年度查处侵权盗版案件有功单位三等奖奖牌

2015年1—2月，区文化市场综合执法大队联合消防、安监等部门对全区大型娱乐场所进行了以安全为主题的元旦、春节期间文化市场专项整治。在全国两会期间，针对西关商业区、城里大街、校园周边等重点区域的网吧、娱乐场所开展拉网式检查。4月，区文旅新局被国家版权局表彰为2014年度查处侵权盗版有功单位三等功，山东李某销售侵权复制品案专案组办案人员唐加福、李敏绪、张晓东、王峰等4人被国家版权局表彰为2014年查处侵权盗版案件有功个人二等奖。4月底开始，积极发动各镇、开发区文化市场协管员，在全区范围内开展了以打击淫秽色情低俗等非法演出为重点的农村文化市场专项整治工作。5—6月，开展了以整治校园周边环境、保障中高考顺利进行为目的的校园周边文化市场专项整治行动。三季度，配合创建卫生城工作推进，相继开展暑期文化市场集中整治和社会文化环境集中整治，会同公安、消防部门开展联合检查，划分责任区进行不间断巡查等有效手段，防止假期网吧接纳未成年人。9月，通过摸排巡查、群众举报等途径，发现“黑网吧”5家，责令停业并函告工商部门予以取缔。对出版物市场进行了拉网式专项检查，立案查处违法案件4起，没收非法出版物400余册

2015年，在育才中学开展“远离网吧　健康成长”宣传

（盘），共计罚款人民币 9000 元。9 月 18 日，组织举办全区印刷发行行业法律法规培训班。12 月初，开展网吧市场集中整治，针对不按规定核对登记上网消费者身份证件、接纳未成年人、超时经营、存在安全隐患等问题开展为期 2 个月的综合治理。2015 年，共出动检查人员 6000 余人次，检查文化市场经营单位 1900 余家次，立案 34 起，查处非法演出活动 2 起，向工商部门函告建议依法取缔“黑网吧”5 家。区文旅新局被评为省、市“扫黄打非”工作先进集体，淄川区振华玻璃制品有限公司被山东省版权局授予山东省版权保护示范单位称号。

2016 年 4 月，区文化市场综合执法大队开始推行“双随机”抽查机制。通过建立文化市场主体名录库和执法人员名录库，以摇号方式分别从 2 个名录库中随机抽取检查人员和检查对象。每次抽取 2 名执法人员，至少抽取 5 家文化经营场所；每月至少开展 2 次“双随机”检查，有效防止“任性”检查的发生，确保行政执法的公平公正。5 月 13 日，组织召开全区文化市场负责人工作会议，90 余家文化娱乐场所负责人参加会议。6 月，开展“扫黄打非·净网 2016”专项行动，严厉打击利用网络传播淫秽物品违法犯罪活动。区“扫黄打非”工作领导小组成员单位区公安分局查处“6·28”“性趣”QQ 群传播网络淫秽物品案。2016 年，相继开展春节期间文化市场专项整治、两会期间文化市场专项整治、校园周边文化市场专项整治、夏季文化市场集中整治、“创城”期间文化环境集中整治行动和净网专项行动等 6 次专项治理工作，出动检查人员 4000 余人次，检查文化市场经营单位 1900 余家次，立案 30 起，查处非法演出活动 2 起。

2017 年，区文化市场综合执法大队以打击网吧违规接纳未成年人、未按规定核对登记上网消费者有效身份证件为重点的同时，加强重要节点、重点领域文化市场监管，开展春节期间文化市场专项整治、两会期间文化市场专项整治、净网专项行动、校园周边文化市场专项整治、夏冬季文化市场集中整治、“创城”期间文化环境集中整治行动、“扫黄打非”等专项治理工作，为党的十九大胜利召开营造了良好的文化环境。5 月 31 日，召开全区文化娱乐场所负责人工作会议，会上举行了消防安全培训和演练活动，区文化、安监、消防等部门有关负责人与全区 80 余名网吧、娱乐场所经营业户参加会议。全年，执法大队共出动执法人员 9000 余人次，检查单位 4000 余家次，立案 5 起，责令整改 90 余家次，查缴非法出版物 3800 余件，取缔出版物游商地摊 5 处，查处未经出版行政部门许可擅自设立发行单位案件 1 起。2017 年，区文化旅游和新闻出版局被评为全市“扫黄打非”工作先进单位。

由于工作突出，成绩显著，2011—2016 年，淄川区文化旅游和新闻出版局连续 6 年被评为全省文化市场管理暨“扫黄打非”先进单位。

2014 年度全省“扫黄打非”工作先进集体奖牌

2018 年 6 月 14 日，召开全区文化娱乐及

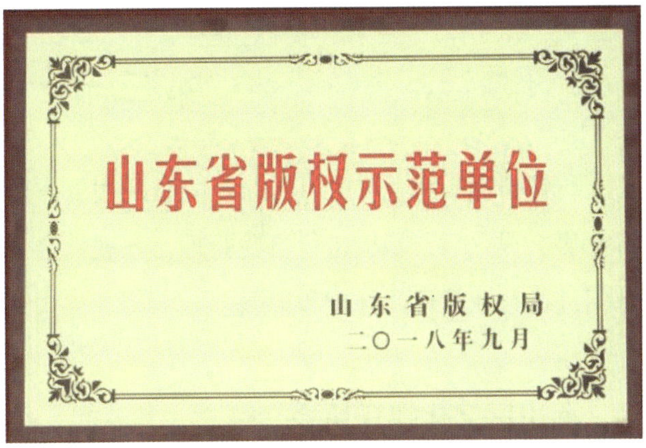

2018 年，山东狮子王科技有限公司、山东电盾科技股份有限公司被授予山东省版权示范单位荣誉称号

旅游场所卫生城迎审暨暑期安全工作会议。9 月 12 日，召开全区文化旅游系统扫黑除恶专项斗争工作会议。9 月 17 日，山东狮子王科技有限公司、山东电盾科技股份有限公司被授予山东省版权示范单位荣誉称号。9 月 21 日，按照全国“扫黄打非”工作小组办公室统一部署，辽宁省“扫黄打非”工作领导小组办公室到淄川区对“扫黄打非·护城河工程”建设、“扫黄打非”进基层等工作开展交叉检查。10 月 29 日，召开淄川区互联网上网服务营业场所安装“上网人员身份核查终端”工作会议。12 月 11 日，双杨镇、寨里镇、山东育英文化有限公司、商城路小学荣获全省“扫黄打非”进基层示范点荣誉称号；双杨镇荣获全省“扫黄打非”进基层示范标兵称号。12 月 21 日，开展淄川区“扫黄打非”青春护航进校园活动，为淄川东坪中心小学、张庄中心小学、淄川商城路小学捐赠价值 47691 元图书。2018 年，先后开展春节期间文化市场专项整治、两会期间文化市场专项整治、校园周边文化市场专项整治、迎接国家卫生城市复审期间文化环境集中整治行动等专项治理工作，共出动执法人员 2000 余人次，检查单位 600 余家次，警告和行政处罚案件共计 75 起，责令整改 60 余家次，取缔游商地摊 3 处，没收非法出版物 6000 余册（盘）。区文化旅游和新闻出版局被山东省“扫黄打非”工作领导小组授予全省“扫黄打非”工作先进单位荣誉称号。

2018 年 3 月，文化执法人员在法制宣传日开展文化市场法制宣传

2019 年 1 月，区文化旅游和新闻出版局被山东省“扫黄打非”工作领导小组表彰为 2018 年度全省“扫黄打非”工作先进集体。1 月 30 日，根据淄博市文化市场执法局的统一安排，执法大队抽取 2 名执法人员，参与全市文化市场交叉检查。全年开展“双随机”检查共出动执法人员 180 余人次，检查各类经营单位 80 余家次。6 月 11 日，在全区 12 家 A 级旅游景区设立文化市场管理暨“扫黄打非”工作站，并为景区制作工作站铭牌，统一悬挂上墙。11 月 25 日，在创建全省第三批“扫黄打非”进基层示范点评选活动中，洪山镇被评为全省“扫黄打非”进基层示范点。2019 年，共出动执法人员 1700 余人次，检查文化市场经营单位 650 余家次，立案 21 起，取缔游商地摊 6 处，没收非法出版物 3600 余册。

第三节　行业自治

行业自律、服务社会，是行业协会的主要作用和职能。淄川区文化娱乐协会和淄川区印刷发行行业协会成立后，积极进行自我管理，开展社会公益活动，努力提升行业形象，成为文化行政主管部门进行行业管理的补充和扩展。

淄川区文化娱乐协会

2006 年 8 月 25 日，区文化娱乐协会开展捐资助学活动

2006 年 8 月 25 日，区文化娱乐协会赴商家镇中心小学开展捐资助学活动，向该校 8 名贫困学生共捐款 4000 元。

2008 年 5 月 18 日，区文化旅游局、区文化娱乐协会、淄博电视台、中威欢乐谷在淄川柳泉正承广场联合举行“5 · 12 汶川大地震”赈灾义演，共募集善款近 10 万元。其中文化娱乐协会会员捐款 8 万余元，极大提升了全区文化市场经营单位的社会形象。协会倡议在汶川大地震全国哀悼日期间（5 月 19—21 日），歌舞娱乐场所停业 3 天，同时关闭霓虹灯。

2009 年 6 月 24—26 日，区文化娱乐协会主办的庆“七一”京剧演唱会于柳泉正承广场举行。

2014 年 12 月 11 日，淄川区文化娱乐协会第二届会员大会召开。会议审议通过协会第一届理事会工作报告和协会章程修正案草案，民主选举产生协会第二届理事会和新的领导班子。

西河镇西坡地村电子阅览室（2015 年拍摄）

2015 年 5 月底 6 月初，区文化旅游和新闻出版局联合区文化娱乐协会，组织部分网吧负责人分两批赴临沂市兰山区参观学习，考察当地的网吧转型升级工作。是年，协会援建乡村电子阅览室 8 个，分别是西河镇西坡地

村、西槐峪村、下塔山村、罗圈峪村，太河镇曹家村、王子山村，岭子镇台头村、巩家坞村，合计捐赠电脑、桌椅 30 余套，网络设备若干。

区文化娱乐协会所属京剧团积极参与全区文化惠民工程，多次赴开发区敬老院、西关一社区敬老院等地进行春节慰问演出，参加全区“学宪法　知党章”巡回文艺演出和文化惠民“送戏下乡”活动，每年演出近百场。

淄川区印刷发行行业协会

2015 年 9 月 18 日，在淄川宾馆组织召开全区印刷发行行业协会政策法规培训会。邀请专家进行授课辅导，就印刷发行行业现状和相关政策进行深度分析，并结合案例对《印刷业管理条例》《出版管理条例》《音像制品管理条例》等法律法规中涉及的违法违规行为及法律责任进行全面解读。

2015 年 9 月 18 日，淄川区印刷发行行业协会政策法规培训会召开

第九篇　旅游产业

20世纪80年代至90年代末为淄川旅游起步阶段。1980年，市政府在蒲松龄故居基础上建立蒲松龄纪念馆，同时积极鼓励社会办旅游，淄川民办旅游业兴起。1989年始，洪山镇蒲家庄开发聊斋城景区，先后开发建成狐仙园、聊斋宫、满井寺等景点，开创淄川历史上农民办旅游之先河。1991年始，原淄城镇城一村投资兴建淄川游乐园，为当时省内外影响最大的农民办旅游景区。1992年，昆仑镇奎三村进城开发旅游业，在杜坡山投资建成奎盛园景区。同年，马鞍山景区亦开发为革命教育基地，接待游客。1994年，原双沟镇藏梓村建设梓橦山鬼谷洞景区，淄川旅游业蓬勃发展。

进入21世纪，随着国民经济水平提升，旅游业迎来良好发展机遇。淄川立足资源特色，加大旅游业开发力度，科学布局、突出特色、错位发展，旅游业实现新跨越。从2001年"北方九寨沟"峨庄瀑布群景区的轰动效应，到"梦泉模式"在全省推广，再到潭溪山、齐山、牛记庵等精品大景区的建成开放，对促进全区转型发展起到了积极推动作用。

近年来，淄川区坚持"绿水青山就是金山银山"的生态优先发展理念，把旅游业作为全区的支柱产业来培育，建设魅力宜居城市，先后完成《淄川区旅游产业总体规划》和《淄川区乡村旅游规划》的编制，举全区之力完善提升旅游公共服务设施水平，主推历史文化体验游、生态乡村休闲度假游、工业遗址研学游，让游客充分感受聊斋文化、齐长城文化的浪漫多彩，陶瓷文化的源远流长和淄川多彩山水的快乐畅游，聚力加速乡村振兴。截至2019年，全区建成国家AAAA级景区3处、国家AAA级景区8处、国家AA级景区1处，现有省级旅游强乡镇2处、省级旅游特色村12处、省级工农业旅游示范点21处。

第一章　旅游资源

第一节　自然资源

柳泉　于蒲家庄村东，原名满井，井水常满常溢，故名。因四周植柳百株，有柳有泉，故称柳泉。

潭溪山　位于淄川区太河镇，山奇、水秀、洞神秘，自然景观美不胜收，明嘉靖皇帝早年寓居读书的昭阳洞等历史遗迹保存完好。春赏山花烂漫，夏聆溪水潺潺，秋醉满山红叶，冬观冰瀑奇观。住宿餐饮等配套服务设施完善，每年定期举办潭溪山生态旅游节、山水旅游节、冰瀑节等活动。

柳泉（2006 年拍摄）

潭溪山（2016 年拍摄）

齐山　位于淄川区太河镇政府南 5 公里，是以齐文化为主题的自然观光景区。占地面积 36 平方公里，最高峰唐三寨海拔 868 米。自然风光优美、人文底蕴深厚，有观音瀑、齐门洞等 64 处自然景点，也有唐赛儿起义大营等人文遗迹。每年举办樱花节、嬉水节、露营季、齐服节、红叶节、齐山过大年等节庆活动。

齐山（2016 年拍摄）

云明山　位于国家传统古村落淄川区太河镇上端士村。云明山是淄博市唯一一片保存最大的原始森林，林内藤蔓缠绕、遮天蔽日，幽与静完美结合，千树万树、千藤万藤交织成一道美丽的自然景观，仿佛进入了西双版纳的丛林里。景区内建有云明瀑布群、乡村记忆民俗馆等 30 多处景点。

马鞍山　位于淄川区太河镇，主峰海拔 618 米。大自然的鬼斧神工使其山势峻峭，峰顶突兀，四周悬崖如削，东西两顶相连，呈凹形，远望状似马鞍，故名马鞍山。马鞍山东有搁笔寨，南有孟梁台、三泰山、莲花峰，西有王堂寨、孤山顶、聚峰、九十九顶岳阳山等。山上林木苍苍，山下淄水蜿蜒，道路纵横交错，曾为历史上南北交通咽喉。在马鞍山西峰山上有齐长城古兵营遗址及烽火台。1942 年冬，淄博抗日战争史上有名的马鞍山保卫战就发生在这里。

云明山（2015 年拍摄）

马鞍山（2014 年拍摄）

梓橦山 位于淄川区双杨镇，这里林深丛茂，山水依依，是鲁中一座历史文化名山，鬼谷子文化的发祥地。

牛记庵 位于淄川区昆仑镇西南 13 公里的大山深谷中，牛记庵三面环山，是一处独具特色的北方景观古村落。该村以断崖作为屏障，隐于树木之间，从山下望上去，石头房子点缀在山间，韵味十足，有“天上的村落”之美誉。

梓橦山（2016 年拍摄）

牛记庵（2015 年拍摄）

梦泉 位于淄川区太河镇梦泉村，因“孙膑梦泉”得名。有梦泉、云池泉等多处泉水，常年水流不断。

黉山 黉山与梓橦山，实为一脉。按淄川人的称呼习惯，北麓称之为梓橦山，南麓称之为黉山。有“打开黉山，没了穷汉”的传说。据《淄川县志》载，汉代儒学大师郑玄曾在山前筑庐授徒讲学，有生徒 500 人，并引来四方很多文学之士。传说刘备 15 岁时，曾到黉山拜师郑康成。黉山上的现有建筑是仿泰山布局，有中天门、南天门、碧霞祠、玉皇阁、郑公书院等建筑群，故有“小泰山”之称。黉山是著名的儒释道三教圣地，每年农历三月十八日、九月九日举办两次庙会。

梦泉齐长城（2013 年拍摄）

千年流苏树　太河镇土泉村有一株被誉为“山东之最”“齐鲁树王”的千年流苏树。专家考证，土泉流苏树已有上千年的历史。树形之大、树龄之长，为山东第一。树韵雍容华贵，被山东省林业厅命名为“齐鲁千年流苏树王”。每年 4 月底 5 月初繁花朵朵，隔着三五里路，便能闻到流苏树的花香。此树生于山石岩缝中，树下有流苏泉。泉水叮咚，甘洌清澈，终年不息。慕名前去观赏的人接连不断。

土泉村千年流苏树（2012 年拍摄）

第二节　人文资源

蒲松龄故居　位于淄川区洪山镇蒲家庄，是国家级重点文物保护单位。

蒲氏墓园　位于聊斋城景区内。

满井寺　位于柳泉旁，是在原址上重建的。

李诡祖的传说　李诡祖是中国民间信仰的一位财神，也是九路财神之一。在中国民间称增福相公、文财神、增福财神、福善平施公。魏孝文帝时任曲梁（治所在今河北省邯郸市永年区东南）县令，清廉爱民，去世后世人为之立祠祭祀。后唐明宗天成元年（926 年）被赐封“神君增福相公”，元世祖时期（1260—1294）被赐封“福善平施公”。民国 9 年（1920 年）版《淄川县志》记载：“北魏李诡祖，孝文帝时任曲梁令。当南北纷争，民苦兵戈，独能抚棤流亡，敦行教化，与民休息，卒于官。民怀其德，立庙尸祝之，至今享祀不衰。明晋祀名宦祠。”

鬼谷洞　位于梓橦山之下，相传为鬼谷子隐居之地，故名鬼谷洞。

孝子祠　即宋朝孝子王樵祠，位于梓橦山下。

蒲松龄故居（2009 年拍摄）

蒲松龄墓（2008 年拍摄）

满井寺（2008 年拍摄）

鬼谷洞（2007 年拍摄）

康成书院 旧时为淄川八景之一，东汉经学家郑玄，字康成，山东高密人，于黉山之阳，建书院讲学，学子千人。

马鞍山抗日遗址 马鞍山位于太河镇。该山山峰奇险，形若马鞍。1942 年马鞍山阻击战，抗日英雄威震敌胆的壮举闻名全国。

1942 年 11 月 9—10 日，日伪军对鲁中根据地实行大扫荡后，途经淄河的 1000 多名日伪军突然包围了马鞍山，守山的八路军伤病员及家属只有 30 余人，在敌众我寡的危急形势下，在 115 师 1 旅 2 团副团长王凤麟的指挥下，八路军将士及伤病员凭借马鞍山的天险，用仅有的少量弹药和石块，与敌人进行了 2 天 1 夜的激战，击毙敌师团参谋长 1 名，官兵 100 余人。王凤麟和伤病员、家属等 27 名同志壮烈牺牲。

太河惨案纪念地 位于淄川区东南部的太河镇。1939 年 3 月，国民党反共顽固分子秦启荣指示部下王尚志，在太河镇伏击八路军山东纵队第三支队过往受训干部和护送部队，270 多名干部战士有的在战斗中当场牺牲，有的落入敌人魔掌，只有 60 余人突围脱险，制造了震惊全国的“太河惨案”。对反动派的背信弃义、倒行逆施，山东广大军民义愤填膺，群起声讨。山东纵队指挥部通电全国，申明真相，并对蒋介石和国民政府提出强烈抗议，要求惩办祸首秦启荣等，揭露国民党假抗日、真反共的罪恶行径。“太河惨案”发生不久，山东纵队调动主力，对王尚志给予毁灭性打击，反共顽固分子得到应有的惩罚。为纪念惨案中牺牲的革命烈士，淄博市人民政府于 1985 年在太河钓鱼台修建了太河惨案死难烈士纪念碑。

马鞍山阻击战发生地——马鞍山主峰（2012 年秋拍摄）

青云寺 位于淄川区岭子镇政府南 2.5 公里处。旧名上泉庵，始建于明正德二年（1507 年）。依山临谷而建，四山环抱，山势峻拔，古树森森，草木依依。其十景为：九纹呈彩、四盘踞胜、月山晚照、途井涵春、龙台荐蔼、龟林毓秀、翎谷响应、屏壁舒卷、鸽崖绕回、鹰峰崚嶒，为旧时淄川县二十四景之一。明、清两代曾多次扩建重修，包括大雄宝殿、天王殿、祖师殿、伽蓝殿、地藏王殿、观音殿、灵泉精舍等 42 间房屋，还有弥勒佛洞、盘龙桥、佛阁桥、灵眼山、龙云台阶等建筑。

清代文人蒲松龄与其好友，淄川八士之唐梦赉、沈天祥、邱希潜、李尧臣等均在此寺中就读或行文论诗。

上端士古村落 位于太河镇原峨庄乡政府驻地西北 2.5 公里处，民居基本保持明清时期的建筑风格和布局。这里有错落别致的石砌建筑，有李半仙、"王定保借当"、铁笔李子华和三棵槐的美丽传说，有远近驰名的卧龙槐、卧龙桥、千年古街、正义祠、云峰观、孔子精华苑、武举楼，是首批中国传统村落、山东省历史文化名村、山东省旅游特色村、山东省最美乡村、国家古村落森林公园核心区、全国美术写生影视创作基地。

岭子镇青云寺（2012 年拍摄）

上端士古村落（2013 年拍摄）

第二章　旅游开发

第一节　景区开发

聊斋文化旅游区开发　聊斋文化是以蒲松龄及其《聊斋志异》等作品为核心而形成的一种具有淄博特色的地域文化，并以其突出的奇幻特色和独特风格享誉国内外。聊斋文化是淄川区文旅融合发展最大的文化内核和“王牌”IP，近年来全区一直在努力进行开发、探索和挖掘，2019年，已形成蒲松龄纪念馆和聊斋城两处景区。

蒲松龄纪念馆是淄博市首批国家AAAA级旅游景区，位于淄川区洪山镇蒲家庄，于1980年在蒲松龄故居基础上建立，2006年公布为全国重点文物保护单位，是馆居一体的古建筑类名人纪念馆。主要职能是文物保护、展览开放、学术研究，并主办中文社科核心期刊《蒲松龄研究》季刊，在全市文化建设和文化服务中发挥了重要的作用。现拥有7个小院、8个展室，占地面积5000多平方米、展览面积2000多平方米，陈列体系完备，展览内容丰富，成为淄博市最负盛名的文化旅游胜地之一。1948年，人民政府派专员了解聊斋故址及蒲松龄墓的毁坏情况。1953年，山东省人民政府派蒲学专家路大荒考察聊斋。1954年，拨专款修复蒲松龄故居，并陆续征用“聊斋”周围的民房，开辟为展室，征集有关文物资料充实馆藏。1956年，蒲松龄故居正式对外开放，将聊斋开辟为展室，展出蒲松龄使用过的物品和与蒲松龄有关的文物、资料。1961年，蒲松龄故居被定为省级文物保护单位，附属保护遗址有柳泉和蒲松龄墓园。1980年，在蒲松龄故居基础上建立蒲松龄纪念馆。政府加大投入，至1985年投资100多万元，征购故居周围民房50多间，分为7个小院，设8个展室，占地0.5公顷，展室面积2000多平方米，陈列体系完备，展览内容丰富。1995年，被公布为山东省爱国主义教育基地。2002年5月，在故居西北角建成拙园，占地200多平方米，总投资近60万元。拙园保持明清民间建筑风格，园中有太湖石、满月门、木柱青瓦方阁、18米长的回廊、攒尖半亭、三折石桥、假山、独木草亭、水榭和人工湖等景点。2003年，蒲松龄故居被山东省旅游局、山东省消费者协会评为山东省第二届旅游消费信得过单位。2003年，荣获山东省青

蒲松龄雕像（2008 年拍摄）

年文明号荣誉称号。2004 年，蒲松龄故居被山东省精神文明建设委员会办公室、山东省建设厅评为山东省文明景区。2005 年，蒲松龄故居被中共淄博市委、淄博市人民政府评为“文明单位”。同年，蒲松龄故居被淄博市人民政府授予淄博市服务业先进单位称号。2006 年 5 月，蒲松龄故居被国务院公布为全国重点文物保护单位。同年，蒲松龄故居被淄博市人民政府授予全市创建国家园林城市先进单位称号。2008 年，蒲松龄故居被山东省古籍保护中心授予山东省古籍保护工作先进单位称号。2009 年 3 月，蒲松龄故居被淄博市政府授予全市文化工作先进单位称号。9 月，蒲松龄故居被山东省人力资源和社会保障厅、山东省文化厅授予全省文化系统先进集体称号。10 月，对蒲松龄生平展室进行改造。2014 年 6 月，陈列改造一期工程动工。将原有著作展室和外文展室内容进行合并；将原著作展室做复原处理，形成具有清朝民居风格的东厢房；对原外文展室进行翻新处理，借助现代化展示技术对其进行改造，形成新的著作展室。7 月，申请专项资金，建成聊斋影视厅，播放聊斋题材影视作品，供游客观赏。是年，争取中央财政补助资金 180 万元新上消防工程，对原有抽园园林进行升级改造。2015 年，被公布为山东省海峡两岸交流示范点。2017 年，实施彩塑展厅改造工程，包括铺设仿古地面砖，更换老榆木框架通体玻璃展橱等，实现展陈风格与生平、著作展室一致。是年，蒲松龄故居荣获山东省文明单位荣誉称号。2018 年，根据故居改陈二期项目规划，对原回顾展室进行重新设计改造，围绕廉政主题，结合《聊斋志异》有关故事内容，建成“刺贪刺虐”厅。2019 年 10 月，故居可移动预防性文物保护项目成功落地，制定书画展室和库房改造的可行性实施方案，对库房馆藏资料重新规划，并结合陈列改造Ⅱ期工程，改造书画展厅。

聊斋城景区是淄博市首批国家 AAAA 级旅游景区，位于淄川区洪山镇蒲家庄，占地 259 亩，是蒲家庄在柳泉、蒲松龄墓等历史人文景观基础上开发建设的大型文化园林式景区。主要景点有柳泉、聊斋宫、满井寺、石隐园、狐仙园、俚曲茶座等 50 多处，后又修建了迎宾大道、迎宾广场、松龄广场、聊斋文化艺术品批发市场等基础设施，进一步增强了景区的配套服务功能。园区移步换景，景景相连，既有古色古香的仿明清建筑，又有江南水乡的灵秀园林。1987 年 3 月，蒲家村修建明清建筑风格的民俗宾馆，占地 1500 平方米，建筑面积 250 平方米，投资 30 万元。1990 年 3 月 21 日，狐仙园建成，投资 200 万元，取名为“蒲松龄艺术陈列馆”。1991 年 9 月 3 日，投资 350 万元，建成石隐园，占地 0.3 公顷，建筑面积 1470 平方米。1992 年 9 月 3 日，聊斋宫建成开放，投资 1200 万元，占地 1.5 公顷，建筑面积 2816 平方米。宫内以展现聊斋故事为主题，由上海美术电影

聊斋宫（2009 年拍摄）

制片厂设计安装，外景为碧湖、牌坊和阁亭，用料全部采用汉白玉。1994 年 7 月，满井寺重新建成开放，投资 680 万元，占地 0.8 公顷，建筑面积 1068 平方米。该寺以双重斗拱牌坊为入寺山门，内建天王殿、大雄宝殿、三圣殿、钟楼、素斋房、商品部及养生池，百余尊神佛全部采用香樟木制造，院外有禅塔两座。同年 12 月，“观狐园”建成开放。该园由蒲家村与淄博新博旅游公司联合投资 140 万元建设，占地 3 公顷，建筑面积 370 平方米。1996 年 6 月，投资 60 万元、占地 0.5 公顷、建筑面积 400 平方米的柳泉山庄建成并投入使用，可容纳 200 人同时就餐。2000 年，聊斋俚曲茶座竣工，总投资 180 万元。2002 年 6 月 1 日，百子嬉乐园小小天地景点建成开放。同年 10 月 1 日，文化艺术品市场、宦娘琴缘竣工开放。自 2002 开始，以聊斋文化为依托，成功举办了八届中国（淄博）国际聊斋文化旅游艺术节，进一步打响了聊斋文化旅游品牌。2003 年，4D 影院建成并投入使用，游客可在其中观赏聊斋影视作品。同年，演艺广场建成并开放，投资约 500 万元，占地面积约 3000 平方米，可同时容纳 5000 余人观看。2004 年福德宫建成，后改名为财神庙，投资大约 300 万元，占地面积约 1200 平方米（包括外面松林迷宫），其中供奉文武财神和地方财神李诡祖。2005 年国庆节期间，成功策划推出了大型特色旅游项目“夜游聊斋试验版”，填补了淄博市乃至山东省夜间旅游的空白，对聊斋旅游的开发进行了有益探索。2006 年，为做好蒲家庄的整体开发，聘请山东大学旅游管理系专家编制《蒲家庄古村落保护与旅游开发规划》。2008 年，淄川区人民政府、新版电影《画皮》剧组在演艺广场共同主办了电影全球首映式。首映式邀请中央电视台《电影传奇》主持人现场对电影《画皮》主创演员进行采访，现场解读新版电影《画皮》，此次活动的举办对于宣传聊斋文化是一项重要举措，扩大了聊斋品牌的影响力。2014 年，建成连接聊斋宫和景点连锁的木栈道。同年，360 度空中漂流建成，漂流滑道是由透明双层防爆玻璃制成，全长 600 米，沿聊斋宫主体环绕一周，故称 360 度空中漂流。2016 年 1 月 26 日，长城影视集团与蒲家村签署了聊斋城景区租赁经营协议，正式接管聊斋城景区。2018 年，委托中国文化旅游科技创新联盟组织北京大地风景规划设计院编制《中国山东—东方魔幻城影视文化旅游区概念性规划》；同年，聘请中国美院编制《蒲家庄古村落保护性修缮与利用概念策划及规划方案》。

留仙湖公园　淄川区政府于 1985 年投资 15 万元建设留仙湖公园。公园内有游船码头区、湖心亭、九曲桥等景点，水陆总面积 52.6 公顷。1986 年，投资 120 万元建成般阳古城景点。1991 年，投资 100 万元建成占地 8700 平方米的湖心岛景区。主要包括凌虹桥、澹泊桥、湖心大小两岛、大

留仙湖公园（2016 年拍摄）

小假山等。公园西区的前身是西关一村游乐园（1985 年修建），1989 年划归留仙湖公园，先后投资 500 万元建成长廊、汉阳轩、水榭歌台、花卉园、碰碰车、旱冰场、儿童乐园等景点和游乐设施。1994 年，投资 600 万元建成具有浓郁古典园林风格的商业一条街。1996 年 7 月，投资 2000 万元征用土地 16 公顷，建设疏林草地景区，1997 年 10 月建成。这是淄川历史上一次性扩园面积最大、档次最高、投资最大的景区绿化工程。1999 年 11 月，被淄博市委、市政府评为市级风景名胜区。2000 年，投资 70 万元建设石刻园。内有历朝石刻 20 件，建有因筑路而迁移的将军墓 1 处。

西游记宫开发　1991 年，淄城镇城一村开发兴建淄川游乐园。投资 700 万元建设西游记宫，占地面积 2 公顷，9 月 1 日建成开放。宫中精选 25 个《西游记》中的经典故事，通过美工制作，把人物故事造型塑造得淋漓尽致、栩栩如生。1992 年 5 月，在西游记宫东侧投资 350 万元异地重建普照寺，占地 1.3 公顷，建筑面积 1100 平方米。1993 年，开发“激流勇进”“迷你赛车场”。1994 年 6 月，占地 1 公顷，按照国家标准兴建的集游泳、跳水、娱乐于一体的“水上乐园”开放。1996 年，投资 1500 万元、占地 2.3 公顷、建筑面积 5000 平方米的“中华影城”建成并投入使用。同年，建成“八卦迷阵”。淄川游乐园粗具规模，总占地 20 公顷，总投资 3000 万元，建有 13 个景点。1996 年 6 月，城一村被市文化局授予淄博市首批“旅游文化村”称号。

马鞍山景区开发　马鞍山景区是国家 AAA 级旅游景区，位于淄川区太河镇，以形似马鞍而得名，主峰海拔 618 米，总面积 25.6 平方公里。马鞍山以 1942 年抗日保卫战名扬神州大地，山上有廖容标、钱钧等开国将军撰文或题词纪念的大型摩崖石刻，由迟浩田上将为抗战纪念馆（碑）题写的馆名，是人们接受爱国主义教育的红色圣地。该山又是齐、鲁古国的分界，山上存有国内发现最早、规模最大、保存最完整的齐兵营遗址，又有屹立 2500 年的齐长城遗址。主要景点有烈士纪念堂、抗日纪念碑、英雄碾、战斗指挥所、凌云桥、《忆王凤麟烈士》石刻等。景区现建有上山索道，方便游客上山游览。

1992 年，原淄河镇（现合并为太河镇）马鞍山景区开发修建东石门村至凌云阁 1.5 公里盘山公路，建成凌云阁和马鞍山顶玉皇殿等景点，总投资 165 万元。1993 年，修建御门阁、碑亭、南天门、钟楼、鼓楼、碧霞祠、票房、仰鹰台、门狮等，投资 138 万元。1995 年，投资 60 万元硬化 1.5 公里盘山公路，新建烈士纪念堂，翻修马鞍山战斗展览室，新建饭店 1 处。同年，被定为淄博市青少年爱国主义教育基地。1999 年成为淄博市旅游定点单位。同年，投资 50 万元，整修了王凤麟指挥所、战斗掩体、道士冢、神仙府、十大夫庙、南斗北斗庙、英雄碾等游览区。2001 年 4 月，总投资280万元，开发建设齐长城、古兵营、凌云桥、古寨、烽火台等多处景点，新建上山人行石阶路、景区游览石阶路，开辟仙人桥、龙女台、八仙台、英雄魂、双龟山、迎客石、卧佛像、伟人峰等30余处景点。2001年9月，马鞍山景区旅游开发公司更名为马鞍山风景名胜区管理处，隶属原淄河镇政府管理，2002年，景区被批准为山东省国防教育基地。2005年，景区被批准为山东省爱国主义教育基地。2015—2016年，投资1000余万元建设索道，全长778米。2016—2018年，投资9000余万元建设马鞍山影视基地，包括青砖房、石头房60余座，大殿、府衙、镖局、牌坊等。2018年，被评为国家AAA级旅游景区。2019年，投资200余万元建设马鞍山接待中心，投资300余万元建设马鞍山红色教育基地。

马鞍山抗战纪念馆（2015年拍摄）

奎盛园景区开发 昆仑镇奎三村于1992年投资3000万元兴建奎盛园景区，开创了淄川历史上农民进城开发旅游的先河。主要景点有：音乐喷泉广场、动物园、植物园、珍稀动物标本馆、两栖动物爬行馆等。1995年，成立中美合资鸵鸟养殖有限公司，投资1600万元，从津巴布韦引进种鸟200多只，建成江北最大的鸵鸟养殖基地。1996年，投资500万元建设人工湖、假山奇石等景点。1997年，投资250万元建设儿童乐园、花卉培育销售中心。1998年，投资300多万元建成占地面积2万公顷的综合大型游乐园。翌年，投资100万元开发建设憩园。2000年1月，投资100多万元，按照国家标准兴建游泳比赛池和儿童戏水池，兴建水上乐园。2000年始，奎盛园每年在春节、元宵节期间举办艺术花灯展。2001年，扩建动物园，建立野生动物乐园，投资50万元，散养动物50余种200多只（头）。2002年，投资30万元，新建大佛游乐宫。同年，新建“海洋之窗”水族馆，投资30万元，建有全省第一

奎盛公园（2008年拍摄）

条水底拱形玻璃隧道。至2002年底，奎盛园景区建成7大景点，占地面积24公顷。目前，该园被鲁泰集团收购，经改建提升为鲁泰文苑，成为淄川城市公园。

梓橦山鬼谷洞（2008年拍摄）

梓橦山鬼谷洞景区开发 梓橦山鬼谷洞景区位于淄川区双杨镇，是鬼谷子文化的发祥地，春秋末战国初纵横家师祖鬼谷子于此讲学授徒，培养造就了孙膑、庞涓、苏秦、张仪四位杰出的军事家、纵横家、外交家。中央军委原副主席、国防部原部长迟浩田为景区题词“鬼谷仙境”。主要景点有鬼谷洞、鬼谷泉、鬼谷祠、梓橦湖、蟠龙门、步云桥、鬼驮碑、无字八棱碑、孝子祠、魁星阁、玉皇宫、黉岭寺、鬼谷子全书刻瓷长影壁、儿童乐园等景点。

1994年始，原双沟镇（现合并为双杨镇）藏梓村开始建设梓橦山鬼谷洞景区。至2018年，先后共投资1500万元，建成鬼谷洞、九龙壁、鬼谷祠、孝子祠、玉皇宫、黉岭寺、梓橦湖、蟠龙门、魁星阁、八棱碑、刻瓷长影壁、步云桥、梓橦泉、鬼谷泉、梓橦山巨碑等15个景点，占地面积66.7公顷。

峨庄瀑布群（2008年拍摄）

峨庄瀑布群景区开发 峨庄瀑布群景区是国家AAA级旅游景区，位于淄川区太河镇，集生态观光、旅游体验、农业采摘于一体。景区沿河长6公里，瀑连塘，塘连瀑，秀水塘湾飞瀑不断。沿河林木葱郁，别有风致。建有永莲采摘园、激情漂流等项目深受游客喜爱。

2001年底，山东民族齐鲁艺校投资建设峨庄瀑布群景区。景区先后投资200多万元，建成石板路、管理房、135处供游客休息下棋打扑克的石桌、石凳、草亭、赏景亭、钓鱼台、码头和观瀑台、瀑布群山庄等，其他类型的石刻120多处。2009年，淄博永莲农林科技有限公司转接景区管理，并投资1200万元，建设2.18公里漂流。

留仙谷景区开发 留仙谷景区是国家AAA级旅游景区，位于淄川区洪山镇。传说景区为当年蒲松龄隐居之地，世称惧趋崖，又名九曲崖。谷深60余米，谷长约3公里，植被茂密，森林覆盖率达 92% 以上。谷内奇峰突兀，瀑布流泉，谷深绝壑，自然景观秀美。建有古庙、弥勒大佛、山间云梯、漂流等景点。服务设施齐全，秋燕山庄、休闲别墅为游客提供便捷舒适的特色餐饮、住宿服务，是观山、戏水、度假的城郊休闲娱乐去处。

留仙谷（2010 年拍摄）

2002 年，淄博留仙谷生态旅游开发有限公司投资 500 万元建设留仙谷景区，景区占地 3000 多亩，内设农家乐秋燕山庄。2004 年，投资 220 万元建成九龙水系，同年对外营业。2008 年，投资 300 万元建成猕猴桃等水果采摘园。2009 年，被评为国家 AA 级旅游景区。2015 年，投资 2000 万元建成民宿 30 多套。2018 年被评为淄川区十佳景区市级四级都市农业园、国家 AAA 级旅游景区。2019 年，投资 800 万元建设游客接待中心、停车场、旅游公厕等公共服务设施。

云明山景区开发　云明山景区是国家 AAA 级旅游景区，位于淄川区太河镇上端士村，总面积 2800 亩，海拔 686 米，景区天然趣成，步步有景。主要景点有云明瀑布、采摘园、鱼子化石长廊、古藤园、红叶岭、柏树林、齐长城遗址、古栈道、天街、天然盆景园、休闲游乐园、明清古村、乡村记忆民俗馆等 30 大景点，还配备有餐饮、住宿、会议、休闲、文旅康养等多种条件的接待中心。

云明山（2016 年拍摄）

2003 年，淄博云明山旅游开发有限公司投资 200 万元开发云明山，2004 年建成并对外开放。2007 年，投资 2100 万元建设云明山度假村项目。2008 年至 2010 年，投资 1200 万元编制《云明山旅游区规划》，实施景区提升工程，同年被评为国家 AAA 级旅游景区。2011—2012 年，投资 430 万元，装饰云明山接待中心，修复景区齐长城遗址。2014 年，投资 185 万元，新建 AAAA 级标准厕所 1 处，景区内厕所 2 处，共计 210 平方米，扩建停车场 2000 平方米、景区购物中心及售票处 320 平方米。2016 年，投资 300 万元，修复古村院落 15 处，建成乡村记忆民俗馆，增加游客观光体验项目。2019 年，投资 2300 余万元，建设淄川区政府机关战时疏散基地，同时重建景区游客接待中心。

2004 年，聘请北京交通大学旅游系专家编制《淄川区旅游产业发展总体规划》。

梦泉鸟瞰（2015 年拍摄）

梦泉生态景区开发 梦泉生态景区是国家 AAA 级旅游景区，位于淄川区太河镇梦泉村，占地面积约 1 万亩，海拔 600 余米。整个景区分避暑山庄、休闲区、齐长城、古兵营、游览区、福寿文化区、寻谷探幽区、民俗生态采摘区，有野生动物 10 余种、各种鸟类 100 多种、林木 100 多种、各类中草药 100 多种、野生食用蔬菜 20 余种，还有松柏林带、连翘、黄栌等原始林带以及各种果木。梦泉景区内配套设施齐全，梦泉餐厅、梦泉山庄等餐饮、住宿设施为青砖灰瓦明清四合院式建筑，外形古朴典雅，成为景区一道亮丽的风景线。

2004 年，淄博梦泉旅游开发有限公司投资 1500 万元，建设梦泉生态景区，建成了集休闲、会议、度假、娱乐为一体的多功能旅游区。景区自 7 月下旬开业至年底，共接待游客 20 余万人次，旅游收入达 260 万元，并于 2005 年被评为国家 AAA 级旅游景区。2008 年，景区仅“五一”“十一”两个黄金周就接待游客 20 余万人次，被《大众日报》《大众旅游》评为全省最佳舒适度农业旅游示范类第一名，被省旅游局评为最具人气景区，同时被《齐鲁晚报》评为全省最佳自驾游目的地。2010 年，被淄博市政府评为淄博市都市农业示范园区，同年被评为全国休闲农业与乡村游三星级园区。2014 年，被认定为全国首批传统村落，景区投资 600 万元进行保护性修复和改造提升。2017 年，新建旅游农产品加工中心，对景区特产“淄博池梨”“杏仁”“长红枣”进行深加工，带动当地村民致富并增加了景区收入。2018—2019 年，景区被列入“齐长城国家文化公园”项目，景区投资 3000 万元进行了升级改造，建设游客服务中心 1 处，新建精品民宿 6 处，提高了接待能力，扩大了景区范围，全年实现营业收入 1000 万元。

潭溪山高空玻璃桥（2018 年拍摄）

潭溪山旅游区开发 潭溪山旅游区是国家 AAAA 级旅游景区，位于世界短篇小说之王蒲松龄故里东南 38 公里——淄川太河镇峨庄片。主峰海拔 867 米，规划面积 9 平方公里。旅游区内植被丰茂，森林覆盖率达 80% 以上，空气负氧离子含量高达每立方厘米 10 多万个，是得天独厚的“天然氧吧”。主要景点有上天桥、仙人桥、姊妹瀑布、美人峰、奇特大峡谷、龙凤台、生命之根、午时峡谷、昭阳洞、高门洞、通天洞、潜龙洞、美人洞、水帘洞、石权洞、柳树泉、仙女泉、饮虎泉、甘露泉等。景区建有潭溪山庄、游客中心等配套酒店及设施，其“高空玻璃桥—百米观光电梯”综合体，由百米观光电梯和高空悬崖玻璃桥、悬崖度假酒店三部分组成，建在潭溪山海拔700米裸露崖壁之上，悬崖玻璃桥为世界首例无背索斜拉弧形玻璃桥，桥面跨度117米，悬空高度近110米，外弧最大半径90米，桥面宽度2.45米，最大承载量3.5吨/平方米，可承载900余吨，约合单次承重1万人，悬崖酒店建于电梯上端侧面桥墩，悬空于悬崖之上，配有度假客房、咖啡厅等，酒店上方为悬崖观景平台，是国内首家高档悬崖度假酒店。

2007年，淄博潭溪山旅游发展有限公司投资3亿元，建设潭溪山旅游区。编制《潭溪山旅游区总体规划》，建设内容包括景区门坊、迎宾瀑布、如意广场、九龙潭等景点，总游览面积9平方公里；先后投资200余万元建设儿童乐园；投资50余万元修建北线观光车公路，长度约6公里；投资5000万元建设潭溪山庄，面积5773平方米，包括客房、餐厅、会议室，还有棋牌室、游泳池、网球场等配套设施。2009年，投资3000万元建设游客中心酒店，面积3544平方米，以经济客房、大众就餐为主，可同时容纳200人就餐。2010年6月景区正式投入运营，同年成立“潭溪山助学基金”，多年来资助当地贫困学生600余人；投资300万元建设木屋别墅，总建筑面积832平方米。2011年，潭溪山旅游区被评定为国家AAAA级旅游景区；同年融入峨庄古村落国家森林公园核心区域、峨庄国家水利风景区核心区域，获得市文化产业发展先进单位、区文化产业发展先进单位、区文明单位等荣誉称号。2012年，潭溪山旅游区被评为省级地质公园，获得省消费者满意单位、2011—2012年度市第九届消费者满意单位、市十佳都市农业园等荣誉称号。2013年，投资100万元建设千米速滑道，获得市十大景区、市旅游宣传营销创新奖、市文明信用企业等荣誉称号。2014年，“潭溪山带动农家乐发展模式”被编入全省乡村旅游培训教材，潭溪山庄被列为全省旅游服务人才培训基地。2016年8月，被国家旅游局确认为全国景区带村旅游扶贫示范项目。2015年，投资5000万元兴建潭溪山高空玻璃桥，是世界首例无背索斜拉弧形玻璃桥，由百米观光电梯、玻璃桥和悬崖酒店3个部分组成，2017年5月正式投入使用。潭溪山高空玻璃桥获得2019年世界结构大奖——行人桥梁奖；2020年，获得IBC（International Bridge Conference）亚瑟·海顿奖。2017年，投资300万元翻新昭阳洞古建筑群，同年对外开放；投资500万元建设南线观光车路，长约3公里，2018年投入使用。2019年，投资1200万元建设“高空玻璃漂流”，长度2019米，旋转弧度5199度，高差160米；投资5000万元建设“星洞传说”，该项目是一座声音、光学与自然相结合的超媒体艺术洞穴体验空间。

涌泉齐长城景区开发 涌泉齐长城景区位于淄川区太河镇，景区自然风光秀美，孟姜女哭长城的故事在这里流传，建有孟姜女文化园、孟姜女故居纪念馆、齐长城遗址保护园、达摩堂佛教文化区等景点。电视剧《马向阳下乡记》在这里取景拍摄，大槐树、大槐树村委会、古宅、古街等剧中场景都能寻到。2007年，山东涌泉齐长城生态发展有限公司，总投资1亿元，开发打造涌泉齐长城

涌泉齐长城景区（2018 年拍摄）

景区，景区规划由中国林业大学和淄博宏景景观设计有限公司联合规划设计，规划建设功能区、旅游区、休闲度假区、农业观光区、苗木中心区、历史文化区、娱乐区、拓展区、古村落民俗等十大区域。2009 年，涌泉齐长城景区正式对外营业。2013 年，涌泉齐长城景区被山东省影视传媒集团、中视传媒股份有限公司等单位联合出品的电视剧《马向阳下乡记》剧组确定为该剧的主要拍摄地和取景地，并积极配合完成了有关拍摄工作。2014 年 9 月，随着电视剧《马向阳下乡记》在央视一套综合频道黄金时段强势播出，剧中融入的许多淄博元素为广大观众所认知，并深受喜爱，引起巨大社会反响，涌泉齐长城景区也随之成为全国各地游客前往观光体验《马向阳下乡记》拍摄场景的旅游目的地，有力带动了当地旅游、餐饮、住宿、交通等相关行业的发展。

齐山景区开发 齐山景区是国家 AAAA 级旅游景区，位于淄川区太河镇，占地总面积 36 平方公里，最高海拔 868 米，是以齐文化为主题的集山岳观光、休闲度假、健身养生的综合旅游区。景区内有数公里的陡崖峭壁，十分壮观。10 余个原生态古村落散布在齐山各处，是人们回归自然，放松心情的度假胜地。 主要景点有春秋湖、齐民部落、仰佛山、映佛池、沉鱼潭、观音瀑、云顶花海、古栈道、齐门洞等。景区拥有鲁中地区最大的樱花林，自 2013 年开始，历时 8 年的时间种植了 2 万余株樱花树，樱花交替开放，引进品种多达 12 个，有染井吉野、白妙、小松乙女、江户彼岸、阳光、杭州早樱、香味山、红绯衣、花笠、关山、郁金、垂枝等。每年 3 月底至 4 月中上旬，樱花相继盛装迎宾，有“樱花长廊”“水映樱花”“樱花蹊径”“樱花花海”等景观。在樱花节期间，还同时举办樱花摄影比赛、樱花女神评选等主题活动。

2008 年，山东齐山旅游开发有限公司在齐山林场基础上，投资建设齐山景区，并编制《齐山景区旅游发展总体规划》。2012 年 10 月 1 日正式对外开放，至 2019 年已投资 5.5 亿元。2012 年，投资额 2.2 亿元，建设 46 公里景区环绕道路、生态停车场，全区域铺设水、电、网络线路，修建游客步游道 7.5 公里，新建护林房 4 套，购买移动厕所 5 座，建设三叠潭、映佛池、齐山游客中转中心；扩建 8 公里进景区道路，升级景区导示牌，春秋湖防渗工程开工，建设齐民部落。2013 年，投资 0.45 亿元，建设观音阁，新建 2 处星级厕所，安装吊桥及视频监控系统一套，建设智能停车场、演艺中心、舞台及景区内配套购物商铺。2014 年，投资 0.2 亿元，开工建设齐韵楼饭店、游客中心、滑草滑道项目等。2015 年，投资 0.31 亿元，改造齐民部落，游客中心建设完毕交付使用。2016 年，投资 0.2 亿元，建设漂流项目、春秋湖防渗工程、景区道路设施维护等。2017 年，投资 0.9 亿元，

淄川齐山景区（2019年拍摄）

建设酒坊、观星阁、云顶餐厅、六艺馆、停车候车厅2处、观星房30座，新增凉亭9个，完成全羊馆就餐环境改造提升，购买观光火车2辆；同年，齐山景区被评为国家AAAA级旅游景区。2018年投资0.35亿元，建设云顶花海道路、护栏、坐凳、路面钢板、实木座椅、景观石，建设齐民部落3层研学楼、管子学堂、百工学堂。2019年，投资建设云顶花海花田、餐厅配套工程。获得2015年度山东省最受欢迎旅游企业、2016年度诚信旅游会员企业、2017年度旅游景区管理工作先进单位、2018年最具影响力景区、淄博市级扶贫龙头企业、淄博魅力红叶欣赏地、2018年度优秀旅游创作基地、2018年度全区统计工作先进单位、2019年度全区统计工作先进单位等荣誉称号，是淄博市中小学生研学旅行基地、修远教育淄博研学旅行实践基地、2018年度优秀旅游摄影创作基地、山东影视摄制基地。

牛记庵养生度假村开发 牛记庵养生度假村是国家AAA级旅游景区，位于淄川区昆仑镇，因其深藏于大山之中，周边群山环绕，登高望远，形似卧牛，半山腰上有一处小庵，故命名为“牛记庵”，具有“天上的村落”之称。主要景点有三面观音、牛角溶窟、孙家大院、神牛泉、牛心石、王家奇宅等。景区修复石板屋、农家小院30余套，建设5层综合楼一栋，能同时接待游客200余人住宿、就餐，是集旅游、度假、养生、休闲、会议、种植及养殖为一体的农业休闲综合体。

牛记庵（2014年拍摄）

2013年，淄博紫云山旅游开发有限公司投资1.5亿元建设牛记庵养生度假村，铺设道路20公里，修复民宿20余套，建设游客接待中心、乡村旅游购物场所及水、电、网等设施。2014年，建设修复牛记庵、神牛泉、牛角溶窟、王家奇宅、牛心石、动物园等景点。2015年，修建旅游厕所4处，建设生态餐厅及民宿配套设施，景区于2015年8月正式对外营业。2016年至2017年，投资750万元修建停车场3处，共计300个停车位。新建民宿23套，建设采摘园、观景平台、农家动物园，建设全区域夜间亮化工程，铺设环山道路7公里。2018年，投资2000余万元打造高端民宿（百鸟山舍）组团。2019年，投资2000余万元建设综合活动中心、台阶式观光道路、观光红叶旅游步栈道、观光红叶平台3处。景区先后获得国家级传统村落保护单位、省级传统村落保护单位、国家AAA级旅游景区、山东省农业旅游示范点、山东绿化模范单位、山东省乡村文明家园省级示范点、市级重点龙头企业等荣誉称号。

1954陶瓷文化创意园开发　1954陶瓷文化创意园是国家AAA级旅游景区，位于淄川区昆仑镇，是在1954年建厂的淄博瓷厂老建筑基础上，秉承“修旧如旧，新旧升级”的设计理念，重现淄博陶瓷的荣耀，打造以陶瓷为核心的国家陶瓷特色小镇。2019年已建成开放大师工作室、陶瓷博物馆、陶瓷学院、窑炉西餐厅、烧成吧、陶瓷特色酒吧、书吧以及陶瓷拉坯体验区等休闲娱乐项目，成为鉴赏、体验陶瓷文化，休闲娱乐旅游的好地方。

位于1954陶瓷文化创意园内的淄博昆仑陶瓷博物馆（2017年拍摄）

2013年，山东昆仑瓷器股份有限公司投资7.5亿元，在淄博瓷厂原建筑基础上建设1954陶瓷文化创意园。规划占地面积13.8万平方米，同年，将贴花车间改造成大师工作室，将陶瓷烧花车间改造为1954魔法餐厅，改造大师工作室。2014年建设二期广场，改造陶瓷孵化器工业设计中心，提升园区绿化工程，铺设、硬化园区道路。2015年，改建老窑棚、大碾坊、烧成吧、水碾酒吧；改造大碾广场。2016年，建设园区水系，新建四个水系景观；改建陶瓷学院、阎先公博物馆。2017年，改建昆仑陶瓷博物馆及配套商业空间，改造1954魔法餐厅，建设餐饮一期、二期项目，丰富园区的餐饮内容；铺设园区暖气管网，改造升级配电室，实施园区亮化工程。2017年9月正式开园。2018年，建设餐饮三期项目，增加羊汤、摊煎饼等大众消费项目；2018年9月，建成“现烧现卖”工业旅游直营店；同年被评为国家AAA级旅游景区。2016—2018年，先后获得山东省工业旅游示范点、山东省小企业创业辅导基地、山东省海峡两岸交流示范点、山东省重点服务业园区、山东省文化产业示范园区、淄博市首批中小学生研学旅行基地等多项荣誉。

领尚琉璃文化创意园开发　领尚琉璃文化创意园是国家AAA级旅游景区，位于淄川区龙泉镇，景区是按照“立足非遗技艺传承、保留经典工业遗迹、展示传统生产场景、打造最美琉璃艺术”的指导思想，在淄博市淄川振华玻璃制品有限公司厂区原址的基础上规划建设的工业旅游景区。集琉璃产品研发设计、现场制作、展览展销、文化旅游、技术合作、研学培训于一体，主要设置琉璃制作体验区、琉璃文物展览区、琉璃精品收藏区、旅游产品销售区、室外琉璃装置艺术区，供游客观赏、休闲，体验琉璃带来的生活之美。同年，淄博市振华玻璃制品有限公司投资 1.2 亿元建设中华琉璃文化创意园，园区占地总面积 3 万平方米。2015 年，淄博市振华玻璃制品有限公司被省旅游局评为省级工业旅游示范点。同年，一期工程完工，投资 4000 万元建设大门、水系、大师工作室、休闲区、博物馆、琉璃特色旅游厕所、车间参观通道、精品展厅，硬化厂区和周边道路。2017 年，投资 200 万元建设淘宝区，园区成立旅游部正式开始旅游接待运营。同年，承接第五届世界摄影大会淄川站的参观接待工作。2018 年，投资 300 万元建设游客中心，同年被评为国家 AAA 级旅游景区。2019 年，投资 200 万元建设综合体验区，并提升园区绿化。同年，根据国家有关部门规范名称的文件要求更名为山东领尚琉璃文化创意园。

2018 年领尚琉璃文创园琉璃制作表演

久润富硒生态科技园开发　久润富硒生态科技园是国家 AA 级旅游景区，位于淄川区龙泉镇，是山东创丰农业科技有限公司为进一步提升富硒农业产业的综合效益而建设的旅游景区，集旅游采摘、亲子文创、农业休闲观光、DIY 体验、研学旅行为一体。主要景点有生态采摘园、龙泉池、禅语小溪、葡萄景观长廊、久润观光工厂、亲子体验园、DIY 体验中心、7 万立方米塘坝、婚纱摄影基地等。

久润富硒生态园（2016 年拍摄）

2015 年，山东创丰农业科技有限公司投资 1.5 亿元开发久润富硒生态科技园，总占地 10000 亩。同年，投资 500 万元修建龙泉池及周边设施。2016 年，投资 1200 万元建成禅语小溪、4000 米的葡萄景观长廊。2017 年，投资 800 万元建造观光工厂。2018 年，被评为国家 AA 级旅游景区。2018—2019 年，先后投资建设餐厅、民宿、DIY 体验中心、果酒生产线。现为国家农业综合开发试点项目、国家农业科技园区、山东省现代农业产业园项目、山东省农业产业化重点龙头企业、山东省农业"新六产"示范主体、山东省扶贫龙头企业、山东省农业标准化生产基地、山东省农业旅游示范点、山东省十佳观光果园、山东省创业致富带头人实训基地、淄博市第一批社会扶贫示范点、淄博市中小学生研学旅行基地、中国富硒农业产业技术创新联盟理事单位。

齐鲁欢乐世界（2017 年拍摄）

齐鲁欢乐世界开发 齐鲁欢乐世界位于淄川区将军路街道，集生态休闲、历史文化展现、餐饮购物于一体，分为陆地乐园（又称玩世界）、水上乐园（又称水世界）。陆地特色项目有摩天轮、国产最大的六环过山车等30余个具有国内领先水平的游乐设施；水上乐园特色项目有海浪池、人工海啸、大喇叭、大回环、彩虹滑道等大型设施。

2015 年 9 月，淄博华晋炜业游乐有限公司与将军路街道办事处查王村民委员会正式签约，投资建设齐鲁欢乐世界。占地面积 200 亩，分为玩世界和水世界两大部分。其中玩世界投资 1.2 亿元，占地 120 亩，于 2015 年底基本建成，2016 年 1 月 25 日开始试营业。玩世界由大型设备区和儿童小型设备区组成。大型设备区项目共 12 项，均为国际顶级游乐设施，由五环过山车、88 米摩天轮、飞舟冲浪、太空梭、大摆锤、高空飞翔、碰碰车、豪华双层转马、家庭过山车、自控飞机、海盗船、6D 影院项目组成，儿童小型设备区项目共 9 项，有淘气堡、欢乐战城、爬山车、小摆锤、海洋喷球、熊猫乐园、升降塔，小转马等。水世界投资 8000 万元，占地 80 亩，于 2016 年 6 月正式投入使用，有 7 个水上项目，包括巨兽碗、大喇叭、海浪池、游泳池、组合螺旋滑梯、封闭螺旋滑梯、大水寨、小水寨、彩虹滑梯、水上跳楼机等。

2019 年，淄川区成功创建为山东省首批全域旅游示范区。

第二节　乡村旅游开发

淄川地处鲁中，东南部山区和西部山区生态环境良好，特别是在山区中星罗棋布的古村落，串点连线、古色古香，保留了历史的原始风貌，与自然生态和谐一体，成为理想的乡村旅游目的地。同时，淄川作为老工业区，近代工业发展历史超过百年。依托工矿业的资源和资产，发展工业体验类旅游，既是产业“退二进三”的重要举措，也是资产“变废为宝”的有效形式。

2006 年，太河镇梦泉生态景区被国家旅游局评为国家级农业旅游示范点。

2007 年，双杨镇梓橦山鬼谷洞景区被省旅游局评为省级农业旅游示范点。

2008 年，洪山镇蒲家村被省旅游局评为省级旅游特色村。

2009 年，太河镇梦泉村被省旅游局评为省级旅游特色村。

2010 年，太河镇被省旅游局评为省级旅游强乡镇。

2011 年，太河镇上端士村、柏树村和西河镇梨峪口村被省旅游局评为省级旅游特色村，太河镇永莲蜜桃推广基地被省旅游局评为省级农业旅游示范点，太河镇成龙山庄、一家人山庄、魏氏庄园、泰阳园被省旅游局评为省级四星级农家乐，西河镇摘星山庄、孟子山仁和山庄和龙泉镇金毫相农产品合作社、洪山镇秋燕山庄被省旅游局评为省级三星级农家乐。

2014 年，省、市领导到洪山镇验收旅游强乡镇创建工作

2012 年，双杨镇藏梓村、龙泉镇泉头村被省旅游局评为省级旅游特色村，潭溪山樱桃园、龙泉镇龙浩园艺合作社被省旅游局评为省级农业旅游示范点，双杨镇梓橦山美食园被省旅游局评为省级五星级农家乐；太河镇玉泰阁度假村被省旅游局评为省级四星级农家乐；龙泉镇龙浩园艺合作社被省旅游局评为省级三星级农家乐。

2013 年，太河镇峨庄杨家村白菜种植基地观光园、十亩地茂华樱桃园、聚峰庄园、东等农家生态园和龙泉镇金毫相生态休闲园被省旅游局评为省级农业旅游示范点，太河镇梦泉饭店、峨庄瀑布群山庄、伟凤山庄和龙泉镇葡萄兄弟庄园被省旅游局评为省级四星级农家乐，太河镇丰泽园、全顺庄园、友缘大酒店、淄河大酒店和寨里农家乐酒店被省旅游局评为省级三星级农家乐。

2014 年，洪山镇被省旅游局评为省级旅游强乡镇；西河镇东槐峪村被省旅游局评为省级旅游特色村，淄博圣樵农业发展有限公司（太河镇）被省旅游局评为省级农业旅游示范点，大自然农业发展有限公司（双杨镇）被省旅游局评为精品采摘园；淄博天际山生态苑（龙泉镇）被省旅游局评为省级四星级农家乐。同年，以城市资本进山、农民参与经营、公司化规范管理的“梦泉模式”，入选 2014 年新编的《山东省乡村旅游培训教材》典型案例，在全省范围内推广学习。

2015 年，淄川区成功创建山东省乡村旅游示范区（县），龙泉镇韩庄村、洪山镇土峪村被省旅游局评为省级旅游特色村，昆仑镇牛记庵旅游度假村被省旅游局评为省级农业旅游示范点，龙泉镇裕祥德富硒农产品专业合作社被省旅游局评为精品采摘园，西河镇德江农场被省旅游局评为省级开心农场，太河镇石门居宾馆、新顺合庄园、乐斌农家乐和岭子镇五股泉美术写生创作基地、开发区凤凰台山庄被省旅游局评为省级三星级农家乐。

2016 年，编制《淄川区乡村旅游发展总体规划》；淄博龙泉天龙山富硒农业发展有限公司、淄博龙泉久润富硒农业生态科技园被省旅发委评为省级农业旅游示范点，西河镇石月亮农业开发有限公司、西河镇馨园农场精品采摘园和太河镇峨庄响泉大峡谷乡村旅游专业合作社被省旅发委评为精品采摘园，寨里镇朱水湾车房露营地被省旅发委评为省级开心农场，太河镇余粮庄园被省旅发委评为省级四星级农家乐，洪山镇圣泉山庄、太河镇聚鑫园庄园被省旅发委评为省级三星级农家乐。同

2016 年，淄川区乡村旅游发展总体规划评审会召开

年，潭溪山景区入选全国“景区带村”旅游扶贫示范项目；以城市资本进山、农民参与经营、公司化规范管理的“梦泉模式”，以梨峪口为代表的“开心农场经营模式”，以峨庄写生基地为代表的“乡村生态修学模式”和以龙头旅游企业潭溪山为代表的大景区带动周边农家乐发展的四种经营模式得到国家和省旅游局的高度认可，淄川区作为典型代表，在国家旅游局乡村旅游培训班和山东省乡村旅游系列培训班上，介绍淄川乡村旅游发展的经验做法。

2017 年，太河镇峨庄片区入围第三批中国乡村旅游创客示范基地。

2018 年，全市旅游民宿发展推进工作现场会在淄川区召开。在由中国旅游协会休闲农业和乡村旅游分会、中国旅游协会民宿客栈与精品酒店分会、临沂市人民政府主办的“天元杯”首届中国（国际）乡村民宿设计大赛中，上海巴澳设计公司报送的原创作品淄川区牛记庵民宿荣获设计大赛铜奖。

2018 年全市旅游民宿发展推进工作现场会召开

2019 年，全市精品民宿经验管理培训班一行 90 余人观摩指导淄川区精品民宿建设情况。积极组织民宿从业人员参加省厅组织的乡村旅游带头人精准交流活动，将民宿学习考察列入乡村旅游精准交流的重要内容，重点考察学习了日本、韩国、意大利、法国、德国、荷兰等国家和中国台湾的乡村民宿、城堡民宿。

第三节　工业旅游开发

2005 年，昆仑镇泰山瓷业有限公司被省旅游局评为省级工业旅游示范点。

2009 年，西河镇红木工业园被省旅游局评为省级工业旅游示范点。

2011 年，张广庆内画艺术研究院被省旅游局被评为省级工业旅游示范点。

2012 年，淄博醴云水业有限公司（太河镇）被省旅游局评为省级工业旅游示范点。

2014 年，1954 陶瓷文化创意园（昆仑镇）被省旅游局评为省级工业旅游示范点。

2015 年，淄博市淄川振华玻璃制品有限公司（龙泉镇）被省旅游局评为省级工业旅游示范点。

2016 年，淄博龙泉兴利陶瓷有限公司（龙泉镇）被省旅发委评为省级工业旅游示范点。

2017 年 1954 陶瓷文化创意园举办研学体验活动

2017 年，1954 陶瓷文化创意园被山东省经信委、山东省旅发委、山东省文物局联合评为工业旅游示范基地。

第三章　旅游服务

在全域旅游推动下，淄川旅游服务设施进一步完善。2014 年以来，淄川区累计投资 10 亿元，建成区旅游集散中心，峨庄、马鞍山、幸福三大片区游客服务中心，同时在景区和旅游重点村设置游客中心，初步形成多层次旅游集散网络。进一步完善淄中路、泉王路、幸福路、怀阳路等旅游路网建设以及黑峪隧道扩建工程，东南部山区的旅游道路沥青罩面基本实现全覆盖。在旅游主干道及各旅游景区、乡村旅游点均设立完备的旅游标识系统，开通 23 路、24 路、39 路以及张店直达齐山景区旅游专线 10 余条，建成城乡旅游厕所 188 处，开发运行“畅游淄川”智慧旅游平台，指导全区 12 家 A 级景区和重点乡村旅游点建成游客中心 30 处，新建生态停车场 80000 多平方米，形成了便捷、高效的旅游环境。截至 2019 年，全区共有 3 家旅行社、100 多处营业网点、导游员 40 多名和以领尚琉璃、兆霞陶瓷、龙泉铁壶、张广庆内画、淄砚为代表的淄川旅游商品共有 20 多种，极大地满足了市民出游和外地来团接待的需要。全区共有星级酒店 4 家，快捷连锁酒店、民宿等各类住宿设施共计 500 余家，各类民宿 30 多家，旅游饭店业得到持续发展。淄川旅游交通便利，西距济南机场约 90 公里，东距青岛机场约 200 公里，全国各主要城市都已开通到淄博高铁，济青高速、滨博高速与胶济铁路、淄东铁路双十字交叉，为淄川提供了便利的交通网络。

第一节　旅游接待

一、宾馆饭店

1971 年，国营淄川旅馆建成，面积 2960 平方米，设床位 301 张。

1974 年，淄川饭店建成营业，建筑面积 2100 平方米，设施完备，是区内最大的饮食网点。

1987 年，区政府招待所改名为淄川宾馆，位于般阳路 46 号，是一家集食宿、会议、休闲娱乐于一体的涉外宾馆。设有高中低档客房，可同时容纳 300 人入住。宴会厅内设高档 KTV 包间、休闲餐厅、贵宾园，鲁菜、粤菜、闽菜齐全，可容纳500人同时就餐。6000平方米的人民会堂可承接不同规模的会议。宾馆内设高档音响、棋牌娱乐、康乐中心等。

1990年9月，东苑饭店建成开业，位于般阳路135号，建筑面积3200平方米，设KTV包间10个、客房35间、床位78张，内设大、中、小型会议室和多功能厅各1个。

1994年，海天大酒店建成开业。位于般阳东路215号，占地7572平方米，建筑面积1万余平方米，按三星级标准装修配套，1996年被市旅游局批准为旅游涉外定点单位。酒店设有豪华套间及标准客房50间，床位100张。采用中央空调，设有高档餐厅及宴会厅、快餐厅、自助餐厅，鲁、川、粤菜齐全，并有全国各地小吃、名吃，可容纳500人同时就餐。设有接待室、大中小型会议室、健身房、商务中心等配套设施。海天公司下属海都食品公司生产系列产品有七大类二十几个品种，其主导产品琥珀扒蹄、宫廷黄焖鸭、精品扒鸡，经多遍工艺加工，配以纯天然香料，采用真空软包装，高温杀菌，四季可食。

1994年8月，聊斋大酒店建成。位于淄川区杜坡山路5号，占地面积86580平方米，建筑面积1.5万平方米。2002年10月，酒店评定为三星级旅游饭店，后由于酒店长期停业，被取消三星级旅游饭店称号。酒店客房部设有豪华套间及标准客房126间（套），总床位283张。餐饮部设各式风味餐厅41个，餐位730余个，以经营鲁菜为主，兼营粤菜、川菜；同时设有会议厅及规格不同的会议室、接待室。建有休闲娱乐中心、超级商场、夜总会、游泳池、网球场；有中央空调、程控电话、闭路电视、中央音响等配套设施，提供美容、健身、桑拿、洗衣、汽车出租、代购车船机票等综合服务。2012年，酒店经扩建升级改造后，更名为山川国际大酒店。现有建筑面积4万多平方米，可同时容纳400余人住宿、2000余人就餐，有12个可满足几十至近千人规模的会议室。

1996年12月，淄博蒲泉大酒店建成开业，位于松龄路90号。酒店占地面积4262平方米，建筑面积12万平方米，1998年1月酒店被批准为三星级涉外宾馆，是淄川区首家三星级酒店。客房部设有标准间、豪华套间70套，大、中、小型多功能会议厅4个，客房装饰高雅恬静、豪华舒适，内置中央空调、国际国内直拨电话（IDD）、闭路电视、卫星接收装置、迷你酒吧。餐饮部下设中餐部、西餐部、酒水部，能够同时容纳500人就餐。在这里，可以品尝到鲁、粤、川、苏、浙等各大菜系及蒲泉特色菜。

蒲泉大酒店（2005年拍摄）

2006年4月，淄博翠林园酒店建成开业，位于淄川经济开发区凤凰山发展路8号，占地57亩，建筑面积1.5万余平方米。2006年10月，酒店被评定为三星级旅游饭店。酒店共有

翠林园大酒店（2016 年拍摄）

130 间具有不同层次装修风格的客房。餐饮部建筑面积 3000 平方米，配备 2 个豪华多功能大厅、2 个团队餐厅、10 个豪华标间，可同时容纳 1000 人就餐，菜品以鲁菜为主，分为商务宴、会议餐、团队餐，其中团队餐分为淄博菜、综合菜。翠林火烧、翠林烤肉、海参大蒸包等被评为山东省地方名吃。会议室建筑面积 4000 平方米，配置齐全，可承接容纳 200 人、100 人、80 人、30 人不同规格的会议。

新星大酒店（2008 年拍摄）

2008 年，淄博新星大酒店建成开业，位于淄川区淄城路 402 号，是集餐饮、住宿、会议接待、洗浴休闲为一体的现代化商务酒店。2011 年，酒店被评定为三星级旅游饭店。酒店拥有近 30 人的专业厨师团队，有“特色红烧肉”“美极咸肉”等各种特色菜品，深受顾客的欢迎。酒店分为迎宾楼、客房部、新亚汗蒸、新星自助水饺等部门，迎宾楼拥有就餐大厅 2 个、高档宴会房间 20 余间、会议室 2 个，可同时容纳 800 人就餐，客房部拥有商务套房、标准间、单人间、三人间等不同房型。2019 年，投资 800 万元新上汗蒸休闲项目。

潭溪山庄（2010 年拍摄）

2010 年，潭溪山庄酒店建成开业，位于淄川区太河镇潭溪山景区内。2011 年被评为三星级酒店。酒店环境优美、依山傍水，装饰富丽堂皇，设计舒适高雅，设施功能齐全，可举办大型宴席、会议、晚会等业务，可同时接待 500 多人就餐。餐饮选取农家田园种植的有机绿色蔬菜和纯正的野果美酒等特色美食。客房部拥有标准间、商务套房、豪华套房、特色婚房等客房60多套。特色度假木屋别墅独门独户，设施先进齐全，环境优美舒适，并配备全天候地源空调、闭路电视、百兆光缆接入宽带及各项安全防范系统。酒店还配有功能完备的现代会议室3个，设有大堂吧、商务中心、高清晰家庭影院、高保真KTV、棋牌室、台球、乒乓球、健身房、游泳池、网球场、拓展训练中心、停车场、旅游观光等配套服务设施。

二、特色民宿

2003年9月，太河镇梦泉山庄正式营业，成为淄川区首家开业运营的民宿。梦泉山庄位于梦泉景区内，劈山“一线天”脚下，40套雅致的别墅错落有致地分布开来，有枣园、花椒园、海棠园、杏园、梨园、柿子园、山楂园、酸枣园、粉果园、小果园、核桃园、葡萄园、李子园、竹园、枇杷园、桃园、柑橘园、柚子园等独立院落。院内房间有客厅、四人卧室、三人卧室、两人卧室等，并配有卫生间、太阳能热水器、闭路电视、麻将扑克，具有可容纳100人左右开会的会议室和写生场所等设施供客人选择。

潭溪山木屋（2010年拍摄）

2010年，太河镇潭溪山景区投资300万元，建设高山生态木屋别墅13栋，位于九龙潭边，建筑面积共832平方米。全部使用木材建造，独门独房，并配有棋牌室、游泳池、网球场等设施。

2012年7月，洪山镇留仙谷景区民宿建成开放，是离淄川城区最近的山水自然景观民宿。2019年共建设民宿30套，可同时满足100人住宿。

留仙谷民宿（2019年拍摄）

2015年8月，昆仑镇牛记庵养生度假村民宿正式对外开放，修复石板屋、农家小院34套及配套设施，能接待500余人就餐、100余人住宿。2017年，公司投资1500万元，邀请上海巴澳建筑室内设计有限公司，以

牛记庵民宿（2015 年拍摄）

朱水湾木屋（2016 年拍摄）

东庄民宿（2016 年拍摄）

浙江“莫干山”模式结合北方自然环境条件做整体规划，建成百鸟山舍高端民宿，修复 20 多个农家小院，同时完善环山路、旅游厕所等配套设施，打造集旅游、休闲、养生、度假为一体的综合养生度假区。

2016 年，寨里镇朱水湾轻奢度假小镇开业运营，建有木屋及集装箱套房 50 余间，房间内配备空调、电视、无线 Wi-Fi、全天候热水等，家具为配套定制。轻奢露营区帐篷营位达 100 余个。大型集装箱式中餐厅、俄罗斯进口胶合梁重木结构西餐厅干净整洁，环境幽雅。

2016 年，西河镇东庄村利用村民废弃的房屋改建“淄博东庄精品民宿”，经过三年多的时间，建设旅游民宿小院 20 余套。已开放营业 12 套小院，10 余个标准间，床位 103 张。新建游客接待中心、荷香园餐厅、百姓舞台等设施。

2016 年，太河镇柏树村成立淄博淄川大柏树旅游专业合作社，在对柏树村的传统民居石头院落进行保护性修复的前提下，结合柏树村现有民居的特点和质朴的民风民俗，打造具有地方特色的可观可赏可住的经典民宿。截至 2019 年，柏树宜舍民宿共推出了 10 套民宿小院，床位 30 张。

2016 年，太河镇下端士村海棠山舍民宿建成运营。有民宿小院 6 套，床位 30 余张。既有以大床房和土炕为主的院落，又有二层别墅套间房，并

柏树宜舍民宿（2016 年拍摄）

海棠山舍（2016 年拍摄）

配有游泳池、瓜棚、休闲区等设施。

2017 年 4 月，洪山镇土峪村峪里民宿建成开放。建设规模包括 4 个院落、18 个床位，全年民宿入住率达到 70%。

2017 年 6 月，洪山镇土峪村石堂山房民宿建成开业。小院里有 3 间大房，设“梅”“兰”“竹”“菊” 4 个套房，可容纳 10 人住宿。

石堂山房民宿（2017 年拍摄）

2017 年 10 月，太河镇鲁子峪村芸弘山房民宿建成开业。拥有床位 50 余张，已运营院落共 4 个，1 号院、2 号院主要以大床房、榻榻米单间、套间为主。3 号院为家庭亲子房，房型分为大床加上下铺，适合现代的四口之家居住；4 号院为高档休闲区，内设舍友棋牌室等高档休闲场所。

芸弘山房（2017 年拍摄）

2017 年，西河镇东峪村天使之家民宿开业。新建集装箱式休闲房屋 5 套，购置房车 3 辆，共计床位 30 余张。同时新建 20 亩体验式采摘园，聘请专家对村东谷山 56 间齐兵营和 200 米城墙进行保护修复，配套建设停车场等。成立农民之家创业服务社，专门从事村级民宿管理。

2018 年，潭溪山悬崖酒店正式开

天使之家（2017 年拍摄）

潭溪山悬崖酒店（2018 年拍摄）

上舍民宿（2019 年拍摄）

业。酒店坐落在潭溪山海拔 800 米的悬崖上，由两部分组成，一部分是悬崖餐厅，一部分是客房。悬崖餐厅位于酒店三层，大厅可容纳约 150 人同时就餐，一侧设有包间，可容纳 12 人就餐。餐厅整体设计以黑白色调为主，简约现代，整个向外的弧面全部为玻璃窗，坐在靠窗位置用餐，群山逶迤，连绵起伏，可尽收眼底。潭溪山悬崖酒店有 11 间客房，包括 9 个标间和 2 个套房。客人们可以欣赏到潭溪山朝霞、落日和潭溪山全景。

2018 年 4 月，李忠豪借鉴浙江莫干山民宿发展经验，在太河镇上端士村建成开放上舍民宿。上舍民宿主体分为 4 层：一层为三卧套房，套房内有 3 个卧室、1 个多媒体综合大厅、1 个餐厅、1 个厨房，可同时容纳 3 个家庭或 9 人同时入住；二层两间客房，一间观景大床房和一间观景亲子房，设有观景露台，可同时容纳 15—20 人在露台就餐活动；三层两间客房，一间山景大床房和一间山景亲子房，亲子房设有独立露台，并独立设计一间音乐休闲吧；四层为音乐餐厅休闲区，可同时容纳 40 人就餐，设有露天迷你泳池、旋转就餐长桌、投影幕布、玻璃观景台，还配备专业咖啡机。此外，民宿还设有马术场地、越野机车、共享电单车、山顶音乐场等多种体验项目。

齐长城·青未了民宿，位于洪山镇土峪村，由山东齐长城宿集文化旅游开发有限公司投资 5.2 亿元开发建设。项目依托土峪村的自然、人文地理，通过改造、建设 52 个精品民宿、配套公共空间及周边景观，整体改造土峪村村落文旅各业态，以农旅结合、富民惠农的经营理念，打造成“美丽乡村”旅居民宿新目的地，打造淄川全域旅游的新布点、新名片。项目一期于2019年7月开工建设，截至12月基本完成项目一期建筑主体工程施工，完成投资2300万元。

青未了民宿（2019年拍摄）

三、旅行社

1993年11月，淄博聊斋旅行社成立。位于淄川区蒲家庄，与省外100余家、省内80余家旅行社建立业务关系，开辟国内旅游线路50余条，年接待国内游客8000人次。2008年6月注销。

2000年4月，淄博神州旅行社成立。位于般阳路35号，开辟国内旅游线路30多条，年接待游客1万余人次。2002年5月注销。

2000年10月，淄博瑞环旅行社成立。位于般阳路76号，员工16名，其中导游员6名。开辟国内旅游线路40多条，年接待游客3万人次。2002年5月迁往张店。

2003年1月，淄博新时代旅行社成立。位于般阳路230号，与省外100余家、省内90余家旅行社建立业务关系，开辟国内旅游线路50余条，年接待国内游客1万人次。2018年5月迁往张店。

2003年10月，淄博风光旅行社成立。位于般阳路72号，与省外100余家、省内80余家旅行社建立业务关系，开辟国内旅游线路50余条，年接待国内游客8000人次。

2008年9月，淄博景辉旅行社成立。位于淄川区般阳路233号，与省外200余家、省内300余家旅行社建立业务关系，开辟国内旅游线路100余条，年接待国内游客近2万人次。

2012年，淄博明通旅行社成立。位于淄川区通乾广场对面789-5号，开辟国内旅游线路40多条，年接待游客5000人次。2017年注销。

2019年5月，山东佳天下旅行社成立。位于淄川区将军路街道办事处查王村，与省外90余家、省内80余家旅行社建立业务关系，开辟国内旅游线路30余条，年接待国内游客3000人次。

第二节　旅游商品

淄川旅游商品丰富，鲁青瓷、内画、刻瓷、淄砚、琉璃、日用陶瓷、西河红木家具、龙泉铁壶是特色旅游商品，还有道口咸菜、西河煎饼、聊斋绒布小狐狸等旅游商品20多种。

一、鲁青瓷

鲁青瓷（2012年拍摄）

鲁青瓷是中国顶级文化瓷种之一，名列世界四大青瓷。鲁青瓷始于宋代，后因战乱工艺失传，1972年重新研制成功。1982年，鲁青瓷刻瓷文具在德国慕尼黑第三十四届博览会上获得金牌，这是中国陶瓷产品在国际上获得的第一块金牌。鲁青瓷的主要生产地——山东省唯一陶瓷工艺产业基地位于淄博市淄川区昆仑镇内，山东淄博泰山瓷业有限公司、山东昆仑瓷器有限公司生产的鲁青瓷最具代表性。淄博泰山瓷业有限公司为国家级非物质文化遗产“淄博陶瓷烧制技艺”的传承保护单位。鲁青瓷瓷质细腻，质感如玉，釉面光润，青翠如滴，多次作为国礼由国家领导人赠送外国元首，在世界范围内提高了中国陶瓷的知名度，在民间也具有极高的欣赏性和收藏价值。

内画鼻烟壶，《百虎图》张广庆创作于1993年

二、内画

内画产品有高中低档，材料有天然水晶、玻璃、人造水晶等，形态由传统的圆弧状，发展到多棱形、球形、屏风、异形水晶等50多种。内画作品《水浒一百单八将》《百虎图》《百骏图》《清明上河图》《十二金钗》等写人状物，尽皆佳妙。

刻瓷《天之精灵》，李梓源创作于2015年12月

三、刻瓷

刻瓷融绘画、书法、镂刻于一身，集笔、墨、色、倒为一体。它题材广泛，形式多样，诗文、山水、花鸟、人物、头像等均可刻镂；挂盘、座盘、文具、茶具、花瓶、瓷板等皆能作业。为发展刻瓷技艺，淄川区先后成立李梓源刻瓷艺术中心、王一君艺术工作室等刻瓷科研机构，刻瓷产品现已成为淄川重要旅游商品，并被作为国家礼品赠送给几十个国家和地区的领导人和友好人士。

四、淄砚艺雕

淄砚产于罗村镇，迄今已有两千余年历史。2001 年，被作为国礼赠送日本、韩国友人。

淄砚斋生产的淄砚继承传统工艺，弘扬文化精粹，因材施艺，精雕细琢，造型别有洞天，品种多达百余。砚体人佛百态，花奇兽异，受到广大书画家、收藏家的青睐与高度评价，是山东省淄博市旅游定点产品。书法家费新我亲笔题铭“淄砚斋”。

淄砚《如意兰亭》 常宗林创作于 2015 年

淄砚《松鹤延年》 许立荣创作于 2019 年

五、琉璃

琉璃起源于山东淄博，琉璃制品在中国可追溯到西周。山东领尚琉璃文化创意园是世界规模最大的手工热塑琉璃生产基地，是在淄博市淄川振华玻璃制品有限公司基础上兴建的，集琉璃产品研发设计、现场制作、展览展示、文化旅游、技术合作、教育培训、研学体验于一体的综合性创意园区。

琉璃《步步登高》 陈京田、伊兵设计创作于 2018 年

六、西河红木家具

淄川区西河镇有红木家具企业 40 家，其中规模以上企业有淄博梦琦红木家具有限公司、淄博名君红木家具有限公司、淄博万达利红木家具有限公司，淄博晶诚红木家具有限公司等，主要产品有传统古典家具、现代套房家具、办公家具，室内红木装饰及楼梯扶手、樟木箱、红木工艺品等。

红木家具（2012 年拍摄）

七、龙泉齐缘堂铁壶

龙泉铁壶《清风荷韵》 戚平川创作于2018年

龙泉铁壶集养生保健、实用美观、艺术收藏为一体，其中齐缘堂工艺品有限公司是山东省非物质文化遗产项目传承企业，铁壶制作技艺传承人戚平川为首席制壶师，作品传承古法，取料精良，工艺先进，先后取得多项国家专利、多次荣获国内外赛事大奖，并远销世界20多个国家和地区。齐缘堂龙泉铁壶在传承古代铁壶制作工艺的基础上不断创新，先后取得多项铁壶制作工艺技术的研发成果，其中铁壶金银镶嵌工艺、窑烧制坯工艺及原生态纯植物防锈处理工艺等多项新技术更是同行业领先。

第三节 导游

1985年，蒲松龄纪念馆设5名讲解员，为全区首批讲解导游，对蒲松龄故居、柳泉、墓园等进行讲解。

1992年，全市实行讲解员定级，蒲松龄纪念馆谭红玲、刘燕获淄博市一级讲解员称号。

1995年，蒲松龄纪念馆、聊斋城、奎盛园3个景区设有导游员，全区导游员发展到10名。

1997年，蒲松龄纪念馆孙丽莉获全国讲解员大赛优秀奖。

1998年始，淄川区旅游管理部门按照外表形象、文化素质、普通话水平、口头表达能力、讲解技巧等规定标准，采取竞争上岗、优胜劣汰等方式，重点选拔、训练景区导游员。是年，全区导游员增至18名，其中景区14名，分布于6个景区。同年，蒲松龄纪念馆魏静、陈丽华、谭莹、仇丽、朱峰分别获山东省讲解员大赛二等奖、三等奖、优秀奖。纪念馆的导游员先后为中外游客讲解3万余次，受到党和国家领导人的好评，中央、省、市新闻媒体多次报道其事迹。

2001年11月，蒲松龄纪念馆魏静获得山东省第四届“爱我家乡文物”讲解大赛一等奖第一名。

2004年12月，蒲松龄纪念馆李雪娇、李晓宇在全市讲解大赛上囊括一等奖。

2009年12月，蒲松龄纪念馆仇丽在“庆祝中华人民共和国成立60周年全国文化遗产保护宣传讲解大赛”中获得英语组三等奖。

2010年12月，蒲松龄纪念馆孙巍巍获得山东省“好客山东”服务个人金奖。

2014年11月，蒲松龄纪念馆张晓、朱月宁获全市第四届讲解大赛一等奖。

2015年1月，蒲松龄纪念馆张晓在全省讲解员大赛中夺得冠军，成为山东金牌讲解员。同年，张晓获得“振兴淄博”劳动奖章、淄博市三八红旗手。

2015年11月，蒲松龄纪念馆朱月宁在全市第五届讲解大赛中获一等奖。

2016 年 11 月，第六届全市文博系统讲解员比赛。蒲松龄纪念馆韩琳丽、乔琳等讲解员获得 2 个二等奖、1 个三等奖、1 个优秀奖，淄川区博物馆讲解员李晓宇获得优秀奖。

2017 年 11 月，在市旅发委等四部门举办的导游员服务技能培训班暨淄博市导游员服务技能大赛中，蒲松龄纪念馆讲解员获得了 2 个二等奖和 1 个三等奖，以及淄博市旅游行业岗位能手、淄博市“巾帼技能标兵”称号；景辉旅行社导游员蒲淼荣获淄博市导游技能大赛三等奖、淄博市旅游行业岗位能手、淄博市“巾帼技能标兵”称号。

2018 年，蒲松龄纪念馆宣教部副主任孙丽莉与讲解员朱月宁荣获淄博市“百对优秀名师高徒”称号。

至 2019 年底，全区景区、旅行社有导游员 40 名，均持证上岗。其中，获市级以上奖项 38 人次，成为旅游活动的风景线、淄川的形象大使。

第四章　旅游管理

第一节　管理机构

1954 年，成立蒲松龄故居管理委员会，由市、区、公社、村四级相关干部组成，隶属淄博市文化局。

1958 年，重新成立蒲松龄故居管理委员会，隶属淄博市文化局。

1985 年，成立留仙湖公园管理处，为副科级事业单位。

1990 年 7 月，淄川区委、区政府成立城市开发建设总指挥部、留仙湖公园暨孝妇河风景区开发工程指挥部和杜坡山风景区开发工程指挥部，负责旅游业开发建设的组织管理。

1992 年 9 月 21 日，成立淄川区旅游局，为正科级事业单位。

1993 年 12 月，撤销淄川区旅游局，成立旅游总公司，隶属区建委。

1999 年 5 月，成立淄川区旅游局，隶属区政府办公室，为正科级行政机构，人员编制 3 名。

2000 年 4 月，成立淄川区旅游工作领导小组暨创建中国优秀旅游城市领导小组。区政府制定下发《关于加快旅游业发展的意见》。

2002 年 6 月 21 日，撤销文化局，撤销旅游局，组建文化旅游局，为正科级行政机构，下设办公室、文化科、旅游科。

2008 年，成立聊斋旅游景区管理委员会，为副县级全额事业单位，隶属淄川区人民政府领导，具体负责聊斋旅游综合开发的规划实施、旅游景区的管理和聊斋文化遗产的保护工作。同年成立三台山风景区管理委员会，开发三台山旅游资源。

2010 年 2 月，撤销文化旅游局，组建文化旅游和新闻出版局，为正科级行政机构，下设办公室、文化科、旅游科、新闻出版科。

2017 年 10 月 20 日，成立淄川区旅游管理服务中心，为隶属于淄川区文化旅游和新闻出版局领导的副科级财政拨款事业单位，核定编制 20 名，设主任 1 名。

2019年1月，撤销区文化旅游和新闻出版局，组建区文化和旅游局，为正科级行政机构，下设办公室、文化科、旅游科、文物科、新闻出版科、政工科。

第二节　管理工作

体制机制

按照“政府主导、市场运作”的工作思路，大胆创新旅游业管理体制、机制，将全区作为一个大景区进行统筹打造。在领导体制上，2006年成立旅游开发领导小组，建立旅游考核机制，把旅游业发展指标纳入政府目标考核体系，对旅游产业贡献突出的镇、单位给予表彰奖励，2017年成立全区全域旅游工作领导小组，统筹推进全域旅游示范区创建工作。在协调机制上，2017年建立淄川区全域旅游发展联席会议制度，及时研究、指导、解决全域旅游发展中的重大问题，整合住建、水利、农业、交通等有关部门的资源、资金、政策集中向旅游业倾斜，统筹推进重点项目建设，建立起政府主导、部门联动的大旅游发展协调机制。在综合管理机制上，2019年实行区镇融合体制，成立区文化和旅游局，增设全额事业单位区旅游管理服务中心，镇（街道）全部设立科教文卫服务中心，旅游重点村选派优秀干部全脱产开展指导，重点景区聘请旅游专家开展业务指导，进一步强化力量统筹，健全全域旅游综合治理体系。在统计制度上，2019年以淄川区作为全省旅游休闲产业统计试点单位为契机，设立专职统计员，建立涵盖旅游相关的法人企业2196家、个体工商户12077家、旅游发展集聚区20个、新增旅游休闲法人单位60家的旅游产业名录库，构建了涵盖涉旅部门、镇（街道）、旅游企业、旅游特色村的专业旅游统计网络。在行业自律上，指导成立民宿和写生基地行业协会，切实引导行业健康规范发展。

政策保障

实施政府主导发展战略，把旅游业作为全区的支柱产业来培育，2017年召开全域旅游工作动员会，制定出台《淄川区关于推动全域旅游发展的实施意见》，明确责任分工和责任清单，将59项创建任务分解落实到51个部门单位，设立发展专项资金3000万元，用于旅游宣传、规划编制、基础设施建设、人才培养等。2018年举办文旅企业专场银企对接会，通过完善抵质押物权属等措施，统筹运用PPP、“新三板”上市挂牌、资产证券化等模式，撬动社会资本参与开发建设，全力支持全域旅游发展。编制完成《淄川区全域旅游总体规划》《淄川区旅游产业发展总体规划》《淄川区乡村旅游发展总体规划》等纲领性规划，引领工业、农业、城建围绕旅游做文章，逐步实现旅游规划与经济社会发展、城乡建设、国土空间等多规融合。同时，委托中关村中恒文化科技融合创新中心、北京大地风景规划设计院、悉地国际设计顾问（深圳）有限公司等国内一流规划设计单位编制重点项目规划30多部。指导制定潭溪山、梦泉、齐山、牛记庵等20个景区发展规划，基本实现旅游规划全覆盖。对旅游用地实行一事一议、适当倾斜，优先使用省市下达的新增建设用地计划。对利用荒山、荒坡、废弃矿山开发的文旅项目，给予政策帮扶，并推出点状供地、分期供地等创新实践。2019年依托淄博理工学校旅游管理专业，打造现代旅游人才基地，同时完善旅游人才培养引进和激励机制。连续举办“百名专家淄川行”活动，建成大学生创业孵化中心、高创中心等一批创新创业平台，积极加大旅游引才引智步伐。

公共服务

深入实施旅游公共服务体系提升工程，着力打造游客最满意的旅游目的地。淄川区西距济南机场90公里，东距青岛机场200公里，全国各主要城市都已开通到淄博高铁，济青高速、滨博高速与胶济铁路、淄东铁路双十字交叉，为淄川提供了通达的交通网络。近年来，淄川区又累计投资10亿元，建成区旅游集散中心，峨庄、马鞍山、幸福三大片区游客服务中心，同时在景区和旅游重点村设置游客中心，初步形成多层次旅游集散网络。完善洪峨路、泉王路、淄中路、幸福路、怀阳路等旅游路网建设以及黑峪隧道扩建工程，东南部山区的旅游道路沥青罩面基本实现全覆盖。在旅游主干道及各旅游景区、乡村旅游点均设立完备的旅游标识系统，开通23路、24路、39路以及张店直达齐山景区旅游专线10余条，建成城乡旅游厕所188处，指导全区12家国家A级旅游景区和重点乡村旅游点建成游客中心30处，新建生态停车场80000多平方米，形成了便捷、高效的旅游环境。2018年开发建设完成“畅游淄川”智慧旅游平台，游客可通过手机实现导游、导览、导航、在线预订、寻找周边城市服务等需求，智慧旅游体系基本建成。

产品供给

2019年淄博中华传统民俗文化创意园被列为全省旅游重点项目，完成齐鲁欢乐世界、潭溪山景区二期配套工程、1954陶瓷文创园等10余个项目建设，引导太河镇、西河镇、昆仑镇等打造乡村旅游片区，初步形成南部工业遗存文化旅游产业带、中部历史文化旅游产业带和东南部齐长城生态文化旅游产业带三大旅游功能区，全区旅游产品品质得到显著提升。成功打造峪里民宿、芸弘山房民宿、上舍民宿等精品民宿20多家，发展山川、中海等文化主题酒店，引入各类快捷酒店100余家，2019年，全区共有床位8000个。积极打造特色餐饮品牌，成功打造SM餐饮街区，深入挖掘西河煎饼、大肉烧饼、峨庄肉蛋等淄川民间特色传统小吃，大肉烧饼、峨庄肉蛋被列为省级和市级非物质文化遗产项目，子曰烧饼、翠林园酒店被评为特色餐饮品牌店。积极打造旅游娱乐品牌，全年举办聊斋文化旅游节、潭溪山冰瀑冰灯艺术节等特色演艺、休闲节事活动40多个，引导张广庆内画研究院、领尚琉璃成功创建特色旅游购物店，建成SM、鲁中商贸城等一批特色商贸旅游场所，进一步做活全区旅游消费市场。以“旅游+”理念为引领，实现旅游与文化、农业、工业、体育、教育、艺术、互联网等多业态融合发展，建成1954陶瓷文创园、振华琉璃文创园、南部工业遗址观光火车、久润富硒生态园、朱水湾车房基地、齐山研学基地等一批特色鲜明的新业态旅游项目。

市场管理

围绕打造“好客淄川人、满意在淄川”品牌，连续多年组织开展旅游服务质量提升、文明旅游、旅游志愿者服务等系列活动，“好客山东”细微化服务水平显著提升。按照综合产业综合抓思路，成立了淄川区文化旅游安全生产委员会、淄川区文化旅游综合执法大队、旅游巡回法庭等，制定了旅游市场秩序和安全联合监管制度，设立了旅游投诉热线，及时高效处置各类旅游投诉，定期组织市场监管、消防等部门单位召开专题工作会和开展联合检查，全力维护旅游市场秩序。修订完善全区旅游安全应急预案，认真组织开展安全检查、应急演练、安全隐患排查等监管工作，确保旅游市场安全有序运营；同时，通过在游客集中区域设立文明旅游宣传台、摆放文明旅游资料、悬挂文明旅游宣传标语、开展文明旅游志愿者服务等多种形式，努力营造文明旅游浓郁氛围。

品牌营销

2018年制定《淄川区旅游接待补贴办法》，区财政每年列支100万元对向淄川送团的旅行社进行奖励，每年赴省内周边地市开展旅游宣传推介60余次，有力提升淄川旅游的美誉度和知名度。以“聊斋名城，生态淄川”为城市形象品牌，制定营销推介工作方案，建立宣传、旅游、融媒体中心等多部门参与的全域旅游宣传模式，在省市电视台和各类平面媒体开辟旅游专栏，创作传唱城市形象歌曲，全年进行宣传推介；通过开通淄川文化旅游微信平台，每月编发微信30余条，建立淄川文化旅游资讯网，策划淄川精品旅游线路上酷驴网，积极入驻淘宝网“好客山东淄博旅游旗舰店”，制作《淄川风光》光盘、淄川旅游宣传片、《淄川旅游交通图》、《魅力淄川画册》，编写淄川导游词等多种形式，全面推介淄川旅游资源，形成全域旅游“人人参与、全民共建”的良好氛围。积极与文化传媒公司对接推介，《马向阳下乡记》等剧作分别在央视一套、四套播出，引起强烈社会反响，全区游客接待量逐年递增，取得经济效益和社会效益双丰收。

第三节　效益

社会效益

自清康熙年间至19世纪末，蒲松龄的《聊斋志异》以抄本、刻本、影印本、排印本、外文译本刊行国内外，盛传不衰。1922 年，根据聊斋故事改编的电影问世。20 世纪 50 年代始，聊斋戏风行。60 年代始，郭沫若、老舍、丰子恺、启功、欧阳中石、沈鹏等文学家、画家、书法家即题联或诗词于蒲松龄故居。80 年代始，聊斋文化备受党和国家领导人及国内外新闻媒体关注。党和国家领导人先后参观蒲松龄故居。1991 年，城一村建成西游记宫向游人开放，省内外 100 多个单位前往观摩。省领导 9 人次及法国、美国、加拿大等十几个国家游客前往参观。1997 年，中华影城开放后，国家、省、市等 55 家新闻单位争相报道。2001—2003 年，国家邮政局设计《聊斋志异》故事特种邮票三组，国内外发行。2004 年，瑞士驻华大使参观蒲松龄故居。全国政协领导、中宣部领导先后参观蒲松龄故居。同年，梦泉景区建成开放，其公司化运作加农户参与管理模式，得到山东省旅游局的高度认可，并在全省推广学习，“梦泉模式”入选《山东省乡村旅游培训教材》典型案例。2005 年，8 月 20 日，由市旅游局、区文化旅游局和中央电视台《手拉手》栏目组联合策划“夜游聊斋”大型旅游项目，于当年国庆节期间投放试运行 7 天，接待游客 10 万余人次，成为全市夜间旅游的最早尝试。2010 年，潭溪山景区建成开放，迅速发展成为鲁中地区的生态龙头景区。2012 年，诺贝尔物理学奖得主丁肇中参观蒲松龄故居。2015 年为纪念蒲松龄 375 周年诞辰、逝世 300 周年，蒲松龄纪念馆开展了一系列纪念活动，并取得了很好的社会效应。为纪念蒲松龄 375 周年诞辰，蒲松龄纪念馆特向中国邮政总局申请发行蒲松龄纪念邮票。2015 年 12 月，邀请《百家讲坛》知名学者、山东大学教授、作家、聊斋学和红学研究专家马瑞芳在淄博市图书馆“文化名城讲坛”，就聊斋文化开办专题讲座。“鬼唱诗”——蒲松龄聊斋文化展入选省优秀对台交流项目。2016 年 9 月，《百家讲坛》知名学者、河北大学文学院韩田鹿教授，在淄博市图书馆“文化名城讲坛”作“爱心与善报——《聊斋》中的环保故事”讲座。2017 年，潭溪山景区建成开放的世界首例无背索斜拉式弧形玻璃桥，位于海拔 800 米山巅，配有观光平台、观光塔、悬崖酒店等服务设施，这一项目填补了山东省山水景区高空建设的空白。无背索斜拉式弧形玻璃桥梁设计荣获 2019 世界结构大奖行人桥梁奖。截至 2019 年底，淄川区先后被评为山东省乡村旅游示范区和山东省首批全域旅游示范区等荣誉。全区涉旅企业共计 2113 家，其中规模以上涉旅企业 122 家，规模以下涉旅企业 1991 家，国家 A 级旅游景区 12 家，从业人员 11000 人。

1980 年和 1985 年，分别召开全国第一、二次蒲松龄学术讨论会。1985 年，成立蒲松龄研究所，并创办《蒲松龄研究》季刊。1991 年、2001 年，分别召开国际首届、第二届聊斋学讨论会，国内外 160 余名专家、教授、学者与会，进一步弘扬研究聊斋文化。1992 年，创办文学期刊《聊斋园》，1999 年、2001 年，分别召开蒲文化、聊斋文化园开发论证会，省内外 28 名专家、教授与会。至 2002 年底，出版《蒲松龄研究》49 期、《聊斋园》9 期、《蒲松龄学术论文集》2 册，以及《蒲松龄全集》《全译白话聊斋志异》《蒲松龄生平著述考辨》《异史》等专著。根据聊斋故事改编的“聊斋戏”10—16 出，18 家电影制片厂拍摄 25 部聊斋故事片。2006 年“孟姜女哭长城”传说被列为首批国家级非物质文化遗产项目，2009 年 5 月，由中国民俗学会主办的“中国孟姜女传说学术研讨会”在淄川召开，与会专家一致确认淄川区淄河镇是孟姜女故事的早期发生地和重要传承地，这些为齐长城文化资源保护和开发利用奠定了坚实的基础。2008 年 9 月，电影《画皮》首映式重返蒲松龄故里在聊斋城举行。2005—2012 年，连续举办三届蒲松龄短篇小说奖颁奖典礼，得到了全国各文学期刊社和作家、评论家及广大读者的热情支持，取得巨大的社会效益。2014 年 9 月，在涌泉景区取景拍摄的《马向阳下乡记》在央视一套黄金时段播出后，剧中的齐长城、古村落等众多淄博元素为广大观众所认知和喜爱，引起较强社会反响，景区也随之成为全国各地游客前来观光体验《马向阳下乡记》拍摄场景的旅游目的地，有力带动当地旅游、餐饮、住宿、交通等相关行业的发展。山东省旅游局、中国长城学会组织媒体记者、长城专业研究人士 200 余人，开展“爱中华、读齐鲁、走长城”走进《马向阳下乡记》拍摄地涌泉齐长城现场报道采访活动。2018 年 8 月 11 日，世界摄影大会 188 位国际摄影大师赴领尚琉璃文化创意园进行摄影采风。世界摄影大会是国际摄影艺术联合会（FIAP）每两年举办一次的国际摄影盛会，被誉为世界摄影界的“奥林匹克”。

经济效益

1986 年，蒲松龄故居、留仙湖公园接待游客 28 万人次，门票收入 13.2 万元。1990 年始，蒲家村开发聊斋园，建成狐仙园。当年，接待游客 10 万人次，商业摊点发展 9 处，景区年接待游客 36 万人次，门票收入 300 万元。1991 年始，原淄城镇城一村开发建设淄川游乐园，至 1998 年，接待游客 200 万人次，门票收入最高年份达到 418 万元，集体经济壮大，商业业户达到 38 家，98% 青壮年男女从事商业经营，民办旅游成为淄川区建设鲁中商城的前奏。1992 年，奎盛园建成开放，年接待游客 30 万人次，门票收入 240 万元。2000 年，全区旅游景区发展到 7 处，年接待游客 85 万人次，门票收入 7735 万元。自 2002 年开始，淄川区成功举办八届中国（淄博）国际聊斋文化旅游艺术节，共接待中外游客 150 多万人次，实现旅游收入 5.4 亿元。 从 2004 年梦泉村开始建设梦泉景区，截至 2017 年景区综合收入达到 600 万元，景区工作人员人均收入 15000 元，村内 30 多名 50 岁以上的男女劳力在景区打工，工资总额达 40 余万元，发给村民地树补贴款达到 20 余万元，户均增收 8000 余元。2010 年潭溪山景区开门纳客，2015 年筹建“高空玻璃桥—百米观光电梯”综合项目，2018 年 6 月 25 日，项目正式对外开放，全国各地的游客络绎不绝，节假日日客流量高达 2 万人次，实现了良好的经济效益。2019 年，淄川区全年接待中外游客 800 万人次，旅游总收入 90.12 亿元，年均接待游客和旅游收入保持 10% 以上增长。

第十篇　文化产业

第一节　管理机构

2008 年 11 月，淄川区文化产业管理机构为文化体制改革和产业发展办公室，由淄川区机构编制委员会批准设立，为中共淄川区委宣传部领导的副科级全额事业单位。主要职责是具体负责统筹规划，指导实施全区文化体制改革和文化事业、文化产业发展等工作。

2010 年 2 月 1 日，成立淄川区文化产业协会，制定了协会章程。在文化和旅游局设置了文化产业科，负责对文化和旅游方面的文化产业进行统计和管理。

第二节　文化产业的产生和发展

中华人民共和国成立后到 20 世纪八九十年代初这一历史时期，全区文化系统普遍处在“除去人头费，无钱办文化”的困难境地。在改革开放过程中，为了摆脱困境，一些文化单位利用文化和地理环境的优势开展一些有偿服务活动，用所得收入弥补文化经费的不足。随着时间的不断推移和形势的不断变化，逐步发展壮大为后来的文化产业。

淄川区的文化产业，大体经历了三个阶段：一是萌发阶段（1985—1997 年）：有偿服务、以文补文；二是过渡阶段（1998—2008 年）：从有偿服务、以文补文过渡到文化产业；三是发展阶段（2009—2019 年）：伴随着国家产业政策的调整和完善，文化产业的内涵和外延发生很大变化和发展。

萌发阶段

1985 年，区文化系统广泛开展有偿服务、以文补文工作。区文化局对在改革开放初期形成的这一新生事物十分重视，对其在发展过程中遇到的政策问题、管理问题、分配问题等进行了深入的研究，着重解决了以下几个方面的问题：一是有偿服务、以文补文的发展方向问题。认为有偿服务、以文补文，必须坚持社会主义方向、坚持为人民服务，以促进文化事业发展为宗旨。在这方面必须正确处理好文化事业和有偿服务、以文补文的关系：要正确处理好文化事业和文化产业的关系，坚持围绕主业搞副业，利用副业促主业；要正确处理好社会效益和经济效益的关系，坚持在确保良好社会效益的前提下讲求经济效益；要正确处理好积累与消费的关系，对于获取的经济效益，既反对分光吃光，于事业无补，又提倡多劳多得，合理地补贴干部和职工。正确处理好这三个方面的关系，在当时对于正确引导有偿服务、以文补文工作的健康发展，起到十分重要的作用。二是政策问题。如营业演出实行“定额指标、超额奖励”的政策；有偿服务、以文补文收入的分配政策，必须按照合适的比例进行，以及上缴管理费的政策等。三是管理问题。如有偿服务的范围、以文补文项目的立项、营业都必须经过审批，纳入区文化局的管理。还有有偿服务、以文补文必须加强财务管理，必须单独立账、定期报表、按时纳税等。

在这一阶段，淄川文化系统的企事业单位都参与了有偿服务、以文补文工作。

区图书馆：1985 年，开始推销挂历和年画，按卖出的份数计算提成创收。1987 年，从市图书馆租赁治疗近视眼的仪器，治疗近视眼收费（一次 5 角）创收。1991 年，先后开办录像厅、台球厅和舞厅，经营数月后对外承包。1993 年，创办电子游戏娱乐中心、广告艺术装饰中心，当年创收 5 万余元。

区文化馆：组织开展艺术培训、房屋租赁等有偿服务和以文补文活动，年收入达 18 万余元。

区文化市场管理办公室：1989 年，投资 3 万元，办起录像带租赁点，把控片源“进货”关，同时增加创收。

般阳大戏院：1990 年，实行“一院多制”，切块承包，利用地下室建起了镭射厅，空闲的房屋对外租赁，年收入达 61 万元。

淄川影院：1991 年，多方筹集资金，投资 40 万元建成综合娱乐中心，开办露天舞池、大型录像厅等，全年总收入达 25 万元。

区电影公司：1986 年，开办录像放映、招待所、小天鹅舞厅等，年均获利 9 万余元。1988 年 7 月，投资 30 万元将工艺美术厂改建为淄川特种工艺厂，主要生产项目有字画装裱、文房纸砚、艺术刻瓷等，部分产品外贸包销，年出口创汇达 15 万元。1994 年，成立银都装饰公司，承接室内外装饰业务，年收入达 18 万余元。1995 年，区电影公司办起娱园音乐餐厅，当年收入 30 余万元。

1994 年，区图书馆创办的广告艺术装饰中心职工在为服装印花

在这一阶段，区文化局在有偿服务、以文补文工作中，按照“以文补文、以商养文、多业助文”的工作方针，推动全区的有偿服务、以文补文工作健康有序发展。截至 1997 年底，全区文化系统先后开办艺术培训、歌舞厅、录像放映、台球、招待所、餐馆等有偿服务、以文补文项目 11 个。全区文化单位的有偿服务、以文补文工作收入达到 90 余万元，补充业务经费 58 万元，在一定程度上缓解了经费困难的状况。

此外，淄川区委、区政府引进人才，进行陶瓷工艺美术产业化尝试，于 1985 年 3 月 15 日成立淄川工业设计研究所，为正科级事业单位。下设刻瓷、陶瓷雕塑、壁画、工业设计、综合工艺美术等 5 个专业工作室。9 月，淄博市机构编制委员会正式下文将淄川工业设计研究所更名为淄博市工艺美术研究所。1986年，由省、市、区三级财政共筹措资金60万元，兴建工美所办公大楼。1997年，由于经营不善，部分大师调离，其余的则成立各自的工作场所。先后成立李梓源艺术中心、张广庆内画艺术研究院、李克昌工作室、陈贻谟陶瓷艺术馆等。

过渡阶段

随着改革开放的深入和市场经济的发展，有偿服务、以文补文工作，从形式到内容在这一阶段发生很大的变化。1998 年，市文化局出台《关于加快文化产业发展的意见》，明确提出“文化产业”的概念，规定了文化产业的范围，与原来的有偿服务、以文补文在概念上、内容上、形式上都有很大的不同。强调要增强文化产业意识，深化体制改革。要形成一支懂经营、会管理的文化产业骨干队伍，充分发挥文化优势，着力调整产业结构。在确保社会效益的前提下，最大限度地提高经济效益。这个意见，对淄川文化产业工作的开展产生巨大的推动作用，逐步形成演出、电影、音像制品流通、文物书画、文化娱乐、艺术培训等六大市场。这一时期，全区的文化产业得到较快发展，文化产业产值达 1342.8 万元，利税 187.89 万元，产值收入比 10 年前增长了 14.91 倍。

发展阶段

在这一阶段，淄川区委、区政府先后出台《关于着力建设文化名城的意见》《关于促进文化旅游产业融合发展的若干政策》《淄川区加快构建现代公共文化服务体系实施方案》《淄川区关于推进传统媒体和新兴媒体融合发展的实施意见》等一系列的文件和政策，不断推动和促进全区文化产业的发展。区委宣传部与区统计局联合印发《关于健全完善文化产业统计工作部门协调机制的意见》的文件，并成立专门的文化产业统计协调办公室，印发统计考核办法，对工作人员进行专业培训，确保全区文化产业工作有条不紊的稳步推进。

一是加大资金投入。2015 年，设立“文化名城建设专项资金”和“文化旅游产业融合发展专项资金”，每年各安排不低于 1000 万元，重点对全区文化产业项目和企业进行专项扶持。二是启动文化产业园建设。先后筹资建设李梓源艺术中心、张广庆内画艺术研究院、陈贻谟陶瓷艺术馆。三是加快文艺创作生产的步伐。通过蒲松龄短篇小说奖、国际聊斋文化论坛、聊斋文化创意园、聊斋文化系列影视文化作品、聊斋俚曲戏巡演等形式加大聊斋题材文艺创作。四是积极推动文化产业融合发展。确定“1467”发展战略，以文化强区建设为战略引领，打响“聊斋故里”“鲁中商城”“江北瓷都”“生态淄川”四个文化品牌。重点建设齐长城文化旅游创意园、1954 陶瓷文化创意园等六大园区，培育发展旅游产品、陶瓷琉璃等七大文化产业。同时规划建设以昆仑陶瓷小镇核心区、工业遗存博物馆、小火车为主线的南部工业遗存文化旅游产业带，以聊斋文化、黉山文化、李诡祖文化为主线的中部历史文化旅游产业带，以齐长城人家古村落、潭溪山景区、齐山风景区等为主线的东南部齐长城生态文化旅游产业带。

截至 2019 年底，全区文化产业增加值达到 12.58 亿元。

第三节 文化产业单位

文化产业单位，是指专门从事文化产品生产、经营的单位。截至 2019 年底，淄川区共有文化产业单位 430 余家，以下是具有一定代表性的部分文化产业单位。

张广庆内画艺术研究院

1992 年，由中国工艺美术大师张广庆创建，是一所集科研、教学、生产和销售于一体的新型科研机构。1988 年，张广庆来到淄川，在淄博工美所任副所长，并成立一个内画工作室，教授学生，培养内画专业技术人员。1994 年，内画院建成第一座办公楼，集教学、宿舍、食堂于一体。从 1992 年连续招生，培养内画专业人才，优秀学生留院录用。内画院自成立后，先后接待了美国、英国、法国、德国、日本、埃塞俄比亚、越南、南非等政府代表团和友好城市代表团。被评选为外事工作先进单位、淄博市旅游定点单位、山东省首批旅游商品“六真店”、山东省旅游商品研发基地、山东省工业旅游示范点。2006 年，张广庆当选中国工艺美术学会鼻烟壶专业委员会会长，该机构落户内画院，使内画院成为全国瞩目的内画专业单位。2014 年，“鲁派内画”入选国家级非物质文化遗产名录，内画院被批准为国家级非物质文化遗产“鲁派内画”保护单位。2016 年，文化部恭王府中国传统内画专业委员会落户内画院，张广庆之子张路华担任主任，研发出新型内画载体炫彩琉璃内画瓶，同年申报国家专利。同年，经山东省文物局批准，淄博市青岭内画鼻烟壶博物馆成立并落户于内画院。

张广庆内画艺术研究院外景（2018 年拍摄）

内画创作（2018 年拍摄）

李梓源艺术中心

1994 年 1 月，淄川区委、区政府正式批准成立李梓源艺术中心，定为副科级自收自支事业单位。由李梓源任主任。艺术中心自筹资金 90 万元，于 1994 年 4 月开工建设，1994 年 12 月 11 日竣工投入使用。整个中心占地 14549 平方米，建筑设施包括 3000 平方米的主楼及配电室、气窑、锅炉房等其他配套设施。中心分设刻瓷、内画和陶艺三个工作室。1999 年 7 月 27 日，中心成立李梓源艺术学校，李梓源任校长。2003 年，投资 60 万元，建设了面积 900 平方米的大师和教师公寓。2007 年，投资 40 万元，建设陶艺制作室，建筑面积 360 平方米。投资 20 万元，建设柴窑 1 座、电窑 2 座及其他陶艺装备。2008 年，中心发展成为具备教学、科研、小规模生产“三位一体”的文化研究机构，设有刻瓷艺术博物馆、国际陶瓷艺术馆、刻瓷工作室、陶艺工作室。中心绿树成荫，绿化面积达到 90% 以上，成为花园式文化艺术单位。2005 年，与泰山瓷业共同承办第一届国际木火节。2008 年，承办了中国（淄博）国际陶瓷艺术研讨会暨第一届 2008 中国（淄博）国际陶瓷艺术文化交流周活动。其后，连续承办第二至六届中国（淄博）国际陶瓷艺术文化交流周活动。2013 年，淄博市源一刻瓷艺术博物馆成立，李新一任馆长。是年 5 月，“淄博刻瓷”被列入山东省非物质文化遗产名录。中心被列为山东省非物质文化遗产保护单位和山东省非物质文化遗产传承培训基地。李梓源被授予山东省非物质文化遗产代表性传承人称号。李新一被授予淄博市非物质文化遗产代表性传承人称号。

李梓源艺术中心外景（2015 年拍摄）

李梓源刻瓷作品《史湘云醉卧芍药荫》

李梓源艺术中心展厅（2015 年拍摄）

淄砚斋

2006 年，由许立荣组织部分制砚艺人成立了产销一条龙的淄砚斋。淄砚斋重视设计、雕刻等重要环节，不断创新工艺水平，使淄砚品种达到 100 多种。2012 年 7 月 17 日，淄川区淄砚协会在罗村镇成立，淄砚斋艺术馆馆长许立荣当选会长。2019 年有山东省工艺美术大师 1 名，高级技师 3 名，技师 6 名。淄砚斋申报的“淄砚手工制作技艺”被列入山东省第三批非物质文化遗产名录。许立荣创作的《二龙戏珠》《九龙五福》等作品获全国优秀工艺美术作品奖、中华民族文化优秀品牌等多个奖项。仿龙门石窟佛砚《湖光山色》入选第五届中国（山东）工艺美术双年展，在国家博物馆展出并被中国工艺美术馆收藏，此为淄砚作品第一次被国家级艺术馆收藏。2016 年，淄砚传承人许立荣申报的“山东淄砚”被国家工商行政管理总局批准注册为“中国地理标志”商标。

淄砚斋艺术馆（2018 年拍摄）

西河红木产业集群

古典红木家具制造起源于明崇祯年间，曾任兵部左侍郎的西河人翟凤翀返乡时从宫廷带回了老红木圈椅、紫檀木月洞床、黄花梨亮格柜、红酸枝书橱等红木家具，首次让西河人认识了古色古香的红木家具。之后，各家作坊悉心研究古典红木家具制作工艺，随着时间的推移，家庭作坊发展为合伙经营，走街串巷过渡到来料加工、购料制作、销售的企业雏形。2007 年，西河镇被省轻工业集体企业联社授予“山东省红木家具之乡”称号。2010 年 6 月，在山东省轻工业论坛上荣获“山东省特色产业集群”称号。2010 年 12 月，在山东省第三届品牌文化节上被省政协科教文卫体委员会、管理科学研究院、经济学会、企业文化学会命名为“山东省十佳品牌乡镇”。2011 年 1 月，经过全国 10 个知名专家的评审，西河镇荣膺“中国古典红木家具之乡”称号。截至 2019 年底，西河镇已发展成为拥有 40 余家红木家具企业、职工 4000 余人、高级技师 500 余人、技术工人 1000 余人的中小型产业发展集群，形成兼具木材销售、工艺品制作、家具生产、展厅销售等于一体的产业链发展模式，产品销往淄博、潍坊、青岛、济南等全省各地及上海、北京各大城市。2019 年，全镇红木家具制造企业固定资产达到 7 亿多元，年销售收入 13.9 亿余元。

红木家具展厅 1（2010 年拍摄）

红木家具展厅 2（2012 年拍摄）

红木屏风（2012 年拍摄）

淄川振华玻璃制品有限公司

领尚琉璃文创园展厅（2017 年拍摄）

1988 年创建，年产各类琉璃艺术品 120 余万件。公司在继承淄博琉璃古法烧制技艺的同时，以科技引领企业发展，积极研发琉璃新材料、新工艺，探索工业 + 文旅融合发展道路，先后被评为国家文化出口重点企业、山东省文化产业示范基地、山东省文化企业 30 强、山东省非物质文化遗产生产性保护示范基地、山东省工业旅游示范基地，为全球规模最大的手工热塑琉璃生产企业。公司研发新品 1000 余种，已获得国家专利 36 项。2016—2019 年，已接待国内外游客 36 万人次。公司高度重视科技成果转化，科技成果转化率达到 100%，高科技产品销售达到销售总额的 70% 以上。截至 2019 年，振华公司的手工琉璃艺术品占国内市场份额的 55%，国际市场份额的 33%。是年，被评为国家 AAA 级景区。

淄博泰山瓷业有限公司

公司成立于 1998 年 2 月。2004 年 8 月，由洪山镇搬迁至昆仑工业园。主要生产高档饭店宾馆用瓷、高端礼品瓷和工艺美术陶瓷。先后获中国陶瓷行业杰出企业、中国国家用瓷生产企业、中国陶瓷名牌产品、山东省著名商标等称号。为国家级非物质文化遗产项目“淄博陶瓷烧制技艺”的传承保护单位、山东省文化产业示范基地、山东省工业旅游示范点。连续举办中国（淄博）国际木火节。2015 年，“水晶骨瓷工艺与文化创新”项目通过国家级验收。“淄博陶瓷非遗传承与文化创新”项目，获山东省第二届文化创新奖。“水晶骨瓷材质研究与功能设计”项目，获山东省首届“省长

淄博泰山瓷业厂区外景（2010 年拍摄）

泰山瓷业生产的富贵鸟餐具（2010 年拍摄）

杯”工业设计大赛铜奖，并入围 2016 年中国优秀工业设计奖。截至 2019 年，“水晶玉瓷与室内装饰照明结合”获山东省第二届“省长杯”工业设计大赛铜奖，这是全省陶瓷行业连续 2 届获“省长杯”工业设计大赛奖的企业。

山东昆仑瓷器股份有限公司

1998 年 10 月 22 日，在原淄博瓷厂基础上设立淄博昆仑瓷器有限公司。2010 年 2 月 10 日，整体变更为山东昆仑瓷器股份有限公司。公司下设 1954 陶瓷文化创意园、鲁青瓷公司、时尚瓷公司、国际贸易公司、日用瓷生产公司、国内贸易公司等分支机构，其中鲁青瓷公司于 2011 年在工商部门注册成立有限责任公司。昆仑瓷器股份有限公司以生产经营高档文化时尚瓷、日用瓷、艺术瓷为主，同时凭借 60 年陶瓷工业文化积淀，打造 1954 陶瓷文化创意园，以此整合陶瓷文化产品开发、产业技术研发、教育展示、旅游体验、销售渠道等资源，形成集聚效应，以弘扬中国特别是山东的陶瓷文化。截至 2019 年，已成为集日用陶瓷、陶瓷艺术品的工艺研发、生产制造和国际贸易及陶瓷文化产业发展于一体的文化创意型、科技型、综合型现代化民营企业。

昆仑瓷器股份有限公司外景（2013 年拍摄）

山东兆霞陶瓷科技有限公司

公司创始于 1995 年，总部位于淄川区 1954 陶瓷文化创意园，是一家集设计、研发、生产、销售、体验为一体的综合性陶瓷文化创意企业。下辖淄博旗舰店、淄博茶道文化体验馆、临沂国际鲁

兆霞陶瓷文创体验中心外景（2017年拍摄）

南茶博城销售部、临沂罗庄陶瓷批发市场销售部、北京世纪坛分公司、重庆分公司等，还在10余家新华书店、8个高速服务区设立专柜。

兆霞文创聘请一批国家级和省级艺术大师及非物质文化遗产传承人组成设计团队，用简约、时尚的设计思路生产具有现代化人文内涵的陶瓷产品。设计研发陶瓷艺术品、文创产品、旅游纪念品、日用陶瓷等，“皿道五行杯”“百家争鸣”等系列产品得到市场欢迎。该公司还致力于推广茶道、香道、陶瓷手工拉坯体验等传统文化和技艺，作为“淄川文化云”公益培训单位免费为广大茶道爱好者授课。公司产品在全国和省、市各级艺术设计和文创大赛中多次获奖。2017年3月，被山东省版权局授予山东省版权示范单位称号。

淄博汉青陶瓷有限公司

汉青陶瓷生产的茶具《国色天香》（2019年拍摄）

公司始建于2007年，占地20余亩，生产厂房5000余平方米。2019年，有员工100余人，年生产能力达500万件，自行研制开发的釉中彩烤花窑炉领先全国其他陶瓷企业，是一家有着较高技术水平的釉中彩生产企业。该公司生产的“蓝泰坊”品牌釉中彩、釉中金、釉上彩产品成为中国多家酒店媒体的重点推荐产品，公司也已经成为高端骨瓷釉中彩的样板企业和五星级酒店用瓷的专业生产厂家，被誉为“中国陶瓷釉中专家”。汉青陶瓷专业制作薄胎强化瓷类釉中彩系列的高档瓷器。该系列产品工艺以一坯二釉三彩的三次烧结方法制成，第一次坯体素烧，第二次为挂釉烧，第三次花纸烧。花纸颜料在1160℃高温下溶于瓷中，瓷面光滑柔润、抗腐耐磨，完全杜绝铅铬等金属的溶出，是真正的绿色环保陶瓷。

齐缘堂铁壶

齐缘堂铁壶位于淄川区龙泉镇，自清光绪年间至今已传承四代人，由当初的家庭铁匠铺渐渐发展成长，先后成立了齐缘堂工艺品有限公司、齐缘堂文化发展有限公司，并于2017年成立龙泉铁壶博物馆，从昔日的小作坊转向正规化生产发展，2019 年有专业技术人员 20 余人，产品已销售到世界 20 多个国家和地区。齐缘堂工艺品有限公司，是山东中华老字号和非物质文化遗产传承企业，有铁壶 4 万余把，是产鲁派铁壶的代表性企业，是日本铁壶的主要代工企业，是淄博市金牌工匠创新研发单位，是国家级及省级艺术大师艺术创新实践基地。齐缘堂铁壶在传承古代铁壶制作工艺的基础上，不断创新，先后取得多项铁壶制作工艺技术的研发成功，其中铁壶后期镶嵌工艺和铁壶的原生态纯植物防锈处理工艺两项新技术在同行业领先。

龙泉铁壶制品《喜事（柿）临门》（2019 年拍摄）

山东金尚健康科技有限公司

山东金尚健康科技有限公司从 2018 年 6 月开始，在淄川区西河镇开工建设齐艾健康文化产业园。园区以西河镇花雨沟村为中心辐射，办公园区为原淄博第五毛纺厂，面积 8.11 亩，项目建设期为 7 年，预计于 2025 年 6 月竣工。项目分为种植和综合园区，种植面积规划为 1 万亩，规划建设总建筑面积 10 万余平方米，主要建设 7000 平方米办公楼 1 栋；康养中心 1 栋、疗养体验中心 1 座，健康养生文化博物馆、百草园、药王谷及相关配套基础设施；3 万平方米加工、仓储车间；共享工厂及配套设施；中草药物流交易市场 1 处及配套设施。健康文化产业园将低效的荒地改造成高效的艾草种植区，通过“企业 + 种植户”“企业 + 合作社 + 种植户”“企业 + 协会 + 种植户”的新型农业经营模式，逐步将分散种植和规模种植一体化，最终形成规模化、品牌化、市场化的现代经营体系。

金尚健康科技有限公司外景（2019 年拍摄）

第十一篇 电影

第一章 机 构

第一节 淄川区电影管理站

1975年12月，组建淄川区电影管理站，隶属淄川区革命委员会文体组。1978年，淄博矿务局电影中队撤销，所属9个放映单位划归淄川区电影管理站管理。

第二节 淄川区电影发行放映公司

1982年8月，建立淄川区电影发行放映公司，隶属淄川区文化局。公司有办公、试映室等综合楼房一座，单面三层，面积740平方米。内设机构有发行、宣传、技术、计财、行政、放映管理等6个股，职工26人。主要负责全区的电影技术培训、放映网络发展及管理、宣传辅导、器材供应、影片发行、机器维修等项工作。2003年，区电影发行放映公司在册人员21人。影片库存胶片影片2000多部，包括部分经典影片如故事片《烈火金钢》《地雷战》《英雄儿女》《少林寺》《太行山上》；科教片《果树栽培》《迷信的危害》《科学施肥》等。流动放映机器16毫米银灯放映设备6台，16毫米氙灯放映设备2台，35毫米流动胶片放映机器1台。2009年3月，区电影公司整体移交区广播电视局。

第三节 淄川初心放映有限公司

2018年，依据淄川区人民政府会议纪要〔2011〕第44号精神，成立淄博淄川初心电影放映有限公司，注册资金3万元，工作人员5人，其中4名属于合同制，另有21名放映人员采用雇佣制。公司隶属区广播电视局，所属院线为淄博新农村数字电影院线有限公司。

第二章　电影放映

第一节　中华人民共和国成立前

1928年，淄川县政府到济南购买电影放映机、发电机各1台，并请技师1名，在文庙前院扎起大棚放映。放映的第一部影片是无声片《强盗孝子》。

1937年后，电影放映活动逐步增加，先后在淄川体育场、县民众教育馆、淄川简易师范等地放映了《僵尸复仇记》《一夜皇后》《十三妹送行》《红杏出墙记》《镜花水月》《满庭芳》等影片。

1948年，鲁新纱厂从胶东迁来淄川，纺织工业部陈少敏带电影队到淄川慰问纺织工人，先后放映《沙漠苦战记》《白毛女》《新儿女英雄传》等影片。同时，济南金城电影院应邀在西关杨家店放映《飞将军》。

第二节　中华人民共和国成立后

电影队时期

1950年，中国人民解放军驻淄川部队开始放映电影。

1951年，山东电影教育工作队、山东省中苏友好协会电影队到淄博巡回放映，放映影片为《内蒙人民的胜利》、苏联片《马丽黛传》。

1952年8月，淄博工矿特区中队第36分队，负责淄川地区电影的普及放映工作。同时，淄博市电影队成立，电影放映工作由城市开始推广到广大农村。

1956年10月，淄博市电影队所辖4个小队全部下放到淄川，成立了淄川电影队。1957年增至5个小队。1959年调往张店、周村各1个小队。1960年发展到6个小队。1962年，1个小队改为淄川区工会电影队，1个小队固定在淄城放映，其余4个小队分片到各公社生产队巡回放映。1973年调整机构，电影放映小队发展到7个。

电影管理站时期

1975年12月，在电影队的基础上组建淄川区电影管理站，6个放映小队下放给西河、洪山、罗村、黄家铺、商家、磁村等公社，区站保留35毫米提包机放映队1个，固定到昆仑影院放映。

1977年,《怀念周总理》《万米山洞》获市幻灯放映一等奖。区电影管理站被评为全省电影宣传先进集体。

1978年，淄博矿务局电影中队撤销，所属9个放映单位划归区电影管理站管理。

1979年,《蒲松龄故居》获省幻灯放映一等奖。区电影管理站被评为全省电影宣传先进集体。

1980年10月1日，区政府投资80万元，建立淄川区第一个专业电影院——淄川影院。建筑面积2100平方米，门厅3层，观众厅上、下2层，座席1432个。设有冷气、地下乐池。放映机为天津东风牌35毫米氙灯座机。全院职工23人。是年，寨里公社自筹资金建起淄川区第一座集镇电影院——寨里影院，建筑面积2000多平方米，座席1207个。昆仑公社在原昆仑剧场的基础上改建昆仑电影院，座席800个。

1981年8月，区电影管理站新楼竣工。该楼经区政府批准，1979年动工，自筹资金6万元，市投资金3万元，建筑面积740平方米。

电影发行放映公司时期

1982年8月，电影体制改革，区电影管理站改为淄川区电影发行放映公司。是年,《小街》获省幻灯放映三等奖。淄川区电影发行放映公司被评为省电影宣传先进集体。年底，全区队办电影队达到39个。

1983年8月，磁村公社利用原公社礼堂建成磁村电影院，座席1004个。12月，冶头乡建成集镇电影院。

1984年初，罗村、蓼坞分别建立电影管理站，峨庄乡建成集镇电影院。12月，龙泉镇自筹资金，建成农村集镇影院，座席1200个。

1986—1990年，35毫米、16毫米影片拷贝均从市电影公司租用，区电影公司负责影片拷贝的发行工作。1991—2002年，影片拷贝租用和购买相结合，拷贝租买由各放映单位决定。

1986年，全区有放映单位68个，其中放映35毫米拷贝的城区影院2个、乡镇影院7个、厂矿俱乐部13个。放映16毫米拷贝的乡镇电影院2个、乡镇电影管理站2个。放映16毫米拷贝厂矿放映队5支、乡镇12支、村办39支、个体3支。放映8.75毫米拷贝电影队2支。全年放映收入

30万元，发行收入15万元。

1987年，区电影公司创办淄川工艺美术厂。

1988年10月，全省开发农村电影市场经验交流会在淄川召开，区电影公司与龙泉镇电影院分别作典型发言。是年，全区放映单位共有50个，集镇影院8处、厂矿电影队3支、乡镇电影队13支、村办电影队26支。

1988年淄川区部分放映单位座席情况表

表11–2–1

单位名称	座席数	单位名称	座席数
淄川电影院	1432	矿务局水泥厂俱乐部	1240
淄川影剧院	1007	双沟煤矿俱乐部	1034
磁村乡电影院	1000	洪山煤矿俱乐部	1205
寨里镇电影院	1207	黑旺铁矿俱乐部	1460
昆仑镇电影院	910	岭子煤矿俱乐部	1158
张庄乡电影院	705	岭子煤矿宝山井俱乐部	1008
龙泉镇电影院	1144	石谷煤矿俱乐部	1195
罗村镇电影院	1120	西河煤矿俱乐部	1290
四八一厂俱乐部	1530	龙泉煤矿俱乐部	1135
淄博瓷厂俱乐部	1650	寨里煤矿俱乐部	968
淄博矿务局俱乐部	1535		

1989年11月，区电影公司被山东省文化厅授予山东省电影发行放映系统先进单位称号。12月18日，淄川影剧院拆除，在原址重建影剧院。拆除后的放映设备在驻军俱乐部安装调试，达到放映效果后，正式放映，驻军俱乐部改为松龄影剧院。

1990年，龙泉镇文化站站长孙兆水荣获全国电影发行放映1990金翼奖“十佳农村放映人员”称号。

1991年始，随着电视、录像等娱乐方式的发展，电影市场受到巨大冲击，电影观众逐渐减少，原有的放映单位锐减到2个个体放映队，电影工作陷入了前所未有的困境。城区的般阳大戏院、淄川影院观众上座率仅1%—3%，勉强维持经营，厂矿、乡镇电影队锐减至2支。

1992年1月10日，由原淄川影剧院翻建而成的般阳大戏院开业。6月，电影公司兴建娱园综合服务楼。该楼为三层建筑，一层为商品经营厅，二层镭射电影厅，三层舞厅、电子游戏厅。建筑面积约700平方米，共投资60余万元。是年，区电影公司开始放映镭射电影。乡镇、厂矿电影队增至5支。

1993年2月28日，区电影公司娱园综合服务楼正式开始营业。

1994年11月，为贯彻中宣部等五部委《关于在全国中、小学开展爱国主义优秀影片教育活动的通知》，区电影公司和区教委联合在全区中小学开展爱国主义影片放映活动，每年每生交5元放映成本费，观看8—10部电影。是年，般阳大戏院被淄博市电影放映公司批准为全部特轮首映供片放映单位之一。年底，全区放映队增至8支。

1995年11月，区电影公司被山东省文化厅授予山东省农村电影工作先进集体。12月，区电影公司把闲置的三楼进行改造装修，办起娱园音乐餐厅。

1996年，淄城镇城一村投资2134万元，建成中华影城。是年，区电影公司重新恢复电影放映，利用综合楼开设了2个影视厅，并筹集资金2万元，购置沙发、座椅2套，功放机、音箱、录像设备及舞台音响1套。同时增设小卖部2个、电话亭1个，并利用空闲房屋办起了招待所。娱园音乐餐厅开业一年营业收入达30余万元。

1997年8月，区电影公司与海尔集团联合开展送电影下乡活动，拉开了影企联姻的序幕。

1998年6月，中影公司引进史诗式经典爱情灾难大片《泰坦尼克号》，在淄川放映近50场，票房收入24万余元，创造有史以来单片最高收入。8月，区电影公司筹资10万元，在影院门前建成占地面积2000平方米的多功能、综合性大型露天广场。广场中心设有圆形水磨石露天舞场，配置大屏幕投影，环绕数码立体声音响。10月，电影公司在苏南地区举办“淄博秋娟刻瓷艺术”展销活动，并在展销期间放映球幕电影，收入4万余元。是年，开展科教电影千片进村活动，每年放映700余场。

1999年8月，组织放映国产影片《良心》，票房收入排全市第二名。

2000年10月，淄川影院举行建院20周年院庆活动。是年，全区电影放映队伍恢复到12支。

2001年，淄川影院被市文化局评为先进单位和财务管理先进单位。

2002年4月，区电影公司被评为山东省第三届农业科教电影“千片进村”活动先进集体。7月，般阳大戏院和淄川影院承办淄博中国国际儿童电影节。淄川影院投资13万元铺设了大厅台阶，前院沥青路面，更换了大屏幕。7天内淄川影院放映27部、般阳大戏院放映17部，观众人数达6.7万人次。是年，全区电影放映队12支，各放映场所通过运作大片、百部爱国主义影片、科教电影千片进村、影企联姻等形式放映电影5862场次。淄川影院改制组建为淄川泰煜影业有限责任公司，成为全市首家文化企业改制的民营企业。

2003年6月，区委宣传部牵头在全区实行优秀科教经典千片进村展映活动，每场150元。区电影公司成立千片进村活动小组，到全区20多个乡镇400多个建制村庄进行农村电影放映。

2004年12月，区电影公司成立电影开发部，对招待所、餐厅、影视厅承包，竞争上岗。

2003—2005 年部分乡镇放映场次情况表

表 11-2-2

乡 镇	村庄数	放映场次	放映设备
太河乡	34 个	120 场	16 毫米银灯
淄河镇	34 个	132 场	16 毫米银灯
张庄乡	21 个	65 场	16 毫米银灯
洪山镇	18 个	48 场	16 毫米氙灯
城南镇	14 个	68 场	16 毫米银灯
商家镇	24 个	81 场	16 毫米银灯
磁村镇	23 个	77 场	16 毫米银灯
杨寨镇	20 个	87 场	16 毫米氙灯
双沟镇	16 个	74 场	16 毫米氙灯

2006 年，由于区电影公司体制陈旧，负债多，电影放映经营严重滑坡，致使企业只能靠房屋租金收入来维持运行。

2007 年 5 月，区电影公司农村电影、学校电影等主要电影业务停止。7 月，区电影公司留守人员集资购买了第一台数字电影放映机。

2008 年，根据《国务院办公厅转发广电总局等部门关于做好农村电影工作意见的通知》（国办发〔2007〕38 号）文件精神，区电影公司成立放映队伍 15 支，配备当时最先进的数字电影放映设备，开展全区“一村一月放映一场电影”工作，受到农村群众的欢迎。

2009 年 4 月，区电影公司主管部门由区文化和旅游局划转为区广播电视局。

2010—2014 年，根据省、市农村公益电影每年放映场次计划要求，区电影公司每年完成放映任务数 4896 场。

2015 年，区电影公司在主管部门的积极协调争取下，对补缴养老金、医疗保险、工龄买断等问题给予一次性解决。

淄川初心电影放映有限公司时期

2018 年，淄川初心电影放映有限公司成立。

2019 年，淄川初心电影放映有限公司在全区开展优秀爱国主义影片进校园活动。有科教片《中小学生地震逃生自救》《不要沉迷网络游戏》《青少年犯罪之家庭预防》；有故事片《百团大战》《二小放牛郎》《鸡毛信》《暖春》《刘老庄八十二壮士》《一个独生女的故事》等。放映的学校有昆山小学、昆仑实验小学、金城中学、实验中学、松龄小学、峨庄中学、太河中心校、岭子中心校、西河中心校、磁村中心校、北关小学、洪山小学、龙泉中心校、般阳中学、开发区中心校、实验小学、淄博师专附小、东坪中心校、张庄中心校、双沟中心校、杨寨中心校、淄河中心校、商城路小学、寨里中心校。

淄川初心电影放映有限公司放映人员及设备情况表

表 11-2-3

放映队名称	放映队数量（个）	放映员数量（人）	放映设备数量（套）	备　注
太河队	6	6	6	数字设备
西河队	3	3	3	数字设备
寨里队	2	2	2	数字设备
昆仑队	2	2	2	数字设备
双杨队	2	2	2	数字设备
岭子队	2	2	2	数字设备
罗村队	1	1	1	数字设备
将军路办事处队	1	1	1	数字设备
洪山队	1	1	1	数字设备
龙泉队	1	1	1	数字设备
总 计	21	21	21	数字设备

第三章　放映场所

淄川区的电影放映场所，在中华人民共和国成立前和成立后一段时间里，基本没有固定的位置。到20世纪七八十年代，先后建起了淄川影剧院、松龄影剧院、淄川影院、般阳大戏院和中华影城，充分满足城区群众的看电影需求。农村、工矿、企业群众的电影需求，主要由区电影公司、淄川初心电影放映有限公司和乡镇、工矿、企业的影剧院、俱乐部等场所负责。进入21世纪，受网络、手机等因素的影响，电影观众急剧减少。中华影城、般阳大戏院、淄川影院先后处于闲置、拆除和转租状态。代之而起的是现代化的放映场所，如淄川齐纳国际影城、淄川大地影院等。

第一节　淄川剧场

1956年，大华剧院改为公私合营后不久，政府拨款6万元在六龙桥东首建剧场，系国营企业，直属市文化局领导。1957年10月，正式命名为淄川剧场，可容纳观众1200余人，是一座影、剧两用剧场。1958年1月24日，正式营业。1969年，政府拨款3.5万元，新建衔接观众厅的楼房。以后又拨款扩建伙房、仓库、会议室、售票房、大门等。

第二节　淄川影剧院

1974年，区政府为淄川剧场拨款3万元购置了“松花江”5202型放映座机1部。以放电影为主，同时接待剧团。同年，淄川剧场改名为淄川影剧院。1989年底，淄川影剧院拆除。

淄川影剧院（1980 年拍摄）

第三节　淄川影院

淄川影院（1985 年拍摄）

淄川影院位于淄川区般阳路。1978 年，区政府投资 80 余万元，在淄川东关动工兴建，占地 9 亩。1980 年 10 月 1 日建成，是淄川地区第一个专业电影院。建筑面积 2100 平方米，门厅三层，观众厅上、下两层，设座席 1430 个，安装有冷气设备。舞台宽 14 米、深 12 米、高 8 米，并设有地下乐池，可用于放映电影、戏剧演出、会议接待等。先后接待市级以上艺术团体 89 个，其中国家级剧团有中央歌舞团、中国杂技团、天津京剧院、山东省话剧团，外国剧团有朝鲜国立艺术团、蒙古国国家民族艺术团、俄罗斯现代歌舞团等。参加演出的演员有赵本山、蒋大为、程琳、张咪等。2002 年，淄川影院改制组建为淄川泰煜影业有限责任公司，成为全市首家文化企业改制的民营企业。2010 年 1 月，因长期亏损，淄川影院出租给新星集团成为影院超市。

第四节　松龄影剧院

1989 年 12 月，淄川影剧院拆除，原电影放映设备转移至驻军俱乐部。经安装调试、达到放映效果后，开始正式对外放映，驻军俱乐部更名为松龄影剧院。松龄影剧院作为放映场所持续经营至1992年初，般阳大戏院建成营业后停止使用。

第五节　般阳大戏院

般阳大戏院（1994年拍摄）

1989年12月18日，在淄川影剧院原址兴建新剧院。1992年1月，新剧院正式开业，更名为般阳大戏院，中国书法家协会主席沈鹏题写了院名。戏院内设餐馆、客房、舞厅、录像厅、电影戏剧厅等。前厅门口的立柱、地面全部用济南产柳埠红花岗岩石板装饰。舞台长14米，高8米，深15米，面积230平方米。舞台灯光为两排卤钨灯，面光灯8只、回光灯2只，吊杆14条。厅内设豪华沙发座椅，可容纳观众887人，达到国家甲级影（剧）院标准。新购“东风”牌FG35-D固定式电影放映机、电影电源控制装置、电影还音扩音机、固定式氙灯自动幻灯机、电影放映硅整流设备2台，平面倒片机和影片湿润箱各1台。第七届中国国际儿童电影节曾在此设分会场。先后接待过中央轻音乐团、天津歌舞剧团、铁岭艺术团、上海京剧院、山东省话剧团、俄罗斯歌舞团等著名演出艺术团体。参加演出的主要演员有徐少华、宋长荣、赵本山、范伟、潘长江、李谷一、蒋大为、刘晓庆、宋丹丹等。2003年10月，因兴建银座商场和正承广场，般阳大戏院拆除。

第六节　中华影城

1996年，淄城镇城一村投资2134万元，建成中华影城。占地35亩，建筑面积5000平方米，成为淄博最大的电影娱乐场所。设置超大银幕、球幕动感、环幕电影、立体电影、电影配音、电影奥秘、水幕电影等9个大厅，影片以播放世界风光、民族风情为主。随着电影观众的不断减少，电影城在闲置了较长一段时间后，于2017年因建设淄川区文化中心拆除。

第七节　淄川齐纳国际影城

淄川齐纳国际影城（原淄川全球通电影城）位于淄川沿河路步行街银座商场内。2009年12月10日开业，是淄博齐纳影业投资有限公司投资兴建的现代化多厅电影城，是齐纳国际影城的第一家连锁影城。影城占地 1000 平方米，共设有 5 个豪华电影厅，可以容纳 533 人同时观影，是集电影放映、演出、会议接待为一体的多功能文化活动场所。影城 5 个厅均采用全激光数字放映，安装被动式 3D 系统、高亮度进口金属银幕、高保真数字立体音响系统和符合人体工学原理的软式座椅。所有影厅全部采用高坡度、宽排距、无遮挡式的座席设计，配合着超亮银幕，影城内部还有环境幽雅的电影长廊，配合着精美的电影海报，营造出浓郁的电影文化氛围。影城加入人民院线，重要时间节点播放《地道战》《红海行动》等优秀主旋律影片。淄川齐纳国际影城年均接待观众 23 万人，播放影片 340 部合计 1.2 万场，营业收入 660 万元。

淄川齐纳国际影城（2010 年拍摄）

第八节　淄川大地影院

淄川大地影院（大地影院淄博 SM 城市广场店）位于淄川区般阳路 8 号，SM 城市广场四楼东侧，建筑面积 3000 平方米，是大地影院集团旗下影城。大地影院淄博 SM 城市广场店于 2015 年 9 月正式营业，影院共有 7 个放映厅，可同时容纳 794 人观影。影院采用索尼 4K 放映机双头，4K 数字电影放映系统可真正输出 4K 的超高分辨率，其 3D 放映系统可再现 4 ∶ 4 ∶ 4 全带宽 3D 画面。画面亮度更高，色彩及细节表现更加突出，立体感更强，画面更平滑流畅。影院同时采用辰星立体环绕声音响、双屏幕 3D 设备搭配、超大金属增荧屏幕，为观众提供震撼的视听享受，而且不会产生眩晕感和视觉疲劳。影城加入人民院线，重要时间节点播放《金沙江畔》《战狼》等优秀主旋律影片。大地影院淄博 SM 城市广场店年均接待观众 22 万人，播放影片 300 部合计 1.4 万场，营业收入 830 万元。

第九节　其他放映场所

从 20 世纪 70 年代初开始，淄川地区的电影放映场所建设进入高峰期，主要以集镇影院和厂矿俱乐部为主。

淄川地区 1972—1990 年建成的部分集镇影院、厂矿俱乐部一览表

表 11-3-1

单 位	建成时间	单 位	建成时间
岭子煤矿俱乐部	1972 年	寨里镇影剧院	1981 年
双沟煤矿俱乐部	1976 年 12 月	西河煤矿俱乐部	1982 年 1 月
淄博矿务局俱乐部	1978 年 7 月	龙泉煤矿俱乐部	1982 年 3 月
矿务局机厂俱乐部	1979 年 10 月	张庄影院	1982 年 6 月
黑旺铁矿俱乐部	1979 年	磁村影剧院	1983 年 8 月
东同古影院	1980 年 6 月	淄川陶瓷厂俱乐部	1984 年 10 月
昆仑影剧院	1980 年 9 月	岭子矿宝山井俱乐部	1984 年 10 月
石谷煤矿俱乐部	1980 年 12 月	龙泉影剧院	1984 年
淄博瓷厂俱乐部	1981 年 5 月	罗村影剧院	1985 年
洪山煤矿俱乐部	1981 年 10 月	西河影剧院	1990 年 3 月

第十二篇 人物

第一章 历史文化名人

第一节 文化名人

淄川历史文化人物众多，为便于群众了解和掌握，收录时限上自春秋战国，下至中华民国，凡历史上淄川所辖区域有著述的文化名人，均参考地方史志、族谱等有关资料采辑甄录。条目内容有人物姓名、朝代、籍贯、别号（字或号）、生卒年月、简历，所著书名、卷（册）数，是刊行于世或是待梓贮藏于家，均分别录于人物名下（史料缺者略），不载事功。

东周

公皙哀 春秋齐人，字季次，系孔门弟子七十二贤人之一，深受孔子器重。孔子曾说，天下无行，多为家臣，仕于都，唯季次未尝仕（《史记》）。唐赠郧伯，宋赠北海侯，明改为先贤（见《山东通志》）。《淄乘征》说，公皙哀著述，史书未列，《子华子》载有同公皙哀问答之词。又说，公皙哀系淄川人，墓在淄川城北。

唐朝

慧沼 淄川人，高僧，在崇福寺译《大宝积经》，沼预于证义。著有《唯识了义灯》《质圆测之异义》等，被称为“唯识三祖”之一。

宋朝

崔遵度 江陵人，字坚白。后徙淄川。7 岁受经于叔父崔宪。太平中举进士，为临汾主簿，咸平时任国史编修官。祥符元年同修起居注。改左司谏，赐工部侍郎。掌右史十余年，立墀上，常退匿楹间，虑帝之见。善鼓琴，著有《琴笺》及文集20卷。

王樵 北宋淄川人，字肩望。居县东北梓橦山下，称淄右书生。博通群书，精于《周易》，亦善击剑，为时人所重。咸平年间（998—1003），契丹游骑渡河，举家被掠。樵即弃妻子，挺身入契丹访父母，累年不获，还里刻木招魂以葬，立祠画像，事之如生。自谓父母生身一场，不能为父母报仇，乃赘疣耳！因自称“赘世翁”，唯一论兵击剑为事。曾一驴负装，徒步千里，晚年两去塞下，“求灭辽复仇”。后因不用遂归，过萌水数里，脱去兵装，换常服（今称变衣铺），一生念念不忘灭辽复仇。晚年于城东南隅垒砖自环，呼为“茧室”，铭其门曰：“天生王樵，薄命寡志，材不济时，道号‘赘世’，生而为室，以备不虞，死而藏形，不虞乃备。”后感疾，即入茧室中自掩户卒，嘱以左剑随葬。著有《游边集》二卷，以及《安边三策》《说史十篇》（皆已散失）。济南李芝为之作《赘世先生传》。

元朝

奥敦周卿 希鲁，字周卿，号竹庵，女真族人，生活在金末元初。奥敦是女真姓氏。其先世仕金，居于淄州，并有任州长者。蒙古军攻打淄川，其父奥敦保和降元，后累立战功，由万户迁至德兴府元帅。周卿本人也历官怀孟路总管府判官、侍御史、河北河南道提刑按察司佥事等。周卿为元散曲前期作家，与杨果、白朴有交往，相互酬唱。今存小令二首，套数三曲。《全元散曲》存其小令二首。《太和正音谱》列为“词林英杰”。

明朝

孙光辉 淄川人，字华国，号夹谷。嘉靖乙丑进士，擢翰林第一。著有《青词》数十卷。

王教 淄川人，字秋澄。明隆庆辛未进士，授户部主事，改吏部，历稽勋、验封、考功、文选司郎中，赠太常寺少卿。著有诗文。曾主持纂修万历版《淄川县志》37卷行世。

王建中 明末淄川人，字立极，廪生。与同县诸名士结成诗社，著有诗一卷。

王孟复 明末淄川人，庠生。著有《学究传》《田家乐事图》，散失不传。

安伸 淄川人，号葵盟。万历丁未进士，历任知县、御史、太仆寺少卿。著有《柱史草》《黉麓漫吟》行世。

孙坦 淄川人，字虎匡。崇祯丙子举人，著有《虎啸集》。

沈润 淄川人，字静澜。崇祯癸未进士，授潞安府推官，升宁绍台道参议。撰有《越州赈史》行世。

翟珂 淄川西河人，字荆阳，号左江。庠生，诰授武义都尉，任浙江金华府参将。精医术。入清后，隐居山中。著有《俯察密旨》《青囊注解》诸书行世。

薛凤祚 明末清初淄川人，字仪甫。精研天文历法。著《对数比例》《求岁时》《太阳太阴诸行法源》，诸书行世。

清朝

丁昶 淄川人，字旭开。庠生，撰有诗若干卷。《山东通志·艺文志》著录名曰《丁昶诗》，并说“散佚不存”。

王骥 淄川人，字北野，号逊圃。乾隆拔贡，任泗水县教谕。著有《间窗偶笔诗稿》。

王士祯 淄川人，清初举人。著有诗，选入县志。

王相符 淄川人，字立斋，号小山。著有《小山遗诗》(见《山左诗续钞》)。

王佳宾 淄川人，字岩客，号丽农。庠生，与张廷采同撰乾隆《重续淄川县志》八卷。乾隆丙申完稿，《凡例》说，“邑志续修于乾隆癸亥，迄今乙未已三十余年。其间人物事迹，皆分类续补；《舆地》《建置》诸志，亦补其遗，间有订正。附记本条据本书。”佳宾个人著述，有《苍雪斋稿》。据《山左诗续钞·佳宾条》引《刘遽亭希庄传》云：“先生（指王佳宾）锐意古学，才名噪甚。乾隆丙申，邑宰延修邑乘，考征博洽，文笔古雅。中年丧偶，二子亦亡，孑然一身游江南。生平所作诗，号《苍雪诗稿》，不下万首，又有古文集数种，携以自随，尽毁于火。未几卒于亳（安徽亳县），寄葬焉。”

王启睿 淄川人，字玉琴，一字玉烟。善诗，著有《水弦楼集》，未发行。

王涌泉 淄川人，乾隆贡生。一生从教，曾撰有一联：“虽无半垄地，却有十分春。”撰述之书散失。

王道荡 淄川人，字无偏，号镜斋。乾隆庚子举人，出任文登县教谕。著有《镜斋文稿》。

王敬铸 淄川人，咸丰戊午科举人。主持纂修宣统《三续淄川县志》二卷行世。

王酉堂 淄川人，原名廷标，以字行，号辛亭。嘉庆丙辰岁贡，著有《消间诗草》。

王廷桀 淄川人，字景周。庠生，撰有《日用俗字录》一册，《仰古增今对联》九百余首。

王廷楠 淄川人，字楚材。贡生，著有《睡余轩稿》。

冯君擢 淄川人，字丹林，号龙川。乾隆甲午举人，出任郯城教谕，84岁时去世。著有《抑抑斋稿》。

冯继照 淄川人，字丽南，号荻桥。冯君擢之子。嘉庆辛酉拔贡，由教谕升河南灵宝知县，85岁时去世。善隶书、耽金石、工篆刻，著有《正字简》四卷（道光二十八年柳波馆刊），《史学提要》《柳波馆诗文集》，编纂《般阳诗萃》行世。

司天开 淄川人，字统周，一字宇周，号般源。清末贡生，未仕。著有《四书未信编》。

李宪 淄川人，字王春。清初进士，授孝丰知县，卒于官。著有《养生录》百卷、《四香斋集》

三十卷、《黄庭经集注》藏于家。

李尧臣　淄川人，字希梅，李宪之子。庠生，著《四斋文集》十卷、《诗集》一卷、《书谱》二卷刊行于世。

李导江　淄川人，字又东，一字岷源，号南村。廪贡生，官莱州府训导。著有《半野园诗钞》。

李质醇　本籍洪洞，寓居淄川，字厚安。博雅好古，工书画，又精锻铜之法，寻常炉器，经其手玩，光彩夺目。著有《烧炉新语》。性慷慨好施，淄人为之建铜肖像祀之。

毕岱熏　淄川人，字叔和，号端溪。乾隆壬子举人，任武城县教谕、武定府教谕。著有《周易集解》《众绿园诗草》藏于家，卒年82岁。

成若阙　淄川人，字裕斋，光绪间贡生。著有《槲陵诗文集》藏于家。

安继振　淄川人，字幼痴。著有《鸿溟园集》藏于家。

安于拙　清初淄川人，字去巧。增生，卒年95岁。所著有《懒漫村草》藏于家。

安大介　淄川人，原名岳，字天锡。顺治甲午举人，任高密教谕。

孙宏绶　清初淄川人，字佩组。贡生，任博兴教谕，乾隆八年（1743年）参与编纂《淄川县志》。

孙锡瑕　淄川人，号东泉。光绪乙卯科钦赐副贡生。著有《文集》四卷、《诗集》四卷、《诗余》一卷、《东泉闲话》八卷。

孙廼瑶（1861—1916）淄川董家庄人，字伯琴。庠生，致力理学。撰有《日记功过册》稿。殁后，由其弟搜集遗文数卷，曰《孙伯琴先生文集》，刊行于世。

孙济奎　淄川人，字星垣，号迂山。同治甲子举人，官县训导，主讲曲阜昌平书院。著有《迂山诗古文集》藏于家。

孙宗元　淄川人，字柳下，号长卿。顺治乙未进士，曾任思恩府同知。著有《燕翼堂遗诗》（见《济南府志》）。

孙奉和　淄川人，字仲介。著有《聊复尔居诗草》。

孙腾蛟　淄川人，字锺北。庠生，著有《碧梧草堂遗诗》。

孙克昌　淄川人，字恃德。庠生，著有《西谷诗草》。内中《清明》诗云："青山迢递日出斜，溪水粼粼漾浅沙。一架秋千人不见，东风开遍小桃花。"

孙景曾　淄川人，字会一。庠生，著有《万绿园诗草》。

张绅　清初淄川人，字恭寿。庠生，87岁时去世。著有《向火道人诗集》藏于家。

张缅　淄川人，字仪先，康熙癸卯举人。有诗入选县志。

张廷宷　淄川人，字惠夫，号亮斋。乾隆己卯举人，任青州府临朐县教谕。参与编纂乾隆《淄川县志》八卷。

张昕照　淄川人，字警斋，号晓峰。嘉庆壬申岁贡，著有《新旧唐书摘要》《史鉴摘要》藏于家。

孟瑞 清初淄川人，字祯之，晚年自号丰溪、渔叟。己未进士，官东昌府学教授，升福建宁德府知县，以病告归。著有《燕堂集》藏于家。

邹振岳 淄川人，字岱东。同治癸亥进士，历官天津知府。著《校经诗文集》。太学生赵开运撰写之墓碣云："振岳次女许字长山李氏，未嫁而夫亡，自缢以殉。士大夫为诗吊挽，邹太吏振岳裒为一集，曰《悯烈》。"

赵琛 清末淄川人，字荆玉。著有《敦旧轩诗》一卷。

赵琏 淄川人，字漪园，号掘庵。庠生，著《静意斋诗草》(见《山左诗汇钞》)。

赵金人 清初淄川人，字晋石。庠生，著有《借山楼诗文集》《四六骈言》藏于家。

赵景辉（1811—1889）淄川西关人，后迁居甘泉谷。清末庠生。著有《治安掇言》一卷、《诗歌》数百首。于《周易》《仪礼》皆有注解。

胡训 清初淄川人，字近光，号西溪。庠生，著有《遗诗》一卷。

袁一桂 淄川人，字季芳，号萌滨。同治庚午举人，官宁阳县训导、临淄县教谕。著有《萌滨诗文集》藏于家。

袁藩（1627—1685）淄川人，字松篱。康熙癸卯举人，拣选知县。著有《敦好堂诗》《古文词》若干卷，参与纂修县志。

袁若愚 淄川人，字愚山。清末庠生，著《大生堂集》行世。

曹佳和 淄川人，字而介，号厚庵。嘉庆进士，任兵部车驾司、武库司主事，官云南大姚县知县。著有《鉴古斋稿》。《鉴古斋续稿·序》载："先生馆长白山之任家峪，一时弟子从游如云。"

焦振沧 系焦云龙子，字东溟，号诚斋。清光绪间廪生，入民国历官陕西六处知县、一次道尹。著有《诚斋诗稿杂著附》行世。遗著《孙仲玉先生寿言》，由淄川董家庄孙和亭收藏。

蒲立德 淄川蒲家庄人，字毅庵。乾隆间岁贡生，著有《易学汇解》数卷、《修通考备采》一卷、《三字经注解》一卷、《文集》四卷、《诗》一卷、《道学会通》四卷、《家政汇编》四十卷藏于家。

蒲龙夔 淄川人，字西园。乾隆间武庠生。著有《尚友箓摘钞》《吟月集》四卷藏于家。

蒲希程 淄川人，字明远。太学生，晚年学岐黄。著有《痰迷经验》一卷藏于家。

蒲锡坤 淄川人，精痘疹医术。著有《医学精业》《通玄经》藏于家。

谭再生 淄川人，字无竞，别号眉樵。清康熙庚辰进士，任湖南溆浦县令。著有《制艺文稿》。

翟良 淄川西河人，庠生，以医名世。顺治戊子奉旨至京师，赐宴内廷，并赐多珍，授官不受。著《医学启蒙》《痘疹汇编》《经络汇编》《药性对答》《本草古方讲义》，诸书行世。

翟建书 淄川西河人，贡生，授修识郎，历任滋阳训导、乐安教谕。著有《字韵考》《松轩诗草》《南园遗诗》。

翟涛 淄川人，字伯海，号苍岩，又号静斋。嘉庆戊午举人，授文林郎，任观城县训导。著《迟云集》《晚晴楼诗稿》。

翟滔 淄川人，字笠山。庠生，任职台湾，署理嘉义知县。著有《台湾笔记》。

翟骏　淄川人，号竹坡。贡生，官堂邑县教谕。著有《竹坡诗草》。

翟灏　淄川人，官福建布政使司经历。著《笠山诗集》木刻。

（杨弘道、贾仲名、毕自严、高珩、唐梦赉、孙蕙、蒲松龄、张笃庆、王培荀、毕柳村、孙迺琨、路大荒以及王氏家族、毕氏家族、张氏家族、高氏家族、韩氏家族中在本书第五章《文化研究》里涉及的历史人物已分别介绍，在此不再赘述。）

第二节　历史文化名人著述

历史文化名人著述一览表

表 12-1-1

书名	朝代	作者
《易传》	汉	杨　何
《唯识了义灯》	唐	慧　沼
《琴笺略》	宋	崔遵度
《游边集》	北宋	王　樵
《事言补》	南宋	杨宏道
《云水遗言集》	明初	贾仲明
《黉麓漫吟》	明	安　伸
《黄发翁诗集》	明	毕　木
《抚辽茶话》	明	毕自肃
《石隐园诗文藏稿》	明	毕自严
《拱玉园集》	明	毕自寅
《易学辞象》	明	高　捷
《埙篪编》	明	高　举
《名文荟选》	明	高　誉
《越州帐史》	明	沈　润
《虎啸集》	明	孙　坦
《青词》	明	孙光辉
《嫩水园集》	明	孙之獬
《铨部王老先生文集》	明	王　教
《五经注辨》	明	王崇义
《芦花草》	明	王三近
《俯察秘旨》	明	翟　珂
《张仪部集》	明	张　敬
《阁汇》	明	张至发
《畅然园稿》	明	王　睹

续表 12-1-1

书名	朝代	作者
《游晋诗草》	明	王　巽
《学究传》	明	王孟复
《栖云阁诗文集》	明末清初	高　珩
《南游诗草》	明末清初	高　玮
《息轩诗》	明末清初	王鳌永
《对数比例》	明末清初	薛凤祚
《鸿溟园诗集》	清初	安继振
《懒漫村草》	清初	安于拙
《淡如亭遗诗》	清初	高肇翰
《东园诗草》	清初	高肇绩
《载经集解》	清初	高肇馨
《闲情录诗》	清初	高肇毅
《梓岩遗诗》	清初	高之灖
《强恕堂诗集》	清初	高之骙
《荆农诗》	清初	韩维垲
《告觉篇》	清初	韩维愈
《遗诗》	清初	胡　训
《燕堂集》	清初	孟　瑞
《志壑堂集》	清初	唐梦赉
《行素堂诗文稿》	清初	张　谱
《向火道人诗集》	清初	张　绅
《静然堂诗古文集》	清初	张　询
《楚游日记》	清初	张　绂
《昆仑山房诗文集》	清初	张笃庆
《蕉雨斋诗古文集》	清初	张永跻
《借山楼诗文集》	清初	赵金人
《食蔗堂诗》	清初	张履庆
《独树庵诗》	清初	张增庆
《少白遗诗》	清	高贻素
《芦洲诗草》	清	高贻葖
《于陵诗草》	清	高贻璠
《石兰书屋诗》	清	高贻芝
《孝涺诗草》	清	高聿昆
《鸣盛集试帖》	清	高远询
《衣德堂诗》	清	高肇晊

续表 12-1-1

书名	朝代	作者
《嫩滨老人诗》	清	高之騄
《训俗俚言》	清	高中谋
《燕京日记》	清	高仲谋
《箕山散著》	清	韩　冲
《松陵诗草》	清	韩　里
《乃吾庐诗》	清	韩砥修
《纲鉴太古钞》	清	韩庚长
《桐轩诗草》	清	韩谨修
《尚灰堂史略》	清	韩茂椿
《地理窃选》	清	韩茂桂
《偶然草》	清	韩维翰
《青年斋诗稿》	清	韩午锡
《问愧集诗草》	清	韩在甲
《上轩诗集》	清	韩祖法
《诚斋诗稿杂著附》	清	焦振沧
《四香斋集》	清	李　宪
《半野园诗钞》	清	李导江
《四斋文集》	清	李尧臣
《烧炉新语》	清	李质醇
《悦斋诗集》	清	孟詹绎
《家政汇编》	清	蒲立德
《尚友篆摘钞》	清	蒲龙夔
《聊斋志异》	清	蒲松龄
《痰迷经验》	清	蒲希程
《医学精业》	清	蒲锡坤
《四书未信编》	清	司天开
《笠山诗选》	清	孙　蕙
《聊复尔居诗草》	清	孙奉和
《迂山诗古文集》	清	孙济全
《万绿园诗草》	清	孙景曾
《西谷诗草》	清	孙克昌
《灵泉文集》	清	孙迺琨
《日记功过册》	清	孙迺瑶
《碧梧草堂遗诗》	清	孙腾蛟
《东泉闲话》	清	孙锡嘏

续表 12-1-1

书名	朝代	作者
《燕翼堂遗诗》	清	孙宗元
《制艺文稿》	清	谭再生
《间窗偶笔诗稿》	清	王　䜣
《浙东草》	清	王　砖
《镜斋文稿》	清	王道荡
《问心集》	清	王观正
《苍雪诗稿》	清	王佳宾
《追远集》	清	王敏入
《乡园忆旧录》	清	王培荀
《水弦楼集》	清	王启睿
《仰古增今对联》	清	王廷棐
《睡余轩稿》	清	王廷楠
《小山遗诗》	清	王相衍
《消间诗草》	清	王西堂
《无梦诗集》	清	于桂秀（女）
《敦好堂诗》	清	袁　藩
《大生堂集》	清	袁若愚
《萌滨诗文集》	清	袁一桂
《笠山诗集》	清	翟　灏
《竹坡诗草》	清	翟　骏
《经络汇编》	清	翟　良
《迟云集》	清	翟　涛
《台湾笔记》	清	翟　滔
《字韵考》	清	翟建书
《谵语草》	清	张　诠
《书香堂制艺》	清	张　元
《新旧唐书摘要》	清	张昕照
《南圃诗草》	清	张作宾
《听雨楼诗集》	清	张作哲
《静意斋诗草》	清	赵　琏
《治安掇言》	清	赵景辉
《校经诗文集》	清	邹振岳
《敦旧轩诗》	清末	赵　琛
《蒲松龄年谱》	民国	路大荒

第二章　当代文化名人

第一节　中国工艺美术大师简介

王一君　男，1969年生于淄博淄川，中国工艺美术大师，正高级工艺美术师，国务院政府特殊津贴专家，全国劳模，第十四届全国人大代表。以陶瓷艺术服务外交事业18年，守正创新领军山东工艺美术发展，作品获中国工艺美术“百花杯”特等奖、联合国教科文民间艺术国际组织金奖、联合国教科文组织优秀作品交流奖、中国文联“山花奖”、中国陶瓷金奖、泰山文艺奖等。

李克昌　男，1942年生于淄博博山，中国工艺美术大师。曾拜毕荣九之侄毕恒远为师，并师从张文堂、薛京万学习内画。1988年享受国务院政府特殊津贴，1989年当选中国工艺美术学会鼻烟壶专业委员会会长，2008年在杭州国际工艺美术大会上被评为亚洲太平洋地区工艺美术大师。1996年移居澳大利亚珀斯市从事美术教育，在《西澳时报》《东方邮报》设专栏宣传中国绘画及文化。

张广庆　男，1948年生于山东济宁，号青岭斋主。中国工艺美术大师，中国首届内画艺术大师，国家级非物质文化遗产“鲁派内画”省级传承人，享受国务院政府特殊津贴，亚太地区手工艺大师，恭王府传统内画专业委员会名誉顾问、亚洲鼻烟壶联合会中方主席。著有《张广庆内画艺术》《两张内画》等作品集，其作品为海内外艺术家、鉴赏家和收藏家视为珍品。

张明文　男，1941年生于淄博淄川，中共党员，山东省第六、七、八届人大代表。淄博刻瓷艺术创始者之一，中国工艺美术大师，中国陶瓷艺术大师，享受国务院政府特殊津贴，曾获全国优秀工艺美术专业技术人员称号，现任中国工艺美术协会大师联合会理事，中国陶协刻瓷文化研究会会长，山东工艺美术学院兼职教授，山东陶协刻瓷专业委员会主任。

陈贻谟（1933—2014）　男，生于淄博博山，中共党员，中国工艺美术大师，中国陶瓷艺术大师，高级工艺美术师。1958年进修于中央工艺美院全国民间雕塑研究班，师承张景祜（泥人张）、雷圭元。创办陈贻谟陶瓷艺术馆，著有《陈贻谟陶瓷艺术作品集》。其12件作品作为国礼，15件作品被国家级博物馆及国外博物馆收藏，获中国工艺美术终身成就奖。

第二节　中国陶瓷艺术大师简介

尹　干　男，1940年生于江西赣州，中国陶瓷艺术大师，中国陶瓷工业协会陶瓷艺术委员会副会长，山东陶瓷工业协会陶瓷艺术委员会会长，山东理工大学美术学院创始人之一，中国陶瓷艺术大师评审委员会评委。在日用陶瓷造型装饰、陶艺、陶瓷雕塑、花釉绘制、刻瓷、青花等方面造诣极高，荣获中国陶瓷艺术、设计、教育终生成就奖。

孙兆宝　男，1956年生于山东淄博，中国陶瓷艺术大师。从事陶瓷艺术创作40余年，主要以人物肖像、山水刻瓷见长。潜心创作的手绘“高温釉”，在2004—2009年山东省陶瓷艺术创新作品评比中连续六年获金奖。作品先后获国家级、省级大奖25次，被多家报刊、电视台报道，早在1990年就应邀赴美国作艺术交流。

吕　泉　女，1957年生于山东淄博，中国陶瓷艺术大师，山东省工艺美术大师，高级工艺美术师，中国陶瓷工业协会陶瓷艺术委员会常务理事，山东省刻瓷艺术家协会理事。作品在各级大赛中获金、银、铜奖百余次，10余款设计获国家专利，作品《凤舞和鸣》被选为国宴用瓷，刻瓷瓶《乐在其中》被巴黎卢浮宫收藏。被纳入《中国当代陶瓷美术家辞典》。

何　岩　男，1954年生于山东济南，中共党员，中国陶瓷艺术大师，中国轻工大国工匠，中国陶瓷工业协会陶瓷艺术设计中心副主任，华光国瓷艺术设计总监，高级工艺美术师。1985年赴中央美术学院研修雕塑艺术专业，从事陶瓷艺术创作50多年。作品荣获国际、国家和省级奖项100多个，被中国美术馆、国家博物馆、英国皇室、法国卢浮宫等收藏。

李梓源　男，1944年生于淄博淄川，中国陶瓷艺术大师，享受国务院政府特殊津贴，中国陶瓷艺术大师联盟副主席，山东省工艺美术大师。1982年“鲁青瓷五头刻瓷文具”获得联邦德国慕尼黑第34届手工艺国际博览会金质奖章，获最佳成就者称号。有147件作品赠送联合国、美国、日本、德国、朝鲜、捷克、新加坡等国家和地区的领导人及友好人士。

罗晓东　男，1943年生于山东莱州，中国陶瓷艺术大师，山东工艺美术大师，国家一级美术师，中国刻瓷文化研究会副会长。师承画家孙其峰，擅长中国画和陶瓷艺术。曾多次参加国际、国内展览并分获金、银、铜奖，被外交部选为国礼艺术家。作品《聊斋文化刻瓷瓶》先后荣获第五届中国陶瓷产品设计大赛金奖、第43届国际陶艺大会银奖。

阎先公　男，1943年生于淄博淄川，中国陶瓷艺术大师，中国美术家协会会员，中国壁画家协会会员，中国刻瓷文化艺术研究会副会长，中国陶瓷艺术专业委员会常务理事。瓷板彩绘、彩绘瓶作品分获第十届、十一届中国工艺美术大师暨国际艺术精品博览会金奖，瓷板色块泼彩画获国家发明专利，向淄川区政府无偿捐赠艺术作品457件。

董善习　男，1951年生于淄博淄川，中国陶瓷艺术大师，高级工艺美术师。1984年进修于中央工艺美院，从艺近50年，有50多件作品在省部级以上展评中获奖。1988年、1992年分赴澳大利亚、韩国博览会以刻瓷艺术参展，2000年、2015年出版《刻瓷艺术》专著2版，2012年、2016年先后研创“刻瓷烤彩”“陶瓷钢笔画”等新工艺，2018年捐献216件作品于中国陶瓷琉璃馆。

第三节　中国内画艺术大师简介

李　琰　女，1966年生于淄博淄川，中国内画艺术大师，中国工艺美术学会会员，恭王府中国传统内画专业委员会常务理事，山东省工艺美术大师，山东省轻工系统有突出贡献的中青年专家，师从中国工艺美术大师张广庆。自1988年以来多次参加艺术博览会并获奖，在全国各地举办内画艺术展览和演讲，曾被派往欧美和亚太各国进行内画艺术交流。

张　雁　女，1975年生于淄博淄川，中国内画艺术大师，山东省工艺美术大师，中国工艺美术学会会员。师承中国工艺美术大师张广庆，就职于张广庆内画艺术研究院。画作擅长仕女、花鸟、山水、动物等。多件作品被编入《中国内画图典》，数次参加艺术博览会并进行现场表演，作品多次获得国家级、省级奖项。

张路华　男，1978年生于山东淄博，中国内画艺术大师，山东省工艺美术大师，中国美术家协会会员，国家级非物质文化遗产“鲁派内画”市级传承人，山东省齐鲁文化之星，恭王府中国传统内画专业委员会主任，张广庆内画艺术研究院院长。自幼师承其父张广庆，代表作有《水浒108将》《阿房宫》等，《中国鼻烟壶》会刊创办人之一，研发“炫彩琉璃内画”获国家专利。

第四节　中国作家协会会员简介

王清涛　男，1950年10月生于淄博淄川，中共党员。著有诗文集《齐风又起（2部）》《难忘楼兰》《诗意聊斋》《村口的目光》《骆驼石》等。在各媒体发文千余万字，获文化部“中华骄子”称号。2012年6月加入中国作家协会。

李清河　男，1954年生于淄博淄川，山东师范大学（首届）作家研究生，淄博企业界文学艺术联谊会主席，著有《踏地飞歌》《岁月天籁》诗集，作品多次获全国、省、市奖项并入选《齐鲁文学作品年展》2015诗歌卷，2018年6月加入中国作家协会。

路英智　男，1957年生于山东淄博，主任医师、心理学博士，曾任淄博市第五医院院长，淄博市首批名医，市专业技术拔尖人才。2006年加入中国作家协会。著有长篇小说《心路》、散文集《故乡情》、诗集《精神家园》等。

第五节　中国摄影家协会会员简介

冯衍明　男，1951年生于淄博淄川，中共党员，中国摄影家协会会员，高级经济师。1970年参军，退伍后创办大型民企山东鲁维制药集团有限公司，任董事长。作品多次在国内外专业刊物发表并获奖，出版摄影作品集《灵动》并获省“泰山文艺奖”。

刘　洪　男，1961年生于山东利津，中共党员，中国摄影家协会会员，中国艺术摄影学会高级会士，淄博市摄影家协会第三至五届副主席。先后被评为淄博市“优秀青年知识分子标兵”、山东省“齐鲁文化之星”（享受政府津贴）、中国优秀摄影家等。

苏　鹏　男，1957年生于淄博博山，中国摄影家协会会员。2011年《大狂被围》获中国动物保护协会野生鸟类展银奖，2013年《魅力杨家村 冬季建设忙》获中国煤炭协会煤矿新闻奖二等奖，2012年山东美术出版社出版《黑色光明》画册，2014年策划举办淄博首届野生鸟类展。

赵汝峰　男，1957年生于山东利津，中共党员，中国摄影家协会会员。2015年编著出版《五八式煤矿工人档案》，该书被中国煤炭博物馆收藏。2016年获山东省第九届“泰山文艺奖”，2017年获淄博市第十届文学艺术奖。

赵守军　男，1962年生于淄博淄川，中国摄影家协会会员，淄博市摄影家协会主席团委员，淄川区摄影家协会主席。2014年，摄影作品《斑马线众生相》获中国新闻奖银奖。出版纪实摄影集《中国斑马线》,《手机时代》入选第27届全国摄影艺术作品展览。

贾世华　男，1936年生于淄博淄川，中国摄影家协会会员。出身中医世家，自幼随父学医，曾就职淄川开发区卫生院。退休后，在行医间隙爱上摄影，其作品涉猎人文、风光等，多次在国外及国家和省、市、区摄影比赛中获奖。

郭法强　男，1961年生于淄博淄川，退役军人，中国摄影家协会会员，中国民俗摄影家协会会员，在全国摄影十杰年赛中荣获“百佳奖”，在山东省青年摄影家协会摄影比赛中荣获“最佳作品奖”，在山东省第十届广告摄影展中荣获银奖。

唐加福　男，1966年10月生于山东利津，中共党员，中国摄影家协会会员，淄博市第十五届人大代表，现任淄川区文化和旅游局党组书记、局长。擅长风光题材，2006年获“淄博市十佳青年摄影家”称号，2010年作品《脊梁》获山东省文化厅群众文化“星光奖”一等奖，2011年被省摄协授予“德艺双馨”摄影家，2013年获淄博市第八届文学艺术奖。

董秀江　男，1955年生于淄博博山，中共党员，中国摄影家协会会员。曾就职于淄川区委组织部等单位。自2005年开始摄影创作，擅长风光纪实，作品多次在《中国摄影报》等报纸杂志发表，《拯救》组照获得山东省第十一届摄影艺术作品展银奖。

蒋宗海　男，1953年生于淄博淄川，中共党员，大学文化，中国摄影家协会会员。先后就职于中共淄川区委、淄川区人大常委会等单位。自1990年开始从事摄影创作，作品以风光摄影为主，曾多次在《中国摄影报》等报刊发表作品。

第六节　中国美术家协会会员简介

王春荣　男，1954年生于山东淄博，中国美术家协会会员，山东画院高级画师，省美术家协会山水画艺委会委员，淄博市美术家协会顾问，淄博市中国画学会顾问，淄川区美术家协会名誉主席。2002年被人事部授予“当代中国画杰出人才”称号。

王晓丽　女，1972年生于山东淄博，中国美术家协会会员，淄博师范高等专科学校美术系副教授，美术学硕士，中国工笔画学会会员，首都师范大学访问学者，淄博美术家协会理事。专于工笔人物创作及美术教育研究，其作品多次在国内大赛展览获奖。

仇传澄　男，1968年生于山东淄博，中国美术家协会会员，辽宁省美术家协会理事，山东省中国画学会理事，山东省美术家协会花鸟画艺委会委员，淄博市美术家协会副主席，淄博市中国画学会副会长，国家二级美术师。参加全国美术作品展20余次并获奖。

齐永臻　男，1981年生于山东潍坊，毕业于山东师范大学美术学院，结业于中国水墨画院首届中国画创作高级研修班，中国美术家协会会员，中国水墨画院专职画家，鲁东书画院副院长。作品多次获奖并被《人民日报》《光明日报》等媒体刊发。

李　强　男，1964年生于山东淄博，字若谷，号渔翁追梦斋主，中国美术家协会会员，北京古风今雨画会副会长，中国徐悲鸿书画院副主任。先后就读于北京大学历史与传统文化艺术高研班、清华大学美术学院、中国人民大学中国画硕士课程班。

宋　军　男，1977年生于淄博淄川，中国美术家协会会员，淄博市美术家协会主席团委员，淄博市美术家协会花鸟画艺委会委员，淄博市中国画学会副秘书长。获第十一届淄博市文学艺术优秀作品奖，是第八届淄博市文学艺术界德艺双馨优秀个人。

宋卫东　男，1962年生于淄博，中国美术家协会会员，中央美院访问学者，国家民族画院特聘画家，山东省美术家协会综合材料绘画艺委会委员，山东省美术教育特色专业负责人，山东省美术教学团队负责人，淄博市美术家协会副主席、教授，职业艺术家。

张金辉　男，1967年生于山东淄博，中国美术家协会会员，中国工笔画协会会员，淄博市美术家协会理事，淄博市中国画学会理事，区美术家协会副主席。先后在中国美协人物画高研班、中国艺术研究院杜滋龄工作室、唐秀玲工笔重彩画工作室学习。

张延霞　女，字桐羽，1968年生于山东淄博，中国美术家协会会员，山东省美术家协会会员，淄博市美术家协会理事，淄博市中国画学会理事，淄川区美术家协会副主席。

张路华　男，1978年出生于山东淄博，中国美术家协会会员、中国内画艺术大师、山东省工艺美术大师、国家级非物质文化遗产“鲁派内画”传承人、山东省美术家协会理事、淄川区美术家协会副主席、张广庆内画艺术研究院院长。

李海涛　男，1971年生于淄博淄川，中国美术家协会会员，山东画院青年画院特聘画家。《峥嵘岁月》获红色记忆经典美术作品展优秀奖,《梦绕故乡银装时》获2015全国中国画、油画作品展优秀奖,《大寒瑞润故园幽》入选首届全国中国画山水作品展。

郑良超 男，1966年生于山东淄博，中国美术家协会会员，中国楹联学会会员，清华大学访问学者，山东省美术家协会山水画艺委会委员，山东省文化艺术科学重点学科带头人，淄博师专教授。

赵红云 女，1974年生于山东临沂，中国美术家协会会员，淄博市美术家协会理事，淄川区美术家协会学术委员会副主任、副教授。现任职于淄博师范高等专科学校。1997年毕业于山东艺术学院，2007年考取山东师范大学研究生，学习写意人物，兼习花鸟。

赵新建 男，1972年生于山东巨野，1993年分配至淄博市工艺美术研究所，2013年求学于现代工笔画院。中国美术家协会会员，山东省工艺美术大师，淄博书画院高级画师。淄博市美协理事，中国画学会理事，淄川区美协副主席。

第七节　中国书法家协会会员简介

王杰昌 男，1963年生于淄博淄川，中国书法家协会会员，山东省书协隶书委员会委员，淄博市书法家协会理事，淄川区书法家协会副主席。1999年入展全国第七届书法展，2003年入展全国第八届书法展，2007年入展全国第九届书法展。

刘慧龙 男，1972年生于淄博淄川，教授。中国书法家协会会员，淄博市书法家协会副主席。入展兰亭奖、全国展等国家级展览数次，省级以上展览多次，获得教育部、教育厅、文化厅等书法一等奖多次。出版著作两部，获第三届市政府文艺奖，授予“德艺双馨文艺家”“文化英才”称号。

刘德忠 男，1970年生于吉林榆树，中共党员，中国书法家协会会员，中国书法家协会注册教师，淄川区书法家协会副主席。2010—2016年7次入展中国书法家协会展览。80余次在省级书协主办全国书法展中入选获奖。山东省书法家协会嘉奖，荣获第11届淄博市政府文艺奖。

孙　良 男，1962年生于淄博淄川，中国书法家协会会员。第六届“修羽杯”全国百强榜大赛三等奖，第四届兰亭展入展，全国首届楷书展入展，全国首届“欧阳询杯”书法篆刻展入展，全国第十届书法刻字展优秀奖，全国第二届临帖展入展，全国第八届楹联展入展。

孙玉梅 女，1970年生于淄博淄川，中国书法家协会会员，省书协女书家委员会委员，淄博市书协理事，淄川区书协副主席，柳泉书法院淄川分院副主席。山东省郑道昭奖优秀奖，山东省“蓝莓之醉杯”中小学教师书法大赛优秀奖。

孙仲阳 男，1988年生于淄博淄川，中国书法家协会会员。全国第十二届书法篆刻展入展，第八届中国书坛新人新作展入展，全国第二届书法临帖展入展，全国首届“刘禹锡杯”书法篆刻展入展，第二届“沙孟海杯”全国书法篆刻展入展。

陶　哲 1982年生于淄博淄川，中国书法家协会会员，山东省青年书法家协会理事，淄川区青年书法家协会主席，淄川区书法家协会副主席。作品入展中国“瘞鹤铭奖”全国书法作品展览、首届“赵孟𫖯奖”全国书法作品展览等。

陶厚先　男，1947 年生于淄博淄川，中共党员，中国书法家协会会员，曾任职淄博市淄川区人大常委会副主任。作品多次在全国、省、市等各级书法展中入选、获奖。

第八节　中国音乐家协会会员简介

秦克新　男，1946 年生于淄博博山，民盟会员，中国音乐家协会会员、中国音乐文学学会会员，淄博市音协理事、淄川音协首任主席，曾任区政协常委。先后创作歌曲 2000 多首，作品多次获国家级奖项，出版《真情旋律》《乐世人生》等 15 部著作。

孙善佐　男，1934 年生于山东省历城县。中国音乐家协会会员。1957 年调淄博第四中学，为大中专艺术院校输送了大量人才。创作歌曲有《荷花》，民乐合奏《打起锣鼓庆丰收》《小矿灯放光彩》等。

第九节　中国戏剧曲艺家协会会员简介

刘人源　男，1980 年生，淄博淄川人，中国曲艺家协会会员。对小品、相声、山东快书、快板等语言类艺术的理论、创作、表演有深厚的研究。被评为山东省齐鲁文化之星，淄博市德艺双馨中青年艺术家，山东省泰山文艺奖、星光奖获得者。

高建国　男，1957 年生于淄博淄川，中国曲艺家协会会员。先后创作相声、小品、山东快书等作品 30 余件，并多次在省、市比赛评选中获奖。供职于淄川区广播电视局文体部，任淄川区文联副主席、淄川区戏剧曲艺家协会主席。

第十节　淄川区地方文化学者简介

王光福　男，1962 年生于山东淄博，淄博师范高等专科学校教授，山东省古典文学学会常务理事，山东省水浒研究会常务理事，《般阳文化》特邀顾问。撰著及参编著作有《聊斋赘语》《望月集》《齐文化丛书》《蒲松龄文学作品分类研究》《白话聊斋志异》等。

王　瑜　女，1982 年生于淄博淄川，中共党员，本科学历，中级职称，在省级专业刊物发表论文 10 余篇，多次荣获淄川区文化建设工作先进个人、优秀通讯员等荣誉称号，并在山东省文化艺术科学优秀成果奖、山东省群众文化学会论文等评选中获奖。

王世国　男，1950 年 11 月生于淄博淄川。师从当代著名大写意花鸟画家齐辛民，书画作品多次在全国和省市参展并获奖。现为中国书画艺术研究院高级研究员，中国美术家协会山东分会会员，淄博市书画艺术研究会理事，淄博文化艺术院副院长，《般阳文化》研究员。

王庆厚 男，1947年10月生于淄博淄川，曾任淄川区委办公室副主任、区信访局局长，《般阳文化》研究员。先后出版散文随笔集《珍惜幸福》、调解工作手记《和解是福》等。曾荣获全市政法系统十大先模、山东省优秀人民调解员等荣誉。

王克贵 男，1934年生于淄川罗村，1958年参加教育工作，1992年退休。先后在淄城、罗村学校工作。1999—2012年，先后两次续修骛桥《王氏世谱》、翻印《王氏一家言》、创办骛桥《王氏文化》。现为淄博市诗词学会会员、《般阳文化》研究员。

王继训 男，1957年生于淄博淄川，中共党员，中国散文学会会员，山东省作协会员，淄博市文联委员，《般阳文化》特邀顾问。发表作品150余万字，创办《聊斋园》期刊，出版《英雄本色》《面对故乡》《红黑变奏》《王继训中篇小说集》《故乡礼赞》等专著5部。

王清平 女，1966年生，祖籍山东淄博。工作后从事聊斋文化研究。现为蒲松龄纪念馆资料研究室主任，《蒲松龄研究》副主编，中国聊斋学会（筹）副秘书长，山东古典文学研究会理事，淄博市聊斋学研究会副秘书长，《般阳文化》特邀顾问。

王鸿志 男，1982年生于淄博淄川，现就职于寨里镇政府，《般阳文化》研究员。多年来热衷于以新视角新文风挖掘整理淄川历史文化。曾在省、市、区级刊物发表《黄宗羲定律的诠释——读蒲松龄〈淄邑流弊〉》《悠悠千年话般阳》《淄博一词源于何时》等文章。

白富远 男，1942年10月生于淄博淄川，曾任淄川区般阳路街道工委副书记、全国农民企业家协会常务理事、市区人大常委会委员，《般阳文化》研究员，山东省优秀共产党员。创建闻名全国的农民管乐团，两次参加中国农博会开幕式。多次参与淄川《般阳文化》、地名故事等地域文化作品的研究编写。

吕学玲 女，1962年11月生于淄川岭子，1982年参加工作。曾任教师、淄川电视台主任编辑、区广电局副局长。现为淄博市诗词学会理事、淄川区诗词学会副会长，《般阳文化》研究员。诗文多次在《淄博晚报》《中华诗词导刊》等报刊发表，参与《文化淄博》编写，获“淄博优秀诗人”称号。

刘卫东 男，1955年生于淄川罗村，中共党员。现为《般阳文化》研究员，淄博市蒲松龄研究会理事，山东省作协会员，中国散文家协会会员。曾任《淄川县志汇编》《般阳文化》等执行主编。其作品多次在《大众日报》《中国散文家》等报刊发表。散文集《履痕》被收入中国散文家文库，获华夏散文创作奖、第二届蒲松龄文艺奖。

刘忠仁 男，1964年生，菏泽牡丹区人，淄博市书法家协会会员，中国文化艺术研究院调研员，《般阳文化》研究员。现在淄川区民政局工作，曾编制淄川革命历史纪念馆布展方案，执笔编辑出版《淄川地名故事》三集，并组织拍摄淄川地名文化系列视频。

刘春玲 女，1963年4月生于淄博博山，中共党员，原淄川区委党史办主任，《般阳文化》研究员。先后参与省、市、区多部党史书籍编撰，主持编纂区党史大事记、地方史、组织史资料、红色党史系列丛书等多部地方党史正本。曾获全国党史部门先进工作者、省党史工作先进个人、三等功等荣誉。

刘德宝 男，1954年生于淄博淄川，中共党员，市文物局专家委员会委员，市文物鉴定专家委员会委员，市文物保护、博物馆评审专家，《般阳文化》研究员。先后出版《般阳名胜》《淄川考古》等著作，获省文化艺术优秀科学成果二等奖、省考古学会优秀著作一等奖。

许立荣 男，1957年生于淄川罗村，市级非遗“淄砚手工制作工艺”代表性传承人，《般阳文化》研究员。1996年成立淄砚斋，2012年建立淄砚斋艺术馆，同年成立淄川区淄砚协会并任会长。申报淄砚品牌为中国地理标志商标。2016年，成立淄博锦川淄砚博物馆。

许永兴 男，1957年生于寨里西周，中共党员，大专学历，副主任医师，淄博理工学校原党委书记。现为中华诗词学会会员，区诗词学会会长，《般阳文化》研究员。作品多次发表在各级诗刊，被录入市诗词创作人才库。参与《中共淄川地方史》《银龄回眸话变迁》编写。

孙发全（1937—2014） 男，淄博淄川人，中共党员，大学文化，曾任区党史委副主任，《般阳文化》研究员。退休后，专注党史和谱牒文化研究，组建了省内第一个县级族谱研究机构——淄川谱牒学会。撰有《孙氏家谱研究》《论家谱改革》等论著。

孙启新 男，1964年10月生于淄川西河，中共党员，研究生学历，淄博市纪委监委三级调研员，蒲松龄研究会理事，中国聊斋学会（筹）理事，《般阳文化》特邀顾问。工作之余研究聊斋学及淄博地域文化，参与编辑《淄博历史人物》《淄博民间故事大全》，发表文章70余篇。

李兰珉 男，1956年生于淄川双杨，中共党员，大学学历，曾任淄川区人民政府副区长、淄川区人大常委会副主任。现为淄川区老年戏曲曲艺协会会长，淄川区聊斋俚曲艺术团团长，《般阳文化》特邀顾问。多次带队参加国家和省、市、区戏曲演出并获奖。

李先进 男，1946年6月生于淄川洪山，高级政工师，《般阳文化》研究员。参与《淄川区志》编纂，调查编辑《般阳桥记》《般阳古寨》，出版《琢味斋印存》，创修小红卫村《李氏族谱》。多次被区文联授予文学艺术先进个人、被区般阳文化研究中心评为优秀调研员。

李秋峰 男，1964年8月生于山东淄博，中国工艺美术家协会会员，山东省工艺美术大师，中国陶协陶瓷艺术委员会理事，淄博市刻瓷艺术家协会副主席，淄博市政协委员，获山东省五一劳动奖章、山东省有突出贡献中青年专家、齐鲁文化之星等称号。作品在各级陶瓷创新评比中获奖100余项。

李祖炬 男，1963年生于淄博淄川，研究生学历，《般阳文化》研究员。发现秦封泥“般阳丞印”，得出淄川建县始于秦的论断。研究李诡祖文财神，宣传挖掘“洄村古楼”，编印《天高任鸟飞——淄川学者艺术家自述》《孙蕙诗文集》。

杨 林 男，1956年生于淄博淄川，中共党员，淄博市赏石盆景花卉艺术家协会副主席、淄川区赏石盆景花卉艺术家协会主席，《般阳文化》研究员。作品《闹春图》获第九届中国赏石展银奖，著有《柳泉品石》，获第八届淄博文学艺术奖，被评为“淄博德艺双馨中青年文艺家”。

张士闪 男，1964年生于山东淄博，民俗学博士，山东大学儒学高等研究院民俗学研究所所长、教授、博士生导师，《民俗研究》主编，《般阳文化》特邀顾问，入选教育部新世纪优秀人才支持计划、文旅部非遗评审专家等，兼任中国民俗学会副会长、山东省民俗学会会长等。

张玉洪 男，1953年生于淄川太河，大专文化。1982年毕业于海军政治学校，1989年转业进入淄川区工商分局。爱好文学，曾出版民间故事集《苍子姑娘》，主持编纂出版《淄川工商行政管理志》。现为淄川区作协会员，淄博市作协会员，《般阳文化》研究员。

张洪玉 女，1967年生于山东利津，中国聊斋学会（筹）会员，淄博市蒲松龄研究会会员，《般阳文化》研究员。曾就职于淄川博物馆。参与编写《淄川文化遗产·文物卷》，获山东省优秀社科成果三等奖。聊斋学研究论文获2017年淄博市优秀社科成果三等奖，发表学术论文多篇。

赵玉霞 女，1947年生于淄川罗村，高级讲师，中华诗词学会会员，省散文家协会会员，《般阳文化》研究员。出版《聊斋女儿谱》等著作，参与点校《济南府志》等典籍10余部，发表诗文数百篇，举办传统文化讲座近百场。曾被评为“感动淄川年度人物”。

赵晓明 男，字大钝，号愚溪散人，1953年生于淄博淄川，淄博师专教授，《般阳文化》特邀顾问。曾任淄博师范副校长、淄博师专纪委书记。出版散文诗歌集《零雨其濛》《荒郇听雨》《坐看云起》《宋版白庙》《北窗闲草》等，多次在《中国教育报》等报刊发表诗歌散文。

赵海喜 男，1953年2月生于淄川寨里，中共党员，中国煤炭工业文献委史志工委会员，淄川民俗文化研究会秘书长，《般阳文化》特邀顾问。从事淄博煤矿史志研究工作，曾任淄博煤矿展览馆馆长，参与《淄博煤矿四十年》《淄博矿务局志》《淄博矿业集团公司志》等志书年鉴编纂。

袁延民 男，1962年生于淄川罗村，中共党员，曾任淄川区政协专职常委、区文联主席，《般阳文化》研究员。业余从事地方文史资料搜集整理，撰有《奥敦周卿与“上有天堂下有苏杭”》等文章20余万字，集为《读史记乘》。参与主编《红色千峪》等党史资料4部。

都玉秦 女，1969年生于陕西西安。《般阳文化》执行副主编、研究员，山东省散文学会会员，淄川区作协副主席。先后在《中国文学》《人民日报》《解放军报》等发表作品200余万字，多次在全国、省、市获奖。结集出版《从帕米尔走来》文集，参与《淄博文化通史》等编撰工作。

高　鹏 男，中共党员，山东淄博淄川人，研究生学历，青年文化学者。致力于山左文化研究，编校《栖云阁全集》《笠山诗选》《高珩年谱》等图书。现为中华诗词学会会员、中国聊斋学会（筹）会员、山东省古典文学学会理事、省民俗学会会员、省散文学会会员、淄博市作协会员、淄博市文联委员、淄川区诗词学会顾问。

高存永 男，1956年生于淄川双杨，中共党员，退伍军人。现为淄博市诗词学会、淄博市作家协会会员，《般阳文化》研究员，淄川宝塔诗社社长，中国高姓文化研究会副秘书长，山东高姓宗亲会执行秘书长。爱好文学创作、诗词歌赋及家谱文化的研究。

彭延文 字郁亭，男，1953年生于淄川岭子，山东省作家协会会员，山东省历史学会会员，淄博市聊斋研究会理事，《般阳文化》特邀顾问。执教中学10年，后历任《淄川日报》社副总编辑、总编辑，中共淄川区委宣传部副部长，淄川区文联主席。

韩云发 男，1949年2月生于淄川罗村，中共党员。先后在区教育局、区委党史委、区委办公室、区政协调研室任职,《般阳文化》研究员。在《淄川区志》《孝妇河畔明清名人传》等20余部著作中任编辑;曾任《韩家窝村志》《淄川县志汇编》《般阳文化》副主编、执行副主编、执行主编。

韩其芳 男,1940年12月生,原淄西商家庄人,中共党员,《般阳文化》研究员。专于红色文化、民族传统文化、名人文化、谱牒文化、史志文化等,著有数百万字文稿。经其研究,将淄川建县时间前推至秦代。获山东省劳动模范、建设淄博二等功、"感动淄川年度人物"等荣誉。

蒲 泽 男,1948年生,淄川洪山人,中共党员,大专学历,《般阳文化》特邀顾问。整理完成《乡园忆旧录》《石隐园藏稿》《栖云阁全集》《王氏一家言》《分类广注绘图聊斋志异》等5部古籍(前三部已出版),发表过50余万字学术论文。

蒲先和 男,1942年生于淄川寨里,中共党员,中华诗词学会会员,《般阳文化》研究员。执笔《淄川区工商行政管理志》,参与点校《淄川县志汇编》《济南府志》,参与点校注释《淄川诗抄》《淄川文赋》《淄川闻人》。出版《乡俗琐忆》《般阳俚曲》《聊斋琐议》。

蒲章俊 男,1945年生于淄川洪山,山东省高层次人才,市第五届政协委员,《般阳文化》特邀顾问。曾任蒲松龄纪念馆副馆长,2005年被市文化局授予蒲松龄纪念馆终身名誉馆长,国家级非遗项目"聊斋俚曲"代表性传承人,为聊斋文化研究做出突出贡献。

蒲喜章 男,1942年生于淄博淄川,蒲松龄研究会理事,《般阳文化》研究员。自1980年开始业余从事蒲松龄和地域文化研究,先后在《文化月刊》等多家报刊发表论文50余篇,整理点校嘉靖等版本《淄川县志》,合著《淄川县志汇编》等。

翟海绪 笔名翟海,1959年生,淄川太河人,中共党员,山东省民俗学会理事,《般阳文化》研究员。曾任淄川区第六届、第十一届政协委员。先后发表各类作品5000余件,结集出版《故土情深》《淄河记忆》等,先后主编《东石门村志》等5部村志。

魏传来 男,1944年生于淄川龙泉,文物收藏鉴赏家,地域文化研究学者,《般阳文化》研究员。2004年从区政府办公室退休。撰写论文数十篇在全国及省市学术报刊发表,出版专著《山东民间藏镜》《般阳史话》,是山东卫视社科片《淄博窑》《天下铜镜》资料提供人和主讲人。

第十一节 省级艺术大师及协会会员名录

淄川区各类省级艺术大师:

王 亮 王卫红 王孚君 王树长 王首浩 牛继伟 卢德国
刘永强 孙卫东 纪 宏 杜翠华 李东晓 李秋峰 李信勇
张 建 张 锐 张 雷 张彩霞 陈玲范 范炜光 郑玉奎
昃爱红 房晓军 聂怀武 崔思烈

淄川区作家协会省级会员：

王继训　王维芝　牛金刚　付金昌　朱兴忠　刘　冰　刘卫东
李　文　李世平　李振雷　杨海儒　张玉军　国永君　袁长瀛
袁延民　高　军　常　青　彭延文　薛　燕

淄川区摄影家协会省级会员：

于绪敏　弋永杰　马运昌　王　山　王艺龙　王少智　王代路
王立恒　王永亮　王昌德　王　星　王洪松　王　鹏　王　霞
车　蒙　卢　平　白向坊　司衍会　邢　丽　邢爱华　毕丽美
曲金斗　曲　孟　吕永刚　朱运玉　朱克涛　任建国　刘士章
刘玉玲　刘立江　刘汉卿　刘　伟　刘　华　刘　阳　刘　兵
刘灵芝　刘海燕　刘继刚　刘　磊　齐昌华　安　迎　孙　宁
孙　刚　孙兆福　孙克非　孙启荣　孙　健　孙　剑　孙博璇
纪尊勇　苏　波　苏振涛　李久存　李玉德　李世忠　李　伟
李昌元　李振爱　李　菲　李　梅　李　敏　李隆军　李德泉
肖越前　吴彦君　吴祥启　邱连杰　邱慎枝　何曙光　张文德
张　平　张衍诏　张志水　张　芬　张金锋　张承奇　张　巽
张瑞文　张锦伟　张端承　陈传鹏　陈忠兰　陈俊苗　国　慧
周庆国　周　芳　孟　军　赵进浩　赵宝山　信风先　侯玉松
侯纪山　姜玉芳　袁会峰　袁　庆　袁　琳　耿立新　贾锡武
倪普生　徐长昆　徐志国　徐　明　徐洪祥　高少祯　高永生
高　伟　高　涛　郭　慧　曹大炤　盛　伟　崔　俊　阎素红
彭乃旭　彭学业　董占东　董　华　董其铸　董　明　董建波
董春彬　蒋　涛　韩志刚　韩祥杰　韩祥顺　程思忧　靳　涛
蒲业太　裴　玲　谭延村　谭秀安　翟　琛

淄川区美术家协会省级会员：

于　杰　王　健　王　博　车立行　杜纪龙　李仲刚　宋　毅
张素芝　贾淑杰　徐　明　高义胜　董维耀　潘永昌

淄川区戏剧曲艺家协会省级会员：

仇建新　毕玉梓　杨道坤　赵京洲　黄玉庆

淄川区书法家协会省级会员：

王会珍　王怀中　王明学　王洪松　仇传卫　仇传伟　刘　可
刘正瑞　孙　鹏　孙仲祯　苏守锦　苏君向　李　永　杨学浩
张文德　张洪泉　房悦贤　贾云峰　高杰生　徐　明

淄川区音乐家协会省级会员：

王广智　王玉刚　王永海　齐立智　孙洪仕　孙善佐　吴建勋
张红卫　祝庆福　崔俊涛

淄川区舞蹈家协会省级会员：

卢石磊　田　卉　冯　涛　齐　文　李亚茹　宋丹丹　袁爱琴

第十二节　当代文化名人著述

当代文化名人著述一览表

表 12-2-1

作者	书名	出版社	出版时间
王承水	《王承水书法选》	山东友谊出版社	1991 年 7 月
李　文	《大院春秋》	山东文艺出版社	1998 年 8 月
秦克新	《蔷薇·野百合》	中国文联出版社	1999 年 8 月
邵世禹	《春梦蓬陵》	远方出版社	2001 年 10 月
王清涛	《难忘楼兰》	大众文艺出版社	2003 年 9 月
袁长瀛	《我们这样活过》	远方出版社	2006 年 12 月
梁慎修	《锦川烟云》	中国戏剧出版社	2007 年 6 月
刘世龙	《开原之恋》	中国戏剧出版社	2007 年 11 月
薛　燕	《飞燕集》	中国文史出版社	2007 年 12 月
孙艺功	《漂泊》	中国戏剧出版社	2008 年
陈士成	《化茧成蝶》	大众文艺出版社	2008 年
陈光奇	《阀乱》	花山文艺出版社	2008 年
周丕胜	《山岚之韵》	中国戏剧出版社	2009 年

续表 12-2-1

作者	书名	出版社	出版时间
牛　杰	《齐鲁烟云》	山东友谊出版社	2010 年 6 月
王光福	《蒲松龄文学作品分类研究》	作家出版社	2010 年 7 月
王庆厚	《珍惜幸福》	黄河出版社	2010 年 10 月
牛国泰	《写字精讲》	山东大学出版社	2011 年 5 月
张明文	《张明文刻瓷艺术》	山东美术出版社	2011 年 9 月
李清河	《岁月天籁》	线装书局	2011 年 10 月
王继训	《王继训中篇小说集》	山东画报出版社	2012 年 12 月
孙兆波	《乡村轶事》	山东画报出版社	2012 年 12 月
陈秀兰	《往事悠悠》	北京燕山出版社	2013 年 8 月
郑阮林	《昆仑诗稿选》	现代出版社	2014 年 3 月
袁延民	《深夜的呓语》	黄河出版社	2014 年 7 月
王春荣	《王春荣山水画集》	山东齐鲁书社	2014 年 12 月
张成前	《金种子 银种子》	黄河出版社	2014 年 12 月
刘炫利	《蓝草集》	黄河出版社	2015 年 1 月
张承广	《山川风云》	黄河出版社	2015 年 1 月
刘卫东	《履痕》	中国文联出版社	2015 年 7 月
李玉兰	《真水无香》	团结出版社	2015 年 5 月
张春玲	《散板的行歌》	黄河出版社	2015 年 10 月
周景安	《文田耕耘五十春》	黄河出版社	2015 年 10 月
赵　明	《送你一点盐》	山东画报出版社	2015 年 10 月
赵汝峰	《五八式煤矿工人档案》	中国摄影出版社	2015 年 5 月
牛金刚	《恬淡地飞翔》	现代出版社	2016 年 1 月
白丽荣	《玻璃心》	黄河出版社	2016 年 1 月
孙福涛	《五字经》	团结出版社	2016 年 8 月
刘　冰	《星空斜雨》	济南出版社	2017 年
傅道亮	《锦囊妙计》	新华出版社	2017 年 1 月
宋甫谋	《黄金岁月》	四川民族出版社	2017 年 5 月
耿立新	《空山新雨》	中国文联出版社	2017 年 5 月
阎先公	《阎先公谈创作》	北京工艺美术出版社	2017 年 7 月
于学军	《寂静的山野》	吉林文史出版社	2017 年 11 月
韩京城	《下里吟稿》	团结出版社	2017 年 11 月
李振雷	《寸草春晖》	团结出版社	2018 年 4 月
吴传永	《话说赵宋王朝》	华龄出版社	2018 年 4 月
白怀孔	《铁血群英》	线装书局	2018 年 6 月
张成峰	《东山诗词集》	团结出版社	2018 年 8 月
魏传来	《般阳史话》	团结出版社	2018 年 8 月

第十三篇　风土习俗

第一章 方 言

淄川方言在区境内中、西、北部基本一致，东南一带，由于受毗邻的博山话影响，其语言有差异，有些土语同博山话类似。如“妈妈”一词在中、西、北等地口语称“娘”，在东南则叫 [mei]，同博山话相同。东南部包括西河、太河等镇，属一条同言线。其余镇为另一条同言线，淄川方言由此分为两个土语群。

第一节 词 语

淄川方言按现代汉语词类分类法编排词汇，分为名词、动词、形容词、量词、代词、副词、介词、关联词、助词、叹词、拟声词，共 11 个词类（不含数词）。

名词

表 13-1-1

淄川方言	普通话含义	淄川方言	普通话含义
刮拉	雷	贼星	流星
月明	月亮	勺星	北斗星
冻冻	冰、冰块	冻冻凌	冰柱
滓泥	烂泥	卜土	尘土
曲蟮	蚯蚓	蚰蜒	蜈蚣
长虫	蛇	蝎虎溜	壁虎
檐蝙虎	蝙蝠	巴拉油（子）	蜗牛
蛐蛐	蟋蟀	揹迁	蝉
米蛘、蚁蛘	蚂蚁	叫叫	蝈蝈
蛤蟆	青蛙	蛤蟆蝌得	蝌蚪
头狗	驴、马、骡	唠唠	猪

续表 13–1–1

淄川方言	普通话含义	淄川方言	普通话含义
草驴	母驴	叫驴	公驴
嚰嚰	牛	羯羊	阉割的公羊
臊虎	公山羊	羝羊	绵公羊
呱呱	鸭	牙狗	公狗
犸虎	狼	老雕	鹰
长尾巴狼、野鹊	喜鹊	老鸹	乌鸦
门楼头	前额大的头颅	后本楼	后脑勺
膊扩	胳膊	膊扩锔	胳膊肘
胳肢窝	腋窝	波拉盖	膝盖
脖楞梗	颈椎	角拐骨	脚踝骨
角吧丫	脚	腚垂子	屁股
毛蒉	头发	鼻嘎渣	鼻屎
天井	院子	堂屋	厅房
饭屋	厨房	茅房	厕所
门石槛	门槛	门石台（子）	门前台阶
门插关	门闩、插销	虚棚	天花板
过屋、过道屋	走廊	厦檐	前走廊
喀探	室内放东西的龛（小洞）	栏	猪圈、厕所
书房	私塾、学校	物业	家产、财产
箔障	篱笆	笆篮	无系圆筐
架筐	三条高系的条筐	拄棒	手杖
杌扎	小板凳	担杖	扁担
齷盆	脏水盆、尿盆	胰子	肥皂
窑货	瓷器	肴货	肉制熟食品
镂壶	沏茶用的瓷壶	证见	物证
秫秫	高粱	秫秸	高粱秸
囊瓜	南瓜	棒槌	玉米
地瓜	红薯	地蛋	马铃薯
草悦	捆麦秆的草绳	麻糁	豆饼、花生饼
褄（子）	絮棉	乌麦	玉米得黑穗病而生长出的菌类
砟子	块煤	乏炭	煤核
搭火	湿炭泥	搭火坯	炭泥晒干的坯
荒场	荒地	茔地	墓地
羊羔疯	癫痫	发脾寒	疟疾
航（子）	对人的蔑称	下三烂	坏人的总称

续表 13-1-1

淄川方言	普通话含义	淄川方言	普通话含义
囊瓜	办事不利落的人	半吊子	言行不得体的人
嘲吧	笨蛋	松种、孙种	无能之辈
善茬	好对付的人	锢露锅	小炉匠
老娘娘	老年妇女	老害头	老头子
小石猴	小孩子	回头	再婚妇女
挨肩	出生先后挨着的孩子	双棒	孪生
搅裹	花费	恭事	婚丧仪式
迢路	行途中	半虚空	不上不下
直上	上边（多用于南部山区）	埝子、去处	地方、位置
四下、四外、一嘎拉	各方面；四周围	近便（面）处	附近
好几下	若干地方	递天、递月　递年	每天、每月、每年
门年、头年、年时	往年、去年	赶过年	到明年
年给前	将近年关	早里啥、门日、门天	过去、以前、以往
那咱	那时候	这咱	当今
这霎霎	此时此刻、现在、时间很短	起头啥	开始时
夜来	昨天	露苏明	刚刚天亮
寝勤	早晨	头晌午	上午
过晌午	下午	后晌	晚上
将才	刚才	现打现	马上、立刻、现时
容过、迭当	有时间	不容过、不迭当、迭不当	没有时间
老时介	很长时间	一霎霎	一会儿
粉团	淀粉、生粉	沫糊	做豆腐、摊煎饼用的糊状物
大油（腥油）	猪油	引子	酵面、酵母
啥哈	稀饭、饮料	粘煮	面粥
馍馍	馒头	卷子	长方形的馒头
撅涟	粥最上面冷却的一层皮	嘎渣	干锅巴
蚂蚱菜	马齿苋	婆婆丁	蒲公英
行行	玩具	巴巴	粪便或脏东西
洁（子）	尿布	瓦古（子）	碎瓦片
铺衬	破旧碎布	棉条	被单、被子里
瞎头	物的损耗部分		

动词

表 13–1–2

淄川方言	普通话含义	淄川方言	普通话含义
谝	自我夸耀、显示	唠	欺骗
排	用脚踹	蹾	用力坐；颠簸、震颤
掇	打、扇耳光	掫	举起来；打
串	粮食去壳	捃	捆绑
衿	拉、扯	闪	甩掉、丢下
拥	手推	研	挤压
撩（撂）	扔掉	把	环抱小孩帮其大小便
绷	粗针大线地缝	截布	买布
哭查	炖菜	扤	挠痒
谋量、琢磨	估计、料想、考虑	揣	捣乱、调皮
吧啦	反驳、说理、说话快	摆甩、摆筛	摇动
歪快	躺	扎过	打扮、修理、惩罚
宾服	佩服	絮磨	絮叨、软缠、拖延
盱乎	关照、注意、留心	陋侯	窥视
嘘豁	虚张声势	嘎惹	逗引、招引、挑逗
巴开	张开	做等	调皮
挎查	搜刮	估堆	蹲下
拾掇	整理、修理	擢罗	搅动、搅拌
抖搂	展开、揭露	得（dēi）乎	哆嗦
丸拢	双手将东西揉圆	捂求	摆弄、做事迟钝
蜜溜	舔	漱啦	吸吮
布着	抱着	扎瞎话、辍哄	说谎、骗人
搋（面）	揉面	斩锅	向开水锅倒冷水止沸
咔嚓	煮、炖	巴查	抚养
熨帖	舒适、平整（衣服）	不济	身体不适、微病
乍	娇惯、放纵	眼生	怕见生人
福上	先天	悬乎	危险、不牢靠
郎当	板着脸、生气	阿咂	后悔、窝囊
翻扬	散布不满情绪	破上	拼上、豁上
攀伴	攀比	摩挱	抚摩
窝攮	揉搓	托仗	依靠
咕搐	蜷缩、收缩、缩短	逸闻	饮酒对诗
捣鼓	做、整理	弄置	制作
搭儿	理睬、理会	带里	连累、牵连

续表 13-1-2

淄川方言	普通话含义	淄川方言	普通话含义
揽护、占护	多占、多管	跌斜脸	脸色阴沉
搓悠	搓弄，折磨、刁难	做肇	作践；浪费
扎裹	打扮、修理、治病	嗓	语言生硬、训人
致气	赌气、生气、使性子	找算	找毛病、挑刺；挑衅
怵头	恐惧、害怕、不愿意	戳古	暗中唆使，怂恿
贿受	继承	觉摸	自以为
念讼	絮叨、开导、嘱咐	俏撇	讥讽；臭美
赶扯	加快、向前	固沾	占用、使用
欢气	笑、高兴	扯拉	牵扯、有关系
不二乎	不怕、不差	划拉	扫、收拾，管理；写字潦草
谋量点	小心一些、伺候着	上书房	上学校、上学
搭遮影	找借口、蒙混	谋量、琢磨	估计、料想、考虑
知不道	不知道	长眼色	留神注意
傻了眼	失望、尴尬、没办法	插花开	搭配、交错，间隔
胡触送	乱放物品、暗地送人东西	挤留着	计划、留、放慢
打照面	打招呼、刚见过	仰嘎着	仰卧、凹面物面朝上
打二五眼	蒙骗、浑水摸鱼	打拦头雷	阻止、阻挡
还醒还醒	清醒、苏醒	打直使子	打寒战、发抖
搭伙	结伴、联合	褒贬	指责、贬低
够搬	奉承巴结；拿高处的东西	朝面	相见、照面；偶然见过
漱拉	吮舔；含在嘴里不咀嚼	集攥	积累
还醒	死而复活、醒悟	火晕	煤气中毒
趁量	考虑、犹豫、迁就	圆成	说和、讲情
挣歪	拉拉扯扯	志秤	买方检验重量
合（huò）算	不吃亏	合（huò）账	有利可图
铺撒	展开、展平	上坡	下地劳动
拦粮	复收性脱粒	过秋、过麦（mèi）	秋收、夏收
讲咕	背后说人；唠叨	咕浆	虫蛀、蠕动

形容词

表 13-1-3

淄川方言	普通话含义	淄川方言	普通话含义
嘎古	吝啬、自私、古怪	泥窝	泥泞；泥地
枝生	植物水分充足显得旺盛	液奄	植物失水而萎缩
不赖	很好	明快	光线充足
板正	整齐、洁净	直实	正直、诚实

续表 13-1-3

淄川方言	普通话含义	淄川方言	普通话含义
咆燥	急，烦	忙揭	忙
踢蹬	顽皮	托底	交底、放心
不出产	不向好处发展	生古	齐啬；自私
压茬	有魄力、会管理	有牙茬骨	说话办事使人慑服
挺托	能力强、胜任工作；布料平整直挺；物体有骨架	调贴	安分，顺从
老作	老练、踏实	利亮	口齿清晰，流畅
伶俐	聪明	正果	真实、确实、可信
整状	完整、不零碎	熟化	熟悉、熟练
煞实	认真、能干	紧趁	及时、利索
舍带、赖带	松松垮垮、不紧凑	细发	认真细致
鲜伙	花哨、新鲜	服实	踏实，仔细
死直	死板、不会随机应变	活泛	灵活、不死板
滑淌	言语动听、办事熟练；痛快；书写流利	合槽	相处得来
不善	能力高强，人厉害	瞎包	坏、变坏
拿把	扭捏、刁难	离把	外行、没有经验
促狭	手段狠毒	浪摆	打扮妖艳、行动轻浮
撅连	边缘翘起来	窄（zhēi）触	窄狭
悖晦	无理要求；不接受劝说	大发	事态扩大
暄泛	松软	侉拉	物大而松散
犁心	胃酸过多不舒服	窎远	偏僻、交通不便
懈澌	缺黏性，粥变质	斯孬	食品变质
稠糊	粥有黏性	瓢偏	器物不周正；倾斜
滋洇	生活起居过分讲究享受	窝粘	脏
全还	完整无缺、无损	泥歪	不利索、慢腾腾地
生咯吱	活活地、不经制	拉巴涩	味涩
拐古	不直爽；性格孤僻	松缓	轻松、宽松
扁皮	扁平	直里	笔直
浓	泥泞难行	囊（nàng）	拥挤
窝憋	感到压抑、憋闷	拿捏	拘束；装成某种姿态
节声声	悄悄地	张忙着	赶紧的、麻利
恣得慌	高兴、兴奋	使得慌	劳累
近便（面） 近便便（面）	很近	老及远 大及远	很远
扎些	这么多	不敌	不如、跟不上

量词

表 13-1-4

淄川方言	普通话含义	淄川方言	普通话含义
帮	一伙、一群	盼（子）	时间表示、一阵子
铺（子）	未捆好的麦谷、柴草之类	摸（子）	指次数而言
蒲笼	一簇、一丛	掐	形容两手拇指、食指能够掐起的量
气	次	一户	一样、一种、一类
一下伙	一次、一下子	轱辘	节
行（xìng）	叠层之意、一层、二层	一嘟噜	一串
一作	一次做成的一整块豆腐	一抹	一次

代词

表 13-1-5

淄川方言	普通话含义	淄川方言	普通话含义
俺、俺们	我、我们	嗯、诶	你、你们
自家	自己	乜（里）	指方位、样子
揸价	这样	咋着	怎么着
咋样	怎么样	咋介	怎么样

副词

表 13-1-6

淄川方言	普通话含义	淄川方言	普通话含义
挺	十分	张	过分、过于
占	太、过分	静	全部
急自	已经是	直门	连续、一次又一次
较仔是	仅仅、略微、稍稍	齐打忽	一齐、都、统统
将打将	刚刚、勉强	爽么、张么	赶快、立即、马上
甭价、别价	免、罢、不要	备不住、当不住	也许、可能
不犯如	不应当、不值得	宜量	适合、可行、可以
不戏	轻视、不屑于	没（mù）价	没有、不存在
猛其令	猛然	好没生（的）	突然
好生生（的）	小心、仔细	果不然	果然
贪慌	只顾	高低	无论如何
不大离	差不多、不错	怨不当	怪不得

介词

表 13-1-7

淄川方言	普通话含义	淄川方言	普通话含义
捞、照着	朝着、向着	自打	自从

续表 13-1-7

淄川方言	普通话含义	淄川方言	普通话含义
待	希望	赶	到
捋着	沿着、顺着	得为	有意识地；为了、因为

关联词

表 13-1-8

淄川方言	语意关系	例句
待……	表假设关系	待不是你拦着我，我早走了。
不着……	表因果关系	不着你来了我早就去了。
但子（是）……　只要……	表偏正关系	但子（是）我能办的事儿，我不会推脱。
除到……　还……	表递进关系	你除到不帮我，还给我添麻烦。
甭管……都……	表条件关系	甭管这事儿多麻烦，我都得办成。
一门……一门……	表并列关系	这孩子一门学习一门还得看着弟弟妹妹。
随赶……随赶……	表并列关系	他随赶说话随赶看着她来了没有。

助词

表 13-1-9

淄川方言	类型	举例
……得慌	表程度的补语	闲得慌、疼得慌
……不咋	表催促语气	快走不咋。
……嗹	语气助词	这样就行嗹。
……家		这个家、那个家
不是		这不是刚才还好好，才一会就哭了。
不迭		回到家我忙不迭就给孩子们做饭。

叹词

表 13-1-10

淄川方言	普通话含义
去	不满、不屑于
哎哟	意外、惊奇

拟声词

表 13-1-11

淄川方言	普通话含义
噗嚓	东西从高处掉落、走路脚步狠狠落地的声音
呼哧	劳累后喘气的声音
啡啡	气管炎、哮喘喘气声
哎吆佛	疼痛喊叫声

续表 13-1-11

淄川方言	普通话含义
喊里扑棱	行动忙乱声
吱吆	争吵　嘈杂音

第二节　常用词组

白生生：形容物体或人的皮肤白皙。

平分分：形容物体平坦。

慢悠悠：形容说话或行动缓慢。

脆生生：形容食物吃起来清脆爽口。

近便便：距离近、方便。

暄和和：形容被褥棉衣等绵软。

干巴巴：单调无内容。

高索索：高高的。

光悠悠：即光溜溜。

白扯列：贬义。形容食物或衣服等泛白无色彩。

平铺蹋：形容地面或其他物体无凸出，比较平。

瘦嘎牙：形容人不大健康的瘦模样。

咸刮腥：形容食物无油水，除了咸味，没其他滋味。

淡丝丝：褒义。形容食物淡而不咸，恰到好处。也形容任务能轻松完成。

蓝麻萨：形容物体透出隐隐的蓝色。

绿麻微：形容物体透出隐隐的绿色。

绿澄澄：形容物体呈现明亮的绿色。

黄扯列：贬义。形容物体泛着不纯正的黄色。

黄赖赖：褒义，形容食物加工后透出鲜黄的颜色。

空打咾：心里或场地空落落。

烂乎乎、烂嗤嗤：形容被煮食物熟烂，也指物体被破坏到一塌糊涂。

辣乎乎：食物吃到嘴里有明显辣味。

丁点点、丁么点：形容物体很小很小。

暄朴囊、暄咕弄：物体摸上去有蓬松绵软感觉。

黑出溜：形容人的皮肤或物体颜色较黑。

滑出溜：形容物体滑滑的。

甜么西、甜丝丝（sei）：指食物有甜味。

木嘎吱：形容人反应迟缓，木木地。

生嘎吱：形容食物不成熟或形容硬硬的情形。

硬嘎吱：指做事手法生硬。

死吱吱：形容人处理事情死板，不知变通。

酸溜溜：形容酸的味道或气味，也形容人有轻微嫉妒或心里不舒服的感觉。

酸吱赖、酸吱吱：不好的酸味道。

散嗦嗦、散约约、散不约：不紧致，聚拢不到一起的样子。

齐楚楚：一般形容人的高矮差不多、齐整。

齐截截：形容东西整齐划一。

齐刷刷：形容物体整齐。

齐呼啦：指好多东西或人一齐动作。

大高高：指物体很高。

精矮矮：即挺矮矮。

大长长：即很长。

精短短：即挺短短。

大沉沉：即很沉重。

精轻轻：即很轻。

大深深：即很深。

精浅浅：即挺浅。

大宽宽：即挺宽。

精窄窄：即挺窄。

大胖胖：即挺胖。

精瘦瘦：即挺瘦。

大厚厚：即很厚。

精薄薄：即很薄。

大远远：形容路远。

精近近：即很近。

大粗粗：形容物体粗大。

精细细：物体纤细或细碎。

铮溜明：形容物体光洁明亮。

细溜条：形容人长得细瘦。

扁咕哒：又扁又软，扁塌塌地。

跑孙腿：多走了路，白跑路。

下三烂：指品质坏的人。

半吊子：说话做事像缺根筋，言行不得体的人。

不着头：言行不正常。

毛梢梢：张皇失措的神态。

没正形：言行放任散漫，不文明。

绥徐着：慢慢地，逐惭地。

二五眼：做事差劲。

二把刀：技艺低下的人。

冒狼烟：冒浓烟。

乱铺呀：胡言乱语。

半截拉块：贬义，指做事或说话不完整、凌乱。

半片拉乎：贬义，指做事不认真，不完美，马马虎虎。

尖嘴溜猴：贬义，指人长得瘦，尖嘴猴腮。

曲溜拐弯：指道路弯弯曲曲。

跷儿古董：奇奇怪怪。

邪儿咕叽：指人不大正派，有邪气。

水清淡气：指食物无滋味。

胡二麻约：做事马马虎虎，不认真。

乌眉皂眼：指人眉眼乌黑，也指屋子烟熏火燎，黑乎乎的样子。

歪三截扭：走路不稳的样子。

疙瘩瘤实：疙疙瘩瘩的样子。

不当不阳：位置不合适，不在正地方。

迷迷殃殃：精神不振。

疯疯势势：冒失，做事欠检点。

粒溜噜苏：果实密、丰满下垂的样子。

挑三擢四：挑拨、找碴。

郎儿苟叽：做事马虎、随便、不严谨。

哩溜歪斜：东倒西歪。

痴眉垢眼：木讷呆板，反应迟钝。

瘦筋扎拉：人体干瘦。

瘸狼捣拐：腿瘸无力，蹒跚歪斜。

嘻溜哈乎：随便、做事不认真。

泥模拽甩：满身泥水的样子。

扬风炸毛：言语动作轻狂、张扬。

没滋搭味：没有滋味、味道寡淡。

不中相与：人不可交往、接近。

零儿八碎：破碎、不完整。

酸郎不叽：身体酸痛不适、食品味酸不可口。

油脂摩活：衣服或物体被油污染。

急头摩活、急头怪脑：急躁又无办法的样子。

熟头摩活：感觉面熟但不敢确定。

黑漆皂光：物体无光泽、灰暗。

跷儿古冬：性格奇巧怪异，或做事不合常规。

嘀里嘟噜：说话语速很快、口齿不清。

浮流浮流：水满溢出。

套弄套弄：用言语或手段引人上钩。

扎裹扎裹：即打扮打扮，也只体罚、打人，还指修理家具工具等。

憋瞅憋瞅：指怀着不良情绪闷头不出声。

蹀乎蹀乎：贬义，指很快地来回走动。

撅打撅打：指人阴着脸噘着嘴快步走动，或指用木棍挑着后背的东西往前走。

驱拉驱拉：用脚把东西拨动，也指抬不起脚跟走路的样子。

呼歇呼歇：重物压得人喘粗气的样子。

海呗海呗：形容东西特别多。

木木出出：指人木讷，不出头。

麻麻烦烦：即麻烦，多用在口语中。

地地瓜瓜：指办事无能，不灵活。

奶奶该该：指年轻人还带着孩子气，不成熟。

孩孩势势：言行幼稚，孩子气十足。

淅淅沥沥：指雨下得不大却绵延不绝。

蒙蒙星星：下小雨，雨点细而小。

耳耳蹦蹦：指不是正规渠道听到的消息。

花花丽丽：色彩多，艳丽。

靡靡快快：精神萎靡不振的样子。

疯疯势势：冒失，做事欠检点。

呼得呼得：气喘吁吁的样子。

滴溜滴溜：指转得很快，也指水流小，不畅。

纷扬纷扬：形容散碎的物体空中飞扬的样子。

弄窝扑嚓：指道路泥泞难走。

脏囊扑嗤：脏，令人厌恶。

傻儿呱唧：指反映迟纯、脑筋有缺陷。

娘娘们们（mei）：特指男人做事不大方，有小女子气。

佝佝吱吱：形容做人不大方或植物瘦弱不茂盛。

第三节　常用方言俚语

我港窝心了，我想月啊！（我很难受，我想吐！）

你排我组杀啊？我又木惹制你！（你踢干吗啊？我又没有惹你！）

等时走半，吃晌饭捉半！（等等再走，吃了中午饭吧！）

哎吆嗨！你急件人包！（哎呀！你这么急啊！隐含：别催我！）

你来扣叉啥啊？（你在挖什么？）

道门你可哄我说啊！（到时候你可告诉我啊！）

你扩别辍哄我啊！（你可别骗我啊！）

使煞我嗹！（累死我了！）

“俺试心里刚阿咂了！”（“阿咂”是郁闷、窝囊的意思）

“俺得为的！”（“得为”是故意的意思）

“听说这个事以后，我恣得不行了！”（“恣”是高兴的意思）

“俺爱你刚时节嗹！”（“刚时节”是很久的意思）

“俺刚卓使得慌嗹，让俺股得一霎霎。”（“股得”是蹲着的意思）

“这过小孩港踢唬来！”（“踢唬”是形容顽皮意思）

“你带顾拥啥啊!?”（“顾拥”是动词，指乱动的意思）

滚点啥哈。（做粥。）

组点汤吃。（做面条。）

一耳巴多煞你！（用巴掌打。）

一巴棍亨煞你！（用棍了打。）

一角排你一半搭！（用脚踢你一边去。）

老邻时家。（黄鼠狼。）

脏囊不下、窝厌不等。（脏兮兮。）

邻时北家。（邻居。）

呀油葫芦。（中间有细腰的葫芦。）

你港着囊瓜连。（你太笨。）

一巴连。（同一时代出生的人。）

第四节　歌谣

儿歌

小巴狗

小巴狗，戴铃铛，
钢啷钢啷到集上。
待吃桃，嫌有毛，
待吃杏，嫌杏酸。
吃个栗子面旦旦，
打个呱啦上了天。

月妈妈

月妈妈，本姓张，
骑着驴，挎着筐，
剜着菜，拾着桑，
喂的蚕妹大胖胖。

踢踢脚

踢踢脚，拌拌脚，
哑尤葫芦海棠果。
粗糠，细糠，
点火，放枪。
金簸箩，银簸箕，
抬抬小脚俺过去。

拍打燕子窝

拍打拍打燕子窝，

张了墙，砸了锅，
燕子来家不依我。

咣当罗细打面

咣当罗、细打面，
请好孩子来吃饭。
啥饭？
杂面！
谁擀的？
老红眼！
谁打水？
蚂蚱！
咋着走？
跳达！
谁烧火？
瞎老婆！
咋着烧？
卜拉着！
谁拾柴？
豆虫！
咋着走？
咕拥！

跳跳长长

跳跳长长，
过麦子还长！

小老鼠

小老鼠，爬灯台，
偷油吃，下不来。
吱吆吱吆叫奶奶，
奶奶不肯来，
咕噜咕噜滚下来。

太阳来

太阳太阳你给我来，
我给你做双大花鞋。
太阳太阳你给我去，
我给你做条大花裤。

媒人到俺家

小狗小狗你看家，
俺到南院摘红花，
一朵红花没摘好，
听那小狗汪汪咬，
俺问小狗咬的啥？
咬那媒人来咱家。
东屋搬板凳，
西屋搬杌扎，
媒人媒人快坐下。
俺问媒人来干啥？
俺来给你闺女说婆家。
说到哪？
说到城里大官家，
也有骡，也有马，
也有大车走娘家，
也有小车纺棉花。

小杌扎

小杌扎，一歪快，
秫秫面子包韭菜。
爹吃了，去赶集，
娘吃了，去编席，
小孩吃了去和泥。

小板凳

小板凳，拔咕噜，
开开楼门看媳妇。
谁来了？老姑夫。
挎的啥？小犸虎。
咬人不？不咬人！
啊唔！

小牛犊

小牛犊，跑得快，
抹抹桌子摆上菜。
你一盅，我一盅，
咱俩喝得醉哄哄。
你一碗，我一碗，
咱俩喝得红了脸。
你一瓮，我一瓮，
咱俩喝得红了腚。

点点念念

点点，念念，
青豆，黄豆，
哗啦啦一百打撒。

长尾巴郎

长尾巴郎尾巴长，
娶了媳妇忘了娘。
把娘背到山沟里，
把媳妇请到炕头上。
擀油饼，烧辣汤，
不吃不吃又舀上。

公鸡头母鸡头

公鸡头，母鸡头，

不在这头在那头。

小白菜

小白菜，细又黄，
两三岁上没了娘。
没了亲娘不要紧，
就怕爹爹娶后娘。
娶了后娘三年整，
生下弟弟比俺强。
弟弟吃面俺喝汤，
端起碗来泪汪汪。
喝着面汤想亲娘，
俺哭亲娘哭断肠。

民谣

劝君莫抽烟

抽烟，抽烟，
黑心，烂肝。
痨病带气喘，
咳嗽又吐痰。
老婆怨，孩子嫌，
白遭罪，又花钱。
劝诸君，瞪瞪眼，
下狠心戒了烟。
不咳嗽，不吐痰，
喉咙清，省了钱，
邻居百舍也喜欢。

跴着洪山看焕山

跴（chǎi）着洪山看焕山，
秫秫地里乱动弹。
俺当犸虎吃小孩，

还是地主打觅汉（还是八路抓汉奸）。

家有十五口

家有十五口，
七嘴八舌头：
你说饭汤稀，
他嫌黏粥稠。

秫秸叶

秫秸叶，哗啦啦，
小两口吃饭把门插。
苍蝇含个米粒去，
一直撵到青石关。
青石关上有座庙，
小两口一起来祷告。
祷告天，祷告地，
祷告俺这命不济。

闯麦稂

闯、闯、闯麦稂，
麦稂开花结石榴。
石榴皮，俺吃了，
石榴核，俺卖了，
叮当叮当过来了。

老雕转转

老雕老雕转转，
母鸡母鸡看看，
你不给我打水，
我不给你做饭。

今年雨水大

今年雨水大啊，

冲了葫芦架啊，
亲家来要瓢啊，
俺待给他啥啊？
擀油饼，蘸辣蒜，
辣得亲家一头汗，
出门拉个驴屎蛋。

踢丁丁

踢、踢、踢丁丁，
丁丁银货过烟筒，
金不过，银不过，
缠缠小脚又一个。

第五节　谚　语

农业生产

一九、二九不出手，
三九、四九冰上走。
五九、六九，顺河看柳，
七九河开，八九雁来。
九九八十一，家里做饭坡里吃。

燕子低飞蛇过道，
庄户老农拔艾蒿，
六月北风雨来到。

青石山熟石岭，
不是炭就是碛。

树木连成片，
不怕老天旱。

人哄地皮，
地哄肚皮。

有收无收在于水，多收少收在于手。
种地不上粪，等于瞎胡混。
白土看苗，红土吃饭。
种大苗肥。
人勤地不懒。
秋天弯弯腰，强似冬天转一遭。
人误地一时，地误人一年。
棉花锄八遍，桃子结成蛋。
稀留密，密留稀，不稀不密留大的。
麦种黄泉，谷露糠，豆子种在地皮上。
清明秫秫（高粱），谷雨谷。
谷雨前后，种瓜种豆。
枣芽发，种棉花。
小满花，不回家。
芒种三日见麦茬。
蚕老一时，麦熟一晌。
一麦顶三秋。
有钱难买五月旱，六月连阴吃饱饭。
六月六看谷秀。
头伏萝卜，末伏菜。
立了秋，挂锄钩。
白露早、寒露迟，秋分麦子正宜时。
霜降麦子不倒股（分囊），不如土里捂。

气候

不怕初一下，就怕初二阴。
五月十三，淋破瓷罐。
淋了伏王，一天一场；

淋了伏头，旱了伏尾。

八月十五云遮月，
正月十五雪打灯。

雪里灯盏，
雨里秋千。

立秋十八天，寸草都结籽。
一场秋雨一场寒，十场秋雨穿上棉。
九月九不下盼十三，十三不下一冬干。
小雪封地，大雪封河。
大雪不封地，不过三两日。

春打六九头，吃穿都不愁，
春打五九尾，来年顾不上嘴。

该热不热，五谷不结，
该冷不冷，不成年景。

热极生风。

早晨下雨一天晴。
早看东南，晚看西北。
大风不过晌，过晌到晚上。
云彩向东一阵风，云彩向西水没脊。
云彩向南水涟涟，云彩向北一阵黑。
亮一亮，下一丈。
燕子钻天下满湾。
蛇过道，大雨到。
蚂蚁成群，大雨来。
鱼打漂，雨来到。
鱼翻湾，要变天。

猪闹圈，天要变。

烟不出门，大雨倾盆。

严霜出毒日。

大雾不过三，过三十八天。

其他

人往高处走，水向低处流。

一年之计在于春，一天之计在于晨。

人穷志不短。

前人栽树，后人乘凉。

有理走遍天下，无理寸步难行。

世上无难事，就怕有心人。

只要功夫深，钢梁磨成针。

三个臭皮匠，顶个诸葛亮。

不受苦中苦，难得甜上甜。

天外有天，人外有人。

光棍回头饿死狗，浪子回头金不换。

一家有事，四邻不安。

大河无水小河干，大河有水小河满。

不刮春风，难下秋雨。

远亲不如近邻，近邻不如对门。

无风不起浪，无风树不响。

不做亏心事，不怕鬼叫门。

家不和，外人欺。

账目清，好弟兄。

请客不到恼杀主人。

拔出萝卜带出泥。

男大当婚，女大当嫁。

一夜夫妻百日恩，百日夫妻似海深。

上梁不正下梁歪。

强扭的瓜不甜。

吃了人家东西嘴短，拿了人家东西手软。

阎王好见，小鬼难缠。

清官难断家务事。

丑媳妇脱不了见婆婆。

做贼心虚。

冤家路窄。

不怕不识货，就怕货比货。

吃饭穿衣量家当。

现上轿现扎耳朵眼。

一瓶子不满，半瓶子晃荡。

三天打鱼，两天晒网。

一岁不成驴，到老是驴驹。

百闻不如一见。

娃子里头选将军。

来者不善，善者不来。

羊毛出在羊身上，肉烂在锅里。

狗急了跳墙，兔子急了咬人。

冻死不拆屋，饿死不做贼。

勤是摇钱树，俭是聚宝盆。

第六节　歇后语

打破砂锅——纹（问）到底。

青石砸碌碡——石（实）打石（实）。

牌坊上卖肉——好大（的）架（子）。

四牌楼不叫四牌楼——叫城（诚）心。

（注：四牌楼，原在城里大街与通济街分岔口）

大水冲了龙王庙——自家人不认自家人。

枣木疙瘩——不开窍。

瞎子点灯——白搭蜡。

二月二拜年——胡扑。

哑巴吃黄连——有苦难言。

门缝里瞧人——把人看扁了。

王八吃西瓜——连滚带爬。

马尾（yǐ）巴拴豆腐——提不得。

头顶生疮脚底流脓——坏透了。

卖了秫秸换秆草——越捣鼓越短。

老鼠钻到风箱里——两头吃气。

老鼠钻到书箱里——咬文嚼字。

老鼠拖木锨——大头在后头。

老娘娘吃柿子——专挑软的捏。

狗咬尿脬——空欢喜。

肉包子打狗——有去无回。

过河拆桥——不留后路。

剃头刀子掉进井里——拉得不浅。

鸭子过河——随大流。

狗拿耗子——多管闲事。

姐妹俩出嫁——各忙各的。

属螃蟹的——横行霸道。

铁公鸡——一毛不拔。

秋后的蚂蚱——蹦跶不了几天。

剃头挑子——一头热。

兔子尾巴——长不了。

鸡子掉进油篓里——滑蛋一个。

高射炮打蚊子——大材小用。

洋鬼子看戏——傻了眼。

卤水点豆腐——一物降一物。

一辈子活三天——人事不懂。

土地爷爷打呵欠——一股神气。

土地爷爷撵犸虎——神窜狼窜。

二斤半锅饼——够呛的。

小秃没有丈人家——不好说。

里首赶车——没有外人。

扳倒树摸老鸹——玩牢靠的。

玩戏法的跪下——没法了。

牵着猴子要饭——玩心不退。

六指儿划拳——有一得一。

倒了碾砸磨——实（石）打实（石）。

小葱拌豆腐——一清（青）二白。

飞机上挂暖壶——高水平（瓶）。

窗户棂子吹喇叭——名（鸣）声在外。

西北风卷蒺藜——连讽（风）带刺。

捋着胡子过河——谦（牵）虚（须）过度（渡）。

苍蝇飞到牛眼里——吃了大累（泪）。

八月十五蒸糕——趁早（枣）。

锅腰上山——钱（前）上紧。

腊月里生人——动（冻）手动（冻）脚。

坐着飞机吹喇叭——想（响）得高。

鼻子里插葱——装相（象）。

肉包子打狗——有去无回。

泥菩萨过河——自身难保。

茅斯拦（厕所）的石头——又臭又硬。

擀饼柱子吹火——一窍不通。

猪鼻子插葱——装象（相）。

姜太公钓鱼——愿者上钩。

老虎屁股——摸不得。

外甥打灯笼——照舅（旧）。

巴狗咬月明（月亮）——知不道天高地厚。

老鼠过街——人人喊打。

下雨不拿伞——淋（轮）着。

做梦娶媳妇——想好事。

老王婆卖瓜——自卖自夸。

老鼠给猫捋胡子——找不熨帖。

砂锅掐（捣）蒜——一锤买卖。

抱着孩子跳井——拿定主意。

夜猫子进宅——无事不来。

长虫（蛇）钻进竹竿里——回不过脖来。

狗咬刺猬——无处下嘴。

狗咬吕洞宾——不识好人心。

兔子尾巴——长不了。

秃厮头上的虱子——明摆着。

老和尚钻磨眼——怵了头。

茶壶里下包子——肚子有东西倒不出来。

瞎老婆害眼——没乍过（没法治）。

瞎厮擤鼻涕——满把攥。

井底的蛤蟆——见了多大点天。

周瑜打黄盖——一个愿打一个愿挨。

犸虎（狼）逮（吃）驴——有剩。

狗咬犸虎（狼）——两头怕。

老虎拉磨——不听招呼。

犸虎（狼）看孩子——不托付。

裁缝掉了剪子——光剩下尺（吃）。

黄鼬给鸡拜年——没安好心。

新媳妇擀面饼——人生面不熟。

武大郎开店——一窝矬。

见了姑子（尼姑）叫大娘——没啥说没啥道。

满庙是神——找不着正尊。

竹篮子打水——一场空。

吃了秤砣——铁了心。

屎壳郎扒到黑猪腚上——看人家黑看不见自己黑。

武大郎攀杠子——上下不够头。

猪八戒照镜子——里外不是人。

十五只吊桶打水——七上八下。

水仙花不开——装蒜。

第二章　民　俗

第一节　节日习俗

春节

春节，淄川俗称过年，是民间最为隆重的节日。

正月初一早晨，开门大吉，先放爆竹，叫“开门爆仗”。爆竹声后，碎红满地，灿若云锦，称为“满堂红”。这时满街瑞气，喜气洋洋，以示辞旧岁、迎新年。吃罢早饭，按姓氏、家族、辈分组成拜年队伍，先给族人长辈拜年，一般家庭都会备好香烟、糖果待客，长辈给年幼的晚辈压岁钱。然后，邻里、好友拜年，互相说“过年好”“恭喜发财”等吉利话。从初二开始，人们携带礼

过年走亲戚（20 世纪 80 年代拍摄）

品串亲访友，直至正月十五日。

淄川本地过年串亲访友也有很多规矩。一般来说，出嫁的闺女，从除夕晚上到初一整天都不会到娘家来。因为除夕傍晚，一般家族长辈家庭都会举行请“家前”祭祖仪式，即请祖宗回家过年，初一在家中设置灵位叩拜。出嫁的女子回家，担心有冲撞祖宗的不祥之意。初二是出嫁的闺女回娘家拜年的日子，一般会有夫婿相伴，带着孩子回娘家，娘家也会以最高规格接待。初三、初四一般是“走姑家、串姨家”的日子。一般拜年串亲戚直至十五结束，出正月见亲朋好友不能再说拜年，所以淄川当地有“二月二拜年——胡扑”的歇后语。

初二回娘家（20 世纪 80 年代拍摄）

五马日

正月初五，又称“五马日”。传说，自正月初一起，每一天皆代表一动物或植物：一鸡、二狗、三猫、四鼠、五马、六羊、七人、八谷、九果、十菜等。五马日这天早起，摆供品，焚香纸，祭诸神，吃水饺，放鞭炮，寓意来年五谷丰登、六畜兴旺。初五下午，一般不会串亲访友，晚上一般也不会设宴留客。

元宵节

农历正月十五俗称“花灯节”。此节是民间传统节日，早有此俗。旧时，正月十五这天，家家门前挂花灯，放鞭炮烟火。十五前后，村村组织舞龙、舞狮、高跷、旱船、锣鼓队等扮玩队伍，敲锣打鼓，走街串巷，表演文艺节目，淄川人称“玩十五”。节日期间，村民习吃水饺。近年来也从

元宵节扮玩表演（2008 年拍摄）

高跷扑蝶表演（1987 年 2 月拍摄）

南方传入吃元宵的习俗。从 20 世纪 80 年代初以来，淄川区文化部门在城区举办灯会，各乡镇扮玩队伍纷至沓来，扮玩队伍之节目精彩纷呈。入夜，城区灯火辉煌，乡民成帮结队进城观赏，热闹非凡。

青龙节

青龙节为农历的二月初二，即民间传说的“二月二，龙抬头”。寓意从其日始，春归大地，万物复苏。冬眠的生物开始出蛰活动，蛰伏了一冬的龙也从沉睡中醒来，故名“龙抬头”。

在古代神话中龙为水族之王，可以兴云布雨。龙抬头则龙出，龙出则一年风调雨顺。淄川一直流行着正月不理发的习俗，据传说是正月理发妨舅舅（意思是对舅舅不利）。二月二这天是龙抬头的日子，孩子们一般在这一天理发。即使很幼小的孩子，大人也要用剪子在头上剪一绺头发，取龙抬头的好兆头。二月二节前一天，乡民各户炒制香酥豆，俗称“蝎豆子”。节日吃香酥豆，传说可避蝎蜇虫咬。

寒食节

在淄川，普遍地把清明节的前一天叫作寒食。传说春秋时期，晋文公寻找大臣介之推，却将其火焚于绵山。晋文公定这一天禁火，吃冷食，以纪念介之推，故称“寒食节”。人们一般在这天下午上坟祭祖。

清明节

此节一般在公历 4 月 5 日左右，是农历二十四节气之一。清明一到、气温升高、正是春耕的大好时节，故有“清明前后，种瓜点豆”之说。淄川民间习俗，清明节是一个上坟祭祀祖先的节日，传统活动为扫墓。中华人民共和国成立后，在清明节这天，各企事业机关团体组织干部群众到烈士陵园祭扫烈士陵墓，缅怀先烈革命功绩，进行革命传统教育和爱国主义教育。

2006 年 5 月 20 日，该节日经国务院批准列入第一批国家级非物质文化遗产。

端午节

农历五月初五，淄川俗称“五月端午”，又称“端阳节”。这天家家大门框上插艾和桃枝，以驱邪辟瘟。婴幼儿手腕戴五色线，大人戴五色布做的，装有艾叶、雄黄、朱砂等物之香荷包，据传可辟邪除灾。农村里家家户户包粽子、煮粽子。家有未成年小孩的，要在太阳出来之前吃粽锅里的煮鸡蛋，据说这样可保小孩一夏天不生疮。

在淄川农村，家中如果有闺女出嫁未满一年的，这一天娘家人要带着礼品、凉席到闺女家中看望，俗称“五月端午看闺女”。出嫁满一年的，要回娘家看望父母，可辟邪消灾。

夏至

公历 6 月 21 日或 22 日，太阳到达黄经 90° ，是夏至节气。夏至是北半球一年中白昼最长、黑夜最短的一天。这时候，正是天气炎热的季节，淄川的家庭一般要吃凉面以消暑降温。凉面的制作方法：将煮熟的面条捞起，放入刚从水井中打出的凉水中冷拔，然后捞出盛碗，将剁细的咸香椿芽、疙瘩咸菜、胡萝卜咸菜、黄瓜丝放入碗中面上，浇上麻汁、蒜泥，搅拌均匀即可。

六月六

农历六月初六，淄川俗称“晒衣节”。时值盛夏，烈日炎炎。人们习惯这天晾晒被褥、衣服、粮食、书籍等，以防霉变及虫咬。此时麦收刚过，村人用新麦面粉蒸馒头、包水饺，供奉天神，寓意丰收来自上苍。淄川地区俗称“上新麦子供”。淄川农村还有这天吃炒面的习惯（麦炒熟后磨成面，加糖水拌，有的攥成团状食用）。

七夕

农历的七月初七，也称“七夕”“乞巧节”。根据神话传说，这天晚上，玉皇大帝与王母娘娘大发慈悲，传旨喜鹊在银河搭桥，恩准牛郎织女鹊桥相会。年轻姑娘在这天夜里设香案祭拜织女，故又称“乞巧节”。

淄川地区，相恋的情人会相约出游，或约会聚餐，互送礼品，以表达爱慕思念之情。地方剧团是日有演唱《天河配》传统剧目之习俗。在农村，也有邻里乡亲在夜深人静之时，相约聚集到庭院中，豆棚瓜架之下，静听牛郎织女述说情话的习俗。

中元节

农历七月十五是中元节，淄川当地俗称“鬼节”。傍晚，各家各户摆供品祭祖（供品多以新鲜瓜果为主），祈求祖先保佑家人诸事如意，六畜兴旺，五谷丰登。也有人家这天下午到祖茔祭祖。

中秋节

农历八月十五是团圆节，亦称“中秋节”。这天晚上正值月圆，外出的亲人归家，合家欢聚，饮酒，食月饼，赏月。傍晚院内摆供品祭月，以月饼、瓜果为主，寓意家人和睦团圆。

重阳节

农历九月初九是重阳节，是淄川民间传统节日。古人认为九是阳数，两阳相重，故名重阳。据《续齐谐记》载，东汉名士桓景每于重阳日举家登高，插茱萸，饮菊花酒，以驱恶逐邪免灾。自此，重阳登高渐成民间习俗。1987年国家规定，重阳节为老人节。这天淄川地区老百姓带礼品到长辈家中看望长辈老人，表达孝敬之意。

十月一

农历十月初一称为“送寒衣节”。这一天，民间特别注重祭奠先亡之人。淄川民间传说，孟姜女新婚宴尔，丈夫从军。秋去冬来，孟姜女千里迢迢，历尽艰辛，为丈夫送衣御寒，谁知丈夫却已经战死疆场。孟姜女悲恸欲绝，指天哀号呼喊，感动了上天，在十月一这天哭倒了齐长城。孟姜女用带来的棉衣将丈夫装殓安葬，由此而产生了送寒衣节。

淄川地区这天是上坟祭祖日。人们一般在下午黑天前，各家到祖茔摆供祭祖。

冬至

公历12月22日前后是冬至，为农历二十四节气之一。这一天白昼最短，以后白昼渐长。这天，乡间有吃水饺之习俗，俗称“冬至饺子夏至面”。

腊八

农历十二月初八，俗称“腊八日”。民间素有吃腊八粥的习俗。腊八粥以黍米、大枣、红豆制作。有的人家这天用香醋腌大蒜，至春节时，蘸醋就蒜吃饺子，十分可口，称之“腊八蒜”。

小年

“腊月二十三，灶王爷上天言好事”，小年这天是淄川民间祭灶神（灶王爷）日。民间传说，五帝之一的颛顼之子祝融，任火正之职，被奉为火神，死后托祀于灶。《敬灶全书》载，灶王受一家香火，保一家康泰，察一家善恶，奏一家功过。这天下午，祭灶时供一份糖瓜，寓意灶王上天不言其家丑，只能甜言蜜语。祭灶毕，焚香纸时连同灶王画像一块焚之，叩拜为其饯行。等到除夕下午再请出（贴）新灶神像。

除夕

一进腊月（农历十二月），家家户户开始打扫卫生，赶集，添置新衣，购办年货。腊月二十六后，在外工作的家人开始回家与家人团聚。腊月二十七以后，一般不再大扫除。年三十称“除夕”，下午开始摆供，祭祖。晚上，将所有的年货每样选一点，组成丰盛的宴席，称为“年夜饭”，寓意阖家团聚，共享天伦之乐。饭后，男人们开始饮茶、聊天，通宵不寐，称之“守岁”。家中女人开始忙活着包饺子，为初一的早饭做准备。淄川过年的饺子馅也有些讲究，一般要荤素搭配，尤其是要包一“盖垫”（用高粱秸秆的顶秆穿成的平面盛器）素饺子，等到年五更（初一凌晨）吃，意味着一年素素净净，平平安安。还要包几个纯豆腐馅的，谁吃到会大声说“豆腐豆腐”意思是“都福都福”。现在也有人家包上硬币的，意味着新的一年财源广进；包上糖馅的，意味着一年生活甜甜蜜蜜等等。总之，都是为了新的一年有个好兆头。早晨新出锅的第一盘饺子一般要用来祭祖。

第二节　婚姻习俗

淄川区历史悠久，地域文化丰厚，婚姻习俗已经完善成为一套完整的习俗体系。

聘媒　男女婚姻须有人从中牵线搭桥。旧时，双方家长或青年男女本人看中对方，要聘请能说会道，双方都能搭话的媒人前去提亲，也称“保媒”。在淄川的南部山区，还有请双媒的习俗。

提亲　媒人确认后，要到对方家中介绍情况，俗称“提亲”“说媒”。提亲后，双方亦托人私下了解对方家境，双方皆认为合适，则安排相亲。

相亲　媒人提亲后，选日子男女见面，称之“相亲”。相亲一般是男方在媒人的引领下到女方家中。这天女家也非常重视，要彻底打扫卫生，女孩也要打扮一番，同时邀来亲朋好友作陪，让他们评头论足，作为能否定亲的参考。同时备饭热情款待。即使相亲，男女双方也无缘直接交谈，只是各人留神，互相偷看几眼而已。饭毕临行，男方付女方礼金（见面钱），现在也有双方互送礼物的。双方是否结亲，由媒人传话，互通意愿。

定亲　相亲后，再经媒人转达，男方择定吉日（一般用农历二月二、六月六）请人用大红纸写柬（婚约书）。其柬内容：男女双方姓名、年龄、属相、何命及定亲年月日，写上“敬求金诺”“恭候金诺”之类表示求亲的字样。其柬男女两执，由媒人带男方柬帖、礼品（衣料、首饰）、聘金送往女方。女家以烟茶糖果招待媒人，并将女致男家柬帖交于媒人，写上“谨遵台命”“仰遵玉言”

等表示同意结亲的字样。媒人带回女方的六色礼：香（相亲）、艾（恩爱）、盐（美满姻缘）、麦（大富大贵）、针、线，用大红纸包好。男家设宴招待媒人及前来贺喜“添瓶”亲友。再择定吉日，请女方到男家相互认亲“改口”，男方长辈要给女方“改口钱”以示承认。男方付女方彩礼钱，商定结婚大礼有关事宜。此后，男女双方进入结婚大礼准备阶段。

下聘（送柬） 双方商定选择婚期后，女家将嫁女的生日时辰用红纸写好交于媒人带给男方，男方据此请先生查日子。先生根据男女双方年龄、属相、生辰、忌讳，查出吉日，用红纸书写两份，一份男方留存，一份由媒人送往女方，俗称“送日子”。送日子时，根据女方要求，送钱一宗，俗称“盒子钱”。另外有六色礼（烟、酒、糖、茶、肉、水果）。

结婚大礼 结婚是婚嫁事宜中最烦琐、最隆重的一道程序。婚礼前两天，男方首先设酒席请“大总”（助忙人指挥者）商量有关办理公事事宜，俗称请“行人（助忙人）头”。婚礼前一天，助忙人到位，首先安排部分人到女方，把陪嫁家具、衣物运回家中，俗称“搬缘房”。“缘房”搬至新房，由新郎兄辈“铺床”。这天，大门、影壁、屋门贴好对联。账房先生到位，邻居亲友前来贺喜。傍晚，新郎穿戴整洁，披红戴花，向村内家族长辈叩拜，俗称“行礼”。翌日一早，婚礼程序进入高潮——迎亲，俗称“接媳妇”。迎亲形式有大娶、有小娶。家境好者大娶，两乘花轿，新郎乘一花轿在前，新娘花轿在后，旗锣伞扇，吹吹打打，热闹非凡。一般人家多为小娶，一乘花轿，新郎在家迎新娘。不论大娶小娶，新娘上轿后，路不落轿，路遇茔田、怪树、奇石，红毡遮之，以图吉利。

花轿迎娶（2006 年拍摄）

花轿至女家门前，接新娘人先叩门递开门钱，方可进门。嫁女着盛装，头蒙红巾（蒙头红），父兄用椅子架于轿门上轿（脚不踏地）。由新娘两位兄辈左右押轿，俗称“送客”；另有两名新娘同辈或小辈，担随身饭，拿布帘，随轿同行。轿至新郎大门前落轿，时辰到，助忙人将一对红砖、两双红筷压于大门顶，燃放鞭炮迎轿。红毡铺地，新郎在前，新娘在后，由伴娘搀扶跟随，门槛放一马鞍，新人迈过，寓意过门平安、万事如意。进院，新娘由男方伴娘搀扶进指定房间，面对喜神而坐片刻，称之“坐时辰”。然后出房间至院内，与新郎并立天地桌前行拜天地大礼，也称“拜堂”。礼毕入洞房吃随身饭（从娘家带来的面条），此后是闹房。

新娘入洞房后，送客于正堂入席。为开席前每人一碗面条，吃完后即上菜开席，送客席是婚礼期间重席，有六盘六碗或八盘八碗，称之“六六”“八八”席，外加鸡鱼肉三样菜，称之“三大件”。上大件时厨师要赏钱。男方劝酒。俗话说“送客不过晌”，中午12点前送客向新人、男家长辈话别。随之招待亲友席。晚上，安排助忙席，男家长辈、新郎、新娘劝酒、至此，婚礼告成。

婚后第二天，新婚夫妇要在长辈带领下到祖茔祭祖。

婚后第三天，一般情况下女方娘家要来接女方回娘家小住，叫“三日回门”，一般住三四天，再送回婆家。

背新娘（2006年拍摄）

第三节　嫁女习俗

“一家有女，百家求婚”。旧时女孩子到了十五六岁，便不断有人来提亲，十八九岁就陆续出嫁了。

女子找对象叫“找主”“找婆家”。虽说“找”，但大部分却是被动等媒人上门说亲。女家若看上个小伙子而主动托媒去说合的叫“倒提媒”，这种情况较少。旧社会女子无择婿的自由，完全听凭父母之命、媒妁之言。中华人民共和国成立后城市多是自由恋爱，农村也有，但较多的仍是由媒人撮合、牵线，不过把媒人改称“介绍人”。青年人增加了自主权，不再完全由父母包办，定亲后则按亲戚来往。

中华人民共和国成立前习惯是女大男小，一般女方大一岁至三岁，而避免大四岁。语说：“女大三，抱金砖。”“男大三，女大四，眼中钉子肉中刺。”不过“十八的大姐、九岁的郎”的小女婿现象也确实存在。男方来送柬子，婚事就算定。女方收取彩礼（或以后收取）。彩礼包括实物和现金，也有的全部折成现金，由女方自行购买嫁妆。农村有不成文的规定，订婚之后，若女方悔婚，彩礼要退还男方；若男方悔婚，彩礼则不退了。

女子结婚称为“做媳妇”“过门”“出门子”，家长说“打发闺女”“陪送闺女”。家长要及早为女儿置办嫁妆。嫁妆的内容和数量，根据经济条件和时间而定，有“陪送不完的闺女，办不完的年”的说法，意思是不到出嫁那天，就置办不完应陪送的东西。缝新被褥，要选好日子，请儿女双全的妇女帮助缝，叫棉被子。讲究几铺几盖，皆为双数。尽管有俗语劝诫“好儿不种祖业地，好女不穿嫁时衣”，但人们还是尽量多做几件新衣，免得婚后受穷。置办嫁妆最重要的一项工作是打造缘房，旧时一般为一张桌子（叫抽头）、两把椅子、两顶箱柜，称为五色缘房（指五件，不是颜色）。有的地方还有床或其他东西。后来增加了立柜、衣橱等，并改为直接由男方打造。

女子要提前扎好耳朵眼儿，以便出嫁时戴坠子（耳坠）；若临时现扎，一时难以愈合，无法戴坠子。因此有“现上轿现扎耳朵眼儿”的俗语，来比喻未做好准备，事到临头仓促应付的行为。临近吉期，女子要请人用绞在一起的细线一张一合地绞去面部及脖后的汗毛（绒毛），叫“开脸”，也叫“绞脸”。往往在被绞处抹上石灰，以减少疼痛。这算是为出嫁第一次进行的美容活动，婚后每隔几个月绞一次。

闺女们都梳独根大辫子，后改梳双辫。出嫁时，要把辫子绾成纂，加上网子和簪子固定，这叫“上头”。开脸和上头是姑娘变成媳妇的两大标志。

亲戚送喜礼叫“添箱”“送路”，邻里一般不送礼。

缘房要在出嫁前一日早晨送往男家，叫“下缘房”“送缘房”；也有的是男家来搬取，叫“搬缘房”。

出嫁女子于前一天就不吃饭不喝水，只吃煮鸡蛋，以免上厕所。头戴绢花，身穿红袄、绿裤，并带上耳坠和手镯。上轿时盖上蒙头红，用椅子抬到轿门，或由父兄直接抱上轿，脚不着地，意思是不沾娘家的土，以免把娘家的财气带走。

上轿前要与家人哭别，称为“哭嫁”。哭嫁的原因大概有五：一是上古抢婚的遗风；二是对亲人的惜别之情；三是对父母包办婚姻的不满；四是对未见过面的婆婆、丈夫以及婚后的床帏秘事感到恐惧；五是蒙骗鬼怪，据说人间喜事会招致鬼怪嫉妒，因而用悲伤的哭泣来蒙骗它们。家人也要陪着哭几声，但各人哭的感情不同：“娘哭一声心肝肉，爹哭一声抱上轿；哥哭一声亲姊妹，嫂哭一声搅家精。”女子既有惜别或对婚姻不满意而真哭者，也有装哭者，因而有句歇后语：“大姑娘上轿——脸上哭，但心里乐。”

娘家的兄弟或侄子（十几岁小孩）提水壶，带“随身饭”（一般为挂面）扶轿杆跟在旁边，叫“押轿”“跟轿”“相轿”。有的为大人相送（兄弟或姐妹、嫂子）称为“送客”。轿被抬起时，母亲要往轿底下泼碗水，意思是闺女如泼出去的水，俗话有：“嫁出去的闺女，泼出去的水。”也祝愿女儿不要被“休”了回来。

花轿快到婆家时，男家关上大门，让新娘在轿内等候过门的时辰，叫“蹲性子”，以便新娘过门后性子绵软，易服婆家教。随后，扶新娘下轿并搀着拜天地并送入新房。搀扶新娘的女子叫“架客”。拜天地后，新娘在新房内先坐时辰，即按卜好的位置坐一个时辰后，再随便坐（一般坐在炕上）。坐时辰时，新娘要尽量不动弹。据说，若动弹，以后过日子“好打家什”（指失手打破碗盆之类）。头两天，新娘盘腿坐在炕上，不活动，称为“坐庐帐”，但第二天早晨起来要做第一顿饭（多为擀面条），让婆家人见识一下自己的手艺。在掏灰、刷锅等处都压着包有钱的红纸包，是专让新媳妇捡的。

第二天娘家便派人去探望，新娘的两兄弟，以送梳头油、灯油为名，被称为“油客”；也有的是新娘的长辈携礼前往，并由小孩送去件衣物，叫“添箱”，总的称为“圆饭”。这天同时商议回门之事。

第三天，娘家派人把女儿接回（新郎陪往），当日便送返婆家，称为“回门”。有的第六天才回门，留下住几天（四日、六日不等），叫“住日子”。现在有的刚拜完天地，娘家便来接回门，随即再送回。一天之内完成这些仪式，叫“当日忙”，也不再有住日子的讲究了。

第四节　喜庆习俗

送粥米　妇女分娩，不论生男生女，半月之内（主人择日），女方娘家长辈及有关亲属，携带小米、鸡蛋、红糖、挂面、小儿衣服、被褥等前去探望祝贺，称之“送粥米”。客人归时，主人以红皮熟鸡蛋为回礼，以示同喜。

送粥米（2006 年拍摄）

百岁　婴儿出生一百天，亲朋带花布、银镯子、银锁（银锁俗称“长命锁”）给婴儿戴上，以示婴儿无病无灾，健康成长，“长命百岁”。主人设宴款待。

过生日　婴儿出生一周年，家人在婴儿出生日为其过生日。这天，婴儿外婆门上亲朋前来祝贺。旧时，婴儿只过此一生日，今则有连年过三个生日习俗。

祝寿　男女到 60 岁生辰之日，家人备酒席，蒸面寿桃为其过生日，称之“六十大寿”。是日，亲朋好友携带礼品及有关寿字、文人字画前来祝贺。自此，生日连年过，寓意老人康健长寿。

乔迁　俗称“搬家”。家人迁新居，一般择定吉日，于下半夜邀亲朋好友前来帮忙，必至天明搬完。迁新居后，主人择日，亲朋携带锅、茶壶等厨房用具及酒菜前来祝贺，俗称“温居”。主人设宴款待。

饯行　到外地工作或因事出远门，行前，亲朋好友举办送别宴会，祝外出者平安，工作顺利，谓之“饯行”。此礼仪是日常生活中人与人之间增进友谊、交流感情的一种手段。

接风　亲朋好友远方归来，主人设宴招待，以示欢迎，俗称“接风洗尘”。

第五节　殡葬习俗

殡葬仪式程序

倒头饭、浆水罐（2006 年拍摄）

淄川旧时丧葬习俗烦琐，封建迷信色彩浓重。年老者丧事一般三天，称之“老丧”。上有老人者丧事两天，俗称“少亡”。不管老丧少亡，都有以下丧葬程序。

置灵　人死后，家人先为其穿寿衣、剃头，然后将遗体移置灵床，以白纸蒙面。灵前设灵桌，桌上摆供品、倒头饭（饭上插筷子一双）。供桌前置瓦盆（焚纸钱之用）。

指路　置灵后，大门上贴白纸，子女小辈身着素服，长子院内站椅子上，连喊三声“上西方大路”。与此同时，大门口烧白纸马，孝子面西，磕头致哀，以示亡者骑马归西，然后孝子去土地庙送“倒头浆水”。

守灵　指路后，子女披麻戴孝，日夜守于灵前，按时“送浆水”，灵前香火不断。次日讣亲友，孝子守灵待吊。

入殓　人死后当日，有的次日，子孙集聚灵前，以新絮棉团蘸酒为亡者清洗面容，俗称“净面”。女亡者须有娘家人参与。净面后，亲人将遗体移入已铺好垫褥的棺材内，将亡人生前所爱之物也置馆内，称之“入殓”。

治丧　人亡后家族邻居前来助忙，俗称“忙公事”。助忙人指挥者称“大总”。一切事宜大总安排。一般丧事设内外帐房，接待吊祭者及开支。院内设灵棚、供桌，供桌上置亡者灵位，以备亡者亲朋祭拜。人死之后，亡者子侄分别告知亲友称之“报丧”，并说明出殡日期等。

吊丧　人亡后家族亲朋好友前来吊唁。吊唁又分官吊、哀吊，平辈官吊，晚辈哀吊。灵棚中右设一座，为丧主陪吊各位（与死者平辈），凡来吊唁者，官吊时陪吊者一一回礼；哀吊时陪吊者可端坐不动；如外甥、表侄等男客哀吊则送与白帽（实是三角型白布折起），女客给孝妇钱（叫收头钱）和烧纸，这时女客需下跪磕头，以示感谢。

出殡　旧时出殡多在下午。出殡前，女孝子先到坟上烧炕（也叫烘炕）。助忙人挑着鏊子、豆秸、芝麻秸、馒头、豆腐（均切成片状）、豆油。女孝子 2—4 人入坟内，支起鏊子点燃豆秸、芝麻秸，豆油倒在鏊上，将豆腐、馒头片烙熟，扔至坟外，称之烧炕。烧炕毕，长子媳从坟上用衣襟兜回一抔土，将土和倒头饭一块倒入浆水罐内。孝子迎灵、安灵，亡者家人跪拜。诸事毕，招待客人。

殓棺 丧主亲人将棺内事宜整理妥当，助忙人将棺盖入卯榫盖严上钉，助忙人入灵堂，准备起棺。

起棺 多用未时（13—15时），俗称“起灵”。起棺时，大总颂祭文（亡人生平），亲朋好友入灵棚叩拜毕，大总右手持刀，将左手黑碗砸碎，喊号“起棺”。棺材抬至大门外置于灵架，亡者长子灵柩前摔瓦，大总喊号起运灵柩。男孝子在前引路，女孝子在后痛哀。灵柩至村头，女婿、乡邻等摆供参拜，名曰“打路祭”。路祭毕，女孝返回，男孝随灵柩至墓田。

安葬 俗称“下葬”。灵柩至墓地，亲人参拜，多在申时（15—17时）置棺入坟内。并有助忙人向棺上撒“五色粮”，祈保子孙人寿年丰。随后客人返回，助忙人亦帮孝子封土成丘，孝子跪拜返回。

谢悃 出殡后的当日晚上，请助忙人入席，亡者家人磕头劝酒致谢，称之“谢悃”。

圆坟 丧后翌日早寅时（3—5时），男、女孝子带祭品至墓前祭奠。摆供毕，持香绕坟左、右各转三圈，边转边把手中点燃的香插于坟土上，转毕叩拜哀归。

谢客 圆坟回来后，孝子按账本登记的吊祭者，分头于各家门前致谢，俗称“谢客”。

五七 亡者35天后（五个七日），有儿者每个儿退一天。按退出后时间算为五七祭拜日。五七这天上午，亲属携带祭品、扎制的摇钱树、金银山、箱柜等，祭奠仪式毕，将纸扎品焚烧，磕头致哀而归。

百日 亡者100天后，有儿者每个人各加一天则称“百日”。是日上午，亲属坟前摆供祭奠。葬礼至此毕。

殡葬习俗中的特定俗语

常言道：“人生七十古来稀”。所以人活到七十岁时，有条件的就做好棺材，叫作寿材、寿器、寿盒楼（路）、器木，简称货、材。每年用桐油刷一遍。同时请阳阳先生选看坟地、预造坟墓，称为寿坟或打圹。坟地叫茔、茔地、林地、老林、坟茔、墓田等。另外，还备下老衣裳，又叫“送老衣裳”，即寿衣。

人死说：没了、咽气了、倒了头、不在了、呱嗒了、白瞪了眼、伸了腿、闭了眼、撒手、老了（只限老年人）等。人之将死或刚死，亲属要给净面、梳头，穿戴老衣裳，但不系扣。件数要单不要双，如“五领三腰”的讲究，即五件上衣，三件下衣（包括长裙）。气绝后将尸体移到正房迎门设的灵床上，点上长明灯。头前放一碗煮的面条或小米干饭，筷子直插其上，称为“倒头饭”。大门上贴白纸条，叫“封门”。晚辈亲属穿孝服为白衣白裤，毛边朝外；鞋子缝上白布（叫“裱鞋”），第一位老人去世，只裱鞋的前半；第二位老人去世，鞋要全裱。院中设灵棚，晚辈男子各跪坐灵前，女子跪坐灵后两边守灵。亲友携猪头、猪蹄、鸡、鱼之类摆上供跪拜，在司仪（俗称“白帽子”）引领下，奠酒三盅，放声哭；守灵者陪哭，叫“拜祭”“参灵”。

将尸体放入棺内，盖棺叫“入殓”。已婚女尸须娘家人来察看后才能盖棺，来人总要找点碴儿，难为一下主家。俗话说：“女儿活到八十九，还得娘家人来掩材口。”现在也必得娘家人来验过，无异议之后才能去火化。女子奔丧时，要哭着来哭着回，称为“哭路”。哭讲究拖长腔，有一定的调子和言辞，当为古代挽歌的遗风。男子到隋唐时就不再有言辞了，即“号而不哭”，而女子至今仍保留着古代的哭法。

送棺到墓地叫作“发丧、出殡”。出殡的日子一般人家多为排三（死后第三天），上有老人者丧事两天。富户和官宦人家也有排五或排七。

人们讲究入土为安，死后一般及时安葬。由于某种原因不能安葬的，则将棺材置于野外地面上，用砖或土坯砌成临时坟墓，名为丘子，这种做法叫“丘起来”。

办红白公事都可说“忙活公事”，人们往往把红白公事并提称红白喜事。那么白公事也算喜事吗？大概有两个原因：其一，八十以上老人去世谓之喜丧，用“喜”字并不相悖；其二，这是个偏义词语，喜的意义主要偏在“红”字上。

乡亲们帮助办丧事叫“助忙”（帮助办婚事叫“帮忙”），事务主管叫“大总”。为死者表心意送钱叫“付人情”。其中本家族送的钱可不交账房，叫作“收头”。

在老人死后的一段时间内，家人继续戴孝，称为“持服”。儿女未出嫁者要戴三年（实为两周年），其他人则三个月至一年。近些年也有改为戴黑纱的，持服时间也大大缩短。不过仍然坚持三年之内过年不贴春联，不放鞭炮，不出门拜年。夫妻一方死去，对方也要持服，但服较轻。

第六节　社交习俗

过去淄川地区的群众受旧礼仪影响，礼节烦琐，十分讲究。民国时期，仍袭用旧封建礼节，下对上行跪拜、作揖礼。中华人民共和国成立后，跪拜、作揖等旧形式礼节逐渐废除，开始实行新礼节。

鞠躬礼　在庄重场合下，如拜师、吊唁，多施鞠躬礼，一般三鞠躬。

握手礼　亲朋好友见面，做客毕归，均施握手礼。

让座礼　客人来了，出门迎接进屋后，把客人让于房间，若家有长辈，则长辈入正席位，将客人让于长辈左、右方入座。若无长辈，则将客人让于正席位。一般八仙桌左为尊，左为上座，右为陪座。

点头礼　在路上行走，或是在公共场所与熟人相遇时，若无须驻足交谈，则行点头礼。

招手礼　与熟人远距离打招呼、送亲朋好友出门走远后，轻轻招手说声“您好”“一路顺风”或“再见”之语，称之“招手礼”。

礼语 俗称“客气话”。晚辈见长辈、来客、行路、求人等事宜使用礼语。

晚辈见长辈，先呼称谓，再问好。

同辈平时相见，时间若为早晨，则称谓问：“上把早晨出门干啥去？”过中午或晚上问：“吃饭了吗？”平时相见问：“干啥去，有空来家坐坐？”长时间不见若相遇则言：“好长时间没见，这阵子忙啥来？”乡邻来家闲聊，快到吃饭时辰，则挽留：“别走了，在这里有啥吃点啥，回家也是吃饭。”

送亲朋好友出门说：“走好，回去给家里人捎个好”“有空再来”。

遇事相问，根据对方年龄先呼称谓，后再问事。年长者称“老人家”“老前辈”“老大爷（娘）”“大叔（婶）”。年龄相仿称“老哥头”“老哥哥”“老兄台”“老嫂子”“大嫂子”“大姐姐”“大兄弟”。年龄小的称“小兄弟”“大妹妹”“小妹妹”。

求人帮忙，呼称谓后说：“麻烦你”“拜托你”“给你添麻烦”“打扰你了”。

求行方便说：“借光”“劳驾”“请让一让”。

新认识朋友见面，言：“久仰”“早耳闻大名”。

问老年人年龄，呼称谓后说：“您老高寿”“您老高龄”。

求人原谅，言：“多包涵”“请谅解”“很抱歉”“对不住你”。

求人事成，言：“谢谢”“让你操心了”“让你跑腿了”“你看，不管你忙闲”。

等候客人，言：“在此恭候”。

请人勿送，言：“请留步”。

第七节 禁忌习俗

饮食 旧时，村民生活俭朴，但讲究规矩。饭上桌后，按辈分排座，长辈动筷后，小辈再动。反之，对长辈不敬。吃饭时忌用筷子敲碗，更不准将筷子插在饭碗中。筷子敲碗是乞丐向人讨饭之为。筷插饭碗中，则是死者“倒头饭”之为。

家里来客人，酒席上，斟酒忌浅，倒茶忌满。俗话说：“茶要浅，酒要满。”斟酒倒茶，酒壶、茶壶嘴子不得朝着客人，否则，不礼貌。酒席上吃鱼，客人先动筷，陪者再动筷。盘中鱼吃完一侧，吃另一侧时，称之“正过来”，不得说“反过来”。

居住 旧时住房讲究颇多。其布局，一般北屋三间为主屋，中间称之为“明间”，为来人接待之处。东西两间称之“暗间”，东间为长辈居住，称之为“上房”。西间儿孙住。北屋为主，厨房不能置南，门更不能与主屋门相对，若相对则为“火烧心”。东南角临街道，必须走巽门即东南门，才符合阳宅风水规定。院落一般不开西北门。大门不得高于主屋，不能建于南墙正中南。据传，旧时庙宇大门建于南墙正中面南。按阴阳八卦之法，正南为八卦中的离，离则为火，正北方为坎，坎则为水，水火相克。房檐滴水不能对门与窗，称之“滴泪”。忌对面山墙对大门，称之“出门碰山”。建房忌犯“太岁”，俗称：“太岁头上动土，不大吉利。”建房动工，要择“吉日”破土。房院中不宜栽桃树：神话传说桃木辟邪，大年祭祖，祖先亡灵不敢入宅。

礼仪　订婚要合属相，婚礼讲忌属相。亲人亡故忌说“死”字，而说“老了”“过世了”“不在了”。

衣饰　衣服纽扣宜单忌双，有“四六不成对”“四六不成材”之说。子女在服孝期宜穿蓝、青、白素装，忌穿红戴绿。衣服破了不能穿着缝，有“穿着缝没人疼”之说。接待客人要穿戴整洁，称之外貌堂堂。倘若衣着不整，有失礼节。

数字　出远门用“三、六、九（农历）”之日，称之“待要走，三、六、九”。婚礼一般选“双日（农历）”。人到四十一岁，避言其岁，一般多或少说一岁，因有“四十一王八年”之说。交际场所，男性呼“大哥”“老兄”“老弟”，忌呼“二哥”。乡民称办事不利索、丢三落四者为“二哥”。

第八节　称谓习俗

家族称谓

子女对父母，书面称“父亲”“母亲”，对人称“家父”“家母”，口语称“爹”“娘”。20世纪60年代后，逐渐改称“爸”“妈”。

祖父、祖母称“爷爷”“奶奶”。祖父之父母称“老爷爷”“老奶奶”。祖父之祖父，祖母称“太老爷爷”“太老奶奶”。父之兄及其配偶书面称“伯父”“伯母”，口语称“大爷”“大娘”。

父之弟及其配偶书面称“叔父”“婶母”，口语称“叔”“婶”。父之姐妹，按排序称“大姑”“二姑”“三姑”。

夫称妻“家里”“老婆”“对象”“俺那口子”“孩他娘”，上了年纪称“老伴”。

妻称夫“丈夫”“掌柜子”“当家的”“对象”“孩他爹”“孩他爸”，上了年纪称“老头子”“老汉”。

兄弟称“哥哥”“弟弟”，有的在称谓前冠以“大”“小”“二”“三”以别排行。对弟还可称“老二”“老三”……

姐妹称“姐姐”“妹妹”，有的在称谓前冠以“大”“小”“二”“三”……以别排行。

妻对夫之父母，与人言谈称“公公”“婆婆”，口语则称“爹”“爸”“娘”“妈”。

妻对夫之“兄”，对外称“大伯哥”，口语则称“大哥”“他大爷”。

妻对夫之“弟”，对外称“小叔子”“他叔”，口语称“兄弟”。

妻对夫之兄弟之妻外称“妯娌”“兄弟媳妇”“大伯嫂子”。口语称“他婶子”“大嫂”，也可按顺序排列“大嫂”“二嫂”……“他一婶”“他三婶”……

妻对夫之姊妹，姊称“姐”，对外称“大姑子”；对妹称“妹妹”，外称“小姑子”，或按顺序称“二小姑子”“三小姑子”……

弟、妹对兄之妻，统称“嫂子”。

父母称子女“儿子”“孩子”“闺女”“妮子”。称儿妻“儿媳妇”。兄弟之子女及配偶统称“侄子”“侄女”“侄媳妇”“侄女婿”。

祖父母称孙辈“孙子”“孙女”“孙媳妇”。

子女对继父、继母，口语称“爹”“爸”“娘”“妈”。对外则称“后爹”“继父”“后娘”“后妈”。

子女对婴儿时曾吃她乳者，称之“奶娘”“乳娘”。

至亲称谓

至亲主要四个直系：姥娘门上、姨家门上、姑家门上、岳父门上。

姥娘门上　母亲之父母称“姥爷”“姥娘”“姥姥”，书面称“外祖父”“外祖母”。

外祖父之兄弟及其配偶亦称“姥爷”“姥娘”，并在前面加上排行。

外祖父之父母称“老姥爷”“老姥娘”，书面称“曾外祖父”“曾外祖母”。

外祖父之姐妹及其配偶称“姑老娘”“姑老爷”。

外祖母之姐妹及其配偶称“姨老娘”“姨老爷”。

外祖父之子及其配偶称“舅舅（书面称舅父）”“舅妈”“妗子”，没出阁的女儿按次序称“大姨”“二姨”“小姨”。

舅之子女称“表哥”“表弟”“表姐”“表妹”，其配偶称“表嫂”“表弟妹”“表姐夫”“表妹夫”。

舅父母称姐、妹子女孙辈“外甥”“外甥闺女”“重外甥”“重外甥闺女”。

姨家门上　母亲姊妹称“姨”“姨妈”，其配偶称“姨夫”。

姨之子女统称“表哥”“表弟”“表姐”“表妹”。其配偶称之“表嫂”“表弟妹”“表姐夫”“表妹夫”。

姨之公婆称“表爷爷”“表奶奶”。

姑家门上　父之姐妹称“姑姑”，其配偶称“姑父”，其子女称“表哥”“表弟”“表姐”“表妹”，其配偶称“表姐夫”“表妹夫”。

岳父门上　妻之父母，口语称“爹（爸）”“娘（妈）”，外称“丈人”“泰山”“丈母娘”，书面称“岳父”“岳母”。

妻之兄弟称“哥”“弟”，对外称“大舅子”“小舅子”，书面称“内兄”“内弟”。其配偶称“嫂子”“弟妹”。妻之姊妹称“姐”“妹”，对外称“大姨子”“小姨子”，其配偶称“姐夫”“妹夫”，对外称“两乔”“连襟”“拉不平”“一拉杆”。

父母对女儿之夫称“女婿”“闺女女婿”，书面称“贤婿”。家中无子，进门女婿称“养老女婿”“倒插门女婿”。

夫妻双方的父母互称“亲家”，男的称“男亲家”，女的称“女亲家”。有的口语也称“哥”“嫂”“弟”“弟妹”。

主要亲属关系简表

表 13–1–1

<table>
<tr><td rowspan="13">高祖父
高祖母</td><td rowspan="13">曾祖父
曾祖母</td><td rowspan="13">祖父
祖母</td><td>伯叔父</td><td>堂兄（堂房哥哥、叔伯哥哥）
堂嫂（堂房嫂子）
堂弟
堂弟媳</td><td>堂侄
堂侄媳妇
堂侄女
堂侄女婿</td><td></td><td></td><td></td></tr>
<tr><td>伯婶母</td><td>堂姐
堂姐夫
堂妹
堂妹夫</td><td>堂外甥
堂外甥媳妇
堂外甥女婿</td><td></td><td></td><td></td></tr>
<tr><td rowspan="3">父亲

母亲</td><td rowspan="2">哥（哥哥）
嫂（嫂子）
弟（弟弟）
弟妹（弟媳、兄弟媳妇）</td><td rowspan="2">侄子
侄媳妇
侄女
侄女婿</td><td>侄孙（媳妇）
侄孙女（婿）</td><td rowspan="2"></td><td rowspan="2"></td></tr>
<tr><td>侄外孙（媳妇）
侄外孙女（婿）</td></tr>
<tr><td>姐（姐姐）
姐夫
妹（妹妹）
妹夫</td><td>外甥
外甥媳妇
外甥女
外甥女婿</td><td>重外甥
重外甥女</td><td></td><td></td></tr>
<tr><td rowspan="8"></td><td rowspan="5">自己妻子</td><td rowspan="3">儿子
儿媳（媳妇）</td><td rowspan="2">孙子
孙媳</td><td>曾孙</td><td>玄孙
玄孙女</td></tr>
<tr><td>曾孙女</td><td></td></tr>
<tr><td>孙女
孙女婿</td><td>重外孙
重外孙女</td><td></td></tr>
<tr><td rowspan="2">女儿（闺女）
女婿（姑爷）</td><td>外孙
外孙媳</td><td rowspan="2">孙女
外孙女婿</td><td></td></tr>
<tr><td>重外孙
重外孙女</td><td></td></tr>
<tr><td rowspan="2">姑表哥
姑表嫂
姑表弟
姑表弟妹</td><td rowspan="2">表侄
表侄媳妇
表侄女
表侄女婿</td><td>表侄孙
表侄孙女</td><td></td><td></td></tr>
<tr><td>表外孙
表外孙女</td><td></td><td></td></tr>
<tr><td>姑表姐
姑表姐夫
姑表妹
姑表妹夫</td><td>表外甥
表外甥媳妇
表外甥女
表外甥女婿</td><td>表外孙
表外孙女</td><td></td><td></td></tr>
</table>

续表 13-1-1

外祖父 外祖母	姨母（姨妈，姨）	姨表兄 姨表嫂 姨表弟 姨表弟妹	姨表侄 姨表侄女	
		姨表姐 姨表姐夫 姨表妹 姨表妹夫	姨表外甥 姨表外甥女	
	母亲	自己（本人）		
	舅父（舅舅、娘舅） 舅母（舅妈、妗子）	舅表兄 舅表嫂 舅表弟 舅表弟妹	舅表侄 舅表侄女	
		舅表姐 舅表姐夫 舅表妹 舅表妹夫	舅表外甥 舅表外甥女	
岳父家	岳祖父 岳祖母	岳父 岳母	内兄（大舅子） 内嫂 内弟（小舅子） 内弟妹	内侄 内侄女
			自己（本人） 妻子	
			大姨子 襟兄 小姨子 襟弟	姨外甥 姨外甥女
婆婆家	爷爷 奶奶	公公 婆婆	姐姐（大姑子） 姐夫 妹妹（小姑子） 妹夫	外甥 外甥女
			女方（妻子本人） 丈夫	
			大伯哥 嫂子 小叔子 弟妹	侄子 侄女

第九节　建房习俗

建房造屋在民间历来被看作大事。从动工到建成，有各种不同的仪式和活动。开始建房时，亲朋必定前来帮忙，谓之“打墙盖屋，邻帮相助”。选择房基地要请人看好地方之后，择吉日请瓦匠丈量。开基时，燃放鞭炮，主人还要开赏钱给“掌尺人”。开基同时，请木匠来做门窗、房架（梁、椽子）。打好地基安门框，砌墙过半安窗框，都事先贴好“安门大吉”“安窗大吉”的红纸横批，有的还在门框上贴上对联。常用的对联用语有“太公今日从此过，他说今日安门好”“太公从此过，今日安门吉”“安门今日好，立户此时吉”“安门逢黄道，立户遇吉时”等。

上梁（2016年拍摄）

建房的高潮是“上梁”。上梁的日期和具体时辰通常由掌尺人提前告诉“东家”（房主）。关于时辰的选择，各地有所不同，一般都选在“正晌午时”，也有选在“日出卯时”的。上梁时间确定后，房主即遍告亲友，到上梁的那天，亲友们就会带着礼品来参加上梁仪式，名为“贺房”。有以红布为礼品来贺的，称为“挂红”。上梁时先在梁和檩上贴横批、竖联。常用的横批、竖联用语有：“吉星高照”“上梁大吉”“安檩大吉”“游龙戏凤安玉柱”“暖花开上金梁”“金凤满屋红又亮”等。脊檩正中，横着扎两双红筷子。上面的一双，横排三枚铜制钱，从两双筷子的正中，垂下一条红绳儿，红绳上先系一个钱串，钱串下再系一块一尺见方的红布，红布下端的两个角上，各缝一枚铜钱。所用铜钱，以铸有“太平”“康熙”字样者为佳。脊檩上事先缠挂上鞭炮。筷子、制钱、红绳、红布构成一整套装饰物，谐音“快快发财”，其民俗意义在于祈福求吉。筷子、绳子和布均为红色，加上燃放的鞭炮，还有驱邪镇宅的意思。

上梁这天，天色未明，东家就将四个面做的“神虫”（也有用面塑彩绘小燕的）放在房架的四个“马头”上。吉时到，东家先找人在房架四周燃放鞭炮。与此同时，全体木匠瓦匠以及前来帮忙的人一起动手拉梁上架、钉椽子，只留下脊檩不钉。这时，东家将一对面塑老虎摆放到正间两壁壁龛里，然后抬一张方桌放在正间中央，桌上燃一对红烛，摆放着鱼、肉、菜肴和十个大饽饽当供品，中间放香炉，插三炷高香。东家跪拜后，撤去供桌，再拜脊檩。这些仪式完成后，木匠与瓦匠两位掌尺师傅边念喜歌边上房架。登上房顶，木匠在东，瓦匠在西，由房上垂下红色的绳子来，由东家亲自挂上脊檩。脊檩离地后，点燃事先缠挂好的鞭炮，脊檩在喜庆的鞭炮声中升上房顶。安好脊檩后，两位师傅再次放下红绳，木匠拔（方言“用绳或杆提”的意思）斗，瓦匠拔酒。酒要红酒，斗用柳斗。斗内装八刀谷草（用铡刀铡谷秸为草节，共铡八刀）、八个红枣、六个铜钱、八个栗子、八块糖、八块发面、八块糕，此外就是做成虎、龙、凤、花、佛手、桃、蝴蝶等形状的小饽饽，数目或三十三，或六十六或九十九。斗口上放两个面做的大神虫，用红布扎好。这两个神虫拔到房顶后，一个归木匠掌尺的，一个归瓦匠掌尺的。酒与斗拔上房顶后，瓦匠打开酒瓶，沿脊檩撒下，木匠拆开封斗的红布，边唱喜歌边撒饽饽，早已等在下面的人群，纷纷去抢饽饽，一派热闹景象。这是上梁仪式的高潮，鞭炮齐鸣，喜歌也唱得特别热烈。

当日中午，东家、亲友、匠人及帮工者相聚在新房之下，欢饮庆贺，一醉方休。

第十节　酒宴习俗

淄川人十分好客，酒文化发达。

旧时农村只有在红白公事、过年和来重要客人时才摆酒席。参加酒宴称为坐席、喝酒。厨师称大师傅，使用的杯盘碗盏统称窑货。酒壶有锡打的和瓷制的，酒盅为瓷质，大小不一，有三钱盅（三盅多为一两）、五钱盅（两盅为一两）等。端送菜用的长方形木托盘叫传盘。酒席八人一桌，以迎门的一面为上座，以左侧为尊，上座由年长或辈分大者坐。男女一般不同席。上菜讲究先碟后盘再碗（带汤的菜），有四盘四碗的，有四小盘、四中盘、四大件的，有六碟六碗两大件或四盘八碗两大件等多种规格。大件指整条的鲤鱼和肘子（方形的一整块肥肉）。

入席说“就座”，酒宴开始说“开席”。斟酒叫“倒酒”“满酒”“宣酒”。“酒无二宣”即不能连着斟两次。习惯上斟酒要满，斟茶要浅。甲给乙斟酒，乙则伸出右手并将食指勾起来靠近杯子以示谢意。让对方不要斟得太满，常说“量（去声）着点儿”。甲则说“摘手”，意为不必这样客气。斟酒时杯尚未满而酒壶已空，若是长者的杯则称寿酒，若是平辈的杯则称神仙酒（巧了的意思），尊让杯的主人喝净，换酒另斟满。上整条鱼时，鱼头有的朝东，有的朝着首席。吃鱼前鱼头朝向的人要喝鱼头酒，有的还要把鱼尾指的人带上，讲究头三尾四（喝的杯数）。

敬酒时，平辈是举杯与客同饮，晚辈则离席将客人的杯端起奉上，说“给端个酒”。第一杯客人独饮，第二杯共饮，意为好事成双。给年轻的或晚辈敬酒，则说：“待要好，大敬小。”年轻的则客气地反敬：“小敬大，也不差。”有“滴一滴罚三杯”的说法，是为了避免有人耍滑头剩酒。端起酒杯喝一次叫“一气”，一杯（盅）酒可一气喝完，叫干了，也可分几气喝完。喝酒临结束时，往往要求各人面前杯中酒（叫门前杯）一齐喝了，称为“全家乐”，然后吃饭。喝酒期间吃菜、喝酒都统一行动，吃饭时则可以随便。酒席一开始，先要统一喝三杯（三结义之意），或四杯（四红四喜），或六杯（六六大顺），个别有八杯（八仙）、九杯（地久天长），甚至十杯（十全十美）和十二杯（十二杯称为一年，年年有喜），然后可分别进行其他项目。

除互相敬酒外，还有多种娱乐形式，称为“行酒令”。

猜枚　取与参加人数相等的火柴（或他物），庄家任意攥几根，伸出握住枚的拳让大家猜，猜对者喝酒，然后成为庄家；都猜不对叫“坐窝”，庄家喝酒。

划拳　又分两种：一是哑拳，称“压指儿”“压指头”，每人伸一指，大拇指、食指、中指、无名指、小拇指依次相压，被压的喝酒。指头不相挨，则不输不赢，继续划下去。由于无名指不方便伸出，有用攥拳代替（攥拳无名指）。二是响拳，双方伸指头的同时各呼一个数，呼数与二人所伸指头数相同者为赢，对方喝酒。从 0 到 10 的呼数，常用语依次为：0 为宝、宝一对（攥拳不伸指）；1 为一心敬、单敬一；2 为两人好、哥（爷）俩好；3 为三桃园、三结义；4 为四喜、四季来财、四季发财；5 为五魁首；6 为六个六、六六顺；7 为七巧、巧七；8 为八仙、八仙寿、八仙庆、八骏马；

9 为快快快、快出拳、快当当；10 为全了、全班到、满园春等。由个人兴致随意说，但均需能明白所指数字。开始划时先要每人同伸一指，同喊“兄弟两个（爷俩）好”之类，第二次同伸五指，同喊“全家乐”之类，称为套拳，类似一种准备活动。也可事先声明不套，开拳就来正式的。所呼数不能小于自己伸出的指数，如呼“三桃园”，自己却伸了四个或五个指头，仅自己的指数也已超过了所呼的三，这叫“臭拳”，需重新开始。六个指头的人，多长的一个指儿老是直伸着，因而有句“六指儿划拳——有一是一”的歇后语。

第十一节　集市习俗

集市是指定期聚集进行的商品交易活动形式，它是在商品经济不发达的时代和地区普遍存在的一种贸易组织形式，又称“市集”。集市起源于远古时期的聚集交易，以后常出现在宗教节庆、纪念集会上和圣地，并常附带民间娱乐活动。

2008 年 9 月 6 日，峨庄大集

淄川境内集市最大的是淄川西关大集。该集地处孝妇河西岸，南起留仙湖公园，北至张（店）博（山）铁路大桥，长约 2 公里。集市以西为今西一、西二两村。旧时两村谓称西关，有些市场还设于村内。故当地人称淄川大集为西关大集，或简言之为西关集。

20 世纪 80 年代的西关大集

淄川大集历史悠久。清乾隆四十一年（1776 年）《淄川县志》载：“西关立市原以便民，然市必有税，税取之市，则新市易散。”1933 年出版的《胶济铁路沿线经济调查报告》记载，西关当县城之繁华街，大商号多集该处。夏历一、六有集市，设摊者约 500 多人。近则境内鱼贩小商，远则周村布贩，博山陶瓷器贩，桓台蔬菜贩，博兴藕贩，俱于集期前一日来此，集市交易甚盛。

淄川大集早期以骡马市而闻名，牲畜上市量大，品种全。加之，淄川盛产煤炭、窑货等工业品，上市货物品种繁多，吃、穿、用俱全，从而吸引各地商贾集聚于此进行交易。近的来自周围各县，远的来自相邻各省。集市物资有龙口的毡帽、炕毡，昆仑、万山的砂锅，渭头河的大缸、窑货，博山、昆仑的酒、餐、茶具，口头、峨庄的梨、山楂、柿饼，周村的丝绸、布匹，莱芜、辛店的生姜、大麻、花生，邹平的萝卜，章丘的大葱，寿光、新泰的韭菜，沾化、利津的黄豆，博兴、高青、长山的苇席、苇箔、簸箩、篮子、粮食、土布，茌平的大红枣、小红枣等，集市交易兴盛。

集市贸易的兴旺发达，促进了附近村庄家庭手工业和饮食服务业的发展。有为买卖而生产的商贾，有利用农闲季节进行家庭制作的村民。人们按照市场需要，进行家庭生产或贩卖。如西关买卖人甚多，二里庄人搭线卖线，小李家庄和小赵村人搭草绳、卖草绳，纸坊庄（今山东省淄博市淄川区开河村）加工五香豆腐干，黄家铺有宰坊几十家，招村人善织女人头上戴的发网。临近村庄家庭妇女做些针线活之类的，各业工匠打制些铁器、木器、石器等到集市进行交易。西关有各商号店铺、窑货行。公义村有炭栈，西关、慕王、公义等村的水食买卖更为活跃。当地居民的生活与集市有着密切的关系，有“以集为生，靠集吃饭，集日雨天过歉年”之说。四乡民间遇有婚、丧、嫁、娶、修房、盖屋等大事，都要到大集上买办齐全。农历年底，大集交易更盛。过了腊月二十一日，天天有集，年货集中上市，各类货物上市量骤增，品种更为齐全。“肉架子”由平时的十几个猛增到几百个，当地人有“过了腊月二十一，乱了架子”的说法。

淄川大集由于历史的沿袭，一集多市，上市物资品种繁多，市场分工较细。各市分布较为固定，这种传统一直沿袭下来。总体布局为，南有服装，中偏北有以经营蔬菜、水产、肉禽蛋为主的综合农贸市场和家具专业市场。露天市场有粮食市、百货市、木材市、家具市、布匹市、服装市、童装市、棉花市、鞋帽市、针织市、猪市、牲口市、旧货市、蛋市、果品市、绳经市、窑货市、观赏鱼市、鸟市、虫市、犬市、自行车市、摩托车市、废旧门窗市、席箔市、铁器市、毛毡市等。还有些分散的杂货摊点。

淄川区部分大集日期表

表 13–2

名称	日期（农历）	名称	日期（农历）
西关大集	逢一、六	蓼坞大集	逢五、十
昆仑大集	逢一、六	贾村大集	逢三、八
洪山大集	逢二、七	南石大集	逢五、十
龙泉大集	逢三、八	同古大集	逢一、六
双杨大集	逢四、九	淄河大集	逢二、七
罗村大集	逢五、十	峨庄大集	逢二、七
东坪大集	逢一、六	西河大集	逢二、七
岭子大集	逢四、九	张庄大集	逢四、九
寨里大集	逢四、九	磁村大集	逢五、十

第十二节　长命锁习俗

长命锁，也叫“寄名锁”。它是明清时挂在儿童脖子上的一种装饰物。按照旧时说法，只要佩挂上这种饰物，就能避灾驱邪，“锁”住生命。长命锁多用白银打制，錾刻的吉语内容有“长命百岁”“长命富贵”“龙凤呈祥”“永保平安”“幸福快乐”等等。装饰的纹样大多是吉祥八宝、莲花蝙蝠、祥云瑞兽，以及一些寓意吉祥的民间故事和神话传说等等。长命锁从造型到装饰都富于巧思。千百年来，人们通过生命历程的经验，经过千锤百炼、精雕细琢，把最重要、最美好的祝福凝固在长命锁上，并怀着无比虔诚的心情把长命锁佩戴到孩子身上。

古代长命锁（2006 年拍摄）

现代长命锁（2006 年拍摄）

第十三节　祈雨习俗

淄川区多个村镇都流行着祈雨风俗。过去，久旱无雨往往造成庄稼大量减产。群众在无助的情况下，自发地组织起来向老天爷求雨，希望神灵护佑，这个过程叫“祈雨”。淄川祈雨仪式声势浩大，轰轰烈烈。

罗村镇西官庄村的祈雨仪式先由一个人（或男或女）敲着锣在全村挂满云彩布，叫“行心”。然后全村人都积极参加，开始筹备祈雨事宜。准备一张方桌，两边绑上木扁担，扎上龙王牌位，两边放上圣水瓶子，叫“龙台”。由 4 个壮男子抬高桌子（八个人轮流抬），组织一支锣鼓队敲锣打鼓震天响，由两名火炮手随时放炮。有十几个妇女手拿簸箕在龙台两边。其他所有参加人员都头戴柳条编的帽子跟在后面。另外值得一提的是一个行心的人，在举行祈雨的时候他的两手抓着绑在桌子上的扁担，背靠在桌子上，这叫“拿马头”。锣鼓一响，鞭炮一鸣，他就飞似的向前跑，四个抬桌子的人就跟着跑，所有的人都随后而跑。最奇怪的当是拿马头的人说不走了的时候，四个抬桌子的人不管用多少力气也都走不动的，这时锣鼓就停了下来。大约十几分钟后，锣鼓一响鞭炮一鸣，拿马头的人精神突振，就又飞似的向前跑去。直到西大河（西官村西的跌破头湾）队伍停下，用圣水瓶从湾里灌满水，开始大礼祭拜。然后祈雨队伍再从原路回来，到早已安排好的场所进行祭拜。

第十四节　庙会习俗

庙会，是指在寺庙附近聚会，进行祭神、娱乐和购物等活动。起源于古代的祭神活动，后来逐渐加入了文化娱乐和贸易的内容。庙会的主要内容是拜神、文化娱乐，庙市的经营项目也都围绕这两项内容开展。卖敬神用的香、黄表、蜡烛、金银锞；各种卖艺的打场子，如傀儡戏、达洋片、耍刀枪、耍猴、说书、变戏法等；卖各种儿童玩具，如风筝、小泥哨、刀枪、面糖人、鼓铛等玩具；各种当地小吃、干鲜水果、小食品。另外，成为庙会活动主体的，一般有一台或两台大戏。同时，庙会在拜神和娱乐活动期间，也伴有农具、家具和生活日用品的销售；还有牛、羊、猪、驴的交易。

磁村华严寺庙会（1993 年 4 月拍摄）

庙会在淄川民间广为流传，古时候淄川以簧山、禹王山、焕山、莲花庵庙会香火较盛。进入到 21 世纪，赶庙会的民俗也一直延续。寨里簧山、七里村修真观、大土屋村文昌阁、东省村玉皇庙、赵瓦村王母祠、西谭村三官庙等庙会，每逢会期都会吸引大量信众前往祭拜，去表达辟邪除灾、迎祥纳福的美好愿望。

第十四篇 乡镇街道文化概况

第一章　经济开发区

淄川经济开发区是1992年经省政府批准成立的省级经济技术开发区，辖区面积45平方公里，下辖32个社区，户籍人口3.6万人，常住人口10万人。由原黄家铺镇、商家镇（部分）合并而来。

黄家铺，以黄姓命村名。因处古南北要道为驿站，明代将驿站改为铺，以此而得村名，称黄家铺。1956年，为淄川区黄家铺乡。1958年，属淄城公社。1961年，由淄城公社划出建立黄家铺公社。1984年，改乡。1993年，设镇。2006年9月，撤镇，设钟楼街道。2006年12月，撤销辖区的32个村民委员会，设立32个社区居民委员会。

开发区文化底蕴深厚，是战国时期纵横家、外交家、谋略家苏秦葬地，是明朝首辅大臣张至发的故乡，文学巨匠蒲松龄赴济乡试于此往返，蒲氏远祖蒲鲁浑静卧长眠。

开发区持续加大软硬件设施投入，推动文化事业发展。开发区文化中心总投资360余万元，总面积达3000余平方米，内设新时代文明实践大厅、历史文化展馆、四德好人馆、图书（电子）阅览室、多功能培训室等，是开发区繁荣文化、各种公益活动的集聚地。

辖区各社区均建成综合文化广场，公共文化服务全覆盖。辖区内有张相湖湿地公园、苏相湖公园、般阳清风廉政教育馆、党建展馆、村史馆等一批重点文化项目，有凤凰文艺宣传队、文化宣传志愿者队伍等文化人才和文化团体。

第一节　组织机构

历史沿革

1988年前，为黄家铺广播站，归区管理；1988年体制改革，划归镇政府管理。

1992年，开发区成立，更名为开发区广播站。

2005年，广播站更名为传媒中心。

2007 年 1 月 14 日，各镇办的广播站（传媒中心）统一上收到区广电局，之后更名文化站。
2015 年 1 月，更名为开发区综合文化服务中心。

历任负责人

黄家铺

李绍高（1971.6—1998.10）
贾世峰（1996.1—1999.12）
孙兆东（1999—2000.7）
孙增胜（2000.8—2004.6）
杨　雷（2004.7—2006）

开发区

张　仁（1983.6—1990.5）
高瑞峰（1989—1997）
杨　雷（2005）
王启浩（2010—2013）
张玮玮（2010.9—2019.12）

第二节　大事记

1978—1982 年

黄家铺镇电影队异常活跃，每年放映场次均超过 700 场，观众人数达 32 万人次。

1985—1986 年

组织创建“青年民兵之家”活动阵地，以此来改善和丰富农村青年的业余文化生活。
灵沼村“青年民兵之家”拥有图书阅览室 3 间、乒乓球室 3 间、棋牌活动室 2 间、篮球场 1 处、电影放映机 1 台，达到省级“青年民兵之家”的标准。灵沼村作为创建活动先进单位，在全区创建活动表彰大会上做典型发言。

夏庄村、黄家铺冲剪机床厂被评为市级“青年民兵之家”。他们同时荣获时任中共中央总书记胡耀邦亲自题写的“青年民兵之家”匾牌奖励。

1978—1990年

逢年过节，乡里都要有针对性地组织开展一些群众喜闻乐见的便于推广和发展的文体活动，如乒乓球赛、篮球赛、象棋赛、拔河比赛等。

自全区组织开展春节扮玩活动以来，黄家铺镇的扮玩队伍从最初的200人发展壮大到500余人。其中，上五村的狮子表演、贾村的大鼓队、井家河村的舞龙队被区里评为优秀节目。

每年春节组织文艺演出队入村演出。演出剧种多样，有吕剧、五音戏、京剧以及自编自演的文艺节目。剧目包括《王小赶脚》《墙头记》《王汉喜借年》等，伴奏的乐队有二胡、笛子、手风琴、小提琴、大提琴等。在当时，这样的演出队伍和乐队都是屈指可数的。

1990年

“腾飞杯”歌手大奖赛举行。

春节团拜会文艺会演举行。

至2001年，每年都组织民间艺术扮玩队伍串乡并进城表演。

1991年

组织镇文化干部参加区文化干部业务培训班。

1992年

组织文艺宣传队参与区“送文化下乡”到各乡镇慰问演出。

“西山引水”工程文艺宣传队在上五村村委演出五场。

1993年

机关人员组成文艺宣传队下村慰问演出。

1994 年

焰火歌舞晚会在钟楼文化广场举行。

“腾飞杯”歌手大奖赛在钟楼大酒店举行。

1996 年

庆祝中国共产党成立 75 周年歌咏比赛举行。

1997 年

“庆三八、迎回归”巾帼集体舞大赛暨妇女工作总结表彰大会举行。

“迎回归”书画展举行。

2002 年

在大钟楼举办放烟花、灯会活动。

2003 年

春节期间，组织庆新春演唱会。

2006—2008 年

每年，开发区各社区扮玩队伍近 1000 人，在文化广场举行元宵节扮玩展演活动。正月十五晚上，举办燃放烟花活动，并进行现场直播。

2014 年

《凤凰周讯》报纸开办，四开四版，每周一期，每期 8000 份，共计发行 65 期，主要发行对象为开发区各社区、各企业。报纸主要刊登党的方针、政策，以及开发区的主要工作和成就。

2014—2019年

连年在“七一”前夕，组织开发区社区、企业、双管单位、高校等开展“身边最美的人”评选活动。评选出最美党员、最美居民、职工、老师、环境卫士等涉及各行各业等“身边的最美”典型。

2015年

7月，“齐商银行杯”开发区歌手大赛举行。至2019年，每年开展新春文化活动，送春联进社区、新春文艺会演等。

庆“七一”“好家风好家训”书画展、千人合唱活动举行。

连续5年举办千人巡视、千人合唱、千人大会，参与群众近10万人，共同见证开发区的发展变迁、建设成果。

“好家风、好家训”广场舞展演举行。

“我爱我家、我拍我家”摄影大赛活动举行。

“康桥名郡杯”广场舞大赛举行。

2016年

庆祝中华人民共和国成立67周年文艺会演举行。

“热土欢歌”广场舞大赛、赛歌会举行，至2019年，每年都举办。

庆祝建党95周年文艺演出举行。

2017年

机关新春联欢会举行。

“文化云”系列培训课程开展瑜伽、健身操、声乐、书法培训等。

“凤凰大讲堂”系列讲座开讲。开讲近20期，邀请国内知名专家、学者在开发区传道授业，受益群众2万多人次。

“喜迎十九大，共筑中国梦”“我爱我家”摄影展举行。

2018年

庆“七一”千人合唱活动举行。

庆祝建党97周年大会暨“身边最美的人”颁奖典礼举行。

“改革开放看今朝”书画笔会举行。

“行者无疆”诗歌朗诵会举行。

2019年

“行者无疆”——春天的邀请朗诵诗会举办。

开发区举办庆祝中华人民共和国成立70周年系列活动摄影展、文艺会演等。

开发区庆祝建党98周年千人合唱活动举行。

开发区文化中心正式启用。

“文化云”课程培训开展书法、工笔画、声乐、舞蹈培训等。

机关新春联欢会举行。

文化中心举办迎新年联欢会。

第二章　洪山镇

洪山镇位于淄川城区东邻，是聊斋文化、增福财神文化以及淄博煤炭文化的发源地，也是鲁中天主教文化的传承地，拥有丰厚的文化资源。聊斋俚曲被列为国家级非物质文化遗产。增福财神文化被列为市级非物质文化遗产。全镇面积 32 平方公里，总人口 5.7 万人，辖 26 个村居。全国重点文物保护单位、国家 AAAA 级旅游景区聊斋城和国家大型企业集团淄矿集团坐落在镇域内。2009 年，洪山镇被淄博市委、市政府表彰为全市社会文化工作先进乡镇。2013 年，洪山镇被省文化厅授予山东省“民间文化艺术之乡”称号。

自 2010 年以来，洪山镇通过政府财政投入、争取上级资金扶持、村级自筹等方式，建立多元化投入机制，加强文化阵地建设。一是实施文化站提升工程。累计投资 800 余万元建设了 2 个大型群众文化活动广场，投资 10 万元升级改造镇综合文化站，电子阅览室、图书阅览室、多功能活动室、棋牌室、书画室等功能室面向群众全天开放。图书分馆藏书已达 3000 余册，与总馆实现通借通还、资源共享。二是实施村居文化阵地提升工程。累计投资 640 余万元新建或升级改造村居综合性文化服务中心、文化广场，村村建起健身广场、文化大院，农家书屋率先在全区实现村居全覆盖。在每个村居设置宣传文化室、党员教育室、科技普及室、普法教育室、历史文化展室、图书阅览室、电子阅览室、道德讲堂等功能室，达到“村村有文化场所、人人享文化成果”的目标。

第一节　组织机构

历史沿革

1975 年建文化站，1995 年 3 月 6 日恢复洪山镇文化站。1998 年，洪山镇设立镇文化站，与镇广播站合并办公。2004 年，搬迁至镇农机站办公楼，投资 30 万元改造文化站功能室。2012 年，镇文化站与广播站分离，成立洪山镇综合文化站。

历任负责人

谭　菊（1990.9—1998.7）
张行海（1998.7—2001.6）
孙东亮（2001.7—2008.9）
王　攀（2008.9—2012.8）
江　波（2012.9—2019.5）
毕艳娜（2019.6—2019.12）

第二节　大事记

1980 年

9 月 5 日，蒲松龄纪念馆经过整修后，正式对外开放。

1987 年

7 月 1 日，镇党委召开“新时期共产党员如何发挥先锋模范作用”演讲会，观看了革命传统教育影片。

1988 年

4 月 18 日，镇广播站投资建成播音室，招聘播音员和编辑，早中晚进行有线广播宣传。

1989 年

7 月 24 日，在机厂影剧院举办全镇“党员之风”歌咏比赛。

1990 年

3 月 31 日，蒲家村自筹资金兴建的“柳泉艺术陈列馆”和“狐仙园”剪彩开放，正式接待海内外游客。

12月28日，洪山镇驻洪各单位迎新年文娱联谊会举行。议题是弘扬社会主义信念，坚持社会主义道路，协作共建，争取更大成绩。

1991年

10月15日，洪山广播站改为洪山广播电视站。

1992年

9月3日，聊斋宫落成典礼在蒲家村举行。蒲家村聊斋宫工程被列入全区1992年第二批施工的八项重点工程之一。

1993年

12月，纪念毛泽东诞辰100周年文艺会演举行。

12月，根据机构改革文件精神，撤销文化站，职能归并到科教文卫办公室。撤销广播站，组建广播电视服务站，隶属科教文卫办公室领导。

1994年

7月1日，庆祝建党73周年暨《中共洪山党史大事件（1949年10月—1994年5月）》出版发行大会在淄矿影剧院召开。会后，集体观看爱国主义影片《屠城血证》。

1995年

3月6日，洪山镇文化站恢复。

1996年

7月30日，蒲家村投资15万元兴建的华野整军纪念碑落成揭幕。纪念碑坐落在蒲家村华野整军司令部旧址，由红色花岗岩碑体和大幅古铜色浮雕组成。舒同题写“华野整军纪念”碑名。

1997年

3月14日，洪山镇被淄博市委、市政府授予“淄博市社会文化先进乡镇”称号。

1999年

10月，《蒲松龄聊斋俚曲集》出版发行。该书80万字，由蒲家村蒲先明整理，山东大学出版社副编审邹宗良校注。

2001年

4月21日，《聊斋志异》特种邮票（第一组）发行。该套邮票全套4枚，分别为《婴宁》《阿宝》《画皮》《偷桃》。小型张一枚，为《崂山道士》。

8月26日，淄博聊斋城开工奠基。

2002年

4月30日—5月7日，首届中国（淄博）国际聊斋文化旅游节在蒲家村举行。旅游节突出聊斋故事和古朴民风民俗，邀请省内外专家和艺术团进园，举办蒲文化论坛、聊斋故事流动表演、民俗歌舞、聊斋俚曲演唱等活动。

2003年

2月10日，蒲家村举办元宵灯会。

2004年

4月30日，《聊斋俚曲》首发式在聊斋城举行。该书39万字，由陈玉琛历经10余年搜集、研究、编译整理而成，列为“齐地音乐丛书”之一，山东文艺出版社发行。

5月30日，洪山镇第十届小星星艺术节暨庆“六一”文艺演出在淄矿影剧院举办。

7月18—31日，首届中国（淄博）国际聊斋啤酒节举行。

2005年

4月30日,《聊斋志异》传世收藏版发行仪式在蒲松龄故居举行。

2006年

6月30日，庆祝建党85周年表彰会召开。会后举行文艺演出。

9月9日，23集电视连续剧《走进大山》开机仪式在土峪村举行。

12月15日，位于洪山镇的大革命时期中共淄博支部旧址、山东炭矿工会淄博部旧址、淄川炭矿工人俱乐部旧址、土地革命战争时期淄川炭矿工会旧址，由中共淄博市委设立旧址标志牌。

2008年

4月29日，取材《聊斋志异》的电影《画皮》上映公布仪式举行，活动由区文化旅游局和洪山镇承办。9月16日，电影《画皮》全球首映式在聊斋城演艺广场举行。

5月17日，荷包献奥运仪式在聊斋城举行。现场展出了董瓦村侯淑英用六年时间缝制的2582个香荷包，以此向奥运献礼。

10月3日，百集电视情景剧《白话聊斋》在蒲家庄举行开机仪式。解放军总政治部文化部原部长田爱习与杨洪涛共同为《白话聊斋》开机。

2009年

8月31日，洪山镇举行庆祝中华人民共和国60华诞暨社区广场文化艺术节文艺晚会。

10月底，投资135万元建设的洪山农村少年文化宫竣工。该少年宫位于鲁泰洪山小学，建筑面积1145平方米，设有音乐、美术、舞蹈、多媒体等多个功能室，极大满足了少年儿童的文化生活。

2010年

7月1日，洪山镇“爱我祖国、兴我洪山”红歌演唱会在淄矿影剧院举办，700余名党员参加。

11月5日，洪山镇在聊斋城景区举办廉政书画展。

2011年

6月26日，洪山镇庆祝建党90周年文艺会演在淄矿集团礼堂举行。

2012年

7月3日，洪山镇在淄矿俱乐部举行庆祝建党91周年暨“四德”工程建设文艺演出。

9月27日，洪山镇“践四德 庆国庆 喜迎十八大”书画展在区人民会堂举办，参展作品120余幅。

10月20日，洪山镇“喜迎十八大 共舞夕阳红”老年庆祝大会在蒲家村文化广场举行。

12月26日，大型聊斋俚曲现代戏《环保战士》洪山专场在淄矿影剧院演出，该戏展示了孟祥民扎根环保、执法为民的先进事迹。

2013年

2月17日，庆新春书画摄影展在镇文化站举行，共展出书画作品230余幅。

2月23日，首届新春戏会在宏辉太和广场举行，演出吕剧《墙头记》《娶婆婆》《寻子记》。

2月24日，洪山镇组团参加区元宵节民间艺术进城扮玩活动。增福财神巡游淄川城和蝴蝶舞两支队伍参加。

3月18日，洪山镇被山东省文化厅命名为第四批“山东省民间文化艺术之乡（戏曲）”。

6月16日，宏辉·太和文化广场揭幕仪式举行。

6月28日，洪山镇庆祝建党92周年书画展在先河悦新机电公司职工礼堂举办。由镇党委、政府与山东先河悦新机电公司主办，小红卫村与洪山老年书画学会承办，展出作品200余幅。

8月28日，嬷嬷幢增福财神庙落成大典暨2013年首届财神文化节举办。

9月18日，欢乐中秋暨社区广场文化艺术节会演活动在宏辉·太和广场举行。

2014年

2月19日—3月10日，“梦幻聊斋”艺术灯会在聊斋城举办。灯会投资300万元，共设计制作了梦幻聊斋、人鬼情未了、牡丹仙女、柳泉闲聊、云凤天灯等以聊斋故事为主题的大型组灯30多组，数千盏宫灯、满天星等小型灯环绕整个园区，前期景区新建的水雾设施也投入使用，吸引上万名游客观灯畅游。

3月8日，洪山镇董瓦村和淄川人民广播电台联谊举办庆“三八”文艺演出。

4月18日，洪山镇被省文明委确定为全省“百镇千村”建设示范工程文化特色建设示范镇。

5月23日，洪山镇举办实施“六新工程”推进美丽村居建设文艺会演。

8月2日，现代廉政剧《大爱无疆》在洪山镇首演。该剧以反腐倡廉为主题，以母爱亲情、大爱无疆为主线，将传统孝文化和社会主义核心价值观相融合，讴歌了一曲母爱颂歌。

2015年

2月27日，在镇文化站举行“庆新春”书画展。

3月4日，在宏辉·太和广场举办庆新春戏会。

4月4日，纪念蒲松龄诞辰375周年暨《中国古代文学家（四）纪念邮票》发行仪式在蒲家广场举行。

7月1日，洪山镇庆祝建党74周年暨文艺会演大会在淄矿影剧院举行。

12月22日，洪山镇“文化惠民幸福洪山”迎新年文艺会演在宏辉·太和广场举行。

2016年

6月15日，淄川区2016年“热土欢歌”大赛洪山镇总决赛举行。

2017年

7月1日，洪山镇庆祝建党96周年大会暨文艺演出在淄矿影剧院举办。

10月16日，洪山镇“喜迎十九大，翰墨颂党恩”书画摄影展在北工海云台举行。

2018年

9月25日，洪山镇举办庆国庆暨改革开放40周年书画摄影展。

2019年

6月14日，在淄矿西山公园举办洪山镇“热土欢歌”赛歌会、广场舞决赛。

8月9日，洪山镇举办“熏风柳泉”书画展，由洪山镇党委政府主办，淄川区老年书画学会洪山分会、淄博聊斋文化艺术学会承办。

9月29日，庆祝中华人民共和国成立70周年书画展举行。

第三章　昆仑镇

昆仑镇位于淄川区南部，与博山区接壤，总面积99.8平方公里。辖44个建制村、5个社区，总人口7.4万人。下设7个基层党委、16个基层党总支和65个直属基层党支部，共有党员4509名。镇域面积12平方公里，常住人口城镇化率达67%。镇域内建有各类道路340余公里、休闲广场和公园等50余处、规范化住宅小区32个，生活垃圾处理率、社会化供水率均达到100%，先后荣获国家级重点镇、国家级特色小镇、全国陶瓷名镇、国家级生态示范镇、国家卫生乡镇、中国锻压装备制造交易基地、山东省百镇建设行动示范镇、山东省特色产业镇、山东省绿色生态示范镇、山东中小型锻造及冲压设备产业基地、山东省陶瓷工艺产业基地、淄博市首批试点中心镇等荣誉称号。

昆仑镇历史悠久，文化底蕴浓厚，文物古迹较多。昆仑镇有建于明代崇祯年间的洄村古楼、建于唐开元元年（713年）的华严寺、磁村古瓷窑址、淄西名山三台山、淄西名泉滴水泉、始建于光绪初年的张李村王家大院古建筑群。洄村古楼、华严寺、磁村古瓷窑址被列为国家级重点文物保护单位。三台山、王家大院被列为市级文物保护单位。磁村花鼓、聂村芯子、苏王舞龙等也被列入省市非物质文化遗产。2015年，建成新的镇综合文化站，位于泉王路天晟路段，建筑面积700平方米。站内设电子阅览室、图书阅览室、书画室、“非遗”展厅、多功能活动室等。

自80年代至今，昆仑镇文化事业涌现出了一大批艺术专业人才。在国画、油画、年画、版画、壁画、陶瓷彩绘、座盘、电影宣传画、刻瓷、磁雕等艺术形式中，有7人的作品在省级刊物上发表，13人的作品在国家级的刊物上发表，14人的作品在阿尔巴尼亚、波兰、德意志联邦共和国、日本等国家，以及中国香港的出版物中刊登，或被外交部评选为国家礼品，或在慕尼黑国际展览会上获得奖牌等。

第一节 组织机构

历史沿革

1958年12月4日，在原三个乡（磁村、蕉庄、马棚）民办文化站的基础上合并为一个文化馆，命名为磁村公社文化馆。

1958年，昆仑镇广播站和文化站建立。

1975年10月14日，昆仑公社文化站、磁村公社文化站成立。

1993年，昆仑镇、磁村乡广播电视服务站建立。

2011年，磁村镇并入昆仑镇，建立昆仑镇文化站。

历任负责人

原磁村镇

王衍祝（1976.10—1986.10）

陈传孝（1986.10—1993.12）

邢成悦（1993.12—2005.6）

曹秀芬（2005.6—2010.10）

昆仑镇

陈谋钦（1976.10—2010.7）

王丽萍（2010.7—2014.2）

王宏博（2014.2—2017.7）

李梦诗（2017.7—2019.12）

第二节 大事记

1949年

10月1日，昆仑地区广大群众高举彩旗、敲锣打鼓在昆仑区驻地大昆仑村集会，热烈庆祝中华人民共和国成立。

1951 年

年底，昆仑人民剧场建成，可容纳 800 人。

1952 年

12 月，昆仑广播站建成。

1958 年

9 月，昆仑镇人民公社成立。成立磁村公社文化馆，由原先的磁村、蕉庄、马棚三处民办文化馆合并而成。

是年，昆仑镇广播站和文化站建立。

1966 年

7 月 1 日，磁村公社召开联欢会庆祝中国共产党诞生 45 周年。

1975 年

10 月 14 日，淄川区“革命委员会”政治部确定建立昆仑、磁村公社文化站。

1976 年

12 月，磁村公社举办春节文艺会演活动。

1979 年

11 月 10 日，昆仑公社剧场对外开放。

1985年

3月2日，淄川区西片昆仑镇、岭子镇、冶头乡、商家乡、黄家峪乡、磁村乡文艺调演在磁村乡举行。

1986年

12月1日，磁村乡决定挖掘整理《磁村花鼓》。12月23日，磁村花鼓队成立，人数42人。由磁村乡老艺人李慎濂具体指导排练。并成立乡文艺宣传队，排练节目《磁村颂》以及快板书、舞蹈等。

1987年

8月16日，磁村乡电影院在全国农村科教电影汇映月活动中表现突出，获中央六部委表彰。

1988年

3月15日，昆仑镇文化中心、磁村乡文化中心被表彰为全区先进文化中心，昆仑影剧院被表彰为先进集镇影剧院，陈谋钦、陈传孝被表彰为先进文化站长。

4月28日，淄博市“磁村杯”青年歌星舞星大奖赛决赛在乡影剧院举行。由淄博市文化局、淄博市群众艺术馆、磁村乡政府联合举办。524名选手参赛，30名选手进入决赛。磁村乡选手陆红获农民组歌手一等奖。

10—12月，陈义前、孙即树演出的双人舞《雄鹰迪斯科》获得华东地区残疾青年演出一等奖和中华残疾人协会全国调演一等奖，并出国演出。

1989年

1月29日，奎三村第一届文艺演唱大奖赛举办。

7月18日，淄博市第二届“磁村杯”青年歌星舞星大奖赛在淄博市群众艺术馆开幕。由陈倩、丁恩昌、牛余星作词，陈玉琛、顾珣、王川昆作曲的磁村乡乡歌《播下理想收获希望》和由吴冬寒创作的《磁村花鼓》获创作特别奖，磁村乡陈阳、陆红分别获农民歌手二、三等奖。18日晚，获奖选手在淄博剧院向市领导和全市人民汇报演出。19日，在磁村乡进行了两场汇报演出。

1990 年

2 月 25 日，昆仑镇文化中心、磁村乡文化中心被表彰为 1989 年度全区文化工作先进单位，陈谋钦、陈传孝被表彰为先进工作者。

7 月 11 日，昆仑镇下发《关于对文化大院正规化建设的实施意见》，要求各村要有一名领导亲自抓文化大院设施配套建设，必须有一名专（兼）职文化大院的管理人员，从组织工作、制度建设、场地设施、设备器材等方面进行完善和整改，积极争创“社会文化先进镇”。

12 月 29 日，磁村乡社会文化工作委员会成立。

1992 年

1 月，大昆仑村在本村市场街建青年娱乐中心一处，内设舞厅。

1993 年

3 月 12 日，区委、区政府表彰 1993 年商城灯会暨淄川区第七届元宵灯会先进单位，昆仑镇荣获一等奖。

1995 年

3 月 10 日，昆仑镇荣获淄川区第九届元宵灯会组织奖。大昆仑村、西笠山村、洄村荣获元宵灯展二等奖。昆仑镇彩车花束队、彩车、舞蹈《雄鹰迪斯科》荣获元宵民间艺术扮玩表演奖。

是年，昆仑镇对在1995年春节文化活动中做出突出贡献的福利建材厂等21个先进单位进行表彰。

1996 年

4 月 12 日，昆仑镇荣获淄川区第十届元宵灯会组织奖。西笠山村、大昆仑村、洄村村荣获灯展二等奖。昆仑镇彩车、旱船、大鼓队、许家村大鼓荣获元宵节民间艺术表演单项奖。

12 月 26 日，昆仑镇在洄村村委举办书画展。

2000 年

3 月 16 日，原昆仑镇奎盛公园被区委、区政府表彰为新春文化活动先进单位，并连续多年获表彰。

4月17日，磁村镇被区委宣传部表彰为全区文化科技卫生“三下乡”活动先进集体。

2001年

4月28日，中共昆仑镇委员会、昆仑镇人民政府对元宵节民间艺术进城表演的单位进行表彰奖励。聂村等3个单位获得一等奖，奎三村等11个单位获得二等奖。

2003年

11月6日，首届山东昆仑·江西景德镇陶瓷艺术产品展销会在淄博昆仑陶瓷城举行。昆仑镇举办2003“昆仑杯”陶瓷文化艺术展，展示了刻瓷、书法、盆景等各种作品500余件。

2004年

1月，昆仑镇在全镇开展新春文化活动，举办“万峰杯”中国象棋、乒乓球、扑克比赛，举办元宵节焰火晚会等。

6月，昆仑镇举办全镇庆“七一”文艺会演。

2005年

3月21日，扮玩节目《聂村芯子》荣获“元宵节民间艺术表演奖”。

3月25日，磁村镇小百锡五音剧团的五音戏《龙凤配》、磁村镇河石坞五音剧团的五音戏《安安送米》荣获区民间业余剧团优秀演出奖。

2006年

1月，昆仑镇在全镇开展新春文化活动，包括进城扮玩、“舜天矿业杯”庆新春文艺晚会、“昆瓷之光”焰火晚会、民间艺术表演、庆新春书画展等。

4—6月，昆仑镇在文化广场举行庆祝建党85周年广场展演活动。

2008年

春节期间，组织新春文化活动包括民间艺术表演、奎盛公园灯展、奎三村“万峰杯”乒乓球、扑克、象棋比赛等。

2月17日，《磁村花鼓》荣获全区民间艺术表演奖。磁村镇小百锡五音戏团的五音戏《别窑》、磁村戏曲协会的五音戏《王小赶脚》获全区民间业余剧团优秀演出奖。

6—12月，昆仑镇在全镇各村居放映电影200场。

2009年

3月21日，与区文联组织开展卧虎山下新春笔会活动。

9月20日，磁村镇庆祝中华人民共和国成立60周年书画摄影展举办。

9月26日，磁村镇庆祝中华人民共和国成立60周年大会暨文艺会演召开。

2010年

1月4日，省电视台、区委组织部到磁村调研拍摄马棚村文化共享工程建设情况。

2011年

6月19日，由昆仑镇政府、淄博市摄影家协会主办的“今日昆仑”生态旅游、陶瓷文化摄影大赛启动。

6月，昆仑镇开展庆祝中国共产党成立90周年纪念活动，包括红歌演唱大赛、广场文艺会演、书画摄影文石展、诗歌朗诵会、知识竞赛等。

9月29日，在市博物馆举行颁奖仪式暨作品展。

2012年

6月25日，昆仑镇“庆七一 讲四德 喜迎十八大”文艺联欢会举办。

2013年

6月，昆仑镇开展庆祝中国共产党成立92周年纪念活动，包括举办昆仑镇“奎三杯”庆

“七一”乒乓球比赛、昆仑镇“奎三杯”庆“七一”歌舞晚会等。

2014 年

6 月 26 日，昆仑镇庆祝中国共产党成立 93 周年“七一”文艺会演举行。

9 月，2014 中国（淄博）国际木火节开幕式在淄博泰山瓷业有限公司举行。国际木火节自 2005 年开始举办，已成功举办九届，至 2019 年为国内唯一的国际性木火节。

2015 年

春节期间，昆仑镇开展“我们的节日”主题活动。开展春节庙会、元宵灯会、猜灯谜、舞狮子、扭秧歌等民俗下乡活动，歌舞表演、联欢联谊、书画展、送春联等文化惠民活动，“书香伴佳节、经典润心田”诵读中华经典活动等。

8 月 21 日，昆仑镇呈报区政府《关于淄博泰山瓷业有限公司提升、改造企业文化旅游功能和设施的申请》，积极做好企业文化旅游，打造昆仑名片。

2016 年

4 月 26 日，昆仑镇文化志愿者队伍成立。建立起一支门类齐全、组织严密、高效有序的文化志愿者队伍。

5—6 月，昆仑镇“热土欢歌 畅想昆仑”群众文化系列活动组织开展。

6 月，昆仑镇庆祝中国共产党建党 95 周年“七一”文艺会演组织举办。

是年，昆仑镇开展“陶瓷风情 文化同行”群众文化艺术年活动。包括举办“流光溢彩”送戏下乡活动、“百花齐放”文艺活动、“大地深情”文化传承活动等。

2017 年

6 月，昆仑镇开展庆祝中国共产党成立 96 周年系列专题文化活动。各村居、单位在“七一”前夕集中开展群众性文化活动，以歌曲、舞蹈、曲艺、说唱、书画、摄影等多种形式，讴歌党的光辉业绩。

2018年

2月18日新春戏会开幕式在昆仑镇1954陶瓷文化创意园举行。

2月26日，昆仑镇在1954陶瓷文创园举办了为期5天的昆仑镇“学习贯彻党的十九大精神”新春书画摄影展。

3月8日，昆仑镇庆“三八”国际劳动妇女节文艺演出举行。

2019年

2月16日，淄川区新时代文明实践2019年新春戏会在1954文创园大碾广场开幕，为期3天。

春节期间，“迎新春 送万福”进万家活动走进昆仑镇南石谷、大昆仑、磁村等各个村居，为群众义务写春联、送“福”字。

4月4日，昆仑镇王一君大师工作室、1954陶瓷文化创意园、淄博泰山瓷业有限公司、淄博牛记庵农业发展有限公司、山东兆霞陶瓷科技有限公司被评为全区文化名城建设工作先进单位。

7月1日，昆仑镇举办庆祝中国共产党成立98周年文艺会演。

12月31日，昆仑镇组织梦之旋艺术团走进武警三中队，联合举办“情暖新兵 喜迎元旦”双拥迎新联欢会。

第四章　双杨镇

双杨镇地处淄川北部，与淄博市经开区接壤，镇域面积 30.816 平方公里，常住人口 4 万人，户籍人口 3.2 万人，下辖 20 个村、2 个居委会，其中全国文明村 2 个、省级文明村 4 个，所有村年收入达 20 万元以上。现有基层党组织 42 个，其中五星级党组织 9 个，四星级党组织 12 个，共有 1769 名党员。

全镇 22 个村居均建有文体广场，全部配有农家书屋。有文化长廊 5 处、村史馆 5 个、小剧场 4 个，为群众提供活动场所。镇综合文化站设置书法室、舞蹈室、多功能室等，还有一处文化站设在与杨寨村共用的文体活动中心，占地面积 2600 平方米，内设培训室、书法室、乒乓球室、戏曲排练室等。建设“双杨书吧”，配备各类图书 3000 余册，积极推进全民阅读。充分调动镇内文体活动爱好者积极性，组建一支讲奉献、顾大局、高素质的文化志愿者队伍。各类文体活动开展得有声有色。依托镇内赵瓦村和月庄村两个全国文明村以及镇政府驻地村杨寨村的资源、人才、人文优势，示范引领全镇各村形成“龙头带动、你追我赶”的良好局面。

第一节　组织机构

历史沿革

1974 年左右，分别成立杨寨公社、双沟公社文化站。1984 年左右，改称杨寨乡文化站。1992 年 10 月，改称杨寨镇文化站。1994 年左右，改称杨寨镇广播文化站。2006 年，双沟镇与杨寨镇合并为双杨镇，成立双杨镇综合文化站。

历任负责人

杨寨镇

高庆仁（1974—1976.11）

李兰珉（1976.11—1985.10）

李　勇（1985.10—1995）

张庆孝（1995—1999.8）

邵新红（1999.12—2004.1）

王传坤（2004.1—2006.9）

双沟镇

高兴华（1981—1997）

周奎亮（1997.8—1999.3）

徐　涛（2000—2006.9）

双杨镇

王传坤（2006.10—2008.9）

贾　峰（2009.1—2013.9）

郗常才（2013.9—2016.5）

李　艳（2016.6—2019.12）

第二节　大事记

原杨寨镇

1990 年

2 月 25 日，李勇被表彰为 1989 年度淄川区文化工作先进工作者。

2001 年

1 月 15 日，杨寨镇印发《关于贯彻区委宣传部 2001 年度文化科技卫生“三下乡”活动的意见》。

4 月，杨寨镇被区委、区政府表彰为“新春文化活动先进单位”，至 2006 年连年获此荣誉。同时，组织的民间艺术表演队伍舞狮、健身操、月庄锣鼓等荣获“元宵节民间艺术表演奖”。

2002 年

2 月 1 日，淄博市广播电视局授予杨寨镇广播电视站“2001 年度先进广播电视站”称号，授予邵新红“先进管理工作者”称号。

3 月 8 日，杨寨镇党委、政府印发《2002 年新春文化周活动先进集体的表彰决定》。

原双沟镇

1999 年

11 月 17 日，双沟镇印发《关于在全镇开展庆祝建党 78 周年系列活动的意见》，对做好“七一”期间全镇基层党组织庆祝建党 78 周年系列活动作出部署。

2000 年

3 月 14 日，双沟锣鼓、世纪大鼓、舞狮被表彰为全区“民间艺术表演大奖”，腰鼓花环队、舞蹈《十二生肖大拜年》、舞蹈《辣妹子》被表彰为“民间艺术优秀表演奖”。

3 月 16 日，双沟镇荣获淄川区“民间艺术表演优秀单位”称号。

双杨镇

2007 年

5 月 25 日，淄川区新春文化活动领导小组表彰双杨镇代表队月庄锣鼓、小庄龙灯、武术表演为“民间艺术表演一等奖”。

2011 年

3 月 15 日，双杨镇月庄村被表彰为“2010 年度淄博市文化工作先进单位”。贾峰被表彰为“淄博市文化工作先进个人”。双杨镇广播文化站被表彰为“淄博市十佳文化站”。

2014 年

6 月 25 日，双杨镇文化惠民暨庆“七一”文艺会演举行。

6 月 26 日，全镇“践行群众路线，为民务实清廉”演讲比赛举行。

8 月 14 日，省委办公厅信息调研室调研双杨镇农村文化建设工作。

2015年

1月28日，2015年淄博市文化科技卫生“三下乡”活动启动仪式在双杨镇赵瓦大集广场举行。

2016年

6月30日，双杨镇庆祝中国共产党成立95周年文艺会演暨颁奖大会举行。

8月26日，“书香双杨”大讲堂暨吕明晰专题讲座举行，镇村干部及企业代表900余人接受专题教育。

11月11日，“书香双杨”大讲堂暨田秀英专题报告会举行，镇机关干部、村居企业代表800余人参加报告会。

2017年

1月20日，双杨镇新春送“福”进万家活动举行。

3月29日，“书香双杨”大讲堂暨陈德云院长传统文化讲座举行，国际周易研究院顾问、常务副院长陈德云就传统文化中最美家庭方面进行讲述，全镇各村居、企业代表及机关干部近900人参加。

5月5日，双杨镇举办“走出舒适区、变革创新我先行”主题演讲比赛。

9月12日，淄川区“般阳清风”廉政文化巡演首场演出在双杨镇赵瓦村举行。

9月22日，山东省“中国梦·党在心中”百姓宣讲团走进双杨镇赵瓦村。

2018年

2月24—28日，双杨镇新春文化周活动举行。

6月12—15日，双杨镇广场舞大赛举行。

9月29日，双杨镇举办2018年“狮王杯”第四届歌手大奖赛。

10月，淄川区廉政文艺巡回演出在双杨镇举行。

11月19日，新时代文明实践站“改革开放40周年”书画展暨廉政文艺巡回演出举行。

2019年

2月13日，双杨镇新春文化周活动举办。

6月1日，双杨镇“欢庆六一家园联欢”晚会举行。

6月15—18日，淄川区第六届“热土欢歌”广场舞大赛双杨镇决赛举行。

6月25日，双杨镇组队参加淄川区第二届老年合唱比赛。

6月30日，双杨镇庆祝中国共产党成立98周年表彰大会暨“七一”红歌文艺会演举行。

9 月 26 日，“翰墨寄初心 共筑中国梦”新时代文明实践庆祝中华人民共和国成立 70 周年暨双杨镇书画作品展举行。

9 月 28 日，双杨镇举办第五届“狮王杯”歌手大赛。

10 月 19 日，淄博市第三届智力运动会“双杨杯”象棋比赛举行。

10 月 19 日，双杨镇组队参加淄博市首届镇（街道）、村（社区）居民运动会暨广场舞比赛，月庄代表队荣获一等奖。

第五章　罗村镇

罗村镇，1980 年 10 月建镇，地处淄川区东北部，东与临淄区边河乡接壤，东南与寨里镇为邻，南连寨里镇，西邻双杨镇，北接淄博经开区南定镇，行政区域面积 63.95 平方公里。截至 2019 年 12 月，罗村镇有户籍人口 5.32 万人，下辖 1 个社区和 32 个建制村。

罗村镇综合文化站统领全镇的群众文化工作。经过近 20 年的发展变迁，全镇基本形成全覆盖的公共文化网络，为文化活动的开展夯实根基。投资 300 万元新建镇综合文化站，内设锦川书画院、红色文化展厅、国学讲堂、图书阅览室、文体活动室、书面创作室、国家级大师工作室等，为广大热爱文化的群众提供一个学习交流平台。罗村镇大力发展农村特色文化，依托传统节日、重大节庆和民间文化资源，精心策划组织群众喜闻乐见、互动性强的文体活动，让广大群众“唱主角”。

近年米，罗村镇积极开展文化惠民“送戏进村”活动，昌盛吕剧团、瓦村民艺京剧团、聊斋俚曲等剧团每年为全镇村居民演出戏曲 33 场。在传统文化的抢掘、保护和发展方面，大窎桥村古建筑群保护与开发项目为区级重点项目。该建筑群为明清时代建筑，多为世居本村的王氏、韩氏等家族所建，2015 年被评定为山东省文物保护单位，2016 年被山东省住建厅评定为省级传统村落。

第一节　组织机构

历史沿革

1980 年，成立罗村镇文化站，下设电影队、图书馆、照相馆、群众文化馆等单位，文化站站长属于事业编，财政拨款，其余人员分设下属各单位，自主经营、自负盈亏，利润定额上缴。

2015 年，投资 300 万元新建镇综合文化站，内设锦川书画院、红色文化展厅、国学讲堂、图书阅览室、文体活动室、书画创作室、国家级大师工作室等。

历任负责人

王克刚（1978—1981）
陈友仁（1984—1992）
封明永（1992—1993）
王中枢（1993—1996）
张笃文（1996.7—2000.3）
白　水（2000.3—2004.10）
常永平（2004.10—2007.3）
邓　静（2007.3—2016.2）
张淑华（2016.2—2019.7）
车　飞（2019.7—2019.12）
王全彬（2019.12—）

第二节　大事记

1963 年

3 月，庆祝“三八”国际劳动妇女节大会举行。

1964 年

10 月 15 日，讲革命故事活动开展，并对活动进行经验总结。

1965 年

山东省人民广播电台播送罗村公社聂村业余剧团坚持上演革命现代戏的专题节目。

1971 年

“五好社员”“五好民兵”活动组织开展。

1985年

全镇第一个“文体活动月”活动组织开展。

35毫米（东风座机）集镇电影院建立。

1988年

保密教育影片《为了国家的利益》放映。

1989年

罗村镇泉子村、区文化局、区文化馆联合举办淄川区庆祝中华人民共和国成立四十周年“古泉杯”文学征文大奖赛。

1990年

3月，“党员之声”歌咏比赛举行。

5月底，庆祝“六一”国际儿童节活动举行。

6月，组织观看影片《雷锋的故事》。

1991年

7月，“忆传统、讲奉献、迎接中国共产党成立七十周年”活动开展。

8月20日，全镇象棋比赛在聂村举办。

是年，组织观看《淮海战役》《周恩来》《开天辟地》《毛泽东和他的儿子》等影片。

1992年

6月，庆祝“七一”系列活动举行。主要内容概括为“一课、两周、六会”9大活动。

9月，组织观看《伟大的战略决战》。

10月，“迎接十四大，为党添光彩”活动开展。

1993 年

是年，镇党员干部观看《中华人民共和国第一大案》影片。

1994 年

2 月，春节文娱活动举办。

6—7 月，中国共产党成立 73 周年文化活动举行。

1996 年

2—3 月，春节、元宵节群众文化活动举办。

6—7 月，庆祝中国共产党成立 75 周年活动举行。

1997 年

6—7 月，庆“七一 · 迎回归”活动举行。

2006 年

是年，申报山东省历史文化名镇。

2007 年

6—7 月，中国共产党成立 86 周年庆祝活动开展。

2008 年

7—8 月，罗村镇广场文化艺术节活动举行。

2009 年

5 月，罗村镇非物质文化遗产普查领导小组成立。

9 月，中华人民共和国成立 60 周年庆祝活动举行。

2010 年

9 月 15 日，罗村镇“迎省运、庆国庆”广场文化艺术节举行。

2011 年

6 月中旬，中国共产党成立 90 周年红歌演唱大赛举行。

2012 年

9 月，庆祝中国共产党成立 91 周年纪念活动举行。

2013 年

河东村烈士纪念碑、祠堂等 6 处零散纪念设施提升改造。

2014 年

正月，罗村镇组织春节期间文化活动。

2015 年

5 月 27 日，“学宪法知党章”群众文化活动周文艺演出组织举办。

2016 年

6 月，“纪念建党 95 周年・我的入党故事”主题征文活动开展。

6 月 8 日，罗村镇“两学一做”群众文艺会演活动举行。

9 月，罗村镇庆国庆系列文化活动举行。

2017 年

9 月 30 日，罗村镇文化中心启用并举办“文化中心启用暨‘生态罗村’”摄影展。

2018 年

4 月 12 日，罗村镇文化站开始组织“文化云”培训活动。

9 月 13 日，罗村镇荣获“中国淄砚之乡 文房四宝特色区域”称号。

2019 年

1 月 25 日，迎新春送春联志愿服务活动开展。

1 月 31 日，庆新春联欢会举行。

2 月 15—19 日，2019 新时代文明实践新春戏会在罗村广场举办。

2 月 16 日，罗村镇南韩村新时代文明实践站举办庆新春文艺晚会。

3 月 5 日，新时代文明实践“庆三八”系列活动暨大窎桥村“守望相助”志愿服务活动举行。

3 月 29 日，罗村镇荣获“中国淄砚之乡”荣誉称号。

4 月，罗村镇“中国农民丰收节”系列活动举行。

9 月 28 日，罗村镇“我和我的祖国”庆祝中华人民共和国成立 70 周年歌会举行。

9 月 29 日，罗村镇庆祝中华人民共和国成立 70 周年摄影书画艺术展举行。

第六章　寨里镇

寨里镇位于淄川区东部，全镇辖43个村居，总面积119.7平方公里，人口5.4万人，是淄川区的东大门，也是淄川东部文化产业区的重要组成部分。

寨里镇人杰地灵，历史文化底蕴深厚。相传智圣鬼谷子曾于寨里黉山著书立说教授弟子，并培养出了孙膑、庞涓、苏秦、张仪等五百多位杰出弟子。东汉末年，儒学大师郑玄于黉山著书立说，成为天下所宗的一代儒学宗师。寨里镇是鬼谷子文化的发祥地，也是聊斋文化的重要传承地。

近年来，寨里镇根据区委、区政府“东文西商”的发展定位，提出了建设“文化黉阳 生态寨里”的总远景，大力加强文化基础设施建设，广泛开展群众文化活动，目前全镇43个村居全部建起文体广场，建成农家书屋43个，文艺演出队伍53支，每年举办送电影下乡、送戏下乡、“热土欢歌”文艺会演等各类文化活动150余场，极大地丰富了群众的文化生活。

2017年4月，寨里镇投资150余万元，建起了1700平方米的镇四德好人馆和文化艺术中心，内设书画室、图书室、曲艺室、电子阅览室、多功能培训室、多功能排练室6个功能室以及健身区、休闲区2个活动区域，全天候免费向社会开放，为群众搭建起了集文化培训、娱乐、健身、图书借阅等于一体的综合性服务场所。寨里镇老年书画协会、春草舞蹈队、黉阳老年艺术团等12个文艺组织共计500余名文化骨干入驻，定期开展各种文化活动。同时立足“淄川文化云”培训，开展书法、绘画、舞蹈、声乐、太极拳、戏曲、旗袍秀、非洲鼓等培训课程，年培训学员3500人次。每期培训班结束时，都举办隆重的文化云汇报演出，让广大学员走上舞台展示风采。寨里文化云启动以来，迎接了来自中央、省、市、区领导参观视察及各地学习交流活动，得到广泛好评和高度认可。“文化寨里”已经成为寨里镇一张最闪亮的名片。

第一节　组织机构

历史沿革

1958 年，寨里公社、蓼坞公社都建立了文化站，政府每年投入文化活动经费 1 万—2 万元。后文化站逐渐发展，寨里公社文化站下设电影院、图书馆、书店、照相馆，文化活动多以节庆演出、电影放映、传统民俗表演为主。

1984 年，寨里公社、蓼坞公社改为寨里镇人民政府、黑旺镇人民政府，原文化站更名为寨里镇文化站、黑旺镇文化站。

1994 年，寨里镇文化广播电视站成立并挂牌。

2011 年，由原寨里镇和黑旺镇合并为寨里镇，原文化站合并为寨里镇综合文化站。

历任负责人

刘成伟（1979—1983）

张良仁（1984—1986）

张安行（1986—1988）

张庆玉（1989—1991）

刘金告（1992—1993.6）

许沛东（1993.7—2008）

王　冰（2008—2012.12）

王　涛（2012.12—2015.1）

孙　鑫（2015.1—2016.6）

李枚岭（2016.6—2019.2）

孙　鑫（2019.3—2019.12）

第二节　大事记

1980 年

11 月，寨里公社党委书记孙树成出席全国文化工作会议。由于寨里公社重视文化事业工作建设，先后建立了电影院、图书馆、书店、照相馆，成绩显著，被推选出席全国文化工作会议，并获

22 英寸彩电一台和奖状。

1983 年

8 月，寨里公社建立图书馆，藏书 2300 册、各种报纸杂志 30 余种。公社党委确定以后每年投资千元，订购书报、刊物。

8 月，寨里公社成立 20 余人参加的公社文艺创作组和 12 人组成的美术组，由刘成伟负责。

1984 年

2 月 12 日，寨里地区 1984 年元宵节民间扮玩艺术展演举行。自 1985 年开始每年正月十三日均举办元宵节民间艺术展演。

是年，寨里镇电影院制作幻灯片，参加在潍坊市青州县举办的全省幻灯会演，荣获三等奖。邹家村成立铜管乐队，是改革开放后寨里镇成立的第一支乐队。

1986 年

2 月 21—24 日，组织参加淄川区元宵节灯会。

2 月 24—25 日，组织寨里镇元宵节扮玩队伍，先后到太河乡、峨庄乡等 4 个乡镇慰问演出。

6 月 26 日，寨里镇举办“黉阳杯”卡拉 OK 大奖赛行。

1987 年

5 月，柳泉艺术团成立。

6 月 26 日，庆祝“党的生日”卡拉 OK 大奖赛举行。

1988 年

6 月 28 日，庆“七一”书法展举行，120 幅作品参展。至 2015 年，共举办庆“七一”庆国庆书画展 10 次，展出作品 1500 余幅。

1989 年

2 月 13 日，春节团拜会举行，机关全体人员演出了大合唱京剧、吕剧、山东快书、歌曲等。

9 月 27 日，寨里镇举办庆祝中华人民共和国成立 40 周年歌咏比赛。

1990 年

组织开展社会文化先进县争创活动。寨里文化活动中心建立，建成一类文体大院 12 个、二类文化大院 8 个、三类文化大院 2 个。

1991 年

1 月，争创社会文化先进乡镇，印发《关于创建社会文化先进乡镇的实施意见》，成立以党委书记为组长的寨里镇社会文化活动委员会，连续 4 次进行研究部署和调度安排，全面提升全镇文化活动中心和村级文化大院建设。

6 月 28 日，寨里镇庆祝中国共产党成立 70 周年歌咏比赛举行。

1994 年

6 月 1 日，寨里镇文化广播电视站成立并挂牌，办公室设在广播站。

1995 年

6 月 25—28 日，由镇党委、政府主办，寨里老年书画协会联合罗村镇老年协会、龙泉镇老年协会在寨里镇举办庆“七一”书画展，历时 4 天、展出作品 130 余幅，参观人次达千余人。

1996 年

6 月 10 日—7 月 1 日，在全镇各基层组织开展书画展、歌咏比赛、象棋比赛、广场舞比赛、参观革命烈士纪念馆等活动，庆祝中国共产党成立 75 周年。

1997 年

6 月，由镇党委主办，镇老年书画承办，在寨里镇举办“庆七一·迎回归”书画展，展出作品 150 余幅。

1998 年

9 月 27 日，庆国庆文艺演唱会在镇文化广场举办。

1999 年

5 月，纪念五四运动 80 周年青年卡拉 OK 大奖赛举行。

9 月 27 日，庆祝中华人民共和国成立 50 周年文艺演出在镇广场举办。

2001 年

3 月 7 日，寨里镇庆祝“三八”国际劳动妇女节文艺晚会举行。

6 月 25—28 日，庆祝中国共产党成立 80 周年书画展举行，展出作品 150 余幅。

6 月 29 日，寨里镇庆祝中国共产党成立 80 周年文艺晚会举办，来自全镇 22 个村的大合唱、广场舞、独唱表演等 30 多个节目参演。

2002 年

9 月 27 日，庆国庆广场舞大赛举行，22 支队伍参加比赛，共评出一等奖 2 个、二等奖 8 个、三等奖 12 个。

2003 年

6 月 27 日，寨里镇庆“七一”文艺晚会举行，来自各村、淄博矿务局一中、中心学校、幼儿园等单位的 23 个节目参演。

2004年

4月20日，镇党委、政府印发《关于加强农村文化工作的实施意见》，要求抓好以基本阵地、基本队伍、基本内容、基本活动为主的“四基”建设，改善农村文化建设条件。

2005年

8月10日，寨里镇举办保持共产党员先进性教育活动演讲比赛，参加演出人数12人，评出一等奖1名、二等奖5名、三等奖6名。

2006年

4月27日，寨里镇举办庆祝“五一”国际劳动节广场舞大赛。

2007年

6月26日，寨里镇庆“七一”文艺会演在淄博矿务局一中礼堂举办。

2008年

6月20日，寨里镇庆“七一”文艺晚会在南沈村文体广场举办。

6月25日，寨里镇非物质文化遗产普查领导小组成立，展开全镇非物质文化遗产普查工作。

2009年

6月29日，寨里镇举办庆祝中国共产党88周年歌咏比赛。

9月29日，寨里镇举办庆祝中华人民共和国成立60周年文艺晚会。

2015年

6月，寨里镇组织各村居广场舞、歌曲、小品、吕剧等优秀节目，分6个片区举办“热土欢歌”群众文艺节目会演。并举办“热土欢歌”镇级总决赛，选拔优秀节目参加全区比赛，至2019年，每年都组织。

6月30日—7月1日，寨里镇庆祝中国共产党成立94周年文艺晚会在镇文化广场、蓼坞中心广场分别举办。

10月，寨里镇各村居举办重阳节文艺演出。

2017年

2月10日，寨里镇举办“倡古训、树新风”迎新春书画展暨文艺演出活动。寨里镇元宵戏曲晚会在黑旺中学举行。

6月，寨里镇四德好人馆和文化艺术中心建成。30日，寨里镇文化艺术中心启动仪式暨庆祝中国共产党成立96周年文艺会演举行。

7月21日，市、区文化广电新闻出版局视察镇文化艺术中心。

7月，寨里文化云第一期培训开课，共开设瑜伽、乒乓球、戏曲、舞蹈、声乐、书法、绘画7门课程。10月开办第二期，设8门课程。截至2019年，免费举办6期培训，开设瑜伽、舞蹈、旗袍秀、声乐、书法、乒乓球、绘画、曲艺、葫芦丝、古筝、二胡等20余门课程，培训学员6000余人。

8月7日，全区基层公共文化服务体系建设工作现场会在寨里镇召开。

9月1日，全市“淄川文化云”经验推广推介会召开，参会人员集体参观寨里镇文化艺术中心。

9月21日，省政府研究室调研淄川区“公共文化服务＋互联网”。

9月29日，寨里镇举办庆祝中华人民共和国成立68周年暨“文化云”培训汇报演出。

12月14日，淄川区葫芦丝·巴乌专业委员会寨里分会成立。

12月24日，全省文化系统培训班与会人员到镇文化艺术中心参观。

12月30日，寨里镇举办庆元旦暨第二期文化云培训汇报演出。

2018年

1月，“写春联送祝福进万家”活动举行。

2月26日，2018年寨里镇新春文艺会演举行。

3月15日，中央宣传部领导参观调研镇文化云培训工作。

5月17日，全省文化扶贫暨公共文化服务效能建设现场会出席领导参观镇文化艺术中心。

6月3日，淄川区首届公益环保活动在黉山举行，文化云培训班学员参加公益演出，表演旗袍秀、舞蹈、葫芦丝等。

6月22日，寨里镇举办庆祝中国共产党成立97周年演讲比赛。

6月28日，寨里镇举办庆祝中国共产党成立97周年暨“文化云”一周年汇报演出。

6月30日，庆祝建党97周年书画展在镇文化艺术中心举办，镇老年书画协会、郑公书画院、文化云书法绘画班学员等参加作品展示，并专设文化云学员展区。

8月，镇综合文化站获“淄博市城乡妇女岗位建功先进集体”荣誉称号。

9月23日，泰溪杯“中国农民丰收节”活动在山东泰溪文化创意园举办。

10月12日，省文化厅厅长王磊到镇文化艺术中心调研文化云培训相关情况。

12月26日，全省加强和改进公共文化服务工作现场会出席领导参观镇文化艺术中心。

2019年

6月2日，全国老年人太极拳健身推广展示大联动活动在黉阳中学设分会场组织举办。

6月29日，庆祝中国共产党成立98周年“不忘初心、牢记使命”书画展在镇文化艺术中心举办。

7月1日，寨里镇举办庆祝中国共产党成立98周年暨第五期文化云培训汇报演出。

9月20日，山东省农民乡村振兴示范站授牌暨淄川区庆祝2019年“中国农民丰收节”启动仪式在寨里镇莪庄村欣泽顺富硒农业园区举行。

9月22日，寨里镇组织100名机关干部参加淄川区“我和我的祖国”庆祝中华人民共和国成立70周年合唱大赛初赛，参赛歌曲为《光荣与梦想》和《我的中国心》。荣获镇办组第5名，成功晋级决赛，并在9月29日的决赛中获得优秀奖。

9月30日，寨里镇庆祝中华人民共和国成立70周年文艺晚会在镇文化广场举办。

第七章　龙泉镇

龙泉镇位于淄川区东南部，是国家级生态镇、省级文明镇、山东省唯一“天然适硒区域镇”“整建制富硒产业镇”，也是淄川母亲河——般河的发源地。全镇总面积40.16平方公里，辖19个村居、4.7万人。村居全部分布在湖南路两侧狭长地带。

龙泉镇高度重视乡村文化振兴发展。2017年，投资200余万元，新建龙泉镇综合文化站，占地面积3000平方米，室内面积1200平方米。设有图书阅览室 、公共电子阅览室、多功能活动厅、文化培训室、书画教学示范室、历史文化展览室等文化功能科室。2019年投资400余万元新建台头村文体中心一处，满足周边群众2万余人文体需求，实现公共文化服务全覆盖。

龙泉镇辖区内建有久润富硒生态园、中华琉璃文创园、龙泉铁壶、龙泉古窑等重点文化旅游项目；有国家二级博物馆三顺陶瓷博物馆及大缸博物馆、齐缘堂铁壶馆、般河流域习俗馆等特色展馆、博物馆，有“陶瓷雕塑”“渭头河大瓮”“龙泉毡帽”“龙泉铁壶”“龙泉年糕”等省、市、区级非物质文化遗产项目。龙泉镇在乡村文化振兴的大潮中开拓进取，全力打造全域文化旅游新形象，整合特色文化资源，文化与旅游相融合，争创乡村文化新辉煌。

第一节　组织机构

历史沿革

龙泉公社文化站始建于1975年12月，是淄川区第一批文化站之一。

2017年3月，龙泉镇综合文化站建成，全天候免费向社会开放。已有镇书画学会、戏曲协会、葫芦丝协会、舞蹈队、合唱团、蒲公英绘本馆等入驻，满足群众的文化需求。

历任负责人

张信辉（1975.10—1987.10）
孙兆水（1987.10—2002.7）
杨道东（2002.7—2007.3）
司书森（2007.3—2012.5）
王成刚（2012.5—2014.1）
邵　晶（2014.1—2019.5）
徐艳艳（2019.5—2019.12）

第二节　大事记

1950 年

戏曲子弟班剧团成立，演出《玉堂春》《四郎探母》等节目。20 世纪 50 年代为河北省水灾赈灾义演。

1957 年

淄川陶瓷厂建立职工俱乐部。

1960 年

龙泉公社成立文艺宣传队。

1961 年

龙泉煤矿建起 900 平方米的影剧院，座位 1135 个，年放映 399 场次，观众达 60742 人次。

1963 年

自编自演歌剧《窑工恨》，后改为《般河岸边的斗争》，在全市巡回演出。

1975年

10月，龙泉文化站成立。建立第一支电影放映队，负责人孙兆水。

1977年

11月，全市农村群众文化工作会议召开，现场推广龙泉文化站及村办文化室的经验。

是年，刊物《龙泉》《诗集》创办，定期出刊。

1978年

10月，全市图书工作会议召开。龙泉公社文化站作为全市典型，介绍题为“改革图书发行渠道开创发行新路”的经验。

1979年

8月，文化站在全市文化工作会议上作经验介绍。

9月，文化站站长作为全市唯一的文化站代表，参加全省群众文化工作会议，并作典型发言。

1982年

1982年8月，龙泉镇和庄村发现一座古墓，出土青釉莲花尊1件，青釉瓷碗3件，现收藏中国淄博陶瓷展览馆。根据造型、纹饰和胎釉分析，应是北齐时期北方青瓷窑所产。经鉴定为国家一级文物，代表着北齐时期的北方陶瓷艺术水平。

1983年

2月，中央新闻电影制片厂到淄川陶瓷厂拍摄陶瓷龙瓶影片，片名为《古光新华》，当年在全国上映。

1985年

元旦，龙泉影剧院开业，位置位于龙泉镇政府公路东对面，影剧院可容纳观众1144人。

是年，刘兰芳的评书《岳飞传》在影剧院演出。《南拳王》首映式在影剧院举行。

1986年

1月，龙泉镇文化站被市政府表彰为“先进文化站”。

1987年

4月，《龙泉通讯》创刊。

1988年

11月，龙泉镇在京举办“龙年的龙泉镇”摄影展。

1990年

8月，龙泉镇站长孙兆水被评为全国首批十佳电影放映员。

9月，龙泉镇文化站被评为全国首批先进文化站。

10月，孙兆水被文化部评为全国百名先进文化站站长。

是年，淄博电视台在淄川陶瓷厂拍摄专题片《泥土的形象》，在中央电视台黄金时间播放。

1991年

刘兰芳再次率团到龙泉影剧院演出评书《岳飞传》。

1992年

2月，韩圣村举办第八届元宵灯会，尚庄高跷、砚场舞狮均获得优秀表演奖。

4月12—16日，“龙泉杯”中国农民象棋比赛在龙泉镇圈子村举行，该项比赛由省农委、省体委主办，淄川区体委、龙泉镇圈子村承办。

11月1日，电视剧《中国窑》上下集在渭二村开机拍摄。该剧反映陶瓷工人的创业生活，由中央电视台、淄博电视台联合摄制，在中央电视台播出。

是年，刘晓庆率中国交通文工团到龙泉演出。歌唱家蒋大伟、舞蹈王子陶金、歌唱家程琳，京剧表演艺术家尚长荣、李慧芳、孙毓敏等先后到龙泉剧院献艺。

是年，淄川德利陶瓷厂与山东体育报合办“德利艺术摄影大奖赛”。

1993年

7月6日，淄博电视台在龙泉镇渭二村开拍6集电视剧《窑神》，历时月余，该剧反映明末清初制陶窑工的生活，在中央电视台播出。

1994年

孙兆水被评为山东省模范党员文化艺术工作者，荣立建设淄博一等功。

1995年

孙兆水被评为淄博市学雷锋标兵。

1996年

10月，龙泉般源戏剧社成立，编排戏剧《钓金龟》等剧目，50余名演员来自西河、昆仑、洪山、龙泉等各乡镇。

1997年

6月，华光集团华龙陶瓷有限公司生产的一对高3.6米的香港回归瓶，由山东省人民政府赠送给人民大会堂安置在香港厅。

7月，龙泉镇“庆七一迎回归歌咏比赛”举行。

1998年

龙泉镇广播站被评为省级先进广播站。

1999年

7月16日，尚庄龙山文化遗址被淄博市文物局列为市级文物暂保单位。

2000年

8月，般源书画社成立，会员30余人。

是年，华龙公司研制成功5.2米陶瓷双龙瓶——中华龙世纪瓶，安置在中国淄博陶瓷展览馆，并在陶博会上被评为特别奖。

2001年

2月，龙泉镇庆新春书画展、龙泉镇庆新春电影晚会在镇文化中心举办。庆新春文艺晚会在渭二、台头、龙二等村（居）分别举办。庆新春焰火晚会举行。

8月，龙泉镇“星星河”少儿艺术节举行。

9月，龙泉镇庆祝第十八个教师节文艺会演举行。

10月，龙泉镇青少年书画展举行。

是年，邀请市五音剧团到龙泉镇演出大型五音戏《腊八姐》等优秀剧目。

是年，在全镇范围内连续举办以交通安全、金融储蓄、计划生育等为主题的电影文化周。

是年，淄川区人口与健康文艺会演举行。

2002年

7月，龙泉镇举办庆“七一”书画展。

2003年

2月，龙泉镇举办新春戏曲晚会。

2004年

9月，金圈文化广场获省优秀文化广场称号，为全省首次评选的两个省级乡镇优秀文化广场之一。

2005年

2月，龙泉镇举办迎新春书画展。

2006年

8月，龙泉镇被命名为山东省历史文化名镇。

9月，《龙吟泉韵》一书出版。

2007年

8月29日，龙泉镇“金圈杯”“创建文明和谐社会 喜迎党的十七大”广场文化演出在金圈广场举办。

2008年

龙泉镇先后组织举办庆新春文艺晚会、庆新春戏曲晚会、庆“七一”书画展。

2009年

4月14日，龙泉镇非物质文化遗产普查领导小组成立。

2010年

龙泉镇开展“放飞梦想·导航人生”绿色手机文化主题教育。

2011年

12月，龙泉镇完成全镇18家农家书屋建设。

是年，龙泉镇戏剧曲艺协会成立。

2012年

2月，第五届“东华之春”龙泉地区迎新春联欢晚会举行。

是年，龙泉镇文化站被市区文化局评定为二类文化站。

是年，山东大学艺术学院与南开大学在龙泉镇设立“陶瓷艺术实践基地”，每年有200余名师生前来开展艺术实践和交流。

2013年

2月，龙泉镇组织参加全区正月十五元宵节活动，至2019年每年都组队参加。

3月30日，首届“聚相山休闲文化节”开幕式在龙泉镇聚相山举行，此活动至2015年连续举办3届。

9月26日，龙泉镇“迎国庆·蓄文韵”精品书画展开展。

2014年

6月25日，龙泉镇开展“我的中国梦——龙泉印记”老照片征集活动。

7月1日，“党的生日——我们的节日”活动在全镇范围内开展，活动内容包括歌舞、戏曲、健身操、腰鼓等。

9月，龙泉镇参加全区“热土欢歌”首届赛歌会、广场舞展演，获得二等奖1名，优秀奖3名，镇文化站获得优秀组织奖。至2019年每年都参加。

2015年

4月8日，淄川区“学宪法知党章”巡回文艺演出在龙泉镇圈子村金圈广场举行。

6月，《龙泉镇文化工作者名录》印发，收集文化工作团队及个人信息。

6月，龙泉镇举办首届“舞动新龙泉 幸福大家园”暨“热土欢歌”赛歌会、广场舞大赛片区选拔赛。

8月30日，“东华杯”纪念抗日战争胜利70周年书画诗词展举办。

9月1日，纪念抗日战争胜利70周年诗歌朗诵会举办。

12月7—25日，龙泉镇在全镇19个村居开展“东华杯”文艺巡演活动。

是年，“东华杯”纪念抗战胜利70周年青少年故事会、抗日影片大联展活动、“银龄杯”中老年广场舞大赛举办。

2016年

4月5日，龙泉镇文化志愿者服务队组建。

5月24日，第三届龙泉镇“热土欢歌”片区选拔赛在麓村村文化广场上正式启动。

5月31日，“纪念建党95周年·我的入党故事”主题征文活动在全镇范围内开展。

6月9日，端午节，龙泉镇开展“端午粽香情志愿服务活动”，30余名文化志愿者参加。

6月，龙泉镇庆祝中国共产党成立95周年“颂党恩”暨践行“两学一做”书画展开幕。

6月，麓村硒源农业旺州置业杯文艺巡演举行。

10月9日，重阳节，龙泉镇包村干部到各村居为全镇118名90岁以上老人送“寿”字。

是年，纪念长征胜利80周年书画展举行。

2017年

春节前夕，“迎新春送吉祥春联进万家”活动开展。至2019年每年举办，逐年扩大活动规模，2019年送出春联10000余幅。

4月1日，龙泉镇麓村开展元宵节文艺会演。

6月13日，淄川区“热土欢歌”大赛暨“山东省第二届全民广场舞大赛”龙泉镇总决赛举行。

6月，龙泉镇“东华杯”庆祝中国共产党成立96周年书画展在龙泉镇政府举办。

7月，“喜迎十九大颂歌献给党”庆“七一”文艺演出在龙二文体广场举办。镇政府宣传办主任高鹏创作《龙泉赋》，制成宣传牌安置于镇文化站。

8月31日，龙泉镇文化力三年提升工程启动。

2018年

1月31日，淄博市“我们的中国梦文化下乡”暨淄川区文化、科技、卫生三下乡启动仪式在龙泉镇韩庄村成功举办。

3月20日，龙泉书画学会在综合文化站开展“文化云飘，书画报春”笔会。

6月13—14日，龙泉镇“热土欢歌”赛歌会、广场舞大赛举行，至2019年每年举行两场。

6月22日—7月13日，龙泉镇2018“广通杯”文艺巡演在全镇14个村居开展。

6月29日，龙泉镇庆“七一”暨纪念改革开放40周年文化云培训成果汇报诗书画影展举办。

6月29日，龙泉镇庆“七一”文艺演出在台头村举办。

6月，为庆祝建党97周年和改革开放40周年，龙泉镇出版《龙腾泉咏》。

9月26日，龙泉镇纪念改革开放40周年美丽韩庄诗词书法展在韩庄村举办。

是年，龙泉镇纪念改革开放40周年暨美丽乡村文化艺术节文艺晚会举行。

是年，文化站站长邵晶荣获“山东省农家书屋先进个人”称号。

2019年

6月12日，淄博市社科联普及读物新时代文明实践站赠书仪式在龙泉镇台头村举行。

6月28日，“领尚琉璃杯”庆祝建党98周年暨中华人民共和国成立70周年“不忘初心、牢记使命”书画展在领尚琉璃文创园举办，此次活动展出书画作品140余幅。

7月2日，庆祝中国共产党成立98周年文艺会演在台头村举办。

7月20日，淄川区首届“天然富硒葡萄采摘节”在久润富硒科技生态园举办。

9月17日，“抓文明共建 促乡村振兴”庆祝中华人民共和国成立70周年联欢晚会在龙二文体广场举办。

9月，龙泉镇综合文化站先后举办文化艺术团庆祝中华人民共和国成立70周年会演、戏曲腰鼓庆祝中华人民共和国成立70周年会演、庆祝中华人民共和国成立70周年暨云培书画展等活动。

10月，庆祝中华人民共和国成立70周年暨文化云汇报演出在圈子村、龙二村、北旺村分别开展。

是年，书画学会开展“送文化进村居”活动，全年完成龙三村、龙四村等10个村居，为500余名80岁以上老人送“福”“寿”。

是年，镇人大干事、文化学者高鹏自创散文诗《龙泉，您与祖国共成长》。

第八章　岭子镇

岭子镇位于淄川区西部，成立于1958年8月，时称岭子人民公社，辖23个村。1994年8月，黄家峪乡并入岭子镇。现有27个村，2个社区，人口3.4万人，面积78平方公里。镇内丰厚的民俗文化、乡贤文化、陶瓷文化、聊斋文化、戏曲文化、红色文化和人文优势，使岭子有着“文化之乡”的美誉，先后被命名为淄博市社会文化先进乡镇、山东省文明镇等荣誉称号。

岭子镇建有综合文化站，设有综合培训室、图书室、电子阅览室、体育健身活动室等功能室。29个村居全部建有综合文化服务中心，4支地方戏曲小剧团队伍，29支村居文艺宣传队和500多名文化志愿者。改革开放初期，岭子镇组织了首届地方戏曲会演和首届元宵节民间艺术表演活动，拉开了岭子镇繁荣文化事业的序幕，地方戏曲会演和首届元宵节民间艺术表演也成为岭子镇的一张文化名片和文化品牌。进入21世纪，岭子镇把握文化发展的方向，坚持公益性、便利性的原则，先后实施了“一村一广场”“百米半径文化活动圈”建设，截至2019年底，村居文化广场总数达到66个，塑胶体育场3个、乡村舞台16个，群众公共文化服务体系建设不断完善。同时，整合各类资源，将镇文化站、村居文化综合服务打造成了群众文化娱乐、业务培训、体育健身、科技普及、思想教育的综合性文化服务平台，进一步提高了群众的幸福指数。

第一节　组织机构

历史沿革

1975年12月，岭子公社文化站、峪林公社文化站成立。1994年5月，岭子镇文化站与广播电视站合并，成立岭子镇文化广播电视站。1994年8月，黄家峪乡文化站并入岭子镇文化广播电视站。2007年3月，岭子镇文化广播电视站分离，成立岭子镇文化旅游站。

历届负责人

原黄家峪乡

黄兰香（1975.12—1984.7）

王光乾（1984.7—1992.11）

高洪胜（1992.12—1993.10）

孙增胜（1993.12—1994.8）

岭子镇

王孔泉（1975.12—1980.3）

彭延化（1980.3—1980.6）

王延福（1980.6—1983.4）

赵京洲（1983.4—1986.11）

吕明慧（1986.11—1994.5）

田玉山（1994.5—1999.12，文化广播电视站站长）

吕明慧（1994.5—1999.12，主管文化工作）

沈子光（2000.1—2006.5，文化广播电视站站长）

吕明慧（2000.1—2007.3，主管文化工作）

张兆文（2007.3—2007.12）

吕明慧（2007.12—2019.12）

第二节　大事记

1950 年

河洼村组建岭子地区中华人民共和国成立后第一支民间戏班子。

1953 年

南坡建立五音戏班子，编排《亲家婆顶嘴》《井台会》《彩楼记》《柳湘莲挂帅》等剧目。

1969年

10月，岭子公社文艺宣传队成立，演职人员20余人。1970年春节期间，在部分村开展巡演活动。

1970年

岭子公社篮球队与岭子公社文艺宣传队合并。

1971年

春，岭子公社创作的《云山红》《山花正开》等节目受到市里嘉奖。

1973年

岭子公社电影队成立，员工3人。

1974年

岭子镇电影队承包给个人，1996年解散。

1975年

12月，岭子公社文化站成立。

1980年

5月，岭子文化站所属书店、照相馆开始营业。

1981年

春，岭子公社举办首届地方戏曲会演。

1982年

宋家村建成全社首个村级图书室。

1983年

赵京洲创作的《母女俩的客人》获得山东省首届剧本评奖二等奖。

1984年

2月，岭子公社选调部分优秀节目进行串乡演出。

是年，赵京洲创作的《母女俩的客人》获得煤炭部戏剧“乌金奖”。

1985年

12月29日，岭子镇庆新春文艺演出举行。

1986年

2月20日，岭子镇在宋家村举办的岭子地区首届元宵游艺大会（后改称元宵节民间艺术展演），23支代表队参加，有舞龙、舞狮、秧歌、旱船、腰鼓、高跷、芯子、大头娃娃、毛驴、三句半等10类艺术形式、90多个节目。截至2019年，岭子镇连年举办民间艺术文艺会演，并组织队伍参加淄川区民间艺术进城表演活动。宋家大鼓、大口舞龙、张家腰鼓、下店芯子、槲林高跷和扑蝶、河洼舞狮等表演都有着上百年的历史，是当地群众庆祝元宵节不可或缺的重要文化元素。

3月3日，全镇春节文化活动总结表彰大会召开。对6个先进村、10个优秀节目、16名积极分子、2个文化活动模范家庭进行表彰。

是年冬，岭子镇南坡村五音戏剧团成立。

1987年

举办民间艺术和新春戏会。

2月7—11日，岭子镇举办首届元宵节灯会。

1988年

将新春戏会改为地方戏曲下乡演出。

2月29日，岭子镇举办庆新春文艺联欢会。

3月1日，岭子镇组织扮玩队伍到驻地单位进行慰问演出。

1989年

5月中旬，岭子镇举办交谊舞培训班，为期3天。后组建岭子镇交谊舞演出队，先后获得淄川区交谊舞三等奖、一等奖。

6月，岭子镇与淄博人民广播电台举办文明共建文艺联欢会。

7月中旬，岭子镇在龙泉、宋家、张家等村举办交谊舞培训班，培训学员90余人。

9月30日，岭子镇举办庆祝中华人民共和国成立40周年文艺演出。

是年，岭子文化站开展“以文补文”活动，当年创收5000元。

1990年

5月22日—10月15日，岭子镇举办“党员之声”歌咏比赛活动。

是年秋，岭子地区首家私营歌舞厅正式运营。

是年，组织开展社会文化先进县争创活动，建立岭子镇文化活动中心，建成村级一类文化大院11个，二类文化大院8个，三类文化大院5个。同时，黄家峪乡建立文化活动中心，5个村建立文化活动室。

1991年

1月，《关于开展争创社会文化先进乡镇的实施意见》印发，岭子镇社会文化活动委员会成立。12日、16日、22日分别召开党委会和党委扩大会议进行研究部署和调度安排，全面提升镇文化活动中心和村级文化大院建设。

2月6日，省社会文化先进区检查验收组到岭子镇文化活动中心进行检查验收，对岭子镇的社会文化活动建设给予高度评价。

7月1日，岭子镇举办庆祝建党70周年歌咏比赛和文艺晚会。27日，岭子镇被市委、市政府表彰为淄博市首批社会文化先进乡镇。

1992 年

2 月 11 日，岭子镇党委召开扩大会议，研究春节文化活动、制定奔小康方案等工作。

9 月 30 日，岭子镇举办庆祝中华人民共和国成立 43 周年文艺演出。

是年，全镇 23 个村全部完成文化大院建设，其中宋家等 12 个村达到一类标准；文化先进村建设达到 91%。

1993 年

7 月上旬，岭子镇举办图书管理员培训班，为期 4 天。

1994 年

5 月，岭子镇文化站与广播电视站合并，岭子镇文化广播电视站成立。

6 月，岭子镇文化市场管理队成立。

10 月，岭子镇东牛角五音戏小剧团成立。

1995 年

6 月下旬，岭子镇举办庆“七一”书画展。

12 月下旬，岭子镇对镇内集贸市场、宋家商业街的图书摊点、文化用品经营业户进行整顿。

1996 年

6 月 5 日，岭子镇举办庆“七一”书画展。

7 月 1 日，岭子镇举办庆祝中国共产党成立 75 周年歌咏比赛。

1997 年

6 月 22 日，岭子镇举办淄博市“岭子城建杯”庆“七一”锣鼓大赛。

6 月 30 日，“庆七一·迎回归”我为党旗添光彩演讲会举行。

1998 年

5 月，岭子镇戏迷俱乐部成立。截至 2019 年底，该戏迷俱乐部多次代表岭子镇参加各类戏曲演出并获奖。

7 月 1 日，岭子镇举办“日卯杯”卡拉 OK 大奖赛。

9 月 30 日，岭子镇举办庆国庆文艺演唱会。

10 月 28 日，岭子镇庆祝重阳节文艺演唱会举行。

是年，岭子镇戏迷俱乐部成立。在其带动下，宝山戏迷俱乐部、南坡村五音戏小剧团、赵家村戏迷俱乐部等乡村小剧团先后成立。

1999 年

3 月 5 日，岭子镇举办庆“三八”文艺会演。

6 月 30 日，岭子镇举办“我为党旗添光彩”歌咏比赛。

9 月 28 日，岭子镇庆祝中华人民共和国成立 50 周年文艺演出举行。

2000 年

3 月 17—21 日，岭子镇举办首届文石展，展出作品 300 余件。

2001 年

3 月，岭子镇第一支广场舞队伍在郝家村成立。

6 月 30 日，岭子镇举办庆祝中国共产党成立 80 周年歌咏比赛。

10 月，岭子镇朱家村邵世禹创作的长篇小说《春梦蓬陵》出版。

2002 年

6 月 28 日，岭子镇庆“七一”文艺演出举行。

9 月 29 日，岭子镇举办青年歌手大奖赛。

2003年

6月27—30日，岭子镇庆“七一”戏曲演出举行。

12月29日，岭子镇举办新年文艺晚会。

2004年

4月16日，岭子镇印发《关于加强农村文化工作的实施意见》。

7月1日，岭子镇举办庆祝中国共产党成立83周年文艺会演。

2005年

宋家村建成岭子镇第一个老年文化活动室。

2006年

2月，岭子镇组织文艺会演、戏曲下乡等文化活动。

6月，岭子镇举办庆“七一”书画展。

2007年

3月8日，岭子镇庆“三八”歌咏比赛、演讲比赛、文艺联欢会等活动举行。

3月30日，岭子镇文化站从岭子镇文化广播电视站分离出来，新的岭子镇文化旅游站成立。

是年，岭子镇举办“青春岭子欢乐青年”歌唱比赛。

2008年

9月3日，市、区文化局领导到岭子镇对社会文化先进镇进行复评验收。

是年，岭子镇提升改造村居文化大院18处。

2009年

7月1日，岭子镇庆祝中国共产党成立88周年歌咏比赛举行。

是年，岭子镇完成宋家、岭子、赵家楼、黄家等 4 个农村社区文化阵地建设。

是年，岭子镇出台补助政策，开展“一村一游园”文化建设活动，新建提升文化广场 32 处，实现了村级文化广场全覆盖。

2010 年

1 月 28 日，岭子镇开展送文化下乡服务活动。

6 月 29 日，岭子镇举办庆“七一”歌咏比赛。

10 月，宝山戏迷俱乐部成立。

2011 年

1 月 17 日，岭子镇文化、科技、卫生“三下乡”启动仪式举行，后组织写春联、文艺演出、扮玩等活动。

3 月 4 日，岭子镇举办庆“三八”文艺会演。

6 月 29 日，岭子镇举办庆祝中国共产党成立 90 周年戏曲演唱会。

7 月 6 日，市文化广电新闻出版局到岭子镇检查农家书屋建设。

9 月 30 日，岭子镇举办庆祝中国共产党成立 90 周年文艺演出活动。淄川县委岭子镇东牛角纪念馆正式对外开放。

2012 年

3 月 6 日，岭子镇举办庆“三八”暨“十佳孝顺媳妇”颁奖文艺演出。

4 月 1 日，岭子镇喜迎十八大、讲文明、树新风、践行“四德”主题演讲比赛举行。

5 月 27 日，岭子镇开始实施“一村一文化广场”工程。全镇投资 285 万元，新建文化广场 11 个，改建 13 个，总面积 3.1 万平方米。

6 月 28 日，岭子镇举办庆祝中国共产党成立 91 周年文艺演出。

2013 年

3 月 8 日，岭子镇举办庆“三八”广场舞比赛。

3—9 月，岭子镇出台补助政策，用于文化广场新建、改造和提升工程，总计补助金额 507381.25 元，新建、改造和提升文化广场 29 个，面积 17912 平方米。

5月2日，岭子镇庆“五四”书法摄影展举行。

6月30日，岭子镇举办庆“七一”文艺演出。

是年，完成宋家、东泰、巩家、王家、黄家峪、杨家、槲林等优化升级文化大院提升工作。

2014年

2月，岭子镇组织送文化下乡演出13场次。

3月6日，岭子镇举办庆“三八”广场舞比赛。

5月2日，岭子镇“传承文明、祈福雅安”庆“五四”硬笔书法比赛举行。

5月29日，岭子镇举办庆“六一”文艺演出。

6月29日，岭子镇举办庆“七一”文艺演出。

7月6日，岭子镇五股泉美术写生基地挂牌。

7月16—18日，岭子镇消夏文艺演出举行。

9月23—30日，岭子镇举办迎国庆文化周活动。

9月26日，岭子镇举办迎国庆广场舞比赛。

2015年

3月16日，岭子镇政府印发《岭子镇历史文化遗产遗迹保护管理措施》。

5月中旬至6月8日，岭子镇“热土欢歌”村级海选举行。6月12日，举办全镇“热土欢歌”总决赛。自2015年至2019年，岭子镇连续5年举办“热土欢歌”比赛并参加淄川区总决赛。

6月1日，“我的梦·中国梦”岭子镇群众文化活动暨庆祝“六一”文艺展演举行。

6月23—30日，岭子镇举办中片7村广场舞巡演活动。

7月13—15日，岭子镇举办“三风”建设广场舞晚会、歌舞晚会、戏曲晚会。

9月29日，岭子镇国庆文艺演出举行。

2016年

5月6日，岭子镇举办文化骨干志愿者培训班。

8月31日，淄博美协五股泉写生创作基地在岭子镇五股泉美术写生基地揭牌。

9月6日，岭子镇民俗文化座谈会召开。

11月6日，中央电视台《发现之旅》节目组到岭子镇录制地方戏曲传承情况，后在央视12套频道播出。

11月，中央电视台对岭子镇的五音戏传承情况进行了宣传报道。

是年，宗家村投资40万元，新建面积300平方米的独立文化大院。全镇提升文化大院22家，改造提升文化广场9处，全镇29个村居全部建立文艺宣传队。

2017年

1月6日，岭子镇送春联下乡活动举行。

2月9日，岭子镇举办庆新春文艺演出。

3月8日，岭子镇举办庆“三八”文艺演出。

6月，岭子镇举办“放飞梦想”文艺演出。由淄博市文化馆和淄博市美术家协会共同主办的2017年“淄博人画淄博”全市美术业务骨干创作写生活动在淄博市美术家协会五股泉写生基地举办。

10月25日，岭子镇庆祝党的十九大胜利召开戏曲晚会举行。

10月底，岭子镇综合文化站建成使用。

11月，岭子镇“文化云”培训在文化站开班，开设太极拳、广场舞培训等，村居培训陆续开展。

是年，岭子镇宗家、王家、北石3处独立的村级综合文化服务中心建成。2019年赵家楼村综合文化服务中心投入使用。

2018年

6月29日，岭子镇举办庆祝中国共产党成立97周年诗歌朗诵会。

6月30日，淄博市小楷书法家协会淄川培训基地在宗家村综合文化服务中心挂牌。

10月2日，岭子镇“感受红色文化”文艺演出举行。

2019年

2月17日，岭子镇举办2019年新春文艺会演。

4月15日，岭子镇西山学校豹岩聊斋俚曲合唱团成立。

4月18日，岭子镇文化志愿者培训班举行。

5月4日，岭子镇举办庆“五四”书画笔会。

6月29日，岭子镇举办中国共产党成立98周年“不忘初心跟党走”红色经典朗诵会。《老家岭子》发行仪式举行。

10月1日，岭子镇举办庆祝中华人民共和国成立70周年文艺演出。

10月，岭子镇赵家戏迷俱乐部成立。

是年，岭子镇宋家村投资300万元，完成村史馆主体建筑。9个省定贫困村综合文化服务中心建设全部达到标准。

第九章　西河镇

西河镇位于淄博市的中东部，地处淄博市最大的水源保护地——太河水库上游西岸。2010年11月，由原西河镇、东坪镇和张庄乡三个乡镇合并而成。辖62个建制村，1个社区居委会，人口5.38万人，区域面积129.37平方公里。至2019年底，镇政府设综合文化站、区图书馆西河镇分馆、区文化馆西河镇分馆，西河镇体育总会，西河镇老年人体育协会等组织机构，正常组织开展活动。参加淄川区“文化惠民送戏下乡”剧团5个。组建各类文体代表队，在上级组织的活动中有良好表现。全镇62个村均建有文化大院、健身广场，文化管理员及各类文化健身队伍，各项制度健全。辖区内有齐长城、张庄石寨、西坡地窑址、悦升公司旧址、西河火车站旧址等文物保护单位。

第一节　组织机构

历史沿革

1956年，西河镇始设文教科。1966年4月，西河公社建立文教广播站。1984年，公社改镇，称西河镇文化站、西河镇广播电视站。2008年翻建西河镇机关食堂，增设西河综合文化站活动室。2010年11月，西河、东坪、张庄合并称西河镇，并沿用西河镇文化站名称。2012年7月22日成立“村村响”工程工作领导小组，10月12日工程结束，全镇61个村共安装音柱365根。2012年9月成立山东广电网络有限公司西河管理站。2017年12月西河综合文化站迁址到原电话局服务楼沿用至今。

历任负责人

原东坪镇

齐兆荣（1982—1984）
陈克顺（1985—1989）
闫德霞（1990—1994）
翟慎安（1995—2010.11）

原张庄乡

董桂金（1982.4—1985.1）
车纯俊（1985.1—1992.6）
高明镇（1992.6—1995.11）
董云忠（1995.11—1998.8）
梁道文（1998.8—2002.2）
董兰菊（2002.2—2005.11）
董云忠（2005.11—2008.3）

西河镇

陈元恒（1976.4—1978）
王恒明（1978—2003.5）
聂淑武（2003.5—2019.12）

第二节　大事记

原东坪镇

1958 年

公社文化站建立。

1972 年

公社电影队成立。

1978 年

在全国科教电影汇映月活动中，东坪公社电影队被文化部、广播电影电视部等六部委授予先进单位称号。

1993 年

是年起，每年举办篮球、乒乓球、拔河、长跑、射击、田径等体育比赛。

1994 年

10 月 22 日，东坪镇首届农民田径运动会举行。来自全镇各村、镇办企业、镇机关、镇双管单位的 27 支代表队，310 名运动员，参加 26 个项目的比赛。

1996 年

春节期间，东坪镇举办全镇篮球、乒乓球比赛、电影周、邀请剧团演出等文体活动。同时，组织镇办企业在主要交通要道装饰大型彩门 5 个。

1997 年

春节期间，全镇篮球、乒乓球比赛、越野长跑、拔河比赛、焰火晚会、电影周等文体活动举行。同时各村都成立不同形式的文艺演唱队，自编自演，编排一些群众喜闻乐见的民间艺术节目，走村串巷，活跃春节期间群众文化生活。组织镇办企业在镇内主要交通要道装饰大型彩门 3 个。

10 月，东坪镇举办第二届农民田径运动会。

是年，东坪镇代表淄川区参加全市拔河比赛，荣获第二名。

1998 年

投资 80 万元建影剧院。

东坪镇荣获山东省体育先进镇荣誉称号。

邀请市五音剧团到东坪影剧院演出。

1999 年 8 月

投资 80 万元，建东坪镇文化中心，各村建起文化大院（室）。

邀请市京剧团到东坪影剧院演出。

2000年

建文化广场。

邀请北京金宝岛歌舞团到东坪影剧院演出。

2001年

邀请潍坊市歌舞团到东坪影剧院演出。

2002年

邀请沈阳北方说唱团到东坪影剧院演出。

2003年

邀请北京金宝岛歌舞团到东坪影剧院演出。

春节组织水峪村、上台村、窟空峪村、山头村参加京剧、吕剧、五音戏文艺会演。

2004年

邀请潍坊市歌舞团到东坪影剧院演出。

2005年

春节期间，东坪镇举办新春文化周，邀请淄博市五音戏剧团、淄博市歌舞剧院，以及窟空峪村、水峪村、小东坪村的业余文艺演唱队，在镇文化广场演出5天。

2006年

2006年春节邀请淄博市歌舞团、淄博市五音戏剧团，水峪村、上台村、窟空峪村、东庄村、小东坪村文艺演唱队在镇文化广场和影剧院进行演出。

6月23日，庆祝中国共产党成立85周年文艺演出举行，邀请淄博市歌舞剧院演出。

2010年

3月，庆新春文体比赛活动、全镇文艺会演等举行。

原张庄乡

1976 年

建广播站。

1981 年

文化站成立。

1982 年

投资 8 万元建电影院。

1984 年

全省乒乓球活动现场会在张庄举行。

1986 年

此年起，象棋比赛、歌咏演唱会、书画展、春节扮玩等活动丰富。

1987 年

9 月，张庄小学被命名为山东省体育传统项目学校。

1989 年

投资 30 万元建成张庄乒乓球训练馆，配套训练器材。

1990 年

省第八届“萌芽杯”乒乓球赛在张庄举行，张庄乡代表队获女子团体第二名。

1991 年

张庄乡文艺演出队建立，以乡机关干部为主。拥有电子琴、电吉他、电贝斯、架子鼓、长号、小号等现代乐器及二胡、京胡、锣鼓等传统乐器。每逢佳节及重大活动，创作排演戏曲、歌舞、相声小品、山东快书、快板等群众喜闻乐见的文艺节目，除在乡电影院集中演出外，还到各村慰问和周边乡镇友情演出。

2002 年

张庄乡政府承办全市乒乓球“亚平杯”比赛，张庄代表队分别获男女团体冠军和男女单打冠军。1984 年至 2002 年，张庄小学先后被评为全国体育卫生工作先进单位、全国群众体育工作先进单位、全市学校体育卫生“示范单位”、省乒乓球业余训练单位。先后向省乒乓球队输送队员 3 名，市乒乓球队 14 名，有 12 人担任乒乓球教练员，68 人达到三级运动员，14 人达到二级运动员，4 人达到一级运动员，1 人出国打球。

西河镇

1955 年

建国照相馆、建华照相馆始经营，至 1974 年搬迁。

1970 年

西河公社广仁村京剧团在原公社驻地搭台演出《智取威虎山》并参加淄川区第三届人代会文艺调演，后到博山锻压厂、太河水库、东坪、昆仑总厂等地演出多场，广受好评。

1972 年

广仁村京剧团排演《红嫂》，并到东坪、坡地、城子“引淄入西”工程队等单位慰问演出。

1975 年

西河公社电影放映队成立，放映 16 毫米影片。1988 年解散。

1976 年

河南村、敦仁村等建成西河新式照相馆。

1982 年

西河公社第一家录像放映厅营业。

1984 年

5 月，淄博市五区一县中国象棋比赛举行。

是年起，由文化站牵头组织民间扮玩活动并形成规模，每年除在本镇表演外，还组织进城参加全区元宵节活动。

1985年

1月，淄博市首届桥牌赛举行。

3月，首都22名体育新闻单位记者到河南村采访，题目是“富裕起来的农民”。7月，组队参加在威海举办的全省少儿“希望杯”棋类比赛。

11月16日，西河镇河南村“柳泉杯”中国象棋大师、特级大师邀请赛举行，全国29位象棋大师参赛，其中6名特级大师。

1986年

4月，中国书画家协会山东分会8位画家到西河镇河南村作画。

5月，河南村灯光球场始建，9月启用。

1987年

7月，西河镇承办山东省中国象棋比赛。

1988年

10月，西河镇组队参加全市第二届“柳泉杯”农民文艺会演，自编自演的俚曲《金凤凰》、吕剧《三改门楼》获总分第一。

是年，镇文化活动中心建立，成立文艺团体，节假日排练节目演出；西河镇“三棋一牌联合社”成立（指中国象棋、国际象棋、围棋、桥牌）。

1989年

西河镇选派队员参加在河北省承德市举办的全国桥牌比赛。

1990年

3月，原西河职工俱乐部（始建于1952年，淄博矿务局建）经过修复改为西河影剧院，容纳观众600人。

1991年

4月，西河镇组队参加在浙江舟山举办的全国农民中国象棋比赛。

10月，全省第二届农民运动会象棋赛在西河镇河南村举行。

是年，西河镇被评为“淄博市文化先进乡镇”“山东省体育先进乡镇”。

1992 年

2 月，西河镇组织各村扮玩队伍进城表演。

1993 年

2 月，西河镇组织参加淄川区商城灯会（第七届元宵灯会）、民间艺术进城表演。

8 月，西河镇组队参加淄川区中国象棋、围棋赛。全市首届“梦琦”文石展在西河镇展出，参展作品 600 余件。

9 月 15 日，西河镇应邀参加中国首届名人名家藏石展。

1994 年

4 月，西河镇举办庆“五四”卡拉 OK 青年歌手演唱会。

6 月，参加区“交通杯”中国象棋、围棋赛。

7 月，西河镇举办庆“七一”中国象棋赛、歌咏演唱会。

10 月，淄川区省级体育先进乡镇篮球选拔赛举行。

12 月，西河镇参加淄博市省级体育先进乡镇篮球赛。参加区“乡音乡情”文艺会演。

1995 年

6 月，庆“七一”书画展、演唱会举行。

10 月，西河镇参加淄川区第二届运动会射击、中国象棋比赛。

11 月，参加“乡镇企业杯”中国象棋比赛。

1996 年

4 月，“沈淄杯”第二届青年歌手演唱会举行。

6 月，庆“七一”老年中国象棋赛举行。

是年，西河镇通过市级“文化先进乡镇”复查验收。

1997 年

3 月，西河镇举办“农家女巧打扮”时装表演。

4 月，西河镇举办庆“五四”迎回归青年歌手演唱会。

6 月，庆“七一”迎回归中国象棋比赛举行。

7 月，参加区“节水杯”迎回归文艺会演。

1998年

3月，西河镇举办庆“三八”中老年人健身舞表演。

4月，庆“五四”联欢会举行。

6月，西河镇举办庆“七一”中国象棋比赛。

1999年

2月，庆新春中国象棋赛举行。

6月，参加山东省体育先进乡镇三人篮球赛。

7—12月，农业科教电影“千片进村”活动开展。

2000年

3月，千禧年庆“三八”联欢会举行。

6月，第二届科教电影“千片进村”活动开展。

是年，“迎千禧”中国象棋比赛举行。

2001年

3月，新世纪庆“三八”集体舞表演举行。

6月，西河镇举办庆祝中国共产党成立80周年演唱会。

7月，“沈淄杯”中国象棋邀请赛举行。

9月，西河镇举办庆祝中华人民共和国成立52周年“彩虹杯”书画展。

2002年

2月，中国象棋棋友友谊赛举行。

3月，健身广场舞展演举行。

4月，参加区庆“五一”“中国银行杯”职工象棋比赛。

6月，组织庆“七一”迎十六大演唱会。

2003年

2月，中国象棋赛、书画摄影展举行。

3月，“永鑫杯”计划生育宣传文艺会演举行。

6月，庆“七一”中国象棋赛举行。

2004 年

2 月，“庆新春书画、文石、根（玉）雕展”举行。

3 月，西河镇举办庆“三八”文艺会演。

6 月，庆“七一”歌咏演唱会举行。

9 月，组织庆国庆中国象棋比赛。

2005 年

2 月，“京西杯”中国象棋比赛举行。

3 月，西河镇组织庆“三八”联欢会。

6 月，西河镇组织恢复西河镇棋类协会暨棋类比赛。

9 月，组织参加淄博市首届相声、戏曲、小品比赛。

2006 年

2 月，西河镇举办庆新春“京西杯”中国象棋赛。

3 月，西河镇举办庆“三八”联欢会。

7 月，组织博山、桓台及区内二十余支代表队参加“京西杯”中国象棋邀请赛。

2007 年

2—3 月，敦仁、东岭、西坡地、海庙村组织扮玩。河北村举办焰火晚会。组织举办青少年寒假书法、美术培训班。

6 月，西河镇举办庆“七一”中国象棋比赛。

9 月，庆国庆“倡导文明新风 共建和谐家园”广场文化展演举行。

2008 年

3 月 27 日，西河镇第三次全国文物普查领导小组成立并开展工作。

5—7 月，“东大—西河杯”“庆七一 迎奥运”摄影大奖赛举行。

6 月，“庆七一 迎奥运”文艺会演、中国象棋比赛举行。

7 月 29 日，庆“八一”文艺演出举行。

2009 年

11 月 24 日，淄川区西河镇红木家具旅游示范园被旅游局命名为“山东省工业旅游示范点”。

是年，中国象棋比赛、庆“七一”大型演唱会、庆国庆“爱国、爱党、爱西河”演唱会、百人红歌大赛先后举办。

2010 年

4 月 2 日，首届鲁作红木家具论坛举行。

6 月，组织大型歌咏演唱会、象棋赛等庆“七一”系列活动。

10 月，戏曲协会成立暨国庆演唱会举行。

2011 年

3 月，组织“三八”节系列文体活动。

6 月，庆“七一”红歌大赛活动举行。

9 月，组织庆国庆文艺演出。

10 月，梨峪口村报批“山东省农业旅游示范点”。

是年，组织西河镇“淄博耀捷杯”中国象棋邀请赛。

2012 年

3 月，“树四德新风，展巾帼风采”庆“三八”系列活动开展，分别在东坪阶梯教室、田庄大集、西河文体广场举办 3 场文艺演出。

6 月，庆“七一”文艺演出举行。

9 月，庆国庆广场文化活动开展。

2013 年

3 月，西河镇举办庆“三八”文艺会演。

5 月，西河镇组织“六一”儿童节文艺会演。

6 月，庆“七一”文艺会演举行。

9 月，组织庆国庆文艺会演。

2014 年

6 月，组织全镇首届“欢土热歌”大赛并选拔队伍参加区活动。

9 月，西河镇组织“庆国庆”广场文化展演。东槐峪村申报省级旅游特色村。西河镇完成第一次可移动文物普查。

是年，西河镇组织庆“三八”“五一”“六一”系列节庆活动。

2015年

6月，庆“七一”书画展、象棋比赛举行。西河镇组织“热土欢歌”村镇海选、参加区比赛，至2019年每年组织。

9月，“秋韵歌舞晚会”金秋演唱会举行。

10月，“庆国庆 迎重阳”老年人太极气功、健身操（舞）展演举行。

2016年

10月，组织参加“庆国庆 迎重阳”老年人太极气功、健身操（舞）展演。

2017年

3月，西河镇举办庆“三八”文艺演出。

6月，组织庆“七一”文艺会演。

8月，广场纳凉消夏晚会举行。

9月，“喜迎十九大 同心共筑中国梦”文艺演出举行。

12月8日，镇政府租用原电话局服务楼改建的西河镇综合文化站启用。“淄川文化云”培训舞蹈、书法班开课。

2018年

3月，西河镇举办庆“三八”文艺演出。

8月，广场纳凉消夏晚会举行。

9月，庆国庆中国象棋比赛举行。

2019年

1月，组织书画协会写春联送文化下乡。

3月，西河镇举办“倾情礼赞中华人民共和国 巾帼奋进新时代”庆“三八”文艺会演。

6月，庆“七一”文艺会演举行。

9月，淄川图书馆西河分馆建立并整理录入图书近3000册，实现与区图书馆通借通还。西河镇庆国庆红歌演唱会在西河文化广场举行。西河镇文艺会演在西河文体广场、东坪小学、张庄农贸市场演出。庆国庆书画展在文化站举行。

第十章　太河镇

2010年11月6日，淄川区原太河乡、峨庄乡、淄河镇合并，设立太河镇。太河镇地处泰沂山脉北麓中低区，淄川东南部，位于淄水两岸，与青州、沂源、博山、临朐四区县交界，总面积268.7平方公里。辖95个建制村，人口5.9万人，耕地36721亩。淄博市最大的水源保护地——太河水库坐落于辖区内。

太河镇历史文化深厚，人文景观丰富。淄河流域是人类最早居住地之一，也是淄博陶瓷的发祥地。经全国第三次文物普查发现，太河镇文物点近200处。世界级文化遗产、国家重点文物保护单位——齐长城太河段在太河辖区内。被列入国家级、省级传统村落，省级历史文化名村，省级“乡村记忆工程传统（文化）村落”数量在全市排名第一。太河镇相继被评为国家级古村落森林公园、国家级水利风景区、国家级旅游景观特色名镇、中国矿泉水之乡、山东省历史文化名镇、山东省旅游强乡镇、好客山东最美乡镇等。

从20世纪80年代开始，一大批摄影家走进峨庄一带，进行纪实、人文摄影，并举办“峨庄风情展”，在艺术界引起轰动。此后，众多的摄影家、画家走进太河，太河成为诸多摄影家艺术创作的摇篮。画家刘大伟、杨飞云、王克举、任惠中等曾到峨庄采风创作。作家冯骥才、张宏森、李存葆等都曾到峨庄考察采风。画家宫六朝把在峨庄创作的作品结集出版，在艺术界引起剧烈反响。太河镇被省摄影家协会、中国油画院、省美术家协会、工艺美术家协会以及上百家高等院校定为写生创作基地。

太河亦是特色旅游大镇。“北方的九寨沟”峨庄瀑布群景区的开放，拉开了太河镇旅游产业的序幕。先后开发了潭溪山景区、齐山景区、云明山景区、梦泉景区、涌泉景区、马鞍山景区等，逐渐在淄博旅游市场占据举足轻重的地位，给太河镇发展注入了新的生机与活力。相应的服务业随之发展，特色民宿、有机食品等蓬勃发展，受到游客喜爱。

第一节　组织机构

历史沿革

原太河乡、峨庄乡、淄河镇分别于三处设置文化站，由专人负责文化工作。2010 年 11 月，淄河镇、峨庄乡、太河乡合并为太河镇，原太河乡、峨庄乡、淄河镇撤销。原三处文化站合并至太河镇综合文化站。

历任负责人

原太河乡

张家莲（1973.3—1979.1）

邢树龙（1979.1—1985.12）

王木水（1986.1—1993.11）

李居刚（1993.12—2002.6）

李建军（2002.7—2010.11）

原峨庄乡

刘佃春（1982.3—1985.7）

李胜成（1985.7—1988.3）

任继辉（1988.3—2010.11）

原淄河镇（口头乡）

董家生（1976.8—1984.8）

于守仓（1984.9—1987.12）

翟　海（1988.1—1992.12）

孙元柱（1993.1—1994.6）

翟丕平（1994.7—1995.12）

张成生（1996.1—2000.6）

邢丽群（2000.7—2006.9）

杜　菁（2006.10—2009.9）

吴　慧（2009.10—2010.11）

太河镇

吴　慧（2010.11—2011.1）
崔正勇（2011.12—2014.8）
张红霞（2014.9—2016.5）
孙爱菊（2016.6—2019.4）
陈光忠（2019.9—2019.12）

第二节　大事记

原太河乡

1991 年

2 月 27 日，龙泉煤矿到太河乡进行慰问演出。
5 月 28 日，太河乡举办第一届“振兴杯”篮球比赛。
6 月 29 日，太河乡举办庆祝中国共产党成立 70 周年大会。

1992 年

9 月 7 日，组织参加淄博市陶瓷琉璃艺术节。

1993 年

7 月 1 日，太河乡举办庆祝党的生日演唱会。
9 月 14 日，组织部分村、企业负责人参观淄博陶瓷艺术节工业产品展。

1994 年

7 月 1 日，太河乡举办庆“七一”大会。

1996 年

7 月 1 日，太河乡举办庆祝中国共产党成立 75 周年演唱会。

2001 年

7 月 1 日，太河乡举办庆“七一”文艺演出。

2002 年

5 月 30 日，太河烈士纪念碑奠基。

2006 年

1 月 10 日，太河乡举办迎新春企业负责人茶话会。

6 月 26 日，太河乡举办庆“七一”大会。

2007 年

4 月 2 日，太河乡举办赏花节新闻发布会。

2008 年

2 月 20 日，太河乡举办文艺会演。

6 月 28 日，太河乡举办庆“七一”大会。

2009 年

7 月 1 日，中国共产党成立 88 周年纪念活动开展。

2010 年

2 月 25 日，太河乡第六届“淄水杯”庆新春文艺会演举行。

7 月 1 日，太河乡庆祝中国共产党成立 89 周年大会暨庆“七一”演唱会举行。

原峨庄乡

1983 年

12 月 30 日，峨庄影剧院竣工剪彩。1984 年 1 月 1 日，青州市京剧团到场演出祝贺。

1986 年

5 月初，由市青年摄影家协会倡导、峨庄乡政府承办的“峨庄风情”摄影展在峨庄大集展出，参展作品近百幅。

1995 年

4 月 24 日，峨庄乡调整充实农民业余书画摄影协会理事会。

7 月 1 日，峨庄乡庆“七一”党员大会在峨庄影剧院举行。

2001 年

7 月 1 日，峨庄乡庆祝中国共产党成立 80 周年暨文艺活动举行。

2002 年

3 月 21 日，峨庄乡被表彰为省“社会文化先进县”复查工作先进乡镇。

2003 年

4 月 11 日，首届中国淄博峨庄杏花节开幕。

2004 年

12 月 26 日，峨庄乡政府申请修建刘奉山纪念馆。刘奉山，峨庄乡西石村人。自创建“天门会”民众组织，人数达 3400 余人。在抗日救国大潮中，“天门会”改编为抗日自卫团，隶属廖容标司令员的麾下。在 1939 年 6 月 2 日同进犯鲁中南根据地的日军阻击战斗中为国捐躯。博山县政府九联办事处曾为其刻立“抗日民族英雄壮烈千秋”的纪念碑。

2008 年

8 月 31 日，峨庄文化艺术发展促进会成立。

10 月 11 日，峨庄乡被山东省摄影家协会确定为创作基地。

2009 年

10—12 月，峨庄乡先后被山东省美术家协会、工艺美术家协会、中国戏曲学院确定为创作基地、写生基地。

10 月 24 日，峨庄文化艺术发展促进会第二届年会暨《艺术之乡——中国·峨庄》首发式在乡政府举行。

10 月 28 日，经山东省住房和城乡建设厅、文化厅、文物局审查批准，命名峨庄乡为山东省第二批历史文化名镇。

原淄河镇

1989年

10月23日，原山东省艺术学院院长冯毅之到口头乡参加淄川区作家仇建新记述马鞍山战斗故事的《气壮山河》捐赠仪式。

10月25日，原口头乡文化工作领导小组成立。

1990年

7月1日，庆祝中国共产党成立68周年大会在原口头乡政府召开。

1991年

3月16日，“忆传统 讲奉献 迎接建党70周年”活动开展。

6月，《中共口头乡党史大事记》一书出版。

7月20日，湾头、北岳阴、东等、陈家、大口头5个村被区委、区政府表彰为“社会文化先进村”。王世杰、梁兴文、翟海3人被表彰为“社会文化先进工作者”。

1996年

4月26日，原口头乡举办庆“五一”歌咏大赛。淄博电缆厂、淄川仪表厂、淄博柳泉矿泉水厂3支代表队分别获得团体第一、二、三名。

1997年

12月29日，在淄博金源电缆股份有限公司举办由辖区“双管”单位领导及企业负责人参加的“迎九八新春”联谊活动。

1999年

11月30日，《淄博日报·文化周刊》在头条位置刊登翟海采访抗日老战士陈新平撰写的长篇通讯《三战鹿角山》，该文获《淄博日报》与中房集团联合举办的“和共和国同命运”征文一等奖。

2001年

2月21日，淄河镇被区委宣传部表彰为2000年度文化、科技、卫生“三下乡”活动先进集体。

6月，淄河镇开展庆祝中国共产党成立80周年活动。

8月，清康熙年间翰林院编修、清代优秀现实主义诗人赵执信手题匾联在淄河镇城子村农民、赵执信后裔赵增才家发现。匾联为木刻，上联为“高添雅兴松千尺”，下联为“暗养清音竹数科”，落款是“无遐道人漫笔”，并盖有3枚印章。（该匾现已被博山赵执信纪念馆购藏。）

2002年

6月，淄河镇开展庆祝中国共产党成立81周年活动。

2003年

2月，淄河镇党委、政府领导带头，号召机关干部捐款近6000元，购买图书1000余册，丰富镇机关图书室。

9月中旬，中共中央政治局原委员、国防部原部长迟浩田题写“马鞍山抗战纪念馆”八个大字。

2004年

5月18日，“山东理工大学马鞍山德育基地”揭牌。

6月28日，马鞍山抗战纪念馆揭牌。

6月，在小口头村老党员张永明家中发现1943年出版的64开本中共《为纪念抗战六周年宣言》和1944年出版的《支部生活》等刊物，对于研究中国共产党在淄河一带早期发展历史，具有重要价值。

2005年

1月28日，梦泉举行首届杏花节新闻发布会。

4月1日，马鞍山爱国主义教育基地揭牌。

2006年

1月，淄河镇组织春节文化活动，包括马鞍山登山比赛、全镇象棋大赛、元宵节扮玩活动、戏曲、电影下乡等。至2008年，每年都组织。

7月，淄河镇开展庆祝中国共产党成立85周年活动。

2007年

6月，庆祝中国共产党成立86周年活动举行。

2008年

6月，淄河镇开展庆祝中国共产党成立87周年活动。

8月上旬，区文物局在淄河镇进行全国第三次文物普查中，新发现后香峪村的清代淄川县、益都县“界碑”和北岳阴村的清代“官树碑”。

2009年

2月7日，淄河镇以“团结奋进 开创辉煌”为主题，举办全镇春节文艺会演。

5月16—17日，“山东淄川·中国孟姜女传说学术研讨会”在淄川宾馆举行，40多名与会的国内民俗与非物质文化遗产领域著名专家一致确认淄川区淄河镇是孟姜女故事的早期发生地和重要传承地。

6月，淄河镇党委、政府与山东建筑大学艺术学院联合举行庆祝中国共产党成立88周年笔会。

9月，庆祝中华人民共和国成立60周年活动举行。

2010年

1月16日，孟姜女小调研讨会举行，60余名民间小调研爱好者参加。

1月15—18日，涌泉齐长城公司在涌泉景区举办国际书画大赛，有300余名中外书画家参赛。

4月2日，孟姜女文化园在涌泉风景区揭牌。

10月1日，梦泉景区举行淄河民间戏会。

太河镇

2011年

6月26日，太河镇举办庆“七一”演唱会。

6月30日，区广电局“走进太河”红歌演唱会举行。

2012年

8月1日，组织开展庆“八一”促“双拥”活动。

11月2日，喜迎十八大书画展暨淄川区老年书画学会太河分会成立活动举行。

2013年

2月23日，太河镇举办庆新春闹元宵文艺会演，共有31支队伍、80余个表演节目参加，来自全镇95个村2000余名群众观看演出。

6月25日，太河镇庆祝中国共产党成立92周年书法笔会举行。

6月29日，太河镇庆“七一”文艺会演在太河中心校举办。

8月3日，“鞠乡杯”“中国梦、我的梦”摄影大赛启动仪式在镇矿泉水文化广场举办。

8 月 23 日，“中国矿泉水之乡”揭牌仪式在镇矿泉水文化广场举行，标志着山东省第一家、全国第七家“中国矿泉水之乡”正式落户淄川。

8 月 23 日，太河矿泉水博物馆奠基仪式举行。

2014 年

2 月 12 日，太河镇各村自发组织 32 支队伍、70 余个节目进行庆新春闹元宵文艺会演，3000 余名群众观看演出。

7 月 2 日，太河镇举办“今天太河以我为荣，明天我以太河为荣”为主题的庆“七一”演讲比赛。

8 月 29 日，市妇联、市文联、市文广新局、市体育局联合开展的“舞动乡村”活动在曹家村举行启动仪式。

2015 年

3 月 3 日，太河镇举办庆新春文化活动会演。

5—6 月，太河镇先后组织举办“热土欢歌”村级海选、镇级决赛。至 2019 年，每年举办。

6 月，太河镇举办“我努力、我快乐”演讲比赛。

10 月，太河镇举办“说说太河新变化”比赛。

2016 年

4 月，淄博市摄影家协会在潭溪山景区成功举办“鲁维制药杯”峨庄摄影 30 年国际摄影展，展出作品 210 多幅，吸引国内外 300 多名摄影家前来参观展览、摄影采风。

2017 年

5 月 26 日，梦泉村乡村记忆博物馆入选全省首批县及县以下历史文化展示“十百千”示范点。

5 月，太河镇举办首届樱桃节活动。

6 月 9 日，“金周杯”诗书画三人艺术成就联展开幕式在太河镇柏树庄园举行。

2018 年

1 月 26 日，太河镇举办庆新春系列文体活动。

3 月 6 日，下端士村举办迎“三八”妇女节活动。

6—7 月，淄博“水乡西石”首届歌舞大赛在西石村举办，吸引省内各地市文艺爱好者前来参加。

9 月 21 日，庆祝首届农民丰收节开幕式在峨庄游客中心举办。

9月23日，太河镇东东峪村举办乡愁节。

2019年

1月12日，太河镇开展脱贫攻坚青年志愿者年会活动。

2月26日，淄博市直歌舞团赶牛山文艺小分队在太河镇礼堂演出。

2月，组织各村开展庆新春系列文体活动。

4月，梦泉村举办杏花节，并开展文艺演出。

第十一章　般阳路街道

般阳路街道成立于 2000 年 7 月，北起松龄路，南至将军路，东邻洪山镇，西邻孝妇河，面积 9.26 平方公里，居住人口 5.8 万人，辖区内 12 个社区。般阳路街道历史变迁复杂，历经多次区划调整，由原淄城镇分解而来，为其三个街道之一。

般阳路街道全面推进文化事业建设，投资 500 余万元对街道综合文化站进行精设计、精装修，建筑面积达 3000 余平方米，设有 33 个多功能厅，达到一级综合文化站标准，2016 年 10 月正式投入使用。街道综合文化站依托“淄川文化云”平台开展公益培训服务，开设国学经典诵读、书法、工笔画、剪纸、舞蹈、声乐等多门课程。居民通过平台对喜爱的文化活动进行“线上点单、线下培训”，方便快捷，极大地丰富了居民的文化生活。以街道综合文化站为中心，辐射 12 个社区。街道 12 个社区全部建成综合性文化服务中心，街道及社区积极筹措资金，建立文体活动室，兴建文体活动场所。后来社区投资 700 余万元建设综合性文化服务中心。东关社区综合性文化服务中心由原来的 100 多平方米提升为 700 余平方米。东升社区综合性文化服务中心升级改造投资约 32 万元。不断深入挖掘不同类型的文体队伍 21 支，带动群众文体活动广泛开展。

第一节　组织机构

历史沿革

2000 年，设立般阳路街道文化站。2016 年 10 月，在原般阳路小学校址建成综合文化站。

历任负责人

耿欣荣（2000—2004.7）

李　伟（2004.8—2018.3）

杨春蕾（2018.3—2019.4）

石　尚（2019.5—2019.6）

殷鹏鹏（2019.7—2019.12）

第二节　大事记

1952 年

冬，村村办起速成识字班，扫除部分青壮年文盲。

1957 年

冬，淄城镇组织 11 人参加淄博四中举办的文艺培训班，时间 10 天。

1958 年

9 月 1 日，淄博市第一个人民公社——淄城人民公社成立。

1960 年

冬，淄城公社举行文艺会演，演出吕剧、舞蹈、小演唱等 20 余个节目。

1965 年

城二村管弦乐团成立，初由 5 人组成。

1975 年

冬，淄城公社举行文艺会演，演出节目 20 余个。有吕剧、舞蹈、黄梅戏、独唱、大合唱等。会演结束后，组织部分优秀节目到各大队巡回演出。

1976 年

冬，淄城公社举行文艺会演。

1977 年

9 月，淄城放映队成立。

1984 年

10 月，城二村管弦乐团参加淄博市文艺调演。

是年，山东省音乐爱好者协会成立，城二村管弦乐团应邀赴济南山东剧院出席会议。

1986 年

城二村管弦乐团参加淄博市首届柳泉艺术节开幕式演出。

1987 年

11 月，淄博市首届农民音乐会在淄川机关礼堂举行，城二村管弦乐团演奏的《金色的凤凰》获一等奖。

1988 年

春节，应邀参加山东电视台春节文艺晚会。

9 月，淄城镇举办纪念毛主席诞辰 100 周年暨建设经济强乡镇歌咏比赛，有 20 多个单位组队参加。

是年，城二村被山东省人民政府命名为省级文明村，村文化科技中心被评为市先进文化科技中心，图书馆被省文化厅评为先进图书馆，党员活动室被评为省级先进党员活动室。

1989 年

3 月，淄城镇举办庆“三八”交谊舞联欢会，全镇 500 多名妇女参加表演。

9 月 28 日—10 月 8 日，城二村与城里居委会共同举办书画展庆祝国庆节、重阳节。

是年，城二村投资 50 万元建文化科技中心楼一幢，成立业余歌舞团，获区文明村村歌赛大奖。

是年，东关村在淄川影院举办“丰华杯”全区交谊舞邀请赛，30 多支舞蹈队参加。

1990 年

3 月，淄城镇举办庆“三八”大家乐联欢会。

5 月 26—27 日，全省首届省级文明村精神文明建设协作会在城二村召开。

7 月，淄城镇举办庆“七一”党员之声音乐会，城二村管弦乐团为 20 多个单位伴奏。

9 月 5 日—10 月 7 日，为庆祝第一届中国淄博陶瓷艺术节和十一届亚运会开幕，城二村与城里居委会共同举办书画展。

是年，城二村管弦乐团参加第一届中国淄博陶瓷琉璃艺术节开幕式。

1991 年

1 月，城一村图书室建成，藏书 620 册。

6 月 29 日，城一村与区委老干局、区老年书画学会联合举办庆祝中国共产党成立 70 周年书画刻瓷展，展出作品 119 件。

7 月 1 日，淄城镇在区委礼堂举办庆祝中国共产党成立 70 周年“党员之声”音乐歌唱会。

9 月 1 日，城一村西游记宫落成剪彩。出席剪彩仪式的有 129 个单位 348 人。

是年，淄城镇举办交谊舞培训班，举办歌舞晚会 20 多次，演出节目 320 多个，观众达 3 万余人。

1992 年

7 月，淄城镇举办庆“七一”文艺会演。

9 月，《城二村志》付梓。全书设 16 篇 50 章 77 节，26 万字。

10 月，城二村管弦乐团应邀参加在北京举行的全国首届农业博览会开幕式，进行列队表演和乐器合奏，作专场演出。

1993 年

7 月 1 日，淄城镇在淄川影院举办庆“七一”歌咏比赛，17 个代表队参加。

是年，城二村村歌《金色的凤凰》在首届全国城市电台优秀行业歌曲展播中获二等奖。

1994年

10月，淄城镇举办计划生育专题文艺会演。

1995年

5月27—29日，山东省“般阳杯”青年业余歌手百部爱国主义影视片插曲卡拉OK大奖赛在城二村凤凰舞厅举行。来自全省13个地市40多名歌手参加比赛。城二村两名歌手分别获一等奖、三等奖。

10月，城二村管弦乐团应邀出席全国第二届农业博览会开幕式被评为先进单位。

是年，城一村投资480万元，建起高规格水上乐园，备有游泳池、跳水台、水滑梯等设施，可承办各类游泳比赛。

1996年

2月，《东关村志》付梓。32开本，印2000册，全书10万字，设22章49节。

6月30日，区委宣传部、区文联、城二村党委联合举办庆祝中国共产党成立75周年“般阳杯”书画展，展出作品150余件。

7月，城一村承办的山东省“人寿保险杯”游泳赛和省“希望杯”少年游泳运动会在淄川游乐园水上乐园举行。

9月28日，城一村举办“迎国庆，兴城一”文艺晚会，至1998年每年举办。

10月15日，城一村在普照寺前举办老年节京剧演唱会。

12月24日，城一村举行“中华影城”首映式。

是年，城一村被市文化局评为特色文化村。

1997年

4月，中央电视台记者到城一村中华影城拍摄少儿专题节目。

6月，淄城镇举办集体舞表演赛和庆香港回归上街表演。

1998年

9月，交谊舞学习班在城一村举办。

是年，淄川游乐园被淄博市人事局、旅游局评为旅游业先进集体。

1999年

4月12日，区老年书画学会、城一村委联合举办纪念国际老年人“天龙杯”书画展，展出作品44件。

8月，《城一村志》付梓。全书设17篇51章115节，42万字。

是年，城一村被市旅游局评为市旅游业先进单位。

2000年

2月，淄城镇组织春节扮玩，由5个村组成，城二村的管弦乐队是其中一支代表。

7月26日，淄川区人民政府般阳路街道成立。

2005年

2月23日，般阳路街道在将军路东首颐泽花园对面空地成功举办淄川区2005年度元宵节焰火晚会。

9月29日，般阳路街道在鲁泰体育文化广场举办首届文化艺术节。

2006年

6月26日，开展中国共产党成立85周年庆祝活动。

11月3日，“和谐般阳”第二届社区艺术节文艺会演在东关电影院举办。

2007年

5月21日，般阳路街道被区委、区政府评为新春文化活动先进单位。

6月27日，般龙社区和杏花社区联合在新星网通超市门口举办“点亮文明、唱响和谐”为主题的文艺会演。

是年，百场电影进社区活动开展，至 2009 年每年开展。

2008 年

2 月 21 日，般阳路街道在颐泽花园对面成功举办淄川区 2008 年度元宵节焰火晚会。

8 月 22 日，般阳路街道在柳泉正承广场举办“银座之韵”第四届社区文化艺术节。

2010 年

9 月 26 日，般阳路街道在般阳生活区广场举办“东城国际杯”第五届社区文化艺术节文艺晚会。

是年，般阳路街道般阳社区建立全区第一处人口文化广场，占地 2000 余平方米。

2011 年

2 月 15 日，首届民间艺术会演在般阳广场举办，有 9 个社区 566 人参加。

6 月 3 日，庆祝建党 90 周年红歌合唱比赛文艺活动举行。

6 月 9 日，般阳路街道在般阳广场举办以“创建文明城市”为主题的大型文艺会演。

6 月 23 日，般阳路街道参加淄川区庆祝建党 90 周年乡镇组红歌比赛，获得一等奖。

6 月 27 日，般阳路街道组织 11 个社区 12 支队伍在般阳广场举办以“庆祝建党 90 周年”为主题的红歌比赛。

6 月 29 日，般阳路街道与市妇联、市电视台联合举办“走进后来社区红歌大家唱”活动。

12 月，般阳路街道东关社区、城二社区被区委、区政府评为全区文化建设先进单位。王蕊被评为全区文化建设先进个人。

2012 年

6 月 28 日，般阳路街道组织机关干部和社区“两委”成员自编自演情景剧“四德歌”和“新三字经”参加全省“四德工程”现场会汇报演出。

7 月 6 日，般阳路街道组织的情景剧“四德歌”参加区第七届社区广场文化艺术节暨“四德工程”文艺会演，获得一等奖。2013 年 2 月，参加淄博市“清源之夜”百姓春晚，获得铜奖。

是年，山东省当代工笔画院开始筹备建设，经省民政厅验收批准，于 2014 年 4 月 23 日正式发证，完成投资 1500 万元，现设在般阳路街道综合文化站。

2013年

8月9日，般阳路街道举办庆祝中国共产党成立92周年文艺活动。

10月11日，在鲁泰体育场举办以“创建全国卫生城市，我知晓，我参与，我奉献”为主题的文艺会演。

2014年

3月8日，般阳路街道东关社区在老年活动中心举办淄博市东方现代女子画院“三八节”画展，展出作品120幅。

7月4日，组织参加区第九届社区广场文化艺术节暨庆“七一”文艺演出，获得4个一等奖，2个二等奖。东关、杏花社区代表淄川区参加市“热土欢歌”赛歌会，杏花社区的女生小合唱获市二等奖。

8月8日，城一社区健身秧歌队参加区首届乡镇老年人运动会健康秧歌比赛获得一等奖。

9月20—21日，“慈母深情·大爱无疆——百名女画家爱心慈善画展”在市广电大厦举办，展出作品100多幅，并进行义卖捐赠。

11月14日，般阳路街道被山东省工艺美术协会授予“山东省工艺绘画之乡”荣誉称号。

2015年

4月28日，庆“五一”书画展在区老干部活动中心举办，至2019年每年举办。

6月2日，“幸福新般阳、百姓大舞台”广场舞暨赛歌会文艺会演在鲁泰体育场举办。

6月30日，庆祝中国共产党成立94周年暨第十届社区广场文化艺术节文艺演出在般阳社区广场举办。

8月31日，“银铃杯”中老年广场舞大赛在东关银座广场举办。

9月1日，“纪念抗日战争暨世界反法西斯战争胜利70周年”文艺演唱会在般阳社区举办。

9月23日，“庆中秋 迎国庆”舞蹈专场晚会在鲁泰体育场举办。

11月，般阳路街道综合文化站开始建设，投资500余万元，2016年10月正式启用。

2016年

春节期间，老年书画学会般阳分会会员义务为居民写春联、送春联。至2019年每年举办。

6月2日，“热土欢歌”般阳路街道广场舞大赛、赛歌会决赛举行。至2019年每年举办。

2017 年

6 月 20 日，般阳路街道庆祝中国共产党成立 96 周年文艺会演在鲁泰体育场举行。

8 月 18 日，联合区舞蹈家协会在般阳广场举办以“颂歌献给党、喜迎十九大”舞蹈专场晚会。

9 月 2 日，在街道综合文化站举办以“经典之美，文化之美”为主题的少儿中华经典诵读比赛活动。

9 月 18 日，“喜迎十九大、颂歌献给党”文艺演出举行。

10 月 15 日，喜迎十九大书画展在般阳路街道综合文化站开展。

11 月 25 日，以“暖冬行动”为主题开展捐书活动，捐赠的 1 万册图书赠给重庆市石柱县中益乡。

12 月 6 日起，组织“幸福般阳”文艺巡演活动，演出 12 场次。

2018 年

7 月，组织开展庆“七一”系列活动庆祝中国共产党成立 97 周年。

9 月 20 日—10 月 10 日，“迎中秋 庆国庆”书画艺术展在街道综合文化站举行。

10 月，在鲁泰体育场举办重阳节爱老敬老文艺演出。

2019 年

9 月 29 日，“辉煌七十载 颂歌新时代”文艺晚会在东关社区银座广场举行。在般阳社区人口广场举行庆祝中华人民共和国成立 70 周年“不忘初心、牢记使命”文艺会演。在般龙社区举行国庆节文艺晚会。各社区开展书画展、红歌大合唱等活动共庆华诞。

第十二章　将军路街道

将军路街道成立于2010年11月，由原城南镇9个村与商城路街道合并而成，下辖20个村居，人口6.6万人，面积22.4平方公里，共有69个党组织，1779名党员。将军路街道历史变迁复杂，经历多次区划调整，原城南镇由原查王镇、二里镇合并成立，辖25个建制村，人口3.5万人，面积36.54平方公里。查王镇前身查王乡，二里镇前身二里乡。原商城路街道由原淄城镇分解而来，是三个街道之一，辖7个村居，人口2.3万人，面积5.17平方公里。

将军路街道全面推进文化事业建设，投资200余万元，对街道新时代文明实践中心进行综合打造，总面积达到1000平方米，文化中心内设有培训室、电子阅览室、村史馆等多功能厅，达到一级综合文化站的标准。完善村居综合文化服务中心建设，各村居均建成综合文化广场，公共文化服务全覆盖，达标数90%以上。辖区有孝妇河、文峰山、服装城等一批文化建设的优势资源，有柳泉湿地、南部森林公园、齐鲁欢乐世界等一批重点文化项目，有乡村舞台、五彩志愿者队伍等一批文化人才和文化团体。进入新时代，将军路街道着力打造孝文化、生态文化、儒商文化“三个文化”，连片打造淄川南部城区生态文化中心区取得显著成效，开创了新时代文化工作的新局面。

第一节　组织机构

历史沿革

1977年，二里乡、查王乡、淄城镇都建立了文化站，其中查王乡投资在4000元左右。政府每年投入文化活动经费1万—2万元，各镇办企业每年投入经费2万元左右。

1994年8月10日，经山东省人民政府批准，对淄川区行政区划进行调整，撤销查王镇、二里镇，合并设立城南镇，原文化站更名为城南镇综合文化站。

2010年，由原城南镇和商城路街道合并的将军路街道成立，原文化站更名为将军路街道综合文化站。

历任负责人

原查王乡（公社）

孙启亮（1981.10—1993.1）
孙即平（1993.1—1993.3）

原二里镇（公社、乡）

王秀峰（1974.3—1978.7）
张道友（1981.10—1984.6）
孙兆俊（1984.8—1993.3）

原城南镇

李敏绪（1993.3—1995.3）
周玉玲（1995.3—1997.12）
陈立霞（1997.12—2001.10）
高翠红（2001.10—2010.11）

原商城路街道

杨玉春（2000.8—2010.11）

将军路街道

高翠红（2010.11—2014.1）
周红霞（2014.1—2016.3）
李成慧（2016.3—2018.4）
姚　娟（2018.4—2019.12）

第二节　大事记

1949 年

10 月 1 日，查王乡干部、群众代表到淄川城里参加县委、县政府召开的庆祝大会，会后举行庆祝大游行。

1950年

10月1日，查王村组织300余人的队伍参加淄川县政府举办的国庆大会。

1952年

1952年春，大华戏院建成，院址在淄川西关魁武街，戏院建筑为竹檩草棚，池场可容六七百人。1955年，大华戏院申请歇业，正值博山博光剧院迁到淄川，经批准大华戏院继续经营。1956年，改为公私合营，在西关大桥东首建设淄博市淄川剧场，系国营企业，直属市文化局领导。

1953年

春节，县文化馆在大佛寺体育场举办大型杂耍会演。

1957年

冬，淄城镇组织11人参加全区文艺培训班，时间10天。

1958年

1月24日，淄川影剧院正式剪彩启用。

1960年

冬，淄城公社举行文艺会演，演出节目有吕剧、舞蹈、小演唱等20余个。

1965年

8月28日，二里公社下发《关于当前文化工作的情况和今后意见的报告》。

1975年

冬，淄城公社举行文艺会演，演出节目20余个。

1976年

冬，淄城公社举行文艺会演。

1977年

3月，查王公社文化站成立，负责全公社文化事业等方面的工作。

1985年

秋，淄城镇举办老干部书画展，展出作品50余件。

1986年

1月15日，二里乡党委、政府制定下发《关于搞好1986年春节期间群众文化活动的通知》。

1987年

2月，淄城镇组织有关村和驻地较大企业参加区首届元宵节灯会。灯会期间，公义村邀请淄博京剧团在淄城大桥北搭台唱戏7天。

1988年

3月，淄城镇举办交谊舞学习班。

1989年

3月，淄城镇举办庆“三八”交谊舞联欢会。

1990年

3月，淄城镇举办庆“三八”大家乐联欢会。

6月29日，西关二与山东电视台联合举办“西二杯”华东六省一市青春歌手电视选拔赛。

6月，淄城镇举办庆“七一”党员之声音乐会。

1991年

春节，山川医用器材有限公司在春节除夕、元宵节之际燃放烟花。

6月，查王乡被市委、市政府评为淄博市社会文化先进乡镇。

7月1日，淄城镇在区委礼堂举办庆祝中国共产党成立70周年“党员之声”音乐歌唱会。

1992年

2月，淄城镇主办区第六届元宵节灯会。台湾导演凌峰率《八千里路云和月》摄制组一行5人，对西关一村打铁花表演作了专访专录。

10月15日，西关二村和《新聊斋》编辑部联合举办的“蒲松龄民间文学奖”颁奖大会在济南鲁中宾馆举行。与会人员观看了反映西关二村两个文明建设的电视录像。

1993年

7月1日，淄城镇在淄川影院举办庆“七一”歌咏比赛，17个代表队参加。

9月，淄城镇举办纪念毛主席诞辰100周年暨建设经济强乡镇歌咏比赛。

9月，西关一、西关二、公义等村参加赞助京剧表演艺术家梅葆玖、梅葆玥、叶少兰及国家一级演员杨少春、许嘉宝、马长礼等在淄博国际陶瓷琉璃艺术节期间到淄博演出。

1994年

2月，淄城镇举办淄川区第八届元宵灯会暨商城第二届元宵灯会，在西关商业区孝妇河两岸布灯62组。

1995年

2月，淄城镇主办区第九届暨商城第三届元宵节灯会。

3月10日，城南镇成立社会文化工作委员会。

3月10日，城南镇、淄城镇被表彰为淄川区第十届元宵灯会组织奖。西关一村获得贡献奖。城南镇、公义村、慕王村获得灯展一等奖。西关二村、查王村获得灯展二等奖。城南镇龙灯、舞狮获得元宵节民间艺术扮玩表演奖。

5月3日，公义村举办淄博市第二届青年歌手电视大奖赛。

5月，市文化局、淄城镇西关二村、淄博电视台共同在市中心广场举办“西二杯”校园文化大展演。

7月，西关一村和淄川电视台、鲁泰纺织有限公司联合举办“美在商城”服装表演晚会。

1996年

3月，公孙村王继训主编的大型纪实文学集《英雄本色》获淄博市“精品工程”奖。

4月12日，城南镇、淄城镇被表彰为淄川区第十届元宵灯会组织奖。西关一村获得贡献奖。淄城镇被表彰为春节文化活动先进单位。城南镇、公义村、慕王村获得灯展一等奖。西关二村获得灯展二等奖。城南镇花篮队、龙灯、舞狮获得元宵节民间艺术表演单项奖（镇级）。贾官村舞狮获得元宵节民间艺术表演单项奖（村级）。

4月23日—5月3日，西关一村同区服装城管理处、区电视台、区文化馆联合举办首届淄川服装城个体工商户青年歌手卡拉OK电视大奖赛，120名个体工商户选手参赛，40人参加决赛，获奖者21人。

10月26日，区委宣传部、区文联、区摄影家协会及西关一村联合举办“服装城杯”商城一日现场抓拍摄影大赛。

1997年

6月，西关二村举办“香港路上迎回归”文艺晚会，市区领导及观众千余人参加。

是年，查王乡被市委、市政府评为市级社会文化先进乡镇。

1998年

8月，区文化局、中保人寿淄川公司和西关一村在服装城广场举办全区“中保人寿保险杯”消夏戏曲晚会。

1999年

9月3日，城南镇党委下发《关于举行中华人民共和国成立50周年庆祝活动的通知》。

2001年

3月，西关一社区庆“三八”文艺活动部分节目被市电视台选中，在《齐天乐》节目中播出。

2002年

西关一社区建成文体活动中心，投资35万元，占地2500平方米。

2003年

城南镇广播站相继开办《点歌台》《乡村舞台》等节目，村民逢盛事、喜事可点歌，打字幕反复播放。《乡村舞台》栏目自开办共制作播出84期，参与人数达到近3000人。

2007年

3月7日，商城路街道慕王社区举办“圣樵康居杯”第一届居民才艺大赛暨庆“三八”文艺晚会。至2012年，共举办6届。

5月4日，山川集团举办“五四”青年节山川集团之歌文艺晚会。

2008年

1月29日，商城路街道下发《关于成立社区文化活动年领导小组的通知》。

6月4日，商城路街道工委下发《关于开展中国共产党成立87周年纪念活动的通知》。

6月28日，城南镇举办“党在我心中、庆七一、迎奥运”文艺演出。

2009年

2月，庆祝中华人民共和国成立60周年焰火晚会在山川集团办公楼前广场举行。

9月18日，城南镇举办庆祝中华人民共和国成立60周年“爱我祖国”演讲比赛。

12月，城南镇荣获“全市文化工作先进单位”。

2010 年

4 月，公孙村王继训创作的歌曲《淄川明天更美好》（作词）获淄博市“精品工程”奖。

12 月，“相亲相爱一家人”将军路街道机关联欢会举办。

2011 年

3 月起，将军路街道先后成立红色文化志愿者、黄色党员志愿者、橙色巾帼志愿者、绿色家园志愿者、蓝色治安调解志愿者五支志愿者队伍，统称为“五彩阳光”志愿者，参与人数达 3000 多人。

2012 年

2 月 24 日，淄博电视台都市频道《美食淄博》栏目推出“和谐百家宴”活动走进千年孝乡慕王。

6 月 30 日，“庆七一、倡四德、创建和谐幸福街道”文艺晚会举行。

2013 年

4 月 22 日，市委宣传部到将军路街道贾官村调研“乡村文化家园”建设工作。

6 月，西关一社区舞蹈队编排的广场舞《最炫民族风》获市、区广场舞比赛一等奖。

6 月 21—24 日，将军路街道在全区庆祝中国共产党成立 92 周年红歌演唱大赛获镇办第一名。

9 月，中央电视台《焦点访谈》报道五彩志愿队。其中，红色文化志愿者，是淄博市第一家街道文化志愿者队伍。以专业文艺人员为骨干，以各村居文艺爱好者、热心公益事业的人员为基础，在村居设立了 17 个文化志愿服务站，在学校、卫生院等单位设立了 12 个文化志愿服务小组。首批志愿者达 500 余人。

2014 年

1 月 23 日，迎新春“西关二杯”淄川区老年书画协会会员临摹精品展活动举行。

2015年

2月15日，开展送春联下乡活动。

3月3日，“欢乐过大年 幸福跳起来”将军路街道“庆新春闹元宵”广场舞展演举行。

6月6—19日，“美丽乡村行动，共建和谐家园”文艺晚会走进西关一社区、二里社区、北石村、贾官村、查王村。

6月11日，舞动魅力将军路广场舞大赛举行。

6月26日，西关一社区舞蹈《美丽中国》代表将军路街道参加区“热土欢歌”广场舞比赛获一等奖。

6月24日，庆祝中国共产党成立94周年暨山水缘社区成立文艺晚会举行。

9月29日，庆国庆暨“将军路好声音 魅力舞者”颁奖晚会举行。

2016年

6月3日，“热土欢歌”将军路街道广场舞大赛、赛歌会决赛举行，17支代表队参赛。至2019年每年举办。

6月9日，庆祝中国共产党成立95周年表彰大会暨“两学一做”文艺晚会举行。

7月10日，“和谐邻里 情满颐泽”——淄川区“颐泽杯”邻居节启动仪式暨文艺晚会在颐泽社区举办。

9月25日，“庆国庆迎重阳”舞动将军路专场晚会举行。

9月29日，“庆国庆迎重阳”书画展举行。

2017年

6月29日，“最美党旗红”庆祝中国共产党成立96周年文艺晚会举行。

2018年

6月30日，庆祝中国共产党成立97周年文艺晚会举行。

10月26日，庆祝改革开放40周年书画展举行。

2019年

9月30日，“我和我的祖国”庆祝中华人民共和国成立70周年合唱大赛举行。

12月，“五彩阳光”志愿者队伍规模已经扩大到1000多人，累计志愿服务达50000余人次，总服务时间超过10万余小时。

第十三章　松龄路街道

松龄路街道于2000年8月成立，面积7.17平方公里，属于老城居住区和小商品服务业集聚区并存地带。辖区10个社区居委会，居民3.2万人。2015年吉祥社区、雁阳社区成立，2019年，辖区12个社区居委会居民常住人口近7万人，有47个党组织，1484名党员。

松龄路街道地处淄川中心城区，以清代文学家蒲松龄的名字命名，历史文化悠久。二十多年来，松龄路街道党工委、办事处依托区域文化资源优势，推动文化和经济加速融合，街道不断创新工作思路，整合资源，通过抓载体建设、抓活动建设、抓队伍建设，努力构建功能完善、覆盖全面的街道公共文化服务体系，打造地方特色文化品牌，提升文化建设水平，促进街道文化事业和文化产业不断发展。

第一节　组织机构

历史沿革

2002年，投资80万元建起一处高标准的文化活动中心。但因区1358重点工程的开工建设，文化活动中心于2004年底拆除。为保证街道文化活动的顺利开展，街道文化站与柳泉社区文化活动中心合并使用。2013年，抽出4间办公室成立新的文化站。2014年，街道成立综合文化站建设工作组，具体负责文化站的筹建工作，制定建设实施方案。2015年，投资120万元在城三社区建立松龄路街道综合文化站，总面积1000平方米。功能结构为“五室一厅”，即图书阅览室、文化科技培训室、文化信息资源共享服务室（电子阅览室）、文体活动室、书画室、多功能活动厅等。

历任负责人

王益凡（2000.8—2004.3）

李　静（2004.3—2009.9）

王万远（2009.9—2012.11）

孙　玲（2012.11—2019.12）

第二节　大事记

1948—1960年

三里沟村年年与淄川火车站工会举办工农联欢会，演出五音戏，每次7天左右。

1954年

泉龙村中心俱乐部业余剧团成立，排演节目《拴娃娃》在区会演获演出奖和伴奏奖。自编吕剧《打麦场上》获创作奖和演出二等奖。

泉龙村成立全区第一个农村中心俱乐部。

1957年

菜园高级农业生产合作社创作的《插白旗》，在全区会演中获创作奖。

1958年

淄城公社设文教部，年末撤销。

1975年

公社文化站建立。杨瑞华、王家宏、王庆厚、王嶷、王益凡等曾任负责人。

菜园村创作的吕剧《婆婆悔》赴市、省调演中获一等奖。

1986年

8月5日，淄川柳泉书画协会成立。

是年，八一电影制片厂《望子成龙》剧组在城三村中街居民家里取景拍摄电影。

1987 年

北关村轻音乐队赴中国人民解放军总后某部某厂演出。

1988 年

5 月 10 日，城三村举办家庭音乐会，新华社、中央电视台、《光明日报》、《经济参考报》记者组成采访团，观看演出并采访。

1989 年

2 月 28 日，淄川区“泉龙杯”迎新春文艺调演在东关影院举行。

10 月 28 日，淄博市“川三杯”文明村村歌大奖赛在淄川影院举行，城三村获特别奖和大奖。

1990 年

5 月 4 日，北关村举办淄博市庆“五四”迎亚运自行车大奖赛。

1991 年

6 月 28 日，由城三村投资 110 万元建成的三乐园文化中心举行落成典礼。

是年，城三村演出的节目《为孙女干杯》参加省会演获得三等奖。

1992 年

中央新闻电影制片厂到城三村拍摄专题纪录片。

1994 年

12 月 15 日，中国首届家庭文化理论研讨会在城三村召开，全国妇联书记处书记张连珍出席该村举办的文艺晚会并讲话。

1996 年

城三村被评为市级家庭文化村。

1997 年

2 月 8 日，中央人民广播电台《农村节目》报道城三村举办家庭音乐会的情况。

6 月 26 日，泉龙村表演的《鼓子秧歌》、北关村表演的《归航船》在市“庆七一迎回归”舞蹈表演赛中，均获一等奖。

是年，城三社区节目《四个老疙瘩夸孙女》代表淄博市参加全省计划生育文艺演出获得二等奖。

1998 年

8 月，北关村轻音乐队在淄博市柳泉艺术节表演中获群花奖和演出一等奖。

2000 年

9 月，庆国庆大型文艺晚会举行。

是年，松龄路街道办事处负责承办区元宵节焰火晚会。

2001 年

元宵节，组织优秀节目参加淄川区元宵节扮玩活动。至 2019 年，每年都组织参加。

6 月 22 日，“党在我心中 商业银行杯”庆祝建党 80 周年歌咏比赛在淄川影院举办。

是年，柳泉社区成立“夕阳红”老年舞蹈队。2001—2018 年，连年参加淄川区元宵节扮玩活动。

2002 年

1 月，泉龙村聊斋俚曲戏剧团成立，后归属淄博市戏剧家协会，更名为淄博市戏剧家协会泉龙聊斋俚曲戏剧团。7 月 2 日，挂牌仪式举行，组织人员排演最具代表性作品《青梅》，并拍成电视剧。

9 月 26 日，迎国庆书画展举行。

10月20日，在北关小学与区文化局、区文化馆、北关社区联合举办淄川区迎接党的十六大文艺演出。

2003年

6月12日，踢踏舞培训班举行，聘请国家二级编导、淄博市舞蹈家协会副主席翟春秀老师指导授课。

2004年

2月，松龄路街道办事处负责承办区元宵节焰火晚会。

6月28日，庆祝建党83周年“党在我心中”歌咏比赛在淄川影院举办。

9月8日，泉龙社区俚曲剧团作为淄川特色戏曲文化剧团参加中国淄博陶瓷博览会群众文艺大展演，被市委宣传部、市文化局评为“十佳民间剧团”，演员马春凤被评为“十佳民间表演艺术家”。

9月23日，与区文化旅游局、北关社区联合举办2004年度社区文化艺术节暨北关社区第四届“家家乐”金秋晚会。

2006年

6月，庆“七一”书画展举行。

6月，柳泉社区组织7个节目参加市电视台《我上电视了》才艺展示。

9—10月，农业科教电影“千片进社区”活动举办，在城三、城张、泉龙等社区放映科教片。辖区非物质文化遗产普查上报工作完成。

2007年

3月4日，元宵节焰火晚会在颐泽花园举办。

3月8日，松龄路街道与区妇联联合举办庆“三八”巾帼风采文艺演出。

4月，松龄路街道庆“五四”趣味运动会在鲁泰体育场举办。

6月，庆“七一”书画展举行。

7月14日，以“点亮文明、唱响和谐”为主题的社区广场文化艺术节演出活动在供电局广场举办。

9月，市电影公司到10个社区放映科教、故事影片20余场次。

2008年

3月6日，“庆三八 迎奥运”广场健身操展演举行。

6月26日，“庆七一、迎奥运”文艺会演举办，18个节目参加。

7月，庆祝中国共产党成立87周年文艺会演举行。

8月9日，以“奥运和和谐”为主题的广场文化艺术节举行。

9月，吉祥广场正式投入使用，投资500余万元，位于张博路东，占地面积10000平方米，设有露天舞台、人工湖、停车场以及2000平方米的绿化小区。

9月，文化中心成立“三队、一团、一组”。

9月，组织迎接“淄博市社会文化先进街道”复评。

2009年

1月1日，松龄路街道办事处文化市场稽查领导小组成立。

8月30日，第五届“北龙杯”社区广场文化艺术节举行。

是年，《松龄路街道非物质文化遗产普查工作实施方案》制定出台，成立由党工委副书记为组长的街道非物质文化遗产普查领导小组，申报非物质文化遗产线索185条。

2010年

3月1日，松龄路街道办事处承接淄川区元宵节焰火晚会，在颐泽花园对面空地举行。

6月12—16日，“迎端午、送温暖”活动举行。

10月19日，“鼓浪屿之夜”第六届社区广场文化艺术节在吉祥广场举办。

12月28日，迎新年健身操表演比赛活动在三里社区民心广场举办。

2011年

6月23日，全体机关干部及社区“两委”成员100人参加庆祝中国共产党成立90周年红歌大赛。

6月27日，庆祝中国共产党成立90周年文艺晚会在吉祥广场举办。

是年，泉龙社区投资90万元，建成3000多平方米泉龙文体广场。

2012年

3月6日，庆“三八”颂“四德”文艺演出举行。

3月，组织歌舞节目《感恩的心》参加区“四德工程”建设系列演出和淄川区第七届社区广场文化艺术节，获一等奖，全区第二名。

2013年

1月1—31日，在松龄路辖区主要干道两侧进行灯饰布设。对辖区30余户困难家庭开展送春联、献爱心活动。

3月，庆“三八”颂“四德”文艺演出举行。

5月，聊斋俚曲戏《环保卫士》演出举行。

5月，与区文化旅游局联合举办庆“五一”活动。

是年，柳泉社区被省旅游局评为最佳休闲社区。

2014年

3月8日，“文化进社区”广场舞巡演活动在吉祥广场举行。同时举办“巧手绘松龄，编制中国梦”书画及手工艺品展示。

4月，做好全国文化强区、省级综合文化站迎省级审验工作。

7月，办事处图书室开放，分类整理图书3000余册，印制图书借阅证，面向全体机关干部开放。

9月，摄影大赛举行。

2014—2019年，每年举办“热土欢歌”群众文化系列活动。

2015年

1月，“迎新春、写春联、送祝福进万家”活动启动，邀请各社区书法爱好者20余名，义务书写春联千余幅。

4月，“家乡美”智慧松龄摄影展举行。

5—6月，举办以“三风”为主题的“家风、村风伴我行，美德代代传”消夏晚会8场。

5—7月，先后举行“家训村训行训·我书写”书画笔会，“唱响幸福松龄，共赏润德淄川”全民共唱《淄川好》《四德歌》培训班7期。

6月19日，庆祝建党94周年暨“文化惠民进社区”消夏之夜晚会举行。

6月29日，开展“文化惠民（电影）进社区”活动100场。

10月17日，邀请专业吕剧团进泉龙、柳泉和小李社区演出《小姑贤》《姊妹易嫁》等吕剧选段。

10月20日，城三社区与柳泉社区联合主办“迎重阳、敬老人、好邻居”文艺演出。

10月21日，“迎重阳，夕阳展风采”书画展在松龄综合文化站举行。

是年，“灵动广场舞，共圆中国梦”歌舞选拔赛在吉祥广场举行。

是年，城三社区获得山东省“书香社区”称号。

2016年

1月13日，迎新春“写春联、送祝福、进万家”活动启动，邀请各社区书法爱好者13名义务书写春联1000余副。

4月，组织“两学一做”演讲比赛。

7月，“家风、村风伴我行”消夏晚会举行。

2017年

1月初，办事处机关组织庆元旦联欢会。

4月，“文化云”工程启动，文化站积极对辖区11个培训点进行指导，随时按照社区居民需要对师资、场地进行协调和对接，推动文化云工作顺利开展。

9月26日，与光大银行联合举办“中秋月 光大情”赏月联欢会。

2018年

1—2月，办事处、柳泉、三里、雁阳社区等分别举办写春联送祝福活动。

11月2日，庆祝改革开放40周年书画篆刻展在文化站举办。

是年，喜迎党的十九大文化展演活动举行。

2019年

1月18日，组织迎新春送祝福进万家活动。

4月14日，吉祥社区红果艺术团联合淄川电台在吉祥广场进行新时代文明实践演出。

6月30日，办事处、柳泉社区、雁阳御城联合举办庆“七一”文化演出。

7月1日，“守初心、担使命”演讲比赛举行。

8月23日，柳泉社区参加省委老干局会演得金奖。

9月20日，“不忘初心、牢记使命”庆祝中华人民共和国成立70周年书画展举行。

9月24日，柳泉社区在社区文化广场举行“礼赞中华人民共和国 奋进新时代”庆国庆70周年晚会。

9月25日，城三、泉龙社区举行“不忘初心、牢记使命”庆祝中华人民共和国成立70周年文艺演出。

9月26日，庆祝中华人民共和国成立70周年书画展举行。

9月27日，松龄路街道“颂伟大时代 为祖国赞歌”庆祝中华人民共和国成立70周年文艺晚会在吉祥广场举行。

9月28日，三里社区在社区文体广场举行庆祝中华人民共和国成立70周年暨文化艺术节文艺晚会。

附录

明清时期淄川文人书目

明朝中后期至清朝康熙年间，淄川地区经济发达，科举之盛名冠齐鲁，相继出现了孙、王、韩、张、高、毕等几大家族，也涌现出了一大批在山东地区乃至全国范围内有名望的文人墨客。蒲喜章先生利用数年时间挖掘整理了该时期的淄川文人书目，按照经（4 目）、史（46 目）、子（14 目）、集（107 目）共 171 种列表如下，谨供读者研究参考。

明清淄川文化书目

附表 1

分类	书名	朝代	作者
经	五经注辨	明	王崇义
	切韵指南	明	高　举
	四书讲义	清	韩维愈
	一弦琴谱	清	张笃庆
史	录鬼簿续编	明	贾仲名
	辽变会议始末	明	毕自严
	抚津疏草	明	毕自严
	督饷疏草	明	毕自严
	饷抚疏草	明	毕自严
	度支奏议	明	毕自严
	留计疏草	明	毕自严
	留宪疏草	明	毕自严
	毕伯阳奏稿	明	毕自严
	毕自严记述奏对	明	毕自严
	抽赘赘言	明	毕自严
	明户部尚书毕自严疏稿	明	毕自严
	明户部尚书毕自严回话疏稿	明	毕自严

续附表 1

分类	书名	朝代	作者
史	辽东疏稿	明	毕自严
	西台疏草	明	毕自严
	抚浙疏草	明	毕自严
	淄西毕氏世德家传	明	毕自严
	四世恩纶	明	毕自严
	淄川毕氏传志	明	毕自严
	赋役全书	明	毕自严
	抚辽茶话	明	毕自肃
	循良模范	明	高　举
	尚友堂史略	清	韩茂椿
	淄邑金石考	清	高廷谋
	淄川石刻记略	清	高廷谋
	燕京日记	清	高仲谋
	黔游日记	清	高仲谋
	两汉高士赞	清	张笃庆
	光相国少保公年谱	清	张笃庆
	厚斋自著年谱	清	张笃庆
	历代循良传	清	孙　蕙
	淄风辑略	清	高　玮
	台湾笔记	清	崔　灏
	晋游日记	清	毕际友
	淄乘征	清	毕际友
	云高洞游草	清	张笃庆
	知北游草	清	张笃庆
	南游草	清	高　玮
	楚游草	清	高　瑾
	吴越游草	清	高　瑾
	仕鉴	清	高　珩
	救荒略	清	高　珩
	政治三编	清	毕世济
	班范肪截	清	张笃庆
	五代史截存	清	张笃庆
	明季咏史百一诗	清	张笃庆
子	笔谈	明	王崇义
	家塾宝训	清	高　玮

续附表 1

分类	书名	朝代	作者
子	规训随钞	清	高　玮
	脉诀汇编	清	翟　良
	经络汇编	清	翟　良
	药性对答	清	翟　良
	本草古方讲议	清	翟　良
	痘科编	清	翟　良
	书香堂制艺	清	张　元
	笔势	清	李尧臣
	三要图说	清	高　玮
	窒欲编	清	高　珩
	四勉堂说略	清	高　珩
	训俗俚言	清	高中谋
集	见一诗稿	明	王崇义
	玉壶春	明	贾仲名
	荆楚臣重对玉梳	明	贾仲名
	萧淑兰情寄菩萨蛮	明	贾仲名
	李素兰风月玉壶春	明	贾仲名
	铁拐李度金童玉女	明	贾仲名
	吕洞宾桃柳升仙梦	明	贾仲名
	石隐园藏稿	明	毕自严
	石隐园文稿	明	毕自严
	石隐园诗草	明	毕自严
	毕自严遗稿	明	毕自严
	焚黄稿	明	毕自严
	壎篪编汇集	明	高　举
	倡和壎篪集	明	高　誉
	柱史草	明	安　伸
	黉麓漫吟	明	安　伸
	黄发翁诗文集	明	毕　木
	黄发翁全集	明	毕　木
	拱玉园集	明	毕自寅
	选石斋诗	明	毕自寅
	志隐集	明	毕自寅
	铨部王先生文集	明	王　教
	铨部王先生诗集	明	王　教

续附表 1

分类	书名	朝代	作者
集	秋澄诗集	明	王　教
	四香斋集	明	李　宪
	昆仑山房文集	清	张笃庆
	昆仑山房明季百一诗	清	张笃庆
	昆仑山房诗集残稿	清	张笃庆
	渔洋山人评点昆仑山房诗稿	清	张笃庆
	昆仑山房诗	清	张笃庆
	昆仑山房诗稿	清	张笃庆
	双鱼藏弆	清	张笃庆
	自怡堂诗草	清	曹炳文
	澹斋诗抄	清	曹炳文
	留耕堂诗稿	清	高　玮
	志壑堂诗（15 卷）	清	唐梦赉
	栖云阁文集（15 卷）	清	高　珩
	栖云阁诗（补遗）（16 卷）	清	高　珩
	栖云阁诗略	清	高　珩
	强恕堂诗集（8 卷）	清	高之骙
	绿筠轩诗	清	张　元
	谭艺一得	清	张　元
	燕翼堂诗	清	孟　瑞
	燕翼堂遗诗	清	孙宗元
	石隐园题咏	清	毕际友
	存吾草	清	毕际友
	敦好堂集	清	袁　藩
	偶然草	清	韩维翰
	行素堂集	清	张　谱
	静然堂集	清	张　询
	澹语草	清	张　诠
	百四斋诗集	清	李尧臣
	文集	清	李尧臣
	食蔗堂诗	清	张履庆
	独树庵诗	清	张增庆
	聊斋文集	清	蒲松龄
	聊斋诗集	清	蒲松龄
	东园存草	清	高肇绩

续附表 1

分类	书名	朝代	作者
集	澹如亭遗诗	清	高肇翰
	向心集	清	王观政
	潜斋草	清	王观政
	退省斋诗词	清	王观政
	孝湄诗草	清	高肇昆
	衣德堂诗	清	高肇晊
	东谷诗	清	蒲立德
	亮斋诗草	清	张廷寀
	香雪园诗	清	张廷寀
	娥江集	清	张廷寀
	枣花集	清	张廷寀
	生白轩稿	清	张廷寀
	燕石集	清	张廷寀
	石兰书屋诗	清	高贻芝
	榆荫堂诗	清	高贻范
	桐斋诗稿	清	高贻璠
	乃吾庐诗	清	韩砥修
	蒿斋诗草	清	韩砥修
	苍雪斋诗稿	清	王嘉宾
	碧梧草堂遗诗	清	孙腾蛟
	敦旧轩诗	清	赵　琛
	追远集	清	王敏入
	箕山集	清	韩　冲
	鸿冥园集	清	安大介
	放言集	清	张　琭
	雪林斋诗	清	高　瑾
	亿堂诗文稿	清	高中谋
	量斋诗稿	清	高宴谋
	晚晴楼诗集	清	翟　涛
	南圃诗草	清	张作宾
	白大道人诗	清	张　绅
	悦斋诗集	清	孟詹绎
	尚衣堂文集	清	韩茂椿
	青草斋诗稿	清	韩午锡
	桐选诗草	清	韩谨修

续附表 1

分类	书名	朝代	作者
集	荆山偶语	清	韩谨修
	紫泥遗诗	清	高贻圃
	少白遗诗	清	高贻素
	浙东草	清	王 砖
	客晋草	清	王 砖
	八代诗选	清	张笃庆
	杜诗注例	清	张笃庆
	杜诗张注	清	张笃庆
	旧抄淄川名家诗	清	高 珩、唐梦赉
	劝孝汇编	清	高 珩
	醒梦戏曲	清	高 珩
	颜山诗草	清	高贻璠
	於陵诗草	清	高贻璠
	历代古文选	清	韩茂椿

淄川区国家级、省级传统古村落保护名录

截至 2019 年 12 月，淄川区被列入各级传统古村落保护名录的村落共 51 个，其中国家级 15 个、省级 36 个。

国家级传统古村落名录

附表 2

名　称	批　次
太河镇上端士村	第一批国家传统古村落
太河镇梦泉村	第一批国家传统古村落
洪山镇蒲家村	第三批国家传统古村落
寨里镇南峪村	第三批国家传统古村落
昆仑镇张李村	第三批国家传统古村落
太河镇永泉村	第三批国家传统古村落
太河镇柏树村	第三批国家传统古村落
太河镇罗圈村	第三批国家传统古村落
罗村镇大窎桥村	第五批国家传统古村落
太河镇土泉村	第五批国家传统古村落
太河镇池板村	第五批国家传统古村落
太河镇纱帽村	第五批国家传统古村落
太河镇鲁子峪村	第五批国家传统古村落
昆仑镇刘瓦村	第五批国家传统古村落
昆仑镇磁村村	第五批国家传统古村落

省级传统古村落名录

附表 3

名　称	批　次
洪山镇土峪村	第一批省级传统古村落
太河镇的西股村	第一批省级传统古村落

续表 3

名　称	批　次
太河镇西岛坪村	第一批省级传统古村落
太河镇双井村	第一批省级传统古村落
太河镇石安峪村	第一批省级传统古村落
太河镇杨家庄村	第一批省级传统古村落
太河镇王家庄村	第二批省级传统古村落
太河镇方山村	第三批省级传统古村落
太河镇小口头村	第三批省级传统古村落
太河镇下雀峪村	第三批省级传统古村落
太河镇下岛坪村	第三批省级传统古村落
太河镇西石村	第三批省级传统古村落
太河镇下端士村	第三批省级传统古村落
寨里镇苗峪口村	第三批省级传统古村落
岭子镇大口村	第四批省级传统古村落
岭子镇王家村	第四批省级传统古村落
西河镇大安村	第四批省级传统古村落
寨里镇赵家岭村	第四批省级传统古村落
寨里镇双旭村	第四批省级传统古村落
太河镇西石门村	第四批省级传统古村落
太河镇城子村	第四批省级传统古村落
太河镇前沟村	第五批省级传统古村落
太河镇上岛坪村	第五批省级传统古村落
太河镇陈家井村	第五批省级传统古村落
太河镇秦家庄村	第五批省级传统古村落
太河镇李家村	第五批省级传统古村落
太河镇东东峪村	第五批省级传统古村落
太河镇响泉村	第五批省级传统古村落
岭子镇槲林村	第五批省级传统古村落
岭子镇林峪村	第五批省级传统古村落
岭子镇黄家峪村（五股泉）	第五批省级传统古村落
寨里镇土古堆村	第五批省级传统古村落
寨里镇槲坡村	第五批省级传统古村落
西河镇东峪村	第五批省级传统古村落
西河镇龙湾峪村	第五批省级传统古村落
昆仑镇马棚村	第五批省级传统古村落

后　记

《淄川文化志》是一部记述自1949年（部分内容时间上限前延）至2019年淄川区文化事业发展变化及其主要成就的志书，是淄川文化历史上第一部行业志。

《淄川文化志》的编纂工作从2020年10月开始，淄川成立了《淄川文化志》编纂委员会，淄川区政协主席白向坊任顾问，唐加福任主任，蔺开庆、袁爱琴、李敏绪、刘静、翟新菊任副主任，下设文化志编纂办公室具体负责编纂工作，袁爱琴兼任办公室主任、刘卫东任常务副主任，主要编纂人员有唐琨、孙爱菊、王瑜、郑谛、徐明、邱连杰、王鹏、孟令会。

早在20世纪90年代，淄川区编纂了第一部《淄川区志》；2002年编纂第二部《淄川区志》，淄博市文化局组织编纂《淄博文化志》。在这两段时间里，淄川文化部门参与志书编纂工作的全体同志付出了十分艰辛的劳动，搜集了大量的文化史料和珍贵的图片资料，使之成为两部区志和《淄博文化志》内容的重要组成部分。同时，印制了《文化资料汇编》，以备后人参考之用。2013年，淄川区文化旅游和新闻出版局编纂出版了《淄川文化遗产・非物质文化遗产卷》和《淄川文化遗产・文物卷》，为全区的文化遗产建立了一份图文并茂的历史档案。2018年，中共淄川区委宣传部组织有关部门抽调部分专家学者和专门人员，编纂《纪念改革开放40周年系列丛书》，其中《新淄川・文化》和《新淄川・文学》，编纂人员通过查阅资料、调查走访、当事者回忆等多种方式，记录了淄川40年来在文化事业、文学艺术创作和发展方面所产生的巨大变迁，内容丰富，资料翔实，无形之中也为这次编纂《淄川文化志》提供了丰富的资料，奠定了坚实的基础。以上志书留存的史料，凝聚着所有编纂人员的心血，是对淄川历史文化事业的巨大奉献，作为《淄川文化志》的编纂人员，除表示对他们的崇敬之外，还代表广大读者向他们表示由衷的感谢！

在编纂过程中，我们力求把这部《淄川文化志》编写成一部具有鲜明地方文化特色的志书。淄川地区有着悠久的历史文化和丰富的民族民间传统文化，淄川还是全国“文化先进县”，是聊斋文化、孟姜女文化和鬼谷子文化的发祥地，这一切构成了淄川地区鲜明的文化特色。为了充分、真实地将这些文化特点反映出来，我们有意识地加大了群众文化、文化研究、文博事业、非物质文化遗产等篇章的信息量，一些重要的文化资料编入了这些篇章。另外在编排上，我们力求打破常规，多使用照片、图、表等真实、鲜活的资料，使整部志书图文并茂，更加新颖、直观，有新意，有时代气息。这部志书按照篇、章、节、目结构将内容统筹安排进行编写。为更充分、更全面地反映各乡镇、街道的文化事业状况，特设了乡镇街道文化概况篇。

《淄川文化志》是集体劳动的成果，它凝聚着志书编纂办公室全体人员的辛勤劳动和汗水，在一年多的时间里，大家抱着对文化事业高度负责的态度，默默无闻地工作，不计条件，竭尽全力，多次到区有关部门和单位搜集资料。为了减少错讹，查档案，走访当事人，召开座谈会、论证会，查阅了众多的原始资料，反复求证，不断修改，终于编纂出了这部百余万言的志稿，从而比较全面地记述了淄川文化事业跨越和嬗变的历史轨迹。

在《淄川文化志》的编写过程中，区文化和旅游局、区有关文化旅游单位以及乡镇街道的工作人员在搜集、整理和报送文化志资料工作中做了大量艰苦细致的工作，他们为文化志的编纂出版做出了积极贡献。淄川区文学艺术界联合会、《蒲松龄研究》编辑部、淄川融媒体中心以及有关文化艺术界协会的领导和工作人员，在编纂《淄川文化志》过程中给予了大力支持和帮助。我们还得到了中共淄川党史研究中心、淄川区政协文卫教体委员会领导和专家们的支持、指导与帮助。历任文化主管部门的老领导、老同志热情关心本书的编写工作，并提供了大量翔实的历史资料。赵刚、邢树龙、魏传来、韩其芳、彭延文、王继训、袁延民、李红蕾、张慧、韩云发、张良波、李振雷、田发庚等文化旅游界的领导和文史专家整体或部分审阅了志稿，并提出了许多富有指导性、建设性的意见和建议。本志书还采用了袁延民、赵玉霞、宋道龙、殷寿德、王昌德、赵刚、刘鹏、王世喜、孙启新、郭能勇、蒲泽、高庆礼、张洪玉、杨海儒、李汉举、刘春玲、李祖炬、韩其芳、孙平、郭大均、李梓源、许立荣、翟慎安、任峰、黄长文、苏珊、韩蕊、张广文、王世珉、李继瑞、张玉洪等在有关文集里的文章资料。志书中还选用了部分摄影工作者和爱好者的作品，刘统爱、孙伟庆、刘洪、阎盛亭、刘立江、王昌德、李昌远、赵守军、郭法强、杨道坤、赵汝峰、姚崇杰、董建波、郭黎明、王庆厚、李先进、王玉、陈木顺、张鹏超、翟海、聂树武、李凤云、许兴华、孔令旗、赵宗科、王亮、白富远、张成林、王虎、王成广等同志为志书提供了部分珍贵照片。对以上单位和个人，我们表示诚挚的谢意！

《淄川文化志》的编纂工作时间紧、任务重，所需资料浩如烟海，收集、整理、核实十分困难，加之我们水平有限，难免有缺讹错误之处，敬请各位方家和广大读者批评指正。

《淄川文化志》编委会

2021 年 12 月 8 日